云在阁经藏

唐代净土祖师全集

〔唐〕善导、法照、少康等 著
张景岗 编校

九州出版社 JIUZHOUPRESS | 全国百佳图书出版单位

图书在版编目（CIP）数据

唐代净土祖师全集 / （唐）善导，（唐）法照，（唐）少康著；张景岗编校 . —北京：九州出版社，2013.1（2024.12 重印）

ISBN 978-7-5108-1931-5

Ⅰ . ①唐… Ⅱ . ①善… ②法… ③少… ④张… Ⅲ . ①净土宗—中国—唐代—文集 Ⅳ . ① B946.8-53

中国版本图书馆 CIP 数据核字（2013）第 010630 号

唐代净土祖师全集

作　　者	（唐）善导、法照、少康等　著　　张景岗　编校
责任编辑	周红斌
装帧设计	张万兴　李永刚
出版发行	九州出版社
地　　址	北京市西城区阜外大街甲 35 号（100037）
发行电话	（010）68992190/3/5/6
网　　址	www.jiuzhoupress.com
印　　刷	三河市兴博印务有限公司
开　　本	720 毫米 ×1020 毫米　16 开
印　　张	38.75
字　　数	500 千字
版　　次	2013 年 10 月第 1 版
印　　次	2024 年 12 月第 2 次印刷
书　　号	ISBN 978-7-5108-1931-5
定　　价	328.00 元

出版说明

中国佛教自东汉传入，至唐代诸宗大备，达到鼎盛。天台则有灌顶、湛然诸祖，继智者之踵，诠圆顿心要。三论则有吉藏大师，著述宏富，唐初盛弘其说。法相则有玄奘、窥基二巨擘，学贯中西，译经著论，博大精深。华严则有智俨、法藏、澄观诸祖，总括宇宙万有，举佛法大纲，阐法界一心。禅宗自六祖慧能之后，演为五家七宗，龙象蹴踏，盛极一时。律宗则有道宣律师集其大成，四分律法，南山一脉，辉映千古。而求生西方极乐世界以期永脱轮回、圆成佛道的净土一宗，则有道绰、善导、迦才、怀感、慧日、飞锡、承远、法照、少康、大行等诸祖师大德，或潜心著述以畅佛本怀，或苦行隐修以感化人心，道高德重，名彪史册。

道绰为唐初净土名僧，住汶水石壁山玄中寺，继承昙鸾净土思想，提倡称名念佛，著有《安乐集》两卷，将佛教修行分为圣道、净土二门，论定西方净土为弥陀报土，其殊胜自不待言，且同时又为净土初门，凭借阿弥陀如来大愿业力为增上缘，故凡夫易行易入。大师解行并重，开讲《观经》约二百遍，日课佛号七万声，并州一带道俗从其化者甚众。

继其后者为中国净土宗二祖善导，慕东晋慧远大师结社念佛高风，曾亲往庐山叩寻遗迹，后赴玄中寺师从道绰，得念佛三昧，于定中亲见净土庄严。绰师辞世后，善导赴长安弘法，极大地推动了净土信仰由上层精英阶层向民间普及的进程。他行持精严，悲心济众，剖析专杂二修，楷定持名念佛为往生正宗。在所著《观经疏》中，以清晰的逻辑，有力的事实，辨明《观经》所开九品非关圣流，而皆属凡夫往生，反复论证弥陀净土之创立就是为拯度沉沦生死苦海的凡夫而设，但能发心修行，上尽一形，下至十念，以佛愿力，凡夫一生即可直入报土，真乃稀有难信之法。

迦才与善导大师为同时代人，著有《净土论》三卷，认为西方净土同时兼具法、报、化三土，超出三界，其说与天台四种净土之说相通。对于《观经》九品往生者修行之位，认为隋代慧远法师判位太高，与经义不符，而以上品下生、中品下生为归依三宝、持戒向善之凡夫，下辈三品则为造恶凡夫，临终发菩提心，正念相续，而得往生。但其判位仍较善导《观经疏》中所判为高，可视为一种折中之说。论中详释净土往生原理及修持方法，广引经论，劝信释疑，卷下载唐初净土史料颇详。

怀感为善导大师弟子，精于唯识之学，后依善导之教，精诚念佛，亲证三昧。所撰《释净土群疑论》七卷，多以法相唯识教旨阐释净土往生之理，未脱稿而示寂，由同门怀恽补修完成。论中广引诸说，辩释疑难，保存了许多唐代佛教及净土思想发展的珍贵资料。此外，唐代重要的净土论著还有窥基《西方要决释疑通规》一卷、元晓《游心安乐道》一卷、慧日《净土慈悲集》三卷、飞锡《念佛三昧宝王论》三卷，及道镜、善道《念佛镜》两卷等。

此外颇为引人瞩目的是，在善导大师辞世之后几十年间，三祖承远、四祖法照、五祖少康相继降生，并几乎活跃在同一时期。据史料记载，承远大师出生于公元712年，即善导入寂后第三十一年，卒于802年，享年九十一岁，设教于南岳衡山。少康大师卒于805年，毕生在东南一带劝化，与文谂共编《往生西方净土瑞应传》一卷传世。法照大师之生年应在二师之间，先往衡山求学，后往来于五台山与长安之间，卒年未详，有广略两种五会念佛法事仪轨传世。三位大师智悲熏修，神异卓著，各据南北同时应化，今人亦可大致想见当时国人净土信仰之盛况。

本书由著名学者张景岗先生悉心校勘编定而成，收录了唐代净土祖师善导、承远、法照、少康的现存全部著作及主要传记资料，包括善导大师《观无量寿佛经疏》、《往生礼赞偈》、《转经行道愿往生净土法事赞》、《依〈观经〉等明般舟三昧行道往生赞》、《观念阿弥陀佛相海三昧功德法门》、《依经明五种增上缘义》、《临终正念诀》，法照大师

《净土五会念佛略法事仪赞》、《净土五会念佛诵经观行仪》，少康大师《往生西方净土瑞应传》，以及四位祖师主要的传记文献等。书后附录唐代三种重要的净土论著，道绰《安乐集》、迦才《净土论》、怀感《释净土群疑论》。全书以《大正藏》所收版本为底本，以《卍续藏》、金陵本及相关文献参校，忠实于原著，校勘严谨，标点准确，是研究唐代净土宗思想的必备书，相信一定会受到佛学爱好者及净宗行人的欢迎。弘扬净土文化，挽回劫运，利乐人天，善莫大焉。

九州出版社

二〇一三年五月

目　录

净土宗二祖善导大师

净土宗三祖承远大师

净土宗四祖法照大师

净土宗五祖少康大师

附　录

唐代净土祖师全集

净土宗二祖善导大师

善导大师（613～681），中国净土宗第二祖。幼年出家，诵习《法华》、《维摩》等经，并依《观经》修十六观。慕东晋慧远大师结社念佛高风，亲往庐山叩寻遗范。唐贞观十五年（641），赴并州玄中寺依道绰法师专修，遂得念佛三昧，于定中亲见净土庄严。后入长安光明寺，大弘净土法门。自东晋慧远大师庐山初结莲社，名僧硕儒一百二十三人共同发愿求生西方净土，标志着净土宗在我国的正式创立。至盛唐时代善导大师的崛起，则使净土思想深入于普通民众之中，他将深奥的佛理和炽热的信仰融会于通俗的语言中，有着极强的感染力和说服力，所倡导的修行方法又简单明确，效果显著，得到各阶层民众的热诚拥戴，影响至为深远，后世共传他是阿弥陀佛的化身。

大师指出，阿弥陀佛在因地发下广大誓愿，无量亿劫修集功德，开辟西方极乐世界为自己的报土，正是为了救度单凭自身能力无法脱离生死苦痛的普通凡夫。一切众生只要以真实心专修专行念佛一法，临命终时一定能蒙佛接引，往生极乐净土，闻法修行，疾成佛道。

关于凡夫往生净土的自他二力关系，大师明确指出：往生者自身的努力与阿弥陀佛愿力加被，二者同样不可或缺。如《观经疏》，以定、散二善为净土要门。定善即依前十三观修持，息虑以凝心。散善则依三福修持，废恶以行善。以此善根回愿往生，故得仰凭阿弥陀佛大愿业力为增上缘，得生净土。又《五种增上缘义》说，凡夫以至诚心、信心、愿心为内因，以阿弥陀佛誓愿功德力为外缘，内因、外缘和合，故得见佛三昧。《观念法门》说，欲生净土，唯须持戒念佛，诵《弥陀经》，礼赞净土，大须精进。大师日常行持笃勤精苦，昼夜礼诵。每入佛堂，长跪念佛，非力竭不休，虽寒冷亦须流汗。由此可知，后世有人以为净土法门为纯他力门，唯凭一念信心，破斥一切个人修持，实属谬说。须知若具真信，必有实行。有信无行，其信定属虚浅，岂能感得净土妙果？唯愿学人详研大师著述，见真行确，勿为他歧所惑。

善导大师的主要著述，现存六部十卷：《观无量寿佛经疏》四卷、《往生礼赞偈》一卷、《转经行道愿往生净土法事赞》二卷、《依〈观经〉等明般舟三昧行道往生赞》一卷、《观念阿弥陀佛相海三昧功德法门》一卷、《依经明五种增上缘义》一卷。

《观无量寿佛经疏》分为玄义分、序分义、定善义、散善义四卷，故又称《四帖疏》。玄义分是对整部经义的概述，其后三卷依次解释经文。疏主认为本经专为救度凡夫所说，分别教示定善、散善两种净土要门。其定善门依前十三观修习，现身证得念佛三昧，命终自在往生。其散善门则以三心、三福为正因，回向发愿，临终各以根性大小、功行浅深，而有九品往生之异。经中最后付嘱弥陀名号，意在众生专称弥陀佛名，是为最要之行。

《往生礼赞偈》为净业行人昼夜六时礼赞阿弥陀佛，及忏悔发愿、求生净土的行持仪轨。文中论及三心、五念、四修，专、杂二行得失，三品忏悔，入观及睡前发愿法，称念礼赞阿弥陀佛于现世所得功德利益等，至为切要。

《转经行道愿往生净土法事赞》，略称《法事赞》，分为上下两卷。上卷题名“转经行道愿往生净土法事赞”，下卷题名“安乐行道转经愿生净土法事赞”。是僧俗建立道场，奉请三宝降临，礼赞供养，忏灭地狱罪苦，以及转读《阿弥陀经》，忏悔十恶罪业，祈福求愿往生的行持仪轨。

《依〈观经〉等明般舟三昧行道往生赞》，略称《般舟赞》，以偈赞形式阐述净土立教之缘起，并依《观经》等净土典籍，详述西方净土依正庄严，殊胜美妙，九品往生情形，以及此土六道轮回之苦况，劝发净业行人信乐之心。

《观念阿弥陀佛相海三昧功德法门》，略称《观念法门》，说明观佛、念佛两种三昧的修持方法，以及设立三昧道场，并在修持时应当注意的相关事项等。

《依经明五种增上缘义》，古本附于《观念法门》之后，二文并无关联，原题亦各为一卷，故应单独列出。文中依六部净土经典，显明修习净土法门，现生即可得到灭除罪障，蒙佛菩萨及善神护念，灾祸远离，长命安乐，以及亲见西方圣众的殊胜利益，临命终时蒙佛接引，得生净土。

此外散见于净土文献的大师著作还有《临终正念诀》、《劝念佛偈》等。

《临终正念诀》，收于《乐邦文类》卷四，署名“京师比丘善导”。明代所刊《龙舒增广净土文》、《念佛镜》，后附《善导和尚临终往生正念文》，内容大致相同。

《临睡入观文》，原文出自《往生礼赞偈》。宋代宗晓辑《乐邦文类》，依《集诸经礼忏仪》重录。明代莲池大师辑《诸经日诵集要》，将此文编入“暮时课诵”，并加按语，成为净土行人日常修持之法。各本文字略有增减，今据莲池大师《诸经日诵集要》录出，以便行人受持。

《劝念佛偈》，又名《劝化偈》、《劝世偈》、《劝化径路修行颂》，最早见于《龙舒净土文》、《乐邦文类》，千百年来流传甚广。

佛说观无量寿佛经疏

刘宋畺良耶舍译经

唐沙门善导集记

佛说观无量寿佛经疏卷第一

玄义分

先劝大众发愿归三宝：

道俗时众等，各发无上心，
生死甚难厌，佛法复难欣，
共发金刚志，横超断四流，
愿入弥陀界，归依合掌礼。
世尊我一心，归命尽十方，
法性真如海，报化等诸佛，
一一菩萨身，眷属等无量，
庄严及变化，十地三贤海，
时劫满未满，智行圆未圆，
正使尽未尽，习气亡未亡，
功用无功用，证智未证智，
妙觉及等觉，正受金刚心，

相应一念后，果德涅槃者。
我等咸归命，三佛菩提尊，
无碍神通力，冥加愿摄受。
我等咸归命，三乘等贤圣，
学佛大悲心，长时无退者，
请愿遥加被[①]，念念见诸佛。
我等愚痴身，旷劫来流转，
今逢释迦佛，末法之遗迹，
弥陀本誓愿，极乐之要门，
定散等回向，速证无生身。
我依菩萨藏，顿教一乘海，
说偈归三宝，与佛心相应。
十方恒沙佛，六通照知我，
今秉[②]二尊教，广开净土门。
愿以此功德，平等施一切，
同发菩提心，往生安乐国。

此《观经》一部之内，先作七门料简，然后依文释义。

第一、先标序题。

第二、次释其名。

第三、辩释[③]宗旨不同，教之大小。

第四、正显说人差别。

第五、料简定散二善通别有异。

---

① “加被”，《大正藏》、《卍续藏》作“加备”。唐代写本常通用，“被”字为正。今依印光法师校订本（民国十三年南京佛经流通处印行）。下同。

② “秉”，《大正藏》、《卍续藏》作“乘”，今依印光法师校订本改。

③ “辩释”，《大正藏》本作“依文释义并辨”。今据《卍续藏》、印光法师校订本订正。

第六、和会《经》《论》相违，广施问答，释去疑情。

第七、料简韦提闻佛正说，得益分齐。

第一、先标序题者

窃以真如广大，五乘不测其边。法性深高，十圣莫穷其际。真如之体量，量性不出蠢蠢之心。法性无边，边体则元来不动。无尘法界，凡圣齐圆。两垢如如[①]，则普该于含识。恒沙功德，寂用湛然。但以垢障覆深，净体无由显照。故使大悲隐于西化[②]，惊入火宅之门，洒甘露润于群萌，辉智炬则朗重昏于永夜。三檀等备，四摄齐收，开示长劫之苦因，悟入永生之乐果。不谓[③]群迷性隔，乐欲不同，虽无一实之机，等有五乘之用，致使布慈云于三界，注法雨于大悲，莫不等洽尘劳，普沾未闻之益。菩提种子，借此以抽心。正觉之芽，念念因兹增长。依心起于胜行，门余八万四千，渐顿则各称所宜，随缘者则皆蒙解脱。

然众生障重，取悟之者难明。虽可教益多门，凡惑无由遍揽。遇因韦提致请："我今乐欲往生安乐，唯愿如来，教我思惟，教我正受。"然娑

---

① "两垢如如"，即有垢真如与无垢真如。有垢真如，亦即在缠真如，指众生自性清净之体，由于无明而为烦恼垢染所隐覆。无垢真如，亦即出缠真如，指圆证佛果，断尽烦恼，所显之清净法身。

② "隐于西化"，意指释迦本师由其报土西方无胜世界，而入此界化现成佛，慈悲度生。《大般涅槃经》云："善男子，西方去此娑婆世界，度三十二恒河沙等诸佛国土，彼有世界，名曰无胜。彼土何故名曰无胜？其土所有严丽之事，皆悉平等，无有差别，犹如西方安乐世界，亦如东方满月世界。我于彼土出现于世。为化众生故，于此界阎浮提中现转法轮。"故善导大师《般舟三昧行道往生赞》云："释迦如来真报土，清净庄严无胜是，为度娑婆分化入，八相成佛度众生。"《安乐行道转经愿生净土法事赞》云："舍彼庄严无胜土，八相示现出阎浮。"

③ "不谓"，印光法师校订本作"只为"。

婆化主，因其请故，即广开净土之要门。安乐能仁[①]，显彰别意之弘愿。其要门者，即此《观经》定、散二门是也。定即息虑以凝心，散即废恶以修善。回斯二行，求愿往生也。言弘愿者，如《大经》说：一切善恶凡夫得生者，莫不皆乘阿弥陀佛大愿业力为增上缘也。

又佛密意弘深，教门难晓。三贤十圣，弗测所窥。况我信外轻毛，敢知旨趣？仰惟释迦此方发遣，弥陀即彼国来迎，彼唤此遣，岂容不去也？唯可勤心奉法，毕命为期，舍此秽身，即证彼法性之常乐。

此即略标序题竟。

第二、次释名者

经言：《佛说无量寿观经》[②]一卷。

言“佛”者，乃是西国正音，此土名“觉”。自觉觉他，觉行穷满，名之为“佛”。言自觉者，简异凡夫。此由声闻狭劣，唯能自利，阙无利他大悲故。言觉他者，简异二乘。此由菩萨有智故能自利，有悲故能利他，常能悲智双行，不着有无也。言觉行穷满者，简异菩萨。此由如来智行已穷，时劫已满，出过三位，故名为“佛”。

言“说”者，口音陈唱，故名为“说”。又如来对机说法，多种不同，渐顿随宜，隐彰有异，或六根通说，相好亦然，应念随缘，皆蒙证益也。

言“无量寿”者，乃是此地汉音。言“南无阿弥陀佛”者，又是西国正音。又“南”者是“归”，“无”者是“命”，“阿”者是“无”，“弥”者是“量”，“陀”者是“寿”，“佛”者是“觉”，故言“归命无量寿觉”。此乃梵汉相对，其义如此。

今言“无量寿”者是法，“觉”者是人。人法并彰，故名“阿弥陀佛”。

---

① “能仁”，为“释迦”之意译，此处作为佛的代称，指西方极乐世界教主阿弥陀佛。《大正藏》、《卍续藏》作“能人”，今从印光法师校订本。

② 《佛说观无量寿佛经》，又名《佛说观无量寿经》、《佛说无量寿观经》。

又言人法者，是所观之境，即有其二：一者依报，二者正报。

就依报中，即有其三：一者地下庄严，即一切宝幢，光明互相映发等是；二者地上庄严，即一切宝地池林、宝楼宫阁等是；三者虚空庄严，即一切变化宝宫、花网、宝云、化鸟、风光动发声乐等是。如前虽有三种差别，皆是弥陀净国无漏真实之胜相，此即总结成依报庄严也。

又言依报者，从日观下，至花座观以来，总明依报。就此依报中，即有通有别。言别者，花座一观是其别依，唯属弥陀佛也。余上六观是其通依，即属法界之凡圣，但使得生者，共同受用，故言通也。又就此六中，即有真有假。言假者，即日想、水想、冰想等，是其假依，由是此界中相似可见境相故。言真依者，即从琉璃地下，至宝楼观以来，是其真依，由是彼国真实无漏可见境相故。

二就正报中，亦有其二：一者主庄严，即阿弥陀佛是；二者圣众庄严，即现在彼众及十方法界同生者是。

又就此正报中，亦有通有别。言别者，即阿弥陀佛是也。即此别中，亦有真有假。言假正报者，即第八像观是也。观音、势至等亦如是。此由众生障重，染惑处深。佛恐乍想真容，无由显现，故使假立真像以住心，想同彼佛以证境，故言假正报也。言真正报者，即第九真身观是也。此由前假正，渐以息于乱想，心眼得开，粗见彼方清净二报种种庄严，以除昏惑，由除障故，得见彼真实之境相也。言通正报者，即观音、势至①等以下是也。

向来所言通、别、真、假者，正明依正二报也。

言“观”者，照也。常以净信心手，以持智慧之辉，照彼弥陀正依等事。

言“经”者，经也。经能持纬，得成匹丈，有其丈用②。经能持法，理、事相应，定、散随机，义不零落，能令修趣之者，必借教行之缘因，乘愿往生，证彼无为之法乐。既生彼国，更无所畏，长时起行，果极菩

① “势至”，《大正藏》作“圣众”，今从《卍续藏》、印光法师校订本。

② “有其丈用”，印光法师校订本作“有其布用”。

提，法身常住，比若虚空。能招此益，故曰为“经”。

言“一卷”者。此《观经》一部，虽言两会正说，总成斯一，故名“一卷”。

故言：“《佛说无量寿观经》一卷”。

此即释其名义竟。

第三、辩释宗旨不同、教之大小者

如《维摩经》，以不思议解脱为宗。如《大品经》，以空慧为宗。此例非一。今此《观经》，即以观佛三昧为宗，亦以念佛三昧为宗，一心回愿往生净土为体[①]。

言教之大小者。问曰：此经二藏之中何藏摄？二教之中何教收？答曰：今此《观经》，菩萨藏收，顿教摄。

第四、辩说人差别者

凡诸经起说，不过五种：一者佛说，二者圣弟子说，三者天仙说，四者鬼神说，五者变化说。今此《观经》，是佛自说。

问曰：佛在何处说？为何人说？

答曰：佛在王宫，为韦提等说。

第五、料简定散两门

即有其六：一明能请者，即是韦提；二明所请者，即是世尊；三明能说者，即是如来；四明所说，即是定散二善、十六观门；五明能为，即是如来；六明所为，即韦提等是也。

问曰：定、散二善，因谁致请？

---

① “体”，印光法师校订本作“趣”，今仍从《大正藏》本。日僧良忠《观经玄义分传通记》云：“对上两宗，以往生为体。两宗是因，体即是果，果即是趣。”又言：“今则别举两宗所趣，以为其体。”

答曰：定善一门，韦提致请。散善一门，是佛自说。

问曰：未审定、散二善，出在何文？今既教被[①]不虚，何机得受？

答曰：解有二义：

一者，谤法与无信，八难及非人，此等不受也。斯乃朽林硕石[②]，不可有生润之期。此等众生，必无受化之义。除斯以外，一心信乐，求愿往生，上尽一形，下收十念，乘佛愿力，莫不皆往。此即答上何机得受义竟。

二、出在何文者，即有通有别：

言通者，即有三义不同。何者？一、从“韦提白佛：唯愿为我广说无忧恼处”者，即是韦提标心自为通请所求。二、从“唯愿佛日，教我观于清净业处”者，即是韦提自为通请去行。三、从世尊光台现国，即是酬前通请为我广说之言。虽有三义不同，答前通竟。

言别者，则有二义：一、从韦提白佛“我今乐生极乐世界弥陀佛所”者，即是韦提自为别选所求。二、从“唯愿教我思惟，教我正受”者，即是韦提自为请修别行。虽有二义不同，答上别竟。

从此以下，次答定、散两门之义。

问曰：云何名定善？云何名散善？

答曰：从日观下，至十三观以来，名为定善。三福、九品，名为散善。

问曰：定善之中，有何差别？出在何文？

答曰：出何文者，经言：“教我思惟，教我正受。”即是其文。言差别者，即有二义：一谓思惟，二谓正受。言思惟者，即是观前方便，思想彼国依正二报总别相也。即地观文中说言：“如此想者，名为粗见极乐国土。”即合上“教我思惟”一句。言正受者，想心都息，缘虑并亡，三昧相应，名为正受。即地观文中说言：“若得三昧，见彼国地，了了分明。”即合上“教我正受”一句。定、散虽有二义不同，总答上问竟。

---

① “被”，《大正藏》本作“备”。唐代写本二字常通用，“被”字为正。今从印光法师校订本，下同。

② “朽林硕石”，印光法师校订本作“朽木顽石”。

又向来解者与诸师不同。诸师将“思惟”一句，用合三福、九品，以为散善；“正受”一句，用通合十六观，以为定善。如斯解者，将谓不然。何者？如《华严经》说思惟、正受者，但是三昧之异名。与此地观文同。以斯文证，岂得通于散善？又向来韦提上请，但言教我观于清净业处。次下又请，言教我思惟、正受。虽有二请，唯是定善。又散善之文，都无请处，但是佛自开，次下散善缘中说云“亦令未来世一切凡夫”以下，即是其文。

第六、和会《经》《论》相违，广施问答，释去疑情者

就此门中，即有其六：一、先就诸法师解九品之义；二、即以道理来破之；三、重举九品返对破之；四、出文来证，定为凡夫，不为圣人；五、会通别时之意；六、会通二乘种不生之义。

初、言诸师解者[①]

先举上辈三人，言：“上上者，是四地至七地以来菩萨。何故得知？由到彼即得无生忍故。上中者，是初地至四地以来菩萨。何故得知？由到彼经一小劫得无生忍故。上下者，是种性[②]以上至初地以来菩萨。何故得知？由到彼经三小劫始入初地故。此三品人，皆是大乘圣人生位。”

次举中辈三人者，诸师云：“中上是三果人[③]。何以得知？由到彼即得罗汉故。中中者是内凡[④]。何以得知？由到彼得须陀洹故。中下者是世善凡夫，厌苦求生。何以得知？由到彼经一小劫得罗汉果故。此之三品，唯是小乘圣人等也。”

---

① 以下所引九品往生判位之文，均见于隋慧远法师《观无量寿经义疏》，是现存最早的《观经》注疏。

② 种性，即种性住，为十住、十行菩萨位。

③ 据慧远《观无量寿经义疏》，三果人为“小乘人中前三果人”，即阿那含果、斯陀含果、须陀洹果。

④ 内凡，小乘以证得初果前的四善根位为内凡，即暖位、顶位、忍位、世第一法位。

下辈三人者，“是大乘始学凡夫，随过轻重，分为三品，共同一位，求愿往生者。”

未必然也，可知。

第二、即以道理来破者

上言初地至七地以来菩萨者。如《华严经》说，初地以上，七地以来，即是法性生身，变易生身，斯等曾无分段之苦。论其功用，已经二大阿僧祇劫，双修福智，人法两空，并是不可思议神通自在，转变无方。身居报土，常闻报佛说法。悲化十方，须臾遍满。更忧何事，乃借韦提为其请佛，求生安乐国也？以斯文证，诸师所说，岂非错也？答上二竟。

上下者，上言从种性至初地以来者，未必然也。如经说，此等菩萨，名为不退。身居生死，不为生死所染。如鹅鸭在水，水不能湿。如《大品经》说，此位中菩萨，由得二种真善知识守护故不退。何者？一是十方诸佛，二是十方诸大菩萨，常以三业外加，于诸善法无有退失，故名不退位也。此等菩萨，亦能八相成道，教化众生。论其功行，已经一大阿僧祇劫，双修福智等。既有斯胜德，更忧何事，乃借韦提请求生也？以斯文证，故知诸师所判，还成错也。此责上辈竟。

次责中辈三人者。诸师云“中上是三果”者。然此等之人，三途永绝，四趣不生，现在不造罪业[①]，必定不招来报。如佛说言：“此四果人，与我同坐解脱床。”既有斯功力，更复何忧，乃借韦提请求生路？然诸佛大悲于苦者，心偏愍念常没众生，是以劝归净土。亦如溺水之人，急须偏救。岸上之者，何用济为？以斯文证，故知诸师所判，义同前错也。以下可知。

第三、重举九品返对破者

诸师云“上品上生人，是四地至七地以来菩萨”者，何故《观经》云

---

① “现在不造罪业”，《大正藏》、《卍续藏》作“现在虽造罪业”。日僧良忠《观经玄义分传通记》释云：“虽造罪业，不招来报者。初果圣者虽断见惑，修惑犹在。虽不起邪三毒，而起正三毒，故有造罪义。虽有造罪，断见惑故，不感恶趣果。”然既证圣果，岂有仍造罪业之理？今从印光法师校订本。

“三种众生当得往生”。何者为三？一者但能持戒修慈；二者不能持戒修慈，但能读诵大乘；三者不能持戒读经，唯能念佛法僧等。此之三人，各以己业专精励意，一日一夜，乃至七日七夜，相续不断。各回所作之业，求愿往生。命欲终时，阿弥陀佛及与化佛、菩萨大众，放光授手，如弹指顷，即生彼国。以此文证，正是佛去世后，大乘极善上品凡夫，日数虽少，作业时猛。何得判同上圣也？然四地、七地以来菩萨，论其功用，不可思议。岂借一日七日之善，花台授手迎接往生也？此即返对上上竟。

次对上中者，诸师云是初地、四地以来菩萨者，何故《观经》云“不必受持大乘”。云何名“不必”？或读不读，故名不必。但言“善解”，未论其行。又言：“深信因果，不谤大乘，以此善根，回愿往生。命欲终时，阿弥陀佛及与化佛、菩萨大众，一时授手，即生彼国。”以此文证，亦是佛去世后大乘凡夫，行业稍弱，致使终时迎候有异。然初地、四地以来菩萨，论其功用，如《华严经》说，乃是不可思议。岂借韦提致请，方得往生也？返对上中竟。

次对上下者，诸师云是种性以上至初地以来菩萨者，何故《观经》云“亦信因果”。云何“亦信”？或信不信，故名为“亦”。又言：“不谤大乘，但发无上道心。”唯此一句以为正业，更无余善。回斯一行，求愿往生。命欲终时，阿弥陀佛及与化佛、菩萨大众，一时授手，即得往生。以斯文证，唯是佛去世后，一切发大乘心众生，行业不强，致使去时迎候有异。若论此位中菩萨力势，十方净土随意往生，岂借韦提为其请佛，劝生西方极乐国也？返对上下竟。

即此三品，去时有异。云何异？上上去时，佛与无数化佛一时授手。上中去时，佛与千化佛一时授手。上下去时，佛与五百化佛一时授手。直是业有强弱，致使有斯差别耳。

次对中辈三人者，诸师云“中上是小乘三果”者，何故《观经》云：“若有众生，受持五戒、八戒，修行诸戒，不造五逆，无众过患。命欲终时，阿弥陀佛与比丘圣众，放光说法，来现其前。此人见已，即得往生。”以此文证，亦是佛去世后，持小乘戒凡夫。何小圣也？

中中者，诸师云“见道以前内凡”者，何故《观经》云：“受持一日一夜戒，回愿往生。命欲终时见佛，即得往生。”以此文证，岂得言是内凡人也？但是佛去世后无善凡夫，命延日夜，逢遇小缘，授其小戒，回愿往生，以佛愿力，即得生也。若论小圣，去亦无妨。但此《观经》，佛为凡说，不干圣也。

中下者，诸师云“小乘内凡以前世俗凡夫，唯修世福求出离”者，何故《观经》云：“若有众生，孝养父母，行世仁慈。命欲终时，遇善知识，为说彼佛国土乐事，四十八愿等。此人闻已，即生彼国。”以此文证，但是不遇佛法之人，虽行孝养，亦未有心希求出离。直是临终遇善，劝令往生，此人因劝回心，即得往生。又此人在世自然行孝，亦不为出离故行孝道也。

次对下辈三人者，诸师云“此等之人乃是大乘始学凡夫，随过轻重，分为三品，未有道位，难辨阶降”者，将谓不然。何者？此三品人，无有佛法、世俗二种善根，唯知作恶。何以得知？如下上文说，但不作五逆、谤法，自余诸恶悉皆具造，无有惭愧，乃至一念。命欲终时，遇善知识，为说大乘，教令称佛一声。尔时阿弥陀佛即遣化佛、菩萨来迎此人，即得往生。但如此恶人，触目皆是。若遇善缘，即得往生。若不遇善，定入三途，未可出也。

下中者，此人先受佛戒，受已不持，即便毁破，又偷常住僧物、现前僧物，不净说法，乃至无有一念惭愧之心。命欲终时，地狱猛火一时俱至，现在其前。当见火时，即遇善知识，为说彼佛国土功德，劝令往生。此人闻已，即便见佛，随化往生。初不遇善，狱火来迎。后逢善故，化佛来迎，斯乃皆是弥陀愿力故也。

下下者，此等众生，作不善业，五逆十恶，具诸不善。此人以恶业故，定堕地狱，多劫无穷。命欲终时，遇善知识，教称阿弥陀佛，劝令往生。此人依教称佛，乘念即生。此人若不遇善，必定下沉。由终遇善，七宝来迎。

又看此《观经》定善及三辈上下文意，总是佛去世后五浊凡夫，但以遇缘有异，致令九品差别。何者？上品三人，是遇大凡夫。中品三人，是遇小凡夫。下品三人，是遇恶凡夫，以恶业故，临终藉善，乘佛愿力，乃得往生，到彼花开，方始发心，何得言是始学大乘人也？若作此见，自失误他，为害兹甚。今以一一出文显证，欲使今时善恶凡夫，同沾九品，生信无疑，乘佛愿力，悉得生也。

第四、出文显证者

问曰：上来返对之义，云何得知世尊定为凡夫，不为圣人者？未审直以人情准义为当，亦有圣教来证？

答曰：众生垢重，智慧浅近。圣意弘深，岂宁自辄？今者一一悉取佛说以为明证。就此证中，即有其十句。何者？

第一、如《观经》云：佛告韦提："我今为汝广说众譬，亦令未来世一切凡夫，欲修净业者，得生西方极乐国土"者，是其一证也。

二言："如来今者为未来世一切众生，为烦恼贼之所害者，说清净业"者，是其二证也。

三言："如来今者，教韦提希，及未来世一切众生，观于西方极乐世界"者，是其三证也。

四言：韦提白佛："我今因佛力故，见彼国土。若佛灭后，诸众生等，浊恶不善，五苦所逼，云何当见彼佛国土"者，是其四证也。

五、如日观初云：佛告韦提："汝及众生专念"以下，乃至"一切众生自非生盲，有目之徒见日"以来者，是其五证也。

六、如地观中说言：佛告阿难："汝持佛语，为未来世一切众生，欲脱苦者，说是观地法"者，是其六证也。

七、如花座观中说言：韦提白佛："我因佛力，得见阿弥陀佛及二菩萨。未来众生，云何得见"者，是其七证也。

八、次下答请中说言：佛告韦提："汝及众生欲观彼佛者，当起想念"者，是其八证也。

九、如像观中说言：佛告韦提："诸佛如来入一切众生心想中，是故汝等心想佛时"者，是其九证也。

十、如九品之中，一一说言“为诸众生”者，是其十证也。

上来虽有十句不同，证明如来说此十六观法，但为常没众生，不干大小圣也。以斯文证，岂是谬哉？

第五、会通别时意者，即有其二：

一、《论》[①]云：如人念多宝佛，即于无上菩提得不退堕者，凡言菩提，乃是佛果之名，亦是正报道理，成佛之法，要须万行圆备，方乃克成，岂将念佛一行即望成者？无有是处。虽言未证，万行之中，是其一行。何以得知？如《华严经》说：功德云比丘语善财言：“我于佛法三昧海中，唯知一行，所谓念佛三昧。”以此文证，岂非一行也？虽是一行，于生死中乃至成佛，永不退没，故名不堕。

问曰：若尔者，《法华经》云：“一称南无佛，皆已成佛道。”亦应成佛竟也。此之二文，有何差别？

答曰：《论》中称佛，唯欲自成佛果。《经》中称佛，为简异九十五种外道。然外道之中都无称佛之人，但使称佛一口，即在佛道中摄，故言“已竟”。

二、《论》中说云“如人唯由发愿，生安乐土”者，久来通《论》之家，不会《论》意，错引下品下生十声称佛，与此相似，未即得生：“如一金钱得成千者，多日乃得，非一日即得成千。十声称佛，亦复如是，但与远生作因，是故未即得生。”道：“佛直为当来凡夫，欲令舍恶称佛，诳言道生，实未得生，名作别时意”者。何故《阿弥陀经》云：佛告舍利弗：“若有善男子、善女人，闻说阿弥陀佛，即应执持名号，一日乃至七日，一心愿生。命欲终时，阿弥陀佛与诸圣众迎接往生。”次下十方各如恒河沙等诸佛，各出广长舌相，遍覆三千大千世界，说诚实言：“汝等众生，皆应信是一切诸佛所护念经。”言护念者，即是上文一日乃至七日称佛之名也。今既有斯圣教以为明证，未审今时一切行者，不知何意，凡小之论乃加信受，诸佛诚言反将妄语。苦哉奈剧，能出如此不忍之言！虽

① 指真谛译《摄大乘论》，下同。

然，仰愿一切欲往生知识等，善自思量，宁伤今世错信佛语，不可执菩萨论以为指南，若依此执者，即是自失误他也。

问曰：云何起行，而言不得往生？

答曰：若欲往生者，要须行、愿具足，方可得生。今此《论》中，但言发愿，不论有行。

问曰：何故不论？

答曰：乃至一念曾未措心，是故不论。

问曰：愿、行之义，有何差别？

答曰：如经中说：但有其行，行即孤，亦无所至。但有其愿，愿即虚，亦无所至。要须愿行相扶，所为皆克。是故今此《论》中，直言发愿，不论有行，是故未即得生，与远生作因者，其义实也。

问曰：愿意云何，乃言不生？

答曰：闻他说言西方快乐不可思议，即作愿言："我亦愿生。"道此语已，更不相续，故名愿也。今此《观经》中，十声称佛，即有十愿、十行具足。云何具足？言"南无"者，即是归命，亦是发愿回向之义。言"阿弥陀佛"者，即是其行。以斯义故，必得往生。

又来《论》中，称多宝佛，为求佛果，即是正报。下唯发愿，求生净土，即是依报。一正一依，岂得相似？然正报难期，一行虽精未克。依报易求，所以一愿之心未入①。虽然，譬如边方，投化即易，为主即难。今时愿往生者，并是一切投化众生，岂非易也。但能上尽一形，下至十念，以佛愿力，莫不皆往，故名易也。斯乃不可以言定义，取②信之者怀疑。要引圣教来明，欲使闻之者方③能遣惑。

第六、会通二乘种不生义者

问曰：弥陀净国，为当是报、是化也？

---

① 印光法师校订本作"岂以一愿之心即入"。

② "取"，印光法师校订本作"致"。

③ "方"，印光法师校订本作"决"。

答曰：是报非化。云何得知？如《大乘同性经》说：西方安乐阿弥陀佛，是报佛、报土。又《无量寿经》云：法藏比丘，在世饶王佛所，行菩萨道时，发四十八愿。一一愿[①]言："若我得佛，十方众生称我名号，愿生我国，下至十念，若不生者，不取正觉。"今既成佛，即是酬因之身也。又《观经》中，上辈三人临命终时，皆言："阿弥陀佛，及与化佛，来迎此人"。然报身兼化，共来授手，故名为"与"。以此文证，故知是报。

然报、应二身者，眼、目之异名。前翻"报"作"应"，后翻"应"作"报"。凡言"报"者，因行不虚，定招来果，以果应因，故名为"报"。又三大僧祇所修万行，必定应得菩提，今既道成，即是应身。斯乃过、现诸佛，辩立三身。除斯以外，更无别体。纵使无穷八相，名号尘沙，克体而论，总[②]归化摄。今彼弥陀，现是报也。

问曰：既言报者，报身常住，永无生灭。何故《观音授记经》说，阿弥陀佛亦有入涅槃时。此之一义，若为通释？

答曰：入不入义者，唯是诸佛境界，尚非三乘浅智所窥，岂况小凡辄能知也？虽然，必欲知者，敢引佛经以为明证。何者？如《大品经·涅槃非化品》[③]中说云：佛告须菩提："于汝意云何？若有化人作化人，是化颇有实事不空者否？"须菩提言："不也，世尊。"佛告须菩提："色即是化，受、想、行、识即是化，乃至一切种智即是化。"须菩提白佛言："世尊，若世间法是化，出世间法亦是化。所谓四念处、四正勤、四如意足、五根、五力、七觉分、八圣道分、三解脱门，佛十力、四无所畏、四无碍智、十八不共法，并诸法果，及贤圣人，所谓须陀洹、斯陀含、阿那含、阿罗汉、辟支佛、菩萨摩诃萨、诸佛世尊，是法亦是化否？"佛告须菩提："一切法皆是化。于是法中，有声闻法变化，有辟支佛法变化，有菩萨法变化，有诸佛法变化，有烦恼法变化，有业因缘法变化。以是因缘

① "一一愿"，印光法师校订本作"有一愿"。

② "总"，《大正藏》、《卍续藏》作"众"，今从印光法师校订本。下同。

③ 即《摩诃般若波罗蜜经·如化品》。

故，须菩提，一切法皆是化。”须菩提白佛言：“世尊，是诸烦恼断，所谓须陀洹果、斯陀含果、阿那含果、阿罗汉果、辟支佛道，断诸烦恼习，皆是变化否？”佛告须菩提：“若有法生灭相者，皆是变化。”须菩提言：“世尊，何等法非变化？”佛言：“若法无生无灭，是非变化。”须菩提言：“何等是不生不灭非变化？”佛言：“无诳相涅槃，是法非变化。”“世尊，如佛自说诸法平等，非声闻作，非辟支佛作，非诸菩萨摩诃萨作，非诸佛作。有佛无佛，诸法性常空，性空即是涅槃。云何涅槃一法非如化？”佛告须菩提：“如是如是，诸法平等，非声闻所作，乃至性空即是涅槃。若新发意菩萨，闻是一切法皆毕竟性空，乃至涅槃亦皆如化者，心则惊怖。为是新发意菩萨故，分别生灭者如化，不生不灭者不如化耶。”今既以斯圣教，验知弥陀定是报也，纵使后入涅槃，其义无妨。诸有智者应知。

问曰：彼佛及土既言报者。报法高妙，小圣难阶。垢障凡夫，云何得入？

答曰：若论众生垢障，实难欣趣。正由托佛愿以作强缘，致使五乘齐入。

问曰：若言凡夫、小圣得生者，何故天亲《净土论》云：“女人及根缺，二乘种不生。”今彼国中现有二乘。如斯论教，若为消释？

答曰：子但诵其文，不窥理况，加以封拙怀迷，无由启悟。今引佛教以为明证，却汝疑情。何者？即《观经》下辈三人是也。何以得知？如下品上生云：或有众生，多造恶法，无有惭愧。如此愚人命欲终时，遇善知识，为说大乘，教令称阿弥陀佛。当称佛时，化佛、菩萨现在其前，金光花盖，迎还彼土。花开以后，观音为说大乘，此人闻已，即发无上道心。

问曰：“种”之与“心”，有何差别？

答曰：但以取便而言，义无差别。当花开之时，此人身器清净，正堪闻法，亦不简大小，但使得闻，即便生信。是以观音不为说小，先为说大。闻大欢喜，即发无上道心，即名大乘种生，亦名大乘心生。又当花开时，观音先为说小乘者，闻小生信，即名二乘种生，亦名二乘心生。此品既尔，下二亦然。此三品人，俱在彼发心。正由闻大，即大乘种生。由不闻小故，所以二乘种不生。凡言“种”者，即是其心也。

上来解“二乘种不生”义竟。

“女人及根缺”义者，彼无故，可知。

又十方众生修小乘戒行，愿往生者，一无妨碍，悉得往生。但到彼先证小果，证已即转向大。一转向大以去，更不退生二乘之心，故名“二乘种不生”。前解就不定之始，后解就小果之终也，应知。

第七、料简韦提闻佛正说得益分齐者

问曰：韦提既言得忍，未审何时得忍？出在何文？

答曰：韦提得忍，出在第七观初。经云：佛告韦提：“吾当为汝分别解说除苦恼法。”说是语时，无量寿佛住立空中，观音、势至侍立左右。时韦提应时得见，接足作礼，欢喜赞叹，即得无生法忍。何以得知？如下利益分中说言：“得见佛身及二菩萨，心生欢喜，叹未曾有。廓然大悟，得无生忍。”非是光台中见国时得也。

问曰：上文中说言：“见彼国土极妙乐事，心欢喜故，应时即得无生法忍。”此之一义，云何通释？

答曰：如此义者，但是世尊酬前别请，举劝利益方便之由序。何以得知？次下文中说言：“诸佛如来有异方便，令汝得见。”次下日想、水想、冰想，乃至十三观以来，尽名异方便也。欲使众生于此观门，一一得成，见彼妙事，心欢喜故，即得无生。斯乃直是如来慈哀末代，举劝励修，欲令积学之者，无遗圣力冥加现益故也。

证曰：掌握机系，十有三结。条条顺理，以应玄门。讫此义周，三呈前证者矣。

上来虽有七段不同，总是文前玄义。料简《经》《论》相违妨难，一一引教证明。欲使信者无疑，求者无滞，应知。

佛说观无量寿佛经疏卷第二

序分义

△ 从此以下，就文料简，略作五门明义：

一、从“如是我闻”下，至“五苦所逼，云何见极乐世界”以来，明其序分。

二、从日观初句“佛告韦提：汝及众生”下，至下品下生以来，明正宗分。

三、从“说是语时”下，至“诸天发心”以来，正明得益分。

四、从“阿难白佛”下，至“韦提等欢喜”以来，明流通分。此之四义，佛在王宫一会正说。

五、从阿难为耆阇大众传说，复是一会，亦有三分：一、从“尔时世尊足步虚空，还耆阇崛山”以来，明其序分；二、从“阿难广为大众说如上事”以来，明正宗分；三、从一切大众欢喜奉行以来，明流通分。

然化必有由，故先明序。由序既兴，正陈所说，次明正宗。为说既周，欲以所说传持末代，叹胜劝学，后明流通。

上来虽有五义不同，略料简序、正、流通义竟。

△ 又就前序中，复分为二：一、从“如是我闻”一句，名为证信序。二、从“一时”下，至“云何见极乐世界”以来，正明发起序。

【经】如是我闻。

【疏】初、言证信者，即有二义：一谓“如是”二字，即总标教主能说之人。二谓“我闻”两字，即别指阿难能听之人。故言“如是我闻”。此即双释二意也。

又言“如是”者，即指法，定、散两门也。“是”即定辞，机行必益。此明如来所说，言无错谬，故名“如是”。

又言“如”者，如众生意也。随心所乐，佛即度之，机教相应，复称为“是”。故言“如是”。

又言“如是”者，欲明如来所说，说渐如渐，说顿如顿，说相如相，说空如空，说人法如人法，说天法如天法，说小如小，说大如大，说凡如凡，说圣如圣，说因如因，说果如果，说苦如苦，说乐如乐，说远如远，说近如近，说同如同，说别如别，说净如净，说秽如秽。说一切诸法，千差万别，如来观知，历历了然。随心起行，各益不同，业果法然，总无错失，又称为“是”。故言“如是”。

言“我闻”者，欲明阿难是佛侍者，常随佛后，多闻广识，身临座下，能听能持，教旨亲承，表无传说之错，故曰“我闻”也。

又言证信者，欲明阿难禀承佛教，传持末代，为对众生故，如是观法，我从佛闻，证诚可信，故名证信序。此就阿难解也。

△ 二、就发起序中，细分为七：初、从“一时佛在”下，至“法王子而为上首”以来，明化前序。二、从“王舍大城”下，至“颜色和悦”以来，正明发起序禁父之缘。三、从“时阿阇世”下，至“不令复出”以来，明禁母缘。四、从“时韦提希被幽闭”下，至“共为眷属”以来，明厌苦缘。五、从“唯愿为我广说”下，至“教我正受”以来，明其欣净缘。六、从“尔时世尊即便微笑”下，至“净业正因”以来，明散善显行缘。七、从“佛告阿难等谛听”下，至“云何当见极乐世界[①]”以来，正明定善示观缘。上来虽有七段不同，广料简发起序竟。

【经】**一时，佛在王舍城耆阇崛山中，与大比丘众千二百五十人俱。菩萨三万二千，文殊师利法王子而为上首。**

---

① “云何当见极乐世界”，《大正藏》、《卍续藏》作“云何得见极乐国土”，今从印光法师校订本。

【疏】初解[①]化前序者，就此序中，即有其四：

初、言“一时”者，正明起化之时。佛将说法，先托于时处。但以众生开悟，必借因缘。化主临机，待于时处。

又言“一时”者，或就日夜十二时，年月四时等，此皆是如来应机摄化时也。言“处”者，随彼所宜，如来说法，或在山林处，或在王宫、聚落处，或在旷野、冢间处，或在多少人天处，或在声闻、菩萨处，或在八部人天王等处，或在纯凡若多一二处，或在纯圣若多一二处。随其时处，如来观知，不增不减，随缘授法，各益所资。斯乃洪钟虽响，必待扣而方鸣。大圣垂慈，必待请而当说。故名“一时”也。

又“一时”者，阿阇世正起逆时。佛在何处？当此一时，如来独与二众在彼耆阇。此即以下形上意也。故曰“一时”。

又言“一时”者，佛与二众于一时中在彼耆阇，即闻阿阇世起此恶逆因缘。此即以上形下意也。故曰“一时”。

二、言“佛”者，此即标定化主，简异余佛，独显释迦意也。

三、从“在王舍城”以下，正明如来游化之处。即有其二：一、游王城聚落，为化在俗之众。二、游耆山等处，为化出家之众。

又在家者，贪求五欲相续是常，纵发清心，犹如画水。但以随缘普益，不舍大悲，道俗形殊，无由共住。此名境界住也。

又出家者，亡身舍命，断欲归真，心若金刚，等同圆镜，悕求佛地，即弘益自他，若非绝离嚣尘，此德无由可证。此名依止住也。

四、从“与大比丘众”下，至“而为上首”以来，明佛徒众。就此众中，即分为二：一者声闻众，二者菩萨众。

就声闻众中，即有其九：初言“与”者，佛身兼众，故名为“与”；二者总大；三者相大；四者众大；五者耆年大；六者数大；七者尊宿大；八者内有实德大；九者果证大。

---

① “初解”，《大正藏》作“二次解”，今从《卍续藏》、印光法师校订本。

问曰：一切经首，皆有此等声闻以为由致[①]，有何所以？

答曰：此有别意。云何别意？此等声闻多是外道。如《贤愚经》说：优楼频螺迦叶领五百弟子，修事邪法。伽耶迦叶领二百五十弟子，修事邪法。那提迦叶领二百五十弟子，修事邪法。总有一千，皆受佛化，得罗汉道。其二百五十者，即是舍利、目连弟子，共领一处，修事邪法，亦受佛化，皆得道果。此等四众，合为一处，故有千二百五十人也。

问曰：此众中亦有非外道者，何故总标？

答曰：如经中说，此诸外道，常随世尊，不相舍离。然结集之家，简取外德，故有异名。是外道者多，非者少。

又问曰：未审此等外道，常随佛后，有何意也？

答曰：解有二义：一就佛解，二就外道解。

就佛解者。此诸外道，邪风久扇，非是一生，虽入真门，气习犹[②]在。故使如来知觉，不令外化，畏损众生正见根芽，恶业增长，此世后生，不收果实。为此因缘，摄令自近，不听外益。此即就佛解竟。

次就外道解者。迦叶等意，自惟旷劫久沉生死，循还六道，苦不可言。愚痴恶见，封执邪风，不值明师，永流于苦海。但以宿缘有遇，得会慈尊，法泽无私，我曹蒙润。寻思佛之恩德，碎身之极惘然，致使亲事灵仪，无由暂替。此即就外道解竟。

又问曰：此等尊宿，云何名“众所知识”？

答曰：德高曰尊，耆年曰宿。一切凡圣，知彼内德过人，识其外相殊异，故名“众所知识”。

上来虽有九句不同，解声闻众竟。

次解菩萨众，就此众中，即有其七：一者标相，二者标数，三者标位，四者标果，五者标德，六者别显文殊高德之位，七者总结。

---

① “由致”，《大正藏》、《卍续藏》作“犹置”，今从印光法师校订本。

② “犹”，《大正藏》、《卍续藏》作“由”，古文二字互通，今依印光法师校订本改。下同。

又此等菩萨，具无量行愿，安住一切功德之法，游步十方，行权方便，入佛法藏，究竟彼岸。于无量世界，化成等觉，光明显曜，普照十方，无量佛土，六种震动。随缘开示，即转法轮，扣法鼓，执法剑，震法雷，雨法雨，演法施，常以法音，觉诸世间，掴裂邪网，消灭诸见，散诸尘劳，坏诸欲堑，显明清白，光融佛法，宣流正化。愍伤众生，未曾慢恣，得平等法，具足无量百千三昧，于一念顷，无不周遍，荷负群生，爱之如子，一切善本，皆度彼岸。悉获诸佛无量功德，智慧开朗，不可思议。

虽有七句不同，解菩萨众讫。

上来虽有二众不同，广明化前序竟。

【经】**尔时王舍大城，有一太子，名阿阇世，随顺调达恶友之教，收执父王频婆娑罗，幽闭置于七重室内。制诸群臣，一不得往。国太夫人，名韦提希，恭敬大王。澡浴清净，以酥蜜和麨，用涂其身。诸璎珞中，盛葡萄浆，密以上王。尔时大王，食麨饮浆，求水漱口。漱口毕已，合掌恭敬，向耆阇崛山，遥礼世尊，而作是言："大目犍连，是吾亲友，愿兴慈悲，授我八戒。"时目犍连，如鹰隼飞，疾至王所。日日如是，授王八戒。世尊亦遣尊者富楼那，为王说法。如是时间，经三七日。王食麨蜜，得闻法故，颜色和悦。**

【疏】二、就禁父缘中，即有其七：

一、言"尔时王舍大城"者[①]，总明起化处。此明往古百姓，但城中造舍，即为天火所烧。若是王家舍宅，悉无火近。后时百姓共奏于王："臣等造宅，数为天火所烧。但是王舍，悉无火近。不知有何所以？"王告奏人："自今以后，卿等造宅之时，但言我今为王造舍。"奏人等各奉王敕，归还造舍，更不被烧。因此相传，故名"王舍"。言"大城"者，此城极大，居民九亿[②]，故道"王舍大城"也。

---

① "言'尔时王舍大城'者"，《大正藏》、《卍续藏》作"从尔时王舍大城以下"，今改。

② 据佛典记载，古代印度的"亿"有四种计数法，所表示的数依次为十万、百万、千万、万万。

言起化处者，即有其二：一谓阇王起恶，即有禁父母之缘，因禁则厌此娑婆，愿托无忧之世界。二则如来赴请，光变为台，影现灵仪。夫人即求生安乐，又倾心请行。佛开三福之因，正观即是定门，更显九章之益。为此因缘，故名起化处也。

二、从“有一太子”下，至“恶友之教”以来，正明阇王恍忽之间，信受恶人所误。

言“太子”者，彰其位也。言“阿阇世”者，显其名也。又“阿阇世”者，乃是西国正音，此地往翻名“未生怨”，亦名“折指”。

问曰：何故名“未生怨”，及名“折指”也？

答曰：此皆举昔日因缘，故有此名。言因缘者，原本父王无有子息，处处求神，竟不能得。忽有相师而奏王言：“臣知山中有一仙人，不久舍寿。命终以后，必当与王作子。”王闻欢喜：“此人何时舍命？”相师答王：“更经三年，始可命终。”王言：“我今年老，国无继祀。更满三年，何由可待？”王即遣使入山，往请仙人曰：“大王无子，阙无绍继。处处求神，困不能得。乃有相师瞻见大仙，不久舍命，与王作子。请愿大仙垂恩早赴。”使人受教入山，到仙人所，具说王请因缘。仙人报使者言：“我更经三年始可命终，王敕即赴者，是事不可。”使奉仙教，还报大王，具述仙意。王曰：“我是一国之主，所有人、物，皆归属我。今故以礼相屈，乃不承我意！”王更敕使者：“卿往重请，请若不得，当即杀之。既命终已，可不与我作子也？”使人受敕，至仙人所，具道王意。仙人虽闻使说，意亦不受。使人奉敕，即欲杀之。仙人曰：“卿当语王：我命未尽，王以心口遣人杀我。我若与王作儿者，还以心口遣人杀王。”仙人道此语已，即受死。既死已，即托王宫受生。当其日夜，夫人即觉有身。王闻欢喜，天明即唤相师，以观夫人是男是女。相师观已，而报王言：“是儿非女。此儿于王有损。”王曰：“我之国土，皆舍属之，纵有所损，吾亦无畏。”王闻此语，忧喜交怀。王白夫人言：“吾共夫人私自平章，相师道儿于吾有损。夫人待生之日，在高楼上，当天井中生之，勿令人承接，落在于地，岂容不死也？吾亦无忧，声亦不露。”夫人即可王之计，及其生时，一如前法。生已堕地，命便不断，唯损手小指。因即外人同唱言“折指太子”也。

言“未生怨”者，此因提婆达多起恶妒之心故，对彼太子显发昔日恶缘。云何妒心而起恶缘？提婆恶性，为人凶猛，虽复出家，恒常妒佛名闻利养。然父王是佛檀越，于一时中，多将供养奉上如来，谓金银七宝、名衣上服、百味果食等，一一色色，皆五百车。香花伎乐，百千万众，赞叹围绕，送向佛会，施佛及僧。时调达见已，妒心更盛，即向舍利弗所，求学身通。尊者语言：“仁者且学四念处，不须学身通也。”既请不遂心，更向余尊者边求，乃至五百弟子等，悉无人教，皆遣学四念处。请不得已，遂向阿难边学，语阿难言：“汝是我弟，我欲学通，一一次第教我。”然阿难虽得初果，未证他心，不知阿兄私密学通，欲于佛所起于恶计。阿难遂即唤向静处，次第教之：跏趺正坐，先教将心举身似动，想去地一分一寸，想一尺一丈，想至舍，作空无碍想，直过上空中想，还摄心下至本坐处想。次将身举心，初时去地一分一寸等，亦如前法。以身举心，以心举身，亦随既至上空已，还摄取身下至本坐处。次想身心合举，还同前法，一分一寸等，周而复始。次想身心入一切质碍色境中，作不质碍想。次想一切山河大地等色，入自身中，如空无碍，不见色相。次想自身或大，遍满虚空，坐卧自在，或坐或卧，以手捉动日月。或作小身，入微尘中，一切皆作无碍想。阿难如是次第教已。时调达既受得法已，即别向静处，七日七夜，一心专注，即得身通，一切自在，皆得成就。既得通已，即向太子殿前，在于空中现大神变。身上出火，身下出水。或左边出水，右边出火。或现大身，或现小身，或坐卧空中，随意自在。太子见已，问左右曰：“此是何人？”左右答太子言：“此是尊者提婆。”太子闻已，心大欢喜，遂即举手唤言：“尊者何不下来？”提婆既见唤已，即化作婴儿，直向太子膝上。太子即抱，呜口弄之，又唾口中，婴儿遂咽之。须臾还复本身。太子既见提婆种种神变，转加敬重。既见太子心敬重已，即说父王供养因缘，色别五百乘车，载向佛所，奉佛及僧。太子闻已，即语尊者：“弟子亦能备具色各五百车，供养尊者及施众僧，可不如彼也？”提婆言：“太子此意大善。”自此以后，大得供养，心转高慢。譬如以杖打恶狗鼻，转增狗恶。此亦如是，太子今将利养之杖，打提婆贪心狗鼻，转加恶盛。因此破僧，改佛法戒，教戒不同。待佛普为凡圣大众说法之时，即来会中，从佛索于徒众，并诸法藏，尽付嘱我。世尊年将老迈，宜可就静，内自将养。一切大众闻提婆此语，愕尔迭互相看，甚生惊怪。尔时世尊即对大众语提婆言：“舍利、目连等，即大法将，我尚不将佛法付嘱，况汝痴人食唾者乎！”时提婆闻佛对众毁辱，犹如毒箭入心，更发痴狂之意。借此因缘，即向太子所，共论恶计。太子既见尊者，敬心承问言：“尊者今日颜色憔悴，不同往昔。”提婆答曰：“我今憔悴，正为太子也。”太子敬问：“尊者为我，有何意也？”提婆即答云：“太子知否？世尊年老，无所堪任，当可除之，我自作佛。父王年老，亦可除之，太子自坐正位。新王、新佛治化，岂不乐乎！”太子闻之，极大瞋怒：“勿作是说！”又言：“太子莫瞋。父王于太子，全无恩德。初欲生太子时，父王即遣夫人在百尺楼上当天井中生，即望堕地令死。正以太子福力故，命根不断，但损小指。若不信者，自看小指，足以为验。”太子既闻此语，更重审言：“实尔已否？”提婆答言：“此若不实，我可故来作漫语也？”因此语已，遂即信用提婆恶见之计。故道“随顺调达恶友之教”也。

三、从“收执父王”下，至“一不得往”以来，正明父王为子幽禁。此明阇世取提婆之恶计，顿舍父子之情，非直失于罔极之恩，逆响因兹满路。

忽掩王身，曰“收”。既得不舍，曰“执”。故名“收执”也。言“父”者，别显亲之极也。“王”者，彰其位也。“频婆”者，彰其名也。

言“幽闭七重室内”者。所为既重，事亦非轻，不可浅禁人间，全无守护。但以王之宫阁，理绝外人，唯有群臣则久来承奉，若不严制，恐有情通。故使内外绝交，闭在七重之内也。

四、从“国太夫人”下，至“密以上王”以来，正明夫人密奉王食。

言“国太[1]”者，此明最大也。言“夫人”者，标其位也。言“韦提”

---

① “国太”，《大正藏》、《卍续藏》作“国太夫人”，今从印光法师校订本。

者，彰其名也。

言“恭敬大王”者，此明夫人既见王身被禁，门户极难，音信不通，恐绝王身命，遂即香汤澡浴，令身清净，即取酥蜜先涂其身，后取干麨，始安酥蜜之上，即着净衣覆之在外，衣上始着璎珞，如常服法，令外人不怪。又取璎珞孔，一头以蜡塞之，一头孔中盛葡萄浆，满已还塞，但是璎珞，悉皆如此。庄严既竟，徐步入宫，与王相见。

问曰：诸臣奉敕，不许见王。未审夫人，门家不制，放令得入者，有何意也？

答曰：诸臣身异，复是外人，恐有情通，致使严加重制。又夫人者，身是女人，心无异计，与王宿缘业重，久近夫妻，别体同心，致使人无外虑，是以得入，与王相见。

五、从“尔时大王食麨”下，至“授我八戒”以来，正明父王因禁请法。

此明夫人既见王已，即刮取身上酥麨，团授与王。王得即食，食麨既竟，即于宫内，夫人求得净水，与王漱口。净口已竟，不可虚引时朝，心无所寄，是以虔恭合掌，回面向于耆阇，致敬如来，请求加护。此明身业敬，亦通有意业也。“而作是言”以下，正明口业请，亦通有意业也。

言“大目连是吾亲友”者，有其二意：但目连在俗，是王别亲；既得出家，即是门师。往来宫阁，都无障碍。然在俗为亲，出家名友，故名“亲友”也。

言“愿兴慈悲，授我八戒”者，此明父王敬法情深，重人过己。若未逢幽难，奉请佛僧，不足为难。今既被囚，无由致屈，是以但请目连，受于八戒也。

问曰：父王遥敬，先礼世尊。及其受戒，即请目连。有何意也？

答曰：凡圣极尊，无过于佛。倾心发愿，即先礼大师。戒是小缘，是以唯请目连来授。然王意者，贵存得戒，即是义周，何劳迂屈世尊也。

问曰：如来戒法，乃有无量。父王唯请八戒，不请余也？

答曰：余戒稍宽，时节长远，恐畏中间失念，流转生死。其八戒者，如余佛经说，在家人持出家戒。此戒持心，极细极急。何意然者？但时节稍促，唯限一日一夜作法即舍。云何知此戒用心行细？如戒文中具显，云："佛子，从今旦至明旦，一日一夜，如诸佛不杀生，能持否？"答言："能持。"第二又云："佛子，从今旦至明旦，一日一夜，如诸佛不偷盗，不行淫，不妄语，不饮酒，不得脂粉涂身，不得歌舞唱伎及往观听，不得上高广大床。"此上八是戒非斋。"不得过中食"，此一是斋非戒。此等诸戒，皆引诸佛为证。何以故？唯佛与佛，正习俱尽。除佛以还，恶习等犹在，是故不引为证也。是以得知，此戒用心起行，极是细急。又此戒，佛说有八种胜法，若人一日一夜具持不犯，所得功德，超过人、天、二乘境界，如经广说。有斯益故，致使父王日日受之。

六、从"时目犍连[①]"下，至"为王说法"以来，明其父王因请，得蒙圣法。

此明目连得他心智，遥知父王请意，即发神通，如弹指顷，到于王所。又恐人不识神通之相，故引快鹰为喻。然目连通力，一念之顷，绕四天下百千之匝，岂得与鹰为类也？如是比较，乃有众多，不可具引，如《贤愚经》具说。

言"日日如是，授王八戒"者，此明父王延命，致使目连数来授戒。

问曰：八戒既言胜者，一受即足，何须日日受之？

答曰：山不厌高，海不厌深，刀不厌利，日不厌明，人不厌善，罪不厌除，贤不厌德，佛不厌圣。然王意者，既被囚禁，更不蒙进止，念念之中，畏人唤杀。为此昼夜倾心，仰凭八戒，望欲积善增高，拟资来业。

言"世尊亦遣富楼那，为王说法"者，此明世尊慈悲意重，愍念王身忽遇囚劳，恐生忧悴。然富楼那者，于圣弟子中最能说法，善有方便，开发人心。为此因缘，如来发遣，为王说法，以除忧恼。

七、从"如是时间"下，至"颜色和悦"以来，正明父王因食闻法，多日不死。此正明夫人多时奉食，以除饥渴。二圣又以戒法内资，善开王意。食能延命，戒法养神。失苦亡忧，致使颜容和悦也。

上来虽有七句不同，广明禁父缘竟。

---

① "时目犍连"，《大正藏》、《卍续藏》作"时大目连"，今从印光法师校订本。

【经】时阿阇世问守门者：“父王今者犹存在耶？”时守门人白言：“大王，国太夫人身涂麨蜜，璎珞盛浆，持用上王。沙门目连，及富楼那，从空而来，为王说法，不可禁制。”时阿阇世闻此语已，怒其母曰：“我母是贼，与贼为伴。沙门恶人，幻惑咒术，令此恶王多日不死。”即执利剑，欲害其母。时有一臣，名曰月光，聪明多智，及与耆婆，为王作礼，白言：“大王，臣闻《毗陀论经》说，劫初以来，有诸恶王，贪国位故，杀害其父一万八千。未曾闻有无道害母。王今为此杀逆之事，污刹利种，臣不忍闻，是旃陀罗，我等不宜复住于此。”时二大臣说此语竟，以手按剑，却行而退。时阿阇世，惊怖惶惧，告耆婆言：“汝不为我耶？”耆婆白言：“大王，慎莫害母。”王闻此语，忏悔求救，即便舍剑，止不害母。敕语内官，闭置深宫，不令复出。

【疏】三、就禁母缘中，即有其八：

一、从“时阿阇世”下，至“犹存在耶”以来，正明问父音信。此明阇王禁父，日数既多，人交总绝，水食不通，二七有余，命应终也。作是念已，即至宫门，问守门者：“父王今者犹存在耶？”

问曰：若人食一餐之饭，限至七日即死。父王已经三七，计合命断无疑。阇王何以不直问曰：“门家，父王今者死竟耶？”云何致疑而问“犹存在”者，有何意也？

答曰：此是阇王意密问也。但以万基之主，举动不可随宜。父王既是天性情亲，无容言问死，恐失在当时，以成讥过。但以内心标死，口问在者，为欲息灭[1]恶逆之声也。

二、从“时守门人白言”下，至“不可禁制”以来，正明门家以事具答。

此明阇世前问父王在者，今次门家奉答。白言：“大王，国太夫人”以下，正明夫人密奉王食，王既得食，食能延命，虽经多日，父命犹存。此乃夫人之意，非是门家之过。

问曰：夫人奉食，身上涂麨，衣下密覆，出入往还，无人得见。何故门家具显夫人奉食之事？

---

① “灭”，《大正藏》、《卍续藏》作“永”，今据印光法师校订本改。

答曰：一切私密，不可久行。纵巧牢藏，事还彰露。父王既禁在宫内，夫人日日往还，若不密持麨食，王命无由得活。今言密者，望门家述夫人意也。夫人谓密，外人不知。不期门家尽以觉之，今既事穷，无由相隐，是以一一具向王说。

言“沙门目连”以下，正明二圣腾空来去，不由门路，日日往还，为王说法。大王当知，夫人进食，先不奉王教，所以不敢遮约；二圣乘空，此亦不由门制也。

三、从“时阿阇世闻此语”下，至“欲害其母”以来，正明世王瞋怒。

此明阇王既闻门家分疏已，即于夫人心起恶怒，口陈恶辞。又起三业逆，三业恶。骂父母为贼，名口业逆。骂沙门者，名口业恶。执剑杀母，名身业逆。身口所为，以心为主，即名意业逆。又复前方便为恶，后正行为逆。

言“我母是贼”以下，正明口出恶辞。云何骂母为贼，贼之伴也？但阇王原心致怨于父，恨不早终。母乃私为进粮，故令不死。是故骂言：“我母是贼，贼之伴”也。

言“沙门恶人”以下，此明阇世瞋母进食，复闻沙门与王来去，致使更发瞋心，故云：“有何咒术，而令恶王多日不死？”

言“即执利剑”以下，此明世王瞋盛，逆及于母。何其痛哉！撮头拟剑，身命顿在须臾。慈母合掌，曲身低头，就儿之手。夫人尔时热汗遍流，心神闷绝。呜呼哀哉！恍忽之间，逢斯苦难。[①]

---

① 印光法师注：“‘即执利剑，欲害其母。’推其情理，囚父之宫，去母住处，必定遥远。阇王一闻门家之言，即时怒气勃发，即拔身所佩剑，口出恶言，高声大叫，疾向母所，欲断其命。正奔驰间，二臣闻知，恐有不测，立即佩剑来谏，遂得尚未见母，中道而止。如此大怒，若得见母，当即劈头一剑，顿令身首两分。何暇以手撮头，方才拟剑？倘利剑一拟，岂容中止，而二臣得以从容作礼而谏也？当知决定尚未见母，纵见，亦尚未临身。以王宫广大，不能一踏即至。若是平民，则已危矣。《疏》谓‘撮头拟剑’，及‘曲身低头，就儿之手’者，恐未细详其致也。”

四、从“时有一臣，名曰月光”下，至“却行而退”以来，正明二臣切谏不听。

此明二臣乃是国之辅相，立政之纲纪，望得万国扬名，八方昉[1]习。忽见阇王起于悖逆，执剑欲杀其母，不忍见斯恶事，遂与耆婆犯颜设谏也。

言“时”者，当阇王欲杀母时也。言“有一大臣”者，彰其位也。言“月光”者，彰其名也。言“聪明多智”者，彰其德也。言“及与耆婆”者，耆婆亦是父王之子，柰女之儿，忽见家兄于母起逆，遂与月光同谏。

言“为王作礼”者，凡欲咨谏大人之法，要须设拜以表身敬。今此二臣亦尔，先设身敬，觉动王心。敛手曲躬，方陈本意也。

又“白言大王”者，此明月光正欲陈辞，望得阇王开心听揽。为此因缘故，须先白言。

“臣闻《毗陀论经》说”者，此明广引古今书史、历帝之文记。古人云：“言不关典，君子所惭。”今既谏事不轻，岂可虚言妄说。

言“劫初以来”者，彰其时也。言“有诸恶王”者，此明总标非礼暴逆之人也。言“贪国位故”者，此明非意所贪，夺父坐处也。言“杀害其父”者，此明既于父起恶，不可久留，故须断命也。言“一万八千”者，此明王今杀父，与彼类同也。

言“未曾闻有无道害母”者，此明自古至今，害父取位，史籍良谈。贪国杀母，都无记处。若论劫初以来，恶王贪国，但杀其父，不加慈母。此则引古异今。大王今者贪国杀父，父则有位可贪，可使类同于古。母即无位可求，横加逆害，是以将今异昔也。

言“王今为此杀母”者，污刹利种也。言“刹利”者，乃是四姓高元，王者之种，代代相承，岂同凡碎？言“臣不忍闻”者，见王起恶，损辱宗亲，恶声流布，我之姓望，耻惭无地。言“是旃陀罗”者，乃是四姓之下流也，此乃性怀凶恶，不闲仁义，虽着人皮，行同禽兽。王居上族，押临万基之主，今既起恶加恩，与彼下流何异也？

---

① “昉”，通“访”，印光法师校订本作“仿”。

言“不宜住此”者，即有二义：一者王今造恶，不存风礼。京邑神州，岂遣旃陀罗为主也？此即摈出宫城意也。二者王虽在国，损我宗亲，不如远摈他方，永绝无闻之地。故云“不宜住此”也。

言“时二大臣说此语”以下，此明二臣直谏，切语极粗，广引古今，望得王心开悟。言“以手按剑”者，臣自按手中剑也。

问曰：谏辞粗恶，不避犯颜。君臣之义既乖，何以不回身直去，乃言“却行而退”也？

答曰：粗言虽逆王，望息害母之心。又恐瞋毒未除，系剑危己。是以按剑自防，却行而退。

五、从“时阿阇世惊怖”下，至“汝不为我耶”以来，正明世王生怖。此明阇世既见二臣谏辞粗切，又睹按剑而去，恐臣背我，向彼父王，更生异计，致使情地不安，故称“惶惧”。彼既舍我，不知为谁？心疑不决，遂即口问审之，故云：“耆婆，汝不为我耶？”言“耆婆”者，是王之弟也。古人云：“家有衰祸，非亲不救。”汝既是我弟者，岂同月光也？

六、从“耆婆白言”下，至“慎莫害母”以来，明二臣重谏。此明耆婆实答大王，若欲得我等为相者，愿勿害母也。此直谏竟。

七、从“王闻此语”下，至“止不害母”以来，正明阇王受谏，放母残命。此明世王既得耆婆谏已，心生悔恨，愧前所造，即向二臣求哀乞命，因即放母脱于死难，手中之剑还归本匣。

八、从“敕语内官”下，至“不令复出”以来，明其世王余瞋禁母。此明世王虽受臣谏放母，犹有余瞋，不令在外。敕语内官，闭置深宫，更莫令出与父王相见。

上来虽有八句不同，广明禁母缘竟。

【经】时韦提希，被幽闭已，愁忧憔悴，遥向耆阇崛山，为佛作礼，而作是言：“如来世尊，在昔之时，恒遣阿难，来慰问我。我今愁忧。世尊威重，无由得见。愿遣目连、尊者阿难，与我相见。”作是语已，悲泣雨泪，遥向佛礼。未举头顷，尔时世尊在耆阇崛山，知韦提希心之所念，即敕大目犍

连，及以阿难，从空而来。佛从耆阇崛山没，于王宫出。时韦提希，礼已举头，见世尊释迦牟尼佛，身紫金色，坐百宝莲花。目连侍左，阿难侍右。释、梵、护世、诸天，在虚空中，普雨天花，持用供养。时韦提希见佛世尊，自绝璎珞，举身投地，号泣向佛，白言："世尊！我宿何罪，生此恶子？世尊复有何等因缘，与提婆达多共为眷属？"

【疏】四、就厌苦缘中，即有其四：

一、从"时韦提希"下，至"憔悴"以来，正明夫人为子幽禁。此明夫人虽免死难，更闭在深宫，守当极牢，无由得出，唯有念念怀忧，自然憔悴，伤叹曰："祸哉今日苦，遇值阇王唤，利刃中间结，复置深宫难！"

问曰：夫人既得免死入宫，宜应讶乐，何因反更愁忧也？

答曰：即有三义不同：一明夫人既自被闭，更无人进食与王，王又闻我在难，转更愁忧，今既无食加忧者，王之身命定应不久。二明夫人既被囚难，何时更见如来之面及诸弟子。三明夫人奉教，禁在深宫，内官守当水泄不通，旦夕之间唯愁死路。有斯三义切逼身心，得无憔悴也？

二、从"遥向耆阇崛山"下，至"未举头顷"以来，正明夫人因禁请佛，意有所陈。此明夫人既在囚禁，自身无由得到佛边，唯有单心面向耆阇，遥礼世尊，愿佛慈悲，表知弟子愁忧之意。

言"如来在昔之时"以下，此有二义：一明父王未被禁时，或可王及我身亲到佛边，或可如来及诸弟子亲受王请。然我及王身俱在囚禁，因缘断绝，彼此情乖。二明父王在禁以来，数蒙世尊遣阿难来慰问我。云何慰问？以见父王囚禁，佛恐夫人忧恼，以是因缘，故遣慰问也。

言"世尊威重，无由得见"者，此明夫人内自卑谦，归尊于佛。弟子秽质女身，福因鲜薄。佛德威高，无由轻触。愿遣目连等，与我相见。

问曰：如来即是化主，应不失时宜。夫人何以不三加致请，乃唤目连等，有何意也？

答曰：佛德尊严，小缘不敢辄请。但见阿难，欲传语往白世尊。佛知我意，复使阿难传佛之语指授于我。以斯义故，愿见阿难。

言"作是语已"者，总说前意竟也。言"悲泣雨泪"者，此明夫人自惟罪重，请佛加哀，致敬情深，悲泪满目。但以渴仰灵仪，复加遥礼，叩顶踌躇，须臾未举。

三、从“尔时世尊”下，至“天花持用供养”以来，正明世尊自来赴请。

此明世尊虽在耆阇，已知夫人心念之意。言“敕大目连等从空而来”者，此明应夫人请也。言“佛从耆山没”者，此明夫人宫内禁约极难，佛若现身来赴，恐畏阇世知闻，更生留难。以是因缘，故须此没彼出也。

言“时韦提礼已举头”者，此明夫人致敬之时也。言“见佛世尊”者，此明世尊宫中已出，致使夫人举头即见。

言“释迦牟尼佛”者，简异余佛。但诸佛名通，身相不异，今故标定释迦，使无疑也。言“身紫金色”者，显定其相也。言“坐百宝花”者，简异余座也。言“目连侍左”等者，此明更无余众，唯有二僧。

言“释、梵、护世”者，此明天王众等，见佛世尊隐显王宫，必说稀奇之法，我等天人因韦提故，得听未闻之益。各乘本念，普住临空，天耳遥餐，雨花供养。又言“释”者，即是天帝也。言“梵”者，即是色界梵王等也。言“护世”者，即是四天王也。言“诸天”者，即是色、欲界等天众，既见天王来向佛边，彼诸天众亦从王来，闻法供养。

四、从“时韦提希见世尊”下，至“与提婆共为眷属”以来，正明夫人举头见佛，口言伤叹，怨结情深也。

言“自绝璎珞”者，此明夫人身庄璎珞，犹爱未除，忽见如来，羞惭自绝。

问曰：云何自绝也？

答曰：夫人乃是贵中之贵，尊中之尊。身四威仪，多人供给。所着衣服，皆使傍人。今既见佛，耻愧情深，不依钩带，顿自掣却，故云“自绝”也。

言“举身投地”者，此明夫人内心感结，怨苦难堪，是以从坐踊身而立，从立踊身投地，此乃叹恨处深，更不事礼拜威仪也。

言“号泣向佛”者，此明夫人婉转佛前，闷绝号哭。言“白言[①]”以

① “白言”，《大正藏》、《卍续藏》作“白佛”，今据经文订正。

下，此明夫人婉转涕哭，良久[1]少惺，始正身威仪，合掌白佛："我自一生以来，未曾造其大罪。未审宿业因缘有何殃咎，而与此儿共为母子？"此明夫人既自障深，不识宿因，今被儿害，谓是横来，愿佛慈悲，示我径路。

言"世尊复有何等因缘"以下，此明夫人向佛陈诉："我是凡夫，罪惑不尽，有斯恶报，是事甘心。世尊旷劫行道，正习俱亡，众智朗然，果圆号佛。未审有何因缘，乃与提婆共为眷属？"此意有二：一明夫人致怨于子，忽于父母狂起逆心。二明又恨提婆教我阇世造斯恶计，若不因提婆者，我儿终无此意也。为此因缘，故致斯问。

又夫人问佛云"与提婆眷属"者，即有其二：一者在家眷属，二者出家眷属。言在家者，佛之伯叔，有其四人。佛者，即是白净王[2]儿。金毗者，白饭王儿。提婆者，斛饭王儿。释摩男者，是甘露饭王儿。此名在家外眷属也。言出家眷属者，与佛作弟子，故名内眷属也。

上来虽有四句不同，广明厌苦缘竟。

【经】"唯愿世尊，为我广说无忧恼处，我当往生，不乐阎浮提浊恶世也。此浊恶处，地狱、饿鬼、畜生盈满，多不善聚。愿我未来，不闻恶声，不见恶人。今向世尊，五体投地，求哀忏悔。唯愿佛日，教我观于清净业处。"尔时世尊放眉间光，其光金色，遍照十方无量世界，还住佛顶，化为金台，如须弥山。十方诸佛净妙国土，皆于中现。或有国土，七宝合成。复有国土，纯是莲花。复有国土，如自在天宫。复有国土，如玻璃镜。十方国土，皆于中现。有如是等无量诸佛国土，严显可观，令韦提希见。时韦提希白佛言："世尊，是诸佛土，虽复清净，皆有光明，我今乐生极乐世界阿弥陀佛所。唯愿世尊，教我思惟，教我正受。"

【疏】五、就欣净缘中，即有其八：

一、从"唯愿世尊，为我广说"下，至"浊恶世也"以来，正明夫人

---

① "良久"，《大正藏》、《卍续藏》作"量久"，今改。

② "白净王"，即"净饭王"之别译。

通请所求，别标苦界。此明夫人遇自身苦，觉世非常，六道同然，无有安心之地。此闻佛说净土无生，愿舍秽身，证彼无为之乐。

二、从“此浊恶处”下，至“不见恶人”以来，正明夫人举出所厌之境。此明阎浮总恶，未有一处可贪，但以幻惑愚夫，饮斯长苦。

言“此浊恶处”者，正明苦界也。又明器世间，亦是众生依报处，亦名众生所依处也。言“地狱”等者，三品恶果最重也。言“盈满”者，此三苦聚，非直独指阎浮，娑婆亦皆遍有，故言“盈满”。言“多不善聚”者，此明三界六道不同，种类恒沙，随心差别。经云：业能庄识[①]，世世处处，各趣随缘受果报，对面不相知。

言“愿我未来”者，此明夫人真心彻到，厌苦娑婆，欣乐无为，永归常乐。但无为之境，不可轻尔即阶。苦恼娑婆，无由辄然得离。自非发金刚之志，永绝生死之元，若不亲从慈尊，何能免斯长叹？然愿我未来不闻恶声、恶人者，此明如阇王、调达，杀父破僧，及恶声等，愿亦不闻不见。但阇王既是亲生之子，尚于父母起于杀心，何况疏人而不相害？是故夫人不简亲疏，总皆顿舍。

三、从“今向世尊”下，至“忏悔”以来，正明夫人，净土妙处，非善不生，恐有余愆，障不得往，是以求哀更须忏悔。

四、从“唯愿佛日”下，至“清净业处”以来，正明夫人通请去行。此明夫人上既通请生处，今亦通请得生之行。言“佛日”者，法、喻双标也。譬如日出，众暗尽除。佛智辉光，无明之夜日朗。言“教我观于清净业处”者，正明既能厌秽欣净，若为安心注想，得生清净处也。

五、从“尔时世尊放眉间光”下，至“令韦提见”以来，正明世尊广现净土，酬前通请。此明世尊以见夫人广求净土，如来即放眉间光，照十方国，以光摄国，还来顶上，化作金台，如须弥山。“如”之言“似”，

① 良忠《观经序分义传通记》释云：“业能庄识者，识通因果，业能庄严因果二识也。”印光法师校订本作“业能引识”。

似须弥山，此山腰细上阔。所有佛国，并于中现，种种不同，庄严有异。佛神力故，了了分明，加被韦提，尽皆得见。

问曰：韦提上请“为我广说无忧之处”，佛今何故不为广说，乃为金台普现者，有何意也？

答曰：此彰如来意密也。然韦提发言致请，即是广开净土之门。若为之总说，恐彼不见，心犹致惑。是以一一显现，对彼眼前，信彼所须，随心自选。

六、从“时韦提白佛”下，至“皆有光明”以来，正明夫人总领所现，感荷佛恩。此明夫人总见十方佛国，并悉精华，欲比极乐庄严，全非比况，故云“我今乐生安乐国”也。

问曰：十方诸佛，断惑无殊。行毕果圆，亦应无二。何以一种净土，即有斯优劣也？

答曰：佛是法王，神通自在。优之与劣，非凡惑所知。隐显随机，望存化益。或可故隐彼为优，独显西方为胜。

七、从“我今乐生极乐[①]”以下，正明夫人别选所求。此明弥陀本国[②]，四十八愿，愿愿皆发增上胜因。依因起于胜行，依行感于胜果，依果感成胜报，依报感成极乐，依乐显通悲化，依于悲化显开智慧之门。然悲心无尽，智亦无穷，悲智双行，即广开甘露，因兹法润，普摄群生也。诸余经典，劝处弥多。众圣齐心，皆同指赞。有此因缘，致使如来密遣夫人别选也。

八、从“唯愿世尊”以下，正明夫人请求别行。此明韦提既选得生处，还修别行，励己注心，必望往益。言“教我思惟”者，即是定前方便，思想忆念彼国依正二报四种庄严[③]也。言“教我正受”者，此明因前思想渐渐微细，觉想俱亡，唯有定心，与前境合，名为正受。此中略已料

① “极乐”，《大正藏》、《卍续藏》作“弥陀”，今据经文订正。

② “国”，印光法师校订本作“因”。

③ 良忠《观经序分义传通记》释云：“四种庄严者，依正二报各有通、别，故成四种也。”

简，至下观门，更当广辩，应知。

上来虽有八句不同，广明欣净缘竟。

【经】**尔时世尊即便微笑，有五色光，从佛口出。一一光，照频婆娑罗王顶。尔时大王虽在幽闭，心眼无障，遥见世尊，头面作礼，自然增进，成阿那含。尔时世尊告韦提希："汝今知否？阿弥陀佛去此不远。汝当系念，谛观彼国净业成者。我今为汝广说众譬，亦令未来世一切凡夫，欲修净业者，得生西方极乐国土。欲生彼国者，当修三福：一者，孝养父母，奉事师长，慈心不杀，修十善业。二者，受持三归，具足众戒，不犯威仪。三者，发菩提心，深信因果，读诵大乘，劝进行者。如此三事，名为净业。"佛告韦提希："汝今知否？此三种业，乃是过去、未来、现在三世诸佛净业正因。"**

【疏】六、就散善显行缘中，即有其五：

一、从"尔时世尊即便微笑"下，至"成阿那含"以来，正明光益父王。

此明如来以见夫人愿生极乐，更请得生之行，称佛本心，又显弥陀愿意。因斯二请，广开净土之门，非直韦提得去，有识闻之皆往。有斯益故，所以如来微笑也。

言"有五色光，从佛口出"者，此明一切诸佛心口常威仪法尔，凡所出光，必有利益。言"一一光，照频婆顶"者，正明口光不照余方，唯照王顶。然佛光随身出处，必皆有益。佛足下放光，即照益地狱道。若光从膝出，照益畜生道。若光从阴藏出，照益鬼神道。若光从脐出，照益修罗道。光从心出，照益于人道。若光从口出，照益二乘之人。若光从眉间出，照益大乘人。今明此光从口出，直照王顶者，即授其小果。若光从眉间出，即从佛顶入者，即授菩萨记也。如斯义者，广多无量，不可具述。

言"尔时大王虽在幽闭"以下，正明父王蒙光照顶，心眼得开，障隔虽多，自然相见。斯乃因光见佛，非意所期，致敬归依，即超证第三之果。

二、从"尔时世尊"下，至"广说众譬"以来，正明答前夫人别选所求之行。

此明如来从上耆阇没，王宫出，讫至此文，世尊默然而坐，总未言说。但中间夫人忏悔请问，放光现国等，乃是阿难从佛王宫见此因缘，事了还山，传向耆阇大众说如上事，始有此文，亦非是无时[1]佛语也，应知。

言“尔时世尊告韦提”以下，正明告命许说也。

言“阿弥陀佛不远”者，正明标境以住心。即有其三：一明分齐不远，从此超过十万亿刹，即是弥陀之国。二明道里虽遥，去时一念即到。三明韦提等，及未来有缘众生，注心观念，定境相应，行人自然常见。有斯三义，故云不远也。

言“汝当系念”以下，正明凡惑障深，心多散动，若不顿舍攀缘，净境无由得现。此即正教安心住行，若依此法，名为“净业成”也。

言“我今为汝”以下，此明机缘未具，不可偏说定门。佛更观机，自开三福之行。

三、从“亦令未来世”下，至“极乐国土”以来，正明举机劝修得益。此明夫人所请利益弥深，及未来回心皆到。

四、从“欲生彼国者”下，至“名为净业”以来，正明劝修三福之行。此明一切众生，机有二种：一者定，二者散。若依定行，即摄生不尽。是以如来方便显开三福，以应散动根机。

言“欲生彼国”者，标指所归也。言“当修三福”者，总标行门也。云何名三？

“一者”下，即有其四[2]：

言“孝养父母”者，此明一切凡夫，皆借缘而生。云何借缘？或有化生，或有湿生，或有卵生，或有胎生。此四生中，各各复有四生，如经广说。但是相因而生，即有父母。既有父母，即有大恩。若无父者，能生之因即缺。若无母者，所生之缘即乖。若二人俱无，即失托生之地。要须父母缘具，方有受身之处。既欲受身，以自业识为内因，以父母精血为外

① “无时”，有不定时、随时之意，或可作“当时”解。印光法师校订本作“余时”。

② 《大正藏》、《卍续藏》作“一者孝养父母，即有其四”，今依印光法师校订本改。

缘，因缘和合，故有此身。以斯义故，父母恩重。母怀胎已，经于十月，行住坐卧，常生苦恼，复忧产时死难。若生已，经于三年，恒常眠屎卧尿，床被衣服皆亦不净。及其长大，爱妇亲儿，于父母处反生憎嫉，不行恩孝者，即与畜生无异也。

又父母者，世间福田之极也。佛者，即是出世福田之极也。然佛在世时，遇值时年饥俭，人皆饿死，白骨纵横，诸比丘等乞食难得。于时世尊待比丘等去后，独自入城乞食，从旦至中，门门唤乞，无与食者，佛还空钵而归。明日复去，又还不得。后日复去，又亦不得。忽有一比丘，道逢见佛颜色异常，似有饥相，即问佛言："世尊，今已食竟耶？"佛言："比丘，我经三日以来，乞食不得一匙。我今饥虚，无力能共汝语。"比丘闻佛语已，悲泪不能自胜，即自念言："佛是无上福田，众生覆护。我此三衣卖却，买取一钵饭，奉上于佛，今正是时也。"作是念已，即买得一钵饭，急将上佛。佛知而故问言："比丘，时年饥俭，人皆饿死，汝今何处得此一钵纯色饭来？"比丘如前具白世尊。佛又言："比丘，三衣者，即是三世诸佛之幢相，此衣因缘极尊极重极恩。汝今易得此饭与我者，大领汝好心，我不消此饭也。"比丘重白佛言："佛是三界福田，圣中之极，尚言不消者。除佛以外，谁能消也？"佛言："比丘，汝有父母已否？"答言："有。""汝将供养父母去。"比丘言："佛尚云不消，我父母岂能消也？"佛言："得消。何以故？父母能生汝身，于汝有大重恩，为此得消。"佛又问："比丘，汝父母有信佛心否？"比丘言："都无信心。"佛言："今有信心。见汝与饭，大生欢喜，因此即发信心，先教受三归依，即能消此食也。"时比丘既受佛教，愍仰而去。以此义故，大须孝养父母。

又佛母摩耶生佛，经七日已即死，生忉利天。佛后成道，至四月十五日，即向忉利天，一夏为母说法，为报十月怀胎之恩。佛尚自酬[1]恩孝养父母，何况凡夫而不孝养？故知父母恩深极重也。

---

① "酬"，《大正藏》、《卍续藏》作"收"，今依印光法师校订本改。

言“奉事师长”者。此明教示礼节，学识成德，因行无亏，乃至成佛，此由师之善友力[①]也。此之大恩，最须敬重。然父母及师长者，名为敬上行也。

言“慈心不杀”者。此明一切众生，皆以命为本。若见恶缘，怖走藏避者，但为护命也。经云：“一切诸众生，无不爱寿命。勿杀勿行杖，恕己可为喻。”即为证也。

言“修十善业”者。此明十恶之中，杀业最恶，故列之在初。十善之中，长命最善，故以之相对也。以下九恶、九善者，至下九品中，次应广述。此明世善，又名慈下行也。

“二者”下，即有其三[②]：

言“受持三归”者。此明世善轻微，感报不具。戒德巍巍，能感菩提之果。但众生归信，从浅至深，先受三归，后教众戒。

言“具足众戒”者。然戒有多种，或三归戒，或五戒、八戒、十善戒、二百五十戒、五百戒、沙弥戒，或菩萨三聚戒、十无尽戒等，故名“具足众戒”也。又一一戒品中，亦有少分戒、多分戒、全分戒也。

言“不犯威仪”者。此明身口意业，行住坐卧，能与一切戒作方便威仪也。若轻重粗细，皆能护持，犯即悔过，故云“不犯威仪”。此名戒善也。

“三者”下，即有其四：

言“发菩提心”者。此明众生欣心趣大，不可浅发小因，自非广发弘心，何能得与菩提相会？唯愿我身，身同虚空，心齐法界，尽众生性，我以身业恭敬供养礼拜，迎送来去，运度令尽。又我以口业赞叹说法，皆受我化，言下得道者令尽。又我以意业入定观察，分身法界，应机而度，无一不尽。我发此愿，运运增长，犹如虚空，无处不遍，行流无尽，彻穷后际，身无疲倦，心无厌足。又言“菩提”者，即是佛果之名。又言“心”者，即是众生能求之心。故云“发菩提心”也。

---

① “善友力”，印光法师校订本作“善诱力”。

② “二”下六字，《大正藏》、《卍续藏》无，今依印光法师校订本补。下同。

言“深信因果”者，即有其二，谓世间、出世间苦乐因果[①]。若作苦因，即感苦果。若作乐因，即感乐果。如似以印印泥，印坏文成，不得疑也。

言“读诵大乘”者。此明经教，喻之如镜，数读数寻，开发智慧。若智慧眼开，即能厌苦，欣乐涅槃等也。

言“劝进行者”者。此明苦法如毒，恶法如刀，流转三有，损害众生。今既善如明镜，法如甘露，镜即照正道以归真，甘露即注法雨而无竭，欲使含灵受润，等会法流。为此因缘，故须相劝。

言“如此三事”以下，总结成上行也。

五、从“佛告韦提”下，至“正因”以来，明其引圣励凡，但能决定注心，必往无疑。

上来虽有五句不同，广明散善显行缘竟。

【经】佛告阿难及韦提希：“谛听谛听，善思念之。如来今者，为未来世一切众生，为烦恼贼之所害者，说清净业。善哉韦提希，快问此事！阿难，汝当受持，广为多众宣说佛语。如来今者，教韦提希，及未来世一切众生，观于西方极乐世界。以佛力故，当得见彼清净国土，如执明镜，自见面像。见彼国土极妙乐事，心欢喜故，应时即得无生法忍。”佛告韦提希：“汝是凡夫，心想羸劣，未得天眼，不能远观。诸佛如来有异方便，令汝得见。”时韦提希白佛言：“世尊，如我今者，以佛力故，见彼国土。若佛灭后，诸众生等，浊恶不善，五苦所逼，云何当见阿弥陀佛极乐世界？”

【疏】七、就定善示观缘中，即有其七：

一、从“佛告阿难”下，至“清净业”以来，正明敕听许说。

此明韦提前请愿生极乐，又请得生之行，如来已许，今就此文，正欲开显正受之方便。此乃因缘极要，利益处深，旷劫稀闻，如今始说。为斯义故，致使如来总命二人。言“告阿难”者，我今欲开说净土之门，汝

---

① “谓世间、出世间苦乐因果”，《大正藏》、《卍续藏》作“一明世间苦乐因果”。今依印光法师校订本改。

好传持，莫令遗失。言“告韦提”者，汝是请法之人，我今欲说，汝好审听，思量谛受，莫令错失。

言“为未来世一切众生”者，但如来临化，偏为常没众生。今既等布慈云，望欲普沾来润。

言“为烦恼贼害”者，此明凡夫障重，妄爱迷深，不谓三恶火坑，暗在人之足下。随缘起行，拟作进道资粮，何期六贼知闻，竞来侵夺。今既失此法财，何得无忧苦也？

言“说清净业”者，此明如来以见众生罪故，为说忏悔之方，欲令相续断除，毕竟永令清净。又言“清净”者，依下观门，专心念佛，注想西方，念念罪除，故清净也。

二、从“善哉”以下，正明夫人问当圣意。

三、从“阿难，汝当受持”下，至“宣说佛语”以来，正明劝持劝说，此法深要，好须流布。此明如来前则总告，令安心听受，此文则别敕阿难，受持勿忘，广多人处为说流行。言“佛语”者，此明如来旷劫已除口过，随有言说，一切闻者自然生信。

四、从“如来今者”下，至“得无生忍”以来，正明劝修得益之相。

此明如来欲为夫人，及未来等，显观方便，注想西方，舍厌娑婆，贪欣极乐。

言“以佛力故”以下，此明众生业障，触目生盲，指掌谓远他方，隔竹篾[①]即逾之千里。岂况凡夫分外，诸佛境内窥心。自非圣力冥加，彼国何由得睹？

言“如执明镜，自见面像”以下，此明夫人及众生等，入观住心，凝神不舍，心境相应，悉皆显现。当境现时，如似镜中见物无异也。

言“心欢喜故得忍”者，此明阿弥陀佛国，清净光明，忽现眼前，何胜踊跃。因兹喜故，即得无生之忍，亦名喜忍，亦名悟忍，亦名信忍。此

---

① “篾”,《卍续藏》、印光法师校订本作“箦”。篾，薄竹片。箦，用篾片编成的竹席。此指凡夫肉眼遇障碍即无法看到前方之物。

乃玄谈，未标得处。欲令夫人等悕心此益，勇猛专精，心想见时，方应悟忍。此多是十信中忍，非解行[①]以上忍也。

五、从“佛告韦提”下，至“令汝得见”以来，正明夫人是凡非圣。由非圣故，仰惟圣力冥加，彼国虽遥得睹。

此明如来恐众生置惑，谓言夫人是圣非凡，由起疑故，即自生怯弱：“然韦提现是菩萨，假示凡身。我等罪人，无由比及。”为断此疑，故言“汝是凡夫”也。

言“心想羸劣”者，由是凡故，曾无大志也。言“未得天眼”者，此明夫人肉眼，所见远近，不足为言，况净土弥遥，云何可见？

言“诸佛如来有异方便”以下，此明若依心所见国土庄严者，非汝凡能，普悉归功于佛也。

六、从“时韦提白佛”下，至“见彼国土”以来，明其夫人重牒前恩，欲生起后问之意。此明夫人领解佛意。如上光台所见，谓是己能。向见世尊开示，始知是佛方便之恩。若尔者，佛今在世，众生蒙念，可使得见西方。佛若涅槃，不蒙加被者，云何得见也？

七、从“若佛灭后”下，至“极乐世界”以来，正明夫人悲心为物，同己往生，永逝娑婆，长游安乐。

此明如来期心运度，彻穷后际而未休，但以世代时移，群情浅促，故使如来减永生之寿，泯长劫以类人年，摄骄慢以示无常，化刚强同归于磨灭，故云“若佛灭后”也。

言“诸众生”者，此明如来息化，众生无处归依，蠢蠢周慞，纵横走于六道。

言“浊恶不善”者，此明五浊也。一者劫浊，二者众生浊，三者见浊，四者烦恼浊，五者命浊。言劫浊者，然劫实非是浊，当劫减时，诸恶加增也。言众生浊者，劫若初成，众生纯善；劫若末时，众生十恶弥盛

① 解行，即解行住，为十回向菩萨位。

也。言见浊者，自身众恶，总变为善；他上无非，见为不是也。言烦恼浊者，当今劫末众生，恶性难亲，随对六根，贪瞋竞起也。言命浊者，由前见、恼二浊，多行杀害，无慈恩养，既行断命之苦因，欲受长年之果者，何由可得也。然浊者，体非是善。今略指五浊义竟。

言“五苦所逼”者。八苦中，取生苦、老苦、病苦、死苦、爱别苦，此名五苦也。更加三苦，即成八苦，一者五阴盛苦，二者求不得苦，三者怨憎会苦，总名八苦也。此五浊、五苦、八苦等，通六道受，未有无者，常逼恼之。若不受此苦者，即非凡数摄也。

言“云何当见”以下，此明夫人举出苦机。此等罪业极深，又不见佛，不蒙加被，云何见于彼国也？

上来虽有七句不同，广明定善示观缘竟。

初明证信序，次明化前序，后明发起序。上来虽有三序不同，总明序分竟。

佛说观无量寿佛经疏卷第三

定善义

△ 从此以下，次辩正宗，即有其十六。还就一一观中，对文料简，不劳预显。

今定立正宗，与诸师不同，今直以就法定者。从日观初句下，至下品下生以来，是其正宗。从日观以上，虽有多义不同，看此文势，但是由序也，应知。

【经】**佛告韦提希：“汝及众生，应当专心系念一处，想于西方。云何作想？凡作想者，一切众生，自非生盲，有目之徒，皆见日没。当起想念，正坐西向，谛观于日欲没之处**[①]**，令心坚住，专想不移。见日欲没，状如悬鼓。既见日已，闭目开目，皆令明了。是为日想，名曰初观。”**

【疏】就初日观中，先举，次辩，后结。即有其五：

一、从“佛告韦提”下，至“想于西方”以来，正明总告总劝。此明韦提前请弥陀佛国，又请正受之行。如来当时即许为说，但以机缘未备，显行未周，更开三福之因，以作未闻之益。又如来重告，劝发流通，此法难闻，广令开悟。

言“佛告韦提：汝及众生”者，此明告劝。若欲等出尘劳，求生佛国者，宜须励意也。

言“应当专心”以下，此明众生散动，识剧猿猴，心遍六尘，无由暂息。但以境缘非一，触目起贪乱想。安心三昧，何容可得？自非舍缘托

---

① 《高丽藏》经文无“欲没之处”四字。

静，相续注心，直指西方，简余九域。是以一身、一心、一回向、一处、一境界、一相续、一归依、一正念，是名想成就，得[①]正受。此世后生，随心解脱也。

二、从“云何作想”下，至“皆见日没”以来，正明牒所观事。

此明诸众生等，久流生死，不解安心。虽指西方，不知云何作意。故使如来为生反问，遣除疑执，以示正念之方。

言“凡作想者”，此明总牒前意，显后入观之方便。

言“一切众生”者，总举得生之类。言“自非生盲”以下，此明简机堪与不堪。言“生盲”者，从母胎中出，眼即不见物者，名曰生盲。此人不得教作日观，由不识日轮光相故。除生盲以外，遇缘患者，教作日观，尽得成就。由未患眼时，识其日轮光明等相。今虽患目，但令善取日轮等相，正念坚持，不限时节，必得成就。

问曰：韦提上请愿见极乐之境，及至如来许说，即先教住心观日，有何意也？

答曰：此有三意：

一者，欲令众生识境住心，指方有在。不取冬夏两时，唯取春秋二际，其日正东出，直西没。弥陀佛国，当日没处，直西超过十万亿刹即是。

二者，欲令众生识知自业障有轻重。云何得知？由教住心观日，初欲住心时，教令跏趺正坐，右脚着左髀上与外齐，左足安右髀上与外齐，左手安右手上，令身正直。合口齿勿相近，舌拄上腭，为令咽喉及鼻中气道宣通故。又令观身四大，内外俱空，都无一物。身之地大，皮肉筋骨等，心想散向西方，尽西方际，乃至不见一尘之相。又想身之水大，血汗津泪等，心想散向北方，尽北方际，乃至不见一尘之相。又想身之风大，散向东方，尽东方际，乃至不见一尘之相。又想身之火大，散向南方，尽南方际，乃至不见一尘之相。又想身之空大，即与十方虚空一合，乃至不见一

---

① “得”，《大正藏》作“明”，今从《卍续藏》、印光法师校订本。

尘不空之相。又想身之五大皆空，唯有识大，湛然凝住，犹如圆镜，内外明照，朗然清净。作此想时，乱想得除，心渐凝定，然后徐徐转心谛观于日。其利根者，一坐即见明相现前。当境现时，或如钱大，或如镜面大。于此明上，即自见业障轻重之相：一者黑障，犹如黑云障日；二者黄障，又如黄云障日；三者白障，如似白云障日。此日由云障故，不得朗然显照。众生业障亦如是，障蔽净心之境，不能令心明照。行者若见此相，即须严饰道场，安置佛像。清净洗浴，着净衣，又烧名香，表白诸佛、一切贤圣。向佛形像，现在一生，忏悔无始以来乃身口意业所造十恶、五逆、四重、谤法、阐提等罪。极须悲涕雨泪，深生惭愧，内彻心髓，切骨自责。忏悔已，还如前坐法，安心取境。境若现时，如前三障尽除，所观净境朗然明净，此名顿灭障也。或一忏即尽者，名利根人也。或一忏但除黑障，或一忏得除黄、白等障，或一忏但除白障，此名渐除，不名顿灭也。既自识业相如是，唯须勤心忏悔，日夜三时、六时等，但忆得即忏者，最是上根上行人也。譬如汤火烧身，亦觉即却，岂容徒[①]待时、待处、待缘、待人，方始除也。

三者，欲令众生识知弥陀依正二报种种庄严，光明等相，内外照曜，超过此日百千万倍。行者等若不识彼境光相者，即看此日轮光明之相，若行住坐卧，礼念忆想，常作此解。不久之间，即得定心，见彼净土之事快乐庄严。为此义故，世尊先教作日想观也。

三、从“当起想念”下，至“状如悬鼓”以来，正教观察。此明正身威仪，面向西方，守境住心，坚执不移，所期皆应。

四、从“既见日已”下，至“明了”以来，辩观成相。此明标心见日，制想除缘，念念不移，净相了然而现。

又行者初在定中见此日时，即得三昧定乐，身心内外融液不可思议。当见此时，好须摄心令定，不得上心贪取。若起贪心，心水即动。以心动

① “徒”，仅仅、徒然。《卍续藏》、印光法师校订本作“從”，疑讹。

故，净境即失，或动或暗，或黑或青黄赤白等色，不得安定。见此事时，即自念言："此等境相摇动不安者，由我贪心动念，致使净境动灭。"即自安心正念，还从本起，动相即除，静心还现。既知此过，更不得起增上贪心也。以下诸观，邪正得失，一同此也。

观日见日，心境相应，名为正观。观日不见日，乃见余杂境等，心境不相应，故名邪也。斯乃娑婆之暗宅，触事无以比方。唯有朗日舒辉，寄想远标于极乐。

五、从"是为"以下，总结。

上来虽有五句不同，广明日观竟。

【经】**次作水想。见水澄清，亦令明了，无分散意。既见水已，当起冰想。见冰映彻，作琉璃想。此想成已，见琉璃地，内外映彻。下有金刚七宝金幢，擎琉璃地。其幢八方，八楞具足。一一方面，百宝所成。一一宝珠，有千光明。一一光明，八万四千色，映琉璃地，如亿千日，不可具见。琉璃地上，以黄金绳，杂厕间错。以七宝界，分齐分明。一一宝中，有五百色光。其光如花，又似星月，悬处虚空，成光明台。楼阁千万，百宝合成。于台两边，各有百亿花幢、无量乐器，以为庄严。八种清风，从光明出，鼓此乐器，演说苦、空、无常、无我之音。是为水想，名第二观。**

【疏】二、就水观中，亦先举，次辩，后结。即有其六：

一、从"次作水想"下，至"内外映彻"以来，总标地体。

问曰：前教观日，为知业相等，故令观日。今此观中又教观水，有何所以？

答曰：日轮常照，以表极乐之长晖。复恐彼地不平，类此秽国之高下。但以娑婆暗宅，唯日能明。此界丘坑，未无高下之处。欲取能平之者，无过于水。示斯可平之相，况彼琉璃之地也。

又问曰：此界之水，湿而且软。未审彼地亦同此水耶？

答曰：此界之平水，以对彼地等无高下。又转水成冰者，对彼琉璃之地内外映彻也。此明弥陀旷劫等行无偏，正习俱亡，能感地轮之映彻。

又问曰：既教想水以住心，转水以成冰，转冰以成琉璃地者，云何作法而令境现？

答曰：若住身威仪，一同前日观中法。又欲观水以取定心者，还须对相似之境而观，即易可得定。

行者等于静处，取一碗水，着床前地上，好满盛之。自身在床上坐，当自眉间着一白物，如豆许大。低头临面水上，一心照看此白处，更莫异缘。又水初在地，波浪不住，临面观之，不见面像。为观不休，渐渐面现。初时面相不住，乍长乍短，乍宽乍狭，乍见不见。此相现时，更须极细用心，不久之间，水波微细，似动不动，面相渐得明现。虽见面上眼耳鼻口等，亦未须取，亦不须妨，但纵身心，知有勿取也。唯取白处了了观之，正念守护，勿令失意异缘。当见此时，心渐得住，水性湛然也。

又行者等欲识知自心中水波浪不住者，但观此水动不动之相，即知自心境现不现明暗之相也。又待水静时，取一米许，当水上信手投之水中，其水波即动，遍于碗内。自面临上观之，其白者即动。更着豆许投之，水波更大，面上白者或见不见。乃至枣等投之于水，其波转大。面上白者，及自身头面，总皆隐没不现，由水动故也。

言碗者，即喻身器也。言水者，即喻自心水也。言波浪者，即喻乱想烦恼也。言渐渐波浪息者，即是制舍众缘，住心一境也。言水静境现者，即是能缘之心无乱，所缘之境不动，内外恬泊，所求之相显然。又细想及粗想，心水即动。心水既动，静境即失。如[①]细尘及以粗尘，投之寂静水中，其水波浪即动。又行者等但看此水动不动相，即识自心住不住也。

又境现失不失、邪正等，一同前日观也。

又天亲赞云："观彼世界相，胜过三界道。究竟如虚空，广大无边际。"此即总明彼国地之分量也。

二、从"下有金刚七宝"下，至"不可具见"以来，正明地下庄严。即有其七：一明幢体等是无漏金刚；二明擎地相，显映庄严；三明方楞具

① "如"，《大正藏》、《卍续藏》作"又"，今依印光法师校订本改。

足，表非圆相；四明百宝合成，量出尘沙；五明宝出千光，光周无边之际；六明光多异色，色照他方，随机变现，无时不益也；七明众光散彩，映绝日轮，新往者睹之，卒难周悉。

赞云：

地下庄严七宝幢，无量无边无数亿，
八方八面百宝成，见彼无生自然悟。
无生宝国永为常，一一宝流无数光，
行者倾心常对目，腾神踊跃入西方。

又赞云：

西方寂静无为乐，毕竟逍遥离有无，
大悲熏心游法界，分身利物等无殊。
或现神通而说法，或现相好入无余，
变现庄严随意出，群生见者罪皆除。

又赞云：

归去来！魔乡不可停。
旷劫来流转，六道尽皆经，
到处无余乐，唯闻愁叹声。
毕此生平后，入彼涅槃城。

三、从“琉璃地上”下，至“分齐分明”以来，正明地上庄严，显标殊胜。此明依持圆净。七宝池林等是能依，琉璃宝地是所依。地是能持，池、台、树等是所持。此由弥陀因行周备，致使感报圆明。明净之义，即无漏为体也。

赞云：

宝地庄严无比量，处处光明照十方，
宝阁花台皆遍满，杂色玲珑难可量。

宝云宝盖临空覆，圣众飞通互往来，
宝幢幡盖随风转，宝乐含辉应念回。
带惑疑生花未发，含花[①]笼笼喻处胎，
内受法乐无微苦，障尽须臾花自开。
耳目精明身金色，菩萨徐徐授宝衣，
光触体得成三忍，即欲见佛下金台，
法侣迎将入大会，瞻仰尊颜赞善哉。

言“金绳”以下，正明黄金作道，状似金绳也。或以杂宝为地，琉璃作道。或以琉璃为地，白玉作道。或以紫金白银为地，百宝作道。或以不可说宝为地，还以不可说宝作道。或以千万宝为地，二三宝作道。如是转相间杂，转共合成，转相照曜，转相显发。光光色色，各各不同，而无杂乱。行者等莫言但有金道，而无余宝作道也。

四、从“一一宝中，有五百色光”下，至“乐器以为庄严”以来，正明空里庄严。即有其六：一明宝出多光；二明喻显其相；三明光变成台；四明光变成于楼阁；五明光变成于花幢；六明光变成于宝乐之器[②]。又明地上杂宝，一一各出五百色光。一一色光，上涌空中，作一光台。一一台中，宝楼千万，各以一二三四乃至不可说宝以为庄严合成也。

言“如花又似星月”者，佛以慈悲，畏人不识，故借喻以显之。

言“于台两边，各有百亿花幢”者，宝地众多光明无量，一一光等化作光台，遍满空中。行者等行住坐卧，常作此想。

五、从“八种清风”下，至“无我之音”以来，正明光变乐音，转成说法之相。即有其三：一明八风从光而出；二明风光即出，即鼓乐发音；

① “含花”，《大正藏》、《卍续藏》作“合掌”，今据良忠《观经定善义传通记》、印光法师校订本订正。

② “器”，《大正藏》、《卍续藏》作“音”，今依印光法师校订本改。

三明显说四倒、四真、恒沙等法。

赞云：

安乐国清净，常转无垢轮，
一念及一时，利益诸群生。
赞佛诸功德，无有分别心，
能令速满足，功德大宝海。

六、从“是为”下，总结。

上来虽有六句不同，广明水观竟。

【经】“此想成时，一一观之，极令了了。闭目开目，不令散失。唯除食时，恒忆此事。如此想者，名为粗见极乐国地。若得三昧，见彼国地，了了分明，不可具说。是为地想，名第三观。”佛告阿难：“汝持佛语，为未来世一切大众，欲脱苦者，说是观地法。若观是地者，除八十亿劫生死之罪。舍身他世，必生净国，心得无疑。作是观者，名为正观。若他观者，名为邪观。”

【疏】三、就地想观中，亦先举，次辩，后结。即有其六：

一、言“此想成时”者，正明结前生后。

二、从“一一观之”下，至“不可具说”以来，正明辩观成相。即有其六：一明心标一境，不得总杂观之；二明既专一境，境即现前，既得现前，必令明了；三明境既现前[①]，闭目开目，守令莫失；四明身四威仪，昼夜常念，唯除睡时[②]，忆持不舍；五明凝心不绝，即见净土之相，此名想心中见，犹有觉想故；六明想心渐微，觉念顿除，正受相应，证于三昧，真见彼境微妙之事，何由具说。斯乃地广无边，宝幢非一，众珍曜彩，转变弥多，是以劝物倾心，恒如对目。

---

① “前”，《大正藏》、《卍续藏》作“心”，今依印光法师校订本改。

② 可知原疏所据经文，“唯除食时”作“唯除睡时”。

三、从“是为”下，总结。

四、从“佛告阿难”下，至“说是观地法”以来，正明劝发流通，随缘广说。即有其四：一明告命。二明劝持佛语，广为未来大众说前观地之益。三明简机堪受堪信，欲得舍此娑婆生死之身，八苦、五苦、三恶道苦等，闻即信行者，不惜身命急为说之。若得一人舍苦出生死者，是名真报佛恩。何以故？诸佛出世，种种方便劝化众生者，不欲直令制恶修福受人天乐也。人天之乐，犹如电光，须臾即舍，还入三恶，长时受苦。为此因缘，但劝即令求生净土，向无上菩提。是故今时有缘相劝誓生净土者，即称诸佛本愿意也。若不乐信行者，如《清净觉经》云：“若有人闻说净土法门，闻如不闻，见如不见。当知此等，始从三恶道来，罪障未尽，为此无信向耳。”佛言：“我说此人未可得解脱也。”此经又云：“若人闻说净土法门，闻即悲喜交流，身毛为竖者，当知此人过去已曾修习此法，今得重闻，即生欢喜，正念修行，必得生也。”四明正教观宝地以住心也。

五、从“若观是地者”下，至“心得无疑”以来，正明显观利益。即有其四：一明指法唯观宝地，不论余境；二明因观无漏之宝地，能除有漏多劫罪也；三明舍身以后，必生净土；四明修因正念，不得杂疑，虽得往生，含花未出，或生边界，或堕宫胎，后[①]因大悲菩萨入开花三昧，疑障乃除，宫花开发，身相显然，法侣携将游于佛会。斯乃注心见于宝地，即灭宿障罪愆，愿行之业已圆，命尽无疑不往。今既观斯胜益，更劝辩知邪正。

六、从“作是观”以下，正明辩观邪正。邪正义者，前日观中已说。

上来虽有六句不同，广明地观竟。

【经】佛告阿难及韦提希：“地想成已，次观宝树。观宝树者，一一观之，作七重行树想。一一树，高八千由旬。其诸宝树，七宝花叶，无不具足。一一花叶，作异宝色。琉璃色中，出金色光。玻璃色中，出红色光。玛

① “后”，《大正藏》、《卍续藏》作“或”，今依印光法师校订本改。

瑙色中，出砗磲光。砗磲色中，出绿真珠光。珊瑚、琥珀、一切众宝，以为映饰。妙真珠网，弥覆树上。一一树上，有七重网。一一网间，有五百亿妙花宫殿，如梵王宫。诸天童子，自然在中。一一童子，五百亿释迦毗楞伽摩尼以为璎珞。其摩尼光，照百由旬，犹如和合百亿日月，不可具名。众宝间错，色中上者。此诸宝树，行行相当，叶叶相次。于众叶间，生诸妙花，花上自然有七宝果。一一树叶，纵广正等二十五由旬。其叶千色，有百种画，如天璎珞。有众妙花，作阎浮檀金色，如旋火轮，宛转叶间。涌生诸果，如帝释瓶，有大光明，化成幢幡、无量宝盖。是宝盖中，映现三千大千世界一切佛事。十方佛国，亦于中现。见此树已，亦当次第一一观之，观见树茎、枝、叶、花、果，皆令分明。是为树想，名第四观。”

【疏】四、就宝树观中，亦先举，次辩，后结。即有其十：

一、从“佛告阿难”下，至“次观宝树”以来，正明告命，总举观名，结前生后。

二、言“观宝树”者，重牒观名也。言“一一观之”以下，生后观相，正教仪则。

此明弥陀净国，广阔无边。宝树宝林，岂以七行为量也？今言“七重”者，或有一树，黄金为根，紫金为茎，白银为枝，玛瑙为条，珊瑚为叶，白玉为花，真珠为果。如是七重，互为根、茎，乃至花、果等，七七四十九重也。或有一宝为一树者，或二、三、四乃至百千万亿不可说宝为一树者。此义《弥陀经义》中已广论竟，故名“七重”也。

言“行”者，彼国林树虽多，行行整直而无杂乱。

言“想”者，未闲真观，自在随心，要借假想以住心，方能证益也。

三、从“一一树”下，至“由旬”以来，正明树之体量。

此明诸宝林树，皆从弥陀无漏心中流出，由佛心是无漏故，其树亦是无漏也。

赞云：

正道大慈悲，出世善根生，
净光明满足，如镜日月轮。

言量者，一一树高三十二万里。亦无老死者，亦无小生者，亦无初生渐长者。起即同时顿起，量数等齐。何意然者？彼界位是无漏无生之界，岂有生死渐长之义也。

四、从“其诸宝树”下，至“以为映饰”以来，正明杂树、杂严、杂饰异相。即有其四：一明林树花叶，间杂不同；二明一一根、茎、枝、条、果等，皆具众宝；三明一一花叶转互不同，琉璃色中出金色光，如是转相间杂；四明更将一切杂宝而严饰之。

又赞云：

备诸珍宝性，具足妙庄严，
无垢光炎炽，明净曜世间。

又赞云：

弥陀净国宝树多，四面垂条，天衣挂绕。
宝云含盖，化鸟连声，旋转临空，奏法音而入会。
他方圣众，听响以开心。本国能人，见形而取悟。

五、从“妙真珠网”下，至“色中上者”以来，正明树上空里庄严相。即有其七：一明珠网临空覆树；二明网有多重；三明宫殿多少；四明一一宫内多诸童子；五明童子身服珠璎珞；六明璎珞光照远近；七明光超上色。

六、从“此诸宝树”下，至“有七宝果”以来，明其林树虽多，而无杂乱，花实开时，不从内出。斯乃法藏因深，致使自然而有。

七、从“一一树叶”下，至“宛转叶间”以来，正明花叶色相不同。即有其五：一明叶量大小等无差别；二明叶出光色多少；三明恐疑不识，借喻以显，如天璎珞；四明叶有妙花，色比天金，相喻火轮；五明迭相显照，宛转叶间。

八、从“涌生诸果”下，至“亦于中现”以来，正明果有不思议德用之相。即有其五：一明宝[1]果生时自然涌出；二明借喻以标果相；三明果有神光，化成幡盖；四明宝盖圆明，内现三千之界，依正二严种种相现；五明十方净土普现盖中，彼国人天无不睹见。

又此树量弥高，纵广弥阔，花果众多，神变非一。一一树既然，遍满彼国所有诸树之果众多，尽皆如此，应知。一切行者，行住坐卧，常作此想。

九、从“见此树已”下，至“分明”以来，辩观成相。即有其三：一明结观成相；二明次第观之，不得杂乱；三明一一起心住境，先观树根，次想茎、枝，乃至花、果，次想网、宫，次想童子、璎珞，次想叶量、花果光色，次想幡盖广现佛事。既能一一次第观之者，无不明了也。

十、从“是为”下，总结。

斯乃宝树连晖，网帘空殿，花分千色，果现他方。

上来虽有十句不同，广明宝树观竟。

【经】**次当想水。欲想水者，极乐国土有八池水。一一池水，七宝所成。其宝柔软，从如意珠王生。分为十四支，一一支，作七宝妙色，黄金为渠，渠下皆以杂色金刚以为底沙。一一水中，有六十亿七宝莲花。一一莲花，团圆正等十二由旬。其摩尼水，流注花间，寻树上下。其声微妙，演说苦、空、无常、无我、诸波罗蜜，复有赞叹诸佛相好者。如意珠王涌出金色微妙光明，其光化为百宝色鸟，和鸣哀雅，常赞念佛、念法、念僧。是为八功德水想，名第五观。**

【疏】五、就宝池观中，亦先举，次辩，后结。即有其七：

一、从“次当想水”以下，总举观名，即是牒前生后。此明宝树虽精，若无池水，亦未名好。一为不空世界，二为庄严依报，为斯义故，有此池渠观也。

二、从“极乐国土”下，至“如意珠王生”以来，正明池数，并辩出处。即有其五：一明标指所归之国；二明池有八数之名；三明一一池岸

① “宝”，《大正藏》作“标”，今从《卍续藏》、印光法师校订本。

七宝合成，正由宝光映彻，通照八德之水，一同杂宝之色，故名宝水也；四明是诸众宝体性柔软；五明八池之水皆从如意宝中出，即名如意水。此水即有八种之德：一者清净润泽，即是色入摄；二者不臭，即是香入摄；三者轻，四者冷，五者软，即是触入摄；六者美，是味入摄；七者饮时调适，八者饮已无患，是法入摄。此八德之义，已在《弥陀义》中广说竟。

又赞云：

极乐庄严安养国，八德宝池流遍满，
四岸含晖间七宝，水色分明映宝光，
体性柔软无坚触，菩萨徐行散宝香。
宝香宝云成宝盖，宝盖临空覆宝幢，
宝幢严仪围宝殿，宝殿宝铃垂珠网。
宝网宝乐千重转，随机赞叹宝宫楼，
一一宫楼有佛会，恒沙圣众坐思量。
愿此有缘常忆念，舍命同生彼法堂。

三、从“分为十四支”下，至“以为底沙”以来，正明池分异溜，旋还无乱。即有其三：一明渠数多少；二明一一渠岸作黄金色；三明渠下底沙作杂宝色。言“金刚”者，即是无漏之体也。

四、从“一一水中”下，至“寻树上下”以来，正明水有不思议用。即有其五：一明别指渠名，显彼庄严之相；二明渠内宝花多少；三明花量大小；四明摩尼宝水流注花间；五明宝水从渠而出，寻诸宝树，上下无碍，故名如意水也。

五、从“其声微妙”下，至“诸佛相好者”以来，正明水有不可思议德。即有其二：一明宝水花间流注，微波相触，即出妙声，声中皆说妙法；二明宝水上岸，寻树枝、条、花、果、叶等，或上或下，中间相触，皆出妙声，声中皆说妙法。或说众生苦事，觉动菩萨大悲，劝令引他。或说人天等法，或说二乘等法，或说地前、地上等法，或说佛地三身等法。

六、从“如意珠王”下，至“念佛法僧”以来，正明摩尼多有神德。

即有其四：一明珠王内出金光；二明光化作百宝之鸟；三明鸟声哀雅，天乐无以比方；四明宝鸟连音，同声赞叹念佛法僧。然佛是众生无上大师，除邪向正。法是众生无上良药，能断烦恼毒病，法身清净。僧是众生无上福田，但使倾心四事，不惮疲劳，五乘依果自然应念所须而至。其宝珠前生八味之水，后出种种金光，非直破暗除昏，到处能施佛事。

七、从“是为”下，总结。

上来虽有七句不同，广明宝池观竟。

【经】**众宝国土，一一界上，有五百亿宝楼。其楼阁中，有无量诸天，作天伎乐。又有乐器，悬处虚空，如天宝幢，不鼓自鸣。此众音中，皆说念佛、念法、念比丘僧。此想成已，名为粗见极乐世界宝树、宝地、宝池，是为总观想，名第六观。若见此者，除无量亿劫极重恶业，命终之后，必生彼国。作是观者，名为正观。若他观者，名为邪观。**

【疏】六、就宝楼观中，亦先举，次辩，后结。即有其十一：

初、言“众宝国土”者，即是总举观名，牒前生后。此明净土虽有宝流灌注，若无宝楼宫阁，亦未为精，为此依报庄严种种圆备也。

二、言“一一界上”者，正明宝楼住处。地界遍于彼国，楼亦无穷也。

三、言“有五百亿”者，正显其数。一界之上既然，遍满彼国亦皆如是，应知。

四、从“其楼阁中”下，至“作天伎乐”以来，正明阁内庄严。

五、从“又有乐器”下，至“不鼓自鸣”以来，正明楼外庄严。宝乐飞空，声流法响，昼夜六时，如天宝幢，无思成自事也。

六、从“此众音中”下，至“念比丘僧”以来，正明乐虽无识，即有说法之能。

七、从“此想成已”下，至“宝池”以来，正明显观成相。此明专心住境，悕见宝楼，克念不移，自上庄严总现。

八、从“是为”下，总结。

九、言“若见此者”，牒前观相，生后利益。

十、从“除无量”下，至“生彼国”以来，正明依法观察，除障多劫，身器清净，应佛本心，舍身他世，必往无疑。

十一、从“作是观者”下，至“邪观”以来，辩观邪正之相。

上来虽有十一句不同，广明宝楼观竟。

【经】佛告阿难及韦提希：“谛听谛听，善思念之。吾当为汝分别解说除苦恼法。汝等忆持，广为大众分别解说。”说是语时，无量寿佛住立空中。观世音、大势至，是二大士，侍立左右。光明炽盛，不可具见。百千阎浮檀金色，不得为比。时韦提希见无量寿佛已，接足作礼，白佛言：“世尊，我今因佛力故，得见无量寿佛，及二菩萨。未来众生，当云何观无量寿佛及二菩萨？”佛告韦提希：“欲观彼佛者，当起想念，于七宝地上，作莲花想。令其莲花，一一叶上，作百宝色。有八万四千脉，犹如天画。脉[①]有八万四千光，了了分明，皆令得见。花叶小者，纵广二百五十由旬。如是莲花，具有八万四千叶。一一叶间，有百亿摩尼珠王，以为映饰。一一摩尼珠，放千光明。其光如盖，七宝合成，遍覆地上。释迦毗楞伽宝，以为其台。此莲花台，八万金刚甄叔迦宝、梵摩尼宝、妙真珠网，以为校饰。于其台上，自然而有四柱宝幢。一一宝幢，如百千万亿须弥山。幢上宝幔，如夜摩天宫。复有五百亿微妙宝珠，以为映饰。一一宝珠，有八万四千光。一一光，作八万四千异种金色。一一金色，遍其宝土，处处变化，各作异相。或为金刚台，或作真珠网，或作杂花云。于十方面，随意变现，施作佛事。是为花座想，名第七观。”佛告阿难：“如此妙花，是本法藏比丘愿力所成。若欲念彼佛者，当先作此花座想。作此想时，不得杂观，皆应一一观之，一一叶、一一珠、一一光、一一台、一一幢，皆令分明，如于镜中，自见面像。此想成者，灭除五万亿劫生死之罪，必定当生极乐世界。作是观者，名为正观。若他观者，名为邪观。”

【疏】七、就花座观中，亦先举，次辩，后结。即有其十九：

一、从“佛告阿难”下，至“除苦恼法”以来，正明敕听许说。即有

① “脉”，《高丽藏》经文作“一一脉”。

其三：一明告命二人；二明敕听，令之谛受，正念修行；三明佛为说花座观法，但能住心缘念，罪苦得除。

二、从“汝等忆持”下，至“解说”以来，正明劝发流通。此明观法深要，急救常没众生，妄爱迷心，漂流六道。汝持此观，处处劝修，普得知闻，同升解脱。

三、从“说是语时”下，至“不得为比”以来，正明娑婆化主为物故，住想西方。安乐慈尊知情故，则影临东域。斯乃二尊许应无异，直以隐显有殊。正由器朴之类万差，致使互为郢匠。[①]就此意中，即有其七：一明告劝二人时也。二明弥陀应声即现，证得往生也。三明弥陀在空而立者，但使回心正念，愿生我国，立即得生也。问曰：佛德尊高，不可辄然轻举，既能不舍本愿，来应大悲者，何故不端坐而赴机也？答曰：此明如来别有密意。但以娑婆苦界，杂恶同居，八苦相烧，动成违返，诈亲含笑，六贼常随，三恶火坑，临临欲入。若不举足以救迷，业系之牢，何由得免？为斯义故，立撮即行，不及端坐以赴机也。四明观音、势至以为侍者，表无余众也。五明三尊身心圆净，光明逾盛也。六明佛身光明朗照十方，垢障凡夫何能具睹。七明佛身无漏，光亦同然，岂将有漏之天金比方之也。

四、从“时韦提希见无量”下，至“作礼”以来，正明韦提实是垢凡女质，不足可言，但以圣力冥加，彼佛现时，得蒙稽首。斯乃序临净国，喜叹无以自胜。今乃正睹弥陀，更益心开悟忍。

五、从“白佛言”下，至“及二菩萨”以来，正明夫人领荷佛恩，为物陈疑，生于后问。此明夫人意者：佛今现在，蒙尊加念，得睹弥陀。佛灭后，众生云何可见也？

六、从“未来众生”下，至“及二菩萨”以来，明其夫人为物置请，使同己见。

七、从“佛告韦提”下，至“当起想念”以来，正明总告许说之言。

---

① “就此意中”前，《大正藏》、《卍续藏》有“言说是语时者，正明”八字，疑衍，今依印光法师校订本删。

问曰：夫人置请，通己为生。及至如来酬答，但指韦提，不通生也？

答曰：佛身临化，说法以逗机，不请尚自普弘，何论别指而不等被？但以文略故无，兼为之心必有也。

八、从“七宝地上”下，至“花想”以来，正明教观方便。

问曰：众生盲暗，逐想增劳，对目冥若夜游。远标净境，何由可悉？

答曰：若望众生惑障，动念徒自疲劳。仰凭圣力遥加，致使所观皆见。云何作法住心而令得见也？欲作法者，诸行者等，先于佛像前，至心忏悔，发露所造之罪，极生惭愧，悲泣流泪。悔过既竟，又心口请释迦佛、十方恒沙等佛，又念彼弥陀本愿，言：“弟子某甲等，生盲罪重，障隔处深。愿佛慈悲摄受护念，指授开悟所观之境，愿得成就。今顿舍身命，仰属弥陀，见以不见，皆是佛恩力。”道此语已，更复至心忏悔竟已，即向静处，面向西方，正坐跏趺，一同前法。既住心已，徐徐转心想彼宝地杂色分明。初想不得乱想多境，即难得定，唯观方寸、一尺等。或一日、二日、三日，或四、五、六、七日，或一月、一年、二三年等，无问日夜，行住坐卧，身口意业，常与定合。唯万事俱舍，犹如失意聋盲痴人者，此定必即易得。若不如是，三业随缘转，定想逐波飞，纵尽千年寿，法眼未曾开。若心得定时，或先有明相现，或可先见宝地等种种分明不思议者。有二种见：一者想见，犹有知觉故，虽见净境，未多明了。二者若内外觉灭，即入正受三昧，所见净境，即非想见得为比较也。

九、从“令其莲花”下，至“八万四千光”以来，正明宝花有种种庄严。即有其三：一明一一花叶备众宝色；二明一一叶有众多宝脉；三明一一脉有众多光色。此令行者住心，一一想之，悉令心眼得见。既见花叶已，次想叶间众宝；次想宝出多光，光成宝盖；次想花台，台上众宝及珠网等；次想台上四柱宝幢；次想幢上宝幔；次想幔上宝珠，光明杂色，遍满虚空，各现异相。如是次第一一住心不舍，不久之间，即得定心。既得定心，彼诸庄严一切显现，应知。

十、从“了了”下，辩观成相。

十一、从“花叶小者”下，至“遍覆地上”以来，正明叶叶有种种庄严。即有其六：一明花叶大小；二明花叶多少；三明叶间珠映多少；四明珠有千光；五明一一珠光变成宝盖；六明宝盖上照虚空，下覆宝地。

十二、从“释迦毗楞伽”下，至“以为校饰”以来，正明台上庄严之相。

十三、从“于其台上”下，至“妙宝珠以为映饰”以来，正明幢上庄严之相。即有其四：一明台上自有四幢；二明幢之体量大小；三明幢上自有宝幔，状似天宫；四明幢上自有众多宝珠，辉光映饰。

十四、从“一一宝珠”下，至“施作佛事”以来，正明珠光有不思议德用之相。即有其五：一明一一珠有多光；二明一一光各作异色；三明一一光色遍于宝土；四明光所至处，各作异种庄严；五明或作金台、珠网、花云、宝乐，遍满十方。

十五、从“是为”下，总结观名。

十六、从“佛告阿难”下，至“比丘愿力所成”以来，正明花座得成所由。

十七、从“若欲念彼佛者”下，至“自见面像”以来，正明重显观仪，如前次第住心，不得杂乱也。

十八、从“此想成者”下，至“生极乐世界”以来，正明结观成相。即有二益：一明除罪益，二明得生益。

十九、从“作是观者”下，至“名为邪观”以来，正明辩观邪正相。

斯乃花依宝地，叶间奇珍。台莹四幢，光施佛事。

上来虽有十九句不同，广明花座观竟。

【经】佛告阿难及韦提希：“见此事已，次当想佛。所以者何？诸佛如来是法界身，入一切众生心想中。是故汝等心想佛时，是心即是三十二相、八十随形好。是心作佛，是心是佛。诸佛正遍知海，从心想生。是故应当一心系念，谛观彼佛多陀阿伽度、阿罗诃、三藐三佛陀。想彼佛者，先当想像。闭目开目，见一宝像，如阎浮檀金色，坐彼花上。见像坐已，心眼得开，了了分明。见极乐国，七宝庄严。宝地宝池，宝树行列。诸天宝幔，弥覆其上。众宝罗网，满虚空中。见如此事，极令明了，如观掌中。见此事已，复当更作一大莲花，在佛左边，如前莲花，等无有异。复作一大莲花，

在佛右边。想一观世音菩萨像，坐左花座，亦作金色，如前无异。想一大势至菩萨像，坐右花座。此想成时，佛菩萨像皆放光明，其光金色，照诸宝树。一一树下，亦有三莲花。诸莲花上，各有一佛二菩萨像，遍满彼国。此想成时，行者当闻水流、光明，及诸宝树、凫雁、鸳鸯，皆说妙法。出定入定，恒闻妙法。行者所闻，出定之时，忆持不舍，令与修多罗合。若不合者，名为妄想。若与合者，名为粗想见极乐世界。是为像想，名第八观。作是观者，除无量亿劫生死之罪，于现身中得念佛三昧。”

【疏】八、就像观中，亦先举，次辩，后结。即有其十三：

一、从“佛告阿难”下，至“次当想佛”以来，正明结前生后。言“所以者何”者，是其问也，所以须想佛者何？

二、从“诸佛如来”下，至“心想中”以来，正明诸佛大慈，应心即现，有斯胜益，故劝汝想之。

问曰：韦提上请，唯指弥陀。未审如来今总举诸佛，有何意也？

答曰：欲显诸佛三身同证，悲智果圆，等齐无二。端身一坐，影现无方。意赴有缘，时临法界。

言“法界”者，有三义：一者心遍故解法界，二者身遍故解法界，三者无障碍故解法界。正由心到故，身亦随到，身随于心，故言是“法界身”也。言“法界”者，是所化之境，即众生界也。言“身”者，是能化之身，即诸佛身也。

言“入众生心想中”者，乃由众生起念愿见诸佛，佛即以无碍智知，即能入彼想心中现。但诸行者，若想念中、若梦定中见佛者，即成斯义也。

三、从“是故汝等”下，至“从心想生”以来，正明结劝利益。

此明标心想佛，但作佛解，从顶至足，心想不舍，一一观之，无暂休息。或想顶相，或想眉间白毫，乃至足下千轮之相[①]。作此想时，佛像端严，相好具足，了然而现。乃由心缘一一相故，即一一相现。心若不缘，众相不

---

① “千轮之相”，印光法师校订本作“千辐轮相”。

可见。但自心想作，即应心而现，故言“是心即是三十二相”也。言“八十随形好”者，佛相既现，众好皆随也。此正明如来教诸想者具足观也。

言“是心作佛”者，依自信心缘相，如作也。言“是心是佛”者，心能想佛，依想佛身而现，即是心佛也。离此心外，更无异佛者也。

言“诸佛正遍知”者，此明诸佛得圆满无障碍智，作意不作意，常能遍知法界之心。但能作想，即从汝心想而现，似如生也。

或有行者，将此一门之义，作唯识法身之观，或作自性清净佛性观者，其意甚错，绝无少分相似也。既言想像，假立三十二相者。真如法界身，岂有相而可缘，有身而可取也？然法身无色，绝于眼对，更无类可方，故取虚空以喻法身之体也。又今此观门等，唯指方立相，住心而取境，总不明无相离念也。如来悬知末代罪浊凡夫，立相住心尚不能得，何况离相而求事者？如似无术通人，居空立舍也。

四、从“是故应当”下，至“三佛陀”以来，正明如前所益，专住必成，展转相教，劝观彼佛也。

五、从“想彼佛者”下，牒前生后。言“先当想像”者，定所观境。

六、从“闭目开目”下，至“如观掌中”以来，正明辩观成相。即有其四：一明身四威仪，眼之开合，见一金像似现目前，常作此想；二明既能观像，像即须有坐处，即想前花座，想像在上而坐；三明想见像坐已，心眼即开；四明心眼既开，即见金像及彼极乐诸庄严事，地上、虚空，了然无碍。

又观像住心之法，一如前说。从顶一一想之，面、眉、毫相、眼、鼻、口、耳、咽、项、肩、臂、手、指。又由心向下[①]，想胸、腹、脐、阴、胫、膝、腨、足、十指、千轮[②]等，一一想之。从上向下名顺观，从下千轮[③]向上名逆观。如是逆顺住心，不久必得成也。

---

① “由心向下”，《大正藏》、《卍续藏》作“抽心向上”，今依印光法师校订本。

② “千轮”，印光法师校订本作“千辐”。

③ 同上。

又佛身及花座、宝地等，必须上下通观。然十三观中，此宝地、宝花、金像等观最要。若欲教人，即教此法。但此一法成者，余观即自然了也。

七、言“见此事已”者，结成上像身观，生后二菩萨观也。

八、从“复当更作一大莲花”下，至“坐右花座”以来，正明成上三身观，生后多身观。欲观此二菩萨者，一如观佛法也。

九、从“此想成时”下，至“遍满彼国”以来，正明结成上多身观，生后说法相。此明诸行者等，行住坐卧，常缘彼国一切宝树、一切宝楼、花、池等。若礼念，若观想，常作此解也。

十、从“此想成时”下，至“忆持不舍”以来，正明因定得见极乐庄严，又闻一切庄严皆能说于妙法。既见闻此已，恒持莫失，名守定心也。

十一、从“令与修多罗合”下，至“见极乐世界”以来，辩观邪正之相。

十二、从“是为”下，总结。

十三、从“作是观者”下，至“得念佛三昧”以来，正明克念修观，现蒙利益。

斯乃群生障重，真佛之观难阶。是以大圣垂哀，且遣注心形像。

上来虽有十三句不同，广明像观竟。

【经】佛告阿难及韦提希：“此想成已，次当更观无量寿佛身相光明。阿难当知，无量寿佛身如百千万亿夜摩天阎浮檀金色，佛身高六十万亿那由他恒河沙由旬。眉间白毫，右旋宛转，如五须弥山。佛眼[①]如四大海水，青白分明。身诸毛孔，演出光明，如须弥山。彼佛圆光，如百亿三千大千世界。于圆光中，有百万亿那由他恒河沙化佛。一一化佛，亦有众多无数化菩萨，以为侍者。无量寿佛有八万四千相。一一相中，各有八万四千随形好。

① 《高丽藏》经文作“佛眼清净”。

一一好中，复有八万四千光明。一一光明，遍照十方世界念佛众生，摄取不舍。其光相好，及与化佛，不可具说。但当忆想，令心眼见。见此事者，即见十方一切诸佛。以见诸佛故，名念佛三昧。作是观者，名观一切佛身。以观佛身故，亦见佛心。佛心者，大慈悲是。以无缘慈，摄诸众生。作此观者，舍身他世，生诸佛前，得无生忍。是故智者，应当系心，谛观无量寿佛。观无量寿佛者，从一相好入。但观眉间白毫，极令明了。见眉间白毫相者，八万四千相好，自然当现。见无量寿佛者，即见十方无量诸佛。得见无量诸佛故，诸佛现前授记。是为遍观一切色身相，名第九观。作是观者，名为正观。若他观者，名为邪观。”

【疏】九、就真身观中，亦先举，次辩，后结。即有其十二：

一、从“佛告阿难”下，至“身相光明”以来，正明告命，结成前像观，生后真身之观也。

二、从“阿难当知”下，至“金色”以来，正明显真佛之身相，逾天金之色也。

三、从“佛身高六十”下，至“由旬”以来，正明身量大小。

四、从“眉间”下，至“菩萨为侍者”以来，正明总观身相。即有其六：一明毫相大小；二明眼相大小；三明毛孔光大小；四明圆光大小；五明化佛多少；六明侍者多少。

五、从“无量寿佛”下，至“摄取不舍”以来，正明观身别相，光益有缘。即有其五：一明相多少；二明好多少；三明光多少；四明光照远近；五明光所及处，偏蒙摄益。

问曰：备修众行，但能回向，皆得往生。何以佛光普照，唯摄念佛者，有何意也？

答曰：此有三义：一明亲缘，众生起行，口常称佛，佛即闻之；身常礼敬佛，佛即见之；心常念佛，佛即知之。众生忆念佛者，佛亦忆念众生，彼此三业不相舍离，故名亲缘也。二明近缘，众生愿见佛，佛即应念现在目前，故名近缘也。三明增上缘，众生称念，即除多劫罪，命欲终时，佛与圣众自来迎接，诸邪业系无能碍者，故名增上缘也。自余众行，虽名是善，若比念佛者，全非比较也。是故诸经中，处处广赞念佛功能。如《无量寿经》四十八愿中，唯明专念弥陀名号得生。又如《弥陀经》中，一日、七日专念弥陀名号得生，又十方恒沙诸佛证诚不虚也。又此经定散文中，唯标专念名号得生。此例非一也。广显念佛三昧竟。

六、从“其光相好”以下，结少显多。辄欲观者，难为周悉。

七、从“但当忆想”以下，正明庄严微妙，出过凡境。虽未证目前，但当忆想，令心眼见也。

八、从“见此事者”下，至“摄诸众生”以来，正明功程不失，观益得成。即有其五：一明因观得见十方诸佛；二明以见诸佛故，结成念佛三昧；三明但观一佛，即观一切佛身也；四明由见佛身故，即见佛心也；五明佛心者，慈悲为体，以此平等大慈，普摄一切也。

九、从“作此观者”下，至“得无生忍”以来，正明舍身他世，得生彼益也。

十、从“是故智者”下，至“现前授记”以来，重明结劝修观利益。即有其五：一明简出能修观人；二明专心谛观无量寿佛；三明相好众多，不得总杂而观，唯观白毫一相，但得见白毫者，一切众相自然而现也；四明既见弥陀，即见十方佛也；五明既见诸佛，即于定中得蒙授记也。

十一、从“是为遍观”以下，总结。

十二、从“作是观”以下，正明辨观邪正之相。

斯乃真形量远，毫若五山，震响随机，光沾有识。欲使含灵归命，注想无遗，乘佛本弘，齐临彼国。

上来虽有十二句不同，广明真身观竟。

【经】佛告阿难及韦提希：“见无量寿佛了了分明已，次亦应观观世音菩萨。此菩萨身长八十万亿那由他由旬，身紫金色。顶有肉髻，项有圆光，面各百千由旬。其圆光中，有五百化佛，如释迦牟尼。一一化佛，有五百化菩萨，无量诸天以为侍者。举身光中，五道众生，一切色相，皆于中现。顶上毗楞伽摩尼宝以为天冠，其天冠中，有一立化佛，高二十五由旬。观世音菩萨，面如阎浮檀金色。眉间毫相，备七宝色，流出八万四千种光明。

一一光明，有无量无数百千化佛。一一化佛，无数化菩萨以为侍者，变现自在，满十方世界。臂如红莲花色。有八十亿微妙光明，以为璎珞。其璎珞中，普现一切诸庄严事。手掌作五百亿杂莲花色。手十指端，一一指端，有八万四千画，犹如印文。一一画，有八万四千色。一一色，有八万四千光。其光柔软，普照一切。以此宝手，接引众生。举足时，足下有千辐轮相，自然化成五百亿光明台。下足时，有金刚摩尼花，布散一切，莫不弥满。其余身相，众好具足，如佛无异。唯顶上肉髻，及无见顶相，不及世尊。是为观观世音菩萨真实色身相，名第十观。”佛告阿难：“若欲观观世音菩萨者，当作是观。作是观者，不遇诸祸，净除业障，除无数劫生死之罪。如此菩萨，但闻其名，获无量福，何况谛观。若有欲观观世音菩萨者，先观顶上肉髻，次观天冠。其余众相，亦次第观之。悉令明了，如观掌中。作是观者，名为正观。若他观者，名为邪观。”

【疏】十、就观音观中，亦先举，次辩，后结。即有其十五：

一、从“佛告阿难”下，至“菩萨”以来，正明结成前真身观，生后菩萨观。

二、从“此菩萨身长”下，至“皆于中现”以来，正明总标身相。即有其六：一明身量大小；二明身色与佛不同；三明肉髻与佛螺髻不同；四明圆光大小；五明化佛、侍者多少；六明身光普现五道众生。

三、从“顶上毗楞伽”下，至“二十五由旬”以来，正明天冠之内化佛殊异。

四、从“观音”以下，正明面色与身色不同。

五、从“眉间”下，至“莲花色”以来，正明毫光转变，遍满十方，化侍弥多，更比红莲之色[①]。即有其五：一明毫相作七宝色；二明毫光多少；三明光有化佛多少；四明侍者多少；五明化侍变现，遍满十方。

六、从“有八十亿光明”下，至“庄严事”以来，正明身服光璎，非

---

① 经文“臂如红莲花色”，疏主所依经本作“譬如红莲花色”，意指观世音菩萨眉间毫光所化菩萨之色。参见良忠《观经定善义传通记》。

众宝作。

七、从“手掌作五百亿”下，至“接引众生”以来，正明手有慈悲之用也。即有其六：一明手掌作杂莲之色；二明一一指端有八万印文；三明一一文有八万余色；四明一一色有八万余光；五明光体柔软，等照一切；六明以此宝光之手接引有缘也。

八、从“举足时”下，至“莫不弥满”以来，正明足有德用之相。

九、从“其余身相”以下，指同于佛。

十、从“唯顶上”下，至“不及世尊”以来，正明师徒位别，果愿未圆，致使二相有亏，表居不足之地也。

十一、从“是为”下，总结。

十二、从“佛告阿难”下，至“当作是观”以来，正明重结前文，生其后益。

十三、从“作是观者”下，至“何况谛观”以来，正明劝观利益。

十四、从“若有欲观观音”下，至“如观掌中”以来，正明重显观仪，劝物倾心，使沾两益。

十五、从“作是观”以下，正明辩观邪正相。

斯乃观音愿重，影现十方。宝手停[①]辉，随机引接。

上来虽有十五句不同，广明观音观竟。

【经】**次观大势至菩萨。此菩萨身量大小，亦如观世音。圆光面各百二十五由旬，照二百五十由旬。举身光明，照十方国，作紫金色。有缘众生，皆悉得见。但见此菩萨一毛孔光，即见十方无量诸佛净妙光明，是故号此菩萨名无边光。以智慧光，普照一切，令离三途，得无上力，是故号此菩萨名大势至。此菩萨天冠，有五百宝花。一一宝花，有五百宝台。一一台中，十方诸佛净妙国土广长之相，皆于中现。顶上肉髻，如钵头摩花。于肉髻上，有一宝瓶，盛诸光明，普现佛事。余诸身相，如观世音，等无有异。此菩萨行**

① “停”，停留、停驻。印光法师校订本作“舒”。

时，十方世界，一切震动。当地动处，有五百亿宝花。一一宝花，庄严高显，如极乐世界。此菩萨坐时，七宝国土，一时动摇。从下方金光佛刹，乃至上方光明王佛刹，于其中间，无量尘数分身无量寿佛、分身观世音、大势至，皆悉云集极乐国土，叆塞空中，坐莲花座，演说妙法，度苦众生。作此观者，名为观见大势至菩萨。是为观大势至色身相，名第十一观[①]。观此菩萨者，除无数劫阿僧祇生死之罪。作是观者，不处胞胎，常游诸佛净妙国土。此观成已，名为具足观观世音、大势至。

【疏】十一、就势至观中，亦先举，次辩，后结。即有其十三：

一、言"次观大势至菩萨"者，总举观名。

二、从"此菩萨身量大小"以下，次辩观相。即有其五：一明身量等类观音；二明身色等类观音；三明面相等类观音；四明身光相好等类观音；五明毫相舒光转变等类观音。

三、从"圆光面各百二十五由旬"以下，正明圆光等不同观音之相。即有其四：一明圆光大小；二明光照远近；三明化佛多少；四明化佛侍者多少。

四、从"举身光明"下，至"名大势至"以来，正明身光远被，照益有缘，等及他方，皆作紫金之色。即有其八：一明身光总别不同；二明光照远近；三明光所触处，皆作紫金之色；四明但与势至宿业有缘者，即得睹触此光；五明但见一毛孔光，即能多见诸佛净妙身光，此即举少以显多益，欲使行之者悕心渴仰，入观以证之；六明依光以立名；七明光之体用，即无漏为体，故名智慧光，又能除息十方三恶之苦，名无上力，即为用也；八明名大势至者，此即依德立名也。

五、从"此菩萨天冠"下，至"皆于中现"以来，正明天冠庄严之相与观音不同。即有其四：一明冠上宝花多少；二明一一花上宝台多少；三

① 《卍续藏》本、印光法师校订本所录经文，"名第十一观"五字，在"观此菩萨者"五字后，考《乾隆大藏经》、《大正藏》、《净土五经》所收经文皆同此。今据原疏订正。

明一一台中映现十方诸佛净土；四明他方土现，彼此都无增减。

六、从“顶上肉髻”下，至“普现佛事”以来，正明肉髻、宝瓶之相。

七、从“余诸身相”以下，指同观音也。

八、从“此菩萨行时”下，至“如极乐世界”以来，正明行与观音不同相。即有其四：一明行不同相；二明震动远近相；三明所震动处，花现多少；四明所现之花，高而且显，多诸莹饰，以类极乐庄严也。

九、从“此菩萨坐时”下，至“度苦众生”以来，正明坐不同观音相。即有其七：一明坐相；二明先动本国相；三明次动他方远近相；四明动摇下上佛刹多少相；五明弥陀、观音等分身云集相；六明临空叆塞，皆坐宝花；七明分身说法，各应所宜。

问曰：《弥陀经》云：“彼国众生，无有众苦，但受诸乐，故名极乐。”何故此经分身说法，乃云度苦者，有何意也？

答曰：今言苦乐者有二种：一者三界中苦乐，二者净土中苦乐。言三界苦乐者，苦则三途、八苦等，乐则人天五欲，放逸系缚等乐，虽言是乐，然是大苦，毕竟无有一念真实乐也。言净土苦乐者，苦则地前望地上为苦，地上望地前为乐，下智证望上智证为苦，上智证望下智证为乐。此例举一可知也。今言“度苦众生”者，但为进下位令升上位，转下证令得上证，称本所求，即名为乐，故言度苦也。若不然者，净土之中一切圣人，皆以无漏为体，大悲为用，毕竟常住，离于分段之生灭，更就何义名为苦也？

十、从“作此观者”下，至“十一观”以来，正明辩观邪正，总结分齐。[1]

十一、从“观此菩萨者”以下，正明修观利益，除罪多劫。

十二、从“作是观者”下，至“净妙国土”以来，正明总结前文，重生后益。

---

[1] 据疏中第十、第十一两科，可知疏主所据经文，“名第十一观”五字，原在“观此菩萨者”五字之前。

十三、从“此观成已”下，正明总牒二身，辩观成相。

斯乃势至威高，坐摇他国，能使分身云集，演法利生，永绝胞胎，常游法界。

上来虽有十三句不同，广解势至观竟。

【经】**见此事时，当起自心，生于西方极乐世界，于莲花中，结跏趺坐。作莲花合想，作莲花开想。莲花开时，有五百色光来照身想，眼目开想，见佛菩萨满虚空中。水鸟、树林，及与诸佛，所出音声，皆演妙法，与十二部经合。若出定之时，忆持不失。见此事已，名见无量寿佛极乐世界。是为普观想，名第十二观。无量寿佛化身无数，与观世音及大势至，常来至此行人之所。**

【疏】十二、就普观中，亦先举，次辩，后结。即有其六：

一、言“见此事时”者，正明牒前生后。

二、从“当起自心”下，至“皆演妙法”以来，正明凝心入观，即当作自往生想。即有其九：一明自生想；二明向西想；三明坐花想；四明花合想；五明花开想；六明宝光来照身想；七明既蒙光照，作眼开想；八明眼目既开，作见佛菩萨想；九明闻法想。

三、从“与十二部经合”下，至“不失”以来，正明定散无遗，守心常忆，一则观心明净，二则诸恶不生。由内与法乐相应，外则无三邪之障。

四、从“见此事已”下，明观成之益。

五、从“是为”下，总结。

六、从“无量寿”下，至“常来至此行人之所”以来，正明重举能观之人，即蒙弥陀等三身护念之益。

斯乃群生注念，愿见西方依正二严，了了常如眼见。

上来虽有六句不同，广解普观竟。

【经】**佛告阿难及韦提希：“若欲至心生西方者，先当观于一丈六像，在池水上。如先所说无量寿佛，身量无边，非是凡夫心力所及。然彼如来宿**

愿力故，有忆想者，必得成就。但想佛像，得无量福，况复观佛具足身相。阿弥陀佛神通如意，于十方国，变现自在。或现大身，满虚空中。或现小身，丈六八尺。所现之形，皆真金色。圆光化佛，及宝莲花，如上所说。观世音菩萨及大势至，于一切处身同。众生但观首相，知是观世音，知是大势至。此二菩萨，助阿弥陀佛普化一切。是为杂想观，名第十三观。”

【疏】十三、就杂想观中，亦先举，次辩，后结。即有其十一：

一、从“佛告阿难”以下，正明告命，结劝生后。

二、从“先当观于一丈六”以下，正明观像以表真，想水以表地，此是如来教诸众生易境转心入观。或在池水花上，或在宝宫宝阁内，或在宝林宝树下，或在宝台宝殿中，或在虚空宝云花盖之内。如是等处，一一住心想之，皆作化佛想，为令机、境相称，易得成故也。

三、从“如先所说”下，至“非心力所及”以来，正明境大心小，卒难成就，致使圣意悲伤，劝观于小。

四、从“然彼如来”下，至“必得成就”以来，正明凡心狭小，圣量弥宽，注想无由，恐难成就。斯乃不以小故难成，不由大故不现。直是弥陀愿重，致使想者皆成。

五、从“但想佛像”下，至“具足身相”以来，正明比较显胜。想像尚自得福无量，何况观于真佛者，得益之功更甚。

六、从“阿弥陀”下，至“皆真金色[①]”以来，正明能观所观佛像，虽身有大小，明皆是真。即有其三：一明弥陀身通无碍，随意遍周。言“如意”者，有二种：一者如众生意，随彼心念，皆应度之；二者如弥陀之意，五眼圆照，六通自在，观机可度者，一念之中，无前无后，身心等赴，三轮开悟，各益不同也。二明或现大身，或现小身。三明身量虽有大小，皆作真金之色，此即定其邪正也。

---

① “皆真金色”，《大正藏》、《卍续藏》作“丈六八尺”，今依印光法师校订本。

七、从“圆光化佛[①]”以下，正明身虽大小有殊，光相即与真无异。

八、从“观世音菩萨”以下，正明指同前观。佛大侍者亦大，佛小侍者亦小。

九、从“众生但观首相”以下，正明劝观二别。云何二别？观音头首上有一立化佛，势至头首之上有一宝瓶。

十、从“此二菩萨”以下，正明弥陀、观音、势至等，宿愿缘重，誓同舍恶，等至菩提，影响相随，游方化益。

十一、从“是为”下，总结。

上来虽有十一句不同，广解杂想观竟。

上从“日观”下，至“杂想观”以来，总明世尊答前韦提第四请云“教我思惟、正受”两句。

总赞云：

初教日观除昏暗，想水成冰净内心，
地下金幢相映发，地上庄严亿万重，
宝云宝盖临空转，人天音乐互相寻。
宝树垂璎间杂果，池流德水注花中，
宝楼宝阁皆相接，光光相照等无荫。
三花独迥超众座，四幢承幔网珠罗，
禀识心迷犹未晓，住心观像静坐彼，
一念心开见真佛，身光相好转弥多。
救苦观音缘法界，无时不变入娑婆，
势至威光能震动，随缘照摄会弥陀。
归去来！极乐安身实是精，
正念西归花含想，见佛庄严说法声。

① “圆光化佛”，《大正藏》、《卍续藏》作“所现之形”，今依印光法师校订本。

复有众生心带惑，缘真上境恐难成，
致使如来开渐观，花池丈六等金形，
变现灵仪虽大小，应物时宜度有情。
普劝同生知识等，专心念佛向西倾。

又就前请中，初从“日观”下，至“花座观”以来，总明依报。二从“像观”下，至“杂想观”以来，总明正报。

上来虽有依正二报不同，广明定善一门义竟。

佛说观无量寿佛经疏卷第四

散善义

△ 从此以下，次解三辈散善一门之义。就此义中，即有其二：一明三福以为正因，二明九品以为正行。

今言三福者。第一福即是世俗善根，曾来未闻佛法，但自行孝养，仁、义、礼、智、信，故名世俗善也。第二福者，此名戒善，就此戒中，即有人、天、声闻、菩萨等戒，其中或有具受不具受，或有具持不具持，但能回向，尽得往生。第三福者，名为行善，此是发大乘心凡夫，自能行行，兼劝有缘，舍恶持心，回生净土。

又就此三福之中，或有一人单行世福，回亦得生；或有一人单行戒福，回亦得生；或有一人单行行福，回亦得生；或有一人行上二福，回亦得生；或有一人行下二福，回亦得生；或有一人具行三福，回亦得生。或有人等，三福俱不行者，即名十恶邪见阐提人也。

言九品者，至文当辩，应知。

今略料简三福差别义意竟。

△ 十四、就上辈观行善，文前总料简。即为十一门：一者总明告命；二者辩定其位；三者总举有缘之类；四者辩定三心以为正因；五者正明简机堪与不堪；六者正明受法不同；七者正明修业时节延促有异；八者明回所修行，愿生弥陀佛国；九者明临命终时，圣来迎接不同，去时迟疾；十者明到彼花开迟疾不同；十一者明花开以后得益有异。

今此十一门义者，约对九品之文，就一一品中皆有此十一，即为一百番义也。又此十一门义，就上辈文前总料简亦得，或就中、下辈文前各料简亦得。又此义若以文来勘者，即有具不具。虽有隐显，若据其道理，悉皆合有。为此因缘，故须广开显出，欲令依行者易解易识也。

上来虽有十一门不同，广料简上辈三品义意竟。

【经】佛告阿难及韦提希：“上品上生者。若有众生，愿生彼国者，发三种心，即便往生。何等为三？一者至诚心，二者深心，三者回向发愿心。具三心者，必生彼国。复有三种众生，当得往生。何等为三？一者慈心不杀，具诸戒行；二者读诵大乘方等经典；三者修行六念。回向发愿，愿生彼国。具此功德，一日乃至七日，即得往生。生彼国时，此人精进勇猛故，阿弥陀如来与观世音、大势至、无数化佛、百千比丘声闻大众、无量诸天、七宝宫殿，观世音菩萨执金刚台，与大势至菩萨，至行者前。阿弥陀佛放大光明，照行者身，与诸菩萨，授手迎接。观世音、大势至，与无数菩萨，赞叹行者，劝进其心。行者见已，欢喜踊跃。自见其身，乘金刚台，随从佛后，如弹指顷，往生彼国。生彼国已，见佛色身，众相具足。见诸菩萨，色相具足。光明宝林，演说妙法，闻已即悟无生法忍。经须臾间，历事诸佛，遍十方界。于诸佛前，次第受记，还至本国，得无量百千陀罗尼门。是名上品上生者。”

【疏】次下先就上品上生位中，亦先举，次辩，后结。即有其十二：

一、从“佛告阿难”以下，则双标二意：一明告命，二明辩定其位。此即修学大乘上善凡夫人也。[①]

三、从“若有众生”下，至“即便往生”以来，正明总举有缘[②]之类。即有其四：一明能信之人；二明求愿往生；三明发心多少；四明得生之益。

四、从“何等为三”下，至“必生彼国”以来，正明辩定三心以为正因。即有其二：一明世尊随机显益，意密难知，非佛自问自征，无由得解；二明如来还自答前三心之数。

经云“一者至诚心”。至者真，诚者实。欲明一切众生身口意业所修解行，必须真实心中作。不得外现贤善精进之相，内怀虚假，贪瞋邪伪，

① 其下第二科“辩定其位”，已含于第一科文内，故略。

② “缘”，《大正藏》、《卍续藏》作“生”，今依印光法师校订本改。

奸诈百端，恶性难侵，事同蛇蝎。虽起三业，名为杂毒之善，亦名虚假之行，不名真实业也。若作如此安心起行者，纵使苦励身心，日夜十二时，急走急作，如救[1]头燃者，总名杂毒之善。欲回此杂毒之行，求生彼佛净土者，此必不可也。何以故？正由彼阿弥陀佛因中行菩萨行时，乃至一念一刹那，三业所修，皆是真实心中作，凡所施为趣求，亦皆真实。

又真实有二种：一者自利真实，二者利他真实。言自利真实者，复有二种：一者真实心中制舍自他诸恶及秽国等。行住坐卧，想同一切菩萨制舍诸恶，我亦如是也。二者真实心中勤修自他凡圣等善。真实心中，口业赞叹彼阿弥陀佛及依正二报。又真实心中，口业毁厌三界六道等自他依正二报苦恶之事，亦赞叹一切众生三业所为善。若非善业者，敬而远之，亦不随喜也。又真实心中，身业合掌礼敬、四事等供养彼阿弥陀佛及依正二报。又真实心中，身业轻慢厌舍此生死三界等自他依正二报。又真实心中，意业思想观察忆念彼阿弥陀佛及依正二报，如现目前。又真实心中，意业轻贱厌舍此生死三界等自他依正二报。不善三业，必须真实心中舍。又若起善三业者，必须真实心中作。不简内外明暗，皆须真实，故名至诚心。

二者深心。言深心者，即是深信之心也。亦有二种：一者决定深信自身现是罪恶生死凡夫，旷劫以来，常没常流转，无有出离之缘。二者决定深信彼阿弥陀佛四十八愿摄受众生，无疑无虑，乘彼愿力，定得往生；又决定深信释迦佛说此《观经》三福九品，定散二善，证赞彼佛依正二报，使人欣慕；又决定深信《弥陀经》中，十方恒沙诸佛证劝一切凡夫决定得生。

又深信者，仰愿一切行者等，一心唯信佛语，不顾身命，决定依行。佛遣舍者即舍，佛遣行者即行，佛遣去处即去，是名随顺佛教，随顺佛意，随顺佛愿，是名真佛弟子。又一切行者，但能依此经深信行者，必不误众生也。何以故？佛是满足大悲人故，实语故。除佛以还，智行未满，在其学地，犹有正、习，二障未除，果愿未圆。此等凡圣，纵使测量诸

① “救”，《大正藏》、《卍续藏》作“炙”，今依印光法师校订本改。

佛教意，未能决了，虽有平章，要须请佛证为定也。若称佛意，即印可言：“如是如是。”若不可佛意者，即言：“汝等所说，是义不如是。”不印者，即同无记无利无益之语。佛印可者，即随顺佛之正教。若佛所有言说，即是正教、正义、正行、正解、正业、正智。若多若少，总不问菩萨、人、天等定其是非也。若佛所说，即是了教；菩萨等说，尽名不了教也，应知。是故今时仰劝一切有缘往生人等，唯可深信佛语，专注奉行。不可信用菩萨等不相应教，以为疑碍，抱惑自迷，废失往生之大益也。

又深心深信者，决定建立自心，顺教修行，永除疑错。不为一切别解、别行、异学、异见、异执之所退失倾动也。

问曰：凡夫智浅，惑障处深。若逢解行不同人，多引经论，来相妨难，证云一切罪障凡夫不得往生者。云何对治彼难，成就信心，决定直进，不生怯退也？

答曰：若有人多引经论，证云不生者。行者即报云：“仁者虽将经论来证，道不生。如我意者，决定不受汝破。何以故？然我亦不是不信彼诸经论，尽皆仰信。然佛说彼经时，处别、时别、对机别、利益别。又说彼经时，即非说《观经》、《弥陀经》等时。然佛说教被机，时亦不同。彼即通说人、天、菩萨之解行。今说《观经》定、散二善，唯为韦提及佛灭后五浊五苦等一切凡夫，证言得生。为此因缘，我今一心依此佛教，决定奉行。纵使汝等百千万亿道不生者，唯增长成就我往生信心也。”又行者更向说言：“仁者善听，我今为汝更说决定信相。纵使地前菩萨、罗汉、辟支等，若一若多，乃至遍满十方，皆引经论，证言不生者，我亦未起一念疑心，唯增长成就我清净信心。何以故？由佛语决定成就了义，不为一切所破坏故。又行者善听，纵使初地以上，十地以来，若一若多，乃至遍满十方，异口同音，皆云：‘释迦佛指赞弥陀，毁呰三界六道，劝励众生专心念佛，及修余善，毕此一身后，必定生彼国者，此必虚妄，不可依信也。’我虽闻此等所说，亦不生一念疑心，唯增长成就我决定上上信心。何以故？乃由佛语真实决了义故。佛是实知、实解、实见、实证，非是疑惑心中语故，又不为一切菩萨异见异解之所破坏。若实是菩萨者，总不违佛教也。又置此事，行者当知，纵使化佛、报佛，若一若多，乃至遍满十方，各各辉光吐舌遍覆十方，一一说言：‘释迦所说，相赞劝发一切凡夫，专心念佛，及修余善，回愿得生彼净土者，此是虚妄，定无此事也。’我虽闻此等诸佛所说，毕竟不起一念疑退之心，畏不得生彼佛国也。何以故？一佛、一切佛，所有知见、解行、证悟、果位、大悲等同，无少差别。是故一佛所制，即一切佛同制。如似前佛制断杀生十恶等罪，毕竟不犯不行者，即名十善十行，随顺六度之义。若有后佛出世，岂可改前十善，令行十恶也？以此道理推验，明知诸佛言行不相违失。纵令释迦指劝一切凡夫，尽此一身专念专修，舍命已，彼定生彼国者，即十方诸佛悉皆同赞、同劝、同证。何以故？同体大悲故，一佛所化即是一切佛化，一切佛化即是一佛所化。即《弥陀经》中说：释迦赞叹极乐种种庄严，又劝一切凡夫，一日、七日一心专念弥陀名号，定得往生。次下文云：十方各有恒河沙等诸佛，同赞释迦，能于五浊恶时、恶世界、恶众生、恶见、恶烦恼、恶邪无信盛时，指赞弥陀名号，劝励众生称念，必得往生。即其证也。又十方佛等，恐畏众生不信释迦一佛所说，即共同心同时，各出舌相遍覆三千世界，语诚实言：‘汝等众生，皆应信是释迦所说、所赞、所证。一切凡夫，不问罪福多少，时节久近，但能上尽百年，下至一日、七日，一心专念弥陀名号，定得往生，必无疑也。’是故一佛所说，即一切佛同证诚其事也。”此名就人立信也。

次就行立信者。然行有二种：一者正行，二者杂行。言正行者，专依往生经行行者，是名正行。何者是也？一心专读诵此《观经》、《弥陀经》、《无量寿经》等；一心专注思想、观察、忆念彼国二报庄严；若礼，即一心专礼彼佛；若口称，即一心专称彼佛；若赞叹供养，即一心专赞叹供养彼佛[①]，是名为正。又就此正中，复有二种：一者一心专念弥陀名号，行住坐卧，不问时节久近，念念不舍者，是名正定之业，顺彼佛愿

① “彼佛”二字，《大正藏》、《卍续藏》无，今依印光法师校订本补。

故。若依礼诵等，即名为助业。除此正、助二行以外，自余诸善，悉名杂行。若修前正、助二行，心常亲近忆念不断，名为无间也。若行后杂行，即心常间断，虽可回向得生，总名疏杂之行也。故名深心。

三者回向发愿心。言“回向发愿心”者，过去及以今生，身口意业所修世出世善根，及随喜他一切凡圣身口意业所修世出世善根，以此自他所修善根，悉皆真实深信心中，回向愿生彼国，故名回向发愿心也。又回向发愿愿生者，必须决定真实心中，回向愿作得生想。此心深信，犹若金刚，不为一切异见异学、别解别行人等之所动乱破坏。唯是决定一心，投正直进。不得闻彼人语，即有进退，心生怯弱，回顾落道，即失往生之大益也。

问曰：若有解行不同邪杂人等，来相惑乱。或说种种疑难，道不得往生。或云：“汝等众生，旷劫以来，及以今生，身口意业，于一切凡圣身上，具造十恶、五逆、四重、谤法、阐提、破戒、破见等罪，未能除尽。然此等之罪，系属三界恶道。云何一生修福念佛，即入彼无漏无生之国，永得证悟不退位也？”

答曰：诸佛教行，数越尘沙。禀识机缘，随情非一。譬如世间人眼可见可信者，如明能破暗，空能含有，地能载养，水能生润，火能成坏，如此等事，悉名待对之法，即目可见，千差万别。何况佛法不思议之力，岂无种种益也？随出一门者，即出一烦恼门也。随入一门者，即入一解脱智慧门也。为此随缘起行，各求解脱。汝何以乃将非有缘之要行，障惑于我？然我之所爱，即是我有缘之行，即非汝所求。汝之所爱，即是汝有缘之行，亦非我所求。是故各随所乐而修其行者，必疾得解脱也。行者当知，若欲学解，从凡至圣，乃至佛果，一切无碍，皆得学也。若欲学行者，必借有缘之法，少用功劳，多得益也。

又白一切往生人等，今更为行者说一譬喻，守护信心，以防外邪异见之难。何者是也？譬如有人，欲向西行百千之里。忽然中路见有二河，一是火河在南，二是水河在北。二河各阔百步，各深无底，南北无边。正水火中间，有一白道，可阔四五寸许。此道从东岸至西岸，亦长百步。其水波浪交过湿道，其火焰亦来烧道，水火相交，常无休息。此人既至空旷迥处，更无人物，多有群贼恶兽，见此人单独，竞来欲杀。此人怖死，直走向西，忽然见此大河，即自念言："此河南北不见边畔。中间见一白道，极是狭小，二岸相去虽近，何由可行？今日定死不疑。"正欲倒回，群贼恶兽渐渐来逼。正欲南北避走，恶兽毒虫竞来向我。正欲向西寻道而去，复恐堕此水火二河。当时惶怖，不复可言，即自思念："我今回亦死，住亦死，去亦死，一种不免死者，我宁寻此道向前而去。既有此道，必应可度。"作此念时，东岸忽闻人劝声："仁者，但决定寻此道行，必无死难，若住即死。"又西岸上有人唤言："汝一心正念直来，我能护汝，总不畏堕于水火之难。"此人既闻此遣彼唤，即自正当身心，决定寻道直进，不生疑怯退心。或行一分二分，东岸群贼等唤言："仁者回来！此道险恶不得过，必死不疑。我等总无恶心相向。"此人虽闻唤声，亦不回顾，一心直进，念道而行，须臾即到西岸，永离诸难。善友相见，庆乐无已。此是喻也。

次合喻者。言东岸者，即喻此娑婆之火宅也。言西岸者，即喻极乐宝国也。言群贼恶兽诈亲者，即喻众生六根、六识、六尘、五阴、四大也。言无人空迥泽者，即喻常随恶友，不值真善知识也。言水火二河者，即喻众生贪爱如水，瞋憎如火也。言中间白道四五寸者，即喻众生贪瞋烦恼中，能生清净愿往生心也。乃由贪瞋强故，即喻如水火。善心微故，喻如白道。又水波常湿道者，即喻爱心常起，能染污善心也。又火焰常烧道者，即喻瞋嫌之心，能烧功德之法财也。言人行道上直向西者，即喻回诸行业直向西方也。言东岸闻人声，劝遣寻道直西进者，即喻释迦已灭，后人不见，犹有教法可寻，即喻之如声也。言或行一分二分，群贼等唤回者，即喻别解别行恶见人等，妄说见解，迭相惑乱，及自造罪退失也。言西岸上有人唤者，即喻弥陀愿意也。言须臾到西岸，善友相见喜者，即喻众生久沉生死，旷劫轮回，迷倒自缠，无由解脱。仰蒙释迦发遣，指向西方，又借弥陀悲心招唤。今信顺二尊之意，不顾水火二河，念念无遗，乘彼愿力之道，舍命以后得生彼国，与佛相见，庆喜何极也。

又一切行者，行住坐卧，三业所修，无问昼夜时节，常作此解，常作此想，故名回向发愿心。又言回向者，生彼国已，还起大悲，回入生死，教化众生，亦名回向也。

三心既具，无行不成。愿、行既成，若不生者，无有是处也。又此三心，亦通摄定善之义，应知。

五、从“复有三种众生”以下，正明简机，堪能奉法，依教修行。

六、从“何等为三”下，至“六念”以来，正明受法不同。即有其三：

一明“慈心不杀”。然杀业有多种，或有口杀，或有身杀，或有心杀。言口杀者，处分许可，名为口杀。言身杀者，动身手等指授，名为身杀。言心杀者，思念方便计较等，名为心杀。若论杀业，不简四生，皆能招罪，障生净土。但于一切生命起于慈心者，即是施一切众生寿命安乐，亦是最上胜妙戒也。此即合上初福第三句云“慈心不杀”也。即有止、行二善：自不杀故名止善，教他不杀故名行善；自他初断名止善，毕竟永除名行善。虽有止、行[①]二善，总结成慈下行也。

言“具诸戒行”者。若约人、天、二乘之器，即名小戒。若约大心大行之人，即名菩萨戒。此戒若以位约者，当此上辈三位者，即名菩萨戒。正由人位定，故自然转成。即合上第二福戒分善根也。

二明“读诵大乘”者。此明众生性习不同，执法各异。前第一人，但用修慈、持戒为能。次第二人，唯将读诵大乘为是。然戒即能持五乘三佛之机，法即熏成三贤十地万行之智慧。若以德用来比较者，各有一能。即合上第三福第三句云“读诵大乘”也。

三明“修行六念”者，所谓念佛、法、僧，念戒、舍、天等。此亦通合上第三福大乘之意义也。言念佛者，即专念阿弥陀佛口业功德、身业功德、意业功德，一切诸佛亦如是。又一心专念诸佛所证之法，并诸眷属菩萨僧。又念诸佛之戒。及念过去诸佛、现在菩萨等，难作能作，难舍能舍，内舍、外舍、内外舍。此等菩萨，但欲念法，不惜身财。行者等既念

① “行”,《大正藏》《卍续藏》作“持”,今依印光法师校订本改。止、行二善,犹言止持、作持。止善即止持，行善即作持。

知此事，即须常作仰学前贤后圣舍身命意也。又念天者，即是最后身十地之菩萨[①]，此等难行之行已过，三祇之劫已超，万德之行已成，灌顶之位已证。行者等既念知已，即自思念："我身无际以来，共他同时发愿，断恶行菩萨道。他尽不惜身命，行道进位，因圆果熟证圣者，逾于大地微尘。然我等凡夫，乃至今日，虚然流浪，烦恼恶障转转增多，福慧微微，若对重昏之临明镜也。"忽思忖此事，不胜心惊悲叹者哉！

七、从"回向发愿"以下，正明各各回前所修之业，向所求处。

八、从"具此功德"以下，正明修行时节延促。上尽一形，下至一日、一时、一念等。或从一念、十念，至一时、一日、一形。大意者，一发心以后，誓毕此生，无有退转，唯以净土为期。又言"具此功德"者，或一人具上二，或一人具下二，或一人三种尽具。或有人三种无分者，名作着人皮畜生，非名人也。又不问具三、不具三，回尽得往生，应知。

九、从"生彼国时"下，至"往生彼国"以来，正明临命终时，圣来迎接不同，去时迟疾。即有其十一：一明标定所归之国；二明重显其行，指出决定精勤者，亦是校量功德强弱；三明弥陀化主身自来赴；四明观音以下，更显无数大众等，皆从弥陀来迎行者；五明宝宫随众；六重明[②]观音、势至共执金台至行者前；七明弥陀放光照行者之身；八明佛既舒光照及，即与化佛等同时授[③]手；九明既接升台，观音等同声赞劝行者之心；十明自见乘台从佛；十一正明去时迟疾。

十、言"生彼国已"者，正明金台到彼，更无花合之障。

十一、从"见佛色身"下，至"陀罗尼门"以来，正明金台到后，得益不同。即有其三：一者初闻妙法，即悟无生；二者须臾历事，次第受记；三者本国、他方，更证闻、持二益。

① "即是最后身十地之菩萨"，印光法师校订本作"即是念兜率天上住最后身一生补处菩萨功德"。

② "重明"，《大正藏》、《卍续藏》作"明重"，今改。

③ "授"，《大正藏》、《卍续藏》作"接"，今据经文及印光法师校订本改。

十二、从“是名”下，总结。

上来虽有十二句不同，广解上品上生义竟。

【经】上品中生者。不必受持读诵方等经典。善解义趣，于第一义，心不惊动。深信因果，不谤大乘。以此功德，回向愿求生极乐国。行此行者，命欲终时，阿弥陀佛，与观世音、大势至、无量大众，眷属围绕，持紫金台，至行者前，赞言：“法子，汝行大乘，解第一义，是故我今来迎接汝。”与千化佛，一时授手。行者自见坐紫金台，合掌叉手，赞叹诸佛。如一念顷，即生彼国七宝池中。此紫金台，如大宝花，经宿则开。行者身作紫磨金色，足下亦有七宝莲花。佛及菩萨俱时放光，照行者身，目即开明。因前宿习，普闻众声，纯说甚深第一义谛。即下金台，礼佛合掌，赞叹世尊。经于七日，应时即于阿耨多罗三藐三菩提得不退转。应时即能飞行，遍至十方①，历事诸佛。于诸佛所，修诸三昧。经一小劫，得无生忍，现前受记。是名上品中生者。

【疏】次就上品中生位中，亦先举，次辩，后结。即有其八：

一、言“上品中生者”，总举位名，即是大乘次善凡夫人也。

二、从“不必受持”下，至“生极乐国②”以来，正明第六、第七、第八门中，回所修业，定指西方。即有其四：一明受法不定，或得读诵，不得读诵。二明善解大乘空义。或听闻诸法一切皆空，生死、无为亦空，凡圣、明暗亦空。世间六道，出世间三贤十圣等，若望其体性，毕竟不二。虽闻此说，其心坦然，不生疑滞也。三明深信世出世苦乐二种因果。此等因果及诸道理，不生疑谤。若生疑谤，即不成福行，世间果报③尚不可得，何况得生净土？此即合第三福第二、第三句也。四明回前所业，标指所归。

三、从“行此行者”下，至“迎接汝”以来，正明弥陀与诸圣众持台

---

① 《高丽藏》经文无“行遍”二字，如疏中第七科所引。

② “生极乐国”，《大正藏》、《卍续藏》作“生彼国”，今据经文改。

③ “世间果报”，印光法师校订本作“世间福报”。

来应。即有其五：一明行者命延不久；二明弥陀与众自来；三明侍者持台至行者前；四明佛与圣众同声赞叹，述本所修之业；五明佛恐行者怀疑，故言我来迎汝。

四、从“与千化佛”下，至“七宝池中”以来，正明第九门中，众圣授手，去时迟疾。即有其五：一明弥陀与千化佛同时授手；二明行者既蒙授手，即自见身已坐紫金之台；三明既自见坐台，合掌仰赞弥陀等众；四明正去时迟疾；五明到彼止住宝池之内。

五、从“此紫金台”下，正明第十门中到彼花开时节不同。由行强故，上上即得金刚台。由行劣故，上中即得紫金台，生在宝池，经宿始[①]开也。

六、从“佛及菩萨俱时放光”下，至“得不退转”以来，正明第十一门中花开以后得益不同。即有其五：一明佛光照身；二明行者既蒙照体，目即开明；三明人中所习，到彼众声所彰，还闻其法；四明既得眼开闻法，即下金台，亲到佛边，歌扬赞德；五明经时七日，即得无生。言七日者，恐此间七日，不指彼国七日也。此间经于七日者，彼处即是一念须臾间也，应知。

七、从“应时即能飞至十方”下，至“现前授记[②]”以来，正明他方得益。即有其五：一明身至十方；二明一一历供诸佛；三明修多三昧；四明延时得忍；五明一一佛边现蒙授记。

八、从“是名”下，总结。

上来虽有八句不同，广解上品中生竟。

【经】上品下生者。亦信因果，不谤大乘，但发无上道心。以此功德，回向愿求生极乐国。行者命欲终时，阿弥陀佛及观世音、大势至，与诸菩萨，持金莲花，化作五百佛，来迎此人。五百化佛一时授手，赞言：“法子，汝今清净，发无上道心，我来迎汝。”见此事时，即自见身坐金莲花。坐已花合，

---

① “始”，《大正藏》、《卍续藏》作“如”，今依印光法师校订本改。

② “授记”，今通行经文作“受记”。古书中“授”、“受”二字常通用。

随世尊后，即得往生七宝池中。一日一夜，莲花乃开。七日之中，乃得见佛。虽见佛身，于众相好，心不明了。于三七日后，乃了了见。闻众音声，皆演妙法。游历十方，供养诸佛。于诸佛前，闻甚深法。经三小劫，得百法明门，住欢喜地。是名上品下生者。是名上辈生想，名第十四观。

【疏】次就上品下生位中，亦先举，次辩，后结。即有其八：

一、言“上品下生者”，总举位名，即是大乘下善凡夫人也。

二、从“亦信因果”下，至“无上道心”以来，正明第六门中受法不同。即有其三：一明所信因果不定，或信不信，故名为“亦”。或可亦同前深信也。又虽信不深，善心数退，恶法数起，此乃由不深信苦乐因果也。若深信生死苦者，罪业毕竟不重犯。若深信净土无为乐者，善心一发，永无退失也。二明信虽间断，于一切大乘不得疑谤，若起疑谤者，纵使千佛绕身，无由可救也。三明以上诸善，似亦无功，唯发一念厌苦，乐生诸佛境界，速满菩萨大悲愿行，还入生死普度众生，故名发菩提心也。此义第三福中已明竟。

三、从“以此功德”下，正明第八门中回前正行向所求处。

四、从“行者命欲终时”下，至“七宝池中”以来，正明第九门中临终圣来迎接，去时迟疾。即有其九：一明命延不久；二明弥陀与诸圣众持金花来应；三明化佛同时授手；四明圣众同声等赞；五明行者罪灭，故云“清净”，述本所修，故云“发无上道心”；六明行者虽睹灵仪，疑心恐不得往生，是故圣众同声告言我来迎汝；七明既蒙告及，即见自身已坐金花之上，笼笼而合；八明随佛身后，一念即生；九明到彼在宝池中。

五、从“一日一夜”下，正明第十门中到彼花开时节不同。

六、从“七日之中”下，至“皆演妙法”以来，正明第十一门中花开以后得益不同。

七、从“游历十方”下，至“住欢喜地”以来，正明他方得益，亦名后益也。

八、从“是名”下，总结。

上来虽有八句不同，广解上品下生竟。

赞云：

上辈上行上根人，求生净土断贪瞋，
就行差别分三品，五门相续助三因[1]。
一日七日专精进，毕命乘台出六尘，
庆哉难逢今得遇，永证无为法性身。

上来虽有三位不同，总解上辈一门之义竟。

△ 十五、就中辈观行善，文前总料简。即为十一门：一者总明告命；二者正明辩定其位；三者正明总举有缘之类；四者正明辩定三心以为正因；五者正明简机堪与不堪；六者正明受法不同；七者正明修业时节延促有异；八者正明回所修行，愿生弥陀佛国；九者正明临命终时，圣来迎接不同，去时迟疾；十者正明到彼花开迟疾不同；十一者正明花开以后得益有异。

上来虽有十一门不同，广料简中辈三品竟。

【经】**佛告阿难及韦提希："中品上生者。若有众生，受持五戒，持八戒斋，修行诸戒。不造五逆，无众过患。以此善根，回向愿求生于西方极乐世界。临命终时，阿弥陀佛，与诸比丘，眷属围绕，放金色光，至其人所，演说苦、空、无常、无我，赞叹出家，得离众苦。行者见已，心大欢喜，自见己身坐莲花台，长跪合掌，为佛作礼。未举头顷，即得往生极乐世界，莲花寻开。当花敷时，闻众音声，赞叹四谛，应时即得阿罗汉道，三明六通，具八解脱。是名中品上生者。"**

【疏】次就中品上生位中，亦先举，次辩，后结。即有其八：

---

① 五门，即天亲菩萨《往生论》五念门，礼拜、赞叹、作愿、观察、回向。三因，即三心，至诚心、深心、回向发愿心。（疏中上中下三辈文前总料简第四门，各言"辩定三心以为正因"。又可参见《往生礼赞偈》"三心五念"之行。）

一、从“佛告阿难”以下，总明告命。

二、言“中品上生者”，正明辩定其位，即是小乘根性上善凡夫人也。

三、从“若有众生”下，至“无众过患”以来，正明第五、第六门中受法不同。即有其四：一明简机堪与不堪；二明受持小乘斋戒等；三明小戒力微，不消五逆之罪；四明虽持小戒等，不得有犯，设有余愆，恒须改悔，必令清净。此即合上第二戒善之福也。然修戒时，或是终身，或一年、一月、一日、一夜、一时等，此时亦不定。大意皆毕命为期，不得毁犯也。

四、从“以此善根回向”以下，正明第八门中回所修业向所求处。

五、从“临命终时”下，至“极乐世界”以来，正明第九门中终时圣来迎接不同，去时迟疾。即有其六：一明命延不久。二明弥陀与比丘众来，无有菩萨。由是小乘根性，还感小根之众也。三明佛放金光，照行者身。四明佛为说法，又赞出家，离多众苦，种种俗缘、家业、王官、长征、远防等。汝今出家，仰于四辈，万事不忧，迥然自在，去住无障，为此得修道业，是故赞云离众苦也。五明行者既见闻已，不胜欣喜，即自见身已坐花台，低头礼佛。六明行者低头在此，举头已在彼国也。

六、言“莲花寻开”者，正明第十门中到彼花开迟疾不同。

七、从“当花敷时”下，至“八解脱”以来，正明第十一门中花开以后得益不同。即有其三：一明宝花寻发，此由戒行精强故也；二明法音同赞四谛之德；三明到彼闻说四谛，即获罗汉之果。

言“罗汉”者，此云“无生”，亦云“无着”。因亡故无生，果丧故无着。

言“三明”者，宿命明、天眼明、漏尽明也。

言“八解脱”者，内有色外观色，一解脱；内无色外观色，二解脱；不净相，三解脱；四空，及灭尽，总成八也。

八、从“是名”以下，总结。

上来虽有八句不同，广解中品上生竟。

【经】中品中生者。若有众生，若一日一夜持八戒斋，若一日一夜持沙弥戒，若一日一夜持具足戒，威仪无缺。以此功德，回向愿求生极乐国。戒香熏修，如此行者，命欲终时，见阿弥陀佛，与诸眷属，放金色光，持七宝莲花，至行者前。行者自闻空中有声，赞言："善男子，如汝善人，随顺三世诸佛教故，我来迎汝。"行者自见坐莲花上，莲花即合，生于西方极乐世界，在宝池中。经于七日，莲花乃敷。花既敷已，开目合掌，赞叹世尊。闻法欢喜，得须陀洹。经半劫已，成阿罗汉。是名中品中生者。

【疏】次就中品中生位中，亦先举，次辩，后结。即有其七：

一、言"中品中生者"，总举行名，辩定其位，即是小乘下善凡夫人也。

二、从"若有众生"下，至"威仪无缺"以来，正明第五、六、七门中，简机、时分、受法等不同。即有其三：一明受持八戒斋；二明受持沙弥戒；三明受持具足戒。此三品戒，皆同一日一夜清净无犯。乃至轻罪，如犯极重之过。三业威仪，不令有失也。此即合上第二福，应知。

三、从"以此功德"以下，正明回所修业向所求处。

四、从"戒香熏修"下，至"七宝池中[①]"以来，正明第九门中，行者终时，圣来迎接，去时迟疾。即有其八：一明命延不久；二明弥陀与诸比丘众来；三明佛放金光，照行者身；四明比丘持花来现；五明行者自见闻空声等赞；六明佛赞言："汝深信佛语，随顺无疑，故来迎汝"；七明既蒙佛赞，即见自坐花座，坐已花合；八明花既合已，即入西方宝池之内。

五、从"经于七日"以下，正明第十门中到彼花开时节不同。

六、从"花既敷已"下，至"成罗汉"以来，正明第十一门中花开以后得益不同。即有其四：一明花开见佛；二明合掌赞佛；三明闻法得于初果；四明经半劫已，方成罗汉。

七、从"是名"以下，总结。

上来虽有七句不同，广解中品中生竟。

---

① "七宝池中"，今通行经文作"在宝池中"。

【经】中品下生者。若有善男子、善女人，孝养父母，行世仁慈。此人命欲终时，遇善知识，为其广说阿弥陀佛国土乐事，亦说法藏比丘四十八愿。闻此事已，寻即命终。譬如壮士屈伸臂顷，即生西方极乐世界。经七日已[①]，遇观世音及大势至，闻法欢喜，得须陀洹。过一小劫，成阿罗汉。是名中品下生者。是名中辈生想，名第十五观。

【疏】次就中品下生位中，亦先举，次辩，后结。即有其七：

一、言“中品下生者”，正明总举行名，辩定其位，即是世善上福凡夫人也。

二、从“若有善男子”下，至“行世仁慈”以来，正明第五、第六门中简机、受法不同。即有其四：一明简机；二明孝养父母，奉顺六亲，即合上初福第一、第二句；三明此人性调柔善，不简自他，见物遭苦，起于慈敬；四正明此品之人，不曾见闻佛法，亦不解悕求，但自行孝养也，应知。

三、从“此人命欲终时”下，至“四十八愿”以来，正明第八门中临终遇逢佛法时节分齐。

四、从“闻此事已”下，至“极乐世界”以来，正明第九门中得生之益，去时迟疾也。

五、言“生经七日”者，正明第十门中到彼花开不开为异。

六、从“遇观世音”下，至“成罗汉”以来，正明第十一门中花开以后得益不同。即有其三：一明经时以后，得遇观音、大势；二明既逢二圣，得闻妙法；三明经一小劫以后，始悟罗汉也。

七、从“是名”下，总结。

上来虽有七句不同，广解中品下生竟。

赞云：

中辈中行中根人，一日斋戒处金莲，
孝养父母教回向，为说西方快乐因。

---

① 《高丽藏》经文作“生经七日”，与疏中第五科所引同。

佛与声闻众来取，直到弥陀花座边，
百宝花笼经七日，三品莲开证小真。

上来虽有三位不同，总解中辈一门之义竟。

△ 十六、就下辈观，善恶二行，文前料简。即为十一门：一者总明告命；二者辩定其位；三者总举有缘生类；四者辩定三心以为正因；五者简机堪与不堪；六者明受苦乐二法不同；七者明修业时节延促有异；八者明回所修行向所求处；九者明临终时，圣来迎接不同，去时迟疾；十者明到彼花开迟疾不同；十一者明花开以后得益有异。

上来虽有十一门不同，总料简下辈三位竟。

【经】佛告阿难及韦提希："下品上生者。或有众生，作众恶业。虽不诽谤方等经典，如此愚人，多造恶法，无有惭愧。命欲终时，遇善知识，为赞大乘十二部经首题名字。以闻如是诸经名故，除却千劫极重恶业。智者复教合掌叉手，称南无阿弥陀佛。称佛名故，除五十亿劫生死之罪。尔时彼佛即遣化佛、化观世音、化大势至，至行者前，赞言：'善男子，以汝称佛名故，诸罪消灭，我来迎汝。'作是语已，行者即见化佛光明，遍满其室。见已欢喜，即便命终，乘宝莲花，随化佛后，生宝池中。经七七日，莲花乃敷。当花敷时，大悲观世音菩萨及大势至菩萨，放大光明，住其人前，为说甚深十二部经。闻已信解，发无上道心。经十小劫，具百法明门，得入初地。是名下品上生者。[①]"

【疏】次就下品上生位中，亦先举，次辩，后结。即有其九：

一、从"佛告阿难"以下，正明告命。

二、言"下品上生者"，正明辩定其位，即是造十恶轻罪凡夫人也。

三、从"或有众生"下，至"无有惭愧"以来，正明第五门中简机，

---

① 《高丽藏》经文，其下有："得闻佛名、法名，及闻僧名。闻三宝名，即得往生。"共十八字，与疏相符。

举出一生以来造恶轻重之相。即有其五：一明总举造恶之机；二明造作众恶；三明虽作众罪，于诸大乘不生诽谤；四明重牒造恶之人，非智者之类也；五明此等愚人虽造众罪，总不生愧心。

四、从“命欲终时”下，至“生死之罪”以来，正明造恶人等，临终遇善闻法。即有其六：一明命延不久；二明忽遇往生善知识；三明善人为赞众经；四明以闻经功力，除罪千劫；五明智者转教称念弥陀之号；六明以称弥陀名故，除罪五百万劫。

问曰：何故闻经十二部，但除罪千劫。称佛一声，即除罪五百万劫者，何意也？

答曰：造罪之人障重，加以死苦来逼，善人虽说多经，餐受之心浮散，由心散故，除罪稍轻。又佛名是一，即能摄散以住心，复教令正念称名，由心重故，即能除罪多劫也。

五、从“尔时彼佛”下，至“生宝池中”以来，正明第九门中终时化众来迎，去时迟疾。即有其六：一明行者正称名时，彼弥陀即遣化众应声来现。二明化众既已身现，即同赞行人。三明所闻化赞，但述称佛之功，我来迎汝，不论闻经之事。然望佛愿意者，唯劝正念称名，往生义疾，不同杂散之业。如此经及诸部中，处处广叹，劝令称名，将为要益也，应知。四明既蒙化众告及，即见光明遍室。五明既蒙光照，报命寻终。六明乘花从佛，生宝池中。

六、从“经七七日”以下，正明第十门中到彼花开迟疾不同。

七、从“当花敷时”下，至“得入初地”以来，正明第十一门中花开以后得益有异。即有其五：一明观音等先放神光；二明身赴行者宝花之侧；三明为说前生所闻之教；四明行者闻已，领解发心；五明远经多劫，证临百法之位也。

八、从“是名”以下，总结。

九、从“得闻佛名”以下，重举行者之益。非但念佛独得往生，法、僧通念，亦得去也。[1]

上来虽有九句不同，广解下品上生竟。

【经】佛告阿难及韦提希：“下品中生者。或有众生，毁犯五戒、八戒，及具足戒。如此愚人，偷僧祇物，盗现前僧物，不净说法，无有惭愧，以诸恶业而自庄严。如此罪人，以恶业故，应堕地狱。命欲终时，地狱众火一时俱至。遇善知识，以大慈悲，即为赞说阿弥陀佛十力威德，广赞彼佛光明神力，亦赞戒、定、慧、解脱、解脱知见。此人闻已，除八十亿劫生死之罪。地狱猛火，化为清凉风，吹诸天花。花上皆有化佛、菩萨，迎接此人。如一念顷，即得往生七宝池中莲花之内。经于六劫，莲花乃敷。观世音、大势至，以梵音声，安慰彼人，为说大乘甚深经典。闻此法已，应时即发无上道心。是名下品中生者。”

【疏】次就下品中生位中，亦先举，次辩，后结。即有其七：

一、从“佛告阿难”以下，总明告命。

二、言“下品中生者”，正明辩定其位，即是破戒次罪凡夫人也。

三、从“或有众生”下，至“应堕地狱”以来，正明第五、第六门中简机造业。即有其七：一明总举造恶之机；二明多犯诸戒；三明偷盗僧物；四明邪命说法；五明总无愧心；六明兼造众罪，内心发恶，外即身、口为恶，既自身不善，又见者皆憎，故云诸恶心[2]自庄严也；七明验斯罪状，定入地狱。

四、从“命欲终时”下，至“即得往生”以来，正明第九门中终时善恶来迎。即有其九：一明罪人命延不久；二明狱火来现；三明正火现时，遇善知识；四明善人为说弥陀功德；五明罪人既闻弥陀名号，即除罪多劫；六明既蒙罪灭，火变为风；七明天花随风来应，罗列目前；八明化众

① 《高丽藏》经文比今流通本多“得闻佛名、法名，及闻僧名。闻三宝名，即得往生。”共十八字，疏文与之相符。

② “诸恶心”，印光法师校订本依经改为“以诸恶业”。

来迎；九明去时迟疾。

五、从“七宝池中”下，至“六劫”以来，正明第十门中到彼花开时节不同。

六、从“莲花乃敷”下，至“发无上道心”以来，正明第十一门中花开以后得益有异。即有其三：一明花既开已，观音等梵声安慰；二明为说甚深妙典；三明行者领解发心。

七、从“是名”以下，总结。

上来虽有七句不同，广解下品中生竟。

【经】佛告阿难及韦提希：“下品下生者。或有众生，作不善业。五逆十恶，具诸不善。如此愚人，以恶业故，应堕恶道，经历多劫，受苦无穷。如此愚人，临命终时，遇善知识，种种安慰，为说妙法，教令念佛。彼人苦逼，不遑念佛。善友告言：‘汝若不能念彼佛者，应称[①]无量寿佛。’[②]如是至心，令声不绝，具足十念，称南无阿弥陀佛。称佛名故，于念念中，除八十亿劫生死之罪。命终之时，见金莲花，犹如日轮，住其人前。如一念顷，即得往生极乐世界。于莲花中，满十二大劫，莲花方开。观世音、大势至，以大悲音声，为其广说诸法实相除灭罪法[③]。闻已欢喜，应时即发菩提之心。是名下品下生者。是名下辈生想，名第十六观。”

【疏】次就下品下生位中，亦先举，次辩，后结。即有其七：

一、从“佛告阿难”以下，总明告命。

二、言“下品下生者”，正明辩定其位，即是具造五逆等重罪凡夫人也。

三、从“或有众生”下，至“受苦无穷”以来，正明第五、第六门中简机造恶轻重之相。即有其七：一明造恶之机；二明总举不善之名；三明简罪轻重；四明总结众恶，非智人之业；五明造恶既多，罪亦非轻；六明

---

① 《高丽藏》经文，“应称”下，有“归命”二字。

② 印光法师注：“念是心中默念，称是出声朗念。”

③ 经文“为其广说诸法实相除灭罪法”，《高丽藏》作“即为其人广说实相除灭罪法”。

非业不受其报，非因不受其果，因业既非是乐，果报焉能不苦也；七明造恶之因既具，酬报之劫未穷。

问曰：如四十八愿中，唯除五逆、诽谤正法，不得往生。今此《观经》下品下生中，简谤法，摄五逆者，有何意也？

答曰：此义仰就抑止门中解。如四十八愿中，除谤法、五逆者。然此之二业，其障极重，众生若造，直入阿鼻，历劫周慞，无由可出。但如来恐其造斯二过，方便止言不得往生，亦不是不摄也。又下品下生中，取五逆，除谤法者，其五逆已作，不可舍令流转，还发大悲摄取往生。然谤法之罪未为，又止言若起谤法即不得生，此就未造业而解也。若造，还摄得生。虽得生彼，花合经于多劫。此等罪人在花内时，有三种障：一者不得见佛及诸圣众；二者不得听闻正法；三者不得历事供养。除此以外，更无诸苦。经云犹如比丘入三禅之乐也，应知。虽在花中多劫不开，可不胜阿鼻地狱之中长时永劫受诸苦痛也？此义就抑止门解竟。

四、从“如此愚人”下，至“极乐世界[①]”以来，正明闻法念佛，得蒙现益。即有其十：一明重牒造恶之人；二明命延不久；三明临终遇善知识；四明善人安慰，教令念佛；五明罪人死苦来逼，无由得念佛名；六明善友知苦失念，转教口称弥陀名号；七明念数多少，声声无间；八明除罪多劫；九明临终正念，即有金花来应；十明去时迟疾，直到所归之国。

五、从“于莲花中，满十二劫”以下，正明第十门中到彼花开迟疾不同。

六、从“观音、大势”下，至“发菩提心”以来，正明第十一门中花开以后得益有异。即有其三：一明二圣为宣甚深妙法；二明除罪欢喜；三明后发胜心。

七、从“是名”以下，总结。

上来虽有七句不同，广解下品下生竟。

---

① “极乐世界”，《大正藏》、《卍续藏》作“生死之罪”，今依经文及印光法师校订本改。

赞云：

下辈下行下根人，十恶五逆等贪瞋，
四重偷僧谤正法，未曾惭愧悔前愆。
终时苦相如云集，地狱猛火罪人前，
忽遇往生善知识，急劝专称彼佛名。
化佛菩萨寻声到，一念倾心入宝莲，
三业[①]障重开多劫，于时始发菩提因。

上来虽有三位不同，总解下辈一门之义竟。

前明十三观，以为定善，即是韦提致请，如来已答。后明三福、九品，名为散善，是佛自说。虽有定、散两门有异，总解正宗分竟。

【经】说是语时，韦提希与五百侍女，闻佛所说，应时即见极乐世界广长之相，得见佛身，及二菩萨。心生欢喜，叹未曾有。豁然大悟，逮无生忍。五百侍女发阿耨多罗三藐三菩提心，愿生彼国。世尊悉记皆当往生，生彼国已，获得诸佛现前三昧。无量诸天，发无上道心。

【疏】三、就得益分中，亦先举，次辩。即有其七：

初、言“说是语时”者，正明总牒前文，生后得益之相。

二、从“韦提”以下，正明能闻法人。

三、从“应时即见极乐”以下，正明夫人等于上光台中见极乐之相。

四、从“得见佛身，及二菩萨”以下，正明夫人于第七观初，见无量寿佛时，即得无生之益。

五、从“五百侍女”以下，正明睹斯胜相，各发无上之心，求生净土。

六、从“世尊悉记”以下，正明侍女得蒙尊记，皆生彼国，即获现前三昧。

七、从“无量诸天”以下，正明前厌苦缘中，释、梵、护世、诸天

① “业”，《大正藏》《卍续藏》作“華”，今依《集诸经礼忏仪》《观经散善义传通记》改。

等，从佛王宫临空听法，或见释迦毫光转变，或见弥陀金色灵仪，或闻九品往生殊异，或闻定散两门俱摄，或闻善恶之行齐归，或闻西方净土对目非远，或闻一生专精决志，永与生死分流。此等诸天，既闻如来广说稀奇之益，各发无上之心。

斯乃佛是圣中之极，发语成经。凡惑之类蒙餐，能使闻之获益。

上来虽有七句不同，广解得益分竟。

【经】**尔时阿难即从座起，白佛言：“世尊，当何名此经？此法之要，当云何受持？”佛告阿难：“此经名《观极乐国土、无量寿佛、观世音菩萨、大势至菩萨》，亦名《净除业障生诸佛前》。汝当受持，无令忘失。行此三昧者，现身得见无量寿佛，及二大士。若善男子及善女人，但闻佛名、二菩萨名，除无量劫生死之罪，何况忆念。若念佛者，当知此人，即是人中分陀利花。观世音菩萨、大势至菩萨，为其胜友。当坐道场，生诸佛家。”佛告阿难：“汝好持是语。持是语者，即是持无量寿佛名。”佛说此语时，尊者目犍连、尊者阿难，及韦提希等，闻佛所说，皆大欢喜。**

【疏】四、次明流通分，于中有二：一明王宫流通，二明耆阇流通。

今先就王宫流通分中，即有其七：

一、从“尔时阿难”以下，正明请发之由。

二、从“佛告阿难”以下，正明如来双标依正，以立经名。又能依经起行，三障之云自卷。答前初问“云何名此经”一句。

三、从“汝当受持”以下，答前后问“云何受持”一句。

四、从“行此三昧者”下，至“何况忆念”以来，正明比较显胜，劝人奉行。即有其四：一明总标定善，以立三昧之名；二明依观修行，即见三身之益；三明重举能行教之机；四正明比较显胜，但闻三身之号，尚灭多劫罪愆，何况正念归依，而不获证也？

五、从“若念佛者”下，至“生诸佛家”以来，正显念佛三昧功能超绝，实非杂善得为比类。即有其五：一明专念弥陀佛名。二明指赞能念之人。三明若能相续念佛者，此人甚为稀有，更无物可以方之，故引“分陀利”为喻。言“分陀利”者，名人中好花，亦名稀有花，亦名人中上上花，亦名人中妙好花。此花相传名“蔡花”是。若念佛者，即是人中好人，人中妙好人，人中上上人，人中稀有人，人中最胜人也。四明专念弥陀名者，即观音、势至常随影护，亦如亲友知识也。五明今生既蒙此益，舍命即入诸佛之家，即净土是也。到彼长时闻法，历事供养，因圆果满，道场之座岂赊？

六、从“佛告阿难：汝好持是语”以下，正明付嘱弥陀名号，流通于遐代。上来虽说定、散两门之益，望佛本愿，意在众生一向专称弥陀佛名。

七、从“佛说此语时”以下，正明能请、能传等，闻所未闻，见所未见，遇餐甘露，喜跃无以自胜也。

上来虽有七句不同，广解王宫流通分竟。

【经】**尔时世尊，足步虚空，还耆阇崛山。尔时阿难，广为大众说如上事。无量诸天、龙、夜叉，闻佛所说，皆大欢喜，礼佛而退。**

【疏】五、就耆阇会中，亦有其三：

一、从“尔时世尊”以下，明耆阇序分。

二、从“尔时阿难”以下，明耆阇正宗分。

三、从“无量诸天”以下，明耆阇流通分。

上来虽有三义不同，总明耆阇分竟。

初、从“如是我闻”下，至“云何见极乐世界”以来，明序分。

二、从“日观”下，至“下品下生”以来，明正宗分。

三、从“说是语时”下，至“诸天发心”以来，明得益分。

四、从“尔时阿难”下，至“韦提等欢喜”以来，明王宫流通分。

五、从“尔时世尊”下，至“作礼而退”以来，总明耆阇分。

上来虽有五分不同，总解《观经》一部文义竟。

窃以真宗叵遇，净土之要难逢。欲使五趣齐生，是以劝闻于后代。但如来神力，转变无方，隐显随机，王宫密化。于是耆阇圣众，小智怀疑，佛后还山，弗窥委况。于时阿难为宣王宫之化，定、散两门。异众因此同闻，莫不奉行顶戴。

敬白一切有缘知识等：余既是生死凡夫，智慧浅短。然佛教幽微，不敢辄生异解。遂即标心结愿，请求灵验，方可造心：南无归命尽虚空遍法界一切三宝、释迦牟尼佛、阿弥陀佛、观音、势至、彼土诸菩萨大海众，及一切庄严相等。某今欲出此《观经》要义，楷定古今。若称三世诸佛、释迦佛、阿弥陀佛等大悲愿意者，愿于梦中得见如上所愿一切境界诸相。

于佛像前结愿已，日别诵《阿弥陀经》三遍，念阿弥陀佛三万遍，至心发愿。即于当夜，见西方空中，如上诸相境界，悉皆显现。杂色宝山，百重千重。种种光明，下照于地。地如金色，中有诸佛菩萨，或坐或立，或语或默，或动身手，或住不动者。既见此相，合掌立观，良久[①]乃觉。觉已不胜欣喜，于即条录义门。自此以后，每夜梦中，常有一僧而来指授。玄义、科文既了，更不复见。

后时脱本竟已，复更至心要期七日，日别诵《阿弥陀经》十遍，念阿弥陀佛三万遍。初夜、后夜观想彼佛国土庄严等相，诚心归命，一如上法。当夜即见三具硙轮，道边独转。忽有一人，乘白骆驼，来前见劝："师当努力，决定往生，莫作退转。此界秽恶多苦，不劳贪乐。"答言："大蒙贤者好心视诲。某毕命为期，不敢生于懈慢之心。"云云。第二夜，见阿弥陀佛身真金色，在七宝树下，金莲花上坐。十僧围绕，亦各坐一宝树下。佛树上乃有天衣挂绕。正面向西，合掌坐观。第三夜，见两幢杆，极大高显，幢悬五色。道路纵横，人观无碍。既得此相已，即便休止，不至七日。

上来所有灵相者，本心为物，不为己身。既蒙此相，不敢隐藏，谨以申呈义后，被闻于末代，愿使含灵闻之生信，有识睹者西归。以此功德回施众生，悉发菩提心，慈心相向，佛眼相看，菩提眷属，作真善知识，同

① "良久"，《大正藏》、《卍续藏》作"量久"，今依印光法师校订本改。

归净国，共成佛道。

此义已请证定竟，一句一字不可加减，欲写者一如经法，应知。

往生礼赞偈

唐沙门善导集记

劝一切众生愿生西方极乐世界阿弥陀佛国，六时礼赞偈。

谨依《大经》，及龙树、天亲、此土沙门等所造往生礼赞，集在一处，分作六时。唯欲相续系心，助成往益。亦愿晓悟未闻，远沾遐代耳。何者？第一、谨依《大经》，释迦及十方诸佛赞叹弥陀十二光名，劝称礼念，定生彼国，十九拜，当日没时礼。第二、谨依《大经》，采集要文，以为礼赞偈，二十四拜，当初夜时礼。第三、谨依龙树菩萨《愿往生礼赞偈》，十六拜，当中夜时礼。第四、谨依天亲菩萨《愿往生礼赞偈》，二十拜，当后夜时礼。第五、谨依彦琮法师《愿往生礼赞偈》，二十一拜，当晨朝时礼。第六、沙门善导《愿往生礼赞偈》，谨依十六观作，二十拜，当午时礼。

问曰：今欲劝人往生者，未知若为安心、起行、作业，定得往生彼国土也？

答曰：必欲生彼国土者，如《观经》说者，具三心必得往生。何等为三？一者至诚心，所谓身业礼拜彼佛，口业赞叹称扬彼佛，意业专念观察彼佛，凡起三业，必须真实，故名至诚心。二者深心，即是真实信心。信知自身是具足烦恼凡夫，善根薄少，流转三界，不出火宅。今信知弥陀本弘誓愿，及称名号，下至十声、一声等，定得往生，乃至一念无有疑心，故名深心。三者回向发愿心，所作一切善根，悉皆回愿往生，故名回向发愿心。具此三心，必得生也。若少一心，即不得生。如《观经》具说，应知。

又如天亲《净土论》云：若有愿生彼国者，劝修五念门。五门若具，定得往生。何者为五？一者身业礼拜门，所谓一心专至恭敬合掌，香花供养，礼拜阿弥陀佛。礼即专礼彼佛，毕命为期，不杂余礼，故名礼拜门。二者口业赞叹门，所谓专意赞叹彼佛身相光明、一切圣众身相光明，及彼国中一切宝庄严光明等，故名赞叹门。三者意业忆念观察门，所谓专意念观彼佛，及一切圣众身相光明，国土庄严等。如《观经》说，唯除睡时，恒忆恒念恒想恒观此事等，故名观察门。四者作愿门，所谓专心，若昼若夜，一切时，一切处，三业四威仪所作功德，不问初中后，皆须真实心中发愿，愿生彼国，故名作愿门。五者回向门，所谓专心，若自作善根，及一切三乘五道，一一圣凡等所作善根，深生随喜。如诸佛菩萨所作随喜，我亦如是随喜。以此随喜善根，及己所作善根，皆悉与众生共之，回向彼国，故名回向门。又到彼国已，得六神通，回入生死，教化众生，彻穷后际，心无厌足，乃至成佛，亦名回向门。五门既具，定得往生。一一门与上三心合，随起业行，不问多少，皆名真实业也，应知。

又劝行四修法，用策三心五念之行，速得往生。何者为四？一者恭敬修，所谓恭敬礼拜彼佛，及彼一切圣众等，故名恭敬修。毕命为期，誓不中止，即是长时修。二者无余修，所谓专称彼佛名，专念、专想、专礼、专赞彼佛，及一切圣众等，不杂余业，故名无余修。毕命为期，誓不中止，即是长时修。三者无间修，所谓相续恭敬礼拜、称名赞叹、忆念观察、回向发愿，心心相续，不以余业来间，故名无间修。又不以贪瞋烦恼来间，随犯随忏，不令隔念、隔时、隔日，常使清净，亦名无间修。毕命为期，誓不中止，即是长时修。

又菩萨已免生死，所作善法，回求佛果，即是自利；教化众生，尽未来际，即是利他。然今时众生，悉为烦恼系缚，未免恶道生死等苦，随缘起行一切善根，具速回愿往生阿弥陀佛国。到彼国已，更无所畏，如上四修，自然任运，自利、利他无不具足，应知。

又如《文殊般若》云，欲明一行三昧，唯劝独处空闲，舍诸乱意，系心一佛，不观相貌，专称名字。即于念中，得见彼阿弥陀佛，及一切佛等。

问曰：何故不令作观，直遣专称名字者，有何意也？

答曰：乃由众生障重，境细心粗，识扬神飞，观难成就也。是以大圣悲怜，直劝专称名字，正由称名易故，相续即生。

问曰：既遣专称一佛，何故境现即多？此岂非邪正相交，一多杂现也？

答曰：佛佛齐证，形无二别。纵使念一见多，乖何大道理也？

又如《观经》云，佛劝坐观、礼念等，皆须面向西方者最胜。如树先倾，倒必随曲。故必有事碍，不及向西方者，但作向西想亦得。

问曰：一切诸佛，三身同证，悲智果圆，亦应无二。随方礼念，课称一佛，亦应得生。何故偏叹西方，劝专礼念等，有何义也？

答曰：诸佛所证，平等是一。若以愿行来收，非无因缘。然弥陀世尊本发深重誓愿，以光明、名号，摄化十方。但使信心求念，上尽一形，下至十声、一声等，以佛愿力，易得往生。是故释迦及以诸佛劝向西方，为别异耳，亦非是称念余佛不能除障灭罪也，应知。

若能如上念念相续，毕命为期者，十即十生，百即百生。何以故？无外杂缘，得正念故；与佛本愿得相应故；不违教故；随顺佛语故。若欲舍专，修杂业者，百时稀得一二，千时稀得三五。何以故？乃由杂缘乱动失正念故；与佛本愿不相应故；与教相违故；不顺佛语故；系念不相续故；忆想间断故；回愿不殷重真实故；贪瞋诸见烦恼来间断故；无有惭愧忏悔心故（忏悔有三品，一要、二略、三广，如下具说，随意用皆得）；又不相续念报彼佛恩故；心生轻慢，虽作业行，常与名利相应故；人我自覆，不亲近同行善知识故；乐近杂缘，自障障他往生正行故。何以故？余比日自见闻诸方道俗，解行不同，专杂有异。但使专意作者，十即十生。修杂不至心者，千中无一。

此二行得失，如前已辩。仰愿一切往生人等，善自思量，已能今身愿生彼国者，行住坐卧，必须励心克己，昼夜莫废，毕命为期。上在一形，似如少苦。前念命终，后念即生彼国，长时永劫常受无为法乐，乃至成佛，不经生死，岂非快哉！应知。

● **第一、谨依《大经》，释迦佛劝礼赞阿弥陀佛十二光名，求愿往生，一十九拜，当日没时礼。**（取中下忏悔亦得）

南无释迦牟尼佛等一切三宝。

我今稽首礼，回愿往生无量寿国。

（此之一佛，现是今时道俗等师。言三宝者，即是福田无量。若能礼之一拜，即是念报师恩，以成己行。以斯一行，回愿往生。）

南无十方三世尽虚空遍法界微尘刹土中一切三宝。

我今稽首礼，回愿往生无量寿国。

（然十方虚空无边，三宝无尽，若礼一拜，即是福田无量，功德无穷。能至心礼之一拜，一一佛上、一一法上、一一菩萨圣僧上、一一舍利上，皆得身口意业解脱分善根，来资益行者，以成己业。以斯一行，回愿往生。）

南无西方极乐世界阿弥陀佛。

愿共众生咸归命，故我顶礼生彼国。

（问曰：何故号阿弥陀？答曰：《弥陀经》及《观经》云：彼佛光明无量，照十方国，无所障碍，唯观念佛众生，摄取不舍，故名阿弥陀。彼佛寿命，及其人民，无量无边阿僧祇劫，故名阿弥陀。又释迦佛及十方佛，赞叹弥陀光明，有十二种名。普劝众生称名礼拜，相续不断者，现世得无量功德，命终之后定得往生。如《无量寿经》说云："其有众生遇斯光者，三垢消灭，身意柔软，欢喜踊跃，善心生焉。若在三途勤苦之处，见此光明，无复苦恼。寿终之后，皆蒙解脱。无量寿佛光明显赫，照耀十方，诸佛国土莫不闻焉。不但我今称其光明，一切诸佛、声闻、缘觉、诸菩萨众，咸共叹誉，亦复如是。若有众生，闻其光明威神功德，日夜称说，至心不断者，随其所愿，得生其国，常为诸菩萨、声闻之众所共叹誉，称其功德。"佛言："我说无量寿佛光明威神，巍巍殊妙，昼夜一劫尚不能尽。"白诸行者，当知弥陀身相光明，释迦如来一劫说不能尽者。如《观经》云："一一光明，遍照十方世界念佛众生，摄取不舍。"今既《观经》有如此不思议增上胜缘，摄护行者，何不相续称、观、礼、念，愿往生也，应知。）

南无西方极乐世界无量光佛。

愿共众生咸归命，故我顶礼生彼国。

南无西方极乐世界无边光佛。
愿共众生咸归命，故我顶礼生彼国。

南无西方极乐世界无碍光佛。
愿共众生咸归命，故我顶礼生彼国。

南无西方极乐世界无对光佛。
愿共众生咸归命，故我顶礼生彼国。

南无西方极乐世界炎王光佛。
愿共众生咸归命，故我顶礼生彼国。

南无西方极乐世界清净光佛。
愿共众生咸归命，故我顶礼生彼国。

南无西方极乐世界欢喜光佛。
愿共众生咸归命，故我顶礼生彼国。

南无西方极乐世界智慧光佛。
愿共众生咸归命，故我顶礼生彼国。

南无西方极乐世界不断光佛。
愿共众生咸归命，故我顶礼生彼国。

南无西方极乐世界难思光佛。
愿共众生咸归命，故我顶礼生彼国。

南无西方极乐世界无称光佛。
愿共众生咸归命，故我顶礼生彼国。

南无西方极乐世界超日月光佛。
愿共众生咸归命，故我顶礼生彼国。

南无西方极乐世界阿弥陀佛。
哀愍覆护我，令法种增长，
此世及后生，愿佛常摄受。
愿共众生咸归命，故我顶礼生彼国。

南无西方极乐世界观世音菩萨。
愿共众生咸归命，故我顶礼生彼国。

南无西方极乐世界大势至菩萨。
愿共众生咸归命，故我顶礼生彼国。

（此二菩萨，一切众生临命终时，共持花台，授与行者。阿弥陀佛放大光明，照行者身，复与无数化佛、菩萨、声闻大众等，一时授手，如弹指顷，即得往生。为报恩故，至心礼之一拜。）

南无西方极乐世界诸菩萨清净大海众。
愿共众生咸归命，故我顶礼生彼国。

（此等诸菩萨，亦随佛来迎接行者。为报恩故，至心礼之一拜。）

普为师僧、父母，及善知识、法界众生，断除三障，同得往生阿弥陀佛国，归命忏悔。

至心忏悔：

南无归忏十方佛，愿灭一切诸罪根，
今将久近所修善，回作自他安乐因，
恒愿一切临终时，胜缘胜境悉现前，
愿睹弥陀大悲主，观音势至十方尊，
仰愿神光蒙授手，乘佛本愿生彼国。

忏悔回向发愿已，至心归命阿弥陀佛。

次作梵竟，说偈发愿：

礼忏诸功德，愿临命终时，见无量寿佛，

无边功德身。我及余信者，既见彼佛已，

愿得离垢眼，往生安乐国，成无上菩提。

礼忏已，一切恭敬：

归佛得菩提，道心恒不退。

愿共诸众生，回愿往生无量寿国。

归法萨婆若，得大总持门。

愿共诸众生，回愿往生无量寿国。

归僧息诤论，同入和合海。

愿共诸众生，回愿往生无量寿国。

愿诸众生，三业清净，奉持佛教。和南一切贤圣。

愿共诸众生，回愿往生无量寿国。

诸众等，听说《日没无常偈》：

人间匆匆营众务，不觉年命日夜去，

如灯风中灭难期，忙忙六道无定趣。

未得解脱出苦海，云何安然不惊惧?

各闻强健有力时，自策自励求常住。

说此偈已，更当心口发愿：

愿弟子等，临命终时，心不颠倒，心不错乱，心不失念，身心无诸苦痛。身心快乐，如入禅定。圣众现前，乘佛本愿，上品往生阿弥陀佛国。到彼国已，得六神通，入十方界，救摄苦众生。虚空法界尽，我愿亦如是。

发愿已，至心归命阿弥陀佛。

初夜偈云：

烦恼深无底，生死海无边，

度苦船未立，云何乐睡眠?

勇猛勤精进，摄心常在禅，

勤修六度行，菩提道自然。

中夜偈云：

汝等勿抱臭尸卧，种种不净假名人，
如得重病箭入体，众苦痛集安可眠？

后夜偈云：

时光迁流转，忽至五更初，
无常念念至，恒与死王居。
劝诸行道者，勤修至无余！

平旦偈云：

欲求寂灭乐，当学沙门法，
衣食支身命，精粗随众得。

诸众等，今日晨朝，各诵六念。

日中偈云：

人生不精进，喻若树无根，
采花置日中，能得几时鲜？
人命亦如是，无常须臾间，
劝诸行道众，勤修乃至真。

● **第二、沙门善导谨依《大经》，采集要文，以为礼赞偈，二十四拜，当初夜时礼。**（忏悔同前后）

南无至心归命礼西方阿弥陀佛。
弥陀智愿海，深广无涯底，
闻名欲往生，皆悉到彼国。
愿共诸众生，往生安乐国。

南无至心归命礼西方阿弥陀佛。

于此世界中，六十有七亿，
不退诸菩萨，皆当得生彼。
愿共诸众生，往生安乐国。

南无至心归命礼西方阿弥陀佛。
小行诸菩萨，及修少福者，
其数不可计，皆当得生彼。
愿共诸众生，往生安乐国。

南无至心归命礼西方阿弥陀佛。
十方佛刹中，菩萨比丘众，
穷劫不可计，皆当得生彼。
愿共诸众生，往生安乐国。

南无至心归命礼西方阿弥陀佛。
一切诸菩萨，各赍天妙花，
宝香无价衣，供养弥陀佛。
愿共诸众生，往生安乐国，

南无至心归命礼西方阿弥陀佛。
咸然奏天乐，畅发和雅音，
歌叹最胜尊，供养弥陀佛。
愿共诸众生，往生安乐国，

南无至心归命礼西方阿弥陀佛。
慧日照世间，消除生死云，
恭敬绕三匝，稽首弥陀尊。
愿共诸众生，往生安乐国。

南无至心归命礼西方阿弥陀佛。
见彼严净土，微妙难思议，

因发无上心，愿我国亦然。
愿共诸众生，往生安乐国。

南无至心归命礼西方阿弥陀佛。
应时无量尊，动容发欣笑，
口出无数光，遍照十方国。
愿共诸众生，往生安乐国。

南无至心归命礼西方阿弥陀佛。
回光围绕身，三匝从顶入，
一切天人众，踊跃皆欢喜。
愿共诸众生，往生安乐国。

南无至心归命礼西方阿弥陀佛。
梵声如雷震，八音畅妙响，
十方来正士，吾悉知彼愿。
愿共诸众生，往生安乐国。

南无至心归命礼西方阿弥陀佛。
至彼严净国，便速得神通，
必于无量尊，受记成等觉。
愿共诸众生，往生安乐国。

南无至心归命礼西方阿弥陀佛。
奉事亿如来，飞化遍诸刹，
恭敬欢喜去，还到安养国。
愿共诸众生，往生安乐国。

南无至心归命礼西方阿弥陀佛。
若人无善本，不得闻佛名，
骄慢弊懈怠，难以信此法。

愿共诸众生，往生安乐国。

南无至心归命礼西方阿弥陀佛。
宿世见诸佛，则能信此事，
谦敬闻奉行，踊跃大欢喜。
愿共诸众生，往生安乐国。

南无至心归命礼西方阿弥陀佛。
其有得闻彼，弥陀佛名号，
欢喜至一念，皆当得生彼。
愿共诸众生，往生安乐国。

南无至心归命礼西方阿弥陀佛。
设满大千火，直过闻佛名，
闻名欢喜赞，皆当得生彼。
愿共诸众生，往生安乐国。

南无至心归命礼西方阿弥陀佛。
万年三宝灭，此经住百年，
尔时闻一念，皆当得生彼。
愿共诸众生，往生安乐国。

南无至心归命礼西方阿弥陀佛。
佛世甚难值，人有信慧难，
遇闻稀有法，此复最为难。
愿共诸众生，往生安乐国。

南无至心归命礼西方阿弥陀佛。
自信教人信，难中转更难，
大悲传普化，真成报佛恩。

愿共诸众生，往生安乐国。

南无至心归命礼西方阿弥陀佛。
哀愍覆护我，令法种增长，
此世及后生，愿佛常摄受。
愿共诸众生，往生安乐国。

南无至心归命礼西方极乐世界观世音菩萨。
愿共诸众生，往生安乐国。

南无至心归命礼西方极乐世界大势至菩萨。
愿共诸众生，往生安乐国。

南无至心归命礼西方极乐世界诸菩萨清净大海众。
愿共诸众生，往生安乐国。

普为师僧、父母，及善知识、法界众生，断除三障，同得往生阿弥陀佛国，归命忏悔。

● **第三、谨依龙树菩萨《愿往生礼赞偈》，一十六拜，当中夜时礼。**（忏悔同前后）

南无至心归命礼西方阿弥陀佛。
稽首天人所恭敬，阿弥陀仙两足尊，
在彼微妙安乐国，无量佛子众围绕。
愿共诸众生，往生安乐国。

南无至心归命礼西方阿弥陀佛。
金色身净如山王，奢摩他行如象步，
两目净若青莲花，故我顶礼弥陀尊。
愿共诸众生，往生安乐国。

南无至心归命礼西方阿弥陀佛。
面善圆净如满月，威光犹如百千日[①]，
声若天鼓俱翅罗，故我顶礼弥陀尊。
愿共诸众生，往生安乐国。

南无至心归命礼西方阿弥陀佛。
观音顶戴冠中住，种种妙相宝庄严，
能伏外道魔骄慢，故我顶礼弥陀尊。
愿共诸众生，往生安乐国。

南无至心归命礼西方阿弥陀佛。
无比无垢广清净，众德皎洁如虚空，
所作利益得自在，故我顶礼弥陀尊。
愿共诸众生，往生安乐国。

南无至心归命礼西方阿弥陀佛。
十方名闻菩萨众，无量诸魔常赞叹，
为诸众生愿力住，故我顶礼弥陀尊。
愿共诸众生，往生安乐国。

南无至心归命礼西方阿弥陀佛。
金底宝间池生花，善根所成妙台座，
于彼座上如山王，故我顶礼弥陀尊。
愿共诸众生，往生安乐国。

南无至心归命礼西方阿弥陀佛。
十方所来诸佛子，显现神通至安乐，
瞻仰尊颜常恭敬，故我顶礼弥陀尊。

---

① “百千日”，原本作“千日月”，今依《集诸经礼忏仪》改。

愿共诸众生，往生安乐国。

南无至心归命礼西方阿弥陀佛。
诸有无常无我等，亦如水月电影露，
为众说法无名字，故我顶礼弥陀尊。
愿共诸众生，往生安乐国。

南无至心归命礼西方阿弥陀佛。
彼尊佛刹无恶名，亦无女人恶道怖，
众人至心敬彼尊，故我顶礼弥陀尊。
愿共诸众生，往生安乐国。

南无至心归命礼西方阿弥陀佛。
彼尊无量方便境，无有诸趣恶知识，
往生不退至菩提，故我顶礼弥陀尊。
愿共诸众生，往生安乐国。

南无至心归命礼西方阿弥陀佛。
我说彼尊功德事，众善无边如海水，
所获善根清净者，回施众生生彼国。
愿共诸众生，往生安乐国。

南无至心归命礼西方阿弥陀佛。
哀愍覆护我，令法种增长，
此世及后生，愿佛常摄受。
愿共诸众生，往生安乐国。

南无至心归命礼西方极乐世界观世音菩萨。
愿共诸众生，往生安乐国。

南无至心归命礼西方极乐世界大势至菩萨。
愿共诸众生，往生安乐国。

南无至心归命礼西方极乐世界诸菩萨清净大海众。

愿共诸众生，往生安乐国。

普为师僧、父母，及善知识、法界众生，断除三障，同得往生阿弥陀佛国，归命忏悔。

至心忏悔：

自从无始受身来，恒以十恶加众生，
不孝父母谤三宝，造作五逆不善业。
以是众罪因缘故，妄想颠倒生缠缚，
应受无量生死苦，顶礼忏悔愿灭除。

忏悔已，至心归命阿弥陀佛。

至心劝请：

诸佛大慈无上尊，恒以空慧照三界，
众生盲冥不觉知，永没生死大苦海，
为拔群生离诸苦，劝请常住转法轮。

劝请已，至心归命阿弥陀佛。

至心随喜：

历劫以来怀嫉妒，我慢放逸由痴生，
恒以瞋恚毒害火，焚烧智慧慈善根，
今日思惟始惺悟，发大精进随喜心。

随喜已，至心归命阿弥陀佛。

至心回向：

流浪三界内，痴爱入胎狱，
生已归老死，沉没于苦海，
我今修此福，回生安乐土。

回向已，至心归命阿弥陀佛。

至心发愿：

愿舍胎藏形，往生安乐国，
速见弥陀佛，无边功德身，
奉觐诸如来，贤圣亦复然。
获六神通力，救摄苦众生，
虚空法界尽，我愿亦如是。

发愿已，至心归命阿弥陀佛。

（余悉同上法。）

● 第四、谨依天亲菩萨《愿往生礼赞偈》，二十拜，当后夜时礼。（忏悔同前后）

南无至心归命礼西方阿弥陀佛。
世尊我一心，归命尽十方，
无碍光如来，与佛教相应。
愿共诸众生，往生安乐国。

南无至心归命礼西方阿弥陀佛。
观彼世界相，胜过三界道，
究竟如虚空，广大无边际。
愿共诸众生，往生安乐国。

南无至心归命礼西方阿弥陀佛。
正道大慈悲，出世善根生，
净光明满足，如镜日月轮。
愿共诸众生，往生安乐国。

南无至心归命礼西方阿弥陀佛。
备诸珍宝性，具足妙庄严，
无垢光焰炽，明净曜世间。
愿共诸众生，往生安乐国。

南无至心归命礼西方阿弥陀佛。

宝花千万种，弥覆池流泉，

微风动花叶，交错光乱转。

愿共诸众生，往生安乐国。

南无至心归命礼西方阿弥陀佛。

宫殿诸楼阁，观十方无碍，

杂树异光色，宝栏遍围绕。

愿共诸众生，往生安乐国。

南无至心归命礼西方阿弥陀佛。

无量宝交络，罗网遍虚空，

种种铃发响，宣吐妙法音。

愿共诸众生，往生安乐国。

南无至心归命礼西方阿弥陀佛。

梵音悟深远，微妙闻十方，

正觉阿弥陀，法王善住持。

愿共诸众生，往生安乐国。

南无至心归命礼西方阿弥陀佛。

如来净花众，正觉花化生，

爱乐佛法味，禅三昧为食。

愿共诸众生，往生安乐国。

南无至心归命礼西方阿弥陀佛。

永离身心恼，受乐常无间，

大乘善根界，等无讥嫌名。

愿共诸众生，往生安乐国。

南无至心归命礼西方阿弥陀佛。

女人及根缺，二乘种不生，
众生所愿乐，一切能满足。
愿共诸众生，往生安乐国。

南无至心归命礼西方阿弥陀佛。
无量大宝王，微妙净花台，
相好光一寻，色像超群生。
愿共诸众生，往生安乐国。

南无至心归命礼西方阿弥陀佛。
天人不动众，清净智海生，
如须弥山王，胜妙无过者。
愿共诸众生，往生安乐国。

南无至心归命礼西方阿弥陀佛。
天人丈夫众，恭敬绕瞻仰，
雨天乐花衣，妙香等供养。
愿共诸众生，往生安乐国。

南无至心归命礼西方阿弥陀佛。
安乐国清净，常转无垢轮，
一念及一时，利益诸群生。
愿共诸众生，往生安乐国。

南无至心归命礼西方阿弥陀佛。
赞佛诸功德，无有分别心，
能令速满足，功德大宝海。
愿共诸众生，往生安乐国。

南无至心归命礼西方阿弥陀佛。
哀愍覆护我，令法种增长，

此世及后生，愿佛常摄受。
愿共诸众生，往生安乐国。

南无至心归命礼西方极乐世界观世音菩萨。
愿共诸众生，往生安乐国。

南无至心归命礼西方极乐世界大势至菩萨。
愿共诸众生，往生安乐国。

南无至心归命礼西方极乐世界诸菩萨清净大海众。
愿共诸众生，往生安乐国。

普为师僧、父母，及善知识、法界众生，断除三障，同得往生阿弥陀佛国，归命忏悔。

● **第五、谨依彦琮法师《愿往生礼赞偈》，二十一拜，当旦起时礼。**（忏悔同前后）

南无至心归命礼西方阿弥陀佛。
法藏因弥远，极乐果还深，
异珍参作地，众宝间为林。
花开稀有色，波扬实相音，
何当蒙授手，一遂往生心！
愿共诸众生，往生安乐国。

南无至心归命礼西方阿弥陀佛。
浊世难还入，净土愿逾深，
金绳直界道，珠网幔垂林。
见色皆真色，闻音悉法音，
莫谓西方远，唯须十念心。
愿共诸众生，往生安乐国。

南无至心归命礼西方阿弥陀佛。
已成穷理圣，真有遍空威，
在西时现小，但是暂随机。
叶珠相映饰，沙水共澄辉，
欲得无生果，彼土必须依。
愿共诸众生，往生安乐国。

南无至心归命礼西方阿弥陀佛。
五山毫独朗，宝手印恒分，
地水俱为镜，香花同作云。
业深诚易往，因浅实难闻，
必望除疑惑，超然独不群。
愿共诸众生，往生安乐国。

南无至心归命礼西方阿弥陀佛。
心带真慈满，光含法界圆，
无缘能摄物，有想[1]定非难。
花随本心变，宫移身自安，
悕闻出世境，须共入禅看。
愿共诸众生，往生安乐国。

南无至心归命礼西方阿弥陀佛。
回向渐为功，西方路稍通，
宝幢承厚地，天香入远风。
开花重布水，覆网细分空，
愿生何意切，正为乐无穷！

---

① “想”，原本作“相”，今依《集诸经礼忏仪》、《净土五会念佛诵经观行仪》改。

愿共诸众生，往生安乐国。

南无至心归命礼西方阿弥陀佛。
欲选当生处，西方最可归，
间树开重阁，满道布鲜衣。
香饭随心至，宝殿逐身飞，
有缘皆得入，正自往人稀。[①]
愿共诸众生，往生安乐国。

南无至心归命礼西方阿弥陀佛。
十劫道先成，严界引群萌，
金沙彻水照，玉叶满枝明。
鸟本珠中出，人唯花上生，
敢请西方圣，早晚定相迎。
愿共诸众生，往生安乐国。

南无至心归命礼西方阿弥陀佛。
十方诸佛国，尽是法王家，
偏求有缘地，冀得早无邪。
八功如意水，七宝自然花，
于彼心能系，当必往非赊。
愿共诸众生，往生安乐国。

南无至心归命礼西方阿弥陀佛。
净国无衰变，一立古今然，
光台千宝合，音乐八风宣。
池多说法鸟，空满散花天，

① 《净土五会念佛略法事仪赞》、《净土五会念佛诵经观行仪》作“有缘皆得往，只自去人稀”。

得生不畏退，随意既开莲。
愿共诸众生，往生安乐国。

南无至心归命礼西方阿弥陀佛。
坐花非一像，圣众亦难量，
莲开人独处，波生法自扬。
无灾由处静，不退为朋良，
问彼前生辈，来斯几劫强？
愿共诸众生，往生安乐国。

南无至心归命礼西方阿弥陀佛。
光舒救毗舍，空立引韦提，
天来香盖捧，人去宝衣赍。
六时闻鸟合，四寸践花低，
相看无不正，岂复有长迷！
愿共诸众生，往生安乐国。

南无至心归命礼西方阿弥陀佛。
普劝弘三福，咸令灭五烧，
发心功已至，系念罪便消。
鸟化[①]珠光转，风好乐声调，
但忻行道易，宁愁圣果遥。
愿共诸众生，往生安乐国。

南无至心归命礼西方阿弥陀佛。
珠色仍为水，金光即是台，
到时花自散，随愿叶[②]还开。

① “化”，原本作“華”，今依《集诸经礼忏仪》、《净土五会念佛诵经观行仪》改。

② “叶”，原本作“華”，今依《集诸经礼忏仪》、《净土五会念佛诵经观行仪》改。

游池更出没，飞空互往来，
直心能向彼，有善并须回。
愿共诸众生，往生安乐国。

南无至心归命礼西方阿弥陀佛。
洗心甘露水，悦目妙花云，
同生机易识，等寿量难分。
乐多无废道，声远不妨闻，
如何贪五浊，安然火自焚？
愿共诸众生，往生安乐国。

南无至心归命礼西方阿弥陀佛。
台里天人现，光中侍者看，
悬空四宝阁，临迥七重栏。
疑多边地久，德少上生难，
且莫论余愿，西望已心安。
愿共诸众生，往生安乐国。

南无至心归命礼西方阿弥陀佛。
六根常合道，三途永绝名，
念顷游方遍，还时得忍成。
地平无极广，风长是处清，
寄言有心辈，共出一危[①]城。
愿共诸众生，往生安乐国。

南无至心归命礼西方阿弥陀佛。
哀愍覆护我，令法种增长，
此世及后生，愿佛常摄受。

---

① “危”，原本作“苦”，今依《集诸经礼忏仪》、《净土五会念佛诵经观行仪》改。

愿共诸众生，往生安乐国。

南无至心归命礼西方极乐世界观世音菩萨。
千轮明足下，五道现光中，
悲引恒无绝，人归亦未穷。
口宣犹在定，心静更飞通，
闻名皆愿往，日发几花丛。
愿共诸众生，往生安乐国。

南无至心归命礼西方极乐世界大势至菩萨。
慧力标无上，身光备有缘，
动摇诸宝国，侍坐[①]一金莲。
鸟群非实鸟，天类岂真天，
须知求妙乐，会是戒香全。
愿共诸众生，往生安乐国。

南无至心归命礼西方极乐世界诸菩萨清净大海众。
愿共诸众生，往生安乐国。

普为师僧、父母，及善知识、法界众生，断除三障，同得往生阿弥陀佛国，归命忏悔。

● **第六、沙门善导《愿往生礼赞偈》，谨依十六观作，二十拜，当日中时礼。**（忏悔同前后）

南无至心归命礼西方阿弥陀佛。
观彼弥陀极乐界，广大宽平众宝成，
四十八愿庄严起，超诸佛刹最为精。

---

① “侍坐”，原本作“持座”，今依《集诸经礼忏仪》、《净土五会念佛诵经观行仪》改。

本国他方大海众，穷劫算数不知名，
普劝归西同彼会，恒沙三昧自然成。
愿共诸众生，往生安乐国。

南无至心归命礼西方阿弥陀佛。
地下庄严七宝幢，无量无边无数亿，
八方八面百宝成，见彼无生自然悟。
无生宝国永为常，一一宝流无数光，
行者倾心常对目，腾神踊跃入西方。
愿共诸众生，往生安乐国。

南无至心归命礼西方阿弥陀佛。
地上庄严转无极，金绳界道非工匠，
弥陀愿智巧庄严，菩萨人天散花上。
宝地宝色宝光飞，一一光成无数台，
台中宝楼千万亿，台侧百亿宝幢围。
愿共诸众生，往生安乐国。

南无至心归命礼西方阿弥陀佛。
一一台上虚空中，庄严宝乐亦无穷，
八种清风寻光出，随时鼓乐应机音。
机音正受稍为难，行住坐卧摄心观，
唯除睡时常忆念，三昧无为即涅槃。
愿共诸众生，往生安乐国。

南无至心归命礼西方阿弥陀佛。
宝国宝林诸宝树，宝花宝叶宝根茎，
或以千宝分林异，或有百宝共成行。
行行相当叶相次，色各不同光亦然，
等量齐高三十万，枝条相触说无生。

愿共诸众生，往生安乐国。

南无至心归命礼西方阿弥陀佛。
七重罗网七重宫，绮互回光相映发，
化天童子皆充满，璎珞辉光超日月。
行行宝叶色千般，花敷等若旋金轮，
果变光成众宝盖，尘沙佛刹现无边。
愿共诸众生，往生安乐国。

南无至心归命礼西方阿弥陀佛。
宝池宝岸宝金沙，宝渠宝叶宝莲花，
十二由旬皆正等，宝罗宝网宝栏遮①。
德水分流寻宝树，闻波睹乐证恬泊，
寄言有缘同行者，努力翻迷还本家。
愿共诸众生，往生安乐国。

南无至心归命礼西方阿弥陀佛。
一一金绳界道上，宝乐宝楼千万亿，
诸天童子散香花，他方菩萨如云集。
无量无边无能计，稽首弥陀恭敬立，
风铃树响遍虚空，叹说三尊无有极。
愿共诸众生，往生安乐国。

南无至心归命礼西方阿弥陀佛。
弥陀本愿花王座，一切众宝以为成，
台上四幢张宝幔，弥陀独坐显真形。
真形光明遍法界，蒙光触者心不退，
昼夜六时专想念，终时快乐如三昧。

① “遮”，原本作“巡”，今依《集诸经礼忏仪》、《净土五会念佛诵经观行仪》改。

愿共诸众生，往生安乐国。

南无至心归命礼西方阿弥陀佛。
弥陀身心遍法界，影现众生心想中。
是故劝汝常观察，依心起想表真容。
真容宝像临花座，心开见彼国庄严，
宝树三尊花遍满，风铃乐响与文同。
愿共诸众生，往生安乐国。

南无至心归命礼西方阿弥陀佛。
弥陀身色如金山，相好光明照十方，
唯有念佛蒙光摄，当知本愿最为强。
六方如来舒舌证，专称名号至西方，
到彼花开闻妙法，十地愿行自然彰。
愿共诸众生，往生安乐国。

南无至心归命礼西方阿弥陀佛。
观音菩萨大慈悲，已得菩提舍不证，
一切五道内身中，六时观察三轮应。
应现身光紫金色，相好威仪转无极，
恒舒百亿光王手，普摄有缘归本国。
愿共诸众生，往生安乐国。

南无至心归命礼西方阿弥陀佛。
势至菩萨难思议，威光普照无边际，
有缘众生蒙光触，增长智慧超三界。
法界倾摇如转蓬，化佛云集满虚空，
普劝有缘常忆念，永绝胞胎证六通。
愿共诸众生，往生安乐国。

南无至心归命礼西方阿弥陀佛。

正坐跏趺入三昧，想心乘念至西方，
睹见弥陀极乐界，地上虚空七宝庄。
弥陀身量极无边，重劝众生观小身，
丈六八尺随机现，圆光化佛等前真。
愿共诸众生，往生安乐国。

南无至心归命礼西方阿弥陀佛。
上辈上行上根人，求生净土断贪瞋，
就行差别分三品，五门相续助三因。
一日七日专精进，毕命乘台出六尘，
庆哉难逢今得遇，永证无为法性身。
愿共诸众生，往生安乐国。

南无至心归命礼西方阿弥陀佛。
中辈中行中根人，一日斋戒处金莲，
孝养父母教回向，为说西方快乐因。
佛与声闻众来取，直到弥陀花座边，
百宝花笼经七日，三品莲开证小真。
愿共诸众生，往生安乐国。

南无至心归命礼西方阿弥陀佛。
下辈下行下根人，十恶五逆等贪瞋，
四重偷僧谤正法，未曾惭愧悔前愆。
终时苦相如云集，地狱猛火罪人前，
忽遇往生善知识，急劝专称彼佛名。
化佛菩萨寻声到，一念倾心入宝莲，
三业[1]障重开多劫，于时始发菩提因。

① “业”，原本作“華”，今依《集诸经礼忏仪》、《观经散善义传通记》改。

愿共诸众生，往生安乐国。

南无至心归命礼西方阿弥陀佛。
弥陀佛国能所感，西方极乐难思议，
渴闻般若绝思浆，念食无生即断饥。
一切庄严皆说法，无心领纳自然知，
七觉花池随意入，八背凝神会一枝。
无量菩萨为同学，性海如来尽是师，
弥陀心水沐身顶，观音势至与衣披。
欻尔腾空游法界，须臾授记号无为，
如此逍遥无极处，吾今不去待何时！
愿共诸众生，往生安乐国。

南无至心归命礼西方阿弥陀佛。
哀愍覆护我，令法种增长，
此世及后生，愿佛常摄受。
愿共诸众生，往生安乐国。

南无至心归命礼西方极乐世界观音、势至、诸菩萨清净大海众。

愿共诸众生，往生安乐国。

普为师僧、父母，及善知识、法界众生，断除三障，同得往生阿弥陀佛国，归命忏悔。

上二品忏悔发愿等同前。须要中要，取初。须略中略，取中。须广中广，取下。其广者，就实有心愿生者而劝。或对四众，或对十方佛，或对舍利、尊像、大众，或对一人，若独自等，又向十方尽虚空三宝，及尽众生界等，具向发露忏悔。

忏悔有三品，上、中、下。上品忏悔者，身毛孔中血流，眼中血出者，名上品忏悔。中品忏悔者，遍身热汗从毛孔出，眼中血流者，名中品忏悔。下品忏悔者，遍身彻热，眼中泪出者，名下品忏悔。此等三品虽有差别，即是久种解脱分善根人，致使今生敬法重人，不惜身命。乃至小罪，若忏即能彻法彻髓。能如此忏者，不问久近，所有重障顿皆灭尽。若不如此，纵使日夜十二时急走，终是无益。若不作者，应知虽不能流泪、流血等，但能真心彻到者，即与上同。

敬白十方诸佛、十二部经、诸大菩萨、一切贤圣，及一切天龙八部、法界众生、现前大众等，证知我。

某甲发露忏悔，从无始以来，乃至今身，杀害一切三宝、师僧、父母、六亲眷属、善知识、法界众生，不可知数。偷盗一切三宝、师僧、父母、六亲眷属、善知识、法界众生物，不可知数。于一切三宝、师僧、父母、六亲眷属、善知识、法界众生上起邪心，不可知数。妄语欺诳一切三宝、师僧、父母、六亲眷属、善知识、法界众生，不可知数。绮语调弄一切三宝、师僧、父母、六亲眷属、善知识、法界众生，不可知数。恶口骂辱、诽谤毁呰一切三宝、师僧、父母、六亲眷属、善知识、法界众生，不可知数。两舌斗乱破坏一切三宝、师僧、父母、六亲眷属、善知识、法界众生，不可知数。或破五戒、八戒、十戒、十善戒、二百五十戒、五百戒、菩萨三聚戒、十无尽戒，乃至一切戒，及一切威仪戒等，自作教他，见作随喜，不可知数。如是等众罪，亦如十方大地无边，微尘无数，我等作罪亦复无数。虚空无边，我等作罪亦复无边。方便无边，我等作罪亦复无边。法性无边，我等作罪亦复无边。法界无边，我等作罪亦复无边。众生无边，我等劫夺、杀害亦复无边。三宝无边，我等侵损、劫夺、杀害亦复无边。戒品无边，我等毁犯亦复无边。如是等罪，上至诸菩萨，下至声闻、缘觉，所不能知。唯佛与佛，乃能知我罪之多少。

今于三宝前、法界众生前，发露忏悔，不敢覆藏。唯愿十方三宝、法界众生，受我忏悔，忆我清净。始从今日，愿共法界众生，舍邪归正，发菩提心，慈心相向，佛眼相看，菩提眷属，作真善知识，同生阿弥陀佛国。乃至成佛，如是等罪永断相续，更不敢作。

忏悔已，至心归命阿弥陀佛。

（广忏竟。）

若入观及睡眠时，应发此愿：

若坐若立，一心合掌，正面向西，十声称阿弥陀佛、观音、势至、诸菩萨清净大海众竟。

弟子某甲，现是生死凡夫，罪障深重，沦六道苦，不可具云[①]。今日遇善知识，得闻弥陀本愿名号，一心称念，求愿往生。愿佛慈悲，不舍本弘誓愿摄受。弟子不识弥陀佛身相光明，愿佛慈悲示现弟子身相，观音、势至、诸菩萨等，及彼世界清净庄严光明等相。

道此语已，一心正念，即随意入观及睡。或有正发愿时即得见之，或有睡眠时得见，除不至心。此愿比来大有现验。

问曰：称念礼观阿弥陀佛，现世有何功德利益？

答曰：若称阿弥陀佛一声，即能除灭八十亿劫生死重罪。礼念以下亦如是。《十往生经》云：若有众生念阿弥陀佛，愿往生者，彼佛即遣二十五菩萨，拥护行者，若行若坐，若住若卧，若昼若夜，一切时，一切处，不令恶鬼恶神得其便也。又如《观经》云：若称礼念阿弥陀佛，愿往生彼国者，彼佛即遣无数化佛、无数化观音、势至、菩萨，护念行者。复与前二十五菩萨等，百重千重围绕行者，不问行住坐卧，一切时处，若昼若夜，常不离行者。今既有斯胜益可凭，愿诸行者各须至心求往。

又如《无量寿经》云：“若我成佛，十方众生称我名号，下至十声，若不生者，不取正觉。”彼佛今现在世成佛，当知本誓重愿不虚，众生称念，必得往生。

又如《弥陀经》云：若有众生，闻说阿弥陀佛，即应执持名号，若一日，若二日，乃至七日，一心称佛不乱。命欲终时，阿弥陀佛与诸圣众现在其前。此人终时，心不颠倒，即得往生彼国。佛告舍利弗：“我见是利，故说是言。若有众生闻是说者，应当发愿，愿生彼国。”次下说云：

---

① 《集诸经礼忏仪》作“轮回六道，苦不可言”。

东方如恒河沙等诸佛，南、西、北方及上、下，一一方如恒河沙等诸佛，各于本国出其舌相，遍覆三千大千世界，说诚实言："汝等众生，皆应信是一切诸佛所护念经。"云何名护念？若有众生，称念阿弥陀佛，若七日及一日，下至十声，乃至一声、一念等，必得往生。证成此事，故名《护念经》。次下文云："若称佛往生者，常为六方恒河沙等诸佛之所护念，故名《护念经》。"

今既有此增上誓愿可凭，诸佛子等，何不励意去也！

转经行道愿往生净土法事赞

唐沙门善导集记

转经行道愿往生净土法事赞卷上

奉请四天王，直入道场中，

奉请狮子王，狮子亦难逢，

奋迅身毛衣，众魔退散去，

回头请法师，直取涅槃城。

序曰：窃以娑婆广大，火宅无边，六道周居，重昏永夜。生盲无目，慧照未明，引导无方，俱摧死地。循环来去，等逝水长流。托命投神，谁之能救！斯乃识含无际，穷尘之劫更逾。自尔悠悠，遇胜缘之何日？上从海德初际如来，乃至今时释迦、诸佛，皆乘弘誓，悲智双行，不舍含情，三轮普化。然我无明障重，佛出不逢，设使同生，还如覆器。神光等照，不简四生，慈及无偏，皆资法润。虽沉法水，长劫犹顽，苦集相因，毒火临时还发。

仰惟大悲恩重，等润身田，智慧冥加，道芽增长。慈悲方便，视教随宜，劝念弥陀，归乎净土。地则众珍杂间，光色竞辉。德水澄花，玲珑影彻。宝楼重接，等辉神光。林树垂璎，风尘雅曲。花台严莹，种种稀奇。圣众同居，明逾千日。身则紫金之色，相好俨然，进止往来，乘空无碍。若论依报，则超绝十方，地上、虚空，等皆无异。他方凡圣，乘愿往来，到彼无殊，齐同不退。但以如来善巧，总劝四生，弃此娑婆，忻生极乐。专称名号，兼诵《弥陀经》，欲令识彼庄严，厌斯苦事。三因五念，毕命为期。正助四修，则刹那无间。回斯功业，普被含灵。寿尽乘台，齐临彼国。

凡欲为自、欲为他立道场者，先须严饰堂舍，安置尊像、幡、花竟。众等无问多少，尽令洗浴着净衣，入道场听法。若欲召请人，及和赞者，尽立。大众令坐。使一人先须烧香散花，周匝一遍竟。然后依法作声召请云：

般舟三昧乐（愿往生），大众同心厌三界（无量乐），
般舟三昧乐（愿往生），三途永绝愿无名（无量乐）。
三界火宅难居止（愿往生），乘佛愿力往西方（无量乐），
般舟三昧乐（愿往生），念报慈恩常顶戴（无量乐）。
大众持花恭敬立（愿往生），先请弥陀入道场（无量乐），
般舟三昧乐（愿往生），不违弘愿应时迎（无量乐）。
观音势至尘沙众（愿往生），从佛乘花来入会（无量乐），
般舟三昧乐（愿往生），观音接手入花台（无量乐）。
无胜庄严释迦佛（愿往生），受我微心入道场（无量乐），
般舟三昧乐（愿往生），碎身惭谢释迦恩（无量乐）。
彼国庄严大海众（愿往生），从佛乘花来入会（无量乐），
般舟三昧乐（愿往生），助佛神化度众生（无量乐）。
十方恒沙佛舒舌（愿往生），证我凡夫生安乐（无量乐），
般舟三昧乐（愿往生），悲心利物大悲心（无量乐）。
惭愧恒沙大悲心（愿往生），受我微心入道场（无量乐），
般舟三昧乐（愿往生），专心净土佛前期（无量乐）。
一一如来大海众（愿往生），从佛乘花来入会（无量乐），
般舟三昧乐（愿往生），尽是往生增上缘（无量乐）。
佛使二十五菩萨（愿往生），一切时来常护念（无量乐），
般舟三昧乐（愿往生），毕命直入涅槃城（无量乐）。
佛恐众生四魔障（愿往生），未至极乐堕三途（无量乐），
般舟三昧乐（愿往生），直心实行佛迎来（无量乐）。
我今众等深惭谢（愿往生），受我微心来入会（无量乐），

般舟三昧乐（愿往生），心心专注出娑婆（无量乐）。
本国弥陀诸圣众（愿往生），平等俱来坐道场（无量乐），
般舟三昧乐（愿往生），道场圣众实难逢（无量乐）。
众等顶礼弥陀会（愿往生），普散香花同供养（无量乐），
般舟三昧乐（愿往生），弥陀光摄往生人（无量乐）。
对佛弥陀涅槃会（愿往生），各发誓愿请花台（无量乐），
般舟三昧乐（愿往生），极乐庄严门尽开（无量乐）。
般舟三昧乐（愿往生），专心念佛坐花台（无量乐），
般舟三昧乐（愿往生），乘花直入不须疑（无量乐）。

众等齐心请高座（往生乐），愍怼智影说尊经（往生乐），
难思议（往生乐），双树林下（往生乐），难思（往生乐），
道场时逢难巨遇（往生乐），无常迅速命难停（往生乐），
难思议（往生乐），双树林下（往生乐），难思（往生乐）。
眼前业道人人见（往生乐），皆由三毒作因缘（往生乐），
难思议（往生乐），双树林下（往生乐），难思（往生乐），
虽得人身常暗钝（往生乐），贪瞋邪见转专专（往生乐），
难思议（往生乐），双树林下（往生乐），难思（往生乐）。
日夜昏昏不惺悟（往生乐），还是流浪三途因（往生乐），
难思议（往生乐），双树林下（往生乐），难思（往生乐），
忽尔轮回长劫苦（往生乐），弥陀净土何时闻（往生乐），
难思议（往生乐），双树林下（往生乐），难思（往生乐）。
大众同心请高座（往生乐），为度群生转法轮（往生乐），
难思议（往生乐），双树林下（往生乐），难思（往生乐），
众等倾心乐闻法（往生乐），手执香花常供养（往生乐），
难思议（往生乐），双树林下（往生乐），难思（往生乐）。

道场大众等，相与至心敬礼，南无常住佛。
道场大众等，相与至心敬礼，南无常住法。

道场大众等，相与至心敬礼，南无常住僧。

敬白道场众等，各各敛心，弹指合掌，叩头归命，礼本师释迦佛，过、现、未来诸世尊。

所以归依佛者，佛是众生大慈悲父，亦是出世增上良缘。计其恩德，过于尘劫，述之难尽。《贤愚经》言：一一诸佛，从初发意，终至菩提，专心求法，不顾身财，悲智双行，曾无退念。或可逢人逼试，皮肉分张。或自割身，而延鸽命。或舍千头以求法，或钉千钉而求四句。或刺身血，以济夜叉。或舍妻子，以充罗刹。或设慈悲方便，化作禽鱼，用济苍生，免其饥难。或作金毛狮子，以上猎师。或作白象抽牙，为求菩提而奉施。或观怨家，犹如赤子。或视外道，比若亲儿。彼我无殊，圣凡何异。三祇起行，皆与无漏相应。地地收功，始得果圆号佛。身则阎浮金色，光喻千日竞晖。相好分明，譬若众星夜朗。跏趺正坐，不背之相圆明。法界同归，各睹如来面相。身心湛寂，化用不失时机。随类变通，报体则原来不动。但以如来智德，叹之难尽。道场众等，各生惭谢之心，能使诸佛为我舍身，过于尘劫。哀哉世尊！能为难事，长劫勤勤，忍疲劳之苦痛。虽复为生苦行，不觅小恩，望欲等出尘劳，会菩提而归彼岸。

众等齐心，为今施主某甲等，奉请十方诸佛一切世尊。弟子等敬寻诸佛境界，唯佛能知。国土精华，非凡所测。三身化用，皆立净土，以导群生。法体无殊，有识归之得悟。但为凡夫乱想，寄托无由，故使释迦、诸佛，不舍慈悲，直指西方十万亿刹，国名极乐，佛号弥陀，现在说法。其国清净，具四德庄严，永绝讥嫌，等无忧恼。人天善恶，皆得往生，到彼无殊，齐同不退。何意然者？乃由弥陀因地，世饶王佛所，舍位出家，即起悲智之心，广弘四十八愿。以佛愿力，五逆之与十恶，罪灭得生。谤法阐提，回心皆往。复因韦提致请，誓舍娑婆，念念无遗，决定求生极乐。如来因其请故，即说定散两门，三福九章，广作未闻之益。十方恒沙诸佛，共赞释迦，舒舌遍覆三千，证得往生非谬。如是等诸佛世尊，不舍慈悲，受今施主某甲及众生请，入此道场，证明功德。

奉请已，今劝众生等，各各敛心，归依合掌。

下座接高，赞云：

愿往生，愿往生。众等咸归命本师释迦佛、十方世界诸如来，愿受施主众生请，不舍慈悲入道场，证明功德灭诸罪，回心一念见弥陀。众等身心皆踊跃，手执香花常供养。

高接下，请召云：

重白道场大众等，各各敛心，弹指合掌叩头，一心归命。为今施主及众生，次当奉请十方法界诸佛所说修多罗藏八万四千，又请全身、散身舍利等，唯愿放大神光，入此道场，证明功德。又请十方声闻、缘觉得道圣人，唯愿不舍慈悲，现大神通，入此道场，证明功德。又当奉请诸菩萨众，普贤、文殊、观音、势至等，唯愿不舍慈悲，满众生愿，入此道场，证明功德。

所以归依奉请者，此诸菩萨，从初发意，乃至菩提，常行平等，接引无偏。自利利他，无时暂息。常以法音觉诸世间，光明普照无量佛土。一切世界，六种震动。总摄魔界，动魔宫殿。掴裂邪网，消灭诸见。散诸尘劳，坏诸欲堑。开阐法门，显明清白。光融佛法，宣流正化。常作不染身口意业，常行不退身口意行，常行不动身口意业，常行赞叹身口意业，常行清净身口意业，常行离恼身口意业，常行智慧身口意业。觉悟成就，定慧成就。此诸菩萨，常为诸天龙八部、人王、梵王等守护恭敬供养。一切众生，为救为归，为明为尊，为胜为上。具无量行愿，多所饶益，安隐天人，利益一切。游步十方，行权方便。入佛法藏，究竟彼岸。智慧圣明，不可思议。转佛法轮，成就如来一切种智，于一切法悉得自在。如是等菩萨大士，不可称计，唯愿不舍慈悲，受众生请，一时来会，入此道场，为今施主某甲证明功德。

今劝道场众等，敛心归依合掌礼。

下接高，赞云：

愿往生，愿往生。众等稀闻诸佛法，龙宫八万四千藏，已施神光入道场，证明功德复满愿，因兹离苦见弥陀，法界含灵亦除障。我等身心皆踊跃，手执香花常供养。

高接下，赞云：

愿往生，愿往生。龙宫经藏如恒沙，十方佛法复过是，我今标心普皆请，放大神光入道场，证明功德复除罪，增长施主菩提芽。众等各各齐心念，手执香花常供养。

下接高，赞云：

愿往生，愿往生。今日道场难得遇，无上佛法亦难闻，毕命形枯断诸恶，从是念念罪皆除，六根得了得惺悟，戒定慈悲誓不虚。众等身心皆踊跃，手执香花常供养。

高接下，下接高，赞云：

愿往生，愿往生。久住娑婆常没没，三恶四趣尽皆停，披毛戴角受众苦，未曾闻见圣人名。忆此疲劳长劫事，誓愿舍命见弥陀。众等身心皆踊跃，手执香花常供养。

高接下，赞云：

愿往生，愿往生，众等咸归命。今为施主及众生，已请十方法界全身舍利、碎体金刚，物利随宜，分形影赴。虽复形分大小，神化一种无殊，大则类同山岳，小则比若芥尘，毕命真诚，齐心供养。近则人天获报，富乐长劫随身。远则净土无生克果，则涅槃之常乐。又愿道场众等，各各齐心，手执香花常供养。

下接高，赞云：

愿往生，愿往生。真身舍利随大小，见闻欢喜修供养。自作善根他人福，一切合集皆回向。昼夜精勤不敢退，专心决定见弥陀。众等身心皆踊跃，手执香花常供养。

高接下，下接高，赞云：

愿往生，愿往生。普贤文殊弘誓愿，十方佛子皆亦然，一念分身遍六道，随机化度断因缘。愿我生生得亲近，围绕听法悟真门，永拔无明生死业，誓作弥陀净土人。众等各各齐身心，手执香花常供养。

下接高，赞云：

愿往生，愿往生。十方菩萨大慈悲，不惜身命度众生，六道分身随类现，为说妙法证无生。无生净土随人入，广大宽平无比量，四种威律常见佛，法侣携将入宝堂。众等身心皆踊跃，手执香花常供养。

下接高，高接下，赞云：

愿往生，愿往生。为今施主及众生，奉请贤圣入道场，证明功德修供养。三毒烦恼因兹灭，无明黑暗罪皆除。愿我生生值诸佛，念念修道至无余。回此今生功德业，当来毕定在金渠。众等各各齐身心，手执香花常供养。

下接高，赞云：

愿往生，愿往生。菩萨圣众身虽别，慈悲智慧等无殊，不惜身财求妙法，难行苦行未曾休，誓到菩提登彼岸，放大慈光度有流，有流众生我身是，乘光毕命入西方。众等身心皆踊跃，手执香花常供养。

高接下，下接高，赞云：

愿往生，愿往生。为今施主皆已请，十方诸佛入道场。龙宫法藏真舍利，已放神光入道场。罗汉辟支通自在，一念乘花入道场。普贤文殊诸菩萨，一切俱来入道场。是诸圣众如云集，地上虚空难可量，各坐莲花百宝座，证明功德放慈光。如此圣众难逢遇，同时发愿入西方。众等齐心皆踊跃，手执香花常供养。

请观世音赞云：

奉请观世音（散花乐），慈悲降道场（散花乐）。
敛容空里现（散花乐），忿怒伏魔王（散花乐），
腾身振法鼓（散花乐），勇猛现威光（散花乐）。
手中香色乳（散花乐），眉际白毫光（散花乐），
宝盖随身转（散花乐），莲花逐步祥（散花乐）。

池回八味水（散花乐），花分戒定香（散花乐），
饥餐九定食（散花乐），渴饮四禅浆（散花乐）。
西方七宝树（散花乐），声韵合宫商（散花乐），
枝中明实相（散花乐），叶外现无常（散花乐）。
愿舍阎浮报（散花乐），发愿入西方（散花乐）。

高接下，请香花云：

重白道场众等，各各敛心，弹指合掌叩头，标心运想。

今为施主某甲等，奉请十方法界人天凡圣，水陆虚空一切香花、音乐、光明、宝藏、香山、香衣、香树、香林、香池、香水，入此道场。又请一切宝树、宝林、宝衣、宝池、宝水、宝幢、宝盖、宝花、宝网、宝楼、宝阁，入此道场。又请一切花林、花树、花幢、花盖、花楼、花阁、花宫、花殿、花衣，入此道场。又请一切光云树、光云林、光云网、光云衣、光云盖、光云幢、光云台、光云楼、光云阁、光云乐、光云香、光云池、光云水、光云山，入此道场。又请一切香云山、香云衣、香云树、香云林、香云网、香云盖、香云幢、香云楼、香云阁、香云池、香云水、香云光、香云乐、香云花、香云台，入此道场。又请一切宝云山、宝云树、宝云花、宝云果、宝云衣、宝云幢、宝云盖、宝云网、宝云幡、宝云乐、宝云楼、宝云阁、宝云光明、宝云天衣、宝云供养海，入此道场。又请一切花云山、花云林树、花云幢盖、花云衣服、花云罗网、花云音乐、花云台座，入此道场。又请一切天人变化庄严供养海，一切声闻变化庄严供养海，一切菩萨变化庄严供养海，一切诸佛变化庄严供养海，如是等无量无边恒沙供养，种种庄严，悉皆奉请，入此道场。供养一切佛舍利，并真法，菩萨、声闻众，受此香花云庄严供养海。为满施主众生愿，随心变现，受用作佛事。

供养已，人各至心归依合掌礼。

下接高，赞云：

愿往生，愿往生。愿在弥陀会中坐，手执香花常供养。

奉请既竟，即须行道七遍。又使一人将花在西南角立，待行道人至，即尽行花与行道众等。即受花竟，不得即散，且待各自标心供养，待行道至佛前，即随意散之。散竟，即过至行花人所，更受花，亦如前法。乃至七遍亦如是。若行道讫，即各依本坐处立，待唱梵声尽即坐。

高接下，劝众行道，即云：

奉请一切香花供养已讫，一切恭敬。

道场众等，各执香花，如法行道。

行道赞梵偈云：

奉请弥陀世尊入道场（散花乐），
奉请释迦如来入道场（散花乐），
奉请十方如来入道场（散花乐）。
道场庄严极清净，天上人间无比量，
过现诸佛等灵仪，人天龙鬼中法藏，
全身碎身真舍利，大众持花散其上，
瞻仰尊颜绕七匝，梵响声等皆供养。
愿我身净如香炉，愿我心如智慧火，
念念焚烧戒定香，供养十方三世佛。
惭愧释迦大悲主，十方恒沙诸世尊，
不舍慈悲巧方便，共赞弥陀弘誓门。
弘誓多门四十八，遍标念佛最为亲，
人能念佛佛还念，专心想佛佛知人。
一切回心向安乐，即见真金功德身，
净土庄严诸圣众，笼笼常在行人前。
行者见已心欢喜，终时从佛坐金莲，
一念乘花到佛会，即证不退入三贤。

下接梵人声，立赞云：

愿往生，愿往生。道场众等尔许多人，历劫以来巡三界，轮回六道无休止，稀见道场请佛会，亲承供养难思议。七周行道散花讫，悲喜交流愿灭罪，乘此善根生极乐，花开见佛证无为。众等持心就本座，手执香花常供养。

高接下，下接高，赞云：

愿往生，愿往生。释迦如来初发愿，顿舍尘劳修苦行，念念精勤无有退，不限日月及岁年，大劫小劫僧祇劫，过逾大地等微尘，不惜身财求妙法，慈悲誓愿度众生，普劝归西安养国，逍遥快乐得三明。众等各各倾身心，手执香花常供养。

高接下，赞云：

愿往生，愿往生。众等齐心生渴仰，殷勤顶礼乐闻经。圣人所重不过命，不贪王位舍千头，七寸长针遍体入，标心为物不生忧，自取身皮写经偈，普愿群生入法流。千灯炎炎流身血，诸天泣泪散花周，感伤大士身心痛，微微含笑愿无瞋。仰愿同闻同断恶，难逢难遇誓当专，念念回心生净土，毕命入彼涅槃门。各各倾心无异想，手执香花常供养。

下接高，赞云：

愿往生，愿往生。旷劫以来居生死，三途常没苦皆经，始服人身闻正法，犹如渴者得清泉。念念思闻净土教，文文句句誓当勤，忆想长时流浪苦，专心听法入真门。净土无生亦无别，究竟解脱金刚身，以是因缘请高座，报佛慈恩转法轮。众等身心皆踊跃，手执香花常供养。

高接下，下接高，赞云：

愿往生，愿往生。众生见佛心开悟，发愿同生诸佛家。住此娑婆已来久，无功舍命劫尘沙。自觉心顽神识钝，良由地狱卧铜车。铜车炎炎难居止，一念之间百千死。非直此中多苦痛，一切泥犁亦如是。泥犁一入过尘劫，畜生鬼道还如此。今得人身贪造罪，诸佛圣教生非毁。非毁圣教罪根深，谤说良善苦常沉。大圣虽有神通力，无能相救益悲心。今劝道场时众等，发露忏悔罪无穷。众等同心彼净土，手执香花常供养。

高座待下座声尽，即忏云：

敬白道场诸众等，今为施主某甲，及诸众生，归命十方诸佛、龙宫法藏、舍利真形、菩萨大士、缘觉、声闻等，现在道场，证明忏悔。又白天曹地府、阎罗天子、五道太山、三十六王、地狱典领、天神、地神、虚空神、山林河海一切灵祇，及众贤圣等，各有天通道眼，他心、宿命、漏尽智人，现在道场，证明弟子今日施主某甲，及诸众生，披心忏悔。

弟子道场众等，内外尔许多人，自从过去，尽过去际、现在际、未来际，身口意业，行住坐卧，于一切三宝、师僧、父母、六亲眷属、善知识、法界众生上，具造一切恶，常起一切恶，相续起一切恶，方便起一切恶障、业障、报障、烦恼等障、生死罪障、不得见闻佛法僧障。弟子众等，自从旷劫以来，乃至今身，至于今日，于其中间，作如是等罪，乐行多作，无量无边，能令我等堕于地狱，无有出期。是故经言阿鼻地狱、十八寒冰地狱、十八黑暗地狱、十八小热地狱、十八刀轮地狱、十八剑轮地狱、十八火车地狱、十八沸屎地狱、十八镬汤地狱、十八灰河地狱、五百亿刀林地狱、五百亿剑林地狱、五百亿刺林地狱、五百亿铜柱地狱、五百亿铁钒地狱、五百亿铁网地狱、十八铁窟地狱、十八铁丸地狱、十八火石地狱、十八饮铜地狱，如是等众多地狱。

佛言：阿鼻地狱纵广正等八万由旬，七重铁城，七层铁网。下十八隔，周匝七重，皆是刀林。七重城内，复有剑林。下十八隔，有八万四千重。于其四角，有大铜狗，其身广长四十由旬，眼如掣电，牙如剑树，齿如刀山，舌如铁刺，一切身毛皆出猛火，其烟臭恶，世间臭物无以可譬。有十八狱卒，头如罗刹头，口如夜叉口，六十四眼，眼散迸铁丸，如十里车。钩牙上出，高四由旬，牙头火流，烧前铁车，令铁车轮一一轮辋，化为一亿火刀、锋刃、剑戟，皆从火出。如是流火烧阿鼻城，令阿鼻城赤如融铜。狱卒头上，有八牛头。一一牛头，有十八角。一一角头，皆出火聚。火聚复化成十八辋，火辋复变作火刀轮，如车轮许，轮轮相次，在火焰间，满阿鼻城。铜狗张口，吐舌在地，舌如铁刺。舌出之时，化无量舌，满阿鼻城。七重城内，有四铁幢，幢头火流，如沸涌泉，其铁流迸，满阿鼻城。阿鼻四门，于门阃上，有八十釜，沸铜涌出，从门漫流，满阿鼻城。一一隔间，有八万四千铁蟒大蛇，吐毒吐火，身满城内。其蛇哮吼，如天震雷，雨火铁丸，满阿鼻城。此城苦事，八万亿千。苦中苦者，集在此城。五百亿虫，虫八万四千嘴，嘴头火流，如雨而下，满阿鼻城。此虫下时，阿鼻猛火，其焰大炽。赤光火焰，照八万四千由旬，从阿鼻地狱，上冲大海沃焦山下。大海水滴，如车轴许，成大铁焰，满阿鼻城。

佛言：若有众生，杀害三宝，偷劫三宝，污染三宝，欺诳三宝，谤毁三宝，破坏三宝，杀害父母，偷劫父母，污染父母，欺诳父母，谤毁父母，破坏父母，骂辱六亲，作如是等杀逆罪者。命终之时，铜狗张口，化十八车，状如金车，宝盖在上。一切火焰，化为玉女。罪人遥见，心生欢喜："我欲往中，我欲往中。"风刀解时，寒急失声："宁得好火，在车上坐，燃火自曝？"作是念已，即便命终，挥霍之间，已坐金车，顾瞻玉女，皆捉铁斧，斩截其身。身下火起，如旋火轮。譬如壮士屈伸臂顷，直落阿鼻大地狱中。从于上隔，如旋火轮，至下隔际，身遍隔内。铜狗大吼，啮骨唼髓。狱卒罗刹，捉大铁叉，叉颈令起。遍体火焰，满阿鼻城。铁网雨刀，从毛孔入。化阎罗王大声告敕："痴人狱种！汝在世时不孝父母，邪慢无道。汝今生处，名阿鼻狱。汝不知恩，无有惭愧，受此苦恼，为乐不耶？"作是语已，即灭不现。尔时狱卒复驱罪人，从于下隔，乃至上隔，经历八万四千隔中，肆身而过，至铁网际。一日一夜，当此阎浮提日月岁数六十小劫，如是寿命尽一大劫。

五逆罪人，无惭无愧，造作五逆罪故，临命终时，十八风刀，如铁火车，解截其身。以热逼故，便作是言："得好色花，清凉大树，于下游戏，不亦乐乎？"作此念时，阿鼻地狱八万四千诸恶剑林，化作宝树，花果茂盛，行列在前。大热火焰，化为莲花，在彼树下。罪人见已，"我所愿者，今已得果。"作是语时，疾于暴雨，坐莲花上。坐已须臾，铁嘴诸虫从火花起，穿骨入髓，彻心穿脑。攀树而上，一切剑枝，削肉彻骨。无量刀林，当上而下。火车炉炭，十八苦事，一时来迎。此相现时，陷坠地下。从下隔上，身如花敷，遍满下隔。从下隔起，火焰猛炽，至于上隔。

至上隔已，身满其中，热恼急故，张眼吐舌。此人罪故，万亿融铜，百千刀轮，从空中下，头入足出。一切苦事，过于上说，百千万倍。具五逆者，其人受苦，足满五劫。

弟子道场众等，自从元身以来，乃至今身，至于今日，于其中间放纵三业，作如是等罪，乐行多作，无量无边。今闻佛说阿鼻地狱，心惊毛竖，怖惧无量，惭愧无量。今对道场凡圣，发露忏悔，愿罪消灭，永尽无余。

忏悔已，至心归命礼阿弥陀佛。

下接高，赞云：

忏悔已，至心归命礼阿弥陀佛。

高接下，忏云：

弟子道场众等，自从旷劫以来，乃至今身，至于今日，于其中间，放纵身口意业，造一切罪。或破五戒、八戒、十戒、三归戒、四不坏信戒、三业戒、十无尽戒、声闻戒、大乘戒，及一切威仪戒、四重八戒等，虚食信施，诽谤邪见，不识因果，断学般若，毁十方佛，偷僧祇物。淫逸无道，逼掠净戒诸比丘尼、姊妹、亲戚，不知惭愧。毁辱所亲，造众恶事。或乐行十恶，不修十善障。乐行八苦，不持八戒障。乐行三毒，不受三归障。乐行五逆，不持五戒障。乐行地狱极苦业，不修净土极乐障。乐行畜生愚痴业，不修智慧慈悲障。乐行悭贪饿鬼嫉妒业，不行布施利他障。乐行谄曲虚诈修罗业，不行真实言信不相违障。乐行瞋恼杀害毒龙业，不行欢喜慈心障。乐行我慢自大下贱不自在业，不行谦下敬上尊贵障。乐行邪见、破戒、破见、恶见，谓修善无福、造恶无殃，外道阐提业，不行正见、禁行、出世往生净土障。乐行破灭三宝、坏人善事恶鬼业，不行护惜三宝、成人功德具足障。乐受三界人天长时缚系业，不行净土无生解脱障。乐受二乘狭劣业，不行菩萨广大慈悲障。乐行亲近恶友业，不乐亲近诸佛菩萨善知识障。乐行六贪六弊业，不行六度四摄障。乐行不识因果抵突业，不知身中有如来佛性障。乐行食啖一切众生，酒肉五辛，多病短命业，不行慈心乐闻佛法僧，香花供养障。如是障罪，自作教他，见作随喜，若故作、误作、戏笑作、瞋嫌作、违顺爱憎作，无量无边，思量不可尽，说不可尽。亦如大地微尘无数，虚空无边，法界无边，法性无边，方便无边，我及众生造罪亦复如是。如是等罪，上至诸菩萨，下至声闻、缘觉，所不能知。唯佛与佛，乃能知我罪之多少。

《地狱经》云：若有众生作是罪者，临命终时，风刀解身，偃卧不定，如被楚挞。其心荒越，发狂痴想，见己室宅，男女大小，一切皆是不净之物，屎尿臭处，盈流于外。尔时罪人即作是语："云何此处无好城郭，及好山林，使吾游戏，乃处如此不净物间？"作是语已，狱卒罗刹以大铁叉，擎阿鼻狱诸刀林，化作宝树及清凉池，火焰化作金叶莲花，诸铁嘴虫化为凫雁，地狱痛声如歌咏音。罪人闻已："如此好处，吾当游中。"念已寻时坐火莲花，诸铁嘴虫从身毛孔唼食其躯，百千铁轮从顶上入，恒沙铁叉挑其眼睛。地狱铜狗化作百亿铁狗，竞分其身，取心而食。俄尔之间，身如铁花，满十八隔中，一一花叶八万四千。一一叶，头、身、手、支节，在一隔间。地狱不大，此身不小，遍满如此大地狱中。此等罪人堕此地狱，经历八万四千大劫。此泥犁灭，复入东方十八隔中，如前受苦。此阿鼻狱，南亦十八隔，西亦十八隔，北亦十八隔。谤方等经，具五逆罪，破坏僧祇，污比丘尼，断诸善根。如此罪人，具众罪者，身满阿鼻狱，四支复满十八隔中。此阿鼻狱，但烧如此狱种众生。劫欲尽时，东门即开。见东门外，清泉流水，花果林树，一切俱现。是诸罪人从下隔见，眼火暂歇，从下隔起，宛转腹行，揨身上走，到上隔中，手攀刀轮，时虚空中，雨热铁丸。走趣东门，既至门阃，狱卒罗刹手捉铁叉，逆刺其眼，铁狗啮心，闷绝而死，死已复生。见南门开，如前不异。如是西门、北门，亦皆如此。如此时间，经历半劫。阿鼻狱死，生寒冰中。寒冰狱死，生黑暗处，八千万岁，目无所见。受大蛇身，宛转腹行，诸情暗塞，无所解知。百千狐狼，牵掣食之。命终之后，生畜生中，五千万身，受鸟兽形。还生人中，聋盲喑哑、疥癞痈疽、贫穷下贱，一切诸衰以为严饰。受此贱身，经五百身后，还得生饿鬼之中。如是等轮回三恶，无量无边。

弟子众等，今闻地狱，心惊毛竖，怖惧无量，恐畏残殃不尽，复还流浪。今生以来纵暴三业，造众重罪，若不忏悔，定招此苦，无有出期。今对三宝、道场大众前，发露忏悔，即安乐，知而不敢覆藏。

唯愿十方三宝、法界众生，发大慈悲，广大慈悲，不计我恶，如草覆地，布施欢喜，受我忏悔，忆我清净。唯愿不舍慈悲，摄受我等，已作之罪愿除灭，未起之罪愿不生，已作之善愿增长，未作之善方便令生。愿从今日，乃至不起忍以来，誓共众生舍邪归正，发菩提心，慈心相向，佛眼相看，菩提眷属，真善知识，同生净土，乃至成佛。如是等罪，永断相续，更不敢覆藏。

发愿已，至心归命阿弥陀佛。

下接高，赞云：

愿往生，愿往生。愿在弥陀佛前立，手执香花常供养。

高接下，赞云：

愿往生，愿往生。愿在弥陀会中坐，手执香花常供养。

安乐行道转经愿生净土法事赞卷下

高座入文：

如是我闻。一时，佛在舍卫国祇树给孤独园，与大比丘众千二百五十人俱，皆是大阿罗汉，众所知识。长老舍利弗、摩诃目犍连、摩诃迦叶、摩诃迦旃延、摩诃俱絺罗、离婆多、周利槃陀伽、难陀、阿难陀、罗睺罗、憍梵波提、宾头卢颇罗堕、迦留陀夷、摩诃劫宾那、薄拘罗、阿㝹楼驮，如是等诸大弟子。并诸菩萨摩诃萨，文殊师利法王子、阿逸多菩萨、乾陀诃提菩萨、常精进菩萨，与如是等诸大菩萨，及释提桓因等无量诸天大众俱。

下接高，赞云：

愿往生，愿往生。诸佛大悲心无二，方便化门等无殊。舍彼庄严无胜土，八相示现出阎浮。或现真形而利物，或同杂类化凡愚。分身六道无停息，变现随宜度有流。有流见解心非一，故有八万四千门。门门不同亦非别，别别之门还是同。同故即是如来致，别故复是慈悲心。悲心念念缘三界，人天四趣罪根深，过现诸佛皆来化，无明业障不相逢。惭愧释迦弘誓重，不舍娑婆十恶业，稀遇道场闻净土，腾神永逝出烦笼。众等伤心共悲叹，手执香花常供养。

高接下，下接高，赞云：

愿往生，愿往生。释迦如来成正觉，四十九载度众生，五天竺国皆行化，邪魔外道尽归宗。天上天下无过佛，慈悲救苦实难逢。或放神光遍六道，蒙光触者起慈心。或住或来皆尽益，三途永绝断追寻。或震大地山河海，为觉萌冥信未深。或自说法教相劝，展转相将入法林。法林即是弥陀国，逍遥快乐不相侵。众等倾心皆愿往，手执香花常供养。

高接下，下接高，赞云：

愿往生，愿往生。如来教法原无二，正为众生机不同。一音演说随缘悟，不留残结证生空。或现神通或说法，或服外道灭魔踪。自利一身虽免缚，悲心普益绝无功。灰身灭智无余证，二万劫尽复生心。生心觉动身还现，诸佛先教发大乘。众等回心生净土，手执香花常供养。

下接高，高接下，赞云：

愿往生，愿往生。菩萨大众无央数，文殊师利最为尊，发大慈悲行苦行，不违弘愿度众生。或现上好庄严相，或现上好庄严身，含灵睹见皆生喜，为说妙法入真门。十方佛国身皆到，助佛神化转法轮。众等回心生净土，手执香花常供养。

高接下，下接高，赞云：

愿往生，愿往生。佛与声闻菩萨众，同游舍卫住祇园，愿闭三途绝六道，开显无生净土门。人天大众皆来集，瞻仰尊颜听未闻，见佛闻经同得悟，毕命倾心入宝莲。誓到弥陀安养界，还来秽国度人天，愿我慈悲无际限，长时长劫报慈恩。众等回心生净土，手执香花常供养。

高座入文：

尔时佛告长老舍利弗：从是西方，过十万亿佛土，有世界名曰极乐。其土有佛，号阿弥陀，今现在说法。舍利弗，彼土何故名为极乐？其国众生，无有众苦，但受诸乐，故名极乐。

下接高，赞云：

愿往生，愿往生。人天大众皆围绕，倾心合掌愿闻经。佛知凡圣机时悟，即告舍利用心听。一切佛土皆严净，凡夫乱想恐难生。如来别指西方国，从是超过十万亿。七宝庄严最为胜，圣众人天寿命长。佛号弥陀常说法，极乐众生障自亡。众等回心愿生彼，手执香花常供养。

高座入文：

又舍利弗，极乐国土，七重栏楯，七重罗网，七重行树，皆是四宝，周匝围绕。是故彼国，名曰极乐。

下接高，赞云：

愿往生，愿往生。三界众生无智慧，昏昏六道内安身，诸佛慈心为说法，聋盲抵突伴不闻。忽尔无常苦来逼，精神错乱始惊忙，万事家生皆舍离，专心发愿向西方。弥陀名号相续念，化佛菩萨眼前行，或与花台或授手，须臾命尽佛迎将。众等回心皆愿往，手执香花常供养。

高接下，下接高，赞云：

愿往生，愿往生。历劫以来未闻见，西方净土宝庄严。地上虚空皆遍满，珠罗宝网百千重。一一网罗结珍宝，玲珑杂色尽晖光。宝树枝条异相间，行行整直巧相当。此是弥陀悲愿力，无衰无变湛然常。众等回心皆愿往，手执香花常供养。

高座入文：

又舍利弗，极乐国土，有七宝池。八功德水，充满其中。池底纯以金沙布地。四边阶道，金、银、琉璃、玻瓈合成。上有楼阁，亦以金、银、琉璃、玻瓈、砗磲、赤珠、玛瑙而严饰之。池中莲花，大如车轮，青色青光，黄色黄光，赤色赤光，白色白光，微妙香洁。舍利弗，极乐国土成就如是功德庄严。

下接高，赞云：

愿往生，愿往生。极乐世界广清净，地上庄严难可量。八功香池流遍满，底布金沙照异光。四边阶道非一色，岸上重楼百万行。真珠玛瑙相映饰，四种莲花开即香。十方人天得生者，各坐一箇听真常。是故彼国名极乐，众等持花来供养。

高座入文：

又舍利弗，彼佛国土，常作天乐，黄金为地。昼夜六时而雨天曼陀罗花。其土众生，常以清旦，各以衣裓，盛众妙花，供养他方十万亿佛。即以食时，还到本国，饭食经行。舍利弗，极乐国土成就如是功德庄严。

下接高，赞云：

愿往生，愿往生。弥陀佛国最为胜，广大宽平实是精。天乐音声常遍满，黄金为地间奇珍。昼夜六时花自散，法音常说自然闻。彼国众生更无事，衣裓盛花诣十方。一一亲承修供养，尘劳垢习永消亡。种种随心皆称意，无不利益是真常。欻尔飞腾还本国，饭食经行七宝台。众等倾心皆愿往，手执香花常供养。

高座入文：

复次舍利弗，彼国常有种种奇妙杂色之鸟，白鹄、孔雀、鹦鹉、舍利、迦陵频伽、共命之鸟。是诸众鸟，昼夜六时，出和雅音，其音演畅五根、五力、七菩提分、八圣道分，如是等法。其土众生，闻是音已，皆悉念佛、念法、念僧。舍利弗，汝勿谓此鸟实是罪报所生。所以者何？彼佛国土无三恶道。舍利弗，其佛国土，尚无恶道之名，何况有实。是诸众鸟，皆是阿弥陀佛欲令法音宣流，变化所作。舍利弗，彼佛国土，微风吹动诸宝行树，及宝罗网，出微妙音。譬如百千种乐，同时俱作。闻是音者，自然皆生念佛、念法、念僧之心。舍利弗，其佛国土成就如是功德庄严。

下接高，赞云：

愿往生，愿往生。道场清净稀难见，弥陀净土甚难闻。难闻难见今得会，如说修行专意专。愿佛慈悲遥摄受，临终宝座现其前。既见花台心踊跃，从佛逍遥归自然。自然即是弥陀国，无漏无生还即真。行来行止常随佛，证得无为法性身。众等回心皆愿往，手执香花常供养。

高接下，下接高，赞云：

愿往生，愿往生。极乐庄严间杂宝，实是稀奇闻未闻。宝鸟临空赞佛会，文文句句理相同，昼夜连声无有息，哀婉雅亮发人心。或说五根七觉分，或说八圣慈悲门。或说他方离恶道，或说地狱封人天。或说长时修苦行，或说无上菩提因。或说散善波罗蜜，或说定慧入深禅。菩萨声闻闻此法，处处分身转法轮。众等回心皆愿往，手执香花常供养。

高接下，下接高，赞云：

愿往生，愿往生。极乐庄严出三界，人天杂类等无为。法藏行因广弘愿，设我得佛现稀奇。或现鸟身能说法，或现无请能应机。或使微波出妙响，或使林树赞慈悲。或使风光相应动，或令罗网说音辞。一切庄严声遍满，恒沙天乐自依时。为引他方凡圣类，故佛现此不思议。我等闻之身毛竖，碎骨惭谢阿弥师。一受专精不惜命，须臾即到岂为迟。众等回心皆愿往，手执香花常供养。

下接高，高接下，赞云：

愿往生，愿往生。弥陀佛国真严净，三恶六道永无名，事事庄严难可识，种种妙微甚为精。地回宽平众宝间，一一同耀五百光，一一光成宝台座，一一座上百千堂，千堂化佛尘沙会，众生入者共相量。无数音声游空转，化天童子散花香，昼夜六时无间息，地上虚空难可量。八德香池随意入，灌注由人无浅池，或出或没三禅乐，徐徐相唤入檀林。檀林宝座行行别，圣众犹若超日月，日月即是长时劫，或坐或立或游方。到处唯闻无上法，永绝凡夫生死殃，是故彼国名安乐，众等回心愿往生。往生彼国无余事，手执香花常供养。

高座入文：

舍利弗，于汝意云何，彼佛何故号阿弥陀？舍利弗，彼佛光明无量，照十方国，无所障碍，是故号为阿弥陀。又舍利弗，彼佛寿命，及其人民，无量无边阿僧祇劫，故名阿弥陀。舍利弗，阿弥陀佛成佛以来，于今十劫。又舍利弗，彼佛有无量无边声闻弟子，皆阿罗汉，非是算数之所能知。诸菩萨众，亦复如是。舍利弗，彼佛国土成就如是功德庄严。

下接高，赞云：

愿往生，愿往生。果得涅槃常住世，寿命延长难可量，千劫万劫恒沙劫，兆载永劫亦无央。一坐无移亦不动，彻穷后际放身光，灵仪相好真金色，巍巍独坐度众生。十方凡圣专心向，分身遣化往相迎，一念乘空入佛会，身色寿命尽皆平。众等回心皆愿往，手执香花常供养。

高接下，下接高，赞云：

愿往生，愿往生。彼佛从因行苦行，勇猛专精无退时。一坐百劫长时劫，难作能作不生疲。自利利他同断恶，不舍怨憎由大悲。有识含灵皆普化，同因同行至菩提。誓愿庄严清净土，见闻欢喜证无为。众等回心皆愿往，手执香花常供养。

下接高，赞云：

愿往生，愿往生。弥陀化主当心坐，花台独迥最为精，百亿摩尼间杂宝，叶叶庄严相自成。正坐以来经十劫，心缘法界照慈光，蒙光触者尘劳灭，临终见佛往西方。到彼花开入大会，无明烦恼自然亡，三明自然乘佛愿，须臾合掌得神通。彼佛声闻菩萨众，尘沙算数亦难穷，愿我今生强发意，毕命往彼圣人丛。众等倾心愿往生，手执香花常供养。

高座入文：

又舍利弗，极乐国土，众生生者，皆是阿鞞跋致。其中多有一生补处，其数甚多，非是算数所能知之，但可以无量无边阿僧祇劫说。舍利弗，众生闻者，应当发愿，愿生彼国。所以者何？得与如是诸上善人，俱会一处。舍利弗，不可以少善根福德因缘得生彼国。

下接高，赞云：

愿往生，愿往生。释迦如来告身子，即是普告苦众生。娑婆六道非安处，冥冥长夜暗中行。圣化同居不相识，动生瞋毒斗无明。为此无明系六道，爱憎高下何时平。既无善业排生死，由贪造罪未心惊。犯此人皮裹驴骨，三途自入不须争。我等闻之心髓痛，誓愿顿舍世间荣。普愿回心生净土，手执香花常供养。

高接下，下接高，赞云：

愿往生，愿往生。娑婆极苦非生处，极乐无为实是精。九品俱回得不退，阿鞞跋致即无生。非直初生无限极，十地以下劫难穷。如此大海尘恒沙，有缘到者入其中。四种威仪常见佛，行来进止驾神通。六识纵横自然悟，未借思量一念功。普劝同生善知识，专心专注往西方。众等回心皆愿往，手执香花常供养。

高座入文：

舍利弗，若有善男子、善女人，闻说阿弥陀佛，执持名号。若一日、若二日、若三日、若四日、若五日、若六日、若七日，一心不乱。其人临命终时，阿弥陀佛与诸圣众，现在其前。是人终时，心不颠倒，即得往生阿弥陀佛极乐国土。舍利弗，我见是利，故说此言。若有众生闻是说者，应当发愿，生彼国土。

下接高，赞云：

愿往生，愿往生。极乐无为涅槃界，随缘杂善恐难生，故使如来选要法，教念弥陀专复专。七日七夜心无间，长时起行倍皆然，临终圣众持花现，身心踊跃坐金莲。坐时即得无生忍，一念迎将至佛前，法侣将衣竞来着，证得不退入三贤。众等回心皆愿往，手执香花常供养。

高接下，下接高，赞云：

愿往生，愿往生。弥陀侍者二菩萨，号曰无边、观世音，一切时中助佛化，分身六道起慈心。念念随机为说法，昏昏难悟罪根深，百计千万数出世，万中无一出烦笼。念汝众生长劫苦，诸佛对面不相逢，人天少善尚难辩，何况无为证六通？虽得见闻稀有法，粗心懈怠益无功，纵使连年放脚走，趁得贪瞋满内胸。贪瞋即是身三业，何开净土里真空？寄语同生善知识，念佛慈悲入圣丛。众等倾心皆愿往，手执香花常供养。

高座入文：

舍利弗，如我今者，赞叹阿弥陀佛不可思议功德之利。东方亦有阿閦鞞佛、须弥相佛、大须弥佛、须弥光佛、妙音佛，如是等恒河沙数诸佛，各于其国，出广长舌相，遍覆三千大千世界，说诚实言：“汝等众生，当信是《称赞不可思议功德一切诸佛所护念经》。”

下接高，赞云：

愿往生，愿往生。释迦如来常赞叹，东方恒沙等觉尊，大悲同化心无二，一佛施功多亦然。为断凡夫疑见执，皆舒舌相覆三千，共证七日称名号，又表释迦言说真。终时正意念弥陀，见佛慈光来照身，乘此弥陀本愿力，一念之间入宝堂。宝堂庄严无限极，化佛圣众坐思量，心性明于百千日，悲智双行法尔常。我今既到无为处，普愿含灵归此方。众等倾心皆愿往，手执香花常供养。

高座入文：

舍利弗，南方世界，有日月灯佛、名闻光佛、大焰肩佛、须弥灯佛、无量精进佛，如是等恒河沙数诸佛，各于其国，出广长舌相，遍覆三千大千世界，说诚实言："汝等众生，当信是《称赞不可思议功德一切诸佛所护念经》。"

下接高，赞云：

愿往生，愿往生。南方诸佛如恒沙，亦舒舌相覆三千，为其本国凡圣众，赞叹释迦变现身。出现娑婆五浊内，标心为化罪根人，我见邪贪增上慢，教令出世及断瞋。念汝众生流浪久，诸佛诚言谓不真。众等回心生净土，手执香花常供养。

高座入文：

舍利弗，西方世界，有无量寿佛、无量相佛、无量幢佛、大光佛、大明佛、宝相佛、净光佛，如是等恒河沙数诸佛，各于其国，出广长舌相，遍覆三千大千世界，说诚实言："汝等众生，当信是《称赞不可思议功德一切诸佛所护念经》。"

下接高，赞云：

愿往生，愿往生。西方诸佛如恒沙，各于本国赞如来，分身百亿阎浮内，示现八相大稀奇。五浊凡夫将谓实，六年苦行证无为，降魔成道说妙法，种种方便不思议。普劝众生归净土，前思却虑更生疑，我今舒舌以为证，西方极乐必须依。众等回心皆愿往，手执香花常供养。

高座入文：

舍利弗，北方世界，有焰肩佛、最胜音佛、难沮佛、日生佛、网明佛，如是等恒河沙数诸佛，各于其国，出广长舌相，遍覆三千大千世界，说诚实言："汝等众生，当信是《称赞不可思议功德一切诸佛所护念经》。"

下接高，赞云：

愿往生，愿往生。北方诸佛如恒沙，皆舒舌相证牟尼。为我凡夫来出世，随缘说法应时机。时机相感闻即悟，如说修行不致疑。七日称名无间杂，身心踊跃喜还悲。庆得稀闻自家国，诸佛证判得还归。众等回心皆愿往，手执香花常供养。

高座入文：

舍利弗，下方世界，有狮子佛、名闻佛、名光佛、达摩佛、法幢佛、持法佛，如是等恒河沙数诸佛，各于其国出广长舌相，遍覆三千大千世界，说诚实言："汝等众生，当信是《称赞不可思议功德一切诸佛所护念经》。"

下接高，赞云：

愿往生，愿往生。下方诸佛如恒沙，各于本国度众生，证赞释迦出五浊，能为难事化群萌。善巧随宜令断恶，偏心指授向西行，一切福业皆回向，终时化佛自来迎。利根智者闻欢喜，忽忆三途心即惊，惊心毛竖劝忏悔，恐罪不灭堕深坑。众等回心生净土，手执香花常供养。

高座入文：

舍利弗，上方世界，有梵音佛、宿王佛、香上佛、香光佛、大焰肩佛、杂色宝华严身佛、娑罗树王佛、宝华德佛、见一切义佛、如须弥山佛，如是等恒河沙数诸佛，各于其国，出广长舌相，遍覆三千大千世界，说诚实言："汝等众生，当信是《称赞不可思议功德一切诸佛所护念经》。"

下接高，赞云：

愿往生，愿往生。上方诸佛如恒沙，还舒舌相为娑婆。十恶五逆多疑谤，信邪事鬼倿神魔，妄想求恩谓有福，灾障祸横转弥多，连年卧病于床枕，聋盲脚折手挛撅，承事神明得此报，如何不舍念弥陀？弥陀愿力皆平等，但使回心花自捧，一念逍遥快乐国，毕竟常安无退动。众等回心愿生彼，手执香花常供养。

高座入文：

舍利弗，于汝意云何，何故名为一切诸佛所护念经？舍利弗，若有善男子、善女人，闻是诸佛所说名及经名者，是诸善男子、善女人，皆为一切诸佛共所护念，皆得不退转于阿耨多罗三藐三菩提。是故舍利弗，汝等皆当信受我语，及诸佛所说。舍利弗，若有人已发愿、今发愿、当发愿，欲生阿弥陀佛国者。是诸人等，皆得不退转于阿耨多罗三藐三菩提，于彼国土，若已生、若今生、若当生。是故舍利弗，诸善男子、善女人，若有信者，应当发愿，生彼国土。

下接高，赞云：

愿往生，愿往生。释迦如来大慈悲，应现娑婆度有缘。有缘遍满三千界，随机示悟断贪痴。总劝厌此人天乐，无常八苦火烧人。念佛诵经除罪障，诸佛遥加护念身。昼夜六时强发愿，持心不散业还成。业成见佛花台主，须臾变作紫金台。从佛逍遥入宝国，毕竟永绝愁忧声。众等回心皆愿往，手执香花常供养。

高座入文：

舍利弗，如我今者称赞诸佛不可思议功德，彼诸佛等亦称说我不可思议功德，而作是言："释迦牟尼佛，能为甚难稀有之事。能于娑婆国土，五浊恶世，劫浊、见浊、烦恼浊、众生浊、命浊中，得阿耨多罗三藐三菩提。为诸众生，说是一切世间难信之法。"舍利弗，当知我于五浊恶世行此难事，得阿耨多罗三藐三菩提，为一切世间说此难信之法，是为甚难。

佛说此经已，舍利弗及诸比丘，一切世间天、人、阿修罗等，闻佛所说，欢喜信受，作礼而去。

下接高，赞云：

愿往生，愿往生。世尊殷勤告身子，表知诸佛大悲同，互相赞德心无异，巧应时机各有功。六方如来皆赞叹，释迦出现甚难逢，正治五浊时兴盛，无明顽硬似高峰。劫浊时移身渐小，众生浊恶等蛇龙。恼浊遍满过尘数，爱憎违顺若岳山。见浊丛林如棘刺，命浊中夭刹那间。依正二报同时灭，背正归邪横起怨。九十五种皆污世，唯佛一道独清闲。出到菩提心无尽，还来火宅度人天。众等回心皆愿往，手执香花常供养。

高接下，下接高，赞云：

愿往生，愿往生。如来出现于五浊，随宜方便化群萌。或说多闻而得度，或说少解证三明。或教福慧双除障，或教禅念坐思量。种种法门皆解脱，无过念佛往西方。上尽一形至十念，三念五念佛来迎。直为弥陀弘誓重，致使凡夫念即生。众等回心皆愿往，手执香花常供养。

高接下，下接高，赞云：

愿往生，愿往生。世尊说法时将了，殷勤付嘱弥陀名。五浊增时多疑谤，道俗相嫌不用闻，见有修行起瞋毒，方便破坏竞生怨。如此生盲阐提辈，毁灭顿教永沉沦，超过大地微尘劫，未可得离三途身。大众同心皆忏悔，所有破法罪因缘。众等回心生净土，手执香花常供养。

高座待下座声尽，即为大众总忏悔云：

弟子道场众等尔许多人，各各标心愧谢诸佛，冥空幽显得道圣人，三十三天等，一切天神、地神、虚空山林河海神等，天曹地府、阎罗司命、五道太山、三十六王、地狱典领、一切灵祇等，及此道场尊经、舍利、形像灵仪等，唯愿大悲光威神，加被护念，摄受证明。今日道场主某甲，及尔许多人，披心忏悔。

弟子某甲等，自从无身有身、无识有识以来，乃至今日，至于今时，于其中间所作身口意业十恶之罪，无量无边。或放纵身业，杀害劫夺一切地狱、畜生众生，水陆虚空，蠕动之类，不可知数。或杀害劫夺一切修罗、鬼神众生，水陆虚空，蠕动之类，不可知数。或杀害劫夺一切人、天、三宝、师僧、父母、六亲眷属、善知识、法界众生，不可知数。或故杀、误杀、戏笑杀、自杀、教他杀、随喜杀、相续杀、无间杀、爱憎违顺杀、放逸杀、贪味为财杀。如是等杀罪，无量无边。今对道场凡圣，发露忏悔，永尽无余。

忏悔已，至心归命阿弥陀佛。

下接高，和云：

忏悔已，至心归命阿弥陀佛。

高接下，忏云：

弟子众等，次当忏悔偷盗罪。或放纵身业，偷盗劫夺一切地狱、畜生众生，水陆虚空，蠕动之类，不可知数。或偷盗劫夺一切修罗、鬼神众生，水陆虚空，蠕动之类，不可知数。或偷盗劫夺一切人、天、三宝、师僧、父母、六亲眷属、善知识、法界众生，不可知数。或故盗、误盗、戏笑盗、自盗、教他盗、随喜盗、放逸盗、无间盗、爱憎盗、违顺盗、贪味为财盗。如是等偷盗罪，无量无边。今对道场凡圣，发露忏悔，永尽无余。

忏悔已，至心归命阿弥陀佛。

下接高，和云：

忏悔已，至心归命阿弥陀佛

高接下，忏云：

弟子众等，次当忏悔邪淫颠倒罪。或放纵身业，起于邪淫。或逼掠一切畜生众生，水陆虚空，蠕动之类，不可知数。或起淫心，逼掠一切鬼神众生，水陆虚空，蠕动之类，不可知数。或起淫心，逼掠一切师僧、父母、六亲眷属、善知识、法界众生，不可知数。或放逸作、故作、误作、戏笑作、自作、教他作、随喜作、无惭愧作、相续作、无间作、邪贪恶贪作。如是等邪淫罪，无量无边。今对道场凡圣，发露忏悔，永尽无余。

忏悔已，至心归命阿弥陀佛。

下接高，和云：

忏悔已，至心归命阿弥陀佛

高接下，忏云：

弟子众等，次当忏悔口业虚诳罪。或放纵口业，欺诳一切地狱、畜生众生，水陆虚空，蠕动之类，不可知数。或欺诳一切修罗、鬼神众生，水陆虚空，蠕动之类，不可知数。或欺诳一切人、天、三宝、师僧、父母、六亲眷属、善知识、法界众生，不可知数。或常作、无间作、故作、误作、戏笑作、自作、教他作、随喜作、邪贪恶贪作。如是等欺诳罪，无量无边。今对道场凡圣，发露忏悔，永尽无余。

忏悔已，至心归命阿弥陀佛。

下接高和云：

忏悔已，至心归命阿弥陀佛。

高接下，忏云：

弟子众等，次当忏悔调戏之罪。或放纵口业，调戏轻弄一切地狱、畜生众生，水陆虚空，蠕动之类，不可知数。或调弄一切修罗、鬼神众生，水陆虚空，蠕动之类，不可知数。或调弄一切人、天、三宝、师僧、父母、六亲眷属、善知识、法界众生，不可知数。或常作、无间作、故作、误作、戏笑作、自作、教他作、随喜作。如是等调弄之罪，无量无边。今对道场凡圣，发露忏悔，永尽无余。

忏悔已，至心归命阿弥陀佛。

下接高，和云：

忏悔已，至心归命阿弥陀佛。

高接下，忏云：

弟子众等，次当忏悔恶口罪。或放纵口业，骂辱诽谤毁呰一切地狱、畜生众生，水陆虚空，蠕动之类，不可知数。或骂辱诽谤毁呰一切修罗、鬼神众生，水陆虚空，蠕动之类，不可知数。或骂辱诽谤毁呰一切人、天、三宝、师僧、父母、六亲眷属、善知识、法界众生，不可知数。或常作、无间作、故作、误作、戏笑作、自作、教他作、随喜作、邪贪恶贪作。如是等恶口罪，无量无边。今对道场凡圣，发露忏悔，永尽无余。

忏悔已，至心归命阿弥陀佛。

下接高和云：

忏悔已，至心归命阿弥陀佛。

高接下，忏云：

弟子众等，次当忏悔两舌罪。或放纵口业，两舌斗乱破坏一切畜生众生，水陆虚空，蠕动之类，不可知数。或斗乱破坏一切修罗、鬼神众生，水陆虚空，蠕动之类，不可知数。或斗乱破坏一切人、天、三宝、师僧、父母、六亲眷属、善知识、法界众生，不可知数。或常作、无间作、故作、误作、戏笑作、自作、教他作、随喜作、邪贪恶贪作。如是等两舌罪，无量无边。今对道场凡圣，发露忏悔，永尽无余。

忏悔已，至心归命阿弥陀佛。

下接高，和云：

忏悔已，至心归命阿弥陀佛。

高接下，忏云：

弟子众等，次当忏悔意业罪。或起邪贪恶贪，动身口意业，不可知数。或起邪瞋，动身口意业，不可知数。或起邪痴颠倒、恶见颠倒，动身口意业，不可知数。或因意业，造作身业十恶之罪，不简凡圣、六道众生、亲疏、人畜等众生，不可知数。或故作、误作、常作、无间作、自作、教他作、随喜作。如是等意业罪，无量无边。今对道场凡圣，发露忏悔，永尽无余。

总忏十恶罪竟，至心归命阿弥陀佛。

（此十恶即摄一切恶尽，今忏悔十恶罪者，即忏一切罪尽，应知。）

下接高，和云：

忏悔已，至心归命阿弥陀佛。

高接下，赞云：

愿往生，愿往生。三界无安如火宅，六道周慞竞出门。门门不同八万四，各各皆当心眼前。弃弃欲出还回去，为个无明误煞人。贪财爱色无厌足，虚花幻惑诈相亲。财尽色落相嫌恨，须臾义断若屠怨。屠怨遍满娑婆内，有识含情皆亦然。为此如来偏指授，劝使专修净土因。净土因成自然到，终时合掌奉香烟。香烟直注弥陀佛，圣众持花迎我身。即坐花台皆金色，到彼无漏真复真。众等悲流皆愿往，手执香花常供养。

下接高，赞云：

愿往生，愿往生。劫欲尽时五浊盛，众生邪见甚难信，专专指授归西路，为他破坏还如故。旷劫以来常如此，非是今生始自悟，正由不遇好强缘，致使轮回难得度。今日今时闻要法，毕命为期誓坚固，坚固持心不惜身，惭愧释迦诸佛恩。标心为说西方乐，欲使齐归入正门，正门即是弥陀界，究竟解脱断根源。去来他乡不可停！从佛归家还本国，一切行愿自然成。众等各各生净土，手执香花常供养。

高接下，赞云：

愿往生，愿往生。大众人人皆合掌，碎身惭谢释迦恩，能得慈悲巧方便，指授西方快乐门。道场欲散人将别，努力相劝断贪瞋，贪瞋因缘障圣土，不得自悟永沉沦，同行相亲相策励，毕命为期到佛前。愿此法轮相续转，道场施主益长年，大众咸同受安乐，见闻随喜亦皆然。普愿回心生净土，手执香花常供养。

又诵经唱赞已，高座即令一人行香，与大众行花。次当赞人等，向行道处立。又令小者唱礼供养，及如法行道。唱已，其散花法用一如上，或三匝，或七匝竟，即当佛前立。次唱后赞。

高座唱赞，下座和云：

般舟三昧乐（愿往生），大众人人皆合掌（无量乐），

般舟三昧乐（愿往生），道场圣众欲归还（无量乐）。
众等伤心共伤叹（愿往生），唯知惭谢释迦恩（无量乐），
般舟三昧乐（愿往生），悲喜交流深自庆（无量乐）。
不因释迦佛开悟（愿往生），弥陀名愿何时闻（无量乐），
般舟三昧乐（愿往生），荷佛慈恩实难报（无量乐）。
四十八愿殷勤唤（愿往生），乘佛愿力往西方（无量乐），
般舟三昧乐（愿往生），娑婆永别更何忧（无量乐）。
无问罪福时多少（愿往生），心心念佛莫生疑（无量乐），
般舟三昧乐（愿往生），六方如来证不虚（无量乐）。
三业专心无杂乱（愿往生），百宝莲花应时见（无量乐），
般舟三昧乐（愿往生），临终圣众自来迎（无量乐）。
行者见佛心欢喜（愿往生），弥陀接手坐花台（无量乐），
般舟三昧乐（愿往生），坐已身同紫金色（无量乐）。
从佛须臾至宝国（愿往生），直入弥陀大会中（无量乐），
般舟三昧乐（愿往生），见佛庄严无数亿（无量乐）。
三明六通皆具足（愿往生），忆我阎浮同行人（无量乐），
般舟三昧乐（愿往生），同行相亲愿莫退（无量乐）。
七周行道散花竟（愿往生），供养冥空诸佛会（无量乐），
般舟三昧乐（愿往生），大会顶礼别弥陀（无量乐）。

行道散花七周竟，次向佛前立，唱赞云：

惭愧弥陀诸圣众（愿往生），受我施主众生请（无量乐），
般舟三昧乐（愿往生），慈悲平等度众生（无量乐）。
证明功德除罪障（愿往生），存亡利益难思议（无量乐），
般舟三昧乐（愿往生），形枯命断佛前期（无量乐）。
供养庄严不如法（愿往生），布施众生欢喜心（无量乐），
般舟三昧乐（愿往生），见闻流泪同忏悔（无量乐）。
散花行道讫（愿往生），诸佛随缘还本国（无量乐），
般舟三昧乐（愿往生），普散香花心送佛（无量乐）。

般舟三昧乐（愿往生），愿佛慈心遥护念（无量乐），

般舟三昧乐（愿往生），同生相劝尽须来（无量乐）。

次打磬子，唱：敬礼常住三宝。

次唱叹佛咒愿。

叹佛竟，即依法唱七礼敬，唱随意。

窃以弥陀妙果，号曰无上涅槃。国土则广大庄严，遍满自然众宝。观音大士，左侍灵仪。势至慈尊，则右边供养。三花独迥，宝幔临躯。珠内辉光，天声外绕。声闻菩萨，数越尘沙。化鸟天同，无不遍会。他方圣众，起若云奔。凡惑同生，过逾盛雨。十方来者，皆到佛边，鼓乐弥歌，香花绕赞，供养周讫，随处遍历亲承。或入百宝池渠会，或入宝楼宫殿会，或入宝林宝树会，或上虚空会，或入大众无生法食会。如是清净庄严大会圣众等，同行同坐，同去同来，一切时中，无不证悟。西方极乐种种庄严，叹莫能尽。

然今清信弟子某甲等尔许多人，知身假合，四大共成。识命浮危，譬似严霜对日。十方六道，同此轮回无际，循循沉爱波而沉苦海。佛道人身难得今已得，净土难闻今已闻，信心难发今已发。仰惟今时同生知识等尔许多人，恐畏命同石火，久照难期。识性无常，逝逾风烛。故人人同愿共结往生之业，各诵《弥陀经》尔许万遍，念弥陀名尔许万遍。又造某功德等，普皆周备。故于某月日，庄严院宇，莹饰道场，奉请僧尼，宿宵行道。又以厨皇百味，种种甘香，奉佛及以僧徒，同心庆喜。

又愿持戒诵经，念佛行道，及造诸功德等，当今施主，及同行诸人、法界众生，从今以去，天神影卫，万善扶持，福命休强，离诸忧恼。六方诸佛，护念信心。净土弥陀，慈心摄受。又愿观音圣众，骆驿往来，念念无遗，遥加普被。春秋冬夏，四大常安。罪灭福成，回生净土。又愿临终无病，正念坚强，圣众来迎，花台普集。弥陀光照，菩萨扶身，化佛齐心同声等赞，乘台一念即至西方，见佛尊颜，悟无生忍。仰愿往生同行人等，得如此善。

又愿此功德，资益大唐皇帝，福基永固，圣化无穷。又愿皇后，慈心平等，哀愍六宫。又愿皇太子，承恩厚地，同山岳之莫移，福命唐唐，类沧波而无尽。又愿天曹地府、阎罗司命，灭除罪障，注记善名。又愿修罗息战诤，饿鬼除饥虚。地狱与畜生，俱时得解脱。竖通三界，横括九居，莫不等出娑婆，同归于净土。

下座唱七礼：

南无本师释迦牟尼佛等一切三宝。我今稽首礼，回愿往生无量寿国。

南无十方三世尽虚空遍法界微尘刹土中一切三宝。我今稽首礼，回愿往生无量寿国。

南无西方极乐世界阿弥陀佛。愿共诸众生，往生安乐国。

南无西方极乐世界观世音菩萨摩诃萨。愿共诸众生，往生安乐国。

南无西方极乐世界大势至菩萨摩诃萨。愿共诸众生，往生安乐国。

南无西方极乐世界诸菩萨摩诃萨清净大海众。愿共诸众生，往生安乐国。

普为四恩三有、帝王、人王、师僧、父母、善知识、法界众生，断除三障，同得往生阿弥陀佛国。和南一切贤圣，回愿往生无量寿国。

唱竟，即云随意。

白行者等，一切时常依此法，以为恒式，应知。

送经致何处，送至摩尼宝殿中。
送经致何处，送至龙宫大藏中。
送经致何处，送至西方石窟宝函中。

依《观经》等明般舟三昧行道往生赞

唐比丘僧善导撰

敬白一切往生知识等，大须惭愧。释迦如来实是慈悲父母，种种方便，发起我等无上信心。又说种种方便教门非一，但为我等倒见凡夫。若能依教修行者，则门门见佛，得生净土。若见闻有人行善者，即以善助之。若见闻有人行教，即依教赞之。若闻人说行，即依行顺之。若闻人有悟，即依悟喜之。何意然者？同以诸佛为师，以法为母，生养共同，情亲非外。不得轻毁他有缘之教行，赞自有缘之要法，即是自相破坏诸佛法眼。法眼既灭，菩提正道履足无由，净土之门何能得入？伤叹曰：

生盲信业走，随业堕深坑，
纵此贪瞋火，自损损他人，
长没无明海，遇木永无缘。

行者等必须于一切凡圣境上，常起赞顺之心，莫生是非嫌恨也。何故然者？为自防身口意业，恐不善业起，复是流转，与前无异。若自他境上护得三业，能令清净者，即是生佛国之正因。

问曰：既道三业清净是生净土即因者，云何作业得名清净？

答曰：一切不善之法，自他身口意，总断不行，是名清净。又自他身口意相应善，即起上上随喜心。如诸佛菩萨所作随喜，我亦如是随喜。以此善根回生净土，故名为正因也。又欲生净土，必须自劝劝他，广赞净土依正二报庄严事。亦须知入净土之缘起，出娑婆之本末。诸有智者应知。

又问曰：“般舟三昧乐”者，是何义也？

答曰：梵语名“般舟”，此翻名“常行道”。或七日、九十日，身行无间，总名三业无间，故名“般舟”也。又言“三昧”者，亦是西国语，此翻名为“定”。由前三业无间，心至所感，即佛境现前。正境现时，即身心内悦，故名为“乐”。亦名“立定见诸佛”也，应知。

般舟三昧乐（愿往生），三界六道苦难停（无量乐），
旷劫以来常没没（愿往生），到处唯闻生死声（无量乐）。
释迦如来真报土（愿往生），清净庄严无胜是（无量乐），
为度娑婆分化入（愿往生），八相成佛度众生（无量乐）。
或说人天二乘法（愿往生），或说菩萨涅槃因（无量乐），
或渐或顿明空有（愿往生），人法二障遣双除（无量乐）。
根性利者皆蒙益（愿往生），钝根无智难开悟（无量乐），
《璎珞经》中说渐教（愿往生），万劫修功证不退（无量乐）。
《观经》《弥陀经》等说（愿往生），即是顿教菩萨藏（无量乐），
一日七日专称佛（愿往生），命断须臾生安乐（无量乐），
一入弥陀涅槃国（愿往生），即得不退证无生（无量乐）。
万劫修功实难续（愿往生），一时烦恼百千间（无量乐），
若待娑婆证法忍（愿往生），六道恒沙劫未期（无量乐）。
贪瞋即是轮回业（愿往生），烦恼岂是无生因（无量乐），
验此贪瞋火烧苦（愿往生），不如走入弥陀国（无量乐）。
弥陀因地发心时（愿往生），顿舍王位求菩提（无量乐），
饶王佛所落发须（愿往生），出家修道名法藏（无量乐）。
四十八愿因兹发（愿往生），一一誓愿为众生（无量乐），
众宝庄严名极乐（愿往生），广大宽平无限量（无量乐）。
我得菩提当心坐（愿往生），彻穷后际度众生（无量乐），
身相光明照法界（愿往生），光所及处皆蒙益（无量乐）。
一一光明相续照（愿往生），照觅念佛往生人（无量乐），
欲比十方诸佛国（愿往生），极乐安身实是精（无量乐）。

般舟三昧乐（愿往生），释迦如来悲意深（无量乐）。
本师释迦修普行（愿往生），长时长劫度众生（无量乐），

一切如来设方便（愿往生），亦同今日释迦尊（无量乐），
随机说法皆蒙益（愿往生），各得悟解入真门（无量乐）。
门门不同八万四（愿往生），为灭无明果业因（无量乐），
利剑即是弥陀号（愿往生），一声称念罪皆除（无量乐）。
释迦如来因地时（愿往生），顿舍身财求妙法（无量乐），
小劫大劫长时劫（愿往生），随顺佛语誓修行（无量乐）。
念念时中行六度（愿往生），慈悲喜舍化众生（无量乐），
三业专修无间业（愿往生），誓作菩提无上尊（无量乐）。
证得菩提无上果（愿往生），分身百亿度众生（无量乐），
一音演说随机悟（愿往生），各各随悟到真元（无量乐）。

般舟三昧乐（愿往生），随顺释迦如来教（无量乐）。
佛教多门八万四（愿往生），正为众生机不同（无量乐），
欲觅安身当住处（愿往生），先求要行入真门（无量乐）。
门门不同名渐教（愿往生），万劫苦行证无生（无量乐），
毕命为期专念佛（愿往生），须臾命断佛迎将（无量乐）。
一食之时尚有间（愿往生），如何万劫不贪瞋（无量乐），
贪瞋障受人天路（愿往生），三恶四趣内安身（无量乐）。
欲到弥陀安养国（愿往生），念佛戒行必须回（无量乐），
戒行专精诸佛赞（愿往生），临终花座自来迎（无量乐）。
一念之间入佛会（愿往生），三界六道永除名（无量乐），
三明六通皆自在（愿往生），毕命不退证无为（无量乐）。
四种威仪常见佛（愿往生），手执香花常供养（无量乐），
一念一时随众听（愿往生），百千三昧自然成（无量乐）。
一切时中常入定（愿往生），定里闻经皆得悟（无量乐），
百宝庄严随念现（愿往生），长劫供养报慈恩（无量乐）。
微尘故业随智灭（愿往生），不觉转入真如门（无量乐），
大小僧祇恒沙劫（愿往生），亦如弹指须臾间（无量乐）。
如此逍遥快乐处（愿往生），更贪何事不求生（无量乐）！

纵使千年受五欲（愿往生），增长地狱苦因缘（无量乐），
贪瞋十恶相续起（愿往生），岂是解脱涅槃因（无量乐）？
不畏三途造众罪（愿往生），破灭三宝永沉沦（无量乐），
不孝父母骂眷属（愿往生），地狱安身无出期（无量乐）。
旷劫以来沉苦海（愿往生），西方要法未曾闻（无量乐），
虽得人身多有障（愿往生），不受佛化反生疑（无量乐），
六方如来慈悲极（愿往生），同心同劝往西方（无量乐）。
长病远行不计日（愿往生），念佛即道无功夫（无量乐），
如此之人难化度（愿往生），无明被底且长眠（无量乐）。
专读《弥陀》《观经》法（愿往生），文文句句说西方（无量乐），
地下宝幢无数亿（愿往生），方楞具足尽辉光（无量乐），
万亿宝珠相映饰（愿往生），各各变现稀奇事（无量乐），
照上众宝庄严地（愿往生），杂色过于百千日（无量乐）。
自身光明紫金色（愿往生），足践宝地徐徐行（无量乐），
得此无生宝国地（愿往生），皆是弥陀愿力恩（无量乐）。
一切时中闻妙法（愿往生），烦恼罪障无由起（无量乐），
菩萨知识为同学（愿往生），携手相将入宝堂（无量乐），
念念之中受法乐（愿往生），须臾悟得百千门（无量乐）。
大众同心厌此界（愿往生），乘佛愿力见弥陀（无量乐）！
忽尔思量心髓痛（愿往生），无穷之劫枉疲劳（无量乐），
自庆今身闻净土（愿往生），不惜身命往西方（无量乐）。
西方快乐无为处（愿往生），天上人间无比量（无量乐），
六天相胜亿万倍（愿往生），不及西方人一相（无量乐），
三十二相通自在（愿往生），身光遍照十方界（无量乐）。
从世帝王至六天（愿往生），音乐相胜亿万重（无量乐），
佛国宝林枝相触（愿往生），六天音乐不如一（无量乐）。
依时供养香风起（愿往生），拂树花飞落宝地（无量乐），
宝树飞花泛德水（愿往生），童子捉取已为船（无量乐），

乘船直入莲花会（愿往生），化佛菩萨与衣披（无量乐）。
各执香花佛前立（愿往生），徐徐遥散变成云（无量乐），
宝云庄严即是盖（愿往生），即与宝果教令食（无量乐）。
遇值往生善知识（愿往生），得闻净土弥陀名（无量乐），
因佛愿力来相见（愿往生），常住此国不须还（无量乐）。
法侣携将入林看（愿往生），足下辉光超日月（无量乐），
菩萨众会无穷尽（愿往生），各各身光互相照（无量乐）。
新往化生紫金色（愿往生），与诸大众无殊异（无量乐），
或入宝楼众中坐（愿往生），大众见者皆欢喜（无量乐）。
种种庄严不可识（愿往生），内外相看无障碍（无量乐），
停足须臾受法乐（愿往生），三昧无生自然悟（无量乐）。
地上庄严众宝间（愿往生），杂色相参百千万（无量乐），
宝座花台处处满（愿往生），随心受用光来照（无量乐）。
百千童子菩萨众（愿往生），各捧香花临池看（无量乐），
或坐或立池渠岸（愿往生），或有寻阶入宝池（无量乐），
或立于沙或至膝（愿往生），或没腰头或悬注（无量乐），
或取金花百宝叶（愿往生），授与岸上看池人（无量乐）。
受得香花千万种（愿往生），即散弥陀大会上（无量乐），
所散之花变成盖（愿往生），自然音乐绕千重（无量乐）。
宝鸟连声奏天乐（愿往生），一切见者起悲心（无量乐），
我今到此佛愿力（愿往生），同缘同行何时来（无量乐）？
普愿阎浮知识等（愿往生），同行相亲愿莫退（无量乐），
专诵《弥陀》《观经》等（愿往生），礼佛观察尽须回（无量乐）。
一切时中相续作（愿往生），至死为期专复专（无量乐），
一到弥陀安养国（愿往生），毕竟逍遥即涅槃（无量乐）。
涅槃庄严处处满（愿往生），见色闻香罪障除（无量乐），
飞踊空中作神变（愿往生），赞叹净土难思议（无量乐）。
或散花香供养佛（愿往生），报佛慈恩心无尽（无量乐），

不因释迦如来力（愿往生），弥陀净土若为闻（无量乐）？
众生障尽闻皆喜（愿往生），顿断诸恶愿求生（无量乐）。

般舟三昧乐（愿往生），誓愿今生顺佛教（无量乐）。
行住坐卧专念佛（愿往生），一切善业并须回（无量乐），
念念时中常忏悔（愿往生），终时即上金刚台（无量乐）。
一切时中望西礼（愿往生），表知凡圣心相向（无量乐），
佛知众生心杂乱（愿往生），偏教正念住西方（无量乐）。
不知弥陀国远近（愿往生），佛道超过十万亿（无量乐），
道里虽遥不足到（愿往生），弹指之间入宝池（无量乐）。
唯恨众生疑不疑（愿往生），净土对面不相忤（无量乐），
莫论弥陀摄不摄（愿往生），意在专心回不回（无量乐），
但使回心决定向（愿往生），临终花盖自来迎（无量乐）。
从佛乘花入宝国（愿往生），见诸大众悟无生（无量乐），
一一宝楼随意入（愿往生），内外庄严不可识（无量乐），
鸟作音声菩萨舞（愿往生），童子欢喜作神通（无量乐），
为我娑婆得生者（愿往生），种种供养令欢喜（无量乐）。
佛遣生人将观看（愿往生），到处唯是不思议（无量乐），
地上虚空圣人满（愿往生），珠罗宝网自然覆（无量乐），
微风吹动出妙响（愿往生），声中皆说无为法（无量乐），
见树闻波成法忍（愿往生），童子持花围绕赞（无量乐）。
立侍弥陀听说法（愿往生），贪爱法乐超时劫（无量乐），
随逐本国诸菩萨（愿往生），尽是无为涅槃界（无量乐）。
一佛国界皆闻法（愿往生），游历他方修供养（无量乐），
欲住一食超千劫（愿往生），忆我娑婆同行人（无量乐）。
大地微尘尚有数（愿往生），十方佛国无穷尽（无量乐），
一一佛土皆严净（愿往生），亦如极乐无殊异（无量乐）。
一切如来见欢喜（愿往生），菩萨圣众将游观（无量乐），
所有庄严如极乐（愿往生），变化神通无障碍（无量乐），

地上虚空声遍满（愿往生），听响闻音皆得悟（无量乐）。

般舟三昧乐（愿往生），相续念佛报师恩（无量乐）。
虽舍钱财造功德（愿往生），不如持戒断贪瞋（无量乐）。
普劝众生常念佛（愿往生），自他功德并须回（无量乐），
安心定意生安乐（愿往生），独超三界出烦笼（无量乐）。
临终见佛花台至（愿往生），须臾即入宝池会（无量乐），
莲花大众皆欢喜（愿往生），即与天衣随意着（无量乐），
菩萨声闻将见佛（愿往生），礼佛一拜得无生（无量乐）。
弥陀告言诸佛子（愿往生），极乐何如彼三界（无量乐）？
新往化生俱欲报（愿往生），合掌悲咽不能言（无量乐），
得免娑婆长劫苦（愿往生），今日见佛释迦恩（无量乐）！

般舟三昧乐（愿往生），顺随佛语见弥陀（无量乐）。
普劝同生知识等（愿往生），同行相亲莫相离（无量乐）。
父母妻儿百千万（愿往生），非是菩提增上缘（无量乐），
念念相缠入恶道（愿往生），分身受报不相知（无量乐），
或在猪羊六畜内（愿往生），披毛戴角何时了（无量乐）？
庆得人身闻要法（愿往生），顿舍他乡归本国（无量乐），
父子相见非常喜（愿往生），菩萨声闻亦复然（无量乐）。
或将游行入林看（愿往生），或坐花台登楼观（无量乐），
观见弥陀七宝国（愿往生），地上虚空光相照（无量乐）。
即作神通遍佛国（愿往生），处处供养无边会（无量乐），
一一大会随人入（愿往生），入处唯闻平等法（无量乐）。
四种威仪常在定（愿往生），不出三昧作神通（无量乐），
一一神通到佛会（愿往生），会会听法证无生（无量乐）。

般舟三昧乐（愿往生），极乐安身实是精（无量乐）。
金楼玉柱琉璃殿（愿往生），真珠宝阁百千行（无量乐），
重重罗网相映饰（愿往生），宝绳交络垂铃珮（无量乐）。

昼夜香风时时动（愿往生），声内皆称三宝名（无量乐），
彼国众生心眼利（愿往生），闻一悟解百千门（无量乐）。

般舟三昧乐（愿往生），处处安身不如彼（无量乐），
共诸童子游空戏（愿往生），手散香花心供养（无量乐）。
身光璎珞互相照（愿往生），一切庄严光亦然（无量乐），
或奏乐器供养佛（愿往生），化佛慈悲遥授记（无量乐）。
同生知识百千万（愿往生），乘花直入虚空会（无量乐），
会会不同无亿数（愿往生），彼此相过无障碍（无量乐），
一切时中常说法（愿往生），见闻欢喜罪皆除（无量乐）。
佛与圣众身金色（愿往生），光光相照心相知（无量乐），
相好庄严无殊异（愿往生），皆是弥陀愿力成（无量乐）。
地上虚空人遍满（愿往生），神通转变自然知（无量乐），
或作花楼宝云盖（愿往生），化鸟连声奏法音（无量乐），
法音旋转如云合（愿往生），彼国人天闻即悟（无量乐），
一劫多劫长时劫（愿往生），但受法乐不思议（无量乐）。

般舟三昧乐（愿往生），极乐庄严门尽开（无量乐），
普愿有缘同行者（愿往生），专心直入不须疑（无量乐）。
一到弥陀安养国（愿往生），元来是我法王家（无量乐），
兄弟因缘罗汉众（愿往生），菩萨法侣为知识（无量乐）。
或行或坐皆闻法（愿往生），或去或来无障碍（无量乐），
或入宝池灌身顶（愿往生），或在干地宝沙中（无量乐）。
扸水微波出妙响（愿往生），声中纯说慈悲法（无量乐），
德水清澄千万里（愿往生），宝沙映彻如不深（无量乐）。
四岸庄严七宝间（愿往生），底布金沙百千色（无量乐），
色色不同辉光照（愿往生），宝树飞花落水中（无量乐）。
树树垂条如宝帐（愿往生），周匝由旬三十万（无量乐），
根茎枝叶七宝间（愿往生），一一宝流无数光（无量乐）。

微风起时更相触（愿往生），六天音乐无能比（无量乐），
化佛菩萨恒沙众（愿往生），一一树下听真声（无量乐）。

般舟三昧乐（愿往生），一入不退至菩提（无量乐）。
宝地宽平众宝间（愿往生），一一宝出百千光（无量乐），
一一光成宝台座（愿往生），光变为楼百千亿（无量乐），
化天童子无穷数（愿往生），悉是念佛往生人（无量乐）。
或登宝座楼中戏（愿往生），不饥不渴湛然常（无量乐），
或入光明百宝殿（愿往生），正值大会赞弥陀（无量乐）。
或道从今至佛果（愿往生），长劫赞佛报慈恩（无量乐），
不蒙弥陀弘誓力（愿往生），何时何劫出娑婆（无量乐）？
自到以来当法乐（愿往生），毕竟不闻十恶声（无量乐），
眼见如来耳闻法（愿往生），身常从佛喜还悲（无量乐）。
何期今日至宝国（愿往生），实是娑婆本师力（无量乐），
若非本师知识劝（愿往生），弥陀净土云何入（无量乐）！

般舟三昧乐（愿往生），得生净土报师恩（无量乐）。
普劝有缘道俗等（愿往生），会是专心行佛教（无量乐），
念佛专心诵经观（愿往生），礼赞庄严无杂乱（无量乐），
行住坐卧心相续（愿往生），极乐庄严自然见（无量乐）。
或想或观除罪障（愿往生），皆是弥陀本愿力（无量乐），
以佛力故成三昧（愿往生），三昧得成心眼开（无量乐）。
诸佛境界超凡夫（愿往生），唯知惭贺释迦恩（无量乐），
十方如来舒舌证（愿往生），定判九品得还归（无量乐）。
父子相迎入大会（愿往生），即问六道苦辛事（无量乐），
或有所得人天报（愿往生），饥饿困苦体生疮（无量乐）。
尔时弥陀及大众（愿往生），闻子说苦皆伤叹（无量乐），
弥陀告言诸佛子（愿往生），自作自受莫怨他（无量乐）。

般舟三昧乐（愿往生），常住宝国永无忧（无量乐）。
涅槃快乐无为处（愿往生），贪瞋火宅未曾闻（无量乐），
百宝花台随意坐（愿往生），坐处圣众无央数（无量乐）。
童子供养声闻赞（愿往生），鸟乐飞空百千匝（无量乐），
一坐一立须臾顷（愿往生），微尘故业尽消除（无量乐）。
或散天衣覆宝池（愿往生），衣上更散宝花香（无量乐），
圣众行时足蹈上（愿往生），衣花触体三禅乐（无量乐）。
内外映彻如明镜（愿往生），尘劳毕竟无缘起（无量乐），
念念唯加三昧净（愿往生），无漏神通真复真（无量乐）。

般舟三昧乐（愿往生），烦恼永绝不相干（无量乐）。
或有宝地琉璃间（愿往生），或有宝地紫金成（无量乐），
或有宝地黄金作（愿往生），或有宝地颇梨映（无量乐），
或有千宝庄严地（愿往生），或有算数宝为成（无量乐）。
一一色色光相照（愿往生），十方来者皆行上（无量乐），
行住进止逍遥乐（愿往生），不愁官事不忧私（无量乐）。
或百或千作神变（愿往生），会会供养皆周遍（无量乐），
或作香云千宝盖（愿往生），即此云内雨香花（无量乐），
种种庄严随念出（愿往生），所到之处现稀奇（无量乐）。

般舟三昧乐（愿往生），毕命直入无为会（无量乐）。
宝树宝林行遍满（愿往生），一一林树尽庄严（无量乐），
根根相对茎相望（愿往生），枝枝相准条相顺（无量乐），
节节相盘叶相次（愿往生），花花相向果相当（无量乐）。
光光照曜自他国（愿往生），照处昤昽随物色（无量乐），
光能变现稀奇事（愿往生），尽是弥陀愿力作（无量乐）。
林树行间宝阶道（愿往生），一一界上楼相间（无量乐），
重重罗网奏天乐（愿往生），供养无边楼内人（无量乐）。

般舟三昧乐（愿往生），形枯命断佛前期（无量乐）。
忽尔思量彼快乐（愿往生），人人有分不须疑（无量乐），
金刚无漏庄严地（愿往生），明明相照超千日（无量乐）。
弥陀愿力庄严地（愿往生），作一莲花大宝王（无量乐），
叶叶相重八万四（愿往生），一叶摩尼百千亿（无量乐），
一一摩尼光千色（愿往生），上照虚空变成盖（无量乐）。
八万金刚台上布（愿往生），真珠宝网覆花笼（无量乐），
四幢承幔垂绞络（愿往生），独显真金功德身（无量乐）。
一坐花台未曾动（愿往生），彻穷后际度众生（无量乐），
普劝众生常忆念（愿往生），行住坐卧令心见（无量乐）。
佛身圆满无背相（愿往生），十方来人皆对面（无量乐），
俱愿倾心相续念（愿往生），即现有缘心眼前（无量乐），
得见净土稀奇事（愿往生），皆是佛力遥加被（无量乐）。
观音势至双花坐（愿往生），一一庄严亦如佛（无量乐），
四幢宝幔皆相似（愿往生），宝罗宝网无殊异（无量乐）。
三花独迥超众座（愿往生），三身对坐最为尊（无量乐），
本国他方菩萨众（愿往生），一切时中围绕赞（无量乐）。
如此大海尘沙会（愿往生），众生生者入其中（无量乐），
非是口言即生彼（愿往生），会是专行不惜身（无量乐）。
宝楼重叠非人造（愿往生），宝幢树林亦皆然（无量乐），
池渠四岸皆充遍（愿往生），微风暂触奏天乐（无量乐），
法响灌心毛孔入（愿往生），即悟恒沙三昧门（无量乐）。
一一渠中花遍满（愿往生），或开或合人无数（无量乐），
或坐或立相招唤（愿往生），竞取香花相供养（无量乐）。
或语或笑身心乐（愿往生），即忆阎浮同行人（无量乐），
各发誓愿遥加被（愿往生），专住莫退尽须来（无量乐）。
一到即受清虚乐（愿往生），清虚即是涅槃因（无量乐），
表知我心相忆念（愿往生），各留半座与来人（无量乐）。

同学相随游法界（愿往生），法界即是如来国（无量乐），
一一佛国恒沙会（愿往生），分身听法修供养（无量乐），
得蒙诸佛慈光照（愿往生），摩顶授记入无余（无量乐）。
意乐他方住即住（愿往生），须欲归还即归还（无量乐），
若住若还皆得益（愿往生），本国他方亦无二（无量乐），
悉是涅槃平等法（愿往生），诸佛智慧亦同然（无量乐）。

般舟三昧乐（愿往生），到处尽是法王家（无量乐）。
历事已讫还安乐（愿往生），证得无量陀罗尼（无量乐），
与诸菩萨尘沙众（愿往生），遍满虚空来供养（无量乐）。
或散衣花变成盖（愿往生），或奏音乐变成云（无量乐），
变现幢幡无亿数（愿往生），一食之间到安乐（无量乐）。
安乐众圣遥相见（愿往生），知是他方同行人（无量乐），
各起持花迎供养（愿往生），即引直入弥陀会（无量乐）。
他方菩萨同礼佛（愿往生），持花围绕百千匝（无量乐），
或散香花奏天乐（愿往生），复现神变满虚空（无量乐），
光光相照供养佛（愿往生），异口同音赞极乐（无量乐）。
弥陀应时动身相（愿往生），身光遍照十方国（无量乐），
所放神光色无尽（愿往生），回光还照弥陀会（无量乐），
照讫光从顶上入（愿往生），大众同知授记光（无量乐）。
收光未尽弥陀笑（愿往生），普告大众专心听（无量乐），
我今授汝菩提记（愿往生），不久当尽来成佛（无量乐）。
本住他方化生众（愿往生），庆得难遭稀有法（无量乐），
得免娑婆长劫难（愿往生），特蒙知识释迦恩（无量乐）。
种种思量巧方便（愿往生），选得弥陀弘誓门（无量乐），
一切善业回生利（愿往生），不如专念弥陀号（无量乐）。
念念称名常忏悔（愿往生），人能念佛佛还忆（无量乐），
凡圣相知境相照（愿往生），即是众生增上缘（无量乐）。
不得信受他人语（愿往生），但令心净此皆净（无量乐），

若道此同诸佛国（愿往生），何因六道同生死（无量乐），
棘刺丛林满三界（愿往生），山河大地同高下（无量乐）。
水陆虚空众生性（愿往生），无明烦恼等贪瞋（无量乐），
念念贪求财色苦（愿往生），业爱痴绳缚人送（无量乐）。
阎罗遣使牵将去（愿往生），狱卒牛头催复催（无量乐），
盛火四面同时起（愿往生），随业风吹落苦中（无量乐）。
罪火泥犁四门外（愿往生），门门八万四千隔（无量乐），
一一隔中人人到（愿往生），恒沙苦具在其中（无量乐）。
罪人身上烟焰起（愿往生），飞轮刀剑纵横入（无量乐），
一切狱中同此苦（愿往生），何时何劫得休时（无量乐）！

般舟三昧乐（愿往生），三途永绝愿无名（无量乐）。
七重铁城七重网（愿往生），重重城内铁林树（无量乐），
树树枝条八万四（愿往生），叶叶花果如刀轮（无量乐），
飞轮上踊还来下（愿往生），头入足出痛难忍（无量乐）。
重重门上八万釜（愿往生），熔铜铁汁涌如泉（无量乐），
沸涌腾波高八万（愿往生），直射门外千由旬（无量乐）。
四门四道罪人入（愿往生），门开业火出来迎（无量乐），
铁汁焱焱流没膝（愿往生），触处烟焰同时起（无量乐），
牛头狱卒道边喊（愿往生），大地震动如天雷（无量乐）。
罪人闻之心胆裂（愿往生），铁虫铁鸟争来食（无量乐），
铁丸刀剑空中下（愿往生），熔铜铁汁注身上（无量乐）。
去铁城门四万里（愿往生），要取中行无避处（无量乐），
行疾过风如箭射（愿往生），须臾即入七重门（无量乐）。

般舟三昧乐（愿往生），专心念佛断贪瞋（无量乐）。
入此七重铁门内（愿往生），何时何劫得回还（无量乐），
罪人入已门皆闭（愿往生），一一身满不相妨（无量乐），
一卧八万长时劫（愿往生），皆由破法罪因缘（无量乐）。

谤毁三宝坏人善（愿往生），亦堕阿鼻大狱中（无量乐），
戏笑作罪多劫受（愿往生），不惜佛意取人情（无量乐）。
慎莫轻心纵三业（愿往生），业道分明不可欺（无量乐）！

般舟三昧乐（愿往生），横截业道入西方（无量乐）。
七重铁城门门外（愿往生），铁蟒举头城上出（无量乐），
火焰刀轮从口出（愿往生），亦皆流注罪人上（无量乐）。
四角铁狗身毛孔（愿往生），亦雨烟火人身上（无量乐），
罗刹擎叉刺心眼（愿往生），皆由心眼堕泥犁（无量乐）。
热铁地上无穷苦（愿往生），罪人或卧或行走（无量乐），
大劫尽时眼中见（愿往生），东门城外清林泉（无量乐）。
罪人一时向东走（愿往生），临临欲到门还闭（无量乐），
如是四门遥半劫（愿往生），铁网钩身如棘林（无量乐）。
上有鹰鸟啄人肉（愿往生），地有铜狗争来食（无量乐），
地上虚空无避处（愿往生），动即苦具转弥多（无量乐）。

般舟三昧乐（愿往生），闻说此苦心摧碎（无量乐）。
不孝父母骂三宝（愿往生），终时狱火自相迎（无量乐），
毁辱六亲破净戒（愿往生），亦堕如是泥犁中（无量乐）。
杀害众生食他肉（愿往生），直入泥犁火聚中（无量乐），
见闻方便处分杀（愿往生），如前受苦未何央（无量乐）。
劫盗三宝众生物（愿往生），一堕泥犁无出期（无量乐），
偷劫父母六亲物（愿往生），亦入如是泥犁中（无量乐）。

般舟三昧乐（愿往生），不惜身财常专施（无量乐）。
恶染师僧坏净行（愿往生），泥犁永劫出无期（无量乐），
邪染众生及眷属（愿往生），定入泥犁长劫苦（无量乐），
若得人身黄门报（愿往生），六亲同住如怨家（无量乐）。

般舟三昧乐（愿往生），愿断邪心修梵行（无量乐）。
欺诳三宝众生类（愿往生），死入泥犁无出期（无量乐），
恶口两舌贪瞋慢（愿往生），八万地狱皆周遍（无量乐），
论说他人三宝过（愿往生），死入拔舌泥犁中（无量乐）。
普劝众生护三业（愿往生），行住坐卧念弥陀（无量乐），
一切时中忆地狱（愿往生），发起增上往生心（无量乐），
誓愿不作三途业（愿往生），人天乐报亦无心（无量乐）。
忽忆地狱长时苦（愿往生），不舍须臾忘安乐（无量乐），
安乐佛国无为地（愿往生），毕竟安身实是精（无量乐）。

般舟三昧乐（愿往生），唯佛一道独清闲（无量乐）。
净土庄严无有尽（愿往生），十方生者亦无穷（无量乐），
千劫万劫恒沙劫（愿往生），一切去者不相妨（无量乐），
十方众生未曾减（愿往生），弥陀佛国亦无增（无量乐）。
弥陀愿力随心大（愿往生），四种庄严普皆遍（无量乐），
三明六通常自在（愿往生），遍入众生心想中（无量乐）。
佛身相好依心起（愿往生），随念即现真金佛（无量乐），
真金即是弥陀相（愿往生），圆光化佛现人前（无量乐）。
相好弥多八万四（愿往生），一一光明照十方（无量乐），
不为余缘光普照（愿往生），唯觅念佛往生人（无量乐）。
万行俱回皆得往（愿往生），念佛一行最为尊（无量乐），
回生杂善恐力弱（愿往生），无过一日七日念（无量乐），
命欲终时圣众现（愿往生），即坐花台至宝国（无量乐）。
清净大海无生众（愿往生），遥见生者皆欢喜（无量乐），
观音相好佛无异（愿往生），慈悲救苦最为强（无量乐）。

般舟三昧乐（愿往生），不违师教念弥陀（无量乐）。
救苦虽遥别世界（愿往生），众生急念应时来（无量乐），
或现声闻菩萨相（愿往生），随缘乐见度众生（无量乐），

悲心拔苦超三界（愿往生），慈心与乐涅槃期（无量乐）。
随逐众生身有异（愿往生），分身六道度时机（无量乐），
礼念观身除罪障（愿往生），直是发愿慈悲极（无量乐）。
一切时中缘法界（愿往生），摄取六道现身中（无量乐），
眼见耳闻心内事（愿往生），寻声救苦刹那间（无量乐）。
天冠化佛高千里（愿往生），念报慈恩常顶戴（无量乐），
眉间毫相七宝色（愿往生），色色八万四千光（无量乐），
光光化佛菩萨众（愿往生），遍满神通极乐界（无量乐）。
身作光明紫金色（愿往生），内外映彻如明镜（无量乐），
一切光明如璎珞（愿往生），遍身交珞垂铃珮（无量乐），
两手纤圆杂花色（愿往生），恒将此手接众生（无量乐）。
举足千轮印宝地（愿往生），下足金花满世界（无量乐），
本住他方行坐处（愿往生），触者即悟无生忍（无量乐）。
地前地上原无二（愿往生），随根利钝超增位（无量乐），
念念时中常得证（愿往生），未得施功方得悟（无量乐）。

般舟三昧乐（愿往生），毕命同生誓不退（无量乐）。
如此逍遥快乐地（愿往生），更贪何事不求生（无量乐）？
救苦分身平等化（愿往生），化得即送弥陀国（无量乐），
众等咸蒙大悲力（愿往生），碎身惭谢报慈恩（无量乐）。

般舟三昧乐（愿往生），观音引接见弥陀（无量乐）。
势至菩萨威光大（愿往生），身色相好等观音（无量乐），
身上光明遍法界（愿往生），照处皆同紫金色（无量乐），
有缘众生蒙光照（愿往生），增长智慧生安乐（无量乐）。
顶戴花冠垂璎珞（愿往生），宝瓶光出现稀奇（无量乐），
势至行时震法界（愿往生），震处莲花自然出（无量乐），
莲花庄严如极乐（愿往生），一切佛国皆如是（无量乐）。
坐时先动弥陀国（愿往生），后震上下尘沙刹（无量乐），

一一刹土分身集（愿往生），皆是弥陀三化身（无量乐）。
化佛观音势至集（愿往生），叆塞虚空极乐上（无量乐），
各坐莲花百宝座（愿往生），异口同音说妙法（无量乐），
极乐众生见闻益（愿往生），超证常伦诸地上（无量乐）。
大集刹益尘沙众（愿往生），听法供养经诸劫（无量乐），
是故彼国名极乐（愿往生），普劝同生常忆念（无量乐）。
一切时中面西向（愿往生），心想见彼弥陀身（无量乐），
地上庄严无亿数（愿往生），宝楼林树垂璎珞（无量乐）。
正坐跏趺往生想（愿往生），直注花池大会中（无量乐），
想入花中花合想（愿往生），即想花开见佛身（无量乐）。
想见弥陀光杂色（愿往生），光光相照自身来（无量乐），
又想自身慈光照（愿往生），即想笼笼心眼开（无量乐）。
想见虚空化佛众（愿往生），想闻林树奏天乐（无量乐），
水鸟流波宣妙法（愿往生），心心专注想令成（无量乐）。
注想成时宝国现（愿往生），即得化佛来加被（无量乐），
观音势至身无数（愿往生），常来至此行人边（无量乐）。

般舟三昧乐（愿往生），专心想佛见无疑（无量乐）。
佛知众生流浪久（愿往生），无明障重难开悟（无量乐），
佛恐观大难周遍（愿往生），更教观小在池中（无量乐）。
想一莲花百宝叶（愿往生），丈六化佛坐花台（无量乐），
身虽大小能除障（愿往生），观音势至等同然（无量乐）。
四种威仪常自策（愿往生），命尽须臾归自然（无量乐），
自然即是弥陀国（愿往生），究竟常安无退时（无量乐），
纵尽百年如一日（愿往生），一日须臾何足期（无量乐）。
上品上生凡夫等（愿往生），持戒念佛诵经专（无量乐），
一切时中常勇猛（愿往生），临终圣众自来迎（无量乐）。
观音大势擎花至（愿往生），一时接手上金台（无量乐），
无数化佛菩萨众（愿往生），摩头赞叹随佛去（无量乐）。

一念之间到佛国（愿往生），即见真容菩萨众（无量乐），
光明宝林皆说法（愿往生），当时即悟无生忍（无量乐），
须臾历事他方佛（愿往生），一念归还得千证（无量乐）。
上品中生凡夫等（愿往生），读诵念佛专持戒（无量乐），
一日七日俱回向（愿往生），临终圣众皆来现（无量乐）。
观音大势擎花立（愿往生），行者即上紫金台（无量乐），
与千化佛同时赞（愿往生），从佛须臾入宝池（无量乐）。
一宿障尽花开发（愿往生），见佛即欲下金台（无量乐），
足未至地花承足（愿往生），佛放金光来照身（无量乐），
直到弥陀佛前立（愿往生），赞佛七日得无生（无量乐）。
须臾历事他方佛（愿往生），证得百千三昧门（无量乐），
少许时间经三劫（愿往生），即入明门欢喜地（无量乐）。

般舟三昧乐（愿往生），持戒作善莫推闲（无量乐）。
推闲即造轮回业（愿往生），弥陀净土遣谁去（无量乐），
汤火烧身急自拔（愿往生），莫待他人推缘事（无量乐）。
贪瞋火宅相烧苦（愿往生），障重心顽未觉痛（无量乐），
觉痛即断愚痴业（愿往生），悔心惭愧生安乐（无量乐），
安乐即是金刚地（愿往生），凡夫六道永无名（无量乐）。

般舟三昧乐（愿往生），极乐清闲实是精（无量乐）。
上品下生凡夫等（愿往生），深信因果莫生疑（无量乐），
三业起行多骄慢（愿往生），单发无上菩提心（无量乐）。
回心念念生安乐（愿往生），终时即见金花至（无量乐），
五百化佛观音等（愿往生），一时接手入花中（无量乐）。
一念乘花宝池内（愿往生），一日一夜宝花开（无量乐），
花开见佛微微障（愿往生），三七以后始分明（无量乐）。
耳听众声心得悟（愿往生），历事他方蒙授记（无量乐），
十劫须臾不觉尽（愿往生），进入明门欢喜地（无量乐）。

般舟三昧乐（愿往生），尽命为期莫生疑（无量乐）。
若是释迦真弟子（愿往生），誓行佛语生安乐（无量乐），
不得悠悠信他语（愿往生），随缘治病各依法（无量乐），
忽遇灾危身自急（愿往生），道俗千重未能救（无量乐）。
口说事空心行怨（愿往生），是非人我如山岳（无量乐），
如此之人不可近（愿往生），近即轮回长劫苦（无量乐）。
侧耳倾心常采访（愿往生），今身修道得无生（无量乐），
若闻此法稀奇益（愿往生），不顾身命要求得（无量乐），
若能专行不惜命（愿往生），命断须臾生安乐（无量乐）。

般舟三昧乐（愿往生），念佛即是涅槃门（无量乐）。
中品上生凡夫等（愿往生），偏学声闻缘觉行（无量乐），
戒定慈悲常勇猛（愿往生），一心回愿生安乐（无量乐）。
终时化佛声闻到（愿往生），七宝莲花行者前（无量乐），
佛放光明照身顶（愿往生），行者自见上花台（无量乐）。
低头礼佛在此国（愿往生），举头已入弥陀界（无量乐），
到彼花开寻见佛（愿往生），闻说四谛证真如（无量乐）。

般舟三昧乐（愿往生），实是弥陀愿力恩（无量乐）。
中品中生凡夫等（愿往生），一日一夜持众戒（无量乐），
回此戒福善根力（愿往生），直到弥陀安养国（无量乐）。
临终化佛师僧现（愿往生），七宝花来行者前（无量乐），
行者见花心踊跃（愿往生），即上花台随佛去（无量乐），
一念之间入宝国（愿往生），直入八德宝池中（无量乐）。
池内莲花无亿数（愿往生），悉是十方同行人（无量乐），
七日七夜莲花发（愿往生），花开见佛得初真（无量乐）。

般舟三昧乐（愿往生），勤修实行不欺人（无量乐）。
中品下生凡夫等（愿往生），孝养父母行人信（无量乐），
临终遇值善知识（愿往生），为说极乐弥陀愿（无量乐），

闻说合掌回心向（愿往生），乘念即到宝池中（无量乐）。
百宝莲花台上坐（愿往生），七七日后宝花开（无量乐），
花开见佛尘沙众（愿往生），一劫以后证无生（无量乐）。
无生即是阿罗汉（愿往生），罗汉回心向大乘（无量乐），
一发已去小心灭（愿往生），直至菩提无有退（无量乐）。
是故天亲作论说（愿往生），二乘心种永无生（无量乐），
故言大乘善根界（愿往生），毕竟永绝讥嫌过（无量乐）。
大小凡夫平等摄（愿往生），且避六道三途难（无量乐），
愿住弥陀佛国内（愿往生），证与不证亦心闲（无量乐）。

般舟三昧乐（愿往生），顿超生死出娑婆（无量乐）。
下品上生凡夫等（愿往生），具造十恶无余善（无量乐），
增长无明但快意（愿往生），见他修福生非毁（无量乐）。
如此愚人难觉悟（愿往生），良由知识恶强缘（无量乐），
唯知目前贪酒肉（愿往生），不觉地狱尽抄名（无量乐），
一入泥犁受长苦（愿往生），始忆人中善知识（无量乐）。
罪人临终得重病（愿往生），神识昏狂心倒乱（无量乐），
地狱纷纷眼前现（愿往生），白汗流出手把空（无量乐）。
如此困苦谁能救（愿往生），会是知识弥陀恩（无量乐），
手执香炉教忏悔（愿往生），教令合掌念弥陀（无量乐）。
一声称佛除众苦（愿往生），五百万劫罪消除（无量乐），
化佛菩萨寻声到（愿往生），我故持花迎汝来（无量乐）。
行者见佛光明喜（愿往生），即坐七宝莲花上（无量乐），
从佛须臾还宝国（愿往生），到即直入宝池中（无量乐）。
七七花开得见佛（愿往生），观音大势慈光照（无量乐），
眼目睛明心得悟（愿往生），合掌始发菩提心（无量乐）。

般舟三昧乐（愿往生），得脱三途知识恩（无量乐），
若非知识教称佛（愿往生），如何得入弥陀国（无量乐）。

下品中生凡夫等（愿往生），破戒偷僧起众罪（无量乐），
邪命说法无惭愧（愿往生），破戒因果打师僧（无量乐）。
如此愚人临死日（愿往生），节节酸疼锥刀刺（无量乐），
地狱猛火皆来逼（愿往生），当时即值善知识（无量乐），
发大慈悲教念佛（愿往生），地狱猛火变风凉（无量乐），
天花旋转随风落（愿往生），化佛菩萨乘花上（无量乐）。
行者即坐天花上（愿往生），从佛须臾入宝池（无量乐），
障重花开经六劫（愿往生），花开始发菩提心（无量乐）。

般舟三昧乐（愿往生），碎身惭谢释迦恩（无量乐）。
下品下生凡夫等（愿往生），十恶五逆皆能造（无量乐），
如此愚人多造罪（愿往生），经历地狱无穷劫（无量乐）。
临终忽遇善知识（愿往生），为说妙法令安稳（无量乐），
刀风解时含忍痛（愿往生），教令念佛不能念（无量乐）。
善友告言专合掌（愿往生），正念专称无量寿（无量乐），
声声连注满十念（愿往生），念念消除五逆障（无量乐），
谤法阐提行十恶（愿往生），回心念佛罪皆除（无量乐）。
病者身心觉醒悟（愿往生），眼前即有金花现（无量乐），
金花光明照行者（愿往生），身心欢喜上花台（无量乐），
乘花一念至佛国（愿往生），直入大会佛前池（无量乐）。
残殃未尽花中合（愿往生），十二劫后始花开（无量乐），
花内坐时无微苦（愿往生），超过色界三禅乐（无量乐）。

般舟三昧乐（愿往生），免入地狱坐金莲（无量乐），
宁合金花百千劫（愿往生），不能地狱须臾间（无量乐）。
观音大势慈光照（愿往生），徐徐为说安心法（无量乐），
行者得闻稀有法（愿往生），智慧法眼豁然开（无量乐），
法眼开时见佛会（愿往生），即发无上菩提心（无量乐）。
或坐或立游行观（愿往生），到处唯闻说法声（无量乐），

身心毛孔皆得悟（愿往生），菩萨圣众皆充满（无量乐）。
自作神通入彼会（愿往生），忆本娑婆知识恩（无量乐），
若非释迦劝念佛（愿往生），弥陀净土何由见（无量乐）？
心念香花遍供养（愿往生），长时长劫报慈恩（无量乐）。
普劝十方生死界（愿往生），同心断恶尽须来（无量乐），
一入涅槃常住国（愿往生），彻穷后际更何忧（无量乐）。
念念时中常证悟（愿往生），十地行愿自然成（无量乐），
地地慈悲巧方便（愿往生），以佛为师无错悟（无量乐）。

定善依经十三观（愿往生），一一具说庄严事（无量乐），
行住坐卧常观察（愿往生），常念心眼笼笼见（无量乐）。
散善九品依经赞（愿往生），一一回向皆得往（无量乐）。
定善一门韦提请（愿往生），散善一行释迦开（无量乐），
定散俱回入宝国（愿往生），即是如来异方便（无量乐）。
韦提即是女人相（愿往生），贪瞋具足凡夫位（无量乐），
厌舍娑婆求佛国（愿往生），即现极乐庄严界（无量乐），
得见极乐心欢喜（愿往生），更睹弥陀成法忍（无量乐）。
五百女人同白佛（愿往生），誓愿同生安乐国（无量乐），
尔时世尊皆印记（愿往生），同得往生证三昧（无量乐）。
释梵护世临空听（愿往生），亦同发愿生安乐（无量乐）。
普劝有缘常念佛（愿往生），观音大势为同学（无量乐），
若能念佛人中上（愿往生），愿得同生诸佛家（无量乐），
长劫长时佛边证（愿往生），道场妙果岂为赊（无量乐）！

白诸行者：凡夫生死不可贪而不厌，弥陀净土不可轻而不忻。厌则娑婆永隔，忻则净土常居。隔则六道因亡，轮回之果自灭。因果既亡，则形名顿绝也。

仰惟同生知识等，善自思量。却推受生之无际，与空性同时，同时而有心识。若不与空界同时有者，一切众生即是无因而始出也。心识若无本

因有者，即事同木石。若同木石者，则无六道之因业也。因业若无者，凡圣苦乐因果，谁觉谁知也？以斯道理推勘者，一切众生定有心识也。若有心识，即与空际同时有有。若与空际同时有者，即唯佛与佛得知本原也。

行者等知自身心，与空际同时有，乃至今身今日，不能断恶除贪，一切烦恼唯觉增多。又使释迦、诸佛同劝专念弥陀，想观极乐，尽此一身，命断即生安乐国也，岂非长时大益？行者等努力努力，勤而行之，常怀惭愧，仰谢佛恩，应知。

观念阿弥陀佛相海三昧功德法门

唐比丘善导集记

依《观经》明观佛三昧法（出《观经》、《观佛三昧海经》）

观阿弥陀佛真金色身，圆光彻照，端正无比。行者等一切时处，昼夜常作此想。行住坐卧，亦作此想。每常住意向西，及彼圣众、一切杂宝庄严等相，如对目前，应知。

又行者若欲坐，先须结跏趺坐。左足安右髀上与外齐，右足安左髀上与外齐。右手安左手掌中，二大指面相合。

次端身正坐，合口闭眼，似开不开，似合不合。即以心眼，先从佛顶上螺髻观之。头皮作金色，发作绀青色。一发一螺，卷在头上。头骨作雪色，内外明彻。脑如玻璨色。

次想脑有十四脉。一一脉有十四道光，从发根孔出外，绕发螺七匝，还从毛端孔中入。

次想前光，从二眉毛根孔中出向外。

次想额广平正相。

次想眉高而长相，犹如初月。

次想眉间白毫相，卷在眉间。其毛白，外实内虚，出金色光，从毛端而出，直照自身来。如《观佛三昧经》说：若有人一须臾顷观白毫相，若见若不见，即除却九十六亿那由他恒河沙微尘数劫生死重罪。常作此想，大除障灭罪，又得无量功德，诸佛欢喜。

次想二眼广长，黑白分明，光明彻照。

次想鼻修高直，如铸金铤。

次想面部平满，无有㖞狭。

次想耳轮垂腄，孔有七毛，光从毛内出，遍照佛身。

次想唇色赤好，光明润泽。

次想齿白齐密，白如珂月，内外映彻。

次想舌薄，广长柔软。舌根下有二道津液，注入咽筒，直入心王。

佛心如红莲花，开而不开，合而不合。有八万四千叶，叶叶相重。一一叶，有八万四千脉。一一脉，有八万四千光。一一光，作百宝莲花。一一花上，有一十地菩萨，身皆金色，手持香花，供养心王，异口同音，歌赞心王。行者等作此想时，除灭罪障，得无量功德。诸佛菩萨欢喜，天神、鬼神欢喜。

又由心向上，次想咽项圆相，二肩圆相。

次想两臂牖圆相。

次想二手掌平满，千辐轮相。十指纤长，指间网缦相。甲作赤铜色相。

又由心向下，次想佛胸前平满相，万德之字朗然。

次想腹平不现相。

次想脐圆孔深相，光明内外常照。

次想阴藏相平满，犹如十五日夜月，亦如腹背平处无别。佛言：若有男子、女人，多贪欲色者，即想如来阴藏相者，欲心即止，罪障除灭，得无量功德。诸佛欢喜，天神、鬼神好心影护，长命安乐，永无病痛。

次想两髀、膝、膝骨圆满，

次想二胫，如鹿王腨。

次想二足跟，如象王鼻。

次想二足趺高，如龟王背。

次想足十指长，指间有网缦，甲作赤铜色。

次想佛结跏趺坐相，左足安右髀上与外齐，右足安左髀上与外齐。

次想二足下平，有千辐轮相。辐辋具足，皆有光明，遍照十方刹。

从顶上，下至足千辐轮相以来，名为具足观佛色身庄严功德。是名顺观。

又次想花座法。次想花台相。次想花叶，叶叶相重，八万四千重。一一叶上，想有百亿宝王庄严。一一宝中，有八万四千光明，上照佛身。次想宝花茎八面，一一方面，百千众宝庄严，放大光明，上下俱照。次想花茎，下依宝地。地上众宝皆放八万四千光明，一一光明照佛身，及照十方六道，亦想一切光明照触行者自身来。作此想时，除灭罪障，得无量功德。诸佛菩萨欢喜，天神、鬼神亦喜，日夜随身影护行者，行住坐卧，常得安隐，长命富乐，永无病痛。

准佛教，得见净土中事，若见但自知，不得向人说，即大有罪，横招恶病短命之报。若顺教门者，临命终时，上品往生阿弥陀佛国。

如是上下依前十六遍观，然后住心向眉间白毫，极须捉心令正，更不得杂乱，即失定心，三昧难成，应知。是名观佛三昧观法。一切时中，常回生净土。但依《观经》十三观安心，必得不疑。

又白行者，欲生净土，唯须持戒念佛。诵《弥陀经》，日别十五遍，二年得一万。日别三十遍，一年一万。日别念一万遍佛，亦须依时礼赞净土庄严事。大须精进，或得三万、六万、十万者，皆是上品上生人。自余功德尽回往生，应知。

以上明观佛三昧法。

《般舟三昧经》明七日七夜入道场念佛三昧法

《般舟三昧经·请问品》，佛告跋陀和："有三昧，名十方诸佛悉在前立。能行是法，汝之所问，悉可得也。"跋陀和白佛："愿为说之，多所过度，安隐十方，为诸众生现大明相。"佛告跋陀和："有三昧，名定意。学者常当守习持，不得复随余法，功德中最第一。"

次《行品》，佛告跋陀和："菩萨欲疾得是定者，常立大信，如法行之，则可得也。勿有疑想如毛发许。是定意法，名为菩萨超众行。"

立一念，信是法，随所闻，念其方。
宜一念，断诸想，立定信，勿狐疑。
精进行，勿懈怠，勿起想，有与无。
勿念进，勿念退。勿念前，勿念后。
勿念左，勿念右。勿念无，勿念有。
勿念远，勿念近。勿念痛，勿念痒。
勿念饥，勿念渴。勿念寒，勿念热。
勿念苦，勿念乐。勿念生，勿念老。
勿念病，勿念死。勿念命，勿念寿。
勿念贫，勿念富。勿念贵，勿念贱。
勿念色，勿念欲。勿念小，勿念大。
勿念长，勿念短。勿念好，勿念丑。
勿念恶，勿念善。勿念瞋，勿念喜。
勿念坐，勿念起。勿念行，勿念止。
勿念经，勿念法。勿念是，勿念非。
勿念舍，勿念取。勿念想，勿念识。
勿念断，勿念着。勿念空，勿念实。
勿念轻，勿念重。勿念难，勿念易。
勿念深，勿念浅。勿念广，勿念狭。
勿念父，勿念母。勿念妻，勿念子。
勿念亲，勿念疏。勿念憎，勿念爱。
勿念得，勿念失。勿念成，勿念败。
勿念清，勿念浊。断诸念，一期念。
意勿乱，常精进，勿岁计，勿日倦。
立一念，勿中忽，除睡眠，精其意。
常独处，勿聚会，避恶人，近善友。
亲明师，视如佛，执其志，常柔弱。

观平等，于一切，避乡里，远亲族。
弃爱欲，履清净，行无为，断诸欲。
舍乱意，习定行，学文慧，必如禅。
除三秽，去六入，绝淫色，离众爱。
勿贪财，多蓄积。食知足，勿贪味。
众生命，慎勿食。衣如法，勿绮饰。
勿调戏，勿骄慢，勿自大，勿贡高。
若说经，当如法，了身本，犹如幻。
勿受阴，勿入界，阴如贼，四如蛇。
为无常，为恍惚，无常主，了本无。
因缘会，因缘散，悉了是，知本无。
加慈哀，于一切，施贫穷，济不还。
是为定，菩萨行，至要慧，超众行。

佛告跋陀和："持是行法，便得三昧，现在诸佛悉在前立。其有比丘、比丘尼、优婆塞、优婆夷，如法修行，持戒完具。独一处止，念西方阿弥陀佛，今现在彼，随所闻当念，去此十万亿佛刹，其国名须摩提。一心念之，一日一夜，若七日七夜，过七日以后见之。譬如人梦中所见，不知昼夜，亦不知内外，不由在冥中有所蔽碍故不见。跋陀和，四众常作是念，时诸佛境界中，诸大山、须弥山，其有幽冥之处，悉为开辟，无所蔽碍。是四众不持天眼彻视，不持天耳彻听，不持神足到其佛刹，不于此间终生彼间，便于此坐见之。"

佛言："四众于此间国土念阿弥陀佛，专念故得见之，即问：'持何法得生此国？'阿弥陀佛报言：'欲来生者，当念我名，莫有休息，即得来生。'"

佛言："专念故得往生。常念佛身三十二相、八十种好，巨亿光明彻照，端正无比，在菩萨僧中说法，莫坏色。何以故？不坏色故，由念佛色身故，得是三昧。"

以上明念佛三昧法。

欲入三昧道场时，一依佛教方法，先须料理道场，安置尊像，香汤扫洒。若无佛堂，有净房亦得，扫洒如法，取一佛像，西壁安置。行者等从月一日至八日，或从八日至十五日，或从十五日至二十三日，或从二十三日至三十日，月别四时佳。行者等自量家业轻重，于此时中，入净行道。若一日乃至七日，尽须净衣，鞋袜亦须新净。七日之中，皆须一食长斋，软饼粗饭，随时酱菜，俭素节量。

于道场中，昼夜束心相续，专心念阿弥陀佛，心与声相续。唯坐唯立，七日之间，不得睡眠。亦不须依时礼佛诵经，数珠亦不须捉。但知合掌念佛，念念作见佛想。佛言："想念阿弥陀佛真金色身，光明彻照，端正无比，在心眼前。"正念佛时，若立，即立念一万、二万；若坐，即坐念一万、二万。于道场内，不得交头窃语。

昼夜或三时、六时，表白诸佛、一切贤圣、天曹地府、一切业道，发露忏悔一生以来身口意业所造众罪事，依实忏悔竟，还依法念佛。所见境界，不得辄说。善者自知，恶者忏悔。

酒肉五辛，誓发愿手不捉、口不吃。若违此语，即愿身口俱着恶疮。或愿诵《阿弥陀经》满十万遍，日别念佛一万遍。诵经日别十五遍，或诵二十遍、三十遍，任力多少。誓生净土，愿佛摄受。

又行者等，若病不病，欲命终时，一依上念佛三昧法，正当身心，回面向西。心亦专注，观想阿弥陀佛。心口相应，声声莫绝，决定作往生想，花台、圣众来迎接想。病人若见前境，即向看病人说，既闻说已，即依说录记。又病人若不能语者，看病人必须数数问病人见何境界。若说罪相，傍人即为念佛，助同忏悔，必令罪灭。若得罪灭，花台、圣众应念现前，准前钞记。又行者等眷属六亲，若来看病，勿令有食酒肉五辛人。若有，必不得向病人边，即失正念，鬼神交乱，病人狂死，堕三恶道。愿行者等好自谨慎，奉持佛教，同作见佛因缘。

以上是入道场及看病人法用。

依经明五种增上缘义

唐比丘善导集记

依《无量寿经》一

依《十六观经》二

依四纸《阿弥陀经》三

依《般舟三昧经》四

依《十往生经》五

依《净度三昧经》六

谨依释迦佛教六部往生经等，显明称念阿弥陀佛，愿生净土者，现生即得延年转寿，不遭九横之难，一一具如下五缘义中说。

问曰：佛劝一切众生发菩提心，愿生西方阿弥陀佛国；又劝造阿弥陀像，称扬礼拜，香花供养，日夜观想不绝；又劝专念弥陀佛名，一万、二万、三万、五万，乃至十万者；或劝诵《弥陀经》，十五、二十、三十、五十，乃至一百，满十万遍者，现生得何功德？百年舍报以后，有何利益，得生净土以否？

答曰：现生及舍报，决定有大功德利益。准依佛教，显明五种增上利益因缘：一者灭罪增上缘，二者护念得长命增上缘，三者见佛增上缘，四者摄生增上缘，五者证生增上缘。

△ 言灭罪增上缘者

即如《观经》下品上生人，一生具造十恶重罪，其人得病欲死，遇善知识，教称弥陀佛一声，即除灭五十亿劫生死重罪。即是现生灭罪增上缘。

又如下品中生人，一生具造佛法中罪，破斋破戒，食用佛法僧物，不生惭愧。其人得病欲死，地狱众火一时俱至。遇善知识，为说弥陀佛身相功德，国土庄严。罪人闻已，即除八十亿劫生死之罪，地狱即灭。亦是现生灭罪增上缘。

又如下品下生人，一生具造五逆极重之罪，经历地狱，受苦无穷。罪人得病欲死，遇善知识，教称弥陀佛名十声，于声声中，除灭八十亿劫生死重罪。此亦是现生灭罪增上缘。

又若有人，依《观经》等画造《净土庄严变》，日夜观想宝地者，现生念念除灭八十亿劫生死之罪。又依经画变，观想宝树、宝池、宝楼庄严者，现生除灭无量亿阿僧祇劫生死之罪。又依花座庄严观，日夜观想者，现生念念除灭五十亿劫生死之罪。又依经观想像观、真身观、观音势至等观，现生于念念中除灭无量亿劫生死之罪。如上所引，并是现生灭罪增上缘。

△ 又言护念增上缘者

即如第十二观中说云：若有人一切时处日夜至心观想弥陀净土二报庄严，若见不见，无量寿佛化作无数化佛，观世音、大势至亦作无数化身，常来至此行人之所。亦是现生护念增上缘。

又如《观经》下文：若有人至心常念阿弥陀佛及二菩萨，观音、势至常与行人作胜友知识，随逐影护。此亦是现生护念增上缘。

又如第九真身观说云：阿弥陀佛金色身，毫相光明遍照十方众生，身毛孔光亦遍照众生，圆光亦遍照众生，八万四千相好等光亦遍照众生，又如前身相等光一一遍照十方世界，但有专念阿弥陀佛众生，彼佛心光常照是人，摄护不舍，总不论照摄余杂业行者。此亦是现生护念增上缘。

又如《十往生经》说：佛告山海慧菩萨及以阿难："若有人专念西方阿弥陀佛，愿往生者，我从今以去，常使二十五菩萨影护行者，不令恶鬼恶神恼乱行者，日夜常得安隐。"此亦是现生护念增上缘。

又如《弥陀经》说：若有男子、女人，七日七夜，及尽一生，一心专念阿弥陀佛，愿往生者，此人常得六方恒河沙等佛共来护念，故名《护念经》。"护念经"意者，亦不令诸恶鬼神得便，亦无横病、横死、横有厄难，一切灾障自然消散，除不至心。此亦是现生护念增上缘。

又如《般舟三昧经·行品》中说云：佛告跋陀和："若有人七日七夜，在道场内，舍诸缘事，除去睡卧，一心专念阿弥陀佛真金色身，或一日、三日、七日，或二七日，五、六、七七日，或至百日，或尽一生，至心观佛，及口称心念者，佛即摄受。"既蒙摄受，定知罪灭得生净土。佛言："若人专行此念弥陀佛三昧者，常得一切诸天及四天大王、龙神八部随逐影护，爱乐相见，永无诸恶鬼神、灾障厄难横加恼乱。"具如《护持品》中说。此亦是现生护念增上缘。

又依《灌顶经》第三卷说云：若人受持三归五戒者，佛敕天帝："汝差天神六十一人，日夜年月随逐守护受戒之人，勿令诸恶鬼神横相恼害。"此亦是现生护念增上缘。

又如《净度三昧经》说云：佛告瓶沙大王："若有男子、女人，于月月六斋日，及八王日，向天曹地府、一切业道，数数首过，受持斋戒者。佛敕六欲天王，各差二十五善神，常来随逐守护持戒之人，亦不令有诸恶鬼神横来恼害，亦无横病、死亡、灾障，常得安隐。"此亦是现生护念增上缘。

又白诸行者，但欲今生日夜相续专念弥陀佛、专诵《弥陀经》、称扬礼赞净土圣众庄严，愿生者，日别诵经十五遍，二十、三十遍以上者，或诵四十、五十、百遍以上者，愿满十万遍；又称扬礼赞弥陀净土依正二报庄严；又除入三昧道场，日别念弥陀佛一万，毕命相续者，即蒙弥陀加念，得除罪障，又蒙佛与圣众常来护念，既蒙护念，即得延年转寿、长命安乐因缘。一一具如《譬喻经》、《惟无三昧经》、《净度三昧经》等说。此亦是现生护念增上缘。

△ 又言见佛三昧增上缘者

即如《观经》说云：摩竭提国王夫人名韦提希，每在宫内愿常见佛，遥向耆阇崛山悲泣敬礼。佛遥知念，即于耆山没，王宫出现。夫人礼已举头，即见世尊，身紫金色，坐宝莲花。目连、阿难，立侍左右。释、梵临空，散花供养。夫人见佛，举身投地，号泣向佛，求哀忏悔："唯愿如来教我观于清净业处。”又如此经证，非直夫人心至见佛，亦与未来凡夫起教，但使有心愿见者，一依夫人至心忆佛，定见无疑。此即是弥陀佛三念愿力外加，故得令见佛。言三力者，即如《般舟三昧经》说云：一者以大誓愿力加念，故得见佛；二者以三昧定力加念，故得见佛；三者以本功德力加念，故得见佛。以下见佛缘中，例同此义。故名见佛三昧增上缘。

问曰：夫人福力强胜，蒙佛加念，故见佛。末法众生，罪愆深重，何由得与夫人同例？又此义者甚深广大，一一具引佛经，以为明证。

答曰：佛是三达圣人，六通无障，观机备教，不择浅深，但使归诚，何疑不见？即如《观经》下说云：佛赞韦提：“快问此事！阿难受持，广为多众宣说佛语。如来今者，教韦提希，及未来世一切众生，观于西方极乐世界。以佛愿力故，见彼国土，如执明镜，自见面像。”又以此经证，亦是弥陀佛三力外加，故得见佛。故名见佛净土三昧增上缘。

又如下经云：佛告韦提：“汝是凡夫，心想又劣，不能远见。致使诸佛如来有异方便，令汝等见。”夫人白佛言：“我今因佛力故，见彼国土。若佛灭后，诸众生等，浊恶不善，五苦所逼，云何得见极乐世界？”佛即告言：“韦提，汝及众生，专心悬念，想于西方琉璃地下一切宝幢，地上众宝，室内庄严等。专心注意，亦同上夫人得见。”即云：“一一观之，极令了了，闭目开目，皆令得见。如此想者，名为粗见。”此谓觉想中见，故云粗见。若得定心三昧，及口称三昧者，心眼即开，见彼净土一切庄严，说无穷尽也。又以此经证，一切凡夫但使倾心，定有见义，应知。设有见闻者，不须惊怪也。何以故？乃由弥陀佛三昧力外加故得见，故名见佛净土三昧增上缘。

又如下花座观中说云：佛告阿难、韦提：“佛当为汝说除苦恼法，汝当广为大众分别解说。”说是语时，无量寿佛、观音、势至应声来现，住立空中。韦提见即礼，礼已，白释迦佛言：“我今因佛力故，得见无量寿佛及二菩萨。若佛灭后，诸众生等，云何观见阿弥陀佛及二菩萨？”佛即告言：“汝及众生欲观彼佛者，当起想念，七宝地上作莲花想，花想成已，次当想佛。想佛时，是心即想作三十二相。从顶上，下至跏趺坐以来，一一身分，亦皆想之。随心想时，佛身即现。”此是弥陀三力外加，即得见佛，亦名见佛三昧增上缘。

又如下经云：“想彼佛者，先当想像。见一金像，坐彼花上。既想见已，心眼即开，了了分明，及见彼国一切庄严。”此亦是弥陀三力外加故见佛，故名见佛三昧增上缘。

又如下经云：“次想二菩萨，及诸光明，了了而见。见此事时，行者即于三昧定中，当闻水流、光明、庄严等说法之声。出定入定，行者常闻妙法。”此亦是弥陀佛三力外加故见佛，故名见佛三昧增上缘。

又如下真身观中说云：佛告阿难：“像观成已，次更观无量寿佛，身真金色，眉间毫相，圆光化佛，及相好等光。但当忆想，令心眼见。见已，即见十方一切诸佛，故名念佛三昧。”以此文证，亦是弥陀佛三力外加故见佛，故名见佛三昧增上缘。

又如下经云：佛言：“是故智者一心谛观无量寿佛，从一相好入，但观眉间白毫，极令明了者，八万四千相好，自然见之。见已，即见十方一切诸佛，于诸佛前，次第受记。”又以此经证，亦是弥陀佛三力外加，故得令凡夫专心想者定得见佛，亦名见佛三昧增上缘。

又如观音、势至、普、杂等观，及下九品人，一生起行，乃至七日、一日，十声、一声等，命欲终时愿见佛者，若现生乃遇善知识，行人自能心口称念弥陀佛，佛即与圣众、花台来现，行人见佛，亦见圣众、花台等。又以此经证，亦是弥陀佛三力外加，故得见佛，故名见佛三昧增上缘。

又如下经云：佛告阿难：“此经名《观极乐国土、无量寿佛及观世音、大势至菩萨经》，汝当受持，无令忘失。行此三昧者，现身得见无量寿佛及二菩萨。”又以此经证，亦是弥陀佛三力外加，致使凡夫念者，乘自三心力，故得见佛。至诚心、信心、愿心为内因，又借弥陀三种愿力以为外缘，外内因缘和合故，即得见佛，故名见佛三昧增上缘。

又如《般舟三昧经》云：佛告跋陀和菩萨：“有三昧，名十方诸佛悉在前立。若欲疾得是三昧者，常当守习持，不得有疑想如毛发许。若比丘、比丘尼、优婆塞、优婆夷，欲行学是三昧者，七日七夜，除去睡眠，舍诸乱想，独一处止，念西方阿弥陀佛，身真金色，三十二相，光明彻照，端正无比。一心观想，心念口称，念念不绝者，佛言七日以后见之。譬如有人夜观星宿，一星即是一佛。若有四众作是观者，见一切星，即见一切佛。”又以此经证，亦是弥陀佛三力外加故见佛。言三昧者，即是念佛行人心口称念，更无杂想，念念住心，声声相续，心眼即开，得见彼佛，了然而现，即名为定，亦名三昧。正见佛时，亦见圣众，及诸庄严。故名见佛净土三昧增上缘。

又如《月灯三昧经》云：“念佛相好及德行，能使诸根不乱动，心无迷惑与法合，得闻得智如大海。智者住于是三昧，摄念行于经行所，能见千亿诸如来，亦遇无量恒沙佛。”又以此经证，亦是见佛三昧增上缘。

又如《文殊般若经》云：文殊白佛言：“云何名一行三昧？”佛言：“若男子、女人，在空闲处，舍诸乱意，随佛方所，端身正向，不取相貌，专称佛名，念无休息，即于念中能见过、现、未来三世诸佛。”又以此经证，即是诸佛同体大悲念力，加被令见，此亦是凡夫见佛三昧增上缘。

△ 又言摄生增上缘者

即如《无量寿经》四十八愿中说，佛言：“若我成佛，十方众生愿生我国，称我名字，下至十声，乘我愿力，若不生者，不取正觉。”此即是愿往生行人，命欲终时，愿力摄得往生，故名摄生增上缘。

又此经上卷云：“若有众生得生西方无量寿佛国者，皆乘弥陀佛大愿等业力为增上缘。”即为证也。亦是摄生增上缘。

又此经下卷初云：佛说一切众生根性不同，有上、中、下，随其根性，佛皆劝专念无量寿佛名。其人命欲终时，佛与圣众自来迎接，尽得往生。此亦是摄生增上缘。

又如《观经》第十一观，及下九品，皆是佛自说。修定、散二行人命终时，一一尽是弥陀世尊自与圣众花台授手，迎接往生。此亦是摄生增上缘。

又如四纸《弥陀经》中说，佛言：“若有男子、女人，或一日、七日，一心专念弥陀佛名，其人命欲终时，阿弥陀佛与诸圣众自来迎接，即得往生西方极乐世界。”释迦佛言：“我见是利，故说此言。”即为证也。此亦是摄生增上缘。

又如四十八愿中说云："设我得佛，十方众生发菩提心，修诸功德，至心发愿，欲生我国。临命终时，我不与大众现其前者，不取正觉。"此亦是摄生增上缘。

又如下愿云："设我得佛，十方众生闻我名号，计念我国，至心回向，愿生我国，不果遂者，不取正觉。"此亦是摄生增上缘。

又如下愿云："设我得佛，十方世界，其有女人，闻我名字，欢喜信乐，发菩提心，厌恶女身。命终之后，复为女身者，不取正觉。"义曰：乃由弥陀本愿力故，女人称佛名号，正命终时，即转女身得成男子，弥陀接手，菩萨扶身，坐宝花上，随佛往生，入佛大会，证悟无生。又一切女人，若不因弥陀名愿力者，千劫、万劫、恒河沙等劫，终不可转得女身，应知。今或有道俗云女人不得生净土者，此是妄说，不可信也。又以此经证，亦是摄生增上缘。

△ 又言证生增上缘者

问曰：今既言弥陀四十八愿摄一切众生得生净土者，未知摄何等众生得生，又是何人保证得生也？

答曰：即如《观经》说云：佛告韦提："汝今知否？阿弥陀佛去此不远，汝当计念谛观彼国净业成者，亦令未来世一切凡夫得生西方极乐国土。"今以此经证，但是佛灭后凡夫，乘佛愿力，定得往生。即是证生增上缘。

又问曰：释迦说教，示悟众生。何故一种佛法，即有信不信，共相讥毁者，有何所以？

答曰：凡夫机性，有其二种：一者善性人，二者恶性人。

其善性人，一者即舍恶行善善人，二者舍邪行正善人，三者舍虚行实善人，四者舍非行是善人，五者舍伪行真善人。此五种人，若能归佛，即能自利利他，在家行孝，在外亦利他人，在望行信，在朝名君子，事君能尽忠节，故名自性善人也。

言恶性人者，一者即谤真行伪恶人，二者谤正行邪恶人，三者谤是行非恶人，四者谤实行虚恶人，五者谤善行恶恶人。又此五种人，若欲愿归佛，不能自利，亦不利他人。又在家不孝，在望无信，在朝名小儿，事君则常怀谄佞，谓之不忠。又此人等，于他贤德善人身上，唯能败是成非，但见他恶，故名自性恶人也。又上至诸佛、贤圣，人天六道一切良善，此等恶人所讥耻辱也，诸有智者应知。

今一一具引善恶二性人，道理显然。答上问竟。

又下经云：佛告韦提："汝及众生，专心计念一处，想于西方地下金幢，地上众宝庄严。"下至十三观以来，总答上韦提二请，以为明证，欲使善恶凡夫回心起行，尽得往生。此亦是证生增上缘。

又如下经云："众宝国土，有五百亿宝楼，其楼阁中，有无量天人，作天伎乐，此众音中，皆说念佛法僧。此想成已，命欲终时，定生彼国。"又以此经证，亦是证生增上缘。

又如下经云：佛告阿难："如此妙花，是本法藏比丘愿力所成。若欲念彼佛者，当先作此花座想，一一观之，皆令分明。此想成者，必定当生极乐世界。"又以此经证，亦是证生增上缘。

又如《无量寿经》云：佛告阿难："其有众生生彼国者，皆悉住于正定之聚。十方诸佛，皆共赞叹彼佛。若有众生闻其名号，信心欢喜，乃至一念愿生彼国，即得往生，住不退转。"又以此经证，亦是证生增上缘。

又如《观经》九品云，一一品中所告众生者，皆是若佛在世、若佛灭后五浊凡夫，遇善知识，劝令生信，持戒念佛，诵经礼赞，决定往生。以佛愿力，尽得往生。此亦是证生增上缘。

又如《弥陀经》云：六方各有恒河沙等诸佛，皆舒舌遍覆三千世界，说诚实言："若佛在世，若佛灭后，一切造罪凡夫，但回心念阿弥陀佛，愿生净土，上尽百年，下至七日、一日、十声、三声、一声等，命欲终时，佛与圣众自来迎接，即得往生。"如上六方等佛舒舌，定为凡夫作证，罪灭得生。若不依此证得生者，六方诸佛舒舌一出口以后，终不还入口，自然坏烂。此亦是证生增上缘。

又敬白一切往生人等，若闻此语，即应声悲雨泪，连劫累劫粉身碎骨，报谢佛恩，由来称本心，岂敢更有毛发惮之心？又白诸行人等，一切罪恶凡夫尚蒙罪灭，证摄得生，何况圣人愿生而不得去也？

上来总答前问，摄何等众生得生净土，五种增上缘义竟。

问曰：释迦出现，为度五浊凡夫，即以慈悲开示十恶之因，报果三途之苦，又以平等智慧，悟入人天，回生弥陀佛国。诸经顿教，文义历然。今乃有人公然不信，共相诽毁者，未知此人现生及死后，得何罪报？具引佛经与其作证，令生改悔，信佛大乘，回生净土，即为利益也。

答曰：依佛经答者。又此恶人，如上五恶性分中已说竟。今直引佛经，以为明证，即如《十往生经》云：佛告山海慧菩萨："汝今为度一切众生，应当受持是经。"佛又告山海慧："是经名为《观阿弥陀佛色身正念解脱三昧经》，亦名《度诸有流生死八难有缘众生经》，如是受持。众生未有念佛三昧缘者，是经能与作开大三昧门。是经能与众生闭地狱门，是经能与众生除害人恶鬼殄灭，四向悉皆安隐。"佛告山海慧："如我所说，其义如是。"

山海慧白佛言："未来众生，多有诽谤。如是之人，于后云何？"

佛言："于后阎浮提，或有比丘、比丘尼、若男、若女，见有读诵是经，或相瞋恚，心怀诽谤。缘是谤正法故，是人现身得诸恶重病，身根不具，或得聋病、盲病、失阴病、鬼魅、邪狂、风冷、热痔、水肿、失心，如是等诸恶重病，世世在身。如是受苦，坐卧不安，大小便利亦皆不通，求生求死不得。谤是经故，受苦如是。或时死后堕于地狱，八万劫中受大苦恼，百千万世未曾闻水食之名。谤是经故，得罪如是。或时得出，生在人中，作牛马猪羊，为人所杀，受大苦恼，为谤是经故。后得人身，常生下贱，百千万世不得自在，百千万世不见三宝名字。为谤是经故，受苦如是。是故无智人中，莫说是经。正观正念，如是之人，然后与说。彼此不敬是经，堕于地狱。彼此敬重，得正解脱，往生阿弥陀佛国。"

今又以此经证，故知毁敬之者，佛记损益不虚，应知。具答前问竟。

又问：若佛灭后，一切善恶凡夫，发菩提心，愿生弥陀佛国者，日夜计心，毕此一生，称、观、礼、赞、香花供养阿弥陀佛及观音圣众、净土庄严，念念观想，三昧或成未成者，现生得何功德？具引佛经，以为明证，欲令修学行人欢喜爱乐，信受奉行。

答曰：快问斯义，即是闭绝六道生死之因行，永开常乐净土之要门也。非直弥陀称愿，亦乃诸佛普皆同庆。今依经具答者，即如《般舟三昧经》说：

佛告跋陀和菩萨："于是念佛三昧中，有四事供养，饮食、衣服、卧具、汤药，助其欢喜。过去诸佛，持是念阿弥陀佛三昧四事助欢喜，皆得成佛。现在十方诸佛，亦持是念佛三昧四事助欢喜，皆得作佛。未来诸佛，亦持是念佛三昧四事助欢喜，皆得作佛。"

佛告跋陀和："是念阿弥陀佛三昧四事助欢喜，我于是三昧中，说其少喻，比较念佛功德。譬如人寿百岁，亦生即能行走至老，过于疾风，有人能计其道里以否？"

跋陀和言："无能计者。"

佛言："我故语汝及诸菩萨等，若善男子、女人，取是人行处，着满中珍宝，以用布施，所得功德，不如有人闻是念阿弥陀佛三昧四事供养助欢喜功德，过上布施者千万亿倍，亦非比较。"

佛言："乃往久远不可计阿僧祇劫，有佛号曰私诃提，国名跋陀和。有转轮王，名曰斯等，往至佛所。佛知王意，即为说是念佛三昧四事助欢喜。王闻欢喜，即持种种珍宝以散佛上。王自愿言：'持是功德，令十方人天皆得安隐。'"

佛言："其王终后，还自生其家作太子也，名梵摩达。时有比丘，名曰珍宝，常为四部弟子说是念佛三昧。时王闻之，四事助欢喜，即以宝物散比丘上，又持衣服以供养之。王与千人于比丘所出家，求学是念佛三昧，常与千人共承事其师，经八千岁，日夜无懈，唯得一度闻是念佛三昧，即入高明智。却后更见六万八千诸佛，于一一佛所，皆闻是念佛三昧，得成佛果。"

佛言："若人百里、千里、四千里，欲闻是念佛三昧，必往求之，何况近而不求学者？”

又白诸往生人等，上来所引佛教以为明证者，一一具如《四事供养功德品》中说。

问曰：准依佛教，精勤苦行，日夜六时礼念行道，观想转诵，斋戒一心，厌患生死，畏三途苦，毕此一形，誓生净土弥陀佛国者。又恐残殃不尽，现与十恶相应。觉有斯障者，云何除灭？具引佛经，示其方法。

答曰：依佛经答者，即如《观佛三昧海经》说，佛为父王及诸大众说：“过去有佛，名曰空王。像法住世时，有四比丘，破戒犯重。时空王佛，于夜空中出声，告四比丘言：‘汝之所犯，名不可救。欲灭罪者，可入我塔中，观我形像，至心忏悔，可灭此罪。’时四比丘，万事俱舍，一心奉教入塔，于佛像前，自扑忏悔，如大山崩，宛转于地，号哭向佛，日夜相续，至死为期。舍命以后，得生空王佛国。”今以此经证，行者等欲忏悔时，亦依此教法门。

佛言：“若我灭后，佛诸弟子，舍离诸恶，乐少语法。日夜六时，能于一时分为少时，少分之中，于须臾间，念佛白毫者，若见不见，如是等人，除却九十六亿那由他恒河沙微尘劫生死之罪。若复有人，闻是白毫，心不惊疑，欢喜信受，此人亦除八十亿劫生死之罪。若诸比丘、比丘尼，若男女人，犯四根本、十恶等罪、五逆罪，及谤大乘。如是诸人，若能忏悔，日夜六时，身心不息，五体投地，如大山崩，号泣雨泪，合掌向佛，念佛眉间白毫相光，一日至七日，前四种罪，可得轻微。观白毫暗不现者，应入塔中，观眉间白毫，一日至三日，合掌啼泣。又暂闻亦除三劫之罪。”

佛告父王，及敕阿难：“吾今为汝悉现身相光明。若有不善心者，若毁佛禁戒者，见佛各不同。”时五百释子，见佛色身犹如灰人。比丘千人，见佛犹如赤土。十六居士、二十四女人，见佛纯黑。诸比丘尼，见佛如银色。时诸四众白佛：“我今者不见佛妙色！”自拔头发，举身投地，啼泣雨泪，自扑宛转。佛言：“善男子，如来出现，正为除灭汝等罪咎。汝今可称过去七佛，为佛作礼，说汝先世邪见之罪。汝当向诸大德僧众，发露悔过。”随顺佛语，于佛法众中，五体投地，如大山崩，向佛忏悔。

既忏悔已，心眼得开，见佛色身，心大欢喜。佛告诸比丘：“汝等先世无量劫时，邪见疑师，无戒虚受信施。以此因缘故，堕饿鬼、地狱，八万岁受苦。今虽得出，于无量世不见诸佛，但闻佛名。今见佛身如赤土色，正长五尺。”佛说是语已，千比丘等向佛忏悔，五体投地，如大山崩，悲号雨泪。犹如风吹，重云四散，显发金颜。既见佛已，比丘欢喜，发菩提心。佛告父王：“此千比丘，殷勤求法，心无懈息。”佛与授记，同号“南无光照如来”。

以上忏悔法，出《观佛三昧海经》第二、第三卷。

《佛说观佛三昧海经·卷第十·密行品第十二》：佛告阿难：“未来众生，其有得是念佛三昧者，观佛诸相好者，得诸佛现前三昧者，当教是人，密身口意，莫起邪命，莫生贡高。若起邪命及贡高法，当知此人是增上慢，破灭佛法，多使众生起不善心，乱和合僧，显异惑众，是恶魔伴。如是恶人，虽复念佛，失甘露味。此人生处，以贡高故，身恒卑小，生下贱家，贫穷诸衰，无量恶业以为严饰。如此种种众多恶事，当自防护，令永不生。若起如是邪命业者，此邪命业，犹如狂象，坏莲花池，此邪命业亦复如是，坏败善根。”佛告阿难：“有念佛者，当自防护，勿令放逸。念佛三昧人，若不防护，生贡高者，邪命恶风吹骄慢火，烧灭善法。善法者，所谓一切无量禅定。诸念佛法，从心想生，是名功德藏。”佛告阿难：“此经名《系想不动》，如是受持。亦名《观佛白毫相》，如是受持。亦名《逆顺观如来身分》，亦名《一一毛孔分别如来身分》，亦名《观三十二相、八十随形好、诸智慧光明》，亦名《观佛三昧海》，亦名《念佛三昧门》，亦名《诸佛妙花庄严色身经》。汝好受持，慎勿忘失。”

又如《大集经·济龙品》说，时娑伽罗龙王请佛入宫设供，佛受龙请。佛与圣众食讫，时大龙王又请说法。时龙王太子名曰华面，自起佛前，四肢布地，悲声忏悔：“过去作何罪业，受此龙身。”又以此经证，亦是忏悔至诚方法，应知。

一切经内，皆有此文，不可广录。今略抄三部经，以示后学，除不至心，作者皆知佛不虚言。

又如《木槵经》说：时有难陀国王，名波琉璃，遣使来到佛所，顶礼佛足，白佛言：“世尊，我国边小，频岁寇贼，五谷踊贵，疫疾流行，人民困苦，我恒不得安卧。如来法藏，多悉深广，我有忧务，不得修行。唯愿世尊，特垂慈愍，赐我要法，使我日夜易得修行，未来世中远离众苦。”佛告使言：“语卿大王，若欲灭烦恼障、报障者，当贯木槵子一百八，以常自随。若行若坐若卧，恒当至心，无分散意，口称佛陀、达磨、僧伽名，乃过一木槵子。如是若十、若二十、若百、若千，乃至百千万。若能满二十万遍，身心不乱，无诸谄曲者，舍命得生第三炎摩天，衣食自然，常受安乐，得除断百八结业，背生死流，趣涅槃道，获无上果。”使还启王，王大欢喜，头面礼佛，遥白世尊：“顶受尊教，我当奉行。”即敕吏民营办木槵子，以为千具，六亲国戚皆与一具。王常诵念，虽亲军旅，亦不废舍。又作是念：“世尊大慈，普应一切。若我此善，得免长沦苦海，如来当现，为我说法。”王以愿乐逼心，三日不食。佛即现身，与诸圣众来入宫内，为王说法。又以此证，直是王心真实，念念障除。佛知罪灭，应念而现。应知。

临终正念诀

京师比丘善导

知归子致问于净业和尚曰：世之大者，莫越生死。一息不来，乃属后世。一念若错，便堕轮回。小子累蒙开诲，念佛往生之法，其理虽明，又恐病来死至之时，心识散乱，仍虑家人惑动正念，忘失净因。伏望重示归径之方，俾脱沉轮之苦。

师曰：奇哉！斯问之要也。凡人临命终时，欲得往生净土者，须先准备，不得怕死贪生。常自思念："我现在之身，多有众苦，不净、恶业，种种交缠。若得舍此秽身，即得往生净土，受无量快乐，见佛闻法，离苦解脱，乃是称意之事。如脱臭弊之衣，得着珍御之服。"放下身心，莫生贪着。才有病患，莫论轻重，便念无常，一念待死。须嘱家人、看病人、往来揖问人：凡来我前，但为我念佛。不得说眼前杂闲之事，家缘长短之事，亦不须软语安慰咒愿安乐之词，此皆是虚华不实殃及之语。及至病重，命将不可之时，家人亲属不得来前垂泪哭泣，发嗟叹懊恼之声，惑乱心神，失其正念。但教记取阿弥陀佛，一时高声为我念佛，守令气绝。待气尽了，方可哀哭。更或有明解净土之人，频来策励，其理最佳。若如此者，千万往生，必无疑虑也。此是端的要急之旨，当信而行之。

问：求医服药应不用耶？

答：此但论用心耳。服药、医疗，不妨自求。然药只能医病，岂能医命耶？命若尽，药岂奈何？

问：神祇祸福，求祷如何？

答：人命长短，生下已定，何假鬼神延之耶？世人迷惑，反更求邪，杀害众生，祭祀神鬼。但增罪业，倍结冤仇，反损寿矣。大命若尽，小鬼奈何？空自憧惶，必无所济。切宜谨之。当以此文帖，安堂前吃食之处及来往要路之间，令时时见之，常记于心，免见临危忘失。

问：平生不曾念佛者，还用得否？

答：此法僧人、俗人、不念佛人用之，皆得往生，决无疑矣。余多见世人，于平常时念佛礼拜，发愿往生，及到病患临终，但只怕死，都不见言此事。直待形消气绝，识投冥界，方始十念。譬如贼去关门，济何事耶？而况死门事大，须自着便宜。一念蹉跎，历劫受苦，谁人相代？思之思之！

（录自《乐邦文类》卷四）

善导和尚临终往生正念文

知归子问曰：世事之大，莫越生死。一息不来，便属后世。一念差错，便堕轮回。小子累蒙开诲，念佛往生之法，其理甚明。又恐病来死至之时，心识散乱，仍虑他人惑动正念，忘失净因。伏望重示归径之方，俾脱沉沦之苦。

师曰：善哉问也！凡一切人，命终欲生净土，须是不得怕死。常念此身多苦，不净、恶业，种种交缠。若得舍此秽身，超生净土，受无量快乐，解脱生死苦趣，乃是称意之事。如脱弊衣，得换珍服。但当放下身心，莫生恋着。凡遇有病之时，便念无常，一心待死。叮嘱家人，及看病人、往来问候人：凡来我前，为我念佛。不得说眼前闲杂之话，家中短长之事，亦不须软语安慰，祝愿安乐，此皆虚华无益之语。若病重将终之际，亲属不得垂泪哭泣，及发嗟叹懊恼之声，惑乱心神，失其正念。但一时同声念佛，待气尽了，方可哀泣。才有丝毫恋世间心，便成挂碍，不得解脱。若得明晓净土之人，频来策励，极为大幸。若依此者，决定超生，即无疑也。

又问曰：求医服药，还可用否？

答曰：求医服药，初不相妨。然药者只能医病，不能医命。命若尽时，药岂奈何？若杀物命为药，以求身安，此则不可。余多见世人因病持斋，方获少愈，复为医者以酒食鱼肉佐药，其病复作。信知佛力可救，酒肉无益也。

又问曰：求神祈福如何？

答曰：人命长短，生时已定，何假鬼神延之耶？若迷惑信邪，杀害众生，祭祀鬼神。但增罪业，反损寿矣。大命若尽，小鬼奈何？空自慞惶，俱无所济。切宜谨之。当以此文贴向目前，时时见之，免致临危忘失。

又问曰：平生未曾念佛人，还用得否？

答曰：此法僧人、俗人、未念佛人用之，皆得往生，决无疑也。余多见世人于平常念佛礼赞，发愿求生西方，甚是勤拳。及至临病，却又怕死，都不说着往生解脱之事。直待气消命尽，识投冥界，方始十念。恰如贼去关门，济何事耶？死生事大，须是自家着力始得。若一念差错，历劫受苦，谁人相代？思之思之！若无事时，当以此法精进受持，是为临终大事。

（录自《龙舒增广净土文》附录）

善导和尚示临睡入观文

修净土人，凡欲入观，及临睡时，一心合掌，正面西向，若坐、若立、若跪，十声念阿弥陀佛、观音、势至、清净海众竟，发愿云：

弟子某甲，现是生死凡夫，罪障深重，轮回六道，苦不可言。今遇知识，得闻弥陀名号、本愿功德，一心称念，求愿往生。愿佛慈悲不舍，哀怜摄受。弟子某甲，不识佛身相好光明，愿佛示现，令我得见，及见观音、势至、诸菩萨众，彼世界中清净庄严、光明妙相等，令我了了得见。

发愿已，正念入观。或临睡，则正念而寝，不得杂语，不得杂想。或有正发愿时即得见之，或有睡梦中得见。但办专志，必如所愿。

（善导大师，古称阿弥陀佛化身。今此愿文，修净土人所宜深信，慎勿以暂时无验，而辄废惰。务在久远行持，必于净土功不唐捐矣。）

（录自莲池大师辑《诸经日诵集要》）

劝念佛偈

京师比丘善导

渐渐鸡皮鹤发，看看行步龙钟，
假饶金玉满堂，难免衰残老病。
任汝千般快乐，无常终时到来，
唯有径路修行，但念阿弥陀佛。

善导大师传记文献十二种

● 唐道宣《续高僧传·遗身篇》：

近有山僧善导者，周游寰寓，求访道津。行至西河，遇道绰部，唯行念佛弥陀净业。既入京师，广行此化，写《弥陀经》数万卷。士女奉者，其数无量。时在光明寺说法，有人告导曰："今念佛名，定生净土否？"导曰："念佛定生。"其人礼拜讫，口诵"南无阿弥陀佛"，声声相次，出光明寺门，上柳树表，合掌西望，倒投身下，至地遂死，事闻台省。①

● 唐文谂、少康《往生西方净土瑞应传·道绰传》：

唐朝道绰禅师，并州人，玄忠寺讲《观经》二百遍。三县七岁并解念佛。自穿槵珠，劝人念佛。语常含笑，不曾面背西。语善导曰："道绰恐不往生，愿师入定为佛得否？"善导入定，见佛百余尺，曰："道绰现修念佛三昧，不知舍此报身，得往生否？"又问："何年月得生？"答曰："伐树连下斧，无缘莫共语，还家莫辞苦。"又令绰忏悔："一者安居经像于浅处，自居安稳房中，对佛忏悔。二者作功德使出家人，对十方僧忏悔。三者因修建伤损含生，对众生忏悔。"又问："终时有何瑞相，令人见闻？"答曰："亡日我放白毫，远照东方。此光现时，来生我国。"果至亡日，三道光白毫照于房内。（下略）

---

① 观此可知，登寺前柳树投身自绝者，乃师之弟子。然此事轰动一时，流传甚广，至北宋戒珠撰《净土往生传》、王古撰《新修净土往生传》时，已讹为大师所为。后之《龙舒净土文》、《乐邦文类》、《佛祖统纪》、《往生集》、《净土圣贤录》等，皆相沿其讹。

● **唐文谂、少康《往生西方净土瑞应传·善导传》：**

唐朝善导禅师，姓朱，泗州人也。少出家时，见西方变相，叹曰："何当托质莲台，栖神净土！"及受具戒，妙开律师共看《观经》，悲喜交叹，乃曰："修余行业，迂僻难成。唯此观门，定超生死。"遂至绰禅师所，问曰："念佛实得往生否？"师曰："各办一莲花，行道七日，不萎者即得往生。"又东都英法师，讲《华严经》四十遍，入绰禅师道场，游三昧而叹曰："自恨多年空寻文疏，劳身心耳，何期念佛不可思议！"禅师曰："经有诚言，佛岂妄语。"禅师平生常乐乞食，每自责曰："释迦尚乃分卫。善导何人，端居索供？"乃至沙弥并不受礼。写《弥陀经》十万卷，画《净土变相》二百铺，所见塔庙无不修葺。佛法东行，未有禅师之盛矣。

● **唐道镜、善道《念佛镜》：**

善导阇梨在西京寺内，与金刚法师校量念佛胜劣。升高座，遂发愿言："准诸经中，世尊说念佛一法，得生净土。一日七日、一念十念阿弥陀佛，定生净土。此是真实不诳众生者，即遣此堂中二像总皆放光。若此念佛法虚，不生净土，诳惑众生，即遣善导于此高座上即堕大地狱，长时受苦，永不出期。"遂将如意杖指一堂中像，像皆放光。

● **宋戒珠《净土往生传》：**

释善导，不原其姓，亦不悉何许人。周游寰宇，求访道津。唐贞观中，见西河绰禅师，行方等忏，及净土九品道场。导大喜曰："此真入佛之津要，吾得之矣！"于是笃勤精苦，若救头燃。续至京师，击发四部弟子，无间贵贱。彼屠沽辈，亦击悟焉。尝写《弥陀经》数十万卷，散施受持。以故京师至于左右列郡，念经佛者，踵迹而是。或问导曰："念佛之善，生净土耶？"对曰："如汝所念，遂汝所愿。"对已，导乃自念阿弥陀佛。如是一声，则有一道光明从其口出。或其十声，至于百声，光亦如之。导厌此身，诸苦逼迫，情伪变易，无暂休息。乃登所居寺前柳树，西向愿曰："愿佛威神，骤以接我。观音、势至，亦来助我。令我此心，不失正念，不起惊怖，不于弥陀法中以生退堕。"愿毕，于其树上投身自绝。时京师士大夫倾诚归信，咸收其骨以葬。高宗皇帝知其念佛口出光明，又知舍报之时精至如此，下敕以额其寺为"光明"焉。

● **宋王古《新修净土往生传》：**

释善导，不悉何许人。周游寰寓，求访道津。唐贞观中，见西河绰禅师行方等忏，及净土九品道场讲《观经》。导大喜曰："此真入佛道之津要！修余行业，迂僻难成。惟此观门，速超生死。吾得之矣！"于是笃勤精苦，若救头燃。续至京师，激发四部弟子，无问贵贱。彼屠沽辈，亦击悟焉。

导入堂则合掌胡跪，一心念佛，非力竭不休，乃至寒冷亦须流汗，以此相状，表于至诚。出即为人说净土法，化诸道俗，令发道心，修净土行。无有暂时不为利益。三十余年，无别寝处，不暂睡眠。除洗浴外，曾不脱衣。般舟行道，礼佛方等，以为己任。护持戒品，纤毫不犯，曾不举目视女人。一切名利，无心起念。绮词戏笑，亦未之有。所行之处，争申供养。饮食衣服，四事丰饶，皆不自入，并将回施。好食送大厨，供养徒众。唯食粗恶，才得支身。乳酪醍醐，皆不饮啖。诸有赚施，将写《阿弥陀经》十万余卷，所画《净土变相》三百余堵。所在之处，见坏伽蓝及故砖塔等，皆悉营造。燃灯续明，岁常不绝。三衣瓶钵，不使人持洗，始终无改。化诸有缘，每自独行，不共众去。恐与人行，谈论世事，妨修行业。

其有暂申礼谒，闻说少法，或得同预道场，亲承教训，或曾不见闻，披寻教义，或展转授净土法门，京华、诸州僧尼士女，或投身高岭，或委命深泉，或自堕高枝，焚身供养者，略闻四远，向百余人。诸修梵行，弃舍妻子者；诵《阿弥陀经》，十万至三十万遍者；念阿弥陀佛，日得一万、五千至十万遍者；及得念佛三昧，往生净土者，不可知数。或问导曰："念佛之善，生净土耶？"对曰："如汝所念，遂汝所愿。"对已，导乃自念阿弥陀佛。如是一声，则有一道光明从其口出。十声至百声，光亦如之。

导谓人曰："此身可厌，诸苦逼迫，情伪变易，无暂休息。"乃登所居寺前柳树，西向愿曰："愿佛威神，骤以接我。观音、势至，亦来助我。令我此心，不失正念，不起惊怖，不于弥陀法中以生退堕。"愿毕，于其树上投身自绝。时京师士大夫倾诚归信，咸收其骨以葬。高宗皇帝知其念佛口出光明，又知舍报之时精至如此，赐寺额为"光明"焉。

● **宋王古《新修净土往生传》：**

唐往生高僧善导[①]，临淄人也。幼投密州明胜法师出家，诵《法华》、《维摩》。忽自思曰："教门非入一道一途，若不契机，功即徒设。"于是投《大藏经》，信手探之，得《无量寿观经》，便喜诵习。于十六观，恒谛思惟，忱节西方，以为冥契。欣慧远法师胜躅，遂往庐山，观其遗范，乃豁然增思。自后历访名德，幽求妙门，功微理深，未有出般舟三昧者，毕命斯道。后遁迹终南悟真寺，未逾数载，观想忘疲，已成深妙。便于定中，备观宝阁、瑶池、金座，宛在目前。涕泗交流，举身投地。既获胜定，随方利物。

初闻绰禅师，晋阳开阐。欲不远千里，从而问津。时逢玄冬之首，风飘落叶，填满深坑。遂挈瓶钵，入中安坐，一心念佛，不觉已度数日。乃闻空中声曰："可得前行，所在游履，无复罣碍。"遂出坑进程，至绰禅师所，展会夙心。绰公即授与《无量寿经》。导披卷详之，比来所睹宛

---

① "善导"，据日僧良忠《观经玄义分传通记》作"善道"，今依日本源空《类聚净土五祖传》所录。古代有两位善导的说法，即始于本传。《佛祖统纪》录作"善道"，此后为《往生集》、《净土圣贤录》等沿用。今考《往生西方净土瑞应传》道绰、善导二人之传，则《新修净土往生传》二善导，其主要事迹实系一人。《观经玄义分传通记》论证二人有十一同，认为："敏仲侍郎闻于两说，辞有少异，故误为二人欤。"

在。因即入定，七日不起。或问导曰："弟子念佛，得往生否？"导令办一茎莲花，置之佛前。行道七日，花不萎悴，即得往生。依之七日，果然花不萎黄。

绰叹其深诣，因请入定，观当得生否。导即入定，须臾报曰："师当忏三罪，方可往生。一者，师尝安佛尊像在檐牖下，自处深房。二者，驱使策役出家人。三者，营造屋宇，损伤虫命。师宜于十方佛前忏第一罪，于四方僧前忏第二罪，于一切众生前忏第三罪。"绰公静思往咎，皆曰不虚，于是洗心悔谢。讫而见导，即曰："师罪灭矣，后当有白光照烛，是师往生之相也。"

导化洽京辈，道俗归心者如市。后于所住寺院中画《净土变相》，忽催令速成就。或问其故，则曰："吾将往生，可住三两夕而已。"忽然微疾掩室，怡然长逝，春秋六十有九。身体柔软，容色如常。异香音乐，久而方歇。时永隆二年三月十四日。

● **宋王日休《龙舒净土文》：**

唐京师僧善导，贞观中，见西河绰禅师净土九品道场。于是笃勤精苦，若救头燃。每入佛堂，合掌胡跪，一心念佛，非力竭不休，虽寒冰亦须流汗，以表至诚。出即为众说净土法门，无暂时不为利益。三十余年，不暂睡眠。般舟行道，礼佛方等，专为己任。护持戒品，纤毫不犯，未尝举目视女人。绝意名利，远诸戏笑。所行之处，净身供养。饮食衣服有余，并以回施。好食送大厨供众，粗恶自食。乳酪醍醐，皆不饮啖。诸有赚施，用写《阿弥陀经》十万余卷，画《净土变相》三百余壁。见坏寺废塔，皆悉修营。燃灯续明，每岁不绝。三衣瓶钵，不使人持洗，始终无改。不与众同行，恐谈世事，妨修行业。展转授净土法门者，不可胜数。

或问导云："念佛之善，生净土否？"答云："如汝所念，遂汝所愿。"于是导自念"阿弥陀佛"一声，则有一道光明，从其口出。十声以至百声，光明亦如此。其《劝化偈》云："渐渐鸡皮鹤发，看看行步龙钟。假饶金玉满堂，难免衰残老病。任是千般快乐，无常终是到来。唯有径路修行，但念阿弥陀佛。”后谓人曰：“此身可厌，吾将西归。”乃登寺前柳树，投身自绝。高宗见其念佛口出光明，又舍身时精至如此，赐寺额为“光明”。

本朝慈云式忏主《略传》云：阿弥陀佛化身，至长安闻浐水声，乃曰：“可教念佛。”三年后，满长安城中念佛。后有法照大师，即善导后身也。

● **宋志磐《佛祖统纪·净土立教志》：**

善道，临淄人，入《大藏》信手探卷，得《观无量寿佛经》，乃专修十六妙观。及往庐山，观远公遗迹，豁然增思。后遁迹终南，修般舟三昧数载，睹宝阁、瑶池，宛然在目。复往晋阳，从绰禅师授《无量寿经》，入定七日。绰请观所生处，道报曰：“师当忏悔三罪，方可往生。师尝安佛像在檐牖下，自处深房，此一罪也，当于佛前忏。又尝役使出家人，此二罪也，当于四方僧前忏。又因造屋多损虫命，此三罪也，当于一切众生前忏。”绰静思往咎，洗心悔谢。久之，道因定出，谓绰曰：“师罪灭矣，后有白光来照之时，是往生相也。”道行化京师，归者如市。忽微疾，即掩室怡然而逝。异香天乐，向西而隐。

● **明莲池大师《往生集》：**

唐，善导，贞观中，见西河绰禅师九品道场，喜曰：“此真入佛之津要！修余行业，迂僻难成。唯此法门，速超生死。”于是勤笃精苦，昼夜礼诵，激发四众。每入室，互跪念佛，非力竭不休。出则为人演说净土。三十余年不暂睡眠，好食送厨，粗恶自奉。凡有赈施，用写《弥陀经》十万卷，《净土变相》三百壁，修营废坠，燃灯续明。三衣瓶钵，不使人持。行不共众，恐谈世事。从其化者甚众，有诵《弥陀经》十万至五十万遍者，有念佛日课万声至十万声者。得念佛三昧，往生净土者，莫能纪述。或问：“念佛生净土耶？”师曰：“如汝所念，遂汝所愿。”乃自念一声，有一光明从其口出。十至于百，光亦如之。其《劝世偈》曰：“渐渐鸡皮鹤发，看看行步龙钟。假饶金玉满堂，岂免衰残病苦。任汝千般快乐，无常终是到来。唯有径路修行，但念阿弥陀佛。”忽谓人曰：“此身可厌，吾将西归。”乃登柳树，向西祝曰：“愿佛接我，菩萨助我，令我不失正念，往生净土。”言已，投身而逝。高宗皇帝知其事，赐寺额曰“光明”云。

赞曰：善导和尚，世传弥陀化身。观其自行之精严，利生之广博，万代而下，犹能感发人之信心，脱非弥陀，必观音、普贤之俦也。猗欤大哉！

● **清彭希涑《净土圣贤录》：**

善导，不详其所出。贞观中，见西河绰禅师净土九品道场，喜曰：“此真入佛之津要！修余行业，迂僻难成。唯此法门，速超生死。”于是勤笃精苦，昼夜礼诵。旋至京师，激发四众。每入室，长跪唱佛，非力竭不休，出则演说净土法门。三十余年，未尝睡眠。护持戒品，纤毫不犯。好食供众，粗恶自奉。所有賝施，用写《阿弥陀经》十万余卷，画《净土变相》三百壁，修营塔寺，燃灯续明。道俗从其化者甚众，有诵《弥陀经》十万至五十万遍者，有日课佛名自一万至十万者。其间得三昧生净土者，不可纪述。或问：“念佛生净土耶？”导曰：“如汝所念，遂汝所愿。”乃自念一声，有一光明从其口出。十至于百，光亦如之。其《劝世偈》曰：“渐渐鸡皮鹤发，看看行步龙钟。假饶金玉满堂，岂免衰残病苦。任汝千般快乐，无常终是到来。唯有径路修行，但念阿弥陀佛。”

或问：“何故不令人作观，直遣专称名号耶？”

答曰：“众生障重，境细心粗，识扬神飞，观难成就。是以大圣悲怜，直劝专称名字。正由称名易故，相续即生。若能念念相续，毕命为期者，十即十生，百即百生。何以故？无外杂缘得正念故，与佛本愿相应故，不违教故，顺佛语故。若舍专念，修杂业者，百中稀得一二，千中稀得三四。何以故？杂缘乱动，失正念故；与佛本愿不相应故；与教相违故；不顺佛语故；系念不相续故；心不续念报佛恩故；虽作业行，常与名利相应故；乐近杂缘，自障障他往生正行故。比见诸方道俗，解行不同，专杂有异。但使专意作者，十即十生。修杂不至心者，千中无一。愿一切人等善自思惟，行住坐卧，必须厉心克己，昼夜莫废，毕命为期。前念命终，后念即生，长时永劫受无为法乐，乃至成佛，岂不快哉！”

又作《临终正念文》曰：“凡人临终，欲生净土者，须是不得怕死。常念此身多苦，不净、恶缘种种交缠。若得舍此秽身，超生净土，受无量快乐，解脱生死苦趣，乃是称意之事。如脱弊衣，得换珍服。放下身心，莫生恋着。才遇有病，便念无常，一心待死。须嘱家人及问候人，来我前者，为我念佛，不得说眼前闲杂之话，家中长短之事。亦不须软语安慰，祝愿安乐，此皆虚华无益。若病重将终，亲属不得垂泪哭泣，及发嗟叹懊恨声，惑乱心神，失其正念。但教记取阿弥陀佛，守令气尽。若得明解净土之人，频来策励，极为大幸。用此法者，决定往生，无疑虑也。死门甚大，须自家着力始得。一念差错，历劫受苦，谁人相代？思之思之！”

导一日忽谓人曰：“此身可厌，吾将西归。”乃登寺前柳树，向西祝曰：“愿佛接我，菩萨助我，令我不失正念，得生安养。”言已，投身而逝。高宗知其神异，赐寺额曰“光明”云。

● **民国印光大师《莲宗十二祖赞颂·唐二祖长安光明善导大师》：**

师当唐初，各宗盛行。提倡净土惬群情，佛力谁与京？若肯投诚，西方定往生。

世传师是弥陀现，提倡念佛义周赡。切诫学者须㧑谦，兼使极力生欣厌。解宜遍通一切法，行择机理双契干。念佛出光励会众，所说当作佛说看。

净土宗三祖承远大师

承远大师（712～802），中国净土宗第三祖。俗姓谢，四川绵竹人。出家前师事成都处寂禅师（又称唐禅师）。开元二十三年（735），至荆州玉泉寺，依惠真法师剃度。后遵师命往南岳衡山，从通相和尚受具足戒。这时从天竺游学归来的慧日法师，由长安来到广州弘传净土法门，遂前往倾心求教。慧日法师教以不可超然独善，应依《无量寿经》修念佛三昧，广行教化，以拯济群生。自此顿息诸缘，一心专修净土。天宝初年返回衡山，于山之西南建茅舍，号“弥陀台”。艰苦修行，证得念佛三昧，常感圣境现前。二十年后，永泰元年（765），法照大师在庐山结西方道场，修观入定，见阿弥陀佛座下有老比丘，身着敝衲，侍立佛侧，询知是南岳的承远大师，即往衡山面谒，受般舟三昧之法。由此远近风闻，受大师教化者数以万计，人称“弥陀和尚”。

法照大师到南岳弥陀台不久，即依《无量寿经》创立五会念佛之法。大历四年（769），由南岳前往五台山，于并州等地弘传五会念佛，后被代宗皇帝尊为国师。法照奏师有至德，代宗遥对承远大师顶礼，并为弥陀台念佛道场赐名“般舟道场”，以示尊崇。贞元年间，德宗皇帝再赐寺额“弥陀寺”。

贞元十八年（802）七月，大师告别诸弟子，安祥趺坐，示寂于弥陀寺，享年九十一岁。元和三年（808），吕温撰《南岳弥陀寺承远和尚碑》。七年（812），柳宗元撰《南岳弥陀和尚碑》。

承远大师传记文献六种

● **唐吕温《南岳弥陀寺承远和尚碑》：**

原夫法起于无，色生于妄。求离于色者，未得皆空。徇念于无者，斯为有着也。是以至人心无所念，念无所求。利未动而谁安，本不燃而何灭？然而利根难植，顿诣罕闻。不有舟梁，孰弘济度。匪因陛级，莫践堂途。必在极力以持其善心，慧念以夺其浮想。不以身率，谁为教先？谁能宏之，则南岳大师其人也。

师讳承远，汉州绵竹县谢氏之子。积修妙性，宿起冥因。乘报现身，应期宏道。自天钟美，因地禀灵。七尺全躯，峨岷与瞻敬之状。九漏悬解，江汉资清净之源。殊相夙成，隐照潜发。甫志学，始游乡校，惊《礼》《乐》之陷阱，觉《诗》《书》之桎梏，忽忽不乐，未知所逃。俄有信士，以《尊胜真言》，质疑于学。怡然耸听，宛若前闻。识契心冥，神动意往。遂涕诀慈顾，行徇幽缘。初事蜀郡唐禅师，禅师学于资州诜公，诜公得于东山弘忍。坚林[1]不尽，秘键相传。师乃委质僮役，服勤星岁，旁窥奥旨，密悟真乘。

既壮游方，沿峡东下。开元二十三年，至荆州玉泉寺，谒兰若真和尚。荆蛮所奉，龙象斯存。历劫方契其幽求，一言悬会于灵受。爰从剃毁，始备缁锡。昂然古貌，森映高松。真公南指衡山，俾分法派。越洞庭，浮湘沅，息于天柱之阳，从通相先师受声闻具戒。三乘之经教，四分

① 坚林，坚固林的简称，即娑罗林，本师释迦牟尼佛入灭之地。

之纪律，八正之伦要，六度之根源，莫不更赞神机，递归心术。

闻京师有慈敏三藏[①]，出在广州。乃不远重阻，星言[②]睹谒。学如不足，求所未尽，一通心照，两舍言筌。敏公曰："如来付授吾徒，用弘拯救。超然独善，岂曰能仁？"俾依《无量寿[③]经》而修念佛三昧，树功德劫，以济群生。由是顿息诸缘，专归一念。天宝初岁，还于旧山。山之西南，别立精舍，号"弥陀台"焉。薙草编茅，仅蔽经像。居靡童侍，室无斗储。一食不遇，则茹草而过。敝衲莫完，而岁寒自若。奉持赞叹，苦剧精至。恒于真际，静见大身，花座踊于意田，宝月悬于眼界。

永泰中，有高僧法照者，越自东吴，求于庐阜，尊远公教迹，结西方道场。入观积旬，至想傍达，见弥陀座下，有老比丘焉。启问何人？答曰："南岳承远，愿告吾土，胜缘既结，真影来现。"照公退而惊慕，径涉衡峰，一披云外之尘，宛契定中之见。因缘昭晰，悲喜流涕。遂执抠衣之敬，愿承入室之顾。

大师德因感著，道以证光。远近聆风，归依载路。于是大建法宇，以从人欲。轮奂云起，丹刻化成，走檀信于十方，尽庄严于五会。香花交散，钟梵相宣，火宅之烟焰皆虚，欲海之波澜自定。加以宝装秘偈，建幢于台前。玉篆真文，揭碑于路左。施随求之印，以广销业累。造轮转之藏，以大备教典。劝念则编牓于崖谷，励学则兼述于缣缃。其欲人如身，慈惠恳至，皆此类也。

大师峰栖木下六十余年，苦节真修，老而弥笃。夙开户牖，久启津途。法界之尊重在焉，天人之瞻仰如是。常陋处方丈，志行平等，食不重味，寒不兼衣。王公之珍服盈厢，甿庶之金钱布地，莫不回修佛事，赡养孤老。凡言施者，以是报之。期颐将及，志力无替。早钟会食，到必先

① 即慈愍三藏。古文"敏"、"愍"二字相通，如晋王羲之《杂帖》："哀敏痛心。"

② 星言，意为及早动身、急速出发。语出《诗经·墉风·定之方中》："星言夙驾，说于桑田。"

③ "寿"，原文作"受"，古文二字相通。

众。夕磬虔念，居恒达晨。其克己练心，慎终如始，皆此类也。

大历末，门人法照辞谒五台。北辕有声，承诏入觐。坛场内殿，领袖京邑。托法云之远荫，自感初因。分慧日之余光，宁忘本照。奏陈师德，乞降皇恩，由是道场有“般若”之号。

贞元岁，某获分朝寄，廉问湘中。近照德辉，获探众妙。况灵岳直午，先皇本命。宜有上士，斯焉护持。表求兴崇，诏允诚愿。台虽旧号，其命维新，寺由是有“弥陀”之额。度生二七，会供千人。中贵巡香，守臣视馔。瑶图花捧，宝字烟开。宠降九天，晖映三界。师亦建不坏之塔，以寿君亲。修无边之功，以福邦国。梵王之能事毕矣，法门之荣观备矣。

贞元十八年，孟秋既望，顾命弟子，申明教戒，扫室趺坐，恬然化灭。报龄九十有一，僧腊六十有五。先是，忽告门人曰：“国土空旷，各宜勉力。”数月而灾火焚寺，周岁而吾师解形。此盖宝去山枯，龙移水涸。空旷之旨，乃明前知。法众崩恸，若坏梁木。邦人号赴，如失舟航。以其年九月七日，还神于寺之南冈，即安灵塔，教也。前后受法弟子百有余人，而全得戒珠、密传心印者，盖亦无几。比丘惠诠、知明、道侦、超然等，皆奥室之秀者，以瞻奉将远，经行坐芜，永怀于极，见托碑纪。移有道于物外，真无愧词。比遗爱于人间，诚当堕泪。铭曰：

浩浩清尘，茫茫逝川。大雄作矣，救物为先。能明大教，非师有缘。不宰功立，忘机智全。谁其宏之，南岳命代。习识虚受，应身圆对。理则归空，教惟不昧。末摇本静，行苦神泰。云迹一灭，天星六周。热恼就濯，童蒙来求。摄以尊念，驱之力修。我法有户，谁能不由。甘露晨稀，香云夕卷。彼岸方济，慈舟忽远。炉烟如在，塔树勿翦。刊勒丰碑，永想正眼。（《全唐文》卷六百三十）

● **唐柳宗元《南岳弥陀和尚碑》：**

在代宗时，有僧法照，为国师，乃言其师南岳大长老有异德。天子南向而礼焉，度其道不可征，乃名其居曰“般舟道场”，用尊其位。

公始居山西南岩石之下，人遗之食则食，不遗则食土泥，茹草木。其取衣类是。南极海裔，北自幽都，来求厥道。或值之崖谷，羸形垢面，躬负薪樵，以为仆役而媟之，乃公也。凡化人，立中道而教之权，俾得以疾至，故示专念。书途巷，刻溪谷，丕勤诱掖，以援于下。不求而道备，不言而物成。人皆负布帛，斩木石，委之岩户，不拒不营。祠宇既具，以洎于德宗，申诏褒立，是为弥陀寺。施之余，则与饿疾者，不尸其功。

公始学成都唐公，次资州诜公，诜公学于东山忍公，皆有道。至荆州，进学玉泉真公。真公授公以衡山，俾为教魁，人从而化者以万计。初，法照居庐山，由正定趣安乐国，见蒙恶衣侍佛者。佛告曰："此衡山承远也。"出而求之，肖焉，乃从而学。传教天下，由公之训。

公为僧凡五十六年，其寿九十一，贞元十八年七月十九日终于寺。葬于寺之南冈，刻石于寺大门之右。铭曰：

一气回薄茫无穷，其上无初下无终。离而为合蔽而通，始末或异今焉同。虚无混冥道乃融，圣神无迹示教功。公之率众峻以容，公之立诚教其中。服庇草木蔽穹隆，仰攀俯取食以充。形游无极交大雄，天子稽首师顺风。四方奔走云之从，经始寻尺成灵宫。始自蜀道至临洪，咨谋往复穷真宗。弟子传教国师公，化流万亿代所崇。奉公寓形于南冈，幼曰弘愿惟孝恭，立之兹石书玄踪。（《柳子厚文集》卷六、《全唐文》卷五百八十七）

● **宋王古《新修净土往生传》：**

南岳弥陀和尚承远，始学于成都唐，次资州诜，诜即黄梅忍公法嗣也。居岩石之下，人遗之食则食，不遗则食土泥、茹草木，其取衣亦类是。初，法照国师在庐山入三昧，于安乐国见蒙弊衣侍佛者。弥陀告曰："此衡山承远也。"出而密求，见师于岩谷间，羸形垢面，负薪汲水，以供清众，望之释然定中所见也。问其事符契，乃师事之。法照至京，为代宗言师道德，天子南向礼焉。其后名益显，人皆负布帛，运木石以送。不拒不营，祠宇不日而成。德宗赐额曰"弥陀寺"。人从其化者以万计。凡物供众有余，即以施饿疾者。后安坐终于寺，寿九十一。

●明莲池大师《缁门崇行录》：

唐，承远，始学于成都，后住衡山西南岩。人遗之食则食，不遗则茹草木而已。有慕而造者，值于崖谷，羸形垢面，躬负薪樵，以为仆从而忽之，不知其为远也。代宗闻其名，赐所居号“般舟道场”，世称莲社三祖云。

赞曰：茆茨构而尧堂疑于村舍，衣服恶而禹迹疑于野人。况释子以钵衲支身者耶？今时有侈服饰，置臧获，唯恐人之不知，而扬扬过闾里者，亦可以少愧！

●清彭希涑《净土圣贤录》：

承远，不详其所出。始学于成都唐公，次资川诜公。至荆州，进学于玉泉真公。真公令居衡山设教，人从而化者万计。始居山西南岩石下，人遗之食则食，不遗则食土泥。羸形垢面，躬负薪槱。凡化人，立中道而教之权，俾得以疾至，故示专念法门。书途巷，刻溪谷，丕勤诱掖。人皆负布帛，斩木石，委之岩户，不拒不营。祠宇既具，是为弥陀寺。营造之余，则施与饿疾者。贞元十八年七月十九日，终于寺，年九十一。先是有释法照者，居庐山，由正定中，趋安乐国，见蒙恶衣侍佛者。佛告曰：“此衡山承远也。”出而求之，肖焉。乃从之学，传教天下。照在代宗时为国师，言其师有至德。天子南向而礼焉，度其德不可征，乃名其居曰“般舟道场”。柳宗元为制碑，立石寺门之右。

●民国印光大师《莲宗十二祖赞颂·唐三祖南岳般舟承远大师》：

羸形垢面，侍弥陀傍。法照神游得观光，佛示其名坊。往嗣门墙，心法永传扬。

般舟苦行世难堪，绝粮泥土作所餐。常将经要佛名号，遍书途巷岩石间。念佛佛教特别法，来学以此令心安。天子闻名南向礼，故得道风四海传。

唐代净土祖师全集

净土宗四祖法照大师

法照大师，中国净土宗第四祖。南梁人。永泰元年（765），由东吴来到庐山，瞻礼慧远大师教迹，结西方道场，专心修习净土观法。一日在定中见到极乐世界，见阿弥陀佛座下有一位老比丘，身着敝衲，侍立于佛侧，询知为南岳衡山的承远大师。法照大师感到非常吃惊，对承远大师的精深修为仰慕不已，即刻前往衡山面谒，亲聆慈训，悲喜流涕，受般舟念佛专修之法。

永泰二年（766）四月，法照大师于南岳弥陀台念佛道场专修时，见到阿弥陀佛现身，亲授五会念佛之法。如《无量寿经》描述西方极乐世界风吹宝树所发音声："清风时发，出五音声，微妙宫商，自然相和。""自然风起，吹七宝树，出五音声。"此五会念佛之法即是仿照极乐世界水鸟树林等自然发出的五种念佛音声，声调、缓急各有不同，供举行念佛法事时集体唱念。

法照大师依定中所见，及《无量寿经》经文，创立五会念佛之法，便开始在南岳一带弘传。由于大师的感化力和信众的虔诚，常会有不可思议的灵异现象出现。如大历四年（769）夏，大师在衡州湖东寺开启为期九十日的五会念佛道场。六月二日未时，有五色彩云弥覆其寺。衡州当地居民见到阿弥陀佛与文殊、普贤等一万菩萨降临道场，身形高大。其景象至酉时才消失。

大历五年（770）四月，大师前往五台山朝礼，在大圣竹林寺亲见文殊、普贤二菩萨，叩问修行法要。文殊菩萨回答："诸修行法门中，以观佛念佛，供养三宝，依此福慧双修，最为径要。"这更加坚定了他专修专弘念佛法门的信心。随后他于并州（今山西太原市）等地继续弘传五会念佛，名声远播。代宗皇帝在宫中隐约听到远方念佛之声，派遣宫使北上寻找，始知大师劝化之盛，遂诏请入京，教宫人念佛，并尊为国师。

现存大师著述，有《净土五会念佛诵经观行仪》、《净土五会念佛略法事仪赞》两种。《净土五会念佛诵经观行仪》于大历九年（774）冬撰于太原龙兴寺，原为三卷，分为十门，详细叙述五会念佛仪规。《净土五会念佛略法事仪赞》是其后于长安章敬寺净土院所撰，分为本、末二卷，供举行较小规模法事使用。前后两编大约有二十一种赞文内容相同。在现存版本中，除了大师自撰的赞偈外，还收录了彦琮、善导、慧日、净遐、神英、灵振、惟休等净宗大德撰写的净土礼赞文，弥足珍贵，对于了解唐代净土信仰的传播与思想脉络，有着极为重要的价值。

大师著述于中土早已失传。《净土五会念佛略法事仪赞》尚存于日本，收于《大正藏》第四十七册。《净土五会念佛诵经观行仪》则于近代在敦煌文献中发现，仅存中、下二卷，收于《大正藏》第八十五册。由于传抄久远，现存版本错讹甚多。兹以两书相同内容互校，并参考相关文献，尽可能作了订正。然而文献不足，诸多未尽之处，愿待后贤再为继之。

净土五会念佛略法事仪赞

唐南岳沙门法照于上都章敬寺净土院述

净土五会念佛略法事仪赞本

夫如来设教，广略随根，终归乎实相，得真无生者，孰能与于此哉！然念佛三昧，是真无上深妙禅门矣。以弥陀法王四十八愿，名号为佛事，愿力度众生，所以五会声流于常宫，净教普沾于沙界。故《华严经》云：三贤乃至一切诸佛无上菩提，皆不离念佛、念法、念僧而生。故《法华》、《维摩》等经，有以音声语言而作佛事，又声名句文为诸经体。岂同今之学者，紫金之容都拨为有相，髻珠之教悬指为文字，语无色则舍于真色，论无声乃厌于梵声，坐号无为，行称失道，即颠坠邪山，良可悲矣！今则不然，且《金刚般若》云：六度万行，一切善法，无非佛因。此是释迦、三世诸佛诚谛真言，足以为信，敬可依行。

今依《大无量寿经》，五会念佛。若广作法事，具在《五会法事仪》三卷。启赞《弥陀》、《观经》，广说由序，问答释疑，并在彼文，亦须具写寻读，流传后世。若略作法事，即依此文。

凡作法事人，若道若俗，多即六七人，少即三五人，拣取好声解者，总须威仪齐整，端坐合掌，专心观佛，齐声齐和。切不得笑，左右顾视。起真实悲济之心，勿为名利。众诠一人为座主，稽请、庄严、经赞法事，须知次第。一人副座，知香火、打磬，同声唱赞，专知捡挍。

先须焚香、声磬，召请圣众。当座人念佛一声，白众云："敬白道场众等，总须发至诚心，端坐合掌，观想阿弥陀佛、一切贤圣，如对目前。

若能如是用心，即贤圣降临，龙天护念，听闻经赞法事。令众等即于言下灭无量罪，获无量福，心开意解，速证甚深念佛三昧，得无生忍，获大总持，具六波罗蜜，神通自在。”言讫，即打磬一下。作梵了，念阿弥陀佛、观音、势至、地藏菩萨，各三五十声，然后至心稽请。次庄严了，依前念佛。即须观其道场徒众多少，或昼或夜，或广或略。有道场请主，为何善事，切须知时，别为庄严，广与念诵。

坐道场时，或有两坐、三坐，乃至多坐。其《弥陀》、《观经》，一坐一启。《散花乐》及诸赞文，总须暗诵，周而复始。经赞必须精熟，不得临时把本。唯《五会妙音》，一坐独作不得声。若准一坐，启经法事即广略看时。其诸依次诵之，《散花乐》为首。其《散花乐》一坐一句，诸《宝鸟》、《相好》、《维摩》、《五会》、大小《般若》、《般舟》、《涅槃》等赞，一坐两句为声打磬。《净土乐》、《六根赞》、《西方乐》、《出家乐》礼赞等，并四句为准。《道场乐》，一句而已。从《弥陀》、《观经》以后诸赞，皆须第三会念佛和之。诵诸赞了，欲散，即诵《道场乐》，音即高声，须第三会念阿弥陀佛三百余声，最后唱《西方礼赞》、《天台智者回向发愿文》，取散。

智者必须深厌生死，正念思惟念佛三昧。普为法界六道怨亲，愿同生极乐，速成无上菩提，专心学取五会真声，传于未来，广度群品。若不师学，滥授与人，转误后学，失其宗旨，即却招其咎，无利福田。普劝现在及以未来道俗，广作五会真声。念佛三昧，理事双修，相无相念，即与中道实相正观相应。

问曰：五会念佛，有何利益，复何所表？

答曰：即于此生为能离五浊烦恼，除五苦，断五盖，截五趣，净五眼，具五根，成五力，得菩提，具五解脱，速能成就五分法身。五会念佛，功力如斯，最胜无比。尽此一形，顿舍最后凡夫之身，生极乐国，入菩萨圣位，得不退转，疾至菩提。实为佛任此事，终不虚也。

云何梵

云何得长寿，金刚不坏身，
复以何因缘，得大坚固力。
云何于此经，究竟到彼岸，
愿佛开微密，广为众生说。

稽请文

（依各一请一别礼）

南无一心奉请本师释迦牟尼佛。
南无一心奉请十方三世诸佛。
南无一心奉请阿弥陀佛。
南无一心奉请观世音菩萨。
南无一心奉请大势至菩萨。
南无一心奉请十方诸大菩萨摩诃萨。
南无一心奉请十方声闻、缘觉、一切贤圣僧。

庄严文

粤大哉至理，真法一如。化物利人，弘誓各别。故我释迦应生于浊世，阿弥陀出现于净土。方净秽两殊，利益齐一。若易修易证真，唯净土教门。然彼西方，殊妙难比。其国土也，严以百宝，莲敷九品以收人。其名号也，能荡千殃，音开五会而摄物。故使称其名者，则十方诸佛常护其人。愿生其国者，则异花五云争捧其座。是知弥陀悲愿不可思议，实谓启三界之横门，截四生之直路。故得恒沙诸佛舒舌证明，劝念弥陀，令生佛国。若不以斯净教所在佛宣，则何以能令未闻者闻，未见者见？今之念佛，意在兹焉。

惟愿释、梵、护世，卫国卫人。八部天龙，调风调雨。伏愿皇帝轮宝飞来，韬戈偃甲，舜泽遐沾于万国，尧风远被于八荒。太子声飞洊雷，诸王志坚磐石，公主银楼耀彩。卿相永镇，台衡无戎。节钺长光，尧天永佐。郎官侍御，云飞省阁，星映天台。大将高斑，荣耀日新，台逾百胜。长官马分骢色，衣含绣文。亟薄慰等，佐理分忧，清声远振。禅和尚定水澄净，禅河厕清，慈风莫收，慧日长挂。法和尚道山弥峻，慧海逾深，久住人天，常为舟楫。律和尚戒珠常净，无惭照乘之理，定沼恒清，岂谢沧浪之漾。当寺三纲，照彰梵宇，宿睦桑门。徒众禀其清风，寺舍和于水乳。诸阇梨等，三学圆明，慧灯长映，愿弘斯教，同往净土。尼众等戒月常明，凝神入定，恒春道树，永秀觉花。诸公等福霈山岳，寿齐椿鹤。夫人娘子，玉质长春，千秋不易。清信士女等，恒沙业累，闻佛名以冰消，无量福田，随念佛而增长。观业成就，三昧现前，若坐若行，常见诸佛。

然愿佛日高悬，法轮大阐，幽途息苦，钾丘心宁。希望者何愿不从，所念者应时咸遂。有情有识，同超有漏之因。此界他方，咸愿同生安乐。阿弥陀佛福海无边。大众虔诚，普为念阿弥陀佛。

散花乐文

（依《大般若经·散花品》）

散花乐，散花乐，奉请释迦如来入道场，散花乐。

散花乐，散花乐，奉请十方如来入道场，散花乐。

散花乐，散花乐，奉请弥陀如来入道场，散花乐。

散花乐，散花乐，奉请观音、势至、诸大菩萨入道场，散花乐。

道场庄严极清净，散花乐，天上人间无比量，散花乐。

五会念佛

（梁汉沙门法照，大历元年夏四月中，起自南岳弥陀台般舟道场，依《无量寿经》作。）

问曰：五会念佛，出在何文？

答曰：《大无量寿经》云："或有宝树，砗磲为本，紫金为茎，白银为枝，琉璃为条，水精为叶，珊瑚为花，玛瑙为实。行行相值，茎茎相望，枝枝相准，叶叶相向，花花相顺，实实相当。荣色光耀，不可胜视。清风时发，出五会音声，微妙宫商，自然相和，皆悉念佛、念法、念僧。其闻音者，得深法忍，住不退转，至成佛道。”

又释“五会念佛”。“五”者是数[①]，“会”者集会。彼五种音声，从缓至急，唯念佛法僧，更无杂念。念则无念，佛不二门也。声则无声，第一义也。故终日念佛，恒顺于真性。终日愿生，常使于妙理。发心有如此者，必降天魔，击法鼓，六种震动，四花繁雨，金刚宝座正觉可期也。故《观经》曰：“若念佛者，当知此人中分陀利花，名为稀有。观世音、大势至，为其胜友。当坐道场，生诸佛家。”是以如来尝[②]于三昧海中，举网绵手谓父王曰：“王今坐禅，但当念佛。”岂同离念求乎无念，离生求于无生，离相好求乎法身，离文字求乎解脱？夫如是者，则住于断灭见，谤佛毁经，成破[③]法业，坠无间矣。凡在修道，可不慎欤[④]？可不敬欤[⑤]？

又《观佛三昧海经》云：“此观佛三昧，是破戒者护，失道者依，烦恼贼中大勇猛将，首楞严王百千三昧所出生处。”亦名诸三昧母，亦名诸三昧王，亦名诸佛共所印可定，亦名如来禅。非二乘、外道等禅，信可知矣。

此五会念佛声势，点大尽长者，即是缓念。点小渐短者，即是渐急念。须会此意。

● 第一会　平声缓念　南无阿弥陀佛

● 第二会　平上声缓念　南无阿弥陀佛

● 第三会　非缓非急念　南无阿弥陀佛

---

① 原本作“五者会是数”，“会”字疑衍，今删。

② “尝”，原本作“常”，今改。

③ “破”，原本作“櫃”，今改。参见望月信亨《支那净土教理史》。

④ “欤”，原本作“毁”，今改。

⑤ “欤”，原本作“欺”，今改。

● 第四会　渐急念　南无阿弥陀佛

● 第五会　四字转急念　阿弥陀佛

五会念佛竟，即诵《宝鸟》诸杂赞。

宝鸟赞

（依《阿弥陀经》）

极乐庄严间杂宝（弥陀佛），实是稀奇闻未闻（弥陀佛弥陀佛），
宝鸟临空赞佛会（弥陀佛），哀婉雅亮发人心（弥陀佛弥陀佛）。
昼夜连声无有息（弥陀佛），文文句句理相同（弥陀佛弥陀佛），
或说五根七觉分（弥陀佛），或说八圣慈悲门（弥陀佛弥陀佛），
或说他方杂[1]恶道（弥陀佛），或说地狱封人天（弥陀佛弥陀佛），
或说散善波罗蜜（弥陀佛），或说定慧入深禅（弥陀佛弥陀佛），
或说长时修苦行（弥陀佛），或说无上菩提因（弥陀佛弥陀佛），
菩萨声闻闻此法（弥陀佛），处处分身转法轮（弥陀佛弥陀佛）。
愿此法轮相续转（弥陀佛），道场众等益长年（弥陀佛弥陀佛），
众等回心生净土（弥陀佛），手执香花往西方（弥陀佛弥陀佛）。

维摩赞

（依《维摩经》）

佛国清净从心现（难思议），种种庄严心里生（难思议维摩诘），
足指按地三千界（难思议），虚空性海坐花台（难思议维摩诘）。
毗耶离城方丈室（难思议），有一居士号维摩（难思议维摩诘），
托病现身而有疾（难思议），国主王子悉来遇（难思议维摩诘）。
无量声闻菩萨众（难思议），欲遣问病不堪任（难思议维摩诘），
唯有文殊入征问（难思议），居士所疾是何因（难思议维摩诘）？

---

① “杂”，原本作“离”，据《净土五会念佛诵经观行仪》改。

答曰病从痴爱起（难思议），我病非有亦非无（难思议维摩诘），
广说身是无常法（难思议），阴界诸入合成身（难思议维摩诘）。
菩萨毛端容大海（难思议），芥子之内纳须弥（难思议维摩诘），
手掷世界他方外（难思议），室中天女悟无生（难思议维摩诘）。

相好赞

（依《相好经》）

世尊往昔尘沙劫（弥陀佛），苦行勤修相好身（弥陀佛弥陀佛），
今已得成无见顶（弥陀佛），复生绀发旋螺文（弥陀佛弥陀佛），
眉间毫相颇梨色（弥陀佛），右旋宛转琉璃筒（弥陀佛弥陀佛），
齿如珂珮皆齐密（弥陀佛），舌相长舒覆面门（弥陀佛弥陀佛），
佛心红莲金色坐（弥陀佛），清净皎洁日光分（弥陀佛弥陀佛）。

五会赞

（依《无量寿经》）

释法照

第一会时平声入（弥陀佛），第二极妙演清音（弥陀佛弥陀佛），
第三盘旋如奏乐（弥陀佛），第四要期用力吟（弥陀佛弥陀佛），
第五高声唯速念（弥陀佛），闻此五会悟无生（弥陀佛弥陀佛），
一到西方受快乐（弥陀佛），永不轮回入苦坑（弥陀佛弥陀佛）。
发心念佛事须坚（弥陀佛），临终决定上金船（弥陀佛弥陀佛），
回愿众生皆得往（弥陀佛），直向西方坐宝莲（弥陀佛弥陀佛）。
西方世界实为精（弥陀佛），彼土众生不可轻（弥陀佛弥陀佛），
衣裓持花供养佛（弥陀佛），还来本国饭经行（弥陀佛弥陀佛）。
发心念佛度群生（弥陀佛），愿此五会广流行（弥陀佛弥陀佛），
六道三途皆摄取（弥陀佛），莲花会里著真名（弥陀佛弥陀佛）。

净土乐赞

（依《称赞净土经》）

释法照

净土乐，净土乐，净土不思议，净土乐。

弥陀住在宝城楼（净土乐），倾心念念向西求（净土乐），

到彼三明八解脱（净土乐），长辞五浊更何忧（净土乐）。

净土乐，净土乐，净土不思议，净土乐。

宝楼宝阁宝金擎（净土乐），池水金沙映底清（净土乐），

法曲时时常供养（净土乐），莲花会里说无生（净土乐）。

净土乐，净土乐，净土不思议，净土乐。

宝台宝阁宝真珠（净土乐），宝体端严金色躯（净土乐），

菩萨化生奏玉调（净土乐），微风五会演真如（净土乐）。

净土乐，净土乐，净土不思议，净土乐。

流水波澜绕宝台（净土乐），宝殿光耀玉户开（净土乐），（以后急诵）

慈主遥闻三界子（净土乐），总须发愿往生来（净土乐）。

净土乐，净土乐，西方净土甚快乐（净土乐）。

弥陀身量广无涯（净土乐），面似檀金优钵花（净土乐），

目若青莲四大海（净土乐），圆光化佛过恒沙（净土乐）。

净土乐，净土乐，西方净土甚快乐（净土乐）。

弥陀本愿大慈悲（净土乐），此地凡夫不觉知（净土乐），

九品莲开相接引（净土乐），虑恐众生出世迟（净土乐）。

净土乐，净土乐，西方净土甚快乐（净土乐）。

弥陀春树觉花开（净土乐），功德池中坐宝台（净土乐），

三昧庭前求解脱（净土乐），摩尼殿上礼如来（净土乐）。

净土乐，净土乐，西方净土甚快乐（净土乐）。

西方异鸟数无穷（净土乐），白鹤孔雀及迦陵（净土乐），

鹦鹉频伽说妙法（净土乐），声中演出大乘宗①（净土乐）。
净土乐，净土乐，西方净土甚快乐（净土乐）。
如来尊号甚分明（净土乐），十方世界普流行（净土乐），
但有称名皆得往（净土乐），观音势至自来迎（净土乐）。
净土乐，净土乐，西方净土甚快乐（净土乐）。
弥陀徒众普慈心（净土乐），怜愍众生至意深（净土乐），
水鸟树林皆说法（净土乐），何况如来微妙音（净土乐）。
净土乐，净土乐，西方净土甚快乐（净土乐）。
弥陀本愿特超殊（净土乐），慈悲方便引凡夫（净土乐），
一切众生皆度脱（净土乐），称名即得罪消除（净土乐）。
净土乐，净土乐，西方净土甚快乐（净土乐）。
弥陀端坐宝金楼（净土乐），恒沙菩萨四边游（净土乐），
九类蒙光说妙法（净土乐），闻者悟解永无忧（净土乐）。
净土乐，净土乐，西方净土甚快乐（净土乐）。
西方净土无嚣尘（净土乐），众生到即断贪瞋（净土乐），
总是善人菩萨众（净土乐），亦无恶趣及怨亲（净土乐）。
净土乐，净土乐，西方净土甚快乐（净土乐）。
花幢八面挂金铃（净土乐），上下和鸣出妙声（净土乐），
闻者皆言称快乐（净土乐），长劫不闻诸苦名（净土乐）。
净土乐，净土乐，西方净土甚快乐（净土乐）。
凡夫若得到西方（净土乐），旷劫尘沙罪灭亡（净土乐），
具六神通得自在（净土乐），永除老病离无常（净土乐）。
净土乐，净土乐，西方净土甚快乐（净土乐）。
西方净土离胞胎（净土乐），众生到即出莲台（净土乐），
上品寻光升宝座（净土乐），下生障尽始花开（净土乐）。

① “宗”，原本误作“字”，据《净土五会念佛诵经观行仪》改。

净土乐，净土乐，西方净土甚快乐（净土乐）。
西方净土七重栏（净土乐），七宝庄严数百般（净土乐），
琉璃作地黄金界（净土乐），诸台楼阁与天连[①]（净土乐）。
净土乐，净土乐，西方净土甚快乐（净土乐）。
西方净土十方稀（净土乐），努力专心莫置疑[②]（净土乐），
上品即证无生忍（净土乐），下生障尽入无为（净土乐）。
净土乐，净土乐，西方净土甚快乐（净土乐）。
西方净土更无过（净土乐），阎浮极苦罪人多（净土乐），
欲得今生出三界（净土乐），惟须至意念弥陀（净土乐）。
净土乐，净土乐，西方净土甚快乐（净土乐）。

离六根赞

（依《大般若经》）

释法照

我净乐，我净乐，照[③]见心空了世间（我净乐）。
观见眼根常清净（我净乐），色界元来[④]本是空（我净乐），
色性本来无障碍（我净乐），无来无去是真宗（我净乐）。
观见耳根常清净（我净乐），声界元来本是空（我净乐），
声性本来无障碍（我净乐），无来无去是真宗（我净乐）。
观见鼻根常清净（我净乐），香界元来本是空（我净乐），
香性本来无障碍（我净乐），无来无去是真宗（我净乐）。

---

① “诸台楼阁与天连”，原本作“诸台阁与开天连”，据《净土五会念佛诵经观行仪》改。

② 《净土五会念佛诵经观行仪》作“努力专求莫致疑”。

③ “照”，原本作“瞻”，据《净土五会念佛诵经观行仪》改。

④ “元来”，原本作“无来”，据《净土五会念佛诵经观行仪》改，下同。

观见舌根常清净（我净乐），味界元来本是空（我净乐），
味性本来无障碍（我净乐），无来无去是真宗（我净乐）。
观见身根常清净（我净乐），触界元来本是空（我净乐），
触性本来无障碍（我净乐），无来无去是真宗（我净乐）。
观见意根常清净（我净乐），法界元来本是空（我净乐），
法性本来无障碍（我净乐），无来无去是真宗（我净乐），（以后急诵）
妄[1]想眼根缘色转（努力），妄听耳界被声牵（难识），
妄嗅鼻香舌染味（努力），妄识身触意尘迁（难识）。
难识，努力，普劝念弥陀修福。
妄想腾波常没溺（努力），烦恼猛焰镇烧燃（难识），
为此轮回三界狱（努力），生老病死苦常煎（难识）。
难识，努力，普劝念弥陀修福。
有幸得逢善知识（努力），指示西方快乐门（难识），
欲得速超生死苦（努力），专心念佛断贪瞋（难识）。
难识，努力，普劝念弥陀修福。
弥陀宝国宝门开（努力），七宝池中七宝台（难识），
千叶千般千种色（努力），一半含光出水来（难识）。
难识，努力，普劝念弥陀修福。
弥陀五会救娑婆（努力），闻者皆能发道芽（难识），
众等倾心勤念佛（努力），弃俗归真早出家（难识）。
难识，努力，普劝念弥陀修福。
阎浮浊恶不堪停（努力），处处唯闻众苦声（难识），
不如专念弥陀号（努力），今生直到宝莲城（难识）。
难识，努力，普劝念弥陀修福。
西方宝殿宝池亭（努力），宝林水鸟解人情（难识），

① “妄”字，原本作“忘”，据《净土五会念佛诵经观行仪》改，下同。

鹦鹉和鸣赞三宝[①]（努力），声中演出大乘经（难识）。
难识，努力，普劝念弥陀修福。
西方宝树宝根茎（努力），宝花宝网甚分明（难识），
宝叶行行相间错（努力），宝果重重出化生（难识）。
难识，努力，普劝念弥陀修福。
宝池宝岸宝莲花（努力），宝阶宝底宝金沙（难识），
下生虽有前生障（努力），菩提不发自生芽（难识）。
难识，努力，普劝念弥陀修福。
西方净土雨天衣（努力），宝殿空里逐身飞（难识），
一念百味随心至（努力），何故众生去者稀（难识）！
难识，努力，普劝念弥陀修福。

正法乐赞

（依《佛本行经》）

正法乐，正法乐，正法不思议（正法乐）。
释迦如来因地时（正法乐），历劫苦行不思议（正法乐），
顿舍身财求妙法（正法乐），唯佛与佛乃能知（正法乐）。
正法乐，正法乐，正法不思议（正法乐）。
雪山童子释迦因（正法乐），为求半偈舍全身（正法乐），
善友求法金两因（正法乐），良由本国济贫人（正法乐）。
正法乐，正法乐，正法不思议（正法乐）。
慈力施身五夜叉（正法乐），檀王弃国舍荣华（正法乐），
须阐割身救父母（正法乐），布施妻儿号达拏（正法乐）。
正法乐，正法乐，正法不思议（正法乐）。
月光发愿舍千头（正法乐），萨婆敲骨不怀忧（正法乐），

① “三宝”，原本作“三身”，据《净土五会念佛诵经观行仪》改。

更作尸毗代鸽命（正法乐），不证菩提未拟休（正法乐）。
正法乐，正法乐，正法不思议（正法乐）。
宝王割身燃千灯（正法乐），萨埵投崖饲大虫（正法乐），
慈善开心施五脏（正法乐），问汝众生能不知（正法乐）？
正法乐，正法乐，正法能超出世间（正法乐）。
本师苦行实难论（正法乐），仔细寻思不忍问（正法乐），
向者所陈尔计事（正法乐），一一皆是释迦因（正法乐）。
正法乐，正法乐，正法能超出世间（正法乐）。
布施持戒久精研（正法乐），忍辱精进不离禅（正法乐），
苦行勤修功满足（正法乐），直论劫数不论年（正法乐）。
正法乐，正法乐，正法能超出世间（正法乐）。
释迦如来因地时（正法乐），多劫苦行独超伦（正法乐），
一一皆修无上业（正法乐），证得菩提出世间（正法乐）。
正法乐，正法乐，正法能超出世间（正法乐）。
本师苦行应真如（正法乐），实实相承无假虚（正法乐），
证得菩提无上果（正法乐），分身百亿度阎浮（正法乐）。
正法乐，正法乐，正法能超出世间（正法乐）。
从天降下至王室（正法乐），托阴摩耶睡梦中（正法乐），
后园攀着无忧树（正法乐），右胁便即诞真容（正法乐）。
正法乐，正法乐，正法能超出世间（正法乐）。
初生位次坐轮王（正法乐），震动天地放光明（正法乐），
为表释迦应化身（正法乐），普令诸子离无常（正法乐）。
正法乐，正法乐，正法能超出世间（正法乐）。
九龙吐水洗神胎（正法乐），天人接擎[1]捧婴孩（正法乐），
便即东西行七步（正法乐），举足下足踏莲台（正法乐）。
长大逾城入雪山（正法乐），苦行又经强六年（正法乐），

① “接擎”，原本作“荣腋”，今据《佛本行经》改。

身着草衣食麻麦（正法乐），跏趺摄念便归禅（正法乐）。
正法乐，正法乐，正法能超出世间（正法乐）。
形容枯悴不思议（正法乐），牧女投身献乳糜（正法乐），
食了河中自沐浴（正法乐），帝释从空按树枝（正法乐）。
正法乐，正法乐，正法能超出世间（正法乐）。
因兹成佛放光明（正法乐），金口所说化众生（正法乐），
广演三乘微妙法（正法乐），娑婆世界遍流行（正法乐）。
正法乐，正法乐，正法能超出世间（正法乐）。
成佛四十余九年（正法乐），彼国经行游五天（正法乐），
普劝众生勤念佛（正法乐），亦教持戒及修禅（正法乐）。
正法乐，正法乐，正法能超出世间（正法乐）。
凡夫见佛渐轻微（正法乐），如来观见却还归（正法乐），
示现无常还报土（正法乐），阎浮众生无所依（正法乐）。
正法乐，正法乐，正法能超出世间（正法乐）。
涅槃以后一千年（正法乐），法教流传到此间（正法乐），
众生转读依行学（正法乐），示成道果亦生天（正法乐）。
正法乐，正法乐，正法能超出世间（正法乐）。
故知欲得出烦笼（正法乐），一一依行本师宗（正法乐），
总道不修便作佛（正法乐），道理自看通不通（正法乐）？
正法乐，正法乐，正法能超出世间（正法乐）。
出家先且断贪恼（正法乐），摧灭无明人我山（正法乐），
于此阎浮无染着（正法乐），始得往往出世间（正法乐）。
正法乐，正法乐，正法能超出世间（正法乐）。
无漏智性本来常（正法乐），久在无明被尘藏（正法乐），
众生造罪无边际（正法乐），若觅成佛错永望（正法乐）。
正法乐，正法乐，正法能超出世间（正法乐）。
凡夫倒见不思惟（正法乐），所作所为不自知（正法乐），
恶业宛然无减损（正法乐），道我成佛太愚痴（正法乐）。

正法乐，正法乐，正法能超出世间（正法乐）。
大乘无念说空宗（正法乐），空却无明贪爱空（正法乐），
众生倒见浑全[①]错（正法乐），拨无因果诳凡笼（正法乐）。
正法乐，正法乐，正法能超出世间（正法乐）。
莫嫌语质却怀瞋（正法乐），仔细研穷总是真（正法乐），
已见错行相指示（正法乐），终归还是腹心人（正法乐）。
正法乐，正法乐，正法能超出世间（正法乐）。
譬如大病若为除（正法乐），受得火艾去根株（正法乐），
闻法既能自觉悟（正法乐），定生净土会无余（正法乐）。
正法乐，正法乐，正法能超出世间（正法乐）。
众生努力念弥陀（正法乐），急要迅速更无过（正法乐），
只为西方开九品（正法乐），和罪带障出娑婆（正法乐）。
正法乐，正法乐，正法能超出世间（正法乐）。
众生随佛到西方（正法乐），微尘故业自消亡（正法乐），
如来愿力亲加被（正法乐），闻法悟道证真常（正法乐）。
正法乐，正法乐，正法能超出世间（正法乐）。
普告道场诸佛子（正法乐），各各发取菩提心（正法乐），
正法真宗须仿学（正法乐），定见外道不堪任（正法乐）。
正法乐，正法乐，正法能超出世间（正法乐）。
何者名之为正法（正法乐），若个道理是真宗（正法乐），
好恶今时须决择（正法乐），一一仔细莫朦胧（正法乐）。
正法乐，正法乐，正法能超出世间（正法乐）。
持戒坐禅名正法（正法乐），念佛成佛是真宗（正法乐），
不取佛言名外道（正法乐），拨无因果见为空（正法乐）。
正法乐，正法乐，正法能超出世间（正法乐）。
禅律如何是正法（正法乐），念佛三昧是真宗（正法乐），

---

① “全”，原本作“金”，今改。

见性了心便是佛（正法乐），如何道理不相应（正法乐）？
正法乐，正法乐，正法能超出世间（正法乐）。
念佛声声下佛种（正法乐），坐禅持戒用真功（正法乐），
汝若不修便作佛（正法乐），喻若饥人空掩风（正法乐）！
正法乐，正法乐，正法能超出世间（正法乐）。

西方乐赞

（依《阿弥陀经》）

西方乐，西方乐，西方净土不思议（莫着人间乐，莫着人间乐）。
释迦普劝念弥陀（西方乐），意在众生出爱河（西方乐），
上品花台见慈主（诸佛子），到者皆因念佛多（莫着人间乐，莫着人间乐）。
西方乐，西方乐，西方净土不思议（莫着人间乐，莫着人间乐）。
西方进道胜娑婆（西方乐），缘无五欲及邪魔（西方乐），
成佛不劳诸善业（诸佛子），花台端坐念弥陀（莫着人间乐，莫着人间乐）。
西方乐，西方乐，西方净土不思议（莫着人间乐，莫着人间乐）。
五浊修行多退转（西方乐），不如念佛往西方（西方乐），
到彼自然成正觉（诸佛子），还来苦海作津梁（莫着人间乐，莫着人间乐）。
西方乐，西方乐，西方净土不思议（莫着人间乐，莫着人间乐）。
阎浮世界不堪停（西方乐），恶业因缘每日盈（西方乐），
纵饶作得此之善（诸佛子），不觉地狱向前成（莫着人间乐，莫着人间乐）。
西方乐，西方乐，西方净土不思议（莫着人间乐，莫着人间乐）。
西方极乐乐轰轰（西方乐），长劫不闻诸苦名（西方乐），
鼓乐弦歌空里满（诸佛子），自然相和说无上（莫着人间乐，莫着人间乐）。
西方乐，西方乐，西方净土不思议（莫着人间乐，莫着人间乐）。
阎浮秽恶不堪停（西方乐），恶业瞋恚斗无明（西方乐），
若能专心念彼佛（诸佛子），弥陀宝界悟无生（莫着人间乐，莫着人间乐）。
西方乐，西方乐，西方净土不思议（莫着人间乐，莫着人间乐）。
西方极乐七宝池（西方乐），八功德水不思议（西方乐），

底有金沙岸香树（诸佛子），莲花涌出化生儿（莫着人间乐，莫着人间乐）。
西方乐，西方乐，西方净土不思议（莫着人间乐，莫着人间乐）。
弥陀净刹甚精微（西方乐），黄金界道地琉璃（西方乐），
香风吹动诸行树（诸佛子），宫商五会演稀奇（莫着人间乐，莫着人间乐）。
西方乐，西方乐，西方净土不思议（莫着人间乐，莫着人间乐）。
极乐国中七宝池（西方乐），花开莲色紫光耀（西方乐），
系念弥陀登宝座（诸佛子），须臾不觉证无为（莫着人间乐，莫着人间乐）。
西方乐，西方乐，西方净土不思议（莫着人间乐，莫着人间乐）。
碧玉楼前七宝台（西方乐），诸天童子竞过来（西方乐），
一一持花供养佛（诸佛子），处处唯言称善哉（莫着人间乐，莫着人间乐）。
西方乐，西方乐，西方净土不思议（莫着人间乐，莫着人间乐）。
莫怪频频共相劝（西方乐），见人往往有无常（西方乐），
若得念佛深三昧（诸佛子），不怕三途平等王（莫着人间乐，莫着人间乐）。
西方乐，西方乐，西方净土不思议（莫着人间乐，莫着人间乐）。
万行之中为急要（西方乐），迅速无过净土门（西方乐），
不但本师金口说（诸佛子），十方诸佛共传证（莫着人间乐，莫着人间乐）。
西方乐，西方乐，西方净土不思议（莫着人间乐，莫着人间乐）。
宝池宝岸甚宽平（西方乐），宝地琉璃千仞明（西方乐），
普劝众生勤念佛（诸佛子），弥陀决定自来迎（莫着人间乐，莫着人间乐）。
西方乐，西方乐，西方净土不思议（莫着人间乐，莫着人间乐）。
此界一人念佛名（西方乐），西方便有一莲生（西方乐），
但使一生常不退（诸佛子），此花还到此间迎（莫着人间乐，莫着人间乐）。
西方乐，西方乐，西方净土不思议（莫着人间乐，莫着人间乐）。
急须念佛莫悠悠（西方乐），欲超苦海要船舟（西方乐），
称名决定生安乐（诸佛子），永绝阎浮生死流（莫着人间乐，莫着人间乐）。
归去来（西方乐），阎浮五浊是尘埃（西方乐），
不如西方快乐处（诸佛子），到彼花台随意开（莫着人间乐，莫着人间乐）。
归去来（西方乐），弥陀净刹宝殿开（西方乐），

但有倾心能念佛（诸佛子），临终决定坐金台（莫着人间乐，莫着人间乐）。
归去来（西方乐），生老病死苦相催（西方乐），
昼夜勤心专念佛（诸佛子），摩尼殿上礼如来（莫着人间乐，莫着人间乐）。
归去来（西方乐），谁能恶道受轮回（西方乐），
若能念彼弥陀号（诸佛子），往生极乐坐花台（莫着人间乐，莫着人间乐）。

般舟三昧赞

（依《般舟三昧经》）

慈愍和尚

般舟三昧乐（愿往生），专心念佛见弥陀（无量乐）。
普劝回心生净土（愿往生），回向念佛即同生（无量乐）。
般舟三昧乐（愿往生），专心念佛见弥陀（无量乐）。
旷劫以来流浪久（愿往生），随缘六道受轮回（无量乐）。
般舟三昧乐（愿往生），专心念佛见弥陀（无量乐）。
不遇往生善知识（愿往生），谁能相劝得回归（无量乐）？
般舟三昧乐（愿往生），专心念佛见弥陀（无量乐）。
忆受天堂暂时乐（愿往生），福尽临终现五衰（无量乐）。
般舟三昧乐（愿往生），专心念佛见弥陀（无量乐）。
忆受人中胎藏苦（愿往生），四蛇六贼竞相催（无量乐）。
般舟三昧乐（愿往生），专心念佛见弥陀（无量乐）。
忆受修罗饿鬼道（愿往生），饥虚斗诤苦难裁（无量乐）。
般舟三昧乐（愿往生），专心念佛见弥陀（无量乐）。
忆受畜生相食啖（愿往生），刀光舍命复牵犁（无量乐）。
般舟三昧乐（愿往生），专心念佛见弥陀（无量乐）。
忆受地狱长时苦（愿往生），业风吹去不知回（无量乐）。
般舟三昧乐（愿往生），专心念佛见弥陀（无量乐）。
或入镬汤炉炭火（愿往生），腾波猛焰剧天雷（无量乐）。
般舟三昧乐（愿往生），专心念佛见弥陀（无量乐）。

或上刀山攀剑树（愿往生），皮肤骨肉变成灰（无量乐）。
般舟三昧乐（愿往生），专心念佛见弥陀（无量乐）。
借问何缘受此苦（愿往生），贪鱼爱肉业相随（无量乐）。
般舟三昧乐（愿往生），专心念佛见弥陀（无量乐）。
熔铜灌口犁耕舌[①]（愿往生），饮酒妄语受其灾（无量乐）。
般舟三昧乐（愿往生），专心念佛见弥陀（无量乐）。
或卧铁床抱铜柱（愿往生），总为邪淫颠倒来（无量乐）。
般舟三昧乐（愿往生），专心念佛见弥陀（无量乐）。
或堕阿鼻大地狱（愿往生），经劫长年眼不开（无量乐）。
般舟三昧乐（愿往生），专心念佛见弥陀（无量乐）。
上火下火交通过（愿往生），刀轮铁杵自飞来（无量乐）。
般舟三昧乐（愿往生），专心念佛见弥陀（无量乐）。
铜狗啮心并啖血（愿往生），铁乌啄[②]眼复穿腮（无量乐）。
般舟三昧乐（愿往生），专心念佛见弥陀（无量乐）。
今日道场诸众等（愿往生），恒沙旷劫总经来（无量乐）。
般舟三昧乐（愿往生），专心念佛见弥陀（无量乐）。
庆此人身难值遇（愿往生），喻若优昙花始开（无量乐）。
般舟三昧乐（愿往生），专心念佛见弥陀（无量乐）。
正值稀闻净土教（愿往生），正值念佛法门开（无量乐）。
般舟三昧乐（愿往生），专心念佛见弥陀（无量乐）。
正值弥陀弘誓唤（愿往生），正值大众信心回（无量乐）。
般舟三昧乐（愿往生），专心念佛见弥陀（无量乐）。
正值今日依经赞（愿往生），正值结絜上花台（无量乐）。
般舟三昧乐（愿往生），专心念佛见弥陀（无量乐）。

---

① “舌”，原本作“口”，据《净土五会念佛诵经观行仪》改。

② “啄”，原本作“喙”，据《净土五会念佛诵经观行仪》改。

正值道场无魔事（愿往生），正值无病总[①]能来（无量乐）。
般舟三昧乐（愿往生），专心念佛见弥陀（无量乐）。
正值七日功成就（愿往生），四十八愿要相携（无量乐）。
般舟三昧乐（愿往生），专心念佛见弥陀（无量乐）。
普劝道场同行者（愿往生），努力回心归去来（无量乐）。
般舟三昧乐（愿往生），专心念佛见弥陀（无量乐）。
借问家乡何处在（愿往生），极乐池中七宝台（无量乐）。
般舟三昧乐（愿往生），专心念佛见弥陀（无量乐）。
彼佛因中立弘誓（愿往生），闻名念我总迎来（无量乐）。
般舟三昧乐（愿往生），专心念佛见弥陀（无量乐）。
不简贫穷将富贵（愿往生），不简下智与高才（无量乐）。
般舟三昧乐（愿往生），专心念佛见弥陀（无量乐）。
不简无非净土业（愿往生），不简外道阐提人（无量乐）。
般舟三昧乐（愿往生），专心念佛见弥陀（无量乐）。
不简长时修苦行（愿往生），不简今日始生心（无量乐）。
般舟三昧乐（愿往生），专心念佛见弥陀（无量乐）。
不简多闻持净戒（愿往生），不简破戒罪根深（无量乐）。
般舟三昧乐（愿往生），专心念佛见弥陀（无量乐）。
但使回心多念佛（愿往生），能令瓦砾变成金（无量乐）。
般舟三昧乐（愿往生），专心念佛见弥陀（无量乐）。
寄语现前诸大众（愿往生），同缘去者早相寻（无量乐）。
般舟三昧乐（愿往生），专心念佛见弥陀（无量乐）。
借问相寻何处去（愿往生）？报道弥陀净土中（无量乐）。
般舟三昧乐（愿往生），专心念佛见弥陀（无量乐）。
借问何缘得生彼（愿往生）？报道念佛自成功（无量乐）。

---

① “总”，原本作“恼”，据《净土五会念佛诵经观行仪》改。

般舟三昧乐（愿往生），专心念佛见弥陀（无量乐）。
借问今生多罪障（愿往生），如何净土肯相容（无量乐）？
般舟三昧乐（愿往生），专心念佛见弥陀（无量乐）。
报道称名罪消灭（愿往生），喻若明灯入暗中（无量乐）。
般舟三昧乐（愿往生），专心念佛见弥陀（无量乐）。
借问凡夫得生否（愿往生），如何一念暗中明（无量乐）？
般舟三昧乐（愿往生），专心念佛见弥陀（无量乐）。
报道除疑多念佛（愿往生），弥陀决定自亲迎[①]（无量乐）。
般舟三昧乐（愿往生），专心念佛见弥陀（无量乐）。

---

① “迎”，原本作“近”，今改。《净土五会念佛诵经观行仪》作：“报道除疑专念佛，临终宝座定来迎。”

净土五会念佛略法事仪赞末

菩萨子赞文

可怜生，可怜生，菩萨子游戏在西方（宛转花台里，宛转花台里）。出门能忍辱（花台里），入户莫怀瞋（花台里）。但能修净土（菩萨子），证得紫金身（宛转花台里，宛转花台里）。

众生心，众生心，无明泥底沉。何时得惺悟（菩萨子），证得百千金（宛转花台里，宛转花台里）？众生心，众生心，波浪壮难禁。攀缘四天下（菩萨子），何处不追寻（宛转花台里，宛转花台里）。

佛指弥陀国，轰轰乐，无有一人过。地狱底，苦恤恤，众生窜者多。奈何天，奈何天，众生共佛无因缘。千言百语化不得（菩萨子），定知将罪入黄泉（宛转花台里，宛转花台里）。

弥陀造大船，搅到苦海边。船头黯黯定欲没（菩萨子），贵贵度得念佛人（宛转花台里，宛转花台里）。池东池西百宝台，光明楼阁万重开。暂向楼中观补处（菩萨子），还来殿上礼如来（宛转花台里，宛转花台里）。

红莲花，青莲花，千叶莲花台上生（摄受弥陀佛，摄受弥陀佛）。

鹿儿赞文

昔有一贤士（沙罗林），恒日在山林（沙罗林），百鸟同一宣（沙罗林），相看如兄弟。

有一傍行人，失脚堕流泉，手把无根树，口称观世音。鹿儿闻此语，便即跳入水，语汝上鹿背，将汝出彼岸。汝得出彼岸，步步向鹿跪："无物报鹿恩，与鹿作奴仆。""鹿是草间虫，不用作奴仆，饥时食百草，渴即饮流泉。欲得报鹿恩，莫道鹿在此。”

有一国王长患妃，夜夜见九色鹿，若不得九色鹿，大命难可续。国王出敕集群臣：“谁知九色鹿？有人知鹿处，分国赐千金。”闹儿闻此语，叉手向王前：“臣知九色鹿，恒在流水边。启王多将兵，此鹿甚轻便。”国王将兵百万众，围绕四山林。国王弯弓欲射鹿，听鹿说一言。

国王是迦叶，鹿是如来身。无人如鹿处，只是隈车大患人[①]。昔日救汝命，何期今日害鹿身？传语黑头虫，世世难与恩。

普劝道场诸众生，努力各发菩提心。

请观世音赞文

迦摩那目佉　迦摩那母者　娜迦摩者那　迦摩那荷悉哆迦摩那佉辨（平声引）

祢迦摩那（上声）迦摩娜（上声）沙摩转沙喝啰（二合）摩娜讫差（二合）南无悉底　观世音菩萨　南无观世音菩萨

道场乐赞文

大众人人皆合掌（道场乐），碎身惭谢释迦恩（道场乐），
能得慈悲巧方便（道场乐），指授西方快乐门（道场乐）。
道场欲散人将别（道场乐），努力相劝断贪瞋（道场乐），
贪瞋因缘障净土（道场乐），不得解脱永沉沦（道场乐）。
同行相亲相策励（道场乐），毕命为期到佛前（道场乐），
愿此法轮相续转（道场乐），道场众等益长年（道场乐）。
我等咸同受快乐（道场乐），见闻随喜亦皆然（道场乐），
众等回心生净土（道场乐），手执香花往西方（道场乐）。

① 此句难解，疑应作“只是背义负恩人”。

往生乐愿文

愿往生（弥陀佛弥陀佛），得生净土报师恩（无量乐）。

人能念佛佛还念（弥陀佛弥陀佛），专心想佛佛知人（无量乐），

一切回心向安乐（弥陀佛弥陀佛），即见真金功德身（无量乐）。

净土庄严诸圣众（弥陀佛弥陀佛），笼笼常在行人前（无量乐），

行者见已心欢喜（弥陀佛弥陀佛），终时从佛坐金莲（无量乐）。

一念乘台到佛会（弥陀佛弥陀佛），即证不退入三贤（无量乐），

一一池中花尽满（弥陀佛弥陀佛），花花总是往生人（无量乐）。

宁合金花百千劫（弥陀佛弥陀佛），不愿地狱须臾间（无量乐），

各留半坐乘花叶（弥陀佛弥陀佛），待我阎浮同行人（无量乐）。

寄语娑婆修行者（弥陀佛弥陀佛），念念精勤莫睡眠（无量乐），

乘此因缘生净土（弥陀佛弥陀佛），毕命为期到佛前（无量乐）。

小般舟三昧乐赞文

般舟三昧乐（愿往生），三界六道苦难停（无量乐）。

为度娑婆分化入（愿往生），八相成佛度众生（无量乐）。

般舟三昧乐（愿往生），三界六道苦难停（无量乐）。

旷劫以来常沉没（愿往生），到处唯闻生死声（无量乐）。

般舟三昧乐（愿往生），三界六道苦难停（无量乐）。

释迦牟尼真报土（愿往生），碎身惭谢释迦恩（无量乐）。

般舟三昧乐（愿往生），三界六道苦难停（无量乐）。

口中横骨语不得（愿往生），总为前生无善因（无量乐）。

般舟三昧乐（愿往生），三界六道苦难停（无量乐）。

披毛戴角畜生形（愿往生），种种从他鞭打身（无量乐）。

般舟三昧乐（愿往生），三界六道苦难停（无量乐）。

万行俱回皆得往（愿往生），一一光明照十方（无量乐）。

般舟三昧乐（愿往生），三界六道苦难停（无量乐）。

相好弥多八万四（愿往生），弥陀佛国亦无会（无量乐）。
般舟三昧乐（愿往生），三界六道苦难停（无量乐）。
长病远行不计日（愿往生），念佛即道无功夫（无量乐）。
般舟三昧乐（愿往生），三界六道苦难停（无量乐）。
三界无安如火宅（愿往生），四衢露地绝尘埃（无量乐）。
般舟三昧乐（愿往生），三界六道苦难停（无量乐）。
厌住死生居骨肉（愿往生），何能五阴处胞胎（无量乐）？
般舟三昧乐（愿往生），三界六道苦难停（无量乐）。
正值今生发道意（愿往生），稀逢净土法门开（无量乐）。
般舟三昧乐（愿往生），三界六道苦难停（无量乐）。
愿得西方安养国（愿往生），弥陀圣众要相携（无量乐）。
般舟三昧乐（愿往生），三界六道苦难停（无量乐）。
定散二门皆得往（愿往生），精粗九品尽乘台（无量乐）。
般舟三昧乐（愿往生），三界六道苦难停（无量乐）。
到彼三明八解脱（愿往生），长辞五浊见如来（无量乐）。
般舟三昧乐（愿往生），三界六道苦难停（无量乐）。
弥陀愿行广无边（愿往生），悲济群生普尽怜（无量乐）。
般舟三昧乐（愿往生），三界六道苦难停（无量乐）。
总欲化令归本国（愿往生），众生罪业共无缘（无量乐）。

相观赞文

优昙花（稀现），大众用心听（彩怜）。
沉沦五欲境，托阴入幽胎，巧风吹气满（稀现），形假出身来（彩怜）。
优昙花（稀现），大众用心听（彩怜）。
能令眷属喜，车康弄婴孩，初教掌中立（稀现），慈母逐身回（彩怜）。
优昙花（稀现），大众用心听（彩怜）。
竹马缘林巷，聚落摧沙堆，双眉分柳叶（稀现），两颊似桃花（彩怜）。
优昙花（稀现），大众用心听（彩怜）。

年至经三五，专事好荣华，携琴彻夜饮（稀现），玩是望朝霞（彩怜）。

优昙花（稀现），大众用心听（彩怜）。

盛色心骁勇，傲慢造英雄，逍遥龙马上（稀现），徘徊琴酒中（彩怜）。

优昙花（稀现），大众用心听（彩怜）。

对坐看明月，独坐度清风，手把相如剑（稀现），不畏死生弓（彩怜）。

优昙花（稀现），大众用心听（彩怜）。

拔剑平四海，横戈敌万夫，一朝床枕上（稀现），起坐听人扶（彩怜）。

优昙花（稀现），大众用心听（彩怜）。

咄嗟长叹息，谁知老所侵，八十将衰迈（稀现），万事不堪住（彩怜）。

优昙花（稀现），大众用心听（彩怜）。

曾经霜露积，虑被风雨侵，欲作西方业（稀现），无过少壮心（彩怜）。

优昙花（稀现），大众用心听（彩怜）。

世间住日少，卧土积年多，髑髅离骨散（稀现），肉断筋还挓（彩怜）。

优昙花（稀现），大众用心听（彩怜）。

支节皆颠倒，翻成尖奋涡，计我凡夫骨（稀现），堪成毗富罗（彩怜）。

优昙花（稀现），大众用心听（彩怜）。

纵令勤遂善，终是识昏沉，红颜一罢艳（稀现），白头宁久吟（彩怜）！

出家乐赞文

出家乐，出家乐。无始起，乐[①]诸着，今生值善割亲缘，顿舍尘[②]情断众恶（断众恶）。发身心，依圣学，除于结使下金刀，落发披衣餐[③]宝药（餐宝药）。怀法喜，加踊跃，谁其长夜睡重昏，此日清身忻大觉（忻大觉）。

出家安，出家安。一切事，不相干，年登二十逢和尚，敬受尸罗遇净坛（遇

① “乐”，原本作“离”，据《净土五会念佛诵经观行仪》改。

② “尘”，原本作“麄”，据《净土五会念佛诵经观行仪》改。

③ “餐”，原本作“食”，据《净土五会念佛诵经观行仪》改。下同。

净坛）。修定慧，证非难，悟若琉璃明内外，妙喻莲花涤总看（涤总看）。称释子，法门宽，出入往来无碍道，解脱道[①]遥证涅槃（证涅槃）。

归去来，宝门开，正见弥陀升宝座，菩萨散花称善哉（称善哉）。宝林看，百花香[②]，水鸟树林念五会，哀婉慈声赞法王（赞法王）。共命鸟，对鸳鸯，鹦鹉频伽说妙法，恒叹众生住苦方（住苦方）。

归去来，离娑婆，常住如来听妙法，指授西方是释迦（是释迦）。归去来，见弥陀，今在西方现说法，运度[③]众生出爱河（出爱河）。归去来，上金台，势至观音来引路，百法明门应自开（应自开）。

愿往生赞文

愿往生（弥陀佛弥陀佛），无常迅速莫安然（无量乐），
水上浮沉非久住（弥陀佛弥陀佛），缘生暂有忽还无（无量乐）。
假使百年如瞬顷（弥陀佛弥陀佛），有生之者必无常（无量乐），
壮色不停如雷灭（弥陀佛弥陀佛），弥加念佛莫游游（无量乐）。
今日道场同法乐（弥陀佛弥陀佛），从兹后会亦难期（无量乐），
各各欢颜同发愿（弥陀佛弥陀佛），生生法会得相逢（无量乐）。

般若赞文

昔有菩萨安心坐（弥陀佛），照见五蕴悉皆空（弥陀佛弥陀佛），
空无相中无价宝（弥陀佛），般若性海绝难思（弥陀佛弥陀佛）。
故知妙身无挂碍（弥陀佛），是大神咒起人慈（弥陀佛弥陀佛），
真实不虚深须信（弥陀佛），揭帝揭帝断狐疑（弥陀佛弥陀佛）。

① “道”，原本作“道”，据《净土五会念佛诵经观行仪》改。

② “百花香”三字原本无，据《净土五会念佛诵经观行仪》补。

③ “运度”，《净土五会念佛诵经观行仪》作“拔脱”。

小道场乐赞文

如是我闻一时佛（道场乐），住在王舍灵鹫山（道场乐），
菩萨声闻并八部（道场乐），地动天花非一般（道场乐）。
此是诸佛生己相（道场乐），文殊为说宿因缘（道场乐），
毫光遍照咸生怪（道场乐），定说经名妙法莲（道场乐）。
大众齐修净土业（道场乐），手执香花往西方（道场乐）。

大乐赞文

弟子发愿时（大乐），愿住五台山（大乐），
文殊菩萨闻心地（菩萨子），普贤菩萨坐花台（大乐）。
弟子发愿时（大乐），愿作《华严经》（大乐），
花严信处品（菩萨子），心王菩萨在中间（大乐大乐）。
弟子发愿时（大乐），愿作《涅槃经》（大乐），
涅槃佛性海（菩萨子），早证涅槃山（大乐大乐）。
弟子发愿时（大乐），愿作《药师经》（大乐），
药师十二愿（菩萨子），愿愿度众生（大乐大乐）。
弟子发愿时（大乐），愿作《观音经》（大乐），
观音势至力（菩萨子），苦处在先登（大乐大乐）。
弟子发愿时（大乐），愿作《无量经》（大乐），
经中十六观（菩萨子），三昧自然成（大乐大乐）。
弟子发愿时（大乐），愿作佛前灯（大乐），
照经并照像（菩萨子），得照师与僧（大乐大乐）。
弟子发愿时（大乐），愿作佛香灯（菩萨子），
灯香供养佛（菩萨子），度取有缘人（大乐大乐）。
弟子发愿时（大乐），愿作七宝池（大乐），
池中有贤圣（菩萨子），总是往生人（大乐大乐）。

叹阿弥陀佛赞文

巍巍阿弥陀，颜容紫金形，
身相三十二，爪足下安平。
姿好八十种，光曜常照明，
梵音超三千，妙响哀鸾声。
巍巍阿弥陀，国土甚清明，
悉纯黄金色，无四恶女名。
池水流相注，宝树五音声，
歌叹无常苦，闻者得无生。
巍巍阿弥陀，众善王中英[①]，
国土妙安乐，无不愿往生。
佛与菩萨众，翻飞俱往迎，
忽然七宝池，莲花中长成。
巍巍阿弥陀，威德妙无侣，
躯体真金色，光曜十方土。
其闻得睹遇，永拔生死苦，
我今稽首礼，无上众生父。

叹观世音菩萨

众生被困厄，无量苦逼身，
观音妙智力，能救世间苦。
具足神通力，广修智方便，
十方诸国土，无刹不现身。

① “英”，原本作“美”，据《净土五会念佛诵经观行仪》改。

种种诸恶趣，地狱鬼畜生，
生老病死苦，以渐悉令灭。
真观清净观，广大智慧观，
悲观及慈观，常愿常瞻仰。
无垢清净光，慧日破诸暗，
能伏灾风火，普明照世间。
悲体戒雷震，慈意妙大云，
澍甘露法雨，灭除烦恼焰。
诤讼经官处，怖畏军阵中，
念彼观音力，众怨悉退散。
妙音观世音，梵音海潮音，
胜彼世间音，是故须常念。
念念勿生疑，观世音净圣，
于苦恼死厄，能为作依怙。
具一切功德，慈眼视众生，
福聚海无量，是故应顶礼。

叹大势至菩萨

大势至菩萨，神通大自在，与观音，等无差。观音势至二大士，常侍弥陀佛左右。观音顶戴弥陀佛，势至冠中有宝瓶。瓶内光明甚无量，常放照曜苦众生。慈悲喜舍常摄物，诸有所作不唐捐。故我遥顶礼。

叹大圣文殊师利菩萨

文殊师利妙德法王之子，是七佛之祖师，号龙种上尊王佛。虽得佛道，转于法轮。入于涅槃，而不舍于菩萨之道，教化众生。无量功德皆成就，无量佛土皆严净。其见闻者，无不蒙益。诸有所作，亦不唐捐。现在东北方金色世界清凉山内，住首楞严三昧，与一万菩萨同会，利乐苦众生。故我遥顶礼。

《观经》十六观赞

（依《观经》各诵少多）

释净遐述

第一初观日在西（阿弥陀佛），
端身正坐去昏迷（阿弥陀佛，南无阿弥陀佛），
见时欲没如悬鼓（阿弥陀佛），
令心坚住[①]莫高低（阿弥陀佛，南无阿弥陀佛）。
第二观水本澄清（阿弥陀佛），
想水为冰理易成（阿弥陀佛，南无阿弥陀佛），
令冰映作琉璃地（阿弥陀佛），
分明还见宝幢擎（阿弥陀佛，南无阿弥陀佛）。
第三宝地间黄金（阿弥陀佛），
六时花雨满琼林（阿弥陀佛，南无阿弥陀佛），
分晖变作空中乐（阿弥陀佛），
箫管能清道者心（阿弥陀佛，南无阿弥陀佛）。
第四宝树七重行（阿弥陀佛），
布叶垂条异色光（阿弥陀佛，南无阿弥陀佛），
花叶四时皆具足（阿弥陀佛），
风来林下更飞香（阿弥陀佛，南无阿弥陀佛）。
第五当观七宝池（阿弥陀佛），
清冷八德不思议（阿弥陀佛，南无阿弥陀佛），

① “住”，原本作“故”，据《净土五会念佛诵经观行仪》改。

渠流悉是金沙水（阿弥陀佛），
水上花开无尽时（阿弥陀佛，南无阿弥陀佛）。
第六应观众宝楼（阿弥陀佛），
珠轩玉砌碧云秋（阿弥陀佛，南无阿弥陀佛），
天乐奏时清夜响（阿弥陀佛），
法音微妙劝勤修（阿弥陀佛，南无阿弥陀佛）。
第七专观花座开（阿弥陀佛），
檀金为叶玉为台（阿弥陀佛，南无阿弥陀佛），
宝幢上覆真珠网（阿弥陀佛），
庄严只拟为如来（阿弥陀佛，南无阿弥陀佛）。
第八宝像色圆明（阿弥陀佛），
万法皆从心想生（阿弥陀佛，南无阿弥陀佛），
若见其身花上坐（阿弥陀佛），
甚深三昧自然成（阿弥陀佛，南无阿弥陀佛）。
第九弥陀法王身（阿弥陀佛），
相好光明无等伦（阿弥陀佛，南无阿弥陀佛），
念佛众生皆摄取（阿弥陀佛），
心常不舍有缘人（阿弥陀佛，南无阿弥陀佛）。
第十观音补处尊（阿弥陀佛），
身同佛相妙难论（阿弥陀佛，南无阿弥陀佛），
顶戴如来心敬重（阿弥陀佛），
慈光恒住大悲门（阿弥陀佛，南无阿弥陀佛）。
十一势至大威雄（阿弥陀佛），
辅[①]翼长时振六通[②]（阿弥陀佛，南无阿弥陀佛），

---

① “辅”，原本作“補”，据《净土五会念佛诵经观行仪》改。
② “通”，原本作“道”，据《净土五会念佛诵经观行仪》改。

世界动摇应度者（阿弥陀佛），
光明常照行人中[①]（阿弥陀佛，南无阿弥陀佛）。
十二观身自往生（阿弥陀佛），
莲花开合极分明（阿弥陀佛，南无阿弥陀佛），
端坐湛然心不动（阿弥陀佛），
临终当见佛来迎（阿弥陀佛，南无阿弥陀佛）。
十三丈六紫金容（阿弥陀佛），
真化由来不二纵（阿弥陀佛，南无阿弥陀佛），
但使随心观了了（阿弥陀佛），
法身妙相自颙颙[②]（阿弥陀佛，南无阿弥陀佛）。
十四生人行业高（阿弥陀佛），
上品三心种姓豪（阿弥陀佛，南无阿弥陀佛），
百法明门欢喜地（阿弥陀佛），
金刚定力转坚牢（阿弥陀佛，南无阿弥陀佛）。
十五生居九品中（阿弥陀佛），
净戒熏修业始融[③]（阿弥陀佛，南无阿弥陀佛），
善友教令回愿往（阿弥陀佛），
须臾不觉坐莲宫（阿弥陀佛，南无阿弥陀佛）。
十六下生位最卑（阿弥陀佛），
业障难消慧发迟（阿弥陀佛，南无阿弥陀佛），
十念莲胎虽住劫（阿弥陀佛），
花开还得悟无生（阿弥陀佛，南无阿弥陀佛）。

① “行人中”，原本作“行中人”，据《净土五会念佛诵经观行仪》改。

② 颙颙，端容肃敬貌。原本作“颗颗”，据《净土五会念佛诵经观行仪》改。

③ 原本作“净戒重修始业融”，据《净土五会念佛诵经观行仪》改，后者“修”作“心”。

《阿弥陀经》赞文

释迦调御大慈尊（阿弥陀佛），
救世先开净土门（南无阿弥陀佛，南无阿弥陀佛），
欲说庄严极乐国（阿弥陀佛），
其时正在给孤园（南无阿弥陀佛，南无阿弥陀佛）。
法轮将兴多听徒（阿弥陀佛），
无量诸天大众俱（南无阿弥陀佛，南无阿弥陀佛），
第一声闻舍利子（阿弥陀佛），
上乘菩萨是文殊（南无阿弥陀佛，南无阿弥陀佛）。
初告真宗当尔时（阿弥陀佛），
西方过此十俱胝（南无阿弥陀佛，南无阿弥陀佛），
世界庄严名极乐（阿弥陀佛），
弥陀在彼不思议（南无阿弥陀佛，南无阿弥陀佛）。
其国众生苦已除（阿弥陀佛），
清闲胜妙乐无余（南无阿弥陀佛，南无阿弥陀佛），
昼夜修行超八难（阿弥陀佛），
色相端严尽一如（南无阿弥陀佛，南无阿弥陀佛）。
七重行树七重栏（阿弥陀佛），
宝盖垂空宝网悬（南无阿弥陀佛，南无阿弥陀佛），
但是有缘皆得见（阿弥陀佛），
殷勤学者用心观（南无阿弥陀佛，南无阿弥陀佛）。
人至乘花坐宝林（阿弥陀佛），
天来奏乐曲幽深（南无阿弥陀佛，南无阿弥陀佛），
六度已能调六律（阿弥陀佛），
八正还将和八音（南无阿弥陀佛，南无阿弥陀佛）。
宝池德水底沙新（阿弥陀佛），
莲开光色似车轮（南无阿弥陀佛，南无阿弥陀佛），

菩萨端然花上坐（阿弥陀佛），
看时总是往生人（南无阿弥陀佛，南无阿弥陀佛）。
弥陀净土法王家（阿弥陀佛），
愿力庄严发道芽（南无阿弥陀佛，南无阿弥陀佛），
碧玉楼中飞宝座（阿弥陀佛），
黄金地上雨天花（南无阿弥陀佛，南无阿弥陀佛）。
收得天花衣裓盛（阿弥陀佛），
六通如意觉身轻（南无阿弥陀佛，南无阿弥陀佛），
供养他方诸佛已（阿弥陀佛），
还来本国饭经行（南无阿弥陀佛，南无阿弥陀佛）。
众鸟和鸣[①]应六时（阿弥陀佛），
清音演法妙难思（南无阿弥陀佛，南无阿弥陀佛），
五力五根并七觉（阿弥陀佛），
甚深八圣入无为（南无阿弥陀佛，南无阿弥陀佛）。
众等同时听法音（阿弥陀佛），
闻者皆生念佛心（南无阿弥陀佛，南无阿弥陀佛），
化鸟本非三恶趣（阿弥陀佛），
弥陀宣畅法流深（南无阿弥陀佛，南无阿弥陀佛）。
微风吹动宝林清（阿弥陀佛），
响扬如天奏乐声（南无阿弥陀佛，南无阿弥陀佛），
一一更无宣别法（阿弥陀佛），
处处唯闻念佛名（南无阿弥陀佛，南无阿弥陀佛）。
弥陀寿量实无边（阿弥陀佛），
国中人民亦同然（南无阿弥陀佛，南无阿弥陀佛），
成道于今经十劫（阿弥陀佛），

① “鸣”，原本作“音”，据《净土五会念佛诵经观行仪》改。

光照恒沙法界圆[①]（南无阿弥陀佛，南无阿弥陀佛）。
菩萨声闻众甚多（阿弥陀佛），
为求解脱见弥陀（南无阿弥陀佛，南无阿弥陀佛），
算数不能知限量（阿弥陀佛），
余方诸佛亦来过（南无阿弥陀佛，南无阿弥陀佛）。
传闻净刹甚清真（阿弥陀佛），
尽是阿鞞跋致人（南无阿弥陀佛，南无阿弥陀佛），
一生补处修三昧（阿弥陀佛），
证得金刚最后身（南无阿弥陀佛，南无阿弥陀佛）。
善根福少理难生（阿弥陀佛），
七日专须念佛名（南无阿弥陀佛，南无阿弥陀佛），
若至临终心不乱（阿弥陀佛），
弥陀决定自相迎（南无阿弥陀佛，南无阿弥陀佛）。
十号弥陀酬昔因（阿弥陀佛），
六方诸佛证诚真（南无阿弥陀佛，南无阿弥陀佛），
舌相广长无妄语（阿弥陀佛），
如来护念信心人（南无阿弥陀佛，南无阿弥陀佛）。
世界无常难久留（阿弥陀佛），
唯须发愿早勤求（南无阿弥陀佛，南无阿弥陀佛），
已生当生皆不退（阿弥陀佛），
岂限今修与未修（南无阿弥陀佛，南无阿弥陀佛）。
诸佛同时赞释迦（阿弥陀佛），
能于五浊救娑婆（南无阿弥陀佛，南无阿弥陀佛），
说此世间难信法（阿弥陀佛），
咸令觉悟念弥陀（南无阿弥陀佛，南无阿弥陀佛）。

① “圆”，原本作“国”，据《净土五会念佛诵经观行仪》改。

法藏敷陈义已圆（阿弥陀佛），
阿难从此演[①]真诠（南无阿弥陀佛，南无阿弥陀佛），
大众俱欣皆顶戴（阿弥陀佛），
如来嘱遣[②]广流传（南无阿弥陀佛，南无阿弥陀佛）。

新《无量寿观经》赞

法照述

释迦住在灵鹫山（阿弥陀佛），为化娑婆出世间（南无阿弥陀佛），
菩萨声闻无量众（阿弥陀佛），初欲闻经意未闲（南无阿弥陀佛）。
阿阇太子在王城（阿弥陀佛），兴逆徒囚父母形[③]（南无阿弥陀佛），
韦提悲泣归依佛（阿弥陀佛），永愿不闻诸苦名（南无阿弥陀佛）。
深心不乐阎浮界（阿弥陀佛），实为多诸鬼畜生（南无阿弥陀佛），
唯愿慈尊为指授（阿弥陀佛），他方净土誓经行（南无阿弥陀佛）。
释迦如来知彼念（阿弥陀佛），须臾没现至王宫（南无阿弥陀佛），
乃放眉间金色照（阿弥陀佛），韦提障尽睹真容（南无阿弥陀佛）。
诸余净刹虽无量（阿弥陀佛），白佛唯生极乐中（南无阿弥陀佛），
愿见弥陀疾授记（阿弥陀佛），刹那便具六神通（南无阿弥陀佛）。
世尊微笑生欢喜（阿弥陀佛），口中即[④]放五神光（南无阿弥陀佛），
其光遂照频婆顶（阿弥陀佛），随机证果亦何妨（南无阿弥陀佛）。
佛告韦提汝知否（阿弥陀佛），弥陀去此亦非遥（南无阿弥陀佛），
但当勤修三福行（阿弥陀佛），临终迎子上金桥（南无阿弥陀佛）。

---

① “演”，原本作“渲”，据《净土五会念佛诵经观行仪》改。

② “遣”，原本作“尽”，据《净土五会念佛诵经观行仪》改。

③ “兴逆徒囚父母形”，原本作“收执徒囚在狱刑”，据《净土五会念佛诵经观行仪》改。

④ “即”，原本作“常”，据《净土五会念佛诵经观行仪》改。

亦为未来诸大众（阿弥陀佛），五浊凡夫至恶人（南无阿弥陀佛），
但使回心生彼国（阿弥陀佛），能令净业断贪瞋（南无阿弥陀佛）。
于是韦提更有疑（阿弥陀佛），如来今说汝应知（南无阿弥陀佛），
据众凡夫实未得（阿弥陀佛），为承诸佛大慈悲（南无阿弥陀佛）。
既闻说已生欢喜（阿弥陀佛），复为今时五苦人（南无阿弥陀佛），
云何当见弥陀界（阿弥陀佛），相好光明微妙身（南无阿弥陀佛）？
世尊为说初观日（阿弥陀佛），意令注[①]想向西方（南无阿弥陀佛），
智者必须依此观（阿弥陀佛），旷劫尘沙罪灭亡（南无阿弥陀佛）。
罪灭身心必清净（阿弥陀佛），次应想水易成冰（南无阿弥陀佛），
须臾便见琉璃地（阿弥陀佛），黄金界道以为绳（南无阿弥陀佛）。
宝池澄澄千仞深（阿弥陀佛），明[②]珠间错是黄金（南无阿弥陀佛），
花雨纷纷随处下（阿弥陀佛），能令道者发真心[③]（南无阿弥陀佛）。
琼林宝树七重行（阿弥陀佛），处处垂琳[④]异色光（南无阿弥陀佛），
光中无数摩尼殿（阿弥陀佛），诸天童子散花香（南无阿弥陀佛）。
极乐城中七宝池（阿弥陀佛），莲开光色不思议（南无阿弥陀佛），
花间总是摩尼水（阿弥陀佛），唯叹娑婆来者稀[⑤]（南无阿弥陀佛）。
琼楼宝阁紫金光（阿弥陀佛），赫奕连辉照十方（南无阿弥陀佛），
白玉池边闻妙法（阿弥陀佛），莲花[⑥]叶里更飞香（南无阿弥陀佛）。
弥陀无数宝城楼（阿弥陀佛），恒沙菩萨四边游（南无阿弥陀佛），
各各持花供养佛（阿弥陀佛），尘劳永断更何忧（南无阿弥陀佛）！
碧玉楼中花座开（阿弥陀佛），黄金作叶宝为台（南无阿弥陀佛），

---

① “注”，原本作“住”，据《净土五会念佛诵经观行仪》改。

② “明”，原本作“月”，据《净土五会念佛诵经观行仪》改。

③ “道者发真心”，原本作“道发真实心”，据《净土五会念佛诵经观行仪》改。

④ “琳”，《净土五会念佛诵经观行仪》作“珠”。

⑤ “来者稀”，原本作“去来者”，据《净土五会念佛诵经观行仪》改。

⑥ “花”，原本作“光”，据《净土五会念佛诵经观行仪》改。

摩尼幢上真珠网（阿弥陀佛），庄严至意为如来（南无阿弥陀佛）。
宝像琉璃内外明（阿弥陀佛），六通如意觉身轻（南无阿弥陀佛），
心须仔细勤观想（阿弥陀佛），想成便即悟无生（南无阿弥陀佛）。
弥陀光色广无边（阿弥陀佛），普照群生度有缘（南无阿弥陀佛），
但有倾心能念佛（阿弥陀佛），当来决定离人天（南无阿弥陀佛）。
观音补处不思议（阿弥陀佛），无边世界现稀奇①（南无阿弥陀佛），
但令念者皆生乐（阿弥陀佛），顶戴弥陀尊重时（南无阿弥陀佛）。
势至菩萨甚难量（阿弥陀佛），雄雄猛利广无方（南无阿弥陀佛），
顶上宝瓶光显照（阿弥陀佛），幽途永得离无常（南无阿弥陀佛）。
观身自见往生时（阿弥陀佛），莲花宝座不经迟（南无阿弥陀佛），
水鸟树林皆说法（阿弥陀佛），弥陀迎摄更无疑（南无阿弥陀佛）。
如来神变不思议（阿弥陀佛），大小随缘感赴机（南无阿弥陀佛），
众等倾心勤念佛（阿弥陀佛），宝池花内证无为（南无阿弥陀佛）。
行业精诚须转高（阿弥陀佛），上品之人种姓豪②（南无阿弥陀佛），
百法门中欢喜地（阿弥陀佛），金刚妙定自坚牢（南无阿弥陀佛）。
念佛之人须至诚（阿弥陀佛），弥陀决定自亲迎（南无阿弥陀佛），
到彼花开蒙授记（阿弥陀佛），登时闻法悟无生（南无阿弥陀佛）。
十恶五逆至愚人（阿弥陀佛），永劫沉沦在六尘③（南无阿弥陀佛），
一念称得弥陀号（阿弥陀佛），至彼还同法性身（南无阿弥陀佛）。
世尊说已向耆山（阿弥陀佛），阿难闻教广宣传（南无阿弥陀佛），
大众倾心皆顶戴（阿弥陀佛），还将此法利人天（南无阿弥陀佛）。

---

①“奇”，原本作“有”，据《净土五会念佛诵经观行仪》改。

②“豪”，原本作“高”，据《净土五会念佛诵经观行仪》改。

③“沦”，原本作“轮”。“六”，原本作“久”。据《净土五会念佛诵经观行仪》改。

新《阿弥陀经》赞（十六偈）

释迦悲智广无边（阿弥陀佛），
先开净教利人天（南无阿弥陀佛，南无阿弥陀佛），
菩萨声闻无量众（阿弥陀佛），
其时听在给孤园（南无阿弥陀佛，南无阿弥陀佛）。
初告声闻舍利弗（阿弥陀佛），
吾今欲说汝应听（南无阿弥陀佛，南无阿弥陀佛），
去此西方十万亿（阿弥陀佛），
弥陀宝国紫金形（南无阿弥陀佛，南无阿弥陀佛）。
其国众生极妙乐（阿弥陀佛），
永劫不闻诸苦名（南无阿弥陀佛，南无阿弥陀佛），
劝汝当勤称彼佛（阿弥陀佛），
须臾即至宝莲城（南无阿弥陀佛，南无阿弥陀佛）。
琼林宝树七重栏（阿弥陀佛），
众等当须审谛观（南无阿弥陀佛，南无阿弥陀佛），
珠网层层千万亿（阿弥陀佛），
能令见者得心安（南无阿弥陀佛，南无阿弥陀佛）。
弥陀净刹不思议（阿弥陀佛），
处处渠流七宝池（南无阿弥陀佛，南无阿弥陀佛），
池中总是摩尼水（阿弥陀佛），
昼夜花开无尽时（南无阿弥陀佛，南无阿弥陀佛）。
四岸琉璃碧玉成（阿弥陀佛），
香风拂体觉身轻（南无阿弥陀佛，南无阿弥陀佛），
宝阁楼台千万亿（阿弥陀佛），
无边菩萨尽经行（南无阿弥陀佛，南无阿弥陀佛）。

心心稽首法王家（阿弥陀佛），
专想弥陀发道芽[①]（南无阿弥陀佛，南无阿弥陀佛），
碧玉楼中闻妙法（阿弥陀佛），
黄金地上散天花（南无阿弥陀佛，南无阿弥陀佛）。
衣祴持花十万亿（阿弥陀佛），
圣众尘沙受供同（南无阿弥陀佛，南无阿弥陀佛），
一念还归极乐国（阿弥陀佛），
永绝胞胎证六通（南无阿弥陀佛，南无阿弥陀佛）。
净国弥陀宝鸟音（阿弥陀佛），
闻者皆生念佛心（南无阿弥陀佛，南无阿弥陀佛），
此鸟实非三恶趣（阿弥陀佛），
为令宣演法幽深（南无阿弥陀佛，南无阿弥陀佛）。
香风时动宝林鸣（阿弥陀佛），
处处唯闻念佛声（南无阿弥陀佛，南无阿弥陀佛），
声中皆说无边法（阿弥陀佛），
能令听者证无生（南无阿弥陀佛，南无阿弥陀佛）。
弥陀寿量岂能知（阿弥陀佛），
国中人众亦如斯（南无阿弥陀佛，南无阿弥陀佛），
到彼皆同跋致位（阿弥陀佛），
永超生死证无为（南无阿弥陀佛，南无阿弥陀佛）。
善根福少理难容（阿弥陀佛），
七日须成净土功（南无阿弥陀佛，南无阿弥陀佛），
十念倾心于彼国（阿弥陀佛），
刹那便即坐莲宫（南无阿弥陀佛，南无阿弥陀佛）。
弥陀愿力不思议（阿弥陀佛），

① “发道芽”，原本误作“散道引”，据《净土五会念佛诵经观行仪》改。

庄严净国甚稀奇（南无阿弥陀佛，南无阿弥陀佛），
六方诸佛同时赞（阿弥陀佛），
意令诸子断狐疑（南无阿弥陀佛，南无阿弥陀佛）。
人命无常如刹那（阿弥陀佛），
永劫沉沦恶趣多（南无阿弥陀佛，南无阿弥陀佛），
急急须专念彼佛（阿弥陀佛），
共汝相将出爱河（南无阿弥陀佛，南无阿弥陀佛）。
诸佛同声赞释迦（阿弥陀佛），
能于苦海度人多（南无阿弥陀佛，南无阿弥陀佛），
一一总令专念佛（阿弥陀佛），
生生常[①]得见弥陀（南无阿弥陀佛，南无阿弥陀佛）。
如来说已阿难宣（阿弥陀佛），
普化群生被有缘（南无阿弥陀佛，南无阿弥陀佛），
众等[②]倾心须顶戴（阿弥陀佛），
弘斯净教广流传（南无阿弥陀佛，南无阿弥陀佛）。

叹散花供养赞

昔有仙人名善慧，一时买得五茎莲，
持将供养定光佛，因花果号释迦尊。
诸经皆说妙伽他，散花供养福田多，
但以一花散一佛，因花尽得见弥陀。
今时智者见经文，但说花为成佛因，
便即散花供养佛，仍将花度有缘人。

① “常”，原本作“当”，据《净土五会念佛诵经观行仪》改。
② “等”，原本作“生”，据《净土五会念佛诵经观行仪》改。

纷纷正见散花时，片片青莲空里飞，
一一争前将手捧，人人收得裓盛归。
空中片片雨天花，散着人人发道芽，
但使勤勤花供养，福田一一遍恒沙。
飞花飒飒遍虚空，翠叶翩翩满界中，
淅沥如鸟和云下，缤纷送子入莲宫。
莲花郁郁甚宽平，花上群群菩萨行，
时时散花供养佛，往往宣扬五会声。
般般圣众裓盛花，人人历供遍恒沙，
一一食时还本国，行行不离世尊[①]家。
时时天雨万般花，处处皆能发道芽，
一一持将奉诸佛，朝朝恒在法王家。
百宝鲜花坠坠飞，空中赞叹不思议，
若有众生能献者，当来决定证无为。
金刚台上说真宗，西方菩萨尽皆同，
散花供养无休息，皆生花上具神通。
氛氛香气转绵绵，花去花来花更鲜，
清旦常持献他国，食时还到世尊前。

叹西方净土五会妙音赞

第一会时除乱意，第二高声遍有缘，
第三响扬能哀雅，第四和鸣真可怜，
第五震动天魔散，能令念者入深禅，

① “世尊”，原本作“世界”，据《净土五会念佛诵经观行仪》订正。

五会声中十种利，为令学者用心坚。
妙音五会摩尼宝，能雨无边圣法财，
智者必须依此学，临终一念坐莲[①]台。
寄语现前诸大众，五会念佛利无穷，
今日道场同行者，相将定取坐莲[②]宫。
五会圣教是真宗，定舍娑婆出苦笼，
众等发心回愿往，西方世界获神通。
宝树[③]森森是翠林，微风五会演清音，
花雨六时随处下，见闻之者发真心。
众等今时生信心，听法弥陀五会音，
专求不忘称名字，迎将极乐坐花林。
五会合响赞池城，楼台郁郁映云青，
琉璃七宝金绳界[④]，处处唯闻念佛声。
弥陀五会是舟船，永劫常于苦海传，
但使闻声皆解脱，定超生死离人天。

极乐五会赞

《观经》妙赞定中成，宝偈分明化有情，
五会阎浮流布广，相期极乐悟无生。
弥陀宝赞实堪传，恒为众生作法船，
五会佛声闻解脱，一时尽得坐金莲。

---

① “莲”，原本作“花”，据《净土五会念佛诵经观行仪》改。

② 同上。

③ “树”，原本作“林”，据《净土五会念佛诵经观行仪》改。

④ “界”，原本作“果”，据《净土五会念佛诵经观行仪》改。

西方五会遍娑婆，意在众生念佛多，
宝国花开千万亿，闻名去者几恒沙。
千般伎乐绕金台，百宝莲花出水开，
五会声声须急念，临终一一尽迎来。
无边化佛紫金身，守护流传五会人，
念念弥陀心不退，翩翩宝座自相亲①。

叹五会妙音赞

弥陀五会响雄雄，智者传来五浊中，
五苦闻声皆得乐，乘斯五会入莲宫。
智者慈悲传五会，意在将传灭五烧，
五烧既因五会灭，皆承五会出尘劳。
雄雄五会响清深②，隐隐雷声写妙音，
圣众相将同赞叹，但是人闻皆发心。
西方微妙五音声，将来五浊救众生，
五趣闻名皆解脱，五会引到宝莲城。
泠泠③五会出衡山，隐隐如今遍五天，
五众咸言皆利乐，末法仍留五百年。
弥陀五会贯人心，哀婉慈声屈曲深，
《无量寿经》如此说，宝水长流④演妙音。
五会响扬出云霞，清音寥亮遍恒沙，

① “宝座自相亲”，原本作“宝莲坐自亲”，据《净土五会念佛诵经观行仪》改。
② “深”，原本作“音”，据《净土五会念佛诵经观行仪》改。
③ “泠泠”，原本作“零零”，据《净土五会念佛诵经观行仪》改。
④ “流”，原本作“留”，据《净土五会念佛诵经观行仪》改。

朝朝暮暮常能念，世世生生在佛家。
香风飒起触人身，唯将五会断贪瞋，
五音兼能净五蕴，闻名永[1]劫离嚣尘。
西方鼓乐及弦歌，琴瑟箫笛杂相和，
一一唯宣五会法，声声皆说六波罗。

极乐庄严赞

弥陀愿行广无边，悲济群生普尽怜，
总欲化令归本国，众生罪业共无缘。
观音菩萨大慈悲，能于苦海现稀奇，
紫金身相三十二，顶戴弥陀尊重时。
势至菩萨甚难思，紫金身相等无亏，
顶上宝瓶光显照，普收念佛往生机。
自庆往昔宿缘深，得遇弥陀净教音，
执持名号无休息，报尽临终身紫金。
我常自叹苦精勤，稀闻无上法清真，
须共无明贼斗战，誓当破灭取金身[2]。
一念凝神往宝城，六通起意觉身轻，
足踏千叶莲花上，明月摩尼树下行。
弥陀净刹甚精微，彼处娑婆人岂知，
旷劫沉沦于苦海，何年得遇往生时？
极乐宝国无衰变，碧玉楼台天自然，

① “永”，原本作“五”，据《净土五会念佛诵经观行仪》改。

② “身”，原本作“真”，据《净土五会念佛诵经观行仪》改。

摩尼明月琉璃水，光照池台真可怜[①]。
极乐宝界甚稀奇，实为多生来不知，
今日喜遇弥陀尊，顿舍娑婆五浊时。
弥陀宝界不思议，唯叹娑婆去者稀，
阿鼻地狱人多往，一堕何年更出时？
归去来，归去来，阎浮五浊是尘埃，
不如西方快乐处，到彼花台随意开。

一切恭敬，至心归命礼西方阿弥陀佛。
法藏因弥远，极乐果还深，
异珍参作地，众宝间为林。
花开稀有色，波扬实相音，
何当蒙授手，一遂往生心！
愿共诸众生，往生安乐国。

至心归命礼西方阿弥陀佛。
浊世难还入，净土愿逾深，
金绳直界道，珠网幔垂林。
见色皆真色，闻音悉法音，
莫谓[②]西方远，唯须十念心。
愿共诸众生，往生安乐国。

① “光照”，原本作“光明”，据《净土五会念佛诵经观行仪》改。可怜，即可爱、可喜之意。

② “谓”，原本作“为”，据《净土五会念佛诵经观行仪》、《往生礼赞偈》改。

至心归命礼西方阿弥陀佛。
也闻[①]严净国，垂[②]起至诚因，
观日心初定，想水念逾真。
林宣上品法，莲合下生人，
既言同志友，从馀洗客尘。
愿共诸众生，往生安乐国。

至心归命礼西方阿弥陀佛。
放光[③]周远刹，分化满遥空，
花台三品异，人天一类同。
寻树流香水，吹乐起清风，
在兹心若净，谁见有西东。
愿共诸众生，往生安乐国。

至心归命礼西方阿弥陀佛。
回向渐为功，西方路稍通，
宝幢承厚地，天香入远风。
开花住浮水[④]，覆网细分空，
愿生何意切，正为乐无穷！
愿共诸众生，往生安乐国。

---

① “也闻”，原本作“夜间”，据《净土五会念佛诵经观行仪》改。

② “垂”，《净土五会念佛诵经观行仪》作“乘”。

③ “光”，原本作“言”，据《净土五会念佛诵经观行仪》改。

④ 《净土五会念佛诵经观行仪》、《往生礼赞偈》作“开花重布水”。

至心归命礼西方阿弥陀佛。
十劫道先成，严界引群萌，
金沙彻水照，玉叶满枝明。
鸟本珠中出，人唯花上生，
敢请西方圣，早晚定相迎。
愿共诸众生，往生安乐国。

至心归命礼西方阿弥陀佛。
欲选当生处，西方最可归，
间树开重阁，满道布鲜衣。
香饭随心至，宝殿逐身飞，
有缘皆得往，只自去人稀。
愿共诸众生，往生安乐国。

至心归命礼西方阿弥陀佛。
净国无衰变，一立古今然，
光台千宝合，音乐八风宣。
池多说法鸟，空满散花天，
得生不畏退，随意既开莲。
愿共诸众生，往生安乐国。

至心归命礼西方阿弥陀佛。
已成穷理圣，真有遍空威，
在西时现小，小则[1]暂随机。

① “小则”，善导《往生礼赞偈》作“但是”。

叶珠相映饰，沙水共澄辉，
欲得无生果，彼土必须依。
愿共诸众生，往生安乐国。

至心归命礼西方阿弥陀佛。
台里天人现，光中侍者看，
悬空四宝阁，临迴七重栏。
疑多边地久，德少上生难，
且莫论馀愿，西望已心安。
愿共诸众生，往生安乐国。

至心归命礼西方阿弥陀佛。
净国本无忧，无数化城楼，
四面悬铃匝，六度散花周。
树含[1]香气动，水带法声流，
未曾闻苦事，谁复辨春秋。
愿共诸众生，往生安乐国。

藏钩乐，藏钩乐，藏钩本意解人愁。
得往，藏钩乐，得往，藏钩乐。
阿难迦叶共平章，文殊菩萨对商量，
声闻缘觉两行坐，如来与汝作用头。
金刚无碍取为筹，无价宝珠将作钩，
持戒将为打钩杖，得见佛性即捻筹。

---

① “含”，原本作“合”，据《净土五会念佛诵经观行仪》改。

藏钩心意莫游戏，只恐六贼竞来偷，
强者直取波罗蜜，弱者勤修重更修。
黄昏一座至三更，贪筹不定共于事，
弱者都缘心未志，强家不动证无生。
世尊唤出阿难来，高举光明腊烛台，
为言佛性等闲得，临临入手被他将。
大众努力觉无上，无价宝珠心里行，
念念佛身如急箭，如来平等度众生。

父母恩重赞文

累劫有因缘，今来托母胎，
月馀生五胞，七七六情开。
渐重如山岳，动起怕身灾，
罗衣都不挂，秦镜染尘埃。
怀胎向十月，产难欲将临，
朝朝如重病，日日自呻吟。
惶怖难为计，愁恨满胸衿，
含滴唤亲眷，惟恐死来侵。
月满将临逼，生时实是难，
五内如刀割，邻里竞来看。
生在于草上，傍人道是儿，
母闻欢喜唤，忘却痛缠身。
母身在湿处，将儿回就干，
血乳充饥渴，罗衣障风寒。
吐甘无吝惜，咽苦不颦眉，
但令子得饱，慈母不辞饥。

纪年渐渐大，出即母心随，
一朝男女病，恨不母身当。
爱别情难忍，生离实苦肠，
儿行百里内，慈母一千强。
男大差征伐，女长事他内，
时逢冬岁节，慈母泪沾衿。
每日思男女，逢日即问频，
若得好消息，修斋[①]造福田。
父母虽年老，恩怜无断时，
身年一百岁，长愁八十儿。
故知恩爱重，命尽识分离，
黄泉犹不舍，作鬼亦忧之。
凡为男女者，供勤当莫移，
祖住由上说，起得不作行。
努力须行孝，孝行立身名，
皇天将佐助，诸佛亦赞之。
心行于五逆，皇天不祐之，
劝修三福业，净土目前明。
普告诸人者，同行不同心，
得生极乐国，花间听法音。

① “斋”，原本作“粢”，今改。

新花台赞文

可怜生，可怜生，菩萨子游戏在西方，
宛转花台里，宛转花台里。
西方实妙乐，天衣饭自然，
池中化生子，游戏拨红莲。
红莲在宝池，光色不思议，
树林常说法，音乐每相随。
相迎上宝殿，相唤下金桥，
游戏诸楼阁，到处法门开。
七宝为宫殿，琉璃玛瑙台，
专心能念佛，总得上花来。
白玉池边过，莲花叶里香，
更闻念五会，赞叹说西方。
极乐谁家子，莲花叶里生，
为由念佛故，从此得来生。
莲花一丛赤，复有一聚青，
里有化生子，言语甚分明。
飞阁重重起，圣众第相过，
池上宝莲花，新贤圣者多。
往生心，往生心，渐向法流深，
沐浴如来功德海，欣游净土乐。
四天王，夜摩天，天宫近与人相连，
共游天上唤不得，定知花里入三禅。
菩提心，菩提心，菩萨众如林，
国土动摇迎势至，宝弥覆观见。

白莲花，赤莲花，生在法王家，
饭食经行依宝处，池中宝岸底金沙。
红莲花，青莲花，千叶莲花台上生，
摄授弥陀佛，摄授弥陀佛。

述《观经》九品往生赞文

上品上生行愿强，无边化佛自迎将，
宝殿金台登初地，衣裓盛花遍十方。
上品中生义入微，临终圣众唤西归，
五色云中千佛引，紫金台座八音随。
上品下生慧性明，端心回心学无上，
五百如来齐授手，恒沙菩萨捧花迎。
中品上生斋戒功，即得三明及六通，
红莲紫莲空引摄，天乐迎魂入佛宫。
中品中生熏戒香，心清自睹玉毫光，
一超便入无为会，七日花开见法王。
中品下生慈孝深，善友令生厌离心，
乘莲托阴摩尼水，花里唯闻解脱音。
下品上生善种稀，能知三宝是归依，
化佛来迎光满室，花台更伴彩云飞。
下品中生黑业迷，因称佛号免泥梨，
六劫花开方见佛，一生补处果还齐。
下品下生不善多，唯将十念弃娑婆，
虽住花间十二劫，见佛心开一刹那。

劝修行偈

劝君修道莫生瞋，法中无我亦无人，
欲识西方求净土，会是尘中不染尘。

依之修行，尽得往生。

净土五会念佛诵经观行仪

南岳沙门法照撰

净土五会念佛诵经观行仪卷中

佛说阿弥陀经

（一名《小无量寿经》，后秦罗什法师译。元嘉末年[①]，求那跋陀罗重译，名《阿弥陀经》。）

如是我闻。一时，佛在舍卫国祇树给孤独园，与大比丘众千二百五十人俱，皆是大阿罗汉，众所知识。长老舍利弗、摩诃目揵连、摩诃迦叶、摩诃迦旃延、摩诃俱絺罗、离婆多、周利槃陀伽、难陀、阿难陀、罗睺罗、憍梵波提、宾头卢颇罗堕、迦留陀夷、摩诃劫宾那、薄拘罗、阿㝹楼驮，如是等诸大弟子。并诸菩萨摩诃萨，文殊师利法王子、阿逸多菩萨、乾陀诃提菩萨、常精进菩萨，与如是等诸大菩萨，及释提桓因等无量诸天大众俱。

尔时佛告长老舍利弗："从是西方，过十万亿佛土，有世界名曰极乐。其土有佛，号阿弥陀，今现在说法。

"舍利弗，彼土何故名为极乐？其国众生，无有众苦，但受诸乐，故名极乐。又舍利弗，极乐国土，七重栏楯，七重罗网，七重行树，皆是四宝，周匝围绕，是故彼国名曰极乐。

① "元嘉末年",《大正藏》本作"宗嘉元年"，今据史料订正。

“又舍利弗，极乐国土，有七宝池。八功德水，充满其中。池底纯以金沙布地。四边阶道，金、银、琉璃、颇梨合成。上有楼阁，亦以金、银、琉璃、颇梨、砗磲、赤珠、玛瑙而严饰之。池中莲花，大如车轮，青色青光，黄色黄光，赤色赤光，白色白光，微妙香洁。舍利弗，极乐国土成就如是功德庄严。

“又舍利弗，彼佛国土，常作天乐。黄金为地。昼夜六时，而雨曼陀罗花。其国众生，常以清旦，各以衣裓，盛众妙花，供养他方十万亿佛。即以食时，还到本国，饭食经行。舍利弗，极乐国土成就如是功德庄严。

“复次舍利弗，彼国常有种种奇妙杂色之鸟，白鹄、孔雀、鹦鹉、舍利、迦陵频伽、共命之鸟。是诸众鸟，昼夜六时，出和雅音，其音演畅五根、五力、七菩提分、八圣道分，如是等法。其土众生，闻是音已，皆悉念佛、念法、念僧。舍利弗，汝勿谓此鸟实是罪报所生。所以者何？彼佛国土无三恶趣。舍利弗，其佛国土，尚无三恶道之名，何况有实？是诸众鸟，皆是阿弥陀佛欲令法音宣流，变化所作。舍利弗，彼佛国土，微风吹动诸宝行树，及宝罗网，出微妙音，譬如百千种乐，同时俱作。闻是音者，皆自然生念佛、念法、念僧之心。舍利弗，其佛国土成就如是功德庄严。

“舍利弗，于汝意云何，彼佛何故号阿弥陀？舍利弗，彼佛光明无量，照十方国，无所障碍，是故号为阿弥陀。又舍利弗，彼佛寿命，及其人民，无量无边阿僧祇劫，故名阿弥陀。舍利弗，阿弥陀佛成佛以来，于今十劫。又舍利弗，彼佛有无量无边声闻弟子，皆阿罗汉，非是算数之所能知。诸菩萨亦如是。舍利弗，彼佛国土成就如是功德庄严。

“又舍利弗，极乐国土，众生生者，皆是阿鞞跋致。其中多有一生补处，其数甚多，非是算数所能知之，但可以无量无边阿僧祇劫说。舍利弗，众生闻者，应当发愿，愿生彼国。所以者何？得与如是诸上善人，俱会一处。

“舍利弗，不可以少善根福德因缘，得生彼国。舍利弗，若有善男子、善女人，闻说阿弥陀佛，执持名号。若一日、若二日、若三日、若四日、若五日、若六日、若七日，一心不乱。其人临命终时，阿弥陀佛与诸圣众，现在其前。是人终时，心不颠倒，即得往生阿弥陀佛极乐国土。舍利弗，我见是利，故说此言。若有众生闻是说者，应当发愿，生彼国土。

“舍利弗，如我今者，赞叹阿弥陀佛不可思议功德。东方亦有阿闳鞞佛、须弥相佛、大须弥佛、须弥光佛、妙音佛，如是等恒河沙数诸佛，各于其国，出广长舌相，遍覆三千大千世界，说诚实言：‘汝等众生，当信是《称赞不可思议功德一切诸佛所护念经》。’

“舍利弗，南方世界有日月灯佛、名闻光佛、大焰肩佛、须弥灯佛、无量精进佛，如是等恒河沙数诸佛，各于其国，出广长舌相，遍覆三千大千世界，说诚实言：‘汝等众生，当信是《称赞不可思议功德一切诸佛所护念经》。’

“舍利弗，西方世界有无量寿佛、无量相佛、无量幢佛、大光佛、大明佛、宝相佛、净光佛，如是等恒河沙数诸佛，各于其国，出广长舌相，遍覆三千大千世界，说诚实言：‘汝等众生，当信是《称赞不可思议功德一切诸佛所护念经》。’

“舍利弗，北方世界有焰肩佛、最胜音佛、难沮佛、日生佛、网明佛，如是等恒河沙数诸佛，各于其国，出广长舌相，遍覆三千大千世界，说诚实言：‘汝等众生，当信是《称赞不可思议功德一切诸佛所护念经》。’

“舍利弗，下方世界有狮子佛、名闻佛、名光佛、达摩佛、法幢佛、持法佛，如是等恒河沙数诸佛，各于其国，出广长舌相，遍覆三千大千世界，说诚实言：‘汝等众生，当信是《称赞不可思议功德一切诸佛所护念经》。’

“舍利弗，上方世界有梵音佛、宿王佛、香上佛、香光佛、大焰肩佛、杂色宝花严身佛、娑罗树王佛、宝花德佛、见一切义佛、如须弥山佛，如是等恒河沙数诸佛，各于其国，出广长舌相，遍覆三千大千世界，说诚实言：‘汝等众生，当信是《称赞不可思议功德一切诸佛所护念经》。’

“舍利弗，于汝意云何，何故名一切诸佛所护念经？舍利弗，若有善男子、善女人，闻是经受持者，及闻诸佛名者。是诸善男子、善女人，皆为一切诸佛共所护念，皆得不退转于阿耨多罗三藐三菩提。是故舍利弗，汝等皆当信受我语，及诸佛所说。

“舍利弗，若有人已发愿、今发愿、当发愿，欲生阿弥陀佛国者。是诸人等，皆得不退转于阿耨多罗三藐三菩提，于彼国土，若已生、若今生、若当生。是故舍利弗，诸善男子、善女人，若有信者，应当发愿，生彼国土。

“舍利弗，如我今者，称赞诸佛不可思议功德。彼诸佛等，亦称赞我不可思议功德，而作是言：‘释迦牟尼佛，能为甚难稀有之事，能于娑婆国土，五浊恶世，劫浊、见浊、烦恼浊、众生浊、命浊中，得阿耨多罗三藐三菩提，为诸众生，说是一切世间难信之法。’舍利弗，当知我于五浊恶世，行此难事，得阿耨多罗三藐三菩提，为一切世间说此难信之法，是为甚难。”

佛说此经已，舍利弗及诸比丘，一切世间天、人、阿修罗等，闻佛所说，欢喜信受，作礼而去。

（众等每诵经了，即第二会念佛一两会，即诵后《宝鸟》、《相好》二赞，应知。）

那（上）谟菩（上）陀夜（药可反下同）那（上）谟驮啰（上）摩夜那（上）谟僧伽夜那（上）摩阿（上）弭多婆（上）夜跢（丁可反下同）他伽（上）多夜阿（上）啰诃（上）羝三藐三菩（上）陀夜跢姪（地也反下同）他阿（上）弭唎（上）羝阿（上）弭唎都婆鞞（菩迷反下同）阿弭（上）唎跢三婆（上）鞞阿（上）弭唎跢鼻（菩弭反）迦囒羝伽弭你伽（上）伽（上）那（上）稽（居移反）鞞底（者你反）迦（上）嚓婆（上）啰（上）皤波跛叉（楚我反）焰迦嚓（一切恶业尽）娑诃

咒中诸“口”傍字，皆依本音，转舌言之。无“口”者，依字读之。

右咒先已翻出流行。于晨朝杨枝净口，散花烧香，佛像前互跪合掌，日诵二七、若三七遍，灭四重五逆等罪，现身不为诸横所恼，命终生无量寿国，永离女身。

今更勘梵本，并对问婆罗门僧毗尼佛陀僧伽等，知此咒威力不可思议，云：旦、暮、午时，各诵一百八遍，灭四重五逆，拔一切罪根，得生西方。若能精诚诵满二十万遍，则菩提芽生，证不退转。满三十万遍，则面见阿弥陀佛，决定得生安乐净土。

此陀罗尼及功德能，作法事时，不须诵之。

又往生西方记验：（此传作法事时不在诵限，知之。）

昔长安叡法师、慧崇、僧显、慧通，近至后周实禅师、西河鸾法师等数百人，并生西方。绰禅师等，因鸾法师得生西方，各率有缘，专修净土之业。绰禅师又撰西方记验，名《安乐集》流行。又晋朝远法师，入庐山三十年不出，乃命同志白黑百有二十三人，立誓期于西方，凿山铭愿。

至陈天嘉年，庐山珍禅师，于坐时见人乘船往西方，乃求附载。报云："法师未诵《阿弥陀经》，不得去也。"因即诵此经，应二万遍。未终四七日前，四更有神人从西方送一白银台来，空中明过于日，告云："法师寿终，当乘此往生阿弥陀佛国。故来相示，令知定生。"临命终时，白黑咸闻异香数日。其夜峰顶寺，咸见一谷中有数十炬火，大如车轮。

寻验古今，往西方者非 一，多见化佛徒众来迎，灵瑞如传，不可繁录。因珍禅师于此经有验，故略述此，以悟来哲，助往生之志耳。

宝鸟赞

（依《阿弥陀经》）

极乐庄严间杂宝（弥陀佛），实是稀有闻未闻（弥陀佛弥陀佛），

宝鸟临空赞佛会（弥陀佛），哀婉[①]雅亮发人心（弥陀佛弥陀佛）。

昼夜连声无有息（弥陀佛），文文句句理相同（弥陀佛弥陀佛），

或说五根七觉分（以下准前和），或说八圣慈悲门（以下准前和），

或说他方杂恶道，或说地狱对[②]人天，

或说散善波罗蜜，或说定慧入深禅，

① "婉"，《大正藏》本作"怨"，据《净土五会念佛略法事仪赞》改。

② "对"，《净土五会念佛略法事仪赞》作"封"。

或说长时修苦行，或说无上菩提因，
菩萨声闻闻此法，处处分身转法轮。
愿此法轮相续转，道场众等益长年，
众等回心生净土，手执香花往西方。

（众等诵《弥陀经》了，即诵《宝鸟赞》。诵诸赞了，发愿，具在赞后，即散。）

第八、赞佛得益门

难曰：如说修行，理实明矣，仰信专行。今赞佛之时，有何益焉？

答曰：利益无边，说不可尽，略而言之。且[①]诸佛世尊，名闻满十方，广饶益众生，称叹无穷尽，一切众生类无不宗奉者，何旨？寔由过去为凡夫时，以身、意、口业赞佛及众生，不毁于他人。由斯赞功德，今速成佛道，还令众生恭敬尊重而赞叹。

故《佛本行经》云：释迦菩萨翘一足，赞叹底沙佛故。赞曰：

天地此界多闻室，逝宫天处十方无，
丈夫牛王大沙门，寻地山林遍无等。

说此赞赞彼佛已，超弥勒九劫，速得成佛。是知赞佛功德，岂可称量？

更有赞佛得益，具在诸经。今之四众，若赞佛时，现世为人恭敬仰瞻，命终之时，佛来迎接，定生极乐世界，身真金色，舌相广长，词辩纵横，得无碍智。世界庄严，尽皆七宝。名闻广大，普遍十方。一切众生，无不尊重赞叹。何以故？由今赞佛，得生佛家，速成佛故，因感果故。智者当知。

白诸众等：此后诸赞，随此《弥陀》、《观经》一期法事竟，就此

① “且”，《大正藏》本作“旦”，今据敦煌原本改。

诸赞之中，有文长者，行人临时不得多诵，文少者即诵彻，文长者略之，大意如此。正作法事之时，不得尽诵经赞。《宝鸟》、《相好》两赞，二经之后，各为初首已空[①]。《净土乐赞》，诵《弥陀经》及诸赞了，即诵此赞。诵此赞竟，即诵导和上《礼赞》，发愿即散。《六根赞》，诵《观经》及诸赞了，即诵此赞。诵此赞竟，即诵琮法师《礼赞》，发愿即散。平诵亦得。若中间诸赞，任意临时取舍用之得耳。众等以后每诵一赞竟，即念佛三五十口，应知。

《观经》十六观赞

（依《观经》，各诵少多）

释净遐

第一初观日在西（阿弥陀佛），
端身正坐去昏迷（阿弥陀佛，南无阿弥陀佛），
见时欲没如悬鼓（阿弥陀佛），
令心坚住莫高低（阿弥陀佛，南无阿弥陀佛）。
第二观水本澄清（阿弥陀佛），
想水为冰理易成（阿弥陀佛，南无阿弥陀佛），
令冰映作琉璃地（准前），分明还见宝幢擎。
第三宝地间黄金，六时花雨满琼林，
分辉变作空中乐，箫管能清道者心。
第四宝树七重行，布叶垂条异色光[②]，
花果四时皆具足，风来林下更飞香。
第五当观七宝池，清冷八德不思议，
渠流悉是金沙水，水上花开无尽时。

① “已空”二字疑讹，或应作“诵之”。

② “光”，《大正藏》本作“先”，据敦煌原本及《净土五会念佛略法事仪赞》改。

第六应观众宝楼，珠轩玉砌碧空秋，
天乐奏时清夜响，法音微妙劝勤修。
第七专观花座开，檀金为叶玉为台，
宝幢上覆真珠网，庄严只拟为如来。
第八宝像色圆明[①]，万法皆从心想生，
若见其身花上坐，甚深三昧自然成。
第九弥陀法主身，相好光明无等伦，
念佛众生皆摄取，心常不舍有缘人。
第十观音补处尊，身同佛相[②]妙难论，
顶戴如来心敬重，慈光恒住大悲门。
十一势至大威雄，辅翼长时振六通，
世界动摇应度者，光明常照行人中。
十二观身自往生，莲花开合极分明，
端坐湛然心不动，临终当见佛来迎。
十三丈六紫金容，真化由来不二纵，
但使随心观了了，法身妙相自颙颙。
十四生人行业高，上品三心种姓豪，
百法明门欢喜地，金刚定力转坚牢。
十五生居九品中，净戒熏[③]心业始融，
善友教令回愿往[④]，须臾不觉坐莲宫。
十六下生位最卑，业障难消慧发迟，
十念莲胎虽住劫，花开还得悟无为。

① “明”，《大正藏》本作“珠”，据《净土五会念佛略法事仪赞》改。

② “相”，原本作“想”，据《净土五会念佛略法事仪赞》改。

③ “熏”，《大正藏》本误作“董”。

④ “往”，《大正藏》本作“住”，据敦煌原本及《净土五会念佛略法事仪赞》改。

《阿弥陀经》赞

（依《阿弥陀经》）

释净遐

释迦调御大慈尊（阿弥陀佛），
救世先开净土门（阿弥陀佛，南无阿弥陀佛），
欲说庄严极乐国（阿弥陀佛），
其时正在给孤园（阿弥陀佛，南无阿弥陀佛）。
法轮将兴多听徒（准前），无量诸天大众俱，
第一声闻舍利子，上乘菩萨是文殊。
初告真宗当尔时，西方过此十俱胝，
世界庄严名极乐，弥陀在彼不思议。
其国众生苦已除，清闲胜妙乐无余，
昼夜修行超八难，色相端严尽一如。
七重行树七重栏，宝盖垂空宝网鞔，
但是有缘皆得见，殷勤学者用心观。
人至乘花坐宝林，天来奏乐曲幽深，
六度已能调六律，八正还将和八音。
宝池德水底沙新，莲开光色似车轮，
菩萨端然花上坐，看时总是往生人。
弥陀净土法王家，愿力庄严发道芽，
碧玉楼中飞宝座，黄金地上雨天花。
收得天花衣裓盛，六通如意觉身轻，
供养他方诸佛已，还来本国饭经行。
众鸟和鸣应六时，清音演法妙难思，
五力五根并七觉，甚深八圣入无为。
众等同时听法音，闻者皆生念佛心，

化鸟本非三恶趣，弥陀宣畅法流深。
微风吹动宝林清，响扬如天奏乐声，
一一更无宣别法，处处唯闻念佛名。
弥陀寿量实无边，国中人众亦同然，
成道于今经十劫，光照恒沙法界圆。
菩萨声闻众甚多，为求解脱见弥陀，
算数不能知量限，余方诸佛亦来过。
传闻净刹甚清真，尽是阿鞞跋致人，
一生补处修三昧，证得金刚最后身。
善根福少理难生，七日专须念佛名，
若至临终心不乱，弥陀决定自相迎。
十号弥陀酬昔因，六方诸佛证成真，
舌相广长无妄语，如来护念信心人。
世界无常难久留，唯须发愿早勤求，
已生当生皆不退，岂限今修与未修。
诸佛同时赞释迦，能于五浊救娑婆，
说此世间难信法，咸令觉悟念弥陀。
法藏敷陈义已圆，阿难从此演真诠，
大众俱欣皆顶戴，如来嘱遣广流传。

维摩赞

（依《维摩经》）

佛国净土从心现（难思议），种种庄严心里生（难思议维摩诘），
足指按地三千界（难思议），虚空性海坐花台（难思议维摩诘）。
毗耶离城方丈室（难思议），有一居士号维摩（难思议维摩诘），
托病现身而有疾（难思议），国主王子悉来过（难思议维摩诘）。
无量声闻菩萨众（难思议），欲遣问疾不堪任（难思议维摩诘），

唯有文殊入敢问（难思议），居士所疾是何因（难思议维摩诘）？
答曰病从痴爱起（难思议），我病非有亦非无（难思议维摩诘），
广说身是无常法（难思议），阴界诸入合成身（难思议维摩诘）。
菩萨毛端容大海（难思议），芥子之内纳须弥（难思议维摩诘），
手掷世界他方外（难思议），室中天女悟无生（难思议维摩诘）。

涅槃赞

（依《涅槃经》，亦大会时、亡者处诵）

娑罗林，双林里，佛入涅槃时（泪落如云雨），
佛母当时闻此语（双林里），浑搥自扑落金床（泪落如云雨），
七宝冠衣自扑碎（双林里），七孔流血变成池（泪落如云雨）。
天女将水来洒面（双林里），佛母良久乃心苏（泪落如云雨），
将众天女乘云下（双林里），直至娑罗双树间（泪落如云雨）。
金棺银椁殓已讫（双林里），僧衣锡杖树间悬（泪落如云雨），
十大弟子号啕哭（双林里），状似婴孩忆母时（泪落如云雨）。
佛母绕棺哀哀哭（双林里），百鸟来者助心悲（泪落如云雨），
他道生离胜死别（双林里），我道死别胜生离（泪落如云雨）。
金棺银椁忽然开（双林里），却坐千叶莲花台（泪落如云雨），
如来花中为母说（双林里），一切恩爱有别离（泪落如云雨），
暂别慈亲一小劫（双林里），愿母努力莫悲哀（泪落如云雨）。

般舟赞

（依《般舟三昧经》，大会时及亡者处诵）

释慈愍和上

般舟三昧乐（愿往生），专心念佛见弥陀（无量乐），
普劝回心生净土（愿往生），回心念佛即同生（无量乐）。
旷劫以来流浪久（愿往生），随缘六道受轮回（无量乐），

不遇往生善知识（愿往生），谁能相劝得回归（无量乐）？
忆受天堂暂时乐（愿往生），福尽临终现五衰（无量乐）。
忆受人中胎藏苦（愿往生），四蛇六贼竞相催（无量乐）。
忆受修罗饿鬼道（愿往生），饥虚斗诤苦难载[①]（无量乐）。
忆受畜生相食啖（愿往生），刀光舍命复牵犁（无量乐）。
忆受地狱长时苦（愿往生），业风吹去不知回（无量乐）。
或上刀山攀剑树（愿往生），皮肤骨肉变成灰（无量乐）。
或入镬汤炉炭火（愿往生），腾波猛焰剧天雷（无量乐）。
借问何缘受此苦（愿往生），贪鱼爱肉业相随（无量乐），
熔铜灌口犁耕舌（愿往生），饮酒妄语受其灾（无量乐）。
或卧铁床抱铜柱（愿往生），总为邪淫颠倒来（无量乐）。
或堕阿鼻大地狱（愿往生），经劫长年眼不开（无量乐）。
上火下火通交过（愿往生），刀轮铁杵自飞来（无量乐），
铜狗啮心并啖血（愿往生），铁乌啄眼复穿腮（无量乐）。
今日道场诸众等（愿往生），恒沙旷劫总经来（无量乐），
庆[②]此人身难值遇（愿往生），喻若优昙花始开（无量乐）。
正值稀闻净土教（愿往生），正值念佛法门开（无量乐），
正值弥陀弘誓唤（愿往生），正值大众信心回（无量乐）。
正值今日依经赞（愿往生），正值结契上花台（无量乐），
正值道场无魔事（愿往生），正值无病总能来（无量乐）。
一日七日功成就（愿往生），四十八愿要相携（无量乐）。
普劝道场同行者（愿往生），努力回心归去来（无量乐），
借问家乡何处是（愿往生），极乐池中七宝台（无量乐）。
彼佛因中立弘誓（愿往生），闻名念我总迎来（无量乐），
不简贫穷将富贵（愿往生），不简下智与高才（无量乐），

① “载”，《大正藏》本作“裁”，据《净土五会念佛略法事仪赞》改。

② “庆”，《大正藏》本作“度”，据《净土五会念佛略法事仪赞》改。

不简无非净土业（愿往生），不简外道阐提人（无量乐），
不简长时修苦行（愿往生），不简今日始生心（无量乐），
不简多闻持净戒（愿往生），不简破戒罪根深（无量乐），
但使回心多念佛（愿往生），能令瓦砾变成金（无量乐）。
寄语现前诸大众（愿往生），同缘去者早相寻（无量乐）。
借问相寻何处去（愿往生）？报道弥陀净土中（无量乐）。
借问何缘得生彼（愿往生）？报道念佛自成功（无量乐）。
借问今生多罪障（愿往生），如何净土肯相容（无量乐）？
报道称名罪消灭（愿往生），喻若明灯入暗中（无量乐）。
借问凡夫得生否（愿往生），如何一念暗中明（无量乐）？
报道除疑专念佛（愿往生），临终宝座定来迎（无量乐）。

道场赞

大众人人皆合掌（道场乐），碎身惭谢释迦恩（道场乐），
能得慈悲巧方便（道场乐），指授西方快乐门（道场乐）。
道场欲散人将别（道场乐），努力相劝断贪瞋（道场乐），
贪瞋因缘障净土（道场乐），不得解脱永沉沦（道场乐）。
同行相亲相策励（道场乐），毕命为期到佛前（道场乐），
愿此法轮相续转（道场乐），道场众等益长年（道场乐）。
我等咸同受快乐（道场乐），见闻随喜亦皆然（道场乐），
众等回心生净土（道场乐），手执香花往西方（道场乐）。

无量寿佛赞

（依《无量寿经》，通一切处诵得）

巍巍阿弥陀，颜容紫金英[①]，

① “英”，《净土五会念佛略法事仪赞》作“形”。

身相三十二，爪足下安平。
姿好八十种，光曜常照明，
梵音超三千，妙响哀鸾声。
巍巍阿弥陀，国土甚清明，
悉纯黄金色，无四恶女名。
池水流相注，宝树五音声，
歌叹无常苦，闻皆得无生。
巍巍阿弥陀，众善王中英，
国土妙安乐，无不愿往生。
佛与菩萨众，翻飞俱往迎，
忽然七宝池，莲花中长成。
巍巍阿弥陀，威德妙无侣，
躯体真金色，光耀十方土。
其闻得睹遇，永拔生死苦，
我今稽首礼，无上众生父。

（诵此赞竟，即念观世音菩萨一二十声，便诵后观音、势至赞。）

观世音赞

（依《观世音经》，通一切处诵得）

众生被困厄，无量苦逼身，
观音妙智力，能救世间苦。
具足神通力，广修智方便，
十方诸国土，无刹不现身。
种种诸恶趣，地狱鬼畜生，
生老病死苦，以渐悉令灭。
真观清净观，广大智慧观，
悲观及慈观，常愿常瞻仰。

无垢清净光，慧日破诸暗，
能伏灾风火，普明照世间。
悲体戒雷震，慈意妙大云，
澍甘露法雨，灭除烦恼焰。
诤讼经官处，怖畏军阵中，
念彼观音力，众怨悉退散。
妙音观世音，梵音海潮音，
胜彼世间音，是故须常念。
念念勿生疑，观世音净圣，
于苦恼死厄，能为作依怙。
具一切功德，慈眼视众生，
福聚海无量，是故应顶礼。

（诵此赞了，即念大势至一二十声，即诵后赞。）

大势至菩萨赞

（上念了即诵，依《无量寿观经》）

大势至菩萨，神通自在与观音等无差。观音势至二大士，常侍弥陀佛左右。观音顶戴弥陀佛，势至冠中有宝瓶。瓶内光明甚无量，常放照曜苦众生。慈悲喜舍常接物，诸有所作不唐捐。故我遥顶礼。

出家乐赞

（依《出家功德经》，通一切处诵）

出家乐，出家乐。无始起，乐诸着，今生值善割亲缘，顿舍尘情断众恶（断众恶）。发身心，依圣学，除于结使下金刀，落发披衣餐宝药（餐宝药）。怀法喜，加踊跃，谁其长夜睡重昏，此日清身忻大觉（忻大觉）。

出家乐，出家乐。一切事，不相干，年登二十逢和上，敬受尸罗遇净坛（遇净坛）。修定慧，证非难，悟若琉璃明内外，妙喻莲花恣总看（恣总看）。称释子，法门宽，出入往来无碍道，解脱逍遥证涅槃（证涅槃）。

归去来，宝门开，正见弥陀升宝座，菩萨散花称善哉（称善哉）。宝林看，百花香，水鸟树林念五会，哀婉慈声赞法王（赞法王）。共命鸟，对鸳鸯，鹦鹉频伽说妙法，恒叹众生住苦方（住苦方）。

归去来，离娑婆，常在如来听妙法，指授西方是释迦（是释迦）。归去来，见弥陀，今在西方现说法，拔脱众生出爱河（出爱河）。归去来，上金台，势至观音来引路，百法明门应自开（应自开）。

净土乐赞

（依《称赞净土经》，亦通一切处诵）

净土乐，净土乐，净土不思议，净土乐。

弥陀住在宝城楼（净土乐），倾心念念向西求[①]（净土乐），

到彼三明八解脱（净土乐），长辞浊土更何忧（净土乐）。

净土乐，净土乐，净土不思议，净土乐。

宝楼宝阁宝金擎（净土乐），池水金沙映底清（净土乐），

法曲时时常供养（净土乐），莲花会里说无生（净土乐）。

净土乐，净土乐，净土不思议，净土乐。

宝台宝阁宝真珠（净土乐），宝体端严金色躯（净土乐），

菩萨化生奏玉调（净土乐），微风五会演真如（净土乐）。

净土乐，净土乐，净土不思议，净土乐。

流水波澜绕宝台（净土乐），宝殿光辉玉户开（净土乐），

慈主远闻三界子（净土乐），总须发愿往生来（净土乐）。

净土乐，净土乐，西方净土甚快乐，净土乐。（此后渐急诵）

弥陀身量广无涯（净土乐），面似檀金优钵花（净土乐），

目若青莲四大海（净土乐），圆光化佛喻恒沙（净土乐）。

---

① “求”，原本作“方”，据《净土五会念佛略法事仪赞》改。

净土乐，净土乐，西方净土甚快乐，净土乐。
弥陀本愿大慈悲（净土乐），此地愚人不觉知（净土乐），
九品莲开相引接（净土乐），虑恐众生出世迟（净土乐）。
净土乐，净土乐，西方净土甚快乐，净土乐。
弥陀春树觉花开（净土乐），功德池中坐宝台（净土乐），
三昧亭前求解脱（净土乐），摩尼殿上礼如来（净土乐）。
净土乐，净土乐，西方净土甚快乐，净土乐。
西方异鸟数无穷（净土乐），白鹤孔雀及迦陵（净土乐），
鹦鹉频伽说妙法（净土乐），声中演出大乘宗（净土乐）。
净土乐，净土乐，西方净土甚快乐，净土乐。
如来尊号甚分明（净土乐），十方世界普流行（净土乐），
但有称名皆得往（净土乐），观音势至自来迎（净土乐）。
净土乐，净土乐，西方净土甚快乐，净土乐。
弥陀徒众普慈心（净土乐），怜愍众生至意深（净土乐），
水鸟树林说妙法（净土乐），何况如来微妙音（净土乐）。
净土乐，净土乐，西方净土甚快乐，净土乐。
如来本愿特超殊（净土乐），慈悲方便引凡愚[①]（净土乐），
不问[②]众生皆度脱（净土乐），称名即得罪消除（净土乐）。
净土乐，净土乐，西方净土甚快乐，净土乐。
弥陀端[③]坐宝金楼（净土乐），恒沙菩萨四边游（净土乐），
九类蒙光说妙法（净土乐），闻者悟解永无忧（净土乐）。
净土乐，净土乐，西方净土甚快乐，净土乐。
西方净土离嚣尘（净土乐），众生到即断贪瞋（净土乐），

① “凡愚”，《净土五会念佛略法事仪赞》作“凡夫”。

② “不问”，《净土五会念佛略法事仪赞》作“一切”。

③ “端”，《大正藏》本作“瑞”，据敦煌原本及《净土五会念佛略法事仪赞》改。

总是善人菩萨众（净土乐），亦无恶趣及[①]怨亲（净土乐）。
净土乐，净土乐，西方净土甚快乐，净土乐。
花幢八面挂金铃（净土乐），上下和音出妙声（净土乐），
闻者皆言称快乐（净土乐），长劫不闻诸苦名（净土乐）。
净土乐，净土乐，西方净土甚快乐，净土乐。
凡夫若得到西方（净土乐），旷劫恒沙罪灭亡（净土乐），
具六神通得自在（净土乐），永除老病离无常（净土乐）。
净土乐，净土乐，西方净土甚快乐，净土乐。
西方净土离胞胎（净土乐），众生到即出莲台（净土乐），
上品寻光升宝座（净土乐），下生障尽始花开（净土乐）。
净土乐，净土乐，西方净土甚快乐，净土乐。
西方净土七重栏（净土乐），七宝庄严数百般（净土乐），
琉璃作地黄金界[②]（净土乐），诸台楼阁与天连（净土乐）。
净土乐，净土乐，西方净土甚快乐，净土乐。
西方净土十方稀（净土乐），努力专求莫致疑（净土乐），
上品即证无生忍（净土乐），下生障尽出泥犁（净土乐）。
净土乐，净土乐，西方净土甚快乐，净土乐。
西方净土更无过（净土乐），阎浮极苦罪人多（净土乐），
欲得今生出三界（净土乐），惟须至意念弥陀（净土乐）。
净土乐，净土乐，西方净土甚快乐，净土乐。

① “及”，《大正藏》本作“反”，据敦煌原本及《净土五会念佛略法事仪赞》改。

② “界”，原本作“色”，据《净土五会念佛略法事仪赞》改。

请观世音菩萨赞

（依《瑜伽论》）

迦摩那目佉　迦摩那母者娜（子也）　迦摩者那　迦摩那阿　悉多迦摩那佉　牟（平）祢（引）　迦摩那　迦摩那（上声引）　[①]娑摩嚩（上引）　娑喝啰　摩那纥差（二合）　娜那（上）　南无悉底　即念观世音菩萨

六根赞

（依《大般若经》，通一切处诵）

我净乐，我净乐，照见心空了世间，我净乐。

观见眼根常清净（我净乐），色界元来本是空（我净乐），

色性本来无障碍（我净乐），无来无去是真宗（我净乐）。

观见耳根常清净（我净乐），声界元来本是空（我净乐），

声性本来无障碍（我净乐），无来无去是真宗（我净乐）。

观见鼻根常清净（我净乐），香界元来本是空（我净乐），

香性本来无障碍（我净乐），无来无去是真宗（我净乐）。

观见舌根常清净（我净乐），味界元来本是空（我净乐），

味性本来无障碍（我净乐），无来无去是真宗（我净乐）。

观见身根常清净（我净乐），触[②]界元来本是空（我净乐），

触[③]性本来无障碍（我净乐），无来无去是真宗（我净乐）。

观见意根常清净（我净乐），法界元来本是空（我净乐），

---

① 此下至“南无悉底”，《大正藏》本脱，今据敦煌原本补录。

② “触”，原本作“色”，据《净土五会念佛略法事仪赞》改。

③ 同上。

法性本来无障碍（我净乐），无来无去是真宗（我净乐）。（此后渐急诵）
妄想眼根缘色转（努力），妄听耳界被声牵（难识），
妄嗅舌香常染味（努力），妄识身触意尘迁（难识）。
难识，努力，急急断狐疑修福。
妄想腾波常没溺（努力），烦恼猛焰镇烧燃（难识），
上去慈尊迢递远（努力），西望弥陀道路悬（难识）。
难识，努力，急急断狐疑修福。
唯有文殊大菩萨（努力），现今此地五台山（难识），
愍念众生沉苦海（努力），永劫波中驾法船（难识）。
难识，努力，急急断狐疑修福。
弥陀净土甚荣华（努力），宝池花开数杂花（难识），
欲得西方长寿乐（努力），屏俗归真早出家（难识）。
难识，努力，急急断狐疑修福。
出家何以故迟迟（努力），辞奉爷娘悲复啼（难识），
咽苦吐甘恩爱重（努力），如今不忍苦分离（难识）。
难识，努力，急急断狐疑修福。
入道速分离（努力），纯莫守愚迷（难识），
出家即是报恩爱（努力），儿能为救拔泥犁（难识）。
难识，努力，急急断狐疑修福。
爷娘莫悲啼（努力），儿今入道奉尊师（难识），
坐禅诵经常念佛（努力），会当证果得菩提（难识）。
难识，努力，急急断狐疑修福。
慈父门前唤（努力），三车与子期（难识），
速来归本国（努力），正值法门开（难识）。
难识，努力，急急断狐疑修福。
八德池中戏（努力），逍遥七宝台（难识），
千秋听妙法（努力），万劫不闻哀（难识）。
难识，努力，急急断狐疑修福。

诸佛在心头（努力），迷人向外求（难识），
内怀无价宝（努力），不识一生休（难识）。
难识，努力，急急断狐疑修福。
烦恼绳索牢（努力），利磨智慧刀（难识），
割断愚痴网（努力），逍遥上法桥（难识）。
难识，努力，急急断狐疑修福。
出家刚（努力），苦乐自须当（难识），
观身如泡影（努力），念念趣无常（难识）。
难识，努力，急急断狐疑修福。
地狱门前有何物（努力），牛头狱卒在傍边（难识），
手把铁叉叉入镬（努力），纵得人身受苦殃（难识）。
难识，努力，急急断狐疑修福。
归去来（努力），阎浮浊恶不堪停（难识），
欲得安身长受乐（努力），无过净土最为精（难识）。
难识，努力，急急断狐疑修福。

众等诵《观经》、诸赞，念佛竟，即诵此琮法师、导和上《净土礼赞》。诵《礼赞》竟，即诵后发愿文，便散。

一切恭敬，至心归命礼西方阿弥陀佛。
法藏因弥远，极乐果还深，
异珍参作地，众宝间为林。
花开稀有色，波扬实相音，
何当蒙授手，一遂往生心！
愿共诸众生，往生安乐国。

至心归命礼西方阿弥陀佛。
浊世难还入，净土愿逾深，
金绳直界道，珠网幔垂林。

见色皆真色，闻音悉法音，
莫谓西方远，唯须十念心。
愿共诸众生，往生安乐国。

至心归命礼西方阿弥陀佛。
也闻严净国，乘起至诚因，
观日心初定，想水念逾真。
林宣上品法，莲合下生人，
既言同志友，从余洗客尘。
愿共诸众生，往生安乐国。

至心归命礼西方阿弥陀佛。
放光周远刹，分化满遥空，
花台三品异，人天一类同。
寻树流香水，吹乐起清风，
在兹心若净，谁见有西东。
愿共诸众生，往生安乐国。

至心归命礼西方阿弥陀佛。
回向渐为功，西方路稍通，
宝幢承厚地，天香入远风。
开花重布水，覆网细分空，
愿生何意切，正为乐无穷！
愿共诸众生，往生安乐国。

至心归命礼西方阿弥陀佛。
十劫道先成，严界引群萌，
金沙彻水照，玉叶满枝明。
鸟本珠中出，人唯花上生，

敢请西方圣，早晚定相迎。
愿共诸众生，往生安乐国。

至心归命礼西方阿弥陀佛。
净刹本来俦，无数化城楼，
四面垂铃匝，六返散花周。
树含香气动，水带法声流，
未曾闻苦事，谁复辨春秋。
愿共诸众生，往生安乐国。

至心归命礼西方阿弥陀佛。
欲选当生处，西方最可归，
间树开重阁，满道布鲜衣。
香饭随心至，宝殿逐身飞，
有缘皆得往，只自去人稀。
愿共诸众生，往生安乐国。

至心归命礼西方阿弥陀佛。
十方诸佛国，尽是法王家，
偏求有缘地，冀得早无邪。
八功如意水，七宝自然花，
于彼心能系，当必往非赊[①]。
愿共诸众生，往生安乐国。

至心归命礼西方阿弥陀佛。
净国无衰变，一立古今然，
光台千宝合，音乐八风宣。

① “赊”，《大正藏》本作“馀”，据敦煌原本及善导《往生礼赞偈》改。

池多说法鸟，空满散花天，
得生不畏退，随意既开莲[①]。
愿共诸众生，往生安乐国。

至心归命礼西方阿弥陀佛。
已成穷理圣[②]，真有遍空威，
在西时现小，俱[③]是暂随机。
叶珠相映饰，沙水共澄晖，
欲得无生果，彼土必须依。
愿共诸众生，往生安乐国。

至心归命礼西方阿弥陀佛。
道场一树迥，德水八池深，
往往分渠溜，处处列行林。
真珠变鸟色，妙法满风音，
自怜非上品，空羡发诚心。
愿共诸众生，往生安乐国。

至心归命礼西方阿弥陀佛。
五山毫独朗，四海目恒分[④]，
地水俱为镜，香花同作云。

① “畏”，《大正藏》本作“衰”。“既”，《大正藏》本作“脱”。据敦煌原本及《净土五会念佛略法事仪赞》、《往生礼赞偈》改。

② “穷理圣”，原本作“穷圣理”，据《净土五会念佛略法事仪赞》、《往生礼赞偈》改。

③ “俱”，善导《往生礼赞偈》作“但”。

④ “目”，《大正藏》本作“自”。善导《往生礼赞偈》、智升《集诸经礼忏仪》作“宝手印恒分”。

业深诚易往，因浅实[1]难闻，
必望除疑惑，超然独不群。
愿共诸众生，往生安乐国。

至心归命礼西方阿弥陀佛。
千轮明足下，五道现光中，
悲引恒无绝，人归亦未穷。
口宣犹在定，心静更飞通，
闻名皆愿往，日发几花丛。
愿共诸众生，往生安乐国。

至心归命礼西方阿弥陀佛。
慧力超无上，身光被有缘，
动摇诸宝国，侍坐一金莲。
鸟群非实[2]鸟，天类岂真天，
须知求妙乐，会是戒香全。
愿共诸众生，往生安乐国。

至心归命礼西方阿弥陀佛。
心带真慈满，光含法界圆，
无缘能摄物，有想定非难。
花随本心变，宫移身自安，
稀闻出世境，须共入禅观。
愿共诸众生，往生安乐国。

---

① “实”,《大正藏》本作“宝”,据敦煌原本及善导《往生礼赞偈》、智升《集诸经礼忏仪》改。

② 同上。

至心归命礼西方阿弥陀佛。
远寿如来量，遥音大士观，
遍土花分映，烈树盖重悬。
闻香皆是食，见食本为禅，
生则无余想，谁云非自然。
愿共诸众生，往生安乐国。

至心归命礼西方阿弥陀佛。
恒明四海色，高贮一瓶光，
真珠和日月，映地乃千光。
闻声开旧习，宝树镜他方，
弦歌空里唱，风树合宫商。
愿共诸众生，往生安乐国。

至心归命礼西方阿弥陀佛。
光舒救毗舍，空立引韦提，
天来香盖捧，人去宝衣赍。
六时闻鸟合，四寸践花低，
相看无不正，岂复有长迷。
愿共诸众生，往生安乐国。

至心归命礼西方阿弥陀佛。
势至威光远，观音悲意浓，
大小今相类，左右共成双。
花飞日日雨，珠悬处处幢，
自嗟深有障，所念未馀从。
愿共诸众生，往生安乐国。

至心归命礼西方阿弥陀佛。
印手从来宝，分身随类同，

心至慈光及，人感宝池充。
见树成三忍，闻波得五通，
若解真严净，应观土亦空。
愿共诸众生，往生安乐国。

至心归命礼西方阿弥陀佛。
欲与三昧道，正观一经开，
心中缘像入，掌里见花来。
天乐非同彼，法服不须裁，
勿言恒彼住，有力定当回。
愿共诸众生，往生安乐国。

至心归命礼西方阿弥陀佛。
普劝弘三福，咸[①]令灭五烧，
发心功已至，系念罪便消。
鸟化珠光转，风妙乐声调，
俱忻行道易，宁愁圣果遥。
愿共诸众生，往生安乐国。

至心归命礼西方阿弥陀佛。
坐花非一像，圣众亦难量，
莲花[②]人独处，波生法自扬。
无灾由处静，不退为朋[③]良，

① “咸”，《大正藏》本作“威”，据善导《往生礼赞偈》、智升《集诸经礼忏仪》改。
② “莲花”，善导《往生礼赞偈》、智升《集诸经礼忏仪》作“莲开”。
③ “朋”，《大正藏》本作“用”，据善导《往生礼赞偈》、智升《集诸经礼忏仪》改。

问彼前生辈，来斯几劫强？
愿共诸众生，往生安乐国。

至心归命礼西方阿弥陀佛。
圣所明门人，天衣业地居，
自觉乘通异，即验受身虚。
拔阴万里火，光体一寻余，
但能超火界，足得在金渠。
愿共诸众生，往生安乐国。

至心归命礼西方阿弥陀佛。
树非生死叶，池无爱见波，
旧会声闻少，新来正士多。
莲中胎化杂，音内苦空和，
五门能早建，三界岂难过？
愿共诸众生，往生安乐国。

至心归命礼西方阿弥陀佛。
珠色仍为水，金光即是台，
到时花自散，随愿叶还开。
游池更出没，飞空互往来，
真心能向彼，有善并须回。
愿共诸众生，往生安乐国。

至心归命礼西方阿弥陀佛。
六根常合道，三途永绝名，
念顷游方遍，还时得忍成。
地平无极广，风长是处清，
寄语有心辈，共出一危城。

愿共诸众生，往生安乐国。

至心归命礼西方阿弥陀佛。
洗心甘露水，悦目妙花云，
同生机易识，等寿量难分。
乐多无废[1]道，声远不妨闻，
如何贪五欲[2]，安然火自焚？
愿共诸众生，往生安乐国。

至心归命礼西方阿弥陀佛。
台里天人现，光中侍者看，
悬空四宝阁，临迥七重栏。
疑多边地久，德少上生难，
且莫论馀愿，西望已心安。
愿共诸众生，往生安乐国。

至心归命礼西方阿弥陀佛。
天亲回向日，龙树往生年，
乐次无为后，心超有漏前。
共沼花开杂，隔殿细音连，
欲叙庄严事，妙绝不能宣。
愿共诸众生，往生安乐国。

至心归命礼西方阿弥陀佛。
一土安恒胜，万德寿偏存，

---

① “废”，《大正藏》本作“痴”，据善导《往生礼赞偈》、智升《集诸经礼忏仪》改。
② “五欲”，善导《往生礼赞偈》、智升《集诸经礼忏仪》作“五浊”。

聊兴四句善，即叹十方尊。
微沾慧海滴，愿向智城门，
回与苍生共，先使出重惛。
愿共诸众生，往生安乐国。

归西方赞

至心归命礼西方阿弥陀佛。
归去来！娑婆不可停，
轮回无定止，长劫铁犁耕。
苦苦何能忍，三途路上行，
不如专念佛，极乐悟无生。
愿共诸众生，往生安乐国。

西方礼赞文

善导和上

一切恭敬，至心归命礼西方阿弥陀佛。
欲知何处苦偏多，惟有泥犁更莫过，
罪人一入经尘劫，受苦从头[①]无奈何。
渴饮融铜登剑树，饥餐猛火渡灰河，
愿离此苦生安乐，求生净土见弥陀。
愿共诸众生，往生安乐国。

① “头”，《大正藏》本作“倾”，今据敦煌原本改。又卷下《六道赞》亦作“头”。

至心归命礼西方阿弥陀佛。
普共道场敬三宝，地狱寒心不忍闻，
一堕此苦恒沙劫，不知年岁永沉沦。
遍身猛火钻心出，五百铜狗竞来分，
灰河一日千回度，犹被拔舌绞刀轮。
众生如何不念佛，故故将身入苦门！
愿共诸众生，往生安乐国。

至心归命礼西方阿弥陀佛。
思惟饿鬼实堪怜，遍体由来猛焰燃，
两耳不闻浆水字，一身唯有骨相连。
值食将餐便作火，临河欲饮见枯泉，
愿离此苦生安乐，长处西方坐宝莲。
愿共诸众生，往生安乐国。

至心归命礼西方阿弥陀佛。
迷途一配畜生身，遥历多年受苦辛，
严冬露地居寒雪，盛夏当街卧暗尘。
衣裳尽用皮毛覆，饮食唯将水草珍，
愿离此苦生安乐，长处西方坐宝莲。
愿共诸众生，往生安乐国。

至心归命礼西方阿弥陀佛。
人身虽复甚难求，得已还生万种忧，
始见红颜花欲茂，俄然白发飒成秋。
魂飞魄散身归冢，命尽形消肉粪丘，
如何不乐生安乐，永坐金台佛国游。
愿共诸众生，往生安乐国。

至心归命礼西方阿弥陀佛。
五浊众生难共语，十恶凡夫异种痴，
贪爱眼前财色利，不觉此身霜露危。
无常杀鬼临头上，忽被他将谁得知，
不肯今时专念佛，临终翻悔欲何为？
愿共诸众生，往生安乐国。

至心归命礼西方阿弥陀佛。
大众欲作西方业，有罪无罪自应知，
闻身康强不修福，临渴掘井水难期。
旧日少年凶猛盛，如今白发乱如丝，
眼见死时归大地，不修十善待何时？
愿共诸众生，往生安乐国。

至心归命礼西方阿弥陀佛。
观彼弥陀极乐界，广大宽平众宝成，
四十八愿庄严起，超诸佛刹最为精。
本国他方大海众，穷劫算数不知名，
普劝归西同彼会，恒沙三昧自然成。
愿共诸众生，往生安乐国。

至心归命礼西方阿弥陀佛。
释迦慈心遍法界，蠢动含识普皆①怜，
意欲化令俱解脱，众生罪业共无缘。
所以总教归净土，弥陀宿昔有深因，

① “皆”，《大正藏》本作“昏”，据敦煌原本及卷下《慈愍三藏西方赞》改。

非但娑婆人独往，他方去者亦无边。
愿共诸众生，往生安乐国。

至心归命礼西方阿弥陀佛。
上辈上行上根人，求生净土断贪瞋，
就行差别分三品，五门相续助三因。
一日七日专精进，毕命乘台出六尘，
庆哉难逢今得遇，永证无为法性身。
愿共诸众生，往生安乐国。

至心归命礼西方阿弥陀佛。
中辈中行中根人，一日斋戒处金莲，
孝养父母教回向，为说西方快乐因[①]。
佛与声闻众来取，直到弥陀花座边，
百宝花笼经七日，三品莲开证小真。
愿共诸众生，往生安乐国。

至心归命礼西方阿弥陀佛。
下辈下行下根人，十恶五逆等贪瞋，
四重偷僧谤正法，未曾惭愧悔前愆。
终时苦相皆云集，地狱猛火罪人前，
忽遇往生善知识，急劝专称彼佛名。
愿共诸众生，往生安乐国。

至心归命礼西方阿弥陀佛。
弥陀摄化无厌足，悲心常绕世间行，

① “因”，《大正藏》本作“国”，据敦煌原本及善导《往生礼赞偈》改。

但有倾诚能念佛，毫光直照目前明。
十方世界微尘众，同时命尽愿皆生，
计彼众生心乐欲，分身遍布一时迎。
愿共诸众生，往生安乐国。

至心归命礼西方阿弥陀佛。
菩萨道成皆为物，众生未熟道成难，
为待化缘兜率往，时时向下谛心观。
人年八万方成道，三会逢缘证涅槃，
且共回心生净土，临时随意往来看。
愿共诸众生，往生安乐国。

至心归命礼西方阿弥陀佛。
观彼弥陀与眷属，久于曩劫植洪因，
凡圣等皆同相好，人天一种紫金身。
宝树宝楼飞宝阁，宝池宝地宝成莲，
地及虚空贤圣满，花中总是化生人。
愿共诸众生，往生安乐国。

至心归命礼西方阿弥陀佛。
西方净土甚精华，宝池宝岸宝金沙，
天乐音声常遍满，宝渠宝叶宝莲花。
十二由旬皆正等，宝罗宝网宝栏遮，
德水分流寻宝树，闻波睹乐证恬泊[①]。
寄语有缘同行者，努力翻迷还本家。
愿共诸众生，往生安乐国。

① “泊”，《大正藏》本作“葩”，据善导《往生礼赞偈》、智升《集诸经礼忏仪》改。

至心归命礼西方阿弥陀佛。
十方三世声闻众，穷劫算数不能知，
诸佛如来方便化，咸令至果断贪痴。
指示西方安乐国，闻名皆恨往生迟，
解脱之人犹愿乐，凡夫不去欲何为？
愿共诸众生，往生安乐国。

至心归命礼西方阿弥陀佛。
弥陀佛国能所感，西方极乐难思议，①
无边菩萨为同学，性海如来尽是师。
渴闻般若绝思浆，念服无生即断饥，
一切庄严皆说法，无心领纳自然知。
七觉花池随意入，八辈凝神会一枝，
弥陀心水沐身顶，观音势至与衣披。
欻尔腾空游法界，须臾受记号无为，
如此逍遥快乐处，人今不去待何时！
愿共诸众生，往生安乐国。

归西方赞

至心归命礼西方阿弥陀佛。
归去来！谁能恶道受轮回。
旷劫以来流浪久，今日相将归去来，
借问家乡何处是，极乐池中七宝台。
愿共诸众生，往生安乐国。

---

① 此行文字，原本作“乐何谛乐事难思议”，据善导《往生礼赞偈》补录。

第九、化生利物门

（此门但明生净土，当来证圣果已，化生利物意，不应诵。今之法事礼赞竟，且须诵后第十门中《天台回向发愿文》，应知。）

前之八门是因，此第九门是果。犹前修因，必招其果。为修因时，不惜身命，勇猛精进，念佛诵经，称赞大乘，愿生净土。临终一念，彼佛来迎。刹那之间，往生彼国。到彼国已，具六神通，即悟无生，而神游自在，随根广运，化导群情，皆令疾证菩提，咸归解脱者耳。即是化生门竟。

第十、回向发愿门

行人既此世界当来修行作佛事竟，所有一念善根，不唯自利，皆等法界，愿共有之，回向菩提正真觉道。先标此意，念诵礼赞了，即诵《天台回向发愿》云：

“向来念诵无量胜因，散沾法界，同得上品往生阿弥陀佛国。到彼国已，获六神通，游历十方，奉事诸佛，常闻无上大乘正法，修行普贤无量行愿。福慧资粮，疾得圆满，速成无上正等菩提。法界怨亲，同斯愿海。”

至心发愿已，归命顶礼西方阿弥陀佛。

（即唱：“随意。”便散。）

上来十段不同，总明一期净土五会念佛经赞法事观行仪竟。幸诸道者，见而详之，发菩提心，深厌生死。当观无常，念念不住，速起速灭，甚可怖畏。故《净名》曰：“诸仁者，是身无常、无强、无力、无坚，速朽之法。是身如聚沫，不可撮磨。是身如泡，不得久立。是身如浮云，须臾变灭。是身如电，念念不住。是身无知，如草木瓦砾。是身不净，秽恶充满。是身为虚伪，虽假以澡浴衣食，毕归磨灭。是身为灾，百一病恼。

是身如丘井，为老所逼。是身无定，为要当死。”《无常经》云：“生者皆归死，容颜尽变衰，强力病所侵，无能免斯者。假使妙高山，劫尽皆散坏。大海深无底，亦复皆枯竭。大地及日月，时至皆归尽。未曾有一事，不被无常吞。”诸仁者，是身既有如是众多不善无利，何有智者岂不厌焉？唯有依此净土念佛教门，即能永离轮回，长辞五浊。幸有缘者努力依行，毕命为期，同生净国。

普劝现在、未来诸众等，上都、南岳念诵音旨虽有稍殊，而根本体同，不离念佛，皆归净土，同见弥陀，更无别耳。但随根逐时化物，以多方便而接引之，非向声中有别异意。但据经文，作观念佛，或定或散，或高声兼默念，但随众生心，称念佛名者，尽得生净土。成佛皆归一，一亦不可得，无得无不得，是名中道观。譬如一树有多枝叶，形状虽殊，不离一根而出故。《华严经》云：“众生形相各不同，行业音声亦无量。如是一切皆能现，海印三昧威神力。故演微妙净法音，供养一切诸如来。”既音声无量，何妨五会念佛诵经种种音声，皆为令诸众生同生净土，同得成佛，更有何别？众等必须如是圆见修觉，慎勿互生毁谤，见有是非。若各互见是非，即当自灭佛法，命终必堕阿鼻，何由得生净土？

一切念佛之人，相见须如父母、兄弟、姊妹、至亲无别，深生欢喜。各庆不久即当成佛，勿怀彼此之心。何以故？导和尚云：“亲中之亲，无过念佛之人。”和尚赞云：“同行相亲相策励，毕命为期到佛前。”若作是心，千即千生，万即万生。尽此一形，何处不超三界？愿熟思之，慎而诫之，勿见互生毁谤耳。

法照自惟垢障深重，多劫沉沦。有少微因，遇斯净教。悲喜交集，庆跃于怀。信自己身，与念佛众，尽此残生，定超苦海。舍最后凡身，得无上圣智，生死永断，更有何忧！普劝未来一切四众，但依此行，尽此一形，若不生彼国疾成佛者，法照即愿舌根堕落，遍体生疮，代为诸子长处阿鼻，受苦无穷。誓将此身，以为念佛保证。今得斯法，欲报佛恩，遂辄搜约诸经，述斯法事，称赞念佛净土教门，普愿速出爱河，俱登不退者矣。

深劝诸行人等，若写此《法事仪》之时，皆须护净，好纸真书，依经抄写，如法装潢。不得粗纸草书，此并是灭佛法之相，障生净土，永劫沉沦，切须诫慎。何以故？此中有《弥陀》、《观经》，不应轻慢。应知此患，愿勿为之，即福利无边，皆沾上品矣。

智者当知，此五会念佛诵经法事观门，实非自意。比常秘密而不述之。今恐后世生疑，堕于恶道。圣教明说："除同行深信，为利益故，如是之人，乃可为说。"为愍此故，今略明之：

照以永泰二年四月十五日，于南岳弥陀台，广发弘愿："唯为菩提，为诸众生，更无所求。尽此一形，每夏九旬，常入般舟念佛道场。其夏以为初首。"既发愿竟，即入道场，勇猛虔诚。至第二七日夜，独在此台东北道场内，其夜三更，自作念言："只今现有十方诸佛净妙国土，诸菩萨众常闻无上甚深妙法，具大神通，度无量众。而我不预斯事，莫不由我恶业罪障深重，不入圣流，不能广度无边众生。"甚自伤叹。作是念时，不觉悲泪，哀声念佛。

正念佛时，有一境界，忽不见道场屋舍，唯见五色光明云台，弥满法界。忽见一道金桥，从自面前，彻至西方极乐世界。须臾即至阿弥陀佛所，头面作礼。

阿弥陀佛欢喜微笑，告法照言："我知汝心，实欲至为利乐有情，无一自利。善哉善哉！能发斯愿。我有妙法，无价珍宝，今付嘱汝。今将此法宝，于阎浮提，广行流布，普利天人。无量众生，遇斯法宝，皆得解脱。"

法照白佛言："有何妙法？唯愿说之，唯愿说之。"

佛言："有一无价梵音五会念佛法门，正兴彼浊恶世。今时末法一切众生，机感相应，闻汝暂念，皆悉发心。如是《无量寿经》说宝树五音声，即斯五会佛声是。以是因缘，便能称念佛名，报尽定生我国。汝等未来一切贫苦众生，遇斯五会念佛无价宝珠，贫苦皆除。亦如病得药，如渴得浆，如饥得食，如裸得衣，如暗遇明，如过海得船，如遇宝藏必获安乐。何以故？彼诸众生，遇斯法宝，便能念佛，即此一生，定超苦海，登不退转，速具六波罗蜜、一切种智，疾得成佛，受胜快乐，亦复如是。"

言讫，彼佛国界，佛菩萨众，水鸟树林，皆悉五会念佛诵经。

法照粗记少分，而白佛言：“今蒙世尊加被，付嘱此法。若有疑心，不依行者，永劫沉沦，不生净土。若依行之以后，未审一切众生见闻之者，发菩提心，念佛名号否？入深禅定否？疾证菩提否？有大利益否？”

阿弥陀佛言：“汝但依此五会念佛诵经之时，我此国土水鸟树林，诸菩萨众，无量音乐，于虚空中，一时俱和念佛之声。令于一切之处，人非人等，亦不劳汝一一亲自化之，但见闻者，无不发心，欢喜信受，而便念佛。至命终时，我来迎接，决定有大利益，以后应知。”

言讫，忽然还见自身而在道场。睹斯境界，悲喜勇跃，依教念佛。自尔以来，迄至于今，果如先说，疑网悉除。愿此世、当来，常于恶世，以斯妙法，广度众生，咸登极乐，速得成佛。幸诸有缘见闻之者，勿怀疑谤，必堕泥犁。

问曰：如前念佛法事，圣有明文，信矣。今此土像、末凡夫，见佛之人，教在何证？

答曰：自下当为广引圣教，以明斯旨，即疑细必除故。

《观经》云：佛告阿难及韦提希：“谛听谛听，善思念之。如来今者，教韦提希，及未来世一切众生，为烦恼贼之所苦者，说清净业。善哉韦提希，快问此事！阿难，汝当受持，广为多众宣说佛语。如来今者，教韦提希，及未来世一切众生，观于西方极乐世界。以佛力故，当得见彼清净国土，如执明镜，自见面像。”乃至佛告韦提希：“汝是凡夫，心想羸劣，未得天眼，不能远观。诸佛如来有异方便，令汝得见。”又云：“有忆想者，必得成就。”

又《华严经》：“念佛三昧必见佛，命终之后生佛前。”

又《贤护经》云：尔时贤护白佛言：“我今欲得咨问心所疑，不审听否？”佛言：“恣汝所问。”尔时贤护白佛言：“云何住此佛刹，遍见十方诸佛，听闻正法，非但未得六通，亦未得五通，亦未舍此世界身，亦未生彼诸佛国，唯住此土，见余世界诸佛，悉闻宣说正法，一切听受，如说修行，得大功德也？”尔时世尊告贤护言：“今有菩萨思惟诸佛现前三昧，若有修习如是三昧，当得成就诸功德。”贤护白佛言：“世尊，唯愿说此菩萨现前三昧，令此世间天人利益安乐。”佛言：“贤护，成就此三昧者，诸佛皆现在前。其心不舍胜上智慧，度脱众生，承事供给诸善知识，起诸佛想。”贤护云：“何为思惟诸佛现前三昧？”佛言：“若有比丘、比丘尼、优婆塞、优婆夷，清净持戒，独处空闲，思惟阿弥陀如来，今在西方，去此百千亿佛国，有世界名曰安乐，今现在说法。是人观察，了了分明，见阿弥陀佛。譬如梦中见种种事，是人悟已，念所梦见，为他广说。贤护，善男子、善女人，端坐专心，想彼阿弥陀如来如是相好、如是威仪、如是大众、如是说法，一心不乱，或一日一夜，或七日七夜，如先所闻，具足念故，是人必见阿弥陀如来。贤护，如人远行，梦见本家，不知为昼为夜，不知为内为外。是人尔时所有眼根，墙壁山石，乃至幽暗，不为碍也。贤护，三昧心无障碍，亦复如是。但在此世界中，积念熏修，久观明利，故得见彼阿弥陀佛在菩萨会中，或见自身在彼听法，闻已忆持，或时礼拜供养彼阿弥陀佛。是人出观已，如所见闻，为他广说。贤护，彼善男子、善女人，若欲成就思惟诸佛现前三昧，于此世界中，暂得闻彼阿弥陀名号，而心不乱，分明睹见阿弥陀佛，是为成就诸佛现前三昧。因此三昧，得见佛故，即问阿弥陀佛言：‘成就何法，得生此国？’阿弥陀佛言：‘若人求生者，心常正念阿弥陀佛，便得生也。’贤护，菩萨复白阿弥陀佛言：‘云何念佛？’阿弥陀佛告言：‘汝欲正念佛者，当念阿弥陀佛有三十二相、八十随形好，身真金色，放大光明，坐莲花座，众中说一切法本来不坏。’是名正念诸佛现前三昧也。贤护，若在家、出家人，若从他闻，至心欲见，念念不乱，即见彼佛纯金色。贤护，彼佛无来无去。唯心所作，还见自心。若成就诸佛现前三昧者，欲见随念即见。何以故？有三因缘：一者缘此念佛三昧，二者缘彼佛愿力加持，三者善根纯熟。具三因缘故，即见彼佛，不用多功，见已欢喜。”尔时贤护白佛言：“我等于如来灭后，后五百岁，末法沙门颠倒时，正法欲灭时，诽谤正法时，破坏正法时，持戒损减时，破戒增长时，正法损减时，非法增长时，众生邪见时，能于如来所说妙三昧，思惟义理，为他广说，心不知足。”尔时商主优婆塞等，闻佛说未来世中正法坏灭，悲哀泣泪，而白佛言：“能于如来所说受持者，我皆摄护，令得增长。”尔时世尊即便微笑，放金色光，遍照十方诸佛国土，还至佛所，右绕三周，从顶上入。大众欢喜。

又《禅秘要经》说：尔时佛会中有禅难提比丘，而白佛言：“如来今者现在世间，利安一切。佛灭度后，诸四部众，有业障多者，若正念时，境界不得现前。如是烦恼，及一切罪，犯于小罪，乃至重罪，杀生、邪见之罪，欲忏悔者，当云何除灭是罪？”说此语已，如太山崩，五体投地，顶礼佛足，复白佛言：“唯愿为我解说，为未来众生恒得正念，不离贤圣。”尔时世尊犹如慈父慰喻其子，告言：“善男子，汝行慈心，为未来众生问除罪法。善哉谛听，当为汝说。”佛告禅难提，及敕阿难：“汝等教未来众生，罪业多者，为除罪故，教令念佛。以念佛故，初见一佛，乃至十佛。见佛已，心转明利，三十二相，皆使明了。”又佛告禅难提，及敕阿难：“佛灭度后，诸四部众，欲忏悔者，欲灭罪者。佛虽不在，正念观像者，诸恶罪障速得清净。观此像已，又观像脐中便放一光，其光金色，分作五支，一光照左，一光照右，一光照前，一光照后，一光照上。如是五光，光光之上，皆有化佛，佛佛相次，满虚空中。见此相时，极使明了。”佛告难提：“此名观佛三昧，亦名念佛定，亦名除罪业，亦名救破戒者。”佛告阿难：“汝好持是观佛三昧灌顶之法，为未来世众生，当广分别。在于密处，使心不散，如前观佛。”

又如《涅槃经》说：佛言：“善男子、善女人，能如是念佛者，若行住坐卧，若昼若夜，若明若暗，常得见佛。”[①]

圣教既有明文，只说今时像、末以后浊恶世中，五苦众生，罪根深者，唯念佛力，即能除得罪根，必离忧恼，生死永断。若不念佛，何以得

① 以上所引经文，原本讹脱之处，谨据原译略为订正。

见阿弥陀佛极乐世界？《无量寿经》及诸部方等，明此方、他方诸菩萨众，生彼国者，如驶雨下，不知其数。且菩萨位阶圣果，尚念佛名，愿生净土，亲奉弥陀。况诸具缚凡夫，烦恼一毫未能断得，若不乐乘佛愿力，自力尽未来际，沉沦恶趣，岂有出期，何得见佛？

自佛灭后，龙树、天亲亦修念佛三昧，皆著赞颂，并往净方。又佛法东流，晋时有庐山远大师，与诸硕德，及谢灵运、刘遗民，一百二十三人，结誓于庐山，修念佛三昧，皆见西方极乐世界。又梁时有并州玄中寺昙鸾法师，亦修念佛三昧。至陈、隋，庐山珍禅师、天台智者大师、长安诸大德、睿法师，乃至今时唐朝，一百年前西京善导和上、并州汶水县玄中寺道绰和上、慈愍三藏等数百高僧，般舟、方等，岁岁常行，十六妙观，分时系习，咸睹西方灵相，极乐世界众宝国土，难以具陈。圣教记传，并有明文，岂虚构也？如此光德，岂非凡夫修念佛三昧，得见彼极乐世界？故《观经》云："以见佛故，名念佛三昧。"既有斯教，许佛灭后苦恼众生，但修念佛三昧者，皆见彼佛。何妨法照、今时道俗，及未来一切众生，修此念佛三昧，宁容不得见佛，斯有错何？但依教修行，即名正观。

普告未来一切道俗众等，及十方法界众生，与此净土五会念佛教门有缘，修行念佛三昧，学此净土法事者。及修一切佛法，作大佛事，除为名利，造诸恶法，若至求菩提，为度众生者。法照生净土已，誓来示为同类同学伴侣，常当守护此人。正修学时，若有诸魔鬼神，及诸恶人、水火、毒药，如是诸难，来恼行人。行人但于尔时，至心称念法照名字一声多声，应念即至诸行人所，而为外护，立有微感，令彼诸恶应时散灭，发菩提心，称念佛名，同归净土，证不退转，速得成佛。尽未来际，无有休息，誓当守护一切佛法，及此五会念佛净土速疾要门，令不断绝。愿承此速入真如无相海中，具一切智。

此愿如虚空，普遍于一切，不得是愿者，誓不成佛道。若发此愿虚，愿身便红烂，命终堕地狱，不生于净土。应知。

净土五会念佛诵经观行仪卷下

此下一卷赞，从第八赞佛得益门分出，众等尽须用第三会念佛和之。其赞文，行人总须诵取，令使精熟，切不得临时执本读之。亦通大会作法事诵之。若非大会日，余一切处，诵赞念佛，和之并得。广略必须知时，应知。

依《无量寿观经》赞（二十八偈）

释法照述

释迦住在灵鹫山（阿弥陀佛），为化娑婆出世间（南无阿弥陀佛），
菩萨声闻无量众（阿弥陀佛），初欲闻经意未闲（南无阿弥陀佛）。
阿阇太子在王城（准前和），兴逆徒囚父母形，[1]

韦提悲泣归依佛，求愿不闻诸苦名。
深心不乐阎浮界，实为多诸鬼畜生，
唯愿慈悲为[2]指授，他方净土誓经行。
释迦如来知彼念，须臾没在至王宫，
乃放眉间金色照，韦提障尽睹真容。
诸余净刹虽无量，白佛唯生极乐中，
愿见弥陀疾授记，刹那便证六神通。
世尊微笑生欢喜，口中即施五神光，
其光遂照婆罗顶，随机证果亦何妨。

① 原注云：以后诸赞依前第三会念佛和之。

② “为”，《大正藏》本作“力”，据《净土五会念佛略法事仪赞》改。

佛告韦提汝知否，弥陀去此亦非遥，
但当勤修三福行，临终迎子上金桥[①]。
亦为未来诸大众，五浊凡夫至恶人，
但[②]使回心观彼国，能令净业断贪瞋。
于是韦提更有疑，如来今说汝应知，
据汝凡夫实未得，为承诸佛大慈悲。
既闻说已生欢喜，复为今时五苦人，
云何当见弥陀界，相好光明微妙身？
世尊为说初观日，竟令注想向西方，
智者必须依此观，旷劫尘沙罪灭亡。
罪灭身心必清净，次应想水易成冰，
须臾便见琉璃地[③]，黄金界道以为绳。
宝池澄澄千仞深，明珠间错是黄金，
花雨纷纷随处下，能令[④]道者发真心。
琼林宝树七重行，处处垂珠异色光，[⑤]
光中无数摩尼殿，诸天童子散花香。
极乐城中七宝池[⑥]，莲花光色不思议，
花开总是摩尼水，唯叹娑婆去者稀。

---

① “但”，《大正藏》本作“促”。“桥”，《大正藏》本作“楼”。据《净土五会念佛略法事仪赞》改。

② “但”，《大正藏》本作“促”，据《净土五会念佛略法事仪赞》改。

③ “地”，《大正藏》本作“池”，据《净土五会念佛略法事仪赞》改。

④ “令”，《大正藏》本作“人”，据《净土五会念佛略法事仪赞》改。

⑤ “七重行”，《大正藏》本作“七重光”。“处处”，《大正藏》本作“行处”。据《净土五会念佛略法事仪赞》改。

⑥ “池”，《大正藏》本作“地”，据《净土五会念佛略法事仪赞》改。

琼楼宝阁紫金光，赫奕连辉照十方，[①]
白玉池边闻妙法，莲花叶里更飞香。
弥陀无数宝城楼，恒沙菩萨四边游，
各各持花供养佛，尘劳永断更何忧。
碧玉楼中花座开，黄金作叶宝为台，
摩尼幢上真珠网，庄严至意为如来。
宝像琉璃内外明，六通如意觉身[②]轻，
心须仔细勤观想，想成便即悟无生。
弥陀光色广无边，普照群生度有缘，
但有倾[③]心能念佛，当来决定离人天。
观音补处不思议，无边世界现稀奇，
假令念者皆生乐，顶戴弥陀尊重时。
势至菩萨甚难量，雄雄猛利广无方，
顶上宝瓶光显照，幽途永得离无常。
观身自见往生时，莲花宝座不经迟，
水鸟树林皆说法，弥陀迎接更无疑。
如来神变不思议，大小随缘感赴机，
众等倾心勤念佛，宝池花内证无为[④]。
行业精诚须转高，上品之人种[⑤]姓豪，

---

① “楼”，《大正藏》本作“林”。“阁”，《大正藏》本作“开”。“连”，《大正藏》本作“莲”。据《净土五会念佛略法事仪赞》改。

② “身”，《大正藏》本作“自”，据《净土五会念佛略法事仪赞》改。

③ “但”，《大正藏》本作“促”。“倾”，《大正藏》本作“须”。据《净土五会念佛略法事仪赞》改。

④ “倾”，《大正藏》本作“须”。“花”，《大正藏》本作“宝”。“证”，《大正藏》本作“正”。据《净土五会念佛略法事仪赞》改。

⑤ “种”，《大正藏》本作“称”，据《净土五会念佛略法事仪赞》改。

百法门中欢喜地，金刚妙定自坚牢。
念佛之人须至诚，弥陀决定自亲迎，
到彼花开蒙授记，登时闻法悟无生。
十恶五逆至愚人，永劫沉沦在六尘，
一念称得弥陀号，至彼还同法性身。
世尊说已向耆山，阿难闻教广宣传，
大众倾心皆顶戴，还将此法利人天。

依《阿弥陀经》赞（十六偈，和准前定）

释法照

释迦悲智广无边，先开净教利人天，
菩萨声闻无量众，其时听在给孤园。
初告声闻舍利弗，吾今欲说汝应听，
去此西方十万亿，弥陀宝国紫金形。
其国众生极妙乐，永劫不闻诸苦名，
劝汝当今称彼佛，须臾即至宝莲城。
琼林宝树七重栏，众等当须审谛观，
珠网层层千万亿，能令见者得心安。
弥陀净刹不思议，处处渠流七宝池，
池中总是摩尼水，昼夜花开无尽时。
四岸琉璃碧玉成，香风拂体觉身轻，
宝阁楼台千万亿，无边菩萨尽经行。
心心稽首法王家，专想弥陀发道芽，
碧玉楼中闻妙法，黄金地上散天花。
衣裓持花十万亿，圣众尘沙受供同，
一念还归极乐国，永绝胞胎证六通。
净国弥陀宝鸟音，闻者皆生念佛心，

此鸟实非三恶趣，为令宣演法幽深。
香风时动宝林鸣，处处唯闻念佛声，
声中皆说无边法，能令听者证无生。
弥陀寿量岂能知，国中人众亦如斯，
到彼皆同跋致位，永超生死证无为。
善根福少理难容，七日须成净土功，
念念倾心于彼国，刹那便即坐莲宫。
弥陀愿力不思议，庄严净土甚稀奇，
六方诸佛同时赞，意令诸子断狐疑。
人命无常如刹那，永劫沉沦恶趣多，
急急须专念彼佛，共汝相将出爱河。
诸佛同心叹释迦，能于苦海度人多，
一一总令专念佛，生生常得见弥陀。
如来说已阿难宣，普化群生被有缘，
众等倾[1]心须顶戴，弘斯净教广流传。

叹散花供养赞

释神英

昔有仙人名善慧，一时买得五茎花，
持将供养定光佛，因花果号释迦尊。
诸经皆说妙伽他，散花供养福田多[2]，
但以一花散一佛，因花尽得见弥陀。

---

① “倾”，《大正藏》本作“须”，据《净土五会念佛略法事仪赞》改。

② “多”，《大正藏》本作“名”，据《净土五会念佛略法事仪赞》改。

今时智者见经文，佛说花为成佛因，
便即散花供养佛，仍将花度有缘人。
纷纷正见散花时，片片青莲[①]空里飞，
一一争前将手捧，人人收得裓盛归。
空中片片雨天花，散着人人发道芽，
但使勤勤花供养，福田一一遍恒沙。
花飞飒飒遍虚空，翠叶翩翩满界中，
淅沥如鸟[②]和云下，缤纷送子入莲宫。
莲花郁郁甚宽平，花上群群菩萨行，
时时散花供养佛，往往宣扬五会声。
般般圣众裓盛花，人人历供遍恒沙，
一一食时还本国，行行不离世尊家。
时时天雨万般花，处处皆能发道芽，
一一持将奉诸佛，朝朝恒在法王家。
百宝鲜花队队飞，空中赞叹不思议，
若有众生能献者，当来决定证无为。[③]
金刚台上说真宗，西方菩萨尽皆同，
散花供养无休息，皆生花上具神通。
氛氛香气转绵绵，花去花来花更鲜，
清旦常持献他国[④]，食时还到世尊前。

① “莲”，《大正藏》本作“運”，据《净土五会念佛略法事仪赞》改。

② “鸟”，《大正藏》本作“马”，据《净土五会念佛略法事仪赞》改。

③ “献”，《大正藏》本作“厭”。“证”，《大正藏》本作“澄”。据《净土五会念佛略法事仪赞》改。

④ “献他国”，《大正藏》本作“外国献”，据《净土五会念佛略法事仪赞》改。

净土五会赞（通一切处诵）

释法照

第一会时除乱意，第二高声遍有缘，
第三响扬能哀雅，第四和鸣真可怜，
第五震动天魔散，能令念者入深禅，
五会声中十种利，为令学者用心坚。
妙音五会摩尼宝，能雨无边圣法财，
智者必须依此学，临终一念坐莲台。
寄语现前诸大众，五会念佛利无穷，
今日道场同行者，相将定取坐莲宫。
五会圣教是真宗，定舍娑婆出苦笼，
众等发心回愿往，西方世界获神通。
宝树森森是翠林，微风五会演清音，
花雨六时随处下，见闻之者发真心。
众等今时发信心，听说弥陀五会音，
专求不忘称名字，迎将极乐坐花林。[①]
五会合响赞池城，楼台郁郁映云青，
琉璃七宝金绳界，处处唯闻念佛声。
弥陀五会是舟船，永劫常于苦海传，
但使闻声皆解脱，定超生死离人天。

① “忘”，《大正藏》本作“妄”。“花”，《大正藏》本作“化”。据《净土五会念佛略法事仪赞》改。

极乐五会赞

宝偈分明化有情，《观经》妙赞定中成，
五会阎浮流布广，相期极乐悟无生。
弥陀宝赞实堪传，恒为众生作法船，
五会佛声闻解脱，一时尽得坐金莲。
西方五会遍娑婆，意在众生念佛多，
宝国花开千万亿，闻名去者几恒河。
千般伎乐绕金台，百宝莲花出水开，
五会声声须急念，临终一一尽迎来。
无边化佛紫金身，守护流传五会人，
念念弥陀心不退，翩翩宝座自相亲。

叹五会妙音赞

弥陀五会响雄雄，智者传来五浊中，
五苦闻声皆得乐，乘斯五会入莲宫。
智者慈悲开五会，五会意将除五烧，
五烧既因五会灭，皆承[1]五会出尘劳。
雄雄五会响清深，隐隐雷声写妙音，
圣众相将同赞叹，但是人闻皆发心。
西方微妙五音声，将来五浊救众生，
五趣闻名皆解脱，五会引到宝莲城。

---

① “承”，《大正藏》本作“乘”，据《净土五会念佛略法事仪赞》改。

泠泠五会出衡山，隐隐如今遍五天，
五众咸言将利乐，末法仍留五百年。
弥陀五会贯人心，哀婉[1]慈声屈曲深，
《无量寿经》如此说[2]，宝水长流演妙音。
五会响扬出云霞，清音寥亮满恒沙，
朝朝暮暮常能念，世世生生在佛家。
香风飒起触人身，吹将五会荡贪瞋，
五音兼能净五蕴，闻名永劫离嚣尘。
西方鼓乐及弦歌，琴瑟[3]箫笛杂相和，
一一唯宣五会法，声声皆说六波罗。

极乐欣厌赞

释灵振

释迦昔日同凡夫，历劫苦行守真如，
成佛往来八千返，苍生原未出阎浮。
阎浮众生实苦哉，递代相送坐哀哀，
暂得人身还却去，须臾满劫不回来。
沙门灵振自长呼，无常厌恨在阎浮，
不见如来兴出世，今逢末法落凡夫。
自瞋自恨自推寻，万劫千生罪障深，
生生不见越三界，轮回六道至于今。
研心性相苦推穷，检寻圣教自圆融，

① “婉”，《大正藏》本作“怨”，据《净土五会念佛略法事仪赞》改。
② “说”，《大正藏》本作“音”，据《净土五会念佛略法事仪赞》改。
③ “琴瑟”，《大正藏》本作“琵琶”，据《净土五会念佛略法事仪赞》改。

虽得丈夫披法服，不幸[1]生于末法中。
末法去圣渐迢遥，行门若个独能超，
今生但念弥陀佛，亦免沉沦火宅烧。
念佛能为急要门，得出阎浮何可论，
若人不信生疑惑，自看圣教勘经文。
经文专遣念弥陀，急要之门更不过，
但能深信无疑惑，今生便得出娑婆。
《弥陀经》上自称扬，七日专念往西方，
六方[2]恒沙诸佛赞，功德咸言不可量。
七日念佛常如斯，何况尽命至心持，
诸余功德无伦匹，速疾之门唯佛知。
众生款款审思量，地狱三途难可当，
一失人身经万劫，缘何不乐往西方？
西方极乐镇欢娱，直与天堂万倍殊，
普告众生须速往，缘何苦死恋阎浮。
阎浮五浊足贫穷，一切因缘有始终，
苦海无涯无底莫，千军万众没其中。
西方极乐乐无穷，水鸟和音说大乘，
菩萨天人无中天，真言成佛是为终。
阎浮田地足丘坑，山岳堆阜不均平，
只为人心多不善，一切杂恶在中生。
西方极乐掌中平，一无堆阜及丘坑，
琉璃作地黄金界，杂色莲花遍满生。
阎浮大海众江河，鱼鳖鼋鼍甚以多，

① “幸”，《大正藏》本作“那”，今改。

② “六方”，《大正藏》本作“六萬”，今改。

一朝雨堕衡山谷，漂流杂恶苦相和。
西方极乐七宝池，八功德水不思议，
底有金沙岸香树，莲花涌出化生儿。
阎浮托报女人胎，生熟二藏裹婴孩，
亦至平安仍未语，无明人我逐身来。
西方净土有婴孩，一一托报出莲台，
亲见如来说妙法，自然解脱悟心开。
阎浮草木众聚林，高者无过五十寻，
不得多年心朽烂，变成灰土不堪任。
西方极乐七宝林，五百万里上馀侵，
微风吹动千般乐，皆说如来解脱音。
阎浮日日炙人伤，婉转轮回不定常，
出没之时有明夜，不免狂云所翳光。
西方极乐无边光，亦无明夜镇恒常，
得我如来一毛孔，更盖光明遍十方。
阎浮父母及妻儿，香火思情能几时，
纵得团圆终不久，须臾即见有分离。
西方极乐不如斯，弥陀如来是大师，
菩萨人天为圣友，同受欢娱无别时。
阎浮极苦苦无边，男女恩爱命相连，
旦暮多求恐不活，无暇归真慕善缘。
西方极乐乐无边，不愁男女及钱财，
须衣罗绮千里至，念食百味在傍边。
阎浮男子女人身，同受四大雨般人，
彼此结心成地狱，须臾万劫永沉沦。
西方极乐无女人，生者皆同菩萨身，
总证三明八解脱，一生补处离嚣尘。
阎浮世界足钱财，一一皆从苦还来，

得者荣身不作福，三途一闭遣谁开？
西方极乐乐哈哈，不顾阎浮不净财，
舍宅园林离即有，衣裳百味遂心来。
阎浮五浊是凡人，托报不得自由身，
妻子从头索衣食，差别不辨所由瞋。
西方极乐没凡人，亦无妻子及慈亲，
生者皆登菩萨位，总证金刚不坏身。
阎浮世界学修禅，杂恶之处足攀缘，
流浪狂心难把捉，犹如大海簸舟船。
西方极乐不如然，上品生者世尊前，
得我如来一言教，百法明门自晓然。
阎浮说法度众生，唯听文句不依行，
赞叹随心举合掌，违情触着起无明。
西方说法度众生，水鸟弦歌空里鸣，
闻者皆言念三宝，更无余外别修行。
阎浮世界不堪停，恶业因缘每月盈，
纵饶作得些些善，不觉地狱向来成。
西方净土实堪停，长劫不闻诸苦声，
鼓乐弦歌空里满，一一皆言解脱名。
阎浮持戒足无明，犹如白日暗中行，
作意向前欲迭道，不觉失脚落深坑。
西方极乐乐轰轰，亦无众苦及修行，
亲见弥陀说妙法，闻者悟解断[1]无明。
众生念佛喻乘船，假我如来增上缘，
七日七夜专心念，即敌余心数百年。

①　“断”，《大正藏》本作“证”，今改。

众生欲得出凡笼，急急专求念佛功，
七日称名生彼国，若比余门定不同。
但知念佛莫生疑，不解之辈是愚痴，
只为超升令速疾，此地凡夫信者稀。
众生念佛佛来迎，无常了了甚分明，
弹指即到如来所，他方历供证无生。
西方极乐镇欢娱，释迦所说岂传虚，
普劝有情生彼国，何得苦死恋阎浮？
专心念佛莫朦胧，定得西方不弃功，
即今且在凡夫境，无常即获六神通。
西方宝殿宝池亭，树木水鸟解人情，
鹦鹉和鸣赞三宝，声中演[①]出大乘经。
西方宝树宝根茎，宝花宝网甚分明，
宝叶行行相间错，宝果重重[②]出化生。
宝池宝岸宝莲花，宝阶宝底宝金沙[③]，
下生虽有前[④]身障，菩提不发自生芽。
花幢百亿绕金台，光明宝座坐如来，
普为众生说妙法，群生闻者悟心开。
朝朝暮暮念弥陀，为在阎浮降众魔，
暂到西方亲见佛，还来度脱此娑婆。
西方净土最为精，空中作乐万般声，

① “演”，《大正藏》本作“显”，据《净土五会念佛略法事仪赞·离六根赞》改。

② “宝果重重”，《大正藏》本作“宝叶重”，据《净土五会念佛略法事仪赞·离六根赞》订正。

③ “金沙”，《大正藏》本作“莲花”，据《净土五会念佛略法事仪赞·离六根赞》订正。

④ “前”，《大正藏》本作“离”，据《净土五会念佛略法事仪赞·离六根赞》改。

衣食自然随意至，保无食者受其馨。
西方净土[①]雨天衣，宝殿空里逐身飞，
百味一念随心至，何故众生去者稀！

极乐庄严赞

释法照

弥陀愿行广无边，悲济群生普尽怜，
总欲化令归本国，众生罪业共无缘。
观音菩萨大慈悲，能于苦海现稀奇，
紫金身相三十二，顶戴弥陀尊重时。
势至菩萨甚难思，紫金身相等无亏，
顶上宝瓶光显照，普收念佛往生机。
自庆往昔宿缘深，得遇弥陀净教音，
执持名号无休息，报尽临终身紫金。
我常自叹苦精勤，稀闻无上法清真，
须共无明贼斗战[②]，誓当破灭取金身。
一念凝神往宝城，六通起意觉[③]身轻，
足踏千叶莲花上，明月摩尼树下行。
弥陀净刹甚精微，彼处娑婆人岂知，
旷劫沉沦于苦海，何年得遇往生时？
极乐宝国无衰变，碧玉楼台天自然，
摩尼明月琉璃水，光照池台真可怜。

---

① “净土”，《大正藏》本作“尽夜”，据《净土五会念佛略法事仪赞·离六根赞》改。

② “贼斗战”，《大正藏》本作“时斗乱”，据《净土五会念佛略法事仪赞》改。

③ “觉”，《大正藏》本作“学”，据《净土五会念佛略法事仪赞》改。

极乐宝界甚稀奇，实为多生[①]来不知，
今日喜遇弥陀号，顿舍娑婆五浊时[②]。
弥陀宝界不思议，唯叹娑婆去者稀，
阿鼻地狱人多[③]往，一堕何年更出时。
归去来，归去来，阎浮五浊足[④]尘埃，
不如西方快乐处，到彼花台随意开。

厌此娑婆愿生净土赞

慈愍和上

遍观三界咸皆苦，凡夫耽着事轻盈，
欲海业风波浪鼓，出没何曾有暂停。
沉沦恶趣经多劫，时往人天一度行，
痴贪爱取贪诸有，六道轮回死复生。
上生非想还来下，随入燃烧万丈坑，
剑树分身心胆碎，哪堪拔舌铁犁耕。
今日至诚归命礼，弥陀两足世间明，
唯愿慈悲垂摄受，毫光摄受得开萌。
称名念佛声相续，七宝花台圣众擎，
能于彼国常翘仰，临终亦定佛亲迎。

① “实为多生”，《大正藏》本作“宝为名生”，据《净土五会念佛略法事仪赞》改。

② “五浊时”，《大正藏》本作“去者稀”，据《净土五会念佛略法事仪赞》改。

③ “多”，《大正藏》本作“名”，据《净土五会念佛略法事仪赞》改。

④ “足”，《净土五会念佛略法事仪赞》作“是”。

归向西方赞

三界无安如火宅，四衢露地络尘埃，
厌住死生居骨肉，何能五荫处胞胎。
正值今生发道意，稀逢净土法门开，
愿得西方安养国，弥陀圣众要相携。
定散二门能得往，精粗九品尽乘台，
到彼三明八解脱，长辞五浊见如来。

念佛之时得见佛赞

念佛一声一化佛，皆从口出生红莲，
念佛千声千化佛，跏趺正坐在吾前。
一日常称一万佛，计佛高低出梵天，
愿我临终值诸佛，迎将净土证三贤。

校量坐禅念佛赞

如来说法原无二，只是众生心不平，
修禅志发禅心净，念佛唯求化佛迎。
一个驾车山上走，一个乘船水里行，
山水高低虽有异，成功德理两俱平。

高声念赞

释法照

第一能排除睡障，意令诸子离重昏，
障灭身心亦清净，更见西方百宝门。
第二动振天魔界，令遣心归念佛门，

但使魔宫闻一念，因兹永劫奉慈尊。
第三声遍十方界，为令恶趣苦皆停，
一一能闻无量寿，咸登净国住经行。
第四三途幽苦息，须臾变作宝莲成，
罪人尽处花间坐，登时闻法悟无生。
第五无令外声入，心心直往法王家，
光明长照琉璃殿，化生同子散金花。
第六妄念心无散，弥陀净刹想中成，
宝树林间宣妙法，声声唯赞大乘经。
第七勇猛勤精进，无明尘埃自消除，
念念常观极乐国，弥陀慈主赠明珠。
第八诸佛皆欢喜，当来护念信心人，
一一咸令不退转，临终证得紫金身。
第九能入深三昧，寂灭无为尽[①]漏禅，
念时无念见诸佛，永超生死离人天。
第十由具诸功德，恒沙福智果圆明，
临终净国莲花坐，弥陀圣众自亲迎。

极乐宝池赞

琉璃为地映池青，念念倾心至宝城，
东城之人穷子苦，若生极乐树珠璎。
众生念佛莫狐疑，决定西方七宝池，
每月课功千万遍，回愿弥陀早已知。
宝台楼阁甚精微，到彼西方应自知，

① “尽”字原本无，今据文意补。《修行道地经》云：“除淫怒痴，令灭无余，得尽漏禅。”

努力回心多念佛，莲花台上共为期。
清净池里宝莲台，净刹香林映日开，
慈主巍巍金色笑，尽收念佛往生来。
弥陀净土甚难思，求者心中莫致疑，
状似云中开浪日，超然独坐宝莲时。
西方慈主甚巍巍，浊恶愚人岂得知，
百宝合为千尺树，摩尼明月照金池。
鸿鸾宛转绕池游，诸天歌赞甚清幽，
箫管空中为梵响，闻者咸同法性流。
池台楼阁巧能妆，珠珍宝树自成行，
碧水恒流于玉树，琼珂叶里放金光。
七宝莲花出水来，氛氲菡萏正能开，
课功作意由人进，念佛多者紫金台。
念佛之人求愿往，直至西方七宝池。

六道赞

欲知何处苦偏多，唯有泥犁更不过，
罪人一入经尘劫，受苦从头无奈何，
渴饮熔铜登剑树，饥餐猛火度灰河，
愿离此苦生安乐，求生净土见弥陀。
思惟饿鬼实堪怜，遍体由来猛火燃，
两耳不闻浆水字，一身唯有骨相连，
值食将餐便作火，临河欲饮见枯泉，
愿离此苦生安乐，长处西方坐宝莲。
迷途一配畜生身，经历多年受苦辛，
严冬露地居寒雪，盛夏当街卧暗尘，
衣裳尽用皮毛覆，饮食唯将水草珍，
愿离此苦生安乐，长处西方坐宝莲。

人身虽复甚难求，得已还生万种忧，
始见红颜花欲茂，俄然白发飒成秋，
魂飞魄散身归冢，命尽形销肉粪丘，
如何不乐生安乐，永坐金台佛国游。
修罗谄诈性顽豪，善根并被有疑烧，
由此身同鬼受苦，沉沦长劫处尘劳，
由因不信堕修罗，斗战相诤受苦多，
愿舍狐疑生净国，西方长得近弥陀。
诸天快乐不思议，自为多生无尽期，
一期报尽还遭苦，舍彼欢喜受五衰，
液中臭汗皆流出，头上天冠花更萎，
尽是无常流转处，不如极乐坐莲池。

叹弥陀、观音、势至赞

释法照

凝神净刹在微宫，宝界天花满翠中，
金殿已开慈主笑，奉睹仪容赞未穷。
宝树楼台光映照，总是弥陀愿力功，
一念相应皆往彼，须臾获得六神通。
衣裓赍持十万亿，圣众尘沙受供同，
从兹稽首常瞻仰，定舍娑婆出苦笼。
观音势至人今见，宝叶莲花个个空，
但念弥陀千万遍，不久还生极乐中。

西方十五愿赞

一愿众生普修道，二愿一切莫生疑，
三愿袈裟来挂体，四愿莫着女人身，

五愿妆粉终身断，六愿素面见如来，
七愿三途离罪苦，八愿舍离去悭财，
九愿众生敬三宝，十愿一切法门开，
十一愿众生勤念佛，十四愿总到佛前朝，[①]
十五愿西方生净土，更莫阎浮重受胎。

极乐连珠赞

极乐门中宝日圆，普照三千及大千，
慈悲广连弥陀主，为汝重开千叶莲。
宝池宝岸甚宽平，宝地琉璃千仞明，
普劝众生勤念佛，临终决定自来迎。
宝树浸天难可测，不知花叶几由旬，
静时天乐寻常响，风动如遥日月明。
七行宝树异光新，一花纵广百由旬，
花开无数红莲座，其中总是往生人。
宝云光里现朝霞，黄金地上雨天花，
微风吹动诸行树，法音微妙等无着。
汝但勤念弥陀佛，吾今暂住救娑婆，
知汝深心相忆恋，一遇念佛一回过。
送吾千里谩劬劳，不知端坐相白毫，
相得白毫无数佛，花台宝座自然高。
无人抄赞不能传，不诵如何化世间，
任汝经行极乐国，吾今且去给孤园。
给孤园里凤凰池，如来在彼不思议，
金口长宣微妙法，见闻无不愿归依。

---

① 十二、十三两愿原本脱。

修成此业坐西方，无边世界尽金光，
摩尼流注莲花里，一回风动万般香。
观音说法似悬河，鸟声天乐共相和，
寻常双足莲花里，天冠顶戴阿弥陀。
弥陀身着宝衣新，足下圆明千辐轮，
莫向阎浮贪五欲，念吾名字速成真。
成真早得悟无为，毫相光明安两眉，
能照阎浮诸秽土，变为佛国妙光辉。
光辉微妙在人间，普摄众生到佛前，
各各皆成菩萨位，一时总得坐红莲。
红莲生在宝花池，千光万色不思议，
水鸟珠林同国土，异香音乐每相随。
相随总至妙花宫，十方佛国总雄雄，
处处相迎上宝殿，赞叹勤功有始终。
始终如一不思议，花台宝座在琼池，
是汝坚心愿力造，非开诸佛与君为。
君为愿力甚坚强，定生上品坐金刚，
莫辞暂住阎浮界，如今名字在西方。
西方宝殿是摩尼，黄金界道地琉璃，
千叶莲花百宝座，法身清净馀时衣。
珠衣遍体万般光，巡行宝树七重行，
莫怪莲珠微妙赞，化度众生无隐藏。
隐藏微妙不成师，法教流行无盛衰，
为汝广宣极乐赞，如来言化作神威。
神威法界救苍生，肉眼重开慧眼明，

端坐能观极乐国，楼台总是宝幢[1]擎。
幢[2]擎宝地如千日，千日之中万色光，
光中无数诸菩萨，弥陀殿下献名香。
名香殿下宝云成，菩萨端严礼不轻，
天乐楼前听妙响，唯闻水鸟念佛声。
佛声振动夜摩宫，天魔心胆悉皆融，
降得魔军随佛后，虔诚顶礼数无穷。
无穷算数天[3]魔军，一时得往作生人，
总为回心生彼国，恭勤瞻仰大慈尊。
慈尊妙色甚巍巍，毫光恰似五须弥，
两目澄明如大海，四十八愿大慈悲。
慈悲广开极乐门，誓救阎浮五浊人，
各与光明七宝座，何曾更见一微尘。
微尘佛刹从心现，无边世界异光晖，
五蕴变成清净眼，八识翻为八德池。
八池总是宝莲花，念佛之人发道芽，
总别阎浮浊恶界，一时极乐受精华。
精华园里见如来，各坐光明七宝台，
幸得同生慈主国，长劫之中更不回。
不回永住百千西，毫相光明日月齐，
忍辱门中八圣道，声香风里七菩提。
菩提道中清净尊，幽深妙觉事难论，

① “幢”，《大正藏》本作“憧”，今改。卷中《观经十六观赞》云：“令冰映作琉璃地，分明还见宝幢擎。”

② 同上。

③ “天”，《大正藏》本作“大”，今改。

除想自然成解脱，了心能启大悲门。
西方极乐自前明，万法皆从心想[①]生，
摄念寂静心灭乐，观佛决定宝台迎。

归西方赞

沙门法照述

归去来，谁能恶道[②]受轮回，
且共念彼弥陀号，往生极乐坐花[③]台。
归去来，娑婆世境苦难哉，
急手专心念彼佛，弥陀净土法门开。
归去来，谁能此处受其灾，
总劝同缘诸众等，努力相将归去来，
且共往生安乐界，持花普献彼如来。
归去来，生老病死苦相催，
昼夜勤须念彼佛，极乐逍遥坐宝台。
归去来，娑婆苦处哭哀哀，
急须专念弥陀佛，长辞五浊见如来。
归去来，弥陀净刹法门开，
但有倾心能念佛，临终决定坐花台。
归去来，昼夜为闻唱苦哉，
努力回心归净土，摩尼殿上礼如来。

---

① “想”,《大正藏》本作“相”,今改。《观无量寿佛经》云:“诸佛正遍知海,从心想生。”

② “恶道”,《大正藏》本作“西边”，今据卷中《归西方赞》，及《净土五会念佛略法事仪赞·西方乐赞》改。

③ “花”,《大正藏》本作“化”，今改。下同。

归去来，娑婆秽境不堪停，
急手须归安乐国，见佛闻法悟[①]无生。
归去来，三途地狱实堪怜，
千生万死无休息，多劫常为猛焰燃，
声声为念弥陀号，一时闻者坐金台。
归去来，刀山剑树实难当，
饮酒食肉贪财色，长劫将身入镬汤，
不如西方快乐处，永超生死离无常。

四十八愿赞

法藏因中弘誓重，释迦悲愿不思议，
劝众勤求无间断，莫令虚弃发心迟。
四十八愿大慈悲，唯恨众生念佛迟，
愿愿之中苦得往，正值弥陀出见时。
顶上旋螺千万显，一双足下踏莲花，
汝但专心勤念佛，慈光直入行人家。
善哉调御释迦尊，劝众恒持净法门，
令使诸天空里赞，众生苦尽出重昏。
座上诸人紧发心，百法门中须入深，
听取慈尊真实说，今诸学者莫沉吟。
劝汝殷勤苦修道，深厌阎浮大火坑，
黄金地上琉璃照，明月摩尼随意生。
弥陀三昧自幽清，众生业障不闻名，
水鸟树林皆说法，身心散乱被魔侵。

---

① “悟”，《大正藏》本作“五”，今改。

弥陀大觉足良医，群生有贼善能治，
忏却身中十恶罪，如今正是上莲时。

随心叹西方赞

沙门惟休述

弥陀起教在西方，正使传来赴大唐，
五浊界中策净土，三途道上建津梁。
开示教门惟速疾，劝人方便散花香，
极乐观从心想见，阎浮业垢自消亡。
行人努力劝观佛，见佛当生七宝台，
一念疑心不生信，三途万劫被轮回。
净土初门入似宽，求哀忏悔转将难，
为报心[①]怀疑谤者，同来于此碎身看。
弥陀世界甚轻安，信者皆须审谛看，
相好佛身虽总见，就中偏取白毫观。
西方宝界广严城，七宝池台尽化生，
欢喜园中佛说法，无忧树里鸟谈经。
观音相好破诸邪，摄取苍生入佛家，
七日遣修极乐观，观成便得坐莲花。
无生极乐实堪求，同心往者莫悠悠，
三昧忽然随念得，观音势至是用流。
西方净土宝楼高，同心去者莫辞劳，
一念正观便即到，到时先上紫金桥。

---

① “心”，《大正藏》本作“化”，今改。

西方杂赞

窃见人间罪业多，众[1]生自作亦教他，
财色贪求则不厌[2]，口中不肯念弥陀。
口中终日恣胞鲜，断他性命不矜怜，
佛说怨仇无不报，三途还彼镬汤煎。
刀山万刃白如银，剑树千锋霜雪新，
猛焰炎炉常不息，口待阎浮食肉人。
西方进道胜娑婆，缘无五欲及邪魔，
成佛不劳诸善业，花台端坐念弥陀。
五浊众生多退转，不如念佛往西方，
到彼自然成正觉，还来苦海作津梁。
法王普劝念弥陀，意在群生出爱河，
上品花台见慈主，到者皆因念佛多。
弥陀今欲十方游，幢幡宝盖引前头，
菩萨空中为梵响，赞言极乐更何忧。
迦陵频伽色特最，复有孔雀鸟中王，
昼夜连声不休息，恒叹众生在苦方。
宝楼宝阁宝连云，宽地宽平百宝门，
慈主当阳升宝座，宝手恒招念佛人。
汝等碎身莫辞痛，无明散尽善芽生，
恶业六尘自称灭，逍遥极乐意游行。
白毫光相甚分明，分身百亿化群生，
努力勤心多念佛，西方圣众自来迎。

---

① “众”,《大正藏》本作“然”，今改。

② “厌”,《大正藏》本作“乐”，今改。

紫台金阁真珠网，宝幢高显出云霄，
但是有缘皆得往，连臂[1]相将过法桥。
仔细推寻诸圣教，念佛道理最能长，
少用功夫亦成就，临终圣众自迎将。
到彼西方安养界，快乐欢悦永无忧，
念念唯加功德长，生老病死永长休。
彼国众生常快乐，三恶六道不曾闻，
一念一时随众听，闻一悟解百千门。
西方净土实堪停，若欲求生发至诚，
弥陀令遣称名字，唯即专心尽一形。
急[2]须念佛莫悠悠，欲超苦海要船舟，
称名定是生安乐，永绝阎浮生死流。
万行之中为急要，迅速无过净土门，
不但本师金口说，十方诸佛共传论。
莫辞念佛度朝朝，弥陀本愿许相招，
临命终时生安乐，闻法悟解得逍遥。
西方极乐乐轰轰，闻者回心愿往生，
道路未曾知远近，惭荷如来亲自迎。
慈尊愿力置西方，翠宇雕楹[3]七宝庄，
珊瑚散饰遍阶砌，地布从金郁郁黄。
泠泠德水布金沙，影杂祥云碎锦霞，
众会莫言空法事，上方时复雨天花。
彼土微风吹宝林，响籁千般运法音，

① “臂”，《大正藏》本作“辟”，今改。

② “急”，《大正藏》本作“忽”，今改。

③ “雕楹”，《大正藏》本作“凋携”，今改。

狮子座边雕白玉，天人行处砌黄金。
西方日长于一劫，莲花开合甚分明，
众等念佛求三昧，紫金台上有真名。
如来说教广无边，大小随机度有缘，
八万四千皆解脱，速疾无过念佛门。
弥陀寿量实无涯，光明无碍照恒沙，
一一蒙光皆摄受，生生长坐宝莲花。
莲花菡萏满西方，池中凫雁及鸳鸯，
一一声声皆说法，花花茎茎尽飞香。
空中花雨乱盘回，珊瑚地上散成台，
风吹落叶叶飞去，吹去萎花花更来。
六情妄想遍攀缘，三昧无由得现前，
勤勤光斩无明贼，急急相将上宝莲。
弥陀名字不思议，闻之罪灭众应知，
但有称名生净刹，总须深信勿怀疑。
此界一人念佛名，西方便有一莲生，
但使一坐常不退，一花直到此间迎。
清净池水照莲台，森森宝刹照天开，
巍巍慈主常微笑，人人摄取往生来。
莫怪频频相苦劝，见人尽往常无往[①]，
若得念佛深三昧，不怕当来平等王。
千重香树万重香，光映池中七宝沙，
宝沙涌出摩尼水，水流随处净无瑕。
帝青珠网紫金光，照出恒沙七宝堂，

① “见人尽往常无往”，《大正藏》本作“见人往尽无往常”，今改。

一一花生诸佛国，声声赞叹彼西方。
琉璃地上紫金山，飞彩流霞映世间，
五浊众生多热恼，西方净土甚清闲。
七宝池里有花台，弥陀殿内放光开，
汝等众生勤念佛，尽出[①]三界往生来。
西方世界甚为精，忆念专心仰宝城，
为能相观功深远，莲花会里证无生。

西方赞

善导和上

观彼弥陀极乐界，广大宽平众宝城，
四十八愿庄严起，超诸佛刹最为精。
本国他方大海众，穷劫算数不知名，
普劝归西同彼会，恒沙三昧自然成。
无生宝国永为[②]常，一一宝流无数光，
行者倾心常对目，腾神踊跃入西方。[③]
宝地[④]宝色宝光飞，一一光成无数台，
台中宝楼千万亿，台侧百亿宝幢围。
宝国[⑤]宝林诸宝树，宝花宝叶宝根茎，
或有千宝分林异，或有百宝共成行。

① “出”,《大正藏》本作“生”，今改。
② “为”,《大正藏》本作“无”，据善导《往生礼赞偈》改。
③ “倾”,《大正藏》本作“须”。“腾”,《大正藏》本作“胜”。据善导《往生礼赞偈》改。
④ “地”,《大正藏》本作“池”，据善导《往生礼赞偈》改。
⑤ “国”,《大正藏》本作“树”，据善导《往生礼赞偈》改。

行行相当叶相次，色各不同光亦然，
等量齐高三十万，枝叶相触说无生[①]。
宝池宝岸宝金沙，宝渠宝叶宝莲花，
十二由旬皆正等，宝罗宝网宝栏遮。
德水分流寻宝树，闻波睹乐证恬泊[②]，
寄语有缘同行者，努力翻迷还本家。
弥陀本愿花王座，一切众宝以为成，
台上四幢张宝幔，弥陀独坐显真形。
弥陀身心遍法界，影现众生心想中，
是故劝汝常观察，依心起想表真容。
宝容宝像临花坐，心开见彼国庄严，[③]
宝树三身花遍满，风铃乐响与文同。
弥陀身色如金山，相好光明照十方，
唯有念佛蒙光摄，当知本愿最为强。
十方如来舒舌证，专称名号至西方，
到彼花开闻[④]妙法，十地愿行自然彰。
法界倾摇[⑤]如转蓬，化佛云集满虚空，
普劝有缘常忆念，永绝胞胎证六通。
正坐跏趺入三昧，想心乘念至西方，[⑥]

① “生”,《大正藏》本作“因”，据善导《往生礼赞偈》改。

② “闻”,《大正藏》本作“间”。“恬泊”,《大正藏》本作“怖怕”。据善导《往生礼赞偈》改。

③ “像”字《大正藏》本脱,“彼”字《大正藏》本作“波”,据善导《往生礼赞偈》订正。

④ “开闻”,《大正藏》本作“间”，据善导《往生礼赞偈》改。

⑤ “摇”,《大正藏》本作“遥”，据善导《往生礼赞偈》改。

⑥ “坐”,《大正藏》本作“座”。“乘念”,《大正藏》本作“来心”。据善导《往生礼赞偈》改。

睹见弥陀极乐界，地上虚空七宝庄。
弥陀身量极无边，重劝众生观小身，
丈六八尺随机现，圆光化佛等前真。[①]
上辈上行上根人，求生净土断[②]贪瞋，
就行差别分三品，五门相续助三因。
一日七日专精进，毕命乘台出六尘，
庆哉难逢今得遇，永证无为法性身。
中辈中行中根人，一日斋戒处金莲，
孝养父母教回向，为说西方快乐因。
佛与声闻众来集，直到弥陀花座边，
百宝花笼经七日，三品莲开证小真。
下辈下行下根人，十恶五逆等贪瞋，
四重偷僧谤正法，未曾惭愧悔前愆。
终日苦相皆云集，地狱猛火罪人前，
忽遇往生善知识，急劝专称彼佛名。
化佛菩萨寻声到，一念倾心[③]入宝莲，
三花[④]障重开多劫，于时始发菩提因。
弥陀佛国能所感，西方极乐难思议，[⑤]
无量[⑥]菩萨为同学，性海如来尽是师，

① “圆光化佛等前真”,《大正藏》本作“圆光等示化前真”，据善导《往生礼赞偈》改。

② “断”,《大正藏》本作“等”，据善导《往生礼赞偈》改。

③ “一念倾心”,《大正藏》本作“念一顷心”，据善导《往生礼赞偈》改。

④ “三花”,《集诸经礼忏仪》作“三业”。

⑤ 此行文字，原本作“乐何谛事难思议”，据善导《往生礼赞偈》重录。

⑥ “量”,《大正藏》本作“遇”，据善导《往生礼赞偈》改。

渴闻般若绝思浆，念服无生即断饥。
一切庄严皆说法，无心领纳自然知，
七觉花池随意入，八背凝神会一枝。
弥陀心水沐身顶，观音大圣与衣披，
欻然腾空[①]游法界，须臾授记号无为。
如此逍遥快乐处，人今不去待何时！

西方赞

慈愍三藏

释迦慈心遍法界，蠢动含识普皆怜，
意欲化令皆解脱，众生罪业共无缘。
所以总教归净土，弥陀宿昔有缘因，
非但娑婆人独往，他方去者亦无边。
弥陀摄化无厌足[②]，悲心常绕世间行，
但有倾诚能念佛，毫光直照目前明。
十方世界微尘众，同时命尽愿皆生，
计彼众生心乐欲，分身遍布一时迎。
观彼弥陀与眷属，久于曩劫植洪因，
凡圣等皆同相好，人天一种紫金身。
宝树宝楼飞宝阁，宝池宝地宝成莲，
地及虚空贤圣满，花中总是化生子[③]。
弥陀道成经十劫，众生皆愿往西方，

① “欻然腾空”，《大正藏》本作“欲然勝空”，据善导《往生礼赞偈》改。
② “足”，《大正藏》本作“定”，据卷中《西方礼赞文》改。
③ “子”，卷中《西方礼赞文》作“人”。

菩萨声闻非算数，五通贤者岂能量。
彼国人居不退地，永超生死断无常，
九品花开随早晚[①]，端然取证亦何妨。
菩萨道成皆为物，众生未熟道成难，
为是化缘兜率住，时时向下谛心观。
人年八万方成道，三会逢缘证涅槃，
且[②]共回心生净土，临时随意往来看。
十方三界恒沙佛，功德圆满等无瑕，
宝国庄严皆一种，要于极乐共咨嗟，
但有闻名皆愿往，定名解脱得非赊。
如来不灭归圆寂，遗行舍利遍三千，
宝塔浮图建形象，礼念香焚百和煎。
菩萨妙行虽无量，当知念佛最为先，
乘此因缘生净土，须臾即至世尊前。
三藏微言真圣教，难逢难遇亦难闻[③]，
动经恒沙河劫数，知有西方净土门，
一念倾心出生死，终身不退佛迎魂。
观音救摄多方便，神通变化实难思，
或复转身成正觉，或为侍者现师资，
众生乐欲心非一，随缘六道应时宜，
劝喻总将归净土，咸令见佛证无为。
势至住在弥陀国，报得无比紫金身，

① “晚”，《大正藏》本作“脱”，今改。

② “且”，《大正藏》本作“具”，据卷中《西方礼赞文》改。

③ “难逢难遇亦难闻”，《大正藏》本作“难逢难过亦难逢”，今改。

为度众生来此界，现形同此世间人，
怜愍火宅烧燃苦，随缘六道强勾牵，
送向西方安隐地，遣于生死断因缘。
西方净土诸贤圣，神通自在更无过，
一念相随游佛刹，凡经劫数几恒河。
十方世界皆供养，同时说法一时听，
微尘世界恒沙佛，六通神用岂知名。
闻彼弥陀安乐国，总皆渴仰致叮咛，
况及凡夫流浪者，不求解脱出尘劳[①]，
十方三世声闻众，穷劫算数岂能知，
诸佛如来方便化，咸令至果断贪痴，
指示西方安乐国，闻名皆恨往生迟，
解脱之人皆愿乐，凡夫不去欲何为？

西方极乐赞

释法照述

善哉法将功能观，睹见弥陀宝网鞔，
诸佛净刹从心现，众生常须向里看。
弥陀住在紫金楼，十方菩萨圣人游，
一念他方闻妙法，长辞苦海更何忧！
悲嗟苦海实增多，唯须志意念弥陀，
昼夜倾心常住想，临终一念出娑婆。
阎浮秽恶不堪停，为有燃烧万丈坑，
急手专心念彼佛，弥陀宝界悟无生。

① “劳”，《大正藏》本作“荣”，今改。

极乐门中七宝池，花开莲色紫金晖，
暂念弥陀登宝台，须臾不觉证无为。
碧玉楼前七宝台，诸天童子竞来看，
持得金花供养佛，处处唯言称善哉。
弥陀住在宝城楼，倾心念念向西求，
到彼三明八解脱，长辞五浊更何忧！

净土五会赞

沙门法照

五会倍须钦，称名观紫金，
心中辨邪正，观境不来侵。
极乐宝林清，微风五会声，
声中论妙法，听者悟无生。
净刹宝林明，弥陀五会声，
听者皆生乐，不闻诸苦名。
白玉池边过，莲花叶里香，
空中闻梵响，五会长劫常。
暂至宝城楼，逍遥何所忧，
唯闻念五会，长劫更何忧。
宝刹多真土，威宣五会音，
常闻严净响，从此渐幽深。
极乐黄金树，花开五会声，
意欲令诸子，闻者尽修行。
持莲含九品，花接往生人，
五会连声别，从兹洗客尘。
极乐谁家子，莲花叶里生，
为由闻五会，从此息尘劳。

净国摩尼水，渠渠处处流，
水声含五会，闻者永无忧。

西方极乐赞

释法照

巍巍阿弥陀，已降生死魔，
宝池珠林国，往生极乐多。
巍巍阿弥陀，众生念者多，
能灭无明暗，相将出爱河。
巍巍阿弥陀，寿量实难过，
八万四千相，观瞻越爱河。
巍巍阿弥陀，众生念者多，
刹那登宝界，神净永无魔。
胜哉大势至，悲愿广无边，
顶上瓶光照，诸子普皆怜。
净国琉璃地，珊瑚玛瑙珠，
金沙彻水照，严界悉如如。
宝国宁无乐，金光尽是台，
摩尼明月照，时至自还开。
人命如朝露，不得故迟迟，
急急须勤念，弥陀迎接时。
由因念佛故，所以灭愚痴，
唯深三昧者，方应同正知。
极乐法门开，众生不肯来，
只为无明缚，永劫受其灾。
不悟真如理，长时没爱河，
贪财常爱色，轮回恶趣多。

我常自叹喜，深悟真如理，
烦恼本来无，众生妄见起。
极乐甚精微，人人总不知，
里有弥陀主，相将礼拜时。
欲识无生理，唯须念佛名，
尘劳云散尽，慧日朗然明。
欲见真如理，唯须观白毫，
无明云散尽，慧镜朗然高。
真如见无见，无见是真如，
若了此中意，得名明月珠。

净土法身赞（此赞通一切处诵）

释法照

法镜临空照，心通悟色坚，
神通妙刹丘，法界总同然。
意珠[1]恒自净，神光遍十方，
知心无处所，解脱得清凉。
观像而无像，高声不染声，
了知无所有，慧镜朗然明。
寂寂幽灵静，恬然无所缘，
坐卧宫霄里，超出离人天。
暂引池边立，洗却意中泥，
清净无尘垢，愿汝证菩提。

---

① “珠”，《大正藏》本作“殊”，据《大乘净土赞》抄本（《大正藏》第八十五册）改。

慧镜无令暗，智珠常用明，
尘劳须断却，宝座自然迎。
注想常观察，三昧宝王珍，
洞闲三藏教，拂却意中泥。
人今专念佛，念者入深禅，
初夜端心坐，西方在目前。
念即知无念，无念是真如，
若了此中意，名为法性珠。
净土在心头，愚人向外求，
心中有宝镜，不识一生休。
诸佛在心头，汝自不能求，
慎勿令虚过，急手早勤求。
宝镜人皆有，愚人不解磨，
不曾反自照，尘垢更增多。
宝镜人家有，智人即解磨，
勤勤返自照，尘垢不来过。
意珠恒莹彻，自性本圆明，
悟理知真趣，念佛即无生。
碎末为金矿，矿中不见金，
智者用消炼，真金腹内现。
佛相空无相，真如寂不言，
口谈文字教，此界妄想[①]禅。
涅槃无上[②]法，秘密不教传，
心通常自用，威当度有缘。

---

① “妄想”,《大正藏》本作“忘相”，据《大乘净土赞》抄本改。

② “无上”,《大正藏》本作“末铁”，今改。《大乘净土赞》抄本作“末藏”。

三乘元不识，外道未曾闻，
衔恨多毁谤，誓愿莫流传。[①]
道逢良贤，把手相传，
道逢不良贤，子父不相传。

净土五字赞（通一切处诵）

净刹西方好，人人道可怜，
课功勤念佛，永得离人天。
净土有金园，心通悟色坚，
弥陀皆摄取，普愿坐红莲。
莲池碧色采，金花处处满，
玉户洞清音。[②]
五浊殷勤别，西方共作期，
莫迷生死苦，净土致狐疑。
妙阁紫黄金，琉璃七宝林，
莲池花色异，菩萨上游吟。
净域今时到，莲花久已开[③]，
为承弘[④]愿力，一念坐莲台。
净刹坛金树，其间宝网鞔，
时时出宝果，众等至心观。
宝殿金楼阁，红莲生碧池，

① 《大正藏》本作“小相未曾闻，誓愿不流传”，据《大乘净土赞》抄本改。“衔”，两本均作“小”，今改。

② 此处疑脱五字。

③ “开”，《大正藏》本作“门”，今改。

④ “弘”，《大正藏》本作“红”，今改。

但知勤念佛，妙偈万般词。
七宝为宫殿，金莲合作台，
真心念佛者，总得上花来。
弥陀极乐处，宝鸟作音声，
听取声中意，唤法入金城。
孔雀佛前坐，鸳鸯游戏吟，
白鹤宫中舞，鹦鸪自弹琴。
池水于前现，花林契法身，
汝但持妙典，诸佛证成真。
暂向台边坐，弥陀见我身，
问言诸子等，好在往生人。
莲花一丛赤，复有一丛青，
中间化生子，言语甚分明。
欲得往西方，唯须念佛强，
下心修净业，巍巍入宝堂。
极乐无灯火，随形各自明，
但知勤念佛，速得悟无生。
世尊上宝楼，住在化城头，
愿汝心清净，努力早勤求。
极乐前头现，无明不见他，
碎身勤忏却，慈主自来过。
西方有宝楼，圣众自来头，
音中常念佛，心里说无生。
诸佛乃随身，迷人不自勤，
众等须勤念，心里每常欣。
妙刹心中现，都由净业多，
真心入三昧，永离苦娑婆。
妙刹一念善，名字十方知，

勤念弥陀佛，正是发心时。
欲得求三昧，无过自摄心，
身心莫间断，慈主自来寻。
极乐真净国，余方未得过，
心心求三昧，入定见弥陀。
池水金沙映，莲花遍满生，
念佛人皆往，随意任经行。
欲求三昧乐，无过念佛门①，
真行世尊教，令众见金身。
诸佛成无漏，皆由累劫修，
欲生净土者，心里自勤求。
积宝如山岳，众生不能求，
内怀宝明镜②，不识一生休。
宝阁金楼网，花雨满池亭，
清音七宝管，不弄自然鸣。
佛力加持我，今朝出爱河，
刹那生彼国，还此救娑婆。
净土金沙水，寻常绕佛流，
有人入定见，欢喜更何忧？
听说人生者，池中是我家，
乘莲必自在，游戏散天花。
我今住三昧，莲花色焰晖，
心游七宝殿，礼佛未能归。

① “念佛门”，《大正藏》本作“多碎身”，今改。《西方杂赞》云：“速疾无过念佛门”。

② “宝明镜”，《大正藏》本作“明怀镜”，今改。

有人欲拟退，莲花叶便萎，
精心勤念佛，花色更增晖。
苦海广无边，弥陀愿力船，
迎将生净土，尽得坐红莲。
净土诸菩萨，因是苦勤修，
花中得上品，一念十方游。

厌苦归净土赞（此赞大会时诵）

宝阁无人上，地狱竞来奔，
一朝命已尽，何故入泉门。
西方人罕[①]到，地狱竞来奔，
念佛如明镜，造罪暗昏昏。
地狱不须去，净土早归来，
池中实妙乐，永劫不闻哀。
地狱酸寒苦，牛头在眼前，
罪人欲入去，苦痛哭号天。
生存不念佛，死后入泉门，
镬汤频受苦，猛焰胁人魂。
释迦台上坐，徒众竞来听，
说此阎浮苦，轮回不暂停。
西方实妙乐，百宝紫莲台，
黄金为界道，见者发心来。
宝阁西方现，金台更可怜，
池中化生子，水里拨红莲。

① “罕”，《大正藏》本作“牢”，今改。

碧玉池中水，莲花郁郁香，
花开能见佛，闻法悟真常。
化阁多青翠，金楼宝网鞔，
摩尼幢上盖，池水花百般。
一生勤念佛，誓愿出娑婆，
身心无间断，长却坐莲荷。
归念弥陀佛，稽首彼如来，
誓生极乐国，池里坐花台。
下意归西路，低心摄有情，
弥陀慈愍见，报尽自然迎。

上来依诸圣教，略述赞扬五会法事轨仪，以为三卷。前之两卷，其有明文，意遣群疑，归心净国。众等若念诵赞行，即依前卷《回向发愿文》即便，应知。

时大历九年冬初十月，于北京龙兴寺，再述净土念诵观门，俾[①]腾神净方，证妙觉之圆明，共处莲花之会。愿诸智者，深信修行，厌离轮回生死世界，专称彼佛，同往净方，疾证菩提，岂非善哉乐哉矣！有缘之者，愿共归西。根性有差，各随业云尔。

---

① “俾”，《大正藏》本作“滓”，今改。

法照大师传记文献五种

● 宋赞宁《宋高僧传·唐五台山竹林寺法照传》：

释法照，不知何许人也。大历二年，栖止衡州云峰寺，勤修不懈。于僧堂内粥钵中，忽睹五彩祥云，云内现山寺。寺之东北五十里以来有山，山下有涧，涧北有石门。入可五里，有寺，金榜题云“大圣竹林寺”。虽目击分明，而心怀陨获。他日斋时，还于钵中五色云内，现其五台诸寺，尽是金地，无有山林秽恶，纯是池台楼观，众宝庄严。文殊一万圣众，而处其中。又现诸佛净国。食毕方灭。心疑未决，归院问僧：“还有曾游五台山已否？”时有嘉延、昙晖二师言：“曾到。”言与钵内所见，一皆符合。然尚未得台山消息。

暨四年夏，于衡州湖东寺内，有高楼台，九旬起五会念佛道场。六月二日未时，遥见祥云，弥覆台寺。云中有诸楼阁，阁中有数梵僧，各长丈许，执锡行道。衡州举郭咸见弥陀佛，与文殊、普贤、一万菩萨，俱在此会，其身高大。见之者，皆深泣血设礼。至酉方灭。照其日晚于道场外遇一老人，告照云：“师先发愿往金色世界，奉觐大圣，今何不去？”照怪而答曰：“时难路艰，何可往也？”老人言：“但亟去，道路固无留难。”言讫不见。照惊入道场，重发诚愿，夏满约前往，任是火聚冰河，终无退衄。

至八月十三日，于南岳与同志数人惠然肯来，果无沮碍。则五年四月五日，到五台县，遥见佛光寺南数道白光。六日，到佛光寺，果如钵中所见，略无差脱。其夜四更，见一道光从北山下来射照。照忙入堂内，乃问众云：“此何祥也？吉凶焉在？”有僧答言：“此大圣不思议光，常答有缘。”照闻已，即具威仪，寻光至寺东北五十里间，果有山，山下有涧，涧北有一石门。见二青衣，可年八、九岁，颜貌端正，立于门首。一称善财，二曰难陀，相见欢喜，问讯设礼，引照入门。向北行五里以来，见一金门楼。渐至门所，乃是一寺，寺前有大金榜题曰“大圣竹林寺”，一如钵中所见者。方圆可二十里，一百二十院，皆有宝塔庄严。其地纯是黄金，流渠、花树，充满其中。

照入寺，至讲堂中，见文殊在西，普贤在东，各据狮子之座，说法之音，历历可听。文殊左右菩萨万余，普贤亦无数菩萨围绕。照至二贤前作礼，问言：“末代凡夫，去圣时遥，知识转劣，垢障尤深，佛性无由显现。佛法浩瀚，未审修行于何法门，最为其要？唯愿大圣，断我疑网。”文殊报言：“汝今念佛，今正是时。诸修行门，无过念佛，供养三宝，福慧双修。此之二门，最为径要。所以者何？我于过去劫中，因观佛故，因念佛故，因供养故，今得一切种智。是故一切诸法、般若波罗蜜、甚深禅定，乃至诸佛，皆从念佛而生。故知念佛，诸法之王。汝当常念无上法王，令无休息。”照又问：“当云何念？”文殊言：“此世界西，有阿弥陀佛，彼佛愿力不可思议。汝当继念，令无间断。命终之后，决定往生，永不退转。”说是语已，时二大圣各舒金手摩照顶，为授记别：“汝以念佛故，不久证无上正等菩提。若善男女等，愿疾成佛者，无过念佛，则能速证无上菩提。”语已，时二大圣互说伽陀。

照闻已，欢喜踊跃，疑网悉除。又更作礼，礼已合掌。文殊言：“汝可往诣诸菩萨院，次第巡礼。”受教已，次第瞻礼。遂至七宝果园，其果才熟，其大如碗，便取食之。食已，身意泰然。造大圣前，作礼辞退。还见二青衣，送至门外。礼已举头，遂失所在，倍增悲感。乃立石记，至今存焉。

复至四月八日，于华严寺西楼下安止。洎十三日，照与五十余僧同往金刚窟，到无著见大圣处，虔心礼三十五佛名。照礼才十遍，忽见其处，广博严净，琉璃宫殿。文殊、普贤、一万菩萨，及佛陀波利，居在一处。照见已，惟自庆喜，随众归寺。其夜三更，于华严院西楼上，忽见寺东山半，有五圣灯，其大方尺余。照咒言：“请分百灯归一畔。”便分如愿。

重谓："分为千炬。"言讫便分千数，行行相对，遍于山半。又更独诣金刚窟所，愿见大圣。三更尽到，见梵僧，称是佛陀波利，引之入圣寺。语在《觉护传》（即《佛陀波利传》）。

至十二月初，遂于华严寺华严院，入念佛道场，绝粒要期，誓生净土。至于七日初夜，正念佛时，又见一梵僧，入乎道场，告云："汝所见台山境界，何故不说？"言讫不见。照疑此僧，亦拟不说。翌日申时，正念诵次，又见一梵僧，年可八十，乃语照曰："师所见台山灵异，胡不流布，普示众生，令使见闻，发菩提心，获大利乐乎？"照曰："实无心秘蔽圣道，恐生疑谤故，所以不说。"僧云："大圣文殊，现在此山，尚招人谤，况汝所见境界？但使众生见闻之者发菩提心，作毒鼓缘耳。"照闻斯语，便随忆念录之。

时江东释慧从，以大历六年正月内，与华严寺崇晖、明谦等三十余人，随照至金刚窟所，亲示般若院立石标记。于时徒众诚心瞻仰，悲喜未已，遂闻钟声，其音雅亮，节解分明。众皆闻之，惊异尤甚，验乎所见不虚。故书于屋壁，普使见闻，同发胜心，共期佛慧。自后，照又依所见化竹林寺题额处，建寺一区，庄严精丽，便号"竹林"焉。

又大历十二年九月十三日，照与弟子八人，于东台睹白光数四，次有异云叆叇，云开见五色通身光，光内有圆光红色，文殊乘青毛狮子，众皆明见。乃霏微下雪，及五色圆光，遍于山谷。其同见弟子纯一、惟秀、归政、智远、沙弥惟英、优婆塞张希俊等。

照后笃巩其心，修炼无旷，不知其终。绛州兵掾王士詹，述《圣寺记》云。

● **宋赞宁《宋高僧传·唐五台山佛陀波利传》：**

（前略）大历中，南岳云峰寺沙门法照，入五台山，礼金刚窟。夜之未央，克责扑地。忽见一僧，长七尺许，梵音朗畅，称是佛陀波利，问曰："阿师如此自苦，得无劳乎？有何愿乐？"照对曰："愿见文殊。"曰："若志力坚强，真实无妄，汝可脱履于板上。咫尺圣颜，令子得见。”照遂瞑目，俄已入窟，见一院，题额云“金刚般若寺”，字体遒健，光色闪烁。其院皆是异宝庄严，名目不暇。楼观复沓，殿宇连延，罘罳密致，铃铎交鸣，可二百所。间有秘藏，中缄《金刚般若》，并一切经法。人物魁伟，殆非常所睹也。文殊大圣，处位尊严，拥从旁午。宣言慰劳，分茶赋食讫，波利引之出去。照苦乞在寺，波利不许。临别勉之：“努力修进，再来可住。”照还至板上蹑履，回眸之际，波利隐焉。

● **宋宗晓《乐邦文类》：**

法照师者，唐代宗大历四年，于衡州湖东寺启五会念佛道场，感五色祥云覆其寺。云中有楼阁。睹阿弥陀佛，及二菩萨，其身高大，满虚空中。后于道场之外，遇一老人，指见文殊。因往五台。大圣现竹林寺，照入寺之讲堂，见文殊在西，普贤在东，为众说法。照遂作礼，问曰：“末代凡夫，智识浅劣。佛性心地，无由显现。未审修何法门，最为其要？”文殊曰：“汝所请问，今正是时。诸修行门，无如念佛。我于过去，因念佛故，得一切种智。”照又问曰：“当云何念？”文殊曰：“此世界西，有阿弥陀，愿力难思。汝当系念，令无间断，命终决定往生。”说已为照摩顶而退。师续于并州，行五会教，化人念佛。德宗于长安宫中，常闻东北方有念佛之声，遣使寻觅，至于太康，果见照师劝化之盛，遂敕迎入内，教宫人念佛，亦及五会。

按柳文《南岳弥陀和尚碑》曰：“在代宗时，有僧法照为国师，初居庐山，由正定以趣安乐国，见蒙恶衣侍佛者。佛告曰：‘此衡山承远也。’出而求之，肖焉，乃从而学，传教天下。”准此，法照师于远公也。

● **明莲池大师《往生集》：**

唐，法照，大历二年，止衡州云峰寺。慈忍戒定，为时所宗。尝于钵内，睹五色云，有梵刹曰“大圣竹林寺”。后诣五台，见异光，果得竹林寺。入讲堂，则文殊在西，普贤在东，万众围绕，而为说法。照作礼问曰：“末代凡夫，未审修何法门？”文殊告曰：“诸修行门，无如念佛。

我以念佛，得一切种智。”又问：“当云何念？”曰：“此世界西，有阿弥陀佛，彼佛愿力不可思议。汝当继念，毋令断绝，决定往生。”后腊月朔，在华严院净业道场，方忆二大士记我往生，乃一心念佛。忽见梵僧佛陀波利，谓曰：“汝花台已就，后三年花开矣。”至期，谓众曰：“吾行矣。”端坐而逝。师尝于湖东寺开五会念佛，感祥云宝阁，睹阿弥陀佛及二菩萨身满虚空。又于并州五会念佛，感代宗皇帝宫中闻念佛声，遣使追寻，乃见师劝化之盛。遂诏入京，教宫人念佛，亦及五会，号“五会法师”。

赞曰：感梦于前，睹境于后，其可信明矣。然则“诸修行门，无如念佛”，文殊口授也，顾不足信欤？三载之前，花台预就，所谓信心才起，莲蕊标名，随其勤惰而或鲜或萎，又不足信欤？噫！冥现灵踪，预符圣记。化行五会，音彻九重。岂非乘悲愿而生者哉！

● 民国印光大师《莲宗十二祖赞颂·唐四祖五台竹林法照大师》：

缅维四祖，懿德堪钦。乐邦得师佛指陈，文殊示宿因。普令群伦，即生达本真。

衡州钵中见圣境，台山一一悉亲造。净土得睹承远师，竹林恭承文殊教。并州佛声达宫闱，代宗遣使优旨诏。念佛之妙究如何，能令速成菩提道。

唐代净土祖师全集

净土宗五祖少康大师

少康大师（？～805），中国净土宗第五祖。俗姓周，浙江缙云县仙都山人。大师出生后一直不曾说话，常端坐含笑。七岁时，母亲带他到灵山寺拜佛，问道："知道拜的是谁吗？"大师忽然出言答道："释迦牟尼佛。"家人听后感到很惊异。父母知道他宿具善根，便送他到寺庙出家。大师十五岁时，已诵通《法华经》、《楞严经》等五部佛经，即于越州嘉祥寺受戒，研习律典。五夏之后，往上元龙兴寺，听讲《华严经》、《瑜伽论》等典籍。

贞元初，游学洛阳白马寺，见殿内文籍放光，仔细察看，原来是善导大师的《西方化导文》。大师祝祷道："若与净土有缘，当使此文光明再发。"果然光明再次闪烁，光中有无数化佛菩萨。大师睹斯瑞相，即前往长安光明寺瞻礼善导大师的影堂。见善导大师遗像升于空中，对他说："汝依吾教，广化有情。他日功成，必生安养。"

大师来到浙江睦州，入城乞化，只要孩童肯念一声"阿弥陀佛"，就给一文钱。一个多月后，念佛的孩子越来越多，大师就每念十声给一文钱。如是一年，当地无论男女老幼，见到大师都念"阿弥陀佛"。贞元十年（794），大师于乌龙山建净土道场，筑坛三级，每逢斋日，僧俗弟子三千人云集，念佛共修。届时大师登座高声念佛，每念一声，口中即出一佛，连诵十声，则出十佛，若连珠状。大师说："凡是见到佛的人，都能往生。"

贞元二十一年（805）十月，大师叮嘱大众要于极乐净土起增进心，于阎浮提生厌离心。言毕跏趺而坐，身放光明而逝。后人称为"后善导"。

值得注意的是，承远大师于贞元十八年（802）逝世，仅在此前三年。法照大师生卒年不详，但史料中有贞元年间在五台山活动的记录。也就是说，净土宗的三祖承远大师、四祖法照大师、五祖少康大师，大致生活在同一时代。承远大师设教于南方的衡山，法照大师往来于北方的五台山与长安之间，少康大师则在东南一带劝化。由此可知，净土一宗在中唐时期达到了鼎盛，在净土祖师的教化和德业感召下，沐浴着阿弥陀佛慈悲救度的光辉，从皇室贵族到普通民众，极乐净土几乎成为整个民族的共同信仰。

少康大师的著述，现存他与文谂共编《往生西方净土瑞应传》一卷，收于《大正藏》第五十一册。《卍续藏》题名为《往生西方净土瑞应删传》，卷后有“吴越国水心禅院住持主兴福资利大师赐紫道诜敬造撰”的刊记。因此有人认为，文谂、少康所集题名《往生西方净土瑞应传》，今本则是五代时期道诜依前本删补而成，卷前序文也可能是道诜所撰。原本传抄久远，错讹较多，兹以《大正藏》、《卍续藏》对校，并参考相关史料略加订正。

往生西方净土瑞应传

[唐] 文谂、少康撰

夫以诸佛兴慈，多诸方便。唯往生一路，易契机缘。详往古之志诚，并感通于瑞典。则有沙门文谂、释子少康，于往生论中、高僧传内，标扬真实，序录稀奇，证丹诚感化之缘，显佛力难思之用。致使古今不坠，道俗归心。再续玄风，重兴盛事。使已发心之士，坚固无疑。未起信之人，依投有路。聊申序耳。

慧远法师第一

东晋朝，僧慧远法师，雁门人也。卜居庐山，三十余载，影不出山，迹不入俗，送客以虎溪为界。虽博群典，偏弘西方。岩下建净土堂，晨夕礼忏。有朝士谢灵运，高人刘遗民等，并弃世荣，同修净土。信士都有一百二十三人，于无量寿像前，建斋立誓。遗民著文赞颂，感一仙人乘云听说，或奏清呗，声御长风。法师以义熙十二年八月六日，圣众遥迎。临终付嘱，右胁而化，年八十三矣。

昙鸾法师第二

齐朝，昙鸾法师，家近五台，洞明诸教。因得此土仙经十卷，欲访陶隐居学仙术。后逢三藏菩提，问曰："佛法中有长生不死法，胜此土仙经否？"三藏唾地惊曰："此方何处有长生不死法？纵得延寿，年尽须堕。"即将《无量寿观经》授与鸾曰："此大仙方，依而行之，长得解脱，永离生死。"鸾便须火，遂焚仙经。忽于半夜，见一梵僧入房，语鸾曰："我是龙树菩萨。"便说偈："已落叶，不可更附枝。未束粟，不可仓中求。白驹过隙，不可暂驻。已去者叵返，未来未可追。现[1]在今何在，白驹难可回。”法师乃知寿终，集弟子三百余人，自执香炉面西，教诫门徒，劝崇西方。以日初出时，齐声念佛，即便寿终。寺西五里有一尼寺，闻空中音乐西来东去，须臾又闻东来西去。

道珍禅师第三

梁朝，道珍禅师，于庐山念佛。因作水观，梦见水，百人乘船欲往西方，乃求附载。船上人不听。珍曰：“贫道一生修西方业，何故不听？”船上人曰：“师业未圆。未诵《弥陀经》，并营浴室。”于是船人一时俱发。珍既不得去，啼泣睡觉。乃诵经、浴僧。多时又梦一人乘白银楼台，举手言曰：“珍禅师，汝业已圆，好用其心，故来相报，定生西方。”临终夜，山顶如列数千炬火，异香满寺。亡后，于经函中收得存生遗记，未终前并不说于人。

僧崖第四

后周朝，僧崖，住益州多宝寺。性少语言，不杂嬉戏，每游山林以终日。人问何故？答曰：“是身[2]可恶，我思之耳。”于城西烧左手五指，道俗千万，拥之而哭。师曰：“但守菩萨心，义无哭也。”人问：“痛否？”答曰：“心既无痛，指何痛也？”火烧手掌，骨髓沸涌。人问其故。答曰：“缘诸众生不能行忍，今劝[3]不忍者忍，不烧者烧。”又告众曰：“末劫轻慢嚣薄，见佛像如[4]木头，闻经如风过马耳。烧手灭身，欲令信重佛法。”语弟子曰：“我灭度后，好供养病人，及丑陋者，并畜生。

---

① “现”字《大正藏》《卍续藏》本均无，今据宋戒珠《净土往生传》、志磐《佛祖统纪》补。

② “是身”，《大正藏》、《卍续藏》作“人是”，据《续高僧传》改。

③ “劝”，《大正藏》、《卍续藏》作“观”，据《续高僧传》改。

④ “如”，《大正藏》、《卍续藏》作“故”，据《续高僧传》改。

凡斯之徒，多是诸佛菩萨权化。自非大心平等，何能一切恭敬？”或见天花，及僧崖，披班衲、锡杖，与六百僧乘空西没。

慧命禅师第五

后周朝，慧命禅师，太原人。与南岳思禅师为道友，行“方等忏”。松下相看，笑曰：“即此两处便可终焉。”不经旬日，遇疾，跏趺面西，唱：“佛来也！”合掌而终，俱年八十三。时人梦见天人幢幡，唱言：“善哉！”来迎二师去。[①]

静蔼[②]禅师第六

后周朝，静蔼禅师。在俗时，入寺见《地狱变相》，谓同辈曰：“审业如之，谁免斯苦！”遂白母出家，常居林野。僧众问曰：“师应处世接化，乃丧德林泉。”蔼曰：“道贵行用，不即在言[③]。余[④]观时进退，且隐居耳。”属周武帝灭佛法，蔼恨无力护法，告弟子曰：“吾无益于世，当舍自身。”跏趺磐石，留一内衣[⑤]，乃自割身肉[⑥]、手足，段段布于石上，引肠胃挂于树枝，仍以刀割心，捧之而卒。遗书曰：“诸有缘者，于佛法中莫生退转，必失[⑦]善利。吾以三缘，舍此身命：一者自见多过，二者不能护法，三者欲速见佛。”乃述偈曰：

---

① 据《续高僧传》，与慧命禅师松下相看、同约往生者为法音禅师，二师命终相距十二天，俱年三十八。

② “蔼”，《续高僧传》作“蔼”，下同。

③ “言”，《大正藏》、《卍续藏》作“人”，据《续高僧传》改。

④ “余”，《大正藏》、《卍续藏》作“餘”，据《续高僧传》改。

⑤ “留一内衣”，《大正藏》、《卍续藏》作“驻纳衣”，据《续高僧传》改。

⑥ “乃自割身肉”，《大正藏》、《卍续藏》作“乃自割衣”，据《续高僧传》改。

⑦ “失”，《大正藏》、《卍续藏》作“扶”。《续高僧传》云：“若退转者，即失善利。”

愿诸众生，闻我舍命，
天耳成就，菩提究竟。
此身不净，底下屎囊，
九孔常流，如漏堤塘。[①]
舍身秽形，愿生净土，
一念花开，弥陀佛所。

觊禅师第七

隋朝，天台觊禅师，颖川人。陈代讲《净名经》次，忽见三道宝阶从空而下，数十梵僧执香炉入堂，绕觊三匝。觊遂告曰："吾从生以来，坐向西方，念阿弥陀佛、摩诃般若、观音、势至。威神之力，不过此也。吾多请观音忏悔。从染疾来，西方之念弥切，吾应随去。"有送药者，答曰："病不与身合，年不与心合。药岂能遣病乎？吾生劳毒器，死脱休归。观音、势至，今来迎我。"令唱《法花经》题，赞曰："法门父母，慧解由生。微妙难测，绝于今日。"又唱《无量寿经》，赞曰："四十八愿，庄严净土。花池宝树，易往无人。"又命维那曰："临终闻钟，增其正念。且各默然，吾将去矣。"言讫而终，年六十，开皇十七年十一月二十四日迁化。造寺四十五所，度僧四千人，写经十五藏，造金、银、旃檀像十万余躯。即智者法空大师也。

僧道喻第八

隋朝，僧道喻，于开觉寺念阿弥陀佛，造栴檀像长三寸。后道喻忽死，经七日却苏，曰：初见一贤者往生至宝池边，贤者绕花三匝，花便开敷，遂入而坐。喻绕花三匝，花不为开，以手拨花，花随萎落。阿弥陀佛告言："汝且还彼国，忏悔众罪，香汤沐浴。明星出时，我来迎汝。汝造我像，因何太小？"喻白言："心大即大，心小即小。"言讫，像遍于虚

① 原本作"九孔出，如满堤塘"。据《续高僧传》订正。

空。即依香汤沐浴，一心忏悔。白众人曰："为喻念佛。"明星出时，化佛来迎，光明照室，众皆闻见，即便命终。时开皇八年矣。

登法师第九

隋朝，登法师，于并州兴国寺讲《涅槃经》，道俗来听。若长若幼，口授阿弥陀佛名，劝共往生。至开皇十二年，异香迎接。殡送之日，香云遍布一切聚落。

洪法师第十

隋朝，洪法师，并州人。一生精进，不执钱宝，常念西方，期见弥陀佛。临终时，见兜率天童男童女来迎。法师曰："我期西方，不生天上。"令徒众念佛，口曰："西方佛来迎也！"言讫命终。当仁寿四年矣。

道绰禅师第十一

唐朝，道绰禅师，并州人，玄忠寺[①]讲《观经》二百遍。三县七岁并解念佛。自穿槵珠，劝人念佛。语常含笑，不曾面背西。语善导曰："道绰恐不往生，愿师入定，为佛得否？"善导入定，见佛百余尺，曰："道绰现修念佛三昧，不知舍此报身，得往生否？又问何年月得生？"答曰："伐树连下斧，无缘莫共语，还家莫辞苦。"又令绰忏悔：一者安居经像于浅处，自居安稳房中，对佛忏悔。二者作功德使出家人，对十方僧忏悔。三者因修建伤损含生，对众生忏悔。又问："终时有何瑞相，令人见闻？"答曰："亡日我放白毫，远照东方。此光现时，来生我国。"果至亡日，三道光白毫照于房内。又见昙鸾法师，七宝池中语曰："净土已成，余报未尽。"紫云境上三度现[②]。

---

① "玄忠寺"，《续高僧传》作"玄中寺"。

② 迦才《净土论》云："复有紫云，三度于陵上现。"王古《新修往生传》云："复有紫云，于塔上三度现。"

善导禅师第十二

唐朝，善导禅师，姓朱，泗州人也。少出家时，见《西方变相》，叹曰："何当托质莲台，栖神净土。"及受具戒，妙开律师共看《观经》，悲喜交叹，乃曰："修余行业，迂僻难成。唯此观门，定超生死。"遂至绰禅师所，问曰："念佛实得往生否？"师答曰："各办一莲花，行道七日，不萎者即得往生。"又东都英法师，讲《华严经》四十遍，入绰禅师道场，游三昧而叹曰："自恨多年空寻文疏，劳身心耳，何期念佛不可思议！"禅师曰："经有诚言，佛岂妄语？"禅师平生常乐乞食，每自责曰："释迦尚乃分卫。善导何人，端居索供？"乃至沙弥，并不受礼。写《弥陀经》十万卷，画《净土变相》二百铺，所见塔庙无不修葺。佛法东行，未有禅师之盛矣。

炫法师第十三

唐朝，炫法师，并州人。逢绰禅师讲《观经》，方始回心。五年专念佛，一日一夜礼千拜，念佛七万遍，恐寿终，倍加精进。梦见释迦佛、文殊，赞《法华经》。又梦见三道向西去，第一道总是俗人，第二道上道俗相兼，第三道上唯有僧，口曰："总是往生人。"

岸禅师第十四

唐朝，岸禅师，并州人，修往生业，每行"方等忏"。临终时，观音、势至二菩萨于空中现。召内画工人，无能画者。忽感二人曰："西京来，欲往台山。"便与图写讫，一去无踪。师谓弟子曰："谁能逐我往西方去？"最少童子曰："愿随去。"便入道场，端坐而终。师责曰："去须相待，却回我前。"乃命门徒："助我念佛。"端坐而终，春秋八十矣，垂拱元年正月七日迁化。

大行禅师第十五

大行禅师，齐州人也。入泰山，草衣木食，求法华三昧。感普贤菩萨现身，教师念阿弥陀佛，经三七日，夜将半时，忽见琉璃地。心眼洞明，见十方佛。后疾，右胁而终。葬后，棺椁异香，数日不散。仪貌如生，都不异也。

藏禅师第十六

藏禅师，汾州人也。出门遍礼塔庙，不受道俗拜。先起制心，止于六贼，一念觉而无失。每为僧事，代于奴仆。见垢衣，潜收洗补。盛夏，脱衣入草，喂之蚊蚋。命终之日，诸天次第来请，不去，及至净土化佛来迎，方始而往。

感法师第十七

感法师，居长安千福寺，博通经典，不信念佛。问善导和尚曰："念佛之事在何门？"答曰："君能专念佛，当自有证。"又问："颇见佛否？"师曰："佛言何可疑哉！"遂三七日入道场，未有其应，自恨罪深，欲绝食毕命，师止而不许。三年专志，遂得见佛金色玉毫，证得三昧。乃自造《往生决疑论》七卷。临终佛迎，合掌向西卒。

怀玉禅师第十八

怀玉禅师，姓高，台州涌泉寺居。一食，不啖稼穑，不衣丝蚕。常自扑忏悔万万余返。诵《弥陀》、《观经》三十万遍，日课佛名五万口。蚤虱放生，长坐不卧。天宝六年六月九日，见西方圣众，数若恒沙。见一人擎白银台，当窗而入。禅师曰："我之功课，合[①]得金台。"便加功念佛。空中告言："顶上圆光，光明遍空。"语门徒曰："退后，莫交触光[②]。"至临终时，光色转盛。乃说偈曰：

---

① "合"，《大正藏》、《卍续藏》无此字，今据《宋高僧传》补。

② 此光乃指佛光。《宋高僧传》："后空声报云：'头上已有光晕矣，请跏趺结弥陀佛印。'时佛光充室。玉手约人退，曰：'莫触此光明。'"

清净皎洁无尘垢，莲花化生为父母。

我修行来经十劫，出示阎浮受众罪。

一生苦行超十劫，永离娑婆归净土。

说偈已，见紫金台，含笑而终。肉身现在台州涌泉寺。

僧法智第十九

僧法智，住在天台，念佛为业。性多粗率，不拘律仪。人每谓曰："犯吉罗罪，九百岁入地狱。"即信。闻经："一称阿弥陀佛，灭八十亿劫生死重罪。"便于国清寺兜率台昼夜念佛。时人不信。[①]忽遍辞道俗："我欲往生。"令亲识设一日斋。至日中夜，无疾而终。金色光明照数百里，野雉惊鸣，江上船人谓言天晓。

僧道昂第二十

僧道昂，于相州讲《法华经》，忽见天众音乐从空中来告："此兜率天，故下相迎。"昂曰："天道生死根本，由来不愿，所念西方耳。"言讫，见西方伎乐旋转来迎。信至，不得久驻。言毕，香炉坠手[②]，于高座上端然奄化。

---

① 此上所记，与《宋高僧传》《净土往生传》多有不同，或有抄写之讹。《宋高僧传》云："释法智者，不详何许人也。髫年离俗，应法升坛。松直凌空，玉坚绝污。凡百讲肆，靡不留神。晚岁以径直之门莫如念佛。每谓人曰：'我闻经言，犯一吉罗，历一中劫入于地狱，可信。又闻经说，一称阿弥陀佛，灭八十亿劫生死重罪，则未之信。'人难云：'何故生大邪见？俱是佛言，急须念佛，久则三昧现前。'乃于国清寺兜率台上，昼夜精勤念佛。"其下略同。

② "坠"，《大正藏》、《卍续藏》作"随"，今据《续高僧传》改。

僧雄俊第二十一

僧雄俊，姓周，成都[①]人。善讲说，无戒行。所得施利，非法而用。又还俗，入军营杀戮，逃难却入僧中。大历年中，见阎罗王，判入地狱。俊高声曰："雄俊若入地狱，三世诸佛即妄语。"王曰："佛不曾妄语。"俊曰："《观经》下品下生，造五逆罪，临终十念，尚得往生。俊虽造罪，不作五逆。若论念佛，不知其数。"言讫，往生西方，乘台而去。

尼法藏[②]第二十二

宋朝，尼法藏，金陵建福寺住，禅业高远。谓同学昙敬："吾立身行道，志在西方。"后忽染患，初见阿弥陀佛，与诸圣众，省问法藏疾，光明照耀一寺。众咸见。因尔而终也。

尼净真第二十三

尼净真，住长安积善寺。纳衣乞食，一生无瞋。诵《金刚经》万八千遍，专精念佛。显庆五年七月染患，语弟子曰："五月内，十度见阿弥陀佛，又两度见极乐世界宝莲花上童子游戏。又有圣僧五度授记，曰我当作佛。"又曰："吾得上品往生。"跏趺而终。经宿却醒，语弟子曰："吾得菩萨位也，遍历十方，供养诸佛。"言讫而终，光照于寺。

尼法胜第二十四

尼法胜，吴县人。进修禅寂，念佛为业。训诱道俗，皆劝往生。得病，自知不瘥。卧见一僧，报曰："此病不瘥，须专念佛。"又见二僧偏袒，执花立在床前，光明照身。言讫而终。

---

① "成都"，《大正藏》、《卍续藏》作"城都"，今据《宋高僧传》、《净土往生传》等改。

② "法藏"，《净土往生传》作"法盛"。

尼悟性第二十五

尼悟性，洛阳人。于衡州遇照阇梨，发愿念佛万遍。大历六年，入台山，忽染患。闻空中音乐，尼曰："我得中品上生。见同念佛人，西方尽有莲花也，身金色光明。"时年二十四矣。

尼大明第二十六

尼大明，沿州人也。遇绰禅师讲《无量寿经》，教念佛业。尼念时先着净衣，口含沉香，静室课诵。三四年间，相续不断。临终之时，众睹光明，内闻沉水香气来迎，于此而终。

沙弥二人第二十七

沙弥二人，并州开化寺居。其少沙弥，语大沙弥曰："兄作净土业，何如？"沙弥忻然而同志。经十五年，大者先亡，到西方，见阿弥陀佛，白言："我有少弟，得生此否？"佛言："汝因他发心，汝尚得生，彼何疑哉？且还阎浮，勤念我名，三年之后俱来见我。"还更却苏，具说上事。后年，二沙弥心开眼净，同见菩萨来迎。地即震动，天花散空，一时俱逝，随愿往生。

童子阿昙远[①]第二十八

童子，宋朝时人也。年十八，持菩萨戒，事含禅师，修净土业，恒向师主忏悔。夜四更，忽自念诵。师惊问，答曰："见佛黄金色，幡花满空，自西而来。"俄然而卒，异香不散数日。

童子魏师赞第二十九

童子魏师赞，年十四，雍州人也。事静禅师，发心念佛，日夜相续。

① "阿昙远"，《佛祖统纪》、《净土圣贤录》等作"何昙远"。

永徽三年遇疾，命终还苏，启母曰："阿弥陀佛今见在此，儿随往生。"言讫而终。东西邻人见亡家屋上，五色光明，西上腾云。

乌场国王第三十

乌场国王，万机之暇，谓左右曰："朕为国主，不免无常。闻西方可以栖神。"日夜六时，念佛行道。并奏乐，每日请百僧，王与夫人亲手行食。三十余年，专精无替。临终，神色怡和，西方圣众来迎，祥瑞不一。

隋朝皇后第三十一

隋文帝皇后，虽居宫室，深厌女身，日诵西方。至临终时，异香满宫，从空而至。文帝问阇提斯那："是何祥瑞？"答曰："西方有佛，号阿弥陀。皇后业高，神生彼国，故有斯瑞。"

晋朝刘遗民第三十二

晋朝，刘遗民，柴桑二县令[①]。依庐山远大师修道，修念佛三昧。时始涉半年，于三昧中，见佛毫光，伸手引接。请佛求僧，愿速舍寿而生净土。居山一十五年，自知亡日，与众辞，端坐而化。当义熙十五年，年五十七矣。

唐朝观察使韦之晋[②]第三十三

唐朝，韦之晋，立行慈深。建西方道场，念阿弥陀佛，忏悔愿生西方，行菩萨道，守护佛法，转正法轮，度脱含识。至六月内，面西跏趺合掌，念阿弥陀佛六十声，忽尔化世。异香满宅，内外皆闻，祥瑞不可称说。

---

① 刘遗民，名程之，初任府参军，历任宜昌、柴桑县令，后去职入庐山。

② "韦之晋"，《佛祖统纪》、《净土圣贤录》等作"韦文晋"。

唐朝元子平第三十四

唐朝，元子平，大历九年于润州观音寺发心，念阿弥陀佛一万遍。经三月，日忽染患。夜闻空中异香音乐，病人欢喜动地。空中有人告曰：“粗乐已过，细乐续来。”经日念佛而终，的生净土，数日异香。

宋朝魏世子第三十五

宋朝，魏世子，父子三人修西方，唯妻不信。女年十四死，七日却回，启母曰：“儿见西方，父兄三人已有莲花，后当化生。唯娘独无，儿今暂归相报。”至后，娘依儿教，日念西方，四人尽得往生。

张元祥第三十六

唐朝，张元祥，上都人，禀性纯直，日念西方。开皇二年六月三日辰时，索饭斋，曰：“贤圣相待。”食毕，焚香对西方，正念而终。送至墓所，异香光明，盖覆墓上。

隋朝恒州人第三十七

隋朝恒州人，无姓名，念佛以小豆为数，满三十六石。斋后庆赞行豆，散与斋人。观音、势至化作二人，形容憔悴，自曰乞食。答曰：“弟子愿生西方，更无相碍。师来乞食，深赴本心。”食后唯闻异香，乘空一时而去。开皇八年九月耳。

张钟馗第三十八

张钟馗，同州人，贩鸡为业。永徽九年，临终见宅南群鸡集，忽见一人着绯皂衣，驱鸡唱言：“啄啄！”其鸡四度上啄，两眼出血在床。至酉时，值善光寺念佛僧弘道，令铺圣像，念阿弥陀佛。忽然异香，奄然而逝。

汾州人第三十九

汾州人，不得姓名，杀牛为业。临重病，见数头牛逼其身。告妻曰："请僧救我。"请僧至，病人曰："师诵佛经，如弟子重罪，还救得否？"师曰："《观经》中说，临终十念，尚得往生。佛岂妄言？"忽尔异香满室，便终。众人皆见异香，瑞色祥云，绕其宅上矣。

房翥第四十

代州房翥，曾劝一老人念佛，其老人得生西方。入冥，见阎罗王，王乃再放还世："汝当生净土。"翥有一万遍《金刚经》愿，兼敬礼五台，此心未遂，未欲往生。[①]

温文靖妻第四十一

温文靖妻，并州人也，患在床。夫告曰："汝念阿弥陀佛，念佛口不绝，便见佛国。"后告夫，为设斋，要往西方去。斋毕曰："努力念佛！"

隋州约山村翁婆二人第四十二

翁婆等，识达苦空。每月二十九日，请山僧二人，行道念佛。设斋，婆自营饭。翁曰："何不使人？"婆曰："能得几时自作？若教他作，但是他福。"临终时，光明满宅，半夜谓如白日。

女弟子梁氏第四十三

梁氏，浩州人也，两目俱盲。因僧劝念阿弥陀佛，一受教后，三年不绝，双眼俱开，村人尽见。至舍寿时，见佛并菩萨来迎。命终之后，共为起塔庙，来往皆敬。一郡男女，悉回心念佛。

---

① 《佛祖统纪》载："房翥，暴亡入冥府。王曰：'据善簿，君曾劝一老人念佛，彼已得生净土。君乘此福，亦合得生。'翥曰：'尚欲诵《金刚经》万卷。'既而放还。后卒偿其愿，临终异相，不违先报。"

女弟子裴氏第四十四

裴氏，贞观年中，因僧教念佛，用小豆为数，念满十三石。自知生处，遍辞亲知。辞后，如法装饰，念佛而终，往生极乐。

女弟子姚婆第四十五

姚婆，上都人。贞观年中，蒙范婆劝，取念阿弥陀佛。临终见佛菩萨来迎，为曰："未与范婆别，请佛暂驻相待。"佛处虚空。俟范婆来至，手执香炉，奄然而逝。

张文炽妻荀氏第四十六

荀氏，发心念佛，至满二年①，见七宝池中莲花，白佛言："折一枝将与女子，莫有罪否？"言讫，所见之境并皆散失。舍寿之日，异香来迎，而往生净土。

汾阳县老人第四十七

老人，贞观五年并州汾阳县住，常诵西方。遂取粮，于法忍山借一空房，止宿念佛。临终时，大光遍照，面西而终，似登莲台遂而去。

邵愿保第四十八

邵愿保，雍州人，发心念佛，声声不绝，自业忏悔。夜梦宝莲台，被牛牵来触损，牛曰："杀我！"遂念《弥陀经》三卷，念佛百声，牛乃欢喜。后遇金台，乘空而去往。

---

① 原本有"有僧"二字，疑衍，今删。

少康大师传记文献五种

● 宋赞宁《宋高僧传·唐睦州乌龙山净土道场少康传》：

释少康，俗姓周，缙云仙都山人也。母罗氏，因梦游鼎湖峰，得玉女手捧青莲授曰："此花吉祥，寄于汝所。后生贵子，切当保惜。"及生康之日，青光满室，香似芙蕖。迨绷褓之年，眼碧唇朱齿白[①]，得佛之一相，恒端坐含笑。时乡中善相人也目之："此子将相之才，不语，吾弗知也。"年甫七岁，抱入灵山寺中，佛生日礼圣容。母问康曰："识否？"忽发言云："释迦牟尼佛。"闻皆怪之，盖生来不言语也。由是父母舍其出家。

年十有五，所诵之经已终五部。于越州嘉祥寺受戒，便就伊寺学毗尼。五夏之后，往上元龙兴寺，听《华严经》、《瑜伽论》。贞元初，至于洛京白马寺殿，见物放光，遂探取为何经法，乃善导《行西方化导文》也。康见欢喜，咒之曰："我若与净土有缘，惟此轴文，斯光再现。"所誓才终，果重闪烁，中有化佛菩萨无算。遂之长安善导影堂内乞愿，见善导真像化为佛身，谓康曰："汝依吾施设，利乐众生，同生安养。"康如有所证。南至江陵果愿寺，遇一法师，谓康曰："汝欲化人，径往新定，缘在于彼。"言讫不见，只有香光望西而去。

洎到睦郡，入城乞食得钱，诱掖小儿，能念阿弥陀佛一声，即付一钱。后经月余，孩孺螘慕，念佛多者即给钱。如是一年，凡男女见康，则云"阿弥陀佛"。遂于乌龙山建净土道场，筑坛三级，聚人午夜行道唱

---

① "白"字，《乾隆大藏经》、《大正藏》及中华书局本均无，今依源空《类聚净土五祖传》补。

赞，二十四契，称扬净邦。每遇斋日云集，所化三千许人。登座令男女弟子望康面门，即高声唱阿弥陀佛，佛从口出。连诵十声，十佛若连珠状。告曰：“汝见佛身，即得往生。”

以贞元二十一年十月，示众嘱累，只劝急修净土。言毕跏趺，身放光明而逝。天色斗变，狂风四起，百鸟悲鸣，乌龙山也一时变白。今坟塔存于州东台子岩，岁久唯余方石。石傍之土，相传疗疾，州民凡婴众病，悉焚香取土，随服多瘥。石之四隅，若车辙焉。汉乾祐三年，天台山德韶禅师重建其塔，至今高敞。时号“后善导”焉。

系曰：康所述偈赞，皆附会郑卫之声，变体而作，非哀非乐，不怨不怒，得处中曲韵。譬犹善医，以饧蜜涂逆口之药，诱婴儿之入口耳。苟非大权入假，何能运此方便，度无极者乎？唱佛，佛形从口而出，善导同此作佛事，故非小缘哉！

● 宋戒珠《净土往生传》：

释少康，俗姓周，缙云仙都人。母罗氏，初怀之，梦游鼎湖峰，得玉女捧青莲花授之，且曰：“此花吉祥，授之于汝，当生贵子。”及生康日，青光满室，香似芙蕖。襁褓之间，眼碧唇朱，与群儿异。又复生来绝然不语。相者曰：“此子之奇，不可量也。但其不语，吾不知矣。”七岁，母入本郡灵山寺，升之殿上，因指殿佛戏之曰：“汝敬佛否？”康遽对曰：“我佛释迦，其谁不敬？”闻者怪之，以其生来未尝言也。父母由是舍其出家。

年十有五，诵《法华》、《楞严》等经五部。寻于越州嘉祥寺，学究毗尼。后之上元龙兴寺，听《华严》及《瑜伽》诸论。贞元初，至洛下白马寺，见殿内文字累放光明，康不能测。前而探取之，乃善导昔为《西方化导文》也。康曰：“若于净土有缘，当使此文光明再发。”所愿未已，果重闪烁。康曰：“劫石可移，而我之愿无易矣！”遂之长安善导影堂，大陈荐献。方荐献时，倏见善导遗像升于空中，谓康曰：“汝依吾事，利乐有情。则汝之功，同生安养。”康闻其语，如有所证，南适江陵果愿寺。路逢一僧，谓曰：“汝欲化人，当往新定。”言讫而隐。

洎到睦郡，睦人尚无识者，未从其化。康乃丐钱，诱掖小儿，与之约曰：“阿弥陀佛实汝良导，能念一声，与汝一钱。”小儿务其得钱也，随亦念之。后经月余，孩孺念佛俟钱者，比比而是。康以俟钱者众，又曰：“可念十声，乃购钱尔。”市廛小儿亦如其约。如是一年，男女无长少贵贱，凡见康者，则曰“阿弥陀佛”。以故睦城之人相与念佛，盈道路焉。贞元十年，康于乌龙山建净土道场，筑坛三级，聚人午夜行道。每道场时，康自登座，令男女望康面门，赓声高唱阿弥陀佛已，又赓声和之。至康唱时，众见一佛从其口出。连唱十声，则有十佛，若联珠状。康曰：“汝见佛否？如见佛者，决生净土。”其礼佛人数千，亦有竟不见者。

贞元二十一年十月三日，嘱累道俗：“当于安养起增进心，于阎浮提生厌离心。”又曰：“汝曹此时能见光明，真我弟子！”遂放异光数道弃世焉。其为坟塔，附于州东台子岩。汉乾祐三年，天台德韶禅师重新之。今之人多指其塔为“后善导”焉。

● **宋志磐《佛祖统纪·净土立教志》：**

法师少康，缙云周氏。母罗氏，梦游鼎湖峰，有玉女以青莲花授之曰：“此花吉祥，当生贵子。”及生，青光满室，作芙蕖香。七岁未语，相者奇之。母携至灵山寺，指殿佛谓之曰：“汝敬佛否？”遽答曰：“我佛释迦，谁不为敬？”父母愈敬异，遂舍令出家。年十五，诵通《法华》、《楞严》等五部。寻往会稽嘉祥，学究律部。后诣上元龙兴，听《华严》、《瑜伽》诸论。唐贞元初，至洛下白马寺，见殿中文籍放光，探之，乃善导和上《西方化导文》。师曰：“若于净土有缘，当更放光。”言已，光复闪烁。师曰：“劫石可磨，我愿无易。”遂至长安光明寺善导和上影堂，大陈荐献。倏见遗像升空，而谓之曰：“汝依吾教，广化有情。他日功成，必生安养。”师闻佛音，如有所证，乃南适江陵。路逢僧曰：“汝欲化人，当往新定（今严州是）。”言讫而隐。师既入郡，人无识者，乃乞钱诱小儿曰：“阿弥陀佛是汝导师，念佛一声，与汝一钱。”儿务钱者，随声念之。月余，孩孺念佛觅钱者众，师乃曰：“能念佛十声者与一钱。”如此一年，无少长贵贱，见师者皆称“阿弥陀佛”。念佛之声，盈满道路。十年，乃于乌龙山建净土道场，筑台三级，集众行道。师每升座，高声唱佛，众见一佛从口而出。连唱十声，则见十佛。师曰：“汝见佛者，决得往生。”时众数千，有不见者，呜呼自责，愈加精进。二十一年十月三日，嘱累道族：“当于净土起忻乐心，于阎浮提起厌离心。汝曹此时能见光明，真我弟子！”遂放异光数道而逝。郡人为建塔于台岩。汉乾祐三年，天台韶国师劝人重修其塔。后人多指师为“后善导”云。

● **明莲池大师《往生集》：**

唐，少康，缙云仙都人。十五，通《法华》、《楞严》。贞元中，因诣洛阳白马寺，见殿中文字放光，探之，则善导和尚《西方化导文》也。师祝曰：“若于净土有缘，当更放光。”言已，光明闪烁。师曰：“劫石可磨，我愿无易矣！”遂至长安光明寺善导和尚影堂瞻礼。忽见遗像升空，谓曰：“汝依吾教，广化有情。他日功成，必生安养。”乃适新定，乞钱诱小儿念佛，念佛一声，与钱一文。年余，无少长贵贱，见师者皆称阿弥陀佛，念佛之声盈满道路。又于乌龙山建净土道场，每升座，高声唱佛，众见一佛从其口出，十声则有十佛。师曰：“汝见佛者，必得往生。”时众数千，有不见者，悲伤自责，因倍精进。后二十一年十月三日，嘱道俗曰：“当于净土起欣乐心，于阎浮提起厌离心。汝曹此时见我光明，真我弟子。”遂放异光数道而逝。塔于台子岩，号“台岩法师”。

赞曰：或疑佛从口出，似涉怪异。噫！世尊逢醉象时，手五指端出金光狮子，其言曰：“我何有心于御象哉？以我无量劫来，修慈忍力，自然而有狮子现焉，我亦不知也。”今康公现佛，亦无量劫来归敬之所致耳，何怪之有？世有魔师，教人黑夜习坐，于香烟上注观佛现，以为感应，较此邪正实霄壤焉。修净业者不可不辩。

● **民国印光大师《莲宗十二祖赞颂·唐五祖新定乌龙少康大师》：**

忌谈世谛，七岁不言。出言即便惊人天，广结净土缘。小儿为钱，各种九品莲。

七岁绝未发一言，发言即称世尊号。一见善导西方文，方知净土堪倚靠。钱诱小儿念弥陀，未久道路佛声噪。念佛佛像从口出，有谁闻见不依教。

唐代净土祖师全集

附　录

安乐集

［唐］释道绰撰

安乐集卷上

此《安乐集》一部之内，总有十二大门，皆引经论证明，劝信求往。

● 今先就第一大门内，文义虽众，略作九门料简，然后造文。第一、明教兴所由，约时被机，劝归净土。第二、据诸部大乘，显说听方轨。第三、据大乘圣教，明诸众生发心久近、供佛多少，欲使时会听众，力励发心。第四、辨诸经宗旨不同。第五、明诸经得名各异。如《涅槃》、《般若经》等，就法为名。自有就喻，或有就事，亦有就时、就处，此例非一。今此《观经》，就人、法为名，"佛"是人名，"说观无量寿"是法名也。第六、料简说人差别。诸经起说，不过五种：一者佛自说，二者圣弟子说，三者诸天说，四者神仙说，五者变化说。此《观经》者，五种说中，世尊自说。第七、略明真、应二身，并辨真、应二土。第八、显弥陀净国，位该上下，凡圣通往。第九、明弥陀净国，三界摄与不摄也。

△ 第一大门中，明教兴所由，约时被机，劝归净土者。

若教赴时、机，易修易悟。若机、教、时乖，难修难入。是故《正法念经》云："行者一心求道时，常当观察时、方便。若不得时，无方便，是名为失，不名利。何者？如钻湿木以求火，火不可得，非时故。若折干薪以觅水，水不可得，无智故。"

是故《大集月藏经》云："佛灭度后，第一五百年，我诸弟子，学慧得坚固。第二五百年，学定得坚固。第三五百年，学多闻读诵得坚固。第四五百年，造立塔寺、修福忏悔得坚固。第五五百年，白法隐滞，多有诤讼，微有善法得坚固。”又彼经云：“诸佛出世，有四种法度众生。何等为四？一者口说十二部经，即是法施度众生。二者诸佛如来有无量光明、相好，一切众生但能系心观察，无不获益，是即身业度众生。三者有无量德用，神通道力，种种变化，即是神通力度众生。四者诸佛如来有无量名号，若总若别，其有众生系心称念，莫不除障获益，皆生佛前，即是名号度众生。”计今时众生，即当佛去世后第四五百年，正是忏悔修福，应称佛名号时者。若一念称阿弥陀佛，即能除却八十亿劫生死之罪。一念既尔，况修常念，即是恒忏悔人也。

又若去圣近，即前者修定、修慧，是其正学，后者是兼。如去圣已远，则后者称名是正，前者是兼。何意然者？实由众生去圣遥远，机解浮浅暗钝故也。是以韦提大士自为，及哀愍末世五浊众生，轮回多劫，徒受痛烧，故能假遇苦缘，咨开出路豁然。大圣加慈，劝归极乐。若欲于斯进趣，胜果难阶。唯有净土一门，可以情悕趣入。

若欲披寻众典，劝处弥多。遂以采集真言，助修往益。何者？欲使前生者导后，后去者访[1]前，连续无穷，愿不休止，为尽无边生死海故。

△ 第二、据诸部大乘，明说听方轨者，于中有六：

第一、《大集经》云：“于说法者，作医王想，作拔苦想。所说之法，作甘露想，作醍醐想。其听法者，作增长胜解想，作愈病想。若能如是，说者、听者，皆堪绍隆佛法，常生佛前。”

第二、《大智度论》云：“听者端视如渴饮，一心入于语议中，闻法踊跃心悲喜，如是之人应为说。”

第三、彼论又云：“有二种人，得福无量无边。何等为二？一者乐说法人，二者乐听法人。是故阿难白佛言：‘舍利弗、目连，何以所得智慧、神通，于圣弟子中最为殊胜？’佛告阿难：‘此之二人，于因中时，为法因缘，千里不难，是故今日最为殊胜。’”

① “访”，原本作“昉”，二字相通，今依金陵本改。

第四、《无量寿大经》云：“若人无善本，不得闻此经。清净有戒者，乃获闻正法。”

第五、又云：“曾更见世尊，则能信此事。奉事亿如来，乐闻如是教。”

第六、《无量清净觉经》云：“善男子、善女人，闻说净土法门，心生悲喜，身毛为竖，如拔出者，当知此人，过去宿命，已作佛道也。若复有人，闻开净土法门，都不生信者，当知此人，始从三恶道来，殃咎未尽，为此无信向耳。我说此人未可得解脱也。”是故《无量寿大经》云：“骄慢弊懈怠，难以信此法。”

△ 第三、据大乘圣教，明众生发心久近，供佛多少者。

如《涅槃经》云：佛告迦叶菩萨：“若有众生，于熙连半恒河沙等诸佛所发菩提心，然后乃能于恶世中，闻是大乘经典，不生诽谤。若有于一恒河沙等佛所发菩提心，然后乃能于恶世中，闻经不起诽谤，深生爱乐。若有于二恒河沙等佛所发菩提心，然后乃能于恶世中，不谤是法，正解信乐，受持读诵。若有于三恒河沙等佛所发菩提心，然后乃能于恶世中，不谤是法，书写经卷，虽为人说，未解深义。”何以故？须如此校量者，为彰今日座下闻经者，曾已发心供养多佛也，又显大乘经之威力不可思议。是故经云：“若有众生闻是经典，亿百千劫不堕恶道。何以故？是妙经典所流布处，当知其地即是金刚，是中诸人亦如金刚。”故知闻经生信者，皆获不可思议利益也。

△ 第四、次辨诸经宗旨不同者。

若依《涅槃经》，佛性为宗。若依《维摩经》，不可思议解脱为宗。若依《般若经》，空慧为宗。若依《大集经》，陀罗尼为宗。今此《观经》，以观佛三昧为宗。若论所观，不过依、正二报，如下依诸观所辨。

若依《观佛三昧经》云：佛告父王：“诸佛出世，有三种益：一者，口说十二部经，法施利益，能除众生无明暗障，开智慧眼，生诸佛前，早得无上菩提。二者，诸佛如来有身相光明、无量妙好，若有众生称念观察，若总相，若别相，无问佛身现在、过去，皆能除灭众生四重五逆，永背三途，随意所乐，常生净土，乃至成佛。三者，劝令父王行念佛三昧。”父王白佛：“佛地果德，真如实相第一义空，何因不遣弟子行之？”佛告父王：“诸佛果德，有无量深妙境界，神通解脱，非是凡夫所行境界。故劝父王行念佛三昧。”父王白佛：“念佛之功，其状云何？”佛告父王：“如伊兰林，方四十由旬。有一棵牛头栴檀，虽有根芽，犹未出土。其伊兰林，唯臭无香，若有啖其花果，发狂而死。后时栴檀根芽渐渐生长，才欲成树，香气昌盛，遂能改变此林，普皆香美。众生见者，皆生稀有心。”佛告父王：“一切众生，在生死中。念佛之心，亦复如是，但能系念不止，定生佛前。一得往生，即能改变一切诸恶，成大慈悲，如彼香树改伊兰林。”所言“伊兰林”者，喻众生身内三毒、三障、无边重罪。言“栴檀”者，喻众生念佛之心。“才欲成树”者，谓一切众生，但能积念不断，业道成办也。

问曰：计一切众生念佛之功，亦应一切可知。何因一念之力，能断一切诸障，如一香树，改四十由旬伊兰林，悉使香美也？

答曰：依诸部大乘，显念佛三昧功能不可思议也。何者？如《华严经》云：“譬如有人，用狮子筋以为琴弦，音声一奏，一切余弦悉皆断坏。若人菩提心中行念佛三昧者，一切烦恼，一切诸障，悉皆断灭。亦如有人，搆取牛羊驴马一切诸乳，置一器中。若持狮子乳一滴投之，直过无难，一切诸乳悉皆破坏，变为清水。若人但能菩提心中行念佛三昧者，一切恶魔诸障，直过无难。”又彼经云：“譬如有人持翳身药，处处游行，一切余人不见是人。若能菩提心中行念佛三昧者，一切恶神、一切诸障不见是人，随所诣处，无能遮障也。”何故能尔？此念佛三昧，即是一切三昧中王故也。

△ 第七、略明三身三土义。

问曰：今现在阿弥陀佛是何身？极乐之国是何土？

答曰：现在弥陀是报佛，极乐宝庄严国是报土。然古旧相传，皆云阿弥陀佛是化身，土亦是化土，此为大失也。若尔者，秽土亦化身所居，净土亦化身所居者，未审如来报身更依何土也？今依《大乘同性经》，辨定报化净秽者。经云：“净土中成佛者，悉是报身。秽土中成佛者，悉是化身。”彼经云：“阿弥陀如来、莲花开敷星王如来、龙主王如来、宝德如来等诸如来，清净佛刹，现得道者，当得道者，如是一切皆是报身佛也。何者如来化身？由如今日踊步健如来、魔恐怖如来，如是等一切如来，秽浊世中，如现成佛者，当成佛者，从兜率下，乃至住持一切正法、一切像法、一切末法，如是化事，皆是化身佛也。何者如来法身？如来真法身者，无色无形，无现无着，不可见，无言说，无住处，无生无灭，是名真法身义也。”

问曰：如来报身常住，云何《观音授记经》云“阿弥陀佛入涅槃后，观世音菩萨次补佛处”也？

答曰：此是报身示现隐没相，非灭度也。彼经云：“阿弥陀佛入涅槃后，复有深厚善根众生，还见如故。”即其证也。又《宝性论》云，报身有五种相：“说法及可见，诸业不休息，及休息隐没，示现不实体。”即其证也。

问曰：释迦如来报身、报土，在何方也？

答曰：《涅槃经》云：“西方去此四十二恒河沙佛土，有世界名曰无胜。彼土所有庄严，亦如西方极乐世界，等无有异。我于彼土，出现于世。为化众生，故来在此娑婆国土。但非我出此土，一切如来亦复如是。”即其证也。

问曰：《鼓音经》云，阿弥陀佛有父母。明知非是报佛、报土也。

答曰：子但闻名，不究寻经旨，致此疑，可谓错之毫毛，失之千里。然阿弥陀佛亦具三身，极乐出现者，即是报身。今言有父母者，是秽土中示现化身父母也。亦如释迦如来，净土中成其报佛；应来此方，示有父母，成其化佛。阿弥陀佛亦复如是。又如《鼓音声经》云：“尔时阿弥陀佛与声闻众俱，国号清泰，圣王所住，其城纵广十千由旬。阿弥陀佛父是转轮圣王，王名月上，母名殊胜妙颜。魔王名无胜，佛子名月明，提婆达多名寂意，给侍弟子名无垢称。”又上来所引，并是化身之相。若是净土，岂有轮王及城、女人等也？此即文义炳然，何待分别？皆不善寻究，致使迷名生执也。

问曰：若报身有隐没休息相者，亦可净土有成坏事？

答曰：如斯难者，自古将今，义亦难通。虽然，今敢引经为证，义亦可知。譬如佛身常住，众生见有涅槃。净土亦尔，体非成坏，随众生所见，有成有坏。如《华严经》云："由如见导师，种种无量色，随众生心行，见佛刹亦然。"是故《净土论》云："一质不成故，净秽有亏盈。异质不成故，搜原则冥一。无质不成故，缘起则万形。"故知若据法性净土，则不论清浊。若据报、化大悲，则非无净秽也。

又泛明佛土，对机感不同，有其三种差别：一者，从真垂报，名为报土。犹如日光照四天下，法身如日，报、化如光。二者，无而忽有，名之为化。即如《四分律》云："锭光如来化提婆城，与拔提城相近，共为亲婚往来。后时忽然化火烧却，令诸众生睹此无常，莫不生厌，归向佛道也。"是故经云："或现劫火烧，天地皆洞燃，众生有常想，照令知无常。或为济贫乏，现立无尽藏，随缘广开导，令发菩提心。"三者，隐秽显净。如《维摩经》："佛以足指按地，三千刹土，莫不严净。"今此无量寿国，即是从真垂报国也。何以得知？依《观音授记经》云："未来观音成佛，替阿弥陀佛处。"故知是报也。

△ 第八、明弥陀净国，位该上下，凡圣通往者。

今此无量寿国，是其报净土。由佛愿故，乃该通上下，致令凡夫之善，并得往生。由该上故，天亲、龙树，及上地菩萨，亦皆生也。是故《大经》云：弥勒菩萨问佛："未知此界，有几许不退菩萨，得生彼国？"佛言："此娑婆世界，有六十七亿不退菩萨，皆当往生。若欲广引，余方皆尔。"

问曰：弥陀净国，既云位该上下，无问凡圣，皆通往者。未知唯修无相得生，为当凡夫有相亦得生也？

答曰：凡夫智浅，多依相求，决得往生。然以相善力微，但生相土，唯睹报、化佛也。

是故《观佛三昧经·菩萨本行品》云：文殊师利白佛言："当知我念过去无量劫数，为凡夫时，彼世有佛，名宝威德上王如来。彼佛出时，与今无异。彼佛亦长丈六，身紫金色，说三乘法，如释迦文。尔时彼国有大长者，名一切施。长者有子，名曰戒护。子在母胎时，母以敬信故，预为其子受三归依。子既生已，年至八岁，父母请佛，于家供养。童子见佛，为佛作礼，敬佛心重，目不暂舍。一见佛故，即得除却百万亿那由他劫生死之罪。从是以后，常生净土，即得值遇百亿那由他恒河沙佛，是诸世尊，亦以相好，度脱众生。尔时童子一一亲侍，间无空缺，礼拜供养，合掌观佛。以因缘力故，复得值遇百万阿僧祇佛，彼诸佛等，亦以色身相好，化度众生。从是以后，即得百千亿念佛三昧门，复得阿僧祇陀罗尼门。既得此已，诸佛现前，乃为说无相法，须臾之间，得首楞严三昧。时彼童子，但受三归，一礼佛故，谛观佛身，心无疲厌，由此因缘，值无数佛，何况系念具足思惟观佛色身。时彼童子，岂异人乎？是我身也。”尔时世尊赞文殊言：“善哉善哉！汝以一礼佛故，得值无数诸佛。何况未来我诸弟子，勤观佛者，勤念佛者。”佛敕阿难：“汝持文殊师利语，遍告大众，及未来世众生。若能礼佛者，若能念佛者，若能观佛者，当知此人，与文殊师利，等无有异。舍身他世，文殊师利等诸菩萨，为其和上。”以此文证，故知净土该通相土，往生不谬。若知无相离念为体，而缘中求往者，多应上辈生也。

是故天亲菩萨论云：“若能观二十九种庄严清净，即略入一法句。一法句者，谓清净句。清净句者，即是智慧无为法身故。何故须广略相入者？但诸佛菩萨有二种法身：一者法性法身，二者方便法身。由法性法身故，生方便法身。由方便法身故，显出法性法身。此二种法身，异而不可分，一而不可同，是故广略相入。菩萨若不知广略相入，则不能自利利他。无为法身者，即法性身也。法性寂灭故，即法身无相也。法身无相故，则能无不相，是故相好庄严，即是法身也。法身无知故，则能无不知，是故一切种智，即是真实智慧也。虽知就缘观总、别二句，莫非实相也。以知实相故，即知三界众生虚妄相也。以知三界众生虚妄故，即起真实慈悲也。以知真实慈悲故，即起真实归依也。”今之行者，无问缁素，但能知生无生，不违二谛者，多应落在上辈生也。

△ 第九、明弥陀净国，三界摄与不摄。

问曰：安乐国土，于三界中何界所摄？

答曰：净土胜妙，体出世间。此三界者，乃是生死凡夫之暗宅，虽复苦乐少殊，修短有异，统如观之，莫非有漏之长津，倚伏相乘，循环无际，杂生触受，四倒长拘，且因且果，虚伪相习，深可厌也。是故净土非三界摄。

又依《智度论》云：“净土果报，无欲故，非欲界；地居故，非色界；有形色故，非无色界。虽言地居，精胜妙绝。”是故天亲论云：“观彼世界相，胜过三界道，究竟如虚空，广大无边际。”是故《大经赞》云：“妙土广大超数限，自然七宝所合成，佛本愿力庄严起，稽首清净大摄受。世界光耀妙殊绝，适悦晏安无四时，自利利他力圆满，归命方便巧庄严。”

● 第二大门中，有三番料简：第一、明发菩提心；第二、破异见邪执；第三、广施问答，释去疑情。

△ 就初发菩提心内有四番：一、出菩提心功用；二、出菩提名体；三、显发心有异；四、问答解释。

第一、出菩提心功用者。《大经》云：“凡欲往生净土，要须发菩提心为源。”云何菩提者？乃是无上佛道之名也。若欲发心作佛者，此心广大，遍周法界；此心究竟，等若虚空；此心长远，尽未来际；此心普备，离二乘障。若能一发此心，倾无始生死有轮，所有功德回向菩提，皆能远诣佛果，无有失灭。譬如寄花五净，风日不萎；附水灵河，世旱无竭。

第二、出菩提名体者。然菩提有三种：一者法身菩提，二者报身菩提，三者化身菩提也。言法身菩提者，所谓真如实相第一义空，自性清净，体无秽染，理出天真，不假修成，名为法身；佛道体本，名曰菩提。言报身菩提者，备修万行，能感报佛之果，以果酬因，名曰报身；圆通无碍，名曰菩提。言化身菩提者，谓从报起用，能趣万机，名为化身；益物圆通，名曰菩提。

第三、显发心有异者。今谓行者修因发心，具其三种：一者要须识达有无，从本以来，自性清净；二者缘修万行、八万四千诸波罗蜜门等；三者大慈悲为本，恒拟运度为怀。此之三因，能与大菩提相应，故名发菩提心。又据《净土论》云："今言发菩提心者，即是愿作佛心。愿作佛心者，即是度众生心。度众生心者，即摄取众生生有佛国土心。今既愿生净土，故先须发菩提心也。"

第四、问答解释者。

问曰：若备修万行，能感菩提，得成佛者。何故《诸法无行经》云："若人求菩提，即无有菩提。是人远菩提，犹如天与地。"

答曰：菩提正体，理求无相。今作相求，不当理实，故名"人远"也。是故经言："菩提者，不可以心得，不可以身得"也。今谓行者虽知修行往求，了了识知理体无求，仍不坏假名，是故备修万行，故能感也。是故《大智度论》云："若人见般若，是则为被缚。若不见般若，是亦为被缚。若人见般若，是则为解脱。若不见般若，是亦为解脱。"龙树菩萨释曰："是中不离四句者为缚，离四句者为解。"今祈菩提，但能如此修行，即是不行而行。不行而行者，不违二谛大道理也。

又依天亲《净土论》云："凡欲发心会无上菩提者，有其二义：一者先须离三种与菩提门相违法，二者须知三种顺菩提门法。何等为三？一者依智慧门，不求自乐，远离我心贪着自身故。二者依慈悲门，拔一切众生苦，远离无安众生心故。三者依方便门，怜愍一切众生心，远离恭敬供养自身心故。是名远离三种菩提门相违法。顺菩提门者，菩萨远离如是三种菩提门相违法，即得三种随顺菩提门法。何等为三？一者无染清净心，不为自身求诸乐故。菩提是无染清净处，若为自身求乐，即违菩提门。是故无染清净心，是顺菩提门。二者安清净心，为拔一切众生苦故。菩提是安隐一切众生清净处，若不作心拔一切众生离生死苦，即便违菩提。是故拔一切众生苦，是顺菩提门。三者乐清净心，欲令一切众生得大菩提故，摄取众生生彼国土故。菩提是毕竟常乐处，若不令一切众生得毕竟常乐者，则违菩提门。此毕竟常乐，依何而得？要依大义门。大义门者，谓彼安乐佛国是也。"故令一心专至，愿生彼国，欲使早会无上菩提也。

△ 第二、明破异见邪执者，就中有二[①]：一、总生起，欲令后代学者，明识是非，去邪向正；二、广就系情，显正破之。总生起者，然大乘深藏，名义尘沙，是故《涅槃经》云："一名无量义，一义无量名。"要须遍审众典，方晓部旨。非如小乘、俗书，案文毕义，何意须然。但净土幽廓，经论隐显，致令凡情种种图度，恐涉谄语刁刁，百盲偏执，杂乱无知，妨碍往生。今且举少状，一一破之，就中有其九番：第一、破妄计大乘无相异见偏执；第二、会通菩萨爱见大悲；第三、破系心外无法；第四、破愿生秽国，不愿往生净土；第五、破若生净土多喜着乐；第六、破求生净土便是小乘；第七、破求生兜率，劝不归净土；第八、会通若求生十方净土，不如归西；第九、料简别时之意。

第一、破妄计大乘无相者。

问曰：或有人言："大乘无相，勿念彼此。若愿生净土，便是取相，转增漏缚。"何用求之？

答曰：如此计者，将谓不然。何者？一切诸佛说法，要具二缘：一依法性实理，二须顺其二谛。彼计大乘无念，但依法性，然谤无缘求，即是不顺二谛。如此见者，堕灭空所收。是故《无上依经》云：佛告阿难："一切众生，若起我见如须弥山，我所不惧。何以故？此人虽未即得出离，常不坏因果，不失果报故。若起空见如芥子，我即不许。何以故？此见者破丧因果，多堕恶道；未来生处，必背我化。"今劝行者，理虽无生，然二谛道理，非无缘求，一切得往生也。是故《维摩经》云："虽观诸佛国，及与众生空，而常修净土，教化诸群生。"又彼经云："虽行无作，而现受身，是菩萨行。虽行无起，而起一切善行，是菩萨行。"是其真证也。

① 原本"就中有二"前有"第一破大乘无相妄执者"十字，此后至"一一破之"，在本段九番异见名目后、下段"第一破妄计大乘无相者"前，疑为前后错简。今乃置前，并删去衍文，于语义更顺。

问曰：今世间有人行大乘无相，亦不存彼此，全不护戒相。是事云何？

答曰：如此计者，为害滋甚。何者？如《大方等经》云：佛为优婆塞制戒，不得至寡妇处女家、沽酒家、蓝染家、压油家、熟皮家，悉不得往来。阿难白佛言：“世尊为何等人制如斯戒？”佛告阿难：“行者有二种：一者在世人行，二者出世人行。出世人者，吾不制上事。在世人者，吾今制之。何以故？一切众生，悉是吾子，佛是一切众生父母。遮制约勒，早出世间，得涅槃故。”

第二、会通菩萨爱见大悲者。

问曰：依大乘圣教，菩萨于诸众生，若起爱见大悲，即应舍离。今劝众生共生净土，岂非爱染取相？若为免其尘累也？

答曰：菩萨行法，功用有二。何者？一证空慧般若，二具大悲。一以修空慧般若力故，虽入六道生死，不为尘染所系。二以大悲念众生故，不住涅槃。菩萨虽处二谛，常能妙舍有无，取舍得中，不违大道理也。是故《维摩经》云：“譬如有人，欲于空地造立宫舍，随意无碍。若于虚空，终不能成。菩萨亦如是，为欲成就众生故，愿取佛国。愿取佛国者，非于空也。”

第三、破系心外无法者，就中有二：一、破计情；二、问答解释。

问曰：或有人言：“所观净境，约就内心。净土融通，心净即是。心外无法，何须西入？”

答曰：但法性净土，理处虚融，体无偏局，此乃无生之生，上士堪入。是故《无字宝箧经》云：“善男子，复有一法，是佛所觉。所谓诸法不去不来，无因无缘，无生无灭，无思无不思，无增无减。”佛告罗睺罗言：“汝今受持我此所说正法义否？”尔时十方有九亿菩萨，即白佛言：“我等皆能持此法门，当为众生流通不绝。”世尊答言：“是善男子等，则为两肩荷担菩提，彼人即得不断辩才，得善清净诸佛世界，命终之时，即得现见阿弥陀佛与诸圣众住其人前，得往生也。”自有中下之辈，未能破相，要依信佛因缘，求生净土，虽至彼国，还居相土。又云：若摄缘从本，即是心外无法。若分二谛明义，净土无妨是心外法也。

二、问答解释。

问曰：向言无生之生，唯上士能入，中下不堪者。为当直将人约法作如此判，为当亦有圣教来证？

答曰：依《智度论》云："新发意菩萨，机解软弱，虽言发心，多愿生净土。何意然者？譬如婴儿，若不近父母恩养，或堕坑落井，火蛇等难，或乏乳而死。要假父母摩洗养育，方可长大，能绍继家业。菩萨亦尔，若能发菩提心，多愿生净土，亲近诸佛，增长法身，方能匡绍菩萨家业，十方济运。为斯益故，多愿生也。"又彼论云："譬如鸟子，翅翮未成，不可逼令高翔。先须依林传树，羽成有力，方可舍林游空。新发意菩萨亦尔，先须乘愿求生佛前，法身成长，随感赴益。"又阿难白佛言："此无相波罗蜜，在何处说？"佛言："如此法门，在阿毗跋致地中说。何以故？有新发意菩萨，闻此无相波罗蜜门，所有清净善根，悉当灭没也。"又来但至彼国，即一切事毕，何用诤此深浅理也！

第四、破愿生秽土，不愿生净土者。

问曰：或有人言："愿生秽国教化众生，不愿往生净土。"是事云何？

答曰：此人亦有一徒。何者？若身居不退以去，为化杂恶众生故，能处染不染，逢恶不变。如鹅鸭入水，水不能湿。如此人等，堪能处秽拔苦。若是实凡夫者，唯恐自行未立，逢苦即变。欲济彼者，相与俱没。如似逼鸡入水，岂能不湿？是故《智度论》云："若凡夫发心，即愿在秽土拔济众生者，圣意不许。"何意然者？龙树菩萨释云："譬如四十里冰，如有一人，以一升热汤投之，当时似如少减，若经夜至明，乃高于余者。凡夫在此发心救苦，亦复如是，以贪瞋境界违顺多故，自起烦恼，反堕恶道故也。"

第五、破若生净土多喜着乐者。

问曰：或有人言："净土之中，唯有乐事，多喜着乐，妨废修道。"何须愿往生也？

答曰：既云净土，无有众秽。若言着乐，便是贪爱烦恼，何名为净？是故《大经》云："彼国人天，往来进止，情无所系。"又四十八愿云：

“十方人天，来至我国，若起想念，贪计身者，不取正觉。”《大经》又云：“彼国人天，无所适莫。”何有着乐之理也？

第六、破求生净土便是小乘。

问曰：或有人言：“求生净土，便是小乘。”何须修之？

答曰：此亦不然。何以故？但小乘之教，一向不明生净土故也。

第七、会通愿生兜率，劝归净土者。

问曰：或有人言：“愿生兜率，不愿归西。”是事云何？

答曰：此义不类，少分似同，据体大别，有其四种。何者？一、弥勒世尊为其天众，转不退法轮，闻法生信者获益，名为似同。着乐无信者，其数非一。又来虽生兜率，位是退处，是故经云：“三界无安，犹如火宅。”二、往生兜率，正得寿命四千岁，命终之后，不免退落。三、兜率天上，虽有水鸟、树林，和鸣哀雅，但与诸天生乐为缘，顺于五欲，不资圣道。若向弥陀净国，一得生者，悉是阿毗跋致，更无退人与其杂居。又复位是无漏，出过三界，不复轮回。论其寿命，即与佛齐，非算数能知。其有水鸟、树林，皆能说法，令人悟解，证会无生。四、据《大经》，且以一种音乐比较者，《经赞》言：“从世帝王至六天，音乐转妙有八重，辗转胜前亿万倍，宝树音丽倍亦然。复有自然妙伎乐，法音清和悦心神，哀婉雅亮超十方，是故稽首清净勋。”

第八、校量愿生十方净土，不如归西方者。

问曰：或有人言：“愿生十方净国，不愿归西方。”是义云何？

答曰：此义不类，于中有三。何者？一、十方佛国，非为不净。然境宽则心昧，境狭则意专。是故《十方随愿往生经》云：普广菩萨白佛言：“世尊，十方佛土皆为严净，何故诸经中偏叹西方阿弥陀国，劝往生也？”佛告普广菩萨：“一切众生，浊乱者多，正念者少。欲令众生专志有在，是故赞叹彼国，为别异耳。若能依愿修行，莫不获益。”二、十方净土，虽皆是净，而深浅难知。弥陀净国，乃是净土之初门。何以得知？依《华严经》云：“娑婆世界一劫，当极乐世界一日一夜。极乐世界一劫，当袈裟幢世界一日一夜。如是优劣相望，乃有十阿僧祇。”故知为净土初门，是故诸佛偏劝也。余方佛国，都不如此叮咛。是故有信之徒，多愿往生也。三、弥陀净国，既是净土初门。娑婆世界，即是秽土末处。何以得知？如《正法念经》云：“从此东北，有一世界，名曰斯诃。土田唯有三角沙石，一年三雨，一雨湿润不过五寸。其土众生，唯食果子，树皮为衣，求生不得，求死不得。复有一世界，一切虎狼禽兽，乃至蛇蝎，悉皆有翅飞行，逢者相啖，不简善恶。”此岂不名秽土始处？然娑婆依报，乃与贤圣同流，唯此乃是秽土终处。安乐世界既是净土初门，即与此方境次相接，往生甚便，何不去也？

第九、据《摄论》，与此经相违，料简别时意语者。

今《观经》中，佛说下品生人，现造重罪，临命终时，遇善知识，十念成就，即得往生。依《摄论》云，道佛别时意语。又古来通《论》之家，多判此文，云：“临终十念，但得作往生因，未即得生。何以得知？《论》云：‘如以一金钱，贸得千金钱，非一日即得。’故知十念成就者，但得作因，未即得生，故名‘别时意语’。”如此解者，将为未然。何者？凡菩萨作论释经，皆欲远扶佛意，契会圣情。若有论文违经者，无有是处。

今解“别时意语”者，谓佛常途说法，皆明先因后果，理数炳然。今此经中，但说一生造罪，临命终时，十念成就，即得往生，不论过去有因无因者，直是世尊引接当来造恶之徒，令其临终舍恶归善，乘念往生，是以隐其宿因。此是世尊隐始显终，没因谈果，名作别时意语。何以得知？但使十念成就，皆有过去因。如《涅槃经》云：“若人过去已曾供养半恒河沙诸佛，复经发心，而能于恶世中闻说大乘经教，但能不谤，未有余功。若经供养一恒河沙诸佛，及经发心，然后闻大乘经教，非直不谤，复加爱乐。”以此诸经来验，明知十念成就者，皆有过因不虚。若彼过去无因者，善知识尚不可逢遇，何况十念而可成就也？《论》云“以一金钱，贸得千金钱，非一日即得”者。若据佛意，欲令众生多积善因，便乘念往生。若望论主，乘闭过去因，理亦无爽。若作此解，即上顺佛经，下合论意。即是经、论相扶，往生路通，无复疑惑也。

△ 第三、明广施问答，释去疑情者。

自下就《大智度论》，广施问答。

问曰：但一切众生，从旷大劫来，备造有漏之业，系属三界。云何不断三界系业，直尔少时念阿弥陀佛，即得往生，便出三界者？此系业之义，复欲云何？

答曰：有二种解释：一就法来破，二借喻以显。言就法者，诸佛如来有不思议智、大乘广智、无等无伦最上胜智。不思议智力者，能以少作多，以多作少，以近为远，以远为近，以轻为重，以重为轻。有如是等智，无量无边不可思议。自下第二有七番，并借喻以显。第一、譬如百夫，百年聚薪，积高千仞。豆许火焚，半日便尽。岂可得言百年之薪，半日不尽也？第二、譬如躄者，寄载他船，因风帆势，一日至于千里，岂可得言躄者云何一日至千里也？第三、亦如下贱贫人，获一瑞物，而以贡王。王庆所得，加诸重赏。斯须之顷，富贵盈望。岂可得言以数十年仕，备尽辛勤，上下尚不达而归者，言彼富贵无此事也？第四、犹如劣夫，以己身力，擲驴不上。若从轮王行，便乘虚空，飞腾自在。岂可得言以劣夫之力，必不能升虚空也？第五、又如十围之索，千夫不制。童子挥剑，倏尔两分。岂可得言童子之力不能断索也？第六、又如鸩鸟入水，鱼蚌斯毙。犀角触泥，死者还活。岂可得言性命一断，不可生也？第七、亦如黄鹄唤子安，子安还活。岂可得言坟下千龄，决无可苏也？一切万法，皆有自力、他力，自摄、他摄，千开万闭，无量无边。汝岂得以有碍之识，疑彼无碍之法乎？又五不思议中，佛法最不可思议。汝以三界系业为重，疑彼少时念佛为轻，不得往生安乐国入正定聚者，是事不然。

问曰：大乘经云："业道如秤，重处先牵。"云何众生一形以来，或百年，或十年，乃至今日，无恶不造。云何临终，遇善知识，十念相续，即得往生？若尔者，先牵之义，何以取信？

答曰：汝谓一形恶业为重，以下品人十念之善以为轻者，今当以义校量。轻重之义者，正明在心、在缘、在决定，不在时节久近多少也。云何在心？谓彼人造罪时，自依止虚妄颠倒心生。此十念者，依善知识方便安慰，闻实相法生。一实一虚，岂得相比也？何者？譬如千岁暗室，光若暂至，即便明朗，岂可得言暗在室千岁而不去也？是故《遗日摩尼宝经》云：佛告迦叶菩萨："众生虽复数千巨亿万劫，在爱欲中，为罪所覆。若闻佛经，一反念善，罪即消尽也。"是名在心。二、云何在缘者？谓彼人造罪时，自依止妄想，依烦恼果报众生生。今此十念者，依止无上信心，依阿弥陀如来真实清净无量功德名号生。譬如有人被毒箭所中，彻筋破骨，若闻灭除药鼓声，即箭出毒除。岂可得言彼箭深毒厉，闻鼓音声不能拔箭去毒也？是名在缘。三、云何在决定者？彼人造罪时，自依止有后心、有间心生。今此十念者，依止无后心、无间心起，是为决定。又《智度论》云：一切众生临终之时，刀风解形，死苦来逼，生大怖畏。是故遇善知识，发大勇猛，心心相续十念，即是增上善根，便得往生。又如有人对敌破阵，一形之力，一时尽用。其十念之善，亦如是也。又若人临终时，生一念邪见，增上恶心，即能倾三界之福，即入恶道也。

问曰：既云垂终十念之善，能倾一生恶业，得生净土者。未知几时为十念也？

答曰：如经说云："百一生灭，成一刹那。六十刹那，以为一念。"此依经论泛解"念"也。今时解"念"，不取此时节。但忆念阿弥陀佛，若总相，若别相，随所缘观，经于十念，无他念想间杂，是名十念。又云：十念相续者，是圣者一数之名耳，但能积念凝思，不缘他事，使业道成办便罢，不用亦未劳记之头数也。又云：若久行人念，多应依此。若始行人念者，记数亦好，此亦依圣教。

又问曰：今欲依劝，行念佛三昧，未知计念相状何似？

答曰：譬如有人，于空旷迥处，值遇怨贼，拔刀奋勇，直来欲杀。此人径走，视渡一河，未及到河，即作此念："我至河岸，为脱衣渡？为着衣浮？若脱衣渡，唯恐无暇。若着衣浮，复畏首领难全。"尔时但有一心作渡河方便，无余心想间杂。行者亦尔，念阿弥陀佛时，亦如彼人念渡，念念相次，无余心想间杂，或念佛法身，或念佛神力，或念佛智慧，或念佛毫相，或念佛相好，或念佛本愿，称名亦尔，但能专至，相续不断，定生佛前。今劝后代学者，若欲会其二谛，但知念念不可得，即是智慧门；而能系念相续不断，即是功德门。是故经云："菩萨摩诃萨，恒以功德、智慧，以修其心。"若始学者，未能破相，但能依相专至，无不往生，不须疑也。

又问曰：《无量寿大经》云："十方众生，至心信乐，欲生我国，乃至十念，若不生者，不取正觉。"今有世人闻此圣教，现在一形，全不作意，拟临终时方欲修念，是事云何？

答曰：此事不类。何者？经云"十念相续"，似若不难。然诸凡夫，心如野马，识剧猿猴，驰骋六尘，何曾停息？各须宜发信心，预自克念，使积习成性，善根坚固也。如佛告大王："人积善行，死无恶念。如树先倾，倒必随曲也。"若刀风一至，百苦凑身，若习先不在怀，念何可办？各宜同志三五，预结言要，临命终时，迭相开晓，为称弥陀名号，愿生安乐国，声声相次，使成十念也。譬如蜡印印泥，印坏文成。此命断时，即是生安乐国时。一入正定聚，更何所忧？各宜量此大利，何不预克念也？

又问曰：诸大乘经论，皆言："一切众生，毕竟无生，犹若虚空。"云何天亲、龙树菩萨皆愿往生也？

答曰：言众生毕竟无生如虚空者，有二种义：一者，如凡夫人所见实众生、实生死等，若据菩萨往生，毕竟如虚空、如兔角。二者，今言生者，是因缘生；因缘生故，即是假名生；假名生故，即是无生，不违大道理也。非如凡夫谓有实众生、实生死也。

又问曰：夫生为有本，乃是众累之元。若知此过，舍生求无生者，可有脱期。今既劝生净土，即是弃生求生，生何可尽？

答曰：然彼净土，乃是阿弥陀如来清净本愿，无生之生。非如三有众生，爱染虚妄执着生也。何以故？夫法性清净，毕竟无生，而言生者，得生者之情耳。

又问曰：如上所言，知生无生，当上品生者。若尔，下品生人，乘十念往生者，岂非取实生也？若实生者，即堕二疑：一恐不得往生，二谓此相善不能与无生为因也。

答曰：释有三番：一、譬如净摩尼珠，置之浊水，以珠威力，水即澄清。若人虽有无量生死罪浊，若闻阿弥陀如来至极无生清净宝珠名号，投之浊心，念念之中，罪灭心净，即便往生。二、如净摩尼珠，以玄黄帛裹，投之于水，水即玄黄，一如物色。彼清净佛土，有阿弥陀如来无上宝珠名号，以无量功德成就帛裹，投之所往生者心水之中，岂不能转生为无生智乎？三、亦如冰上燃火，火猛则冰液，冰液则火灭。彼下品往生人，虽不知法性无生，但以称佛名力，作往生意，愿生彼土，既至无生界时，见生之火自然而灭也。

又问曰：依何身故，说往生也？

答曰：于此间假名人中，修诸行门，前念与后念作因。秽土假名人、净土假名人，不得决定一，不得决定异。前心、后心亦如是。何以故？若决定一，则无因果。若决定异，则非相续。以是义故，横竖虽别，始终是一行者也。

又问曰：若人但能称佛名号，能除诸障者。若尔，譬如有人以指指月，此指应能破暗也。

答曰：诸法万差，不可一概。何者？自有名即法，自有名异法。有名即法者，如诸佛菩萨名号、禁咒音辞、修多罗章句等是也。如《禁肿[①]辞》曰："日出东方，乍赤乍黄。"假令酉、亥行禁，患者亦愈。又如有人被狗所啮，炙虎骨熨之，患者即愈。或时无骨，好攋掌摩之，口中唤言："虎来虎来。"患者亦愈。或复有人患脚转筋，炙木瓜枝熨之，患者即愈。或无木瓜，炙手摩之，口唤："木瓜木瓜。"患者亦愈，吾身得其效也。何以故？以名即法故。有名异法者，如以指指月是也。

又问曰：若人但称念弥陀名号，能除十方众生无明黑暗，得往生者。然有众生称名忆念，而无明犹在，不满所愿者，何意？

答曰：由不如实修行，与名义不相应故也。所以者何？谓不知如来是实相身，是为物身。复有三种不相应：一者信心不淳，若存若亡故；二者信

① "肿"，原本作"咒"，引自昙鸾《往生论注》，乃据原作改。

心不一，谓无决定故；三者信心不相续，谓余念间故。迭相收摄，若能相续，则是一心，但能一心，即是淳心。具此三心，若不生者，无有是处。

● 第三大门中，有四番料简：第一、辨难行道、易行道；第二、明时劫大小不同；第三、明从无始世劫以来，处此三界五道，乘善恶二业，受苦乐两报，轮回无穷，受生无数；第四、将圣教证成，劝后代生信求往。

△ 第一、辨难行道、易行道者，于中有二：一、出二种道；二、问答解释。

余既自居火界，实想怀怖。仰惟大圣，三车招慰。且羊、鹿之运，权息未达，佛诃邪执，障上求菩提，纵后回向，仍名迂回。若径攀大车，亦是一途，只恐现居退位，险径遥长，自德未立，难可升进。是故龙树菩萨云："求阿毗跋致，有二种道：一者难行道，二者易行道。"言难行道者，谓在五浊之世，于无佛时，求阿毗跋致为难。此难乃有多途，略述有五。何者？一者外道相善，乱菩萨法；二者声闻自利，障大慈悲；三者无顾恶人，破他胜德；四者所有人天颠倒善果，坏人梵行；五者唯有自力，无他力持。如斯等事，触目皆是。譬如陆路，步行则苦，故曰难行道。言易行道者，谓以信佛因缘，愿生净土，起心立德，修诸行业。佛愿力故，即便往生，以佛力住持，即入大乘正定聚。正定聚者，即是阿毗跋致不退位也。譬如水路，乘船则乐，故名易行道也。

问曰：菩提是一，修因亦应不二。何故在此修因，向佛果，名为难行。往生净土，期大菩提，乃名易行道也？

答曰：诸大乘经所辨，一切行法，皆有自力、他力，自摄、他摄。何者自力？譬如有人，怖畏生死，发心出家，修定发通，游四天下，名为自力。何者他力？如有劣夫，以己身力，掷驴不上。若从轮王，即便乘空游四天下，即轮王威力，故名他力。众生亦尔，在此起心立行，愿生净土，此是自力。临命终时，阿弥陀如来光台迎接，遂得往生，即为他力。故《大经》云："十方人天，欲生彼国者，莫不皆以阿弥陀如来大愿业力为增上缘也。"若不如是，四十八愿便是徒设。语后学者，既有他力可乘，不得自局己分，徒在火宅也。

△ 第二、明劫之大小者。

如《智度论》云：劫有三种，谓一小、二中、三大。如方四十里城，高下亦然，满中芥子。有长寿诸天，三年去一，乃至芥子尽，名一小劫。或八十里城，高下亦然，芥子满中。如前取尽，名一中劫。或百二十里城，高下亦然，芥子满中。取尽一同前说，方名大劫。或八十里石，高下亦然。有一长寿诸天，三年以天衣一拂。天衣重三铢，为拂不已，此石乃尽，名为中劫。其小石、大石，类前中劫可知，不劳具述。

△ 第三门中，有五番：

第一、明从无始劫来，在此轮回无穷，受身无数者。如《智度论》云：在于人中，或张家死，王家生；王家死，李家生。如是尽阎浮提界，或重生，或异家生。或南阎浮提死，西拘耶尼生。如阎浮提，余三天下亦如是。如四天下死，生四天王天亦如是。或四天王天死，忉利天生。忉利天死，生余上四天亦如是。色界有十八重天，无色界有四重天，此死生彼，一一皆遍亦如是。或色界死，生阿鼻地狱。阿鼻地狱中死，生余轻系地狱。轻系地狱中死，生畜生中。畜生中死，生饿鬼道中。饿鬼道中死，或生人天中。如是轮回六道，受苦乐二报，生死无穷。胎生既尔，余三生亦如是。是故《正法念经》云：菩萨化生，告诸天众云："凡人经此百千生，着乐放逸不修道，不觉往福侵已尽，还堕三途受众苦。"是故《涅槃经》云："此身苦所集，一切皆不净，扼缚痈疮等，根本无义利。上至诸天身，皆亦复如是。"是故又彼经云："劝修不放逸。何以故？夫放逸者，是众恶之本。不放逸者，乃是众善之源。如日月光，诸明中最。不放逸法，亦复如是，于诸善法，为最为上。亦如须弥山王，于诸山中，为最为上。不放逸法，亦复如是，于诸善法中，为最为上。何以故？一切恶法，由[①]放逸而生。一切善法，不放逸为本。"

---

① "由"，原本作"犹"，二字相通，今依金陵本改。

第二、问曰：虽云无始劫来，六道轮回无际。而未知一劫之中，受几身数，而言流转？答曰：如《涅槃经》说："取三千大千世界草木，截为四寸筹，以数一劫之中所受身，父母头数，犹自不尽[①]。"或云："一劫之中，所饮母乳，多于四大海水。"或云："一劫之中，所积身骨，如毗富罗山。"如是远劫以来，徒受生死，至于今日，犹作凡夫之身。何曾思量，伤叹不已！

第三、又问曰：既云旷大劫来，受身无数者。为当直尔总说，令人生厌？为当亦有经文来证？答曰：皆是圣教明文。何者？如《法华经》云：过去不可说久远大劫，有佛出世，号大通智胜如来。有十六王子，各升法座，教化众生。一一王子，各各教化六百万亿那由他恒河沙众生。其佛灭度以来，至极久远，犹不可数知。何者？经云：总取三千大千世界大地，磨以为墨。佛言："是人过千国土，乃下一点，大如微尘。如是辗转，尽地种墨。"佛言："是人所经国土，若点不点，尽抹为尘，一尘一劫。彼佛灭度以来，复过是数。今日众生，乃是彼时十六王子座下，曾受教法。"是故经云："以是本因缘，为说《法华经》。"《涅槃经》复云："一是王子，一是贫人。如是二人，互相往返。"言王子者，今日释迦如来，乃是彼时第十六王子也。言贫人者，今日众生等是。

第四、问曰：此等众生，既云流转多劫。然三界之中，何趣受身为多？答曰：虽言流转，然于三恶道中，受身偏多。如经说云："于虚空中，量取方圆八肘，从地至于色究竟天，于此量内，所有可见众生，即多于三千大千世界人天之身。"故知恶道身多。何故如此？但恶法易起，善心难生故也。今时但看现在众生，若得富贵，唯事放逸破戒，天中即复着乐者多。是故经云："众生等是流转，恒三恶道为常家。人天暂来即去，名为客舍故也。"依《大庄严论》，劝一切众生常须系念现前，偈云："盛年无患时，懈怠不精进，贪营众事务，不修施戒禅，临为死所吞，方

---

① "尽"，原本作"澌"，意同，今依原经改。

悔求修善。智者应观察，除断五欲想，精勤习心者，终时无悔恨。心意既专至，无有错乱念，智者勤投心，临终意不散。不习心专至，临终必散乱。心若散乱时，如调马用硙，若其斗战时，回旋不直行。”

第五、又问曰：一切众生，皆有佛性。远劫以来，应值多佛。何因至今仍自轮回生死，不出火宅？答曰：依大乘圣教，良由不得二种胜法，以排生死，是以不出火宅。何者为二？一谓圣道，二谓往生净土。其圣道一种，今时难证，一由去大圣遥远，二由理深解微。是故《大集月藏经》云：“我末法时中，亿亿众生起行修道，未有一人得者。”当今末法，现是五浊恶世，唯有净土一门，可通入路。是故《大经》云：“若有众生，纵令一生造恶，临命终时，十念相续，称我名字，若不生者，不取正觉。”又复一切众生，都不自量。若据大乘，真如实相第一义空，曾未措心。若论小乘，修入见谛修道，乃至那含、罗汉，断五下，除五上，无问道俗，未有其分。纵有人天果报，皆为五戒十善能招此报，然持得者甚稀。若论起恶造罪，何异暴风驶雨？是以诸佛大慈，劝归净土。纵使一形造恶，但能系意专精，常能念佛，一切诸障自然消除，定得往生。何不思量，都无去心也！

△ 自下第四，引圣教证成，劝信求生者。

依《观佛三昧经》云：尔时会中有财首菩萨，白佛言：“世尊，我念过去无量劫时，有佛出世，亦名释迦牟尼佛。彼佛灭后，有一王子，名曰金幢，骄慢邪见，不信正法。有知识比丘，名定自在，告王子言：‘世有佛像，极为可爱，可暂入塔，观佛形像。’时彼王子，从善友语，入塔观像，见像相好，白言比丘：‘佛像端严，犹尚如此，况佛真身。’比丘告言：‘王子今见佛像，不能礼者，当称南无佛。’还宫系念，念塔中像，即于后夜，梦见佛像，心大欢喜，舍离邪见，归依三宝。随寿命终，由前入塔，称佛功德，即得值遇九百亿那由他佛。于诸佛所，常勤精进，恒得甚深念佛三昧。念佛三昧力故，诸佛现前，皆与授记。从是以来，百万阿僧祇劫不堕恶道。乃至今日，获得首楞严三昧。尔时王子者，今我财首是也。”尔时会中，即有十方诸大菩萨，其数无量，各说本缘，皆依念佛得。佛告阿难："此观佛三昧，是一切众生犯罪者药，破戒者护，失道者导，盲冥者眼，愚痴者慧，黑暗者灯，烦恼贼中大勇猛将，诸佛世尊之所游戏，首楞严等诸大三昧始出生处。"佛告阿难："汝今善持，慎勿忘失。过去、未来、现在三世诸佛，皆说如是念佛三昧。我与十方诸佛，及贤劫千佛，从初发心，皆因念佛三昧力故，得一切种智。"

又如《目连所问经》：佛告目连："譬如万川长流，有浮草木，前不顾后，后不顾前，都会大海。世间亦尔，虽有豪贵，富乐自在，悉不得免生老病死。只由不信佛经，后世为人，更甚困剧，不能得生千佛国土。是故我说无量寿佛国，易往易取，而人不能修行往生，反事九十五种邪道。我说是人，名无眼人，名无耳人。"经教既尔，何不舍难，依易行道矣！

安乐集卷下

● 第四大门中，有三番料简：第一、依中国三藏法师，并此土大德等，皆共详审圣教，叹归净土，今以劝依；第二、据此经宗，及余大乘诸部，凡圣修入，多明念佛三昧，以为要门；第三、问答解释，显念佛者得种种功能利益，不可思议。

△ 第一、依中国及以此土大德所行者。

余五翳面墙，岂宁自辄？但以游历披勘，敬有师承。何者？谓中国大乘法师流支三藏。次有大德，呵避名利，则有慧宠法师。次有大德，寻常敷演，每感圣僧来听，则有道场法师。次有大德，和光孤栖，二国慕仰，则有昙鸾法师。次有大德，禅观独秀，则有大海禅师。次有大德，聪慧守戒，则有齐朝上统。然前六大德，并是二谛神镜，斯乃佛法纲维，志行殊伦，古今实稀，皆共详审大乘，叹归净土，乃是无上要门也。

问曰：既云叹归净土，乃是要门者。未知此等诸德，临终时皆有灵验已否？

答曰：皆有不虚。如昙鸾法师，康存之日，常修净土。亦每有世俗君子，来呵法师，曰："十方佛国，皆为净土。法师何乃独意注西，岂非偏见生也？"法师对曰："吾既凡夫，智慧浅短，未入地位，念力须均。如似置草引牛，恒须系心槽枥，岂得纵放，全无所归？"虽复难者纷纭，而法师独决，是以无问一切道俗，但与法师一面相遇者，若未生正信，劝令生信，若已生正信者，皆劝归净国。是故法师临命终时，寺傍左右道俗，皆见幡花映院，尽闻异香，音乐迎接，遂往生也。余之大德，临命终时，皆有征祥。若欲具谈往生之相，并不可思议也。

△ 第二、明此彼诸经，多明念佛三昧为宗者，就中有八番：初、二明一相三昧；后六就缘依相，明念佛三昧。

第一、依《华首经》，佛告坚意菩萨："三昧有二种，一者有一相三昧，二者有众相三昧。一相三昧者：有菩萨闻其世界有其如来现在说法，菩萨取是佛相以现在前，若坐道场，若转法轮，大众围绕。取如是相，收摄诸根，心不驰散，专念一佛，不舍是缘。如是菩萨，于如来相，及世界相，了达无相，常如是观，如是行，不离是缘。是时佛像即现在前，而为说法。菩萨尔时深生恭敬，听受是法，若深若浅，转加尊重。菩萨住是三昧，闻说诸法皆可坏相，闻已受持，从三昧起，能为四众演说是法。"佛告坚意："是名菩萨入一相三昧门。"

第二、依《文殊般若》，明一行三昧者。时文殊师利白佛言："世尊，云何名为一行三昧？"佛言："一行三昧者，若善男子、善女人，应在空闲处，舍诸乱意，随佛方所，端身正向，不取相貌，系心一佛，专称名字，念无休息。即是念中，能见过、现、未来三世诸佛。何以故？念一佛功德无量无边，即与无量诸佛功德无二。是名菩萨一行三昧。"

第三、依《涅槃经》，佛言："若人但能至心常修念佛三昧者，十方诸佛恒见此人，如现在前。"是故《涅槃经》云：佛告迦叶菩萨："若有善男子、善女人，常能至心专念佛者，若在山林，若在聚落，若昼若夜，若坐若卧。诸佛世尊常见此人，如现目前，恒与此人而住受施。"

第四、依《观经》及余诸部，所修万行，但能回愿，莫不皆生，然念佛一行，将为要路。何者？审量圣教，有始、终两益。若欲生善起行，则普该诸度。若灭恶消灾，则总治诸障。故下经云："念佛众生，摄取不舍，寿尽必生。"此名始益。言终益者，依《观音授记经》云："阿弥陀佛住世长久，兆载永劫，亦有灭度。般涅槃时，唯有观音、势至住持安乐，接引十方。其佛灭度，亦与住世时节等同，然彼国众生，一切无有睹见佛者，唯有一向专念阿弥陀佛往生者，常见弥陀现在不灭。"此即是其终时益也。所修余行，回向皆生。世尊灭度，有睹、不睹。劝后代审量，使沾远益也。

第五、依《般舟经》云：时有跋陀和菩萨，于此国土，闻有阿弥陀佛，数数系念，因是念故，见阿弥陀佛。既见佛已，即从启问，当行何法，得生彼国？尔时阿弥陀佛语是菩萨言："欲来生我国者，常念我名，莫有休息，如是得来生我国土。当念佛身三十二相悉皆具足，光明彻照，端正无比。"

第六、依《大智度论》，有三番解释：第一、佛是无上法王，菩萨为法臣，所尊所重，唯佛世尊，是故应当常念佛也。第二、有诸菩萨自云："我从旷劫以来，得蒙世尊长养我等法身、智身、大慈悲身。禅定、智慧、无量行愿，由佛得成。为报恩故，常愿近佛。亦如大臣，蒙王恩宠，常念其主。"第三、有诸菩萨复作是言："我于因地，遇恶知识，诽谤般若，堕于恶道，经无量劫。虽修余行，未能得出。后于一时，依善知识边，教我行念佛三昧，其时即能并遣诸障，方得解脱。有斯大益，故愿不离佛。"

第七、依《华严经》云："宁于无量劫，具受一切苦，终不远如来，不睹自在力。"又云："念佛三昧必见佛，命终之后生佛前，见彼临终劝念佛，又示尊像令瞻敬。"又善财童子求善知识，诣功德云比丘所，白言："大师，云何修菩萨道，归普贤行也？"是时比丘告善财曰："我于世尊智慧海中，唯知一法，谓念佛三昧门。何者？于此三昧门中，悉能睹见一切诸佛，及其眷属，严净佛刹，能令众生远离颠倒。念佛三昧门者，于微细境界中，见一切佛自在境界，得诸劫不颠倒。念佛三昧门者，能起一切佛刹，无能坏者，普见诸佛，得三世不颠倒。"时功德云比丘告善财言："佛法深海，广大无边。我所知者，唯得此一念佛三昧门。余妙境界，出过数量，我所未知也。"

第八、依《海龙王经》，时海龙王白佛言："世尊，弟子求生阿弥陀佛国，当修何行，得生彼土？"佛告龙王："若欲生彼国者，当行八法。何等为八？一者常念诸佛，二者供养如来，三者咨嗟世尊，四者作佛形像，修诸功德，五者回愿往生，六者心不怯弱，七者一心精进，八者求佛正慧。"佛告龙王："一切众生，具斯八法，常不离佛也。"

问曰：不具八法，得生佛前，不离佛否？

答曰：得生不疑。何以得知？如佛说《宝云经》时，亦明十行具足，得生净土，常不离佛。时有除盖障菩萨白佛："不具十行，得生已否？"佛言："得生。但能十行之中，一行具足无缺，余之九行，悉名清净，勿致疑也。"又《大树紧那罗王经》云："菩萨行四种法，常不离佛前。何等为四？一者自修善法，兼劝众生，皆作往生见如来意；二者自劝劝他，乐闻正法；三者自劝劝他，发菩提心；四者一向专志行念佛三昧。具此四行，一切生处常在佛前，不离诸佛。"又经云："佛说菩萨行法，有三十二器。何者？布施是大富器，忍辱是端正器，持戒是圣身器，五逆不孝是刀山剑树镬汤器，发菩提心是成佛器，常能念佛往生净土是见佛器。"略举六门，余者不述。圣教既尔，行者愿生，何不常念佛也？又依《月灯三昧经》云："念佛相好及德行，能使诸根不乱动，心无迷惑与法合，得闻得智如大海。智者住于是三昧，摄念行于经行所，能见千亿诸如来，亦值无量恒沙佛。"

△ 第三、问答解释，显念佛三昧有种种利益，有其五番：

第一、问曰：今云常修念佛三昧，仍不行余三昧也？答曰：今言常念，亦不言不行余三昧。但行念佛三昧多故，故言常念，非谓全不行余三昧也。

第二、问曰：若劝常修念佛三昧，与余三昧能有阶降以否？答曰：念佛三昧胜相，不可思议。此云何知？如《摩诃衍》中说云："诸余三昧，非不三昧。何以故？或有三昧，但能除贪，不能除瞋、痴。或有三昧，但能除瞋，不能除痴、贪。或有三昧，但能除痴，不能除贪、瞋。或有三昧，但能除现在障，不能除过去、未来一切诸障。若能常修念佛三昧，无问现在、过去、未来一切诸障，悉皆除也。”

第三、问曰：念佛三昧既能除障得福，功利大者，未审亦能资益行者，使延年益寿以否？答曰：必得。何者？如《惟无三昧经》云：有兄弟二人，兄信因果，弟无信心，而能善解相法。因其镜中，自见面上死相已现，不过七日，时有智者教往问佛。佛时报言：“七日不虚，若能一心念佛修戒，或得度难。”寻即依教系念。时至六日，即有二鬼来耳，闻其念佛之声，竟无能前进，还告阎罗王。阎罗王索符已，注云：“由持戒念佛功德，生第三炎天。”又《譬喻经》中，有一长者不信罪福，年已五十，忽夜梦见刹鬼索符，来欲取之，不过十日。其人眠觉，惶怖非常，至明求觅相师占梦。师作卦兆云：“有刹鬼必欲相害，不过十日。”其人惶怖倍常，诣佛求请。佛时报云：“若欲攘此，从今以去，专意念佛持戒，烧香燃灯，悬缯幡盖，信向三宝，可免此死。”即依此法，专心信向。刹鬼到门，见修功德，遂不能害，鬼即走去。其人缘斯功德，寿满百年，死得生天。复有一长者，名曰执持，退戒还佛，现被恶鬼打之。

第四、问曰：此念佛三昧，但能对治诸障，唯招世报，亦能远感出世无上菩提以否？答曰：得。何者？如《华严经·十地品》云：始从初地，乃至十地，于一一地中，皆说入地加行道、地满功德利已，不住道讫，即皆结云：“是诸菩萨，虽修余行，皆不离念佛、念法、念僧。上妙乐具，供养三宝。”以斯文证，得知诸菩萨等，乃至上地，常学念佛、念法、念僧，方能成就无量行愿，满功德海。何况二乘、凡夫，求生净土，不学念佛也？何以故？此念佛三昧，即具一切四摄六度，通行通伴故。

第五、问曰：初地以上菩萨，与佛同证真如之理，名生佛家。自能作佛，济运众生。何须更学念佛三昧，愿见佛也？答曰：论其真如，广大无边，与虚空等，其量难知。譬如一大暗室，若燃一灯、二灯，其明虽遍，犹为暗也。渐至多灯，虽名大明，岂及日光？菩萨所证智，虽地地相望，自有阶降，岂得比佛，如日明也？

● 第五大门中，有四番料简：第一、泛明修道延促，欲令速获不退；第二、此彼禅观比较劝往；第三、此彼净秽二境，亦名漏无漏比较；第四、引圣教证成，劝后代生信求往。

△ 第一、泛明修道延促者，就中有二：一、明修道延促；二、问答解释。

一、明延促者。但一切众生，莫不厌苦求乐，畏缚求解，皆欲早证无上菩提者，先须发菩提心为首。此心难识难起，纵令发得此心，依经终须修十种行，谓信、进、念、戒、定、慧、舍、护法、发愿、回向，进诣菩提。然修道之身，相续不绝，经一万劫，始证不退位。当今凡夫，现名信想轻毛，亦曰假名，亦名不定聚，亦名外凡夫，未出火宅。何以得知？据《菩萨璎珞经》，具辨入道行位法尔，故名难行道。又但以一劫之中，受身生死，尚不可数知，况一万劫中，徒受痛烧。若能明信佛经，愿生净土，随寿长短，一形即至，位阶不退，与此修道一万劫齐功。诸佛子等，何不思量，不舍难求易也？

如《俱舍论》中，亦明难行、易行二种之道。难行者，如《论》说云："于三大阿僧祇劫，一一劫中，皆具福智资粮、六波罗蜜、一切诸行，一一行业，皆有百万难行之道，始充一位。"是难行道也。易行道者，即彼《论》云，若由别有方便有解脱者，名易行道也。今既劝归极乐，一切行业，悉回向彼，但能专至，寿尽必生，得生彼国，即究竟清凉，岂可不名易行之道？须知此意也。

二、问曰：既言愿往生净土，随此寿尽，即得往生者，有圣教证否？答曰：有七番，皆引经论证成：

一、依《大经》云：佛告阿难："其有众生，欲于今世见无量寿佛者，应发无上菩提之心，修行功德，愿生彼国，即得往生。"故《大经赞》云："若闻阿弥陀德号，欢喜赞仰心归依，下至一念得大利，则为具足功德宝。设满大千世界火，亦应直过闻佛名，闻阿弥陀不复退，是故至心稽首礼。"

二、依《观经》，九品之内皆言："临终正念，即得往生。"

三、依《起信论》云："教诸众生，劝观真如平等一实。亦有始发意菩萨，其心软弱，自谓不能常值诸佛，亲承供养，意欲退者。当知如来有胜方便，摄护信心，谓以专意念佛因缘，随愿往生，以常见佛故，永离恶道。"

四、依《鼓音陀罗尼经》云：尔时世尊告诸比丘："我当为汝演说，西方安乐世界，今现有佛，号阿弥陀。若有四众，能正受持彼佛名号，坚固其心，忆念不忘，十日十夜，除舍散乱，精勤修习念佛三昧，若能令念念不绝，十日之中，必得见彼阿弥陀佛，皆得往生。"

五、依《法鼓经》云："若人临终之时，不能作念，但知彼方有佛，作往生意，亦得往生。"

六、如《十方随愿往生经》云："若有临终，及死堕地狱，家内眷属为其亡者念佛，及转诵斋福，亡者即出地狱，往生净土。"况其现在自能修念，何以不得往生者也？是故彼经云："现在眷属为亡者追福，如饷远人，定得食也。"

第七、广引诸经证成。如《大法鼓经》说："若善男子、善女人，常能系意称念诸佛名号者，十方诸佛、一切贤圣，常见此人，如现目前，是故此经名《大法鼓》。当知此人，十方净土，随愿往生。"又《大悲经》云："何名为大悲？若专念佛相续不断者，随其命终，定生安乐。若能辗转相劝行念佛者，当知此等悉名行大悲人也。"是故《涅槃经》云：佛告大王："假令开大库藏，一月之中布施一切众生所得功德，不如有人称佛一口，功德过前，不可校量。"又《增一阿含经》云：佛告阿难："其有众生供养一阎浮提人衣服、饮食、卧具、汤药，所得功德，宁为多否？"阿难白佛言："世尊，甚多甚多，不可数量。"佛告阿难："若有众生善心相续，称佛名号，如一搆牛乳顷，所得功德，过上不可量，无有能量者。"《大品经》云："若人散心念佛，乃至毕苦，其福不尽。若人散花念佛，乃至毕苦，其福不尽。"故知念佛利大，不可思议也。《十往生经》、诸大乘经等，并有文证，不可具引也。

△ 第二、次明此彼禅观比较，劝往生者。

但此方秽境，乱想难入，就令修得，唯获事定，多喜味染。又复但能伏业，报生上界，寿尽多退。是故《智度论》云：“多闻持戒禅，未得无漏法，虽有此功德，是事未可信。”若欲向西修习，事境光净，定观易成，除罪多劫，永定速进，究竟清凉。如《大经》广说。

问曰：若西方境界胜，可为禅定感。此界色天劣，不应为禅定招？

答曰：若论修定因，该通于彼此。然彼界位是不退，并有他力持，是故说为胜。此处虽复修定克，但有自分因，阙无他力摄，业尽不免退，就此说不如。

△ 第三、据此彼净秽二境，亦名漏无漏者。

若论此处境界，唯有三途，丘坑山涧，沙卤棘刺，水旱暴风恶触，雷电霹雳，虎狼毒兽，恶贼恶子，荒乱破散，三灾败坏。语论正报，三毒八倒，忧悲嫉妒，多病短命，饥渴寒热，常为司命害鬼之所追逐，深可秽恶，不可具说。故名有漏，深可厌也。

往生彼国胜者，据《大经》云：十方人天，但生彼国者，莫不皆获种种利益也。何者？一生彼国者，行则金莲捧足，坐则宝座承躯，出则帝释在前，入则梵王从后。一切圣众与我亲朋，阿弥陀佛为我大师。宝树宝林之下，任意翱翔。八德池中，游神濯足。形则身同金色，寿则命与佛齐。学则众门并进，止则二谛虚融。十方济运，则乘大神通。晏安暂时，则坐三空门。游则入八正之路，至则到大涅槃。一切众生，但至彼国者，皆证此益。何不思量，不速去也！

△ 第四、引圣教证成，劝后代生信求愿往者。

依《观佛三昧经》云：尔时会中有十方诸佛，各于花台中结跏趺坐，于空中现。东方善德如来为首，告大众言：“汝等当知，我念过去无量世时，有佛名宝威德上王。彼佛出时，亦如今日，说三乘法。彼佛灭后，末世之中，有一比丘，将弟子九人，往诣佛塔，礼拜佛像。见一宝像，严显可观，观已敬礼，目谛观之，各说一偈，用为赞叹。随寿修短，各自命终，既命终已，即生佛前。从此以后，恒得值遇无量诸佛，于诸佛所，广修梵行，得念佛三昧海。既得此已，诸佛现前，即与授记，于十方面，随意作佛。东方善德佛者，即我身是。自余九方诸佛者，即是本昔弟子九人是。十方佛世尊，因由礼塔，一偈赞故，得成为佛。岂异人乎？我等十方佛是。”是时十方诸佛，从空而下，放千光明，显现色身，白毫相光，各各皆坐释迦佛床，告阿难言：“汝知释迦文佛，无数精进，百千苦行，求佛智慧，报得是身。今为汝说，汝持佛语，为未来世天龙大众、四部弟子，说观佛相好及念佛三昧。”说是语已，然后问讯释迦文佛，问讯讫已，各还本国。

● 第六大门中，有三番料简：第一、十方净土，共来比较；第二、义推；第三、辨经住灭。

△ 第一、十方净土，共来比较者，有其三番：

一、如《随愿往生经》云：“十方佛国，皆悉严净，随愿并得往生。虽然，悉不如西方无量寿国。何意如此？但阿弥陀佛与观音、大势至，先发心时，从此界去，于此众生偏是有缘，是故释迦处处叹归。”

二、据《大经》：“法藏菩萨因中，于世饶王佛所，具发弘愿，取诸净土。时佛为说二百一十亿诸佛刹土，天人善恶，国土精粗，悉现与之。于时法藏菩萨，愿取西方成佛，今现在彼。”是二证也。

三、依此《观经》中，韦提夫人复请净土，如来光台为现十方一切净土。韦提夫人白佛言：“此诸佛土，虽复清净，皆有光明，我今乐生极乐世界阿弥陀佛所。”是其三证。

故知诸净土中，安乐世界最胜也。

△ 第二、义推者。

问曰：何故要须面向西坐、礼、念、观者？

答曰：以阎浮提云：日出处名生，没处名死。借于死地，神明趣入，其相助便。是故法藏菩萨愿成佛在西，悲接众生。由坐、观、礼、念等面向佛者，是随世礼仪。若是圣人，得飞报自在，不辨方所。但凡夫之人，身心相随，若向余方，西往必难。是故《智度论》云：有一比丘，康存之日，诵《阿弥陀经》，及念“般若波罗蜜”。临命终时，告弟子言：“阿弥陀佛与诸圣众，今在我前。”合掌归依，须臾舍命。于是弟子依火葬法，以火焚尸。一切烧尽，唯有舌根一种，与本不异，遂即收取，起塔供养。龙树菩萨释云：“诵《阿弥陀经》故，是以垂终，佛自来迎。念‘般若波罗蜜’故，所以舌根不尽。”以斯文证，故知一切行业，但能回向，无不往也。故《须弥四域经》云：天地初开之时，未有日月星辰。纵有天人来下，但用项光照用。尔时人民，多生苦恼。于是阿弥陀佛遣二菩萨，一名宝应声，二名宝吉祥，即伏牺、女娲是。此二菩萨，共相筹议，向第七梵天上，取其七宝，来至此界，造日月星辰，二十八宿，以照天下，定其四时，春秋冬夏。时二菩萨共相谓言：“所以日月星辰、二十八宿西行者，一切诸天人民，尽共稽首阿弥陀佛，是以日月星辰皆悉倾心向彼，故西流也。”

△ 第三、辨经住灭者。

谓释迦牟尼佛一代正法五百年，像法一千年，末法一万年。众生灭尽，诸经悉灭。如来悲哀痛烧众生，特留此经，止住百年。以斯文证，故知彼国虽是净土，然体通上下。知相无相，当生上位。凡夫火宅，一向乘相往生也。

● 第七大门中，有两番料简：第一门中，此彼取相，料简缚脱；第二、次明此彼修道，用功轻重，而获报真伪，故劝向彼。

△ 第一、此彼取相，料简缚脱者。

若取西方净相，疾得解脱，纯受极乐，智眼开朗。若取此方秽相，唯有妄乐痴盲，厄缚忧怖。

问曰：依大乘诸经，皆云无相乃是出离要道。执相拘碍，不免尘累。今劝众生舍秽忻净，是义云何？

答曰：此义不类。何者？凡相有二种：一者于五尘欲境，妄爱贪染，随境执着，此等是相，名之为缚；二者爱佛功德，愿生净土，虽言是相，名为解脱。何以得知？如《十地经》云：“初地菩萨，尚自别观二谛，励心作意，先依相求，终则无相，以渐增进，体大菩提。尽七地终心，相心始息。入其八地，绝于相求，方名无功用也。”是故《论》云：“七地以还，恶贪为障，善贪为治。八地以上，善贪为障，无贪为治。”况今愿生净土，现是外凡，所修善根皆从爱佛功德生，岂是缚也？故《涅槃经》云：“一切众生有二种爱，一者善爱，二者不善爱。不善爱者，唯愚求之。善法爱者，诸菩萨求。”是故《净土论》云：“观佛国土清净味，摄受众生大乘味，类事起行愿取佛土味，毕竟住持不虚作味，有如是等无量佛道味。”故虽是取相，非当执缚也。又彼净土，所言相者，即是无漏相、实相相也。

△ 第二段中，明此彼修道，用功轻重，而获报真伪者。

若欲发心归西者，单用少时，礼、观、念等，随寿长短，临命终时，光台迎接，迅至彼方，位阶不退。是故《大经》云：“十方人天，来生我国，若不毕至灭度，更有退转者，不取正觉。”此方多时具修施、戒、忍、进、定、慧，未满一万劫已来，恒未免火宅，颠倒坠堕，故名用功至重，获报伪也。

《大经》复云：“生我国者，横截五恶趣。”今此约对弥陀净刹，娑婆五道，齐名恶趣。地狱、饿鬼、畜生，纯恶所归，名为恶趣。娑婆人、天，杂业所向，亦名恶趣。若依此方修治断除，先断见惑，离三途因，灭三途果。后断修惑，离人天因，绝人天果。此皆渐次断除，不名横截。若得往生弥陀净国，娑婆五道，一时顿舍，故名横截。“横截五恶趣”者，截其果也；“恶趣自然闭”者，闭其因也，此明所离。“升道无穷极”者，彰其所得。若能作意回愿向西，上尽一形，下至十念，无不皆往。一到彼国，即入正定聚，与此修道一万劫齐功也。

● 第八大门中，有三番料简：第一、略举诸经来证，劝舍此忻彼；第二、弥陀、释迦二佛比较；第三、释往生意。

△ 第一、略举诸大乘经来证，皆劝舍此悕彼者。

一、谓耆阇崛山说《大经》二卷；二、《观经》一部，王宫、耆阇两会正说；三、小卷《无量寿经》，舍卫一说；四、复有《十方随愿往生经》明证；五、复有《无量清净觉经》二卷，一会正说；六、更有《十往生经》一卷。诸余大乘经论，指赞处多，如《请观音》、《大品经》等。又如龙树、天亲等论，叹劝非一。余方净土，皆不如此叮咛。

△ 第二、弥陀、释迦二佛比较者。

谓此佛释迦如来，八十年住世，暂现即去，去而不返。比于忉利诸天，不至一日。又释迦在时，救缘亦弱，如毗舍离国救人现患等。何者？时毗舍离国人民，遭五种恶病，一者眼赤如血，二者两耳出脓，三者鼻中流血，四者舌噤无声，五者所食之物化为粗涩。六识闭塞，犹如醉人。有五夜叉，或名讫拏迦罗，面黑如墨，而有五眼，钩牙上出，吸人精气。良医耆婆，尽其道术，所不能救。时有月盖长者为首部，领病人皆来归佛，叩头求哀。尔时世尊起无量悲愍，告病人曰："西方有阿弥陀佛，观世音、大势至菩萨。汝等一心，合掌求见。"于是大众皆从佛劝，合掌求哀。尔时彼佛放大光明，观音、大势一时俱到，说大神咒，一切病苦皆悉消除，平复如故。然二佛神力应亦齐等，但释迦如来不申己能，故显彼长，欲使一切众生莫不齐归。是故释迦处处叹归，须知此意也。是故昙鸾法师，正意归西，故《傍大经奉赞》云："安乐声闻菩萨众，人天智慧咸洞达，身相庄严无殊异，但顺他方故列名。颜容端正无可比，精微妙躯非人天，虚无之身无极体，是故顶礼平等力。"

△ 第三、释往生意者，就中有二：一、释往生意；二、问答解释。

第一、问曰：今愿生净土，未知作何意也？答曰：只欲疾成自利利他，利物深广，十信三贤，摄受正法，契会不二，见证佛性，明晓实相，观照晖心，有无二谛，因果先后，十地优劣，三忍三道，金刚无碍，证大涅槃。大乘宽运，欲无限时住，为尽无边生死海故。

问有三番。

问曰：愿生净土，拟欲利物者，若尔，所拔众生今现在此，已能发得此心，只应在此拔苦众生，何因得此心竟，先愿生净土？似如舍众生，自求菩提乐也。

答曰：此义不类。何者？如《智度论》云："譬如二人，俱见父母眷属没在深渊。一人直往，尽力救之，力所不及，相与俱没。一人遥走，趣一舟船，乘来济接，并得出难。菩萨亦尔，若未发心时，生死流转，与众生无别。但已发菩提心时，先愿往生净土，取大悲船，乘无碍辩才，入生死海，济运众生。”

二、《大论》复云：“菩萨生净土，具大神通，辩才无碍，教化众生，时尚不能令众生生善灭恶，增道进位，称菩萨意。若即在秽土拔济者，阙无此益，如似逼鸡入水，岂能不湿也？”

三、《大经赞》云：“安乐佛国诸菩萨，夫可宣说随智慧，于己万物亡我所，净若莲花不受尘。往来进止若泛舟，利安为务舍适莫，彼己犹空断二想，燃智慧炬照长夜。三明六通皆已足，菩萨万行观心眼，如是功德无边量，是故至心愿生彼。”

● 第九大门中，有两番料简：第一、苦乐善恶相对；第二、明彼此寿命长短比较。

△ 就初段中有二：一、苦乐善恶相对；二、引《大经》为证。

初、言苦乐善恶相对者。在此娑婆世界，虽有苦乐二报，恒以乐少苦多。重则三途痛烧，轻则人天刀兵疾病，相续连注，远劫以来，无有断时。纵有人天少乐，犹如泡沫电光，速起速灭，是故名为唯苦唯恶。弥陀净国，水鸟、树林，常吐法音，明宣道教，具足清白，能令悟入。

二、引圣教为证者。《净土论》云：“十方人天生彼国者，即与净心菩萨无二。净心菩萨，即与上地菩萨毕竟同得寂灭忍故，更不退转。”

又引《大经》四十八愿中，有五番大益：第一、《大经》云：“有十方人天，来生我国，不悉真金色者，不取正觉。”二云：“十方人天，来生我国，若形色不同，有好丑者，不取正觉。”三云：“十方人天，来生我国，不得宿命智，下至不知百千亿那由他诸劫事者，不取正觉。”四云：“十方人天，来生我国，不得天耳通，下至不闻百千亿那由他诸佛所说，不悉受持者，不取正觉。”五云：“十方人天，来生我国，不得他心智，下至不知百千亿那由他诸佛国中众生心念者，不取正觉。”

欲论彼国利益之事，难可具陈。但当愿生，必不可思议。是故彼方唯善唯乐，无苦无恶也。

△ 第二、明寿命长短者。

此方寿命，大期不过百年。百年之内，少出多减。或生年夭丧，乃至童子身亡，或复胞胎伤堕。何意然者？良由众生作因时杂，是以受报亦不得齐同也。是故《涅槃经》云：“作业时黑，果报亦黑。作业时白，果报亦白。净、杂亦尔。”

又据《净度菩萨经》云：“人寿百岁，夜消其半，即是减却五十年也。就五十年内，十五以来，未知善恶。八十以去，昏耄虚劣，故受老苦。自此之外，唯有十五年在。于中，外则王官逼迫，长征远防，或系在牢狱。内则门户吉凶，众事牵缠，茕茕忪忪，常求不足。如斯推计，可有几时得修道业？如此思量，岂不哀哉？何得不厌？”

又彼经云：“人生世间，凡经一日一夜，有八亿四千万念。一念起恶，受一恶身。十念念恶，得十生恶身。百念念恶，受一百恶身。计一众生一形之中，百年念恶，恶即遍满三千国土，受其恶身。恶法既尔，善法亦然。一念起善，受一善身。百念念善，受一百善身。计一众生一形之中，百年念善，三千国土，善身亦满。”若得十年、五年，念阿弥陀佛，或至多年，后生无量寿国，即受净土法身，恒沙无尽，不可思议也。今既秽土短促，命报不远。若生阿弥陀净国，寿命长远不可思议。是故《无量寿经》云：佛告舍利弗：“彼佛何故号阿弥陀？舍利弗，十方人天，往生彼国者，寿命长远，亿百千劫，与佛同等，故号阿弥陀。”各宜量此利大，皆愿往生也。

又《善王皇帝尊经》云：“其有人学道，念欲往生西方阿弥陀佛国者，忆念昼夜一日，若二日，或三日，若四日，若五日，至六日、七日，若复于中欲还悔者，闻我说是善王功德，命欲尽时，有八菩萨，皆悉飞来，迎取此人，到西方阿弥陀佛国中，终不得止。”

自此以下，又引《大经偈》为证，赞云：“其有众生生安乐，悉具三十有二相，智慧满足入深法，究畅道要无障碍，随根利钝成就忍，三忍乃至不可说。宿命五通常自在，至佛不更杂恶趣，除生他方五浊世，示现同如大牟尼。生安乐国成大利，是故至心愿生彼。”

● 第十大门中，有两番料简：第一、依《大经》引类证诫；第二、释回向义。

△ 第一、依《大经》引类证诫者。

十方诸佛，无不劝归西方。十方菩萨，无不同生。十方人天，有意齐归。故知不可思议事也。是故《大经赞》云：“神力无极阿弥陀，十方无量佛所赞。东方恒沙诸佛国，菩萨无数悉往觐，亦复供养安乐国，菩萨声闻诸大众，听受经法宣道化，自余九方亦如是。”

△ 第二、释回向义者。

但以一切众生，既有佛性，人人皆有愿成佛心。然依所修行业，未满一万劫已来，犹未出火界，不免轮回。是故圣者愍斯长苦，劝回向西，为成大益。然回向之功，不越于六。何等为六？一、将所修诸业，回向弥陀，既至彼国，还得六通，济运众生，此即不住道也。二、回因向果；三、回下向上；四、回迟向速，此即不住世间也。五、回施众生，悲念向善。六、回入去却分别之心。回向之功，只成斯六。是故《大经》云：“其有众生生我国者，自然胜进，超出常伦诸地之行，至成佛道，更无回复之难。”故《大经赞》云：“安乐菩萨声闻辈，于此世界无比方。释迦无碍大辩才，设诸假令示少分。最贱乞人并帝王，帝王复比金轮王，如是辗转至六天，次第相类皆如始。以天色像喻于彼，千万亿倍非其类，皆是法藏愿力为，稽首顶礼大心力。”

● 第十一大门中，略作两番料简：第一、劝一切众生，托善知识，作向西意；第二、死后辨生缘胜劣。

△ 第一、劝托善知识者。

依《法句经》，与众生作善知识。有宝明菩萨白佛言：“世尊，云何名为善知识也？”佛言：“善知识者，能说深法，谓空、无相、无愿，诸法平等，无业无报，无因无果，究竟如如，住于实际，然于毕竟空中，炽然建立一切诸法，是为善知识。善知识者，是汝父母，养育汝等菩提身故。善知识者，是汝眼目，能见一切善恶道故。善知识者，是汝大船，运度汝等出生死海故。善知识者，是汝绖绳，能挽拔汝等出生死故也。”

又劝虽与众生作善知识，必须归西。何以故？由住斯火界，违顺境多，多有退没，难出故也。是故舍利弗于此发心修菩萨行，已经六十劫，逢恶知识乞眼因缘，遂即退转。故知火界修道甚难，故劝归西方，一得往生，三学自然胜进，万行普备。故《大经》云：“弥陀净国，无造恶之地如毛发许也。”

△ 第二、次辨众生死后受生胜劣者。

此界众生，寿尽命终，莫不皆乘善恶二业，恒为司命狱卒，妄爱烦恼，相与受生，乃从无数劫来，未能免离。若能生信，归向净土，策意专精，命欲终时，阿弥陀佛与观音圣众，光台迎接，行者欢喜随从，合掌乘台，须臾即到，无不快乐，乃至成佛。又复一切众生，造业不同，有其三种，谓上、中、下，莫不皆诣阎罗取判。若能信佛因缘，愿生净土，所修行业，并皆回向，命欲终时，佛自来迎，不干死王也。

● 第十二大门中有一番，就《十往生经》为证，劝往生也。

如佛说生阿弥陀佛国，为诸大众，说观身正念解脱。

《十往生经》云：

阿难白佛言：“世尊，一切众生，观身之法，其事云何？唯愿说之。”

佛告阿难：“夫观身之法者，不观东西，不观南北，不观四维上下，不观虚空，不观外缘，不观内缘，不观身色，不观色声，不观色像，唯观无缘，是为正真观身之法。除是观身，十方谛求，在在处处，更无别法而得解脱。”

佛复告阿难：“但自观身，善力自然，正念自然，解脱自然。何以故？譬如有人，精进直心，得正解脱。如是之人，不求解脱，解脱自至。”

阿难复白佛言：“世尊，世间众生，若有如是正念解脱，应无一切地狱、饿鬼、畜生三恶道也。”

佛告阿难："世间众生，不得解脱。何以故？一切众生，皆由多虚少实，无一正念。以是因缘，地狱者多，解脱者少。譬如有人，于自父母，及以师僧，外现孝顺，内怀不孝。外现精进，内怀不实。如是恶人，报虽未至，三途不远。无有正念，不得解脱。"

阿难复白佛言："若如是者，更修何善根，得正解脱？"

佛告阿难："汝今善听，吾今为汝说。有十往生法，可得解脱。云何为十？一者观身正念，常怀欢喜，以饮食、衣服，施佛及僧，往生阿弥陀佛国。二者正念，以甘妙良药，施一病比丘，及一切众生，往生阿弥陀佛国。三者正念，不害一生命，慈悲于一切，往生阿弥陀佛国。四者正念，从师所受戒，净慧修梵行，心常怀欢喜，往生阿弥陀佛国。五者正念，孝顺于父母，敬奉于师长，不起骄慢心，往生阿弥陀佛国。六者正念，往诣于僧房，恭敬于塔寺，闻法解一义，往生阿弥陀佛国。七者正念，一日一夜中，受持八戒斋，不破一，往生阿弥陀佛国。八者正念，若能斋月、斋日中，远离于房舍，常诣于善师，往生阿弥陀佛国。九者正念，常能持净戒，勤修于禅定，护法不恶口，若能如是行，往生阿弥陀佛国。十者正念，若于无上道，不起诽谤心，精进持净戒，复教无智者，流布是经法，教化无量众生，如是诸人等，悉皆得往生。"

尔时会中有一菩萨，名山海慧，白佛言："世尊，彼阿弥陀国，有何妙乐胜事，一切众生，皆愿往生彼？"

佛告山海慧菩萨："汝今应当起立合掌，正身向西，正念观阿弥陀佛国，愿见阿弥陀佛。"

尔时一切大众，亦皆起立合掌，共观阿弥陀佛。尔时阿弥陀佛，现大神通，放大光明，照山海慧菩萨身。尔时山海慧菩萨等，即见阿弥陀佛国土，所有庄严妙好之事，皆悉七宝，七宝山、七宝国土。水鸟、树林，常吐法音。彼国日日常转法轮。彼国人民，不习外事，正习内事，口说方等语，耳听方等声，心解方等义。

尔时山海慧菩萨白佛言："世尊，我等今者睹见彼国胜妙利益，不可思议。我今愿一切众生悉皆往生，然后我等亦愿生彼国。"

佛记之曰："正观正念，得正解脱，皆悉生彼。若有善男子、善女人，正信是经，爱乐是经，劝导众生，说者、听者，悉皆往生阿弥陀佛国。若有如是等人，我从今日，常使二十五菩萨护持是人，常令是人无病无恼。若人、若非人，不得其便。行住坐卧，无问昼夜，常得安稳。"

山海慧菩萨白佛言："世尊，我今顶受尊教，不敢有疑。然世有众生，多有诽谤，不信是经。如是之人，于后云何？"

佛告山海慧菩萨："于后阎浮提，或有比丘、比丘尼，见有读诵是经者，或相瞋恚，心怀诽谤。由是谤正法故，是人现身之中，来致诸恶重病，身根不具，聋盲喑哑，水肿鬼魅，坐卧不安，求生不得，求死不得。或乃致死，堕于地狱，八万劫中，受大苦恼。百千万世，未曾闻水食之名。久后得出，在牛马猪羊，为人所杀，受大极苦。后得为人，常生下处，百千万世，不得自在，永不闻三宝名字。是故无智无信人中，莫说是经也。"

撰集流通德，普施于一切，

先发菩提心，同归向净国，皆共成佛道。

净土论

[唐] 帝京弘法寺释迦才撰

序

夫净土玄门，十方咸赞；弥陀宝界，凡圣同欣。然则二八弘规，盛乎西土。一九之教，陵迟东夏。余每披阅群典，详检圣言，此之一宗，窃为要路矣。其达之者，觖之稽颖。未悟者，瞩而踌躇。若不凭此栖神，终恐沉沦永夜。今者总阅群经，披诸异论，撮其机要，撰为一部，名《净土论》。然上古之先匠，远法师、谢灵运等，虽以佥期西境，终是独善一身，后之学者，无所承习。近代有绰禅师，撰《安乐集》一卷，虽广引众经，略申道理，其文义参杂，章品混淆，后之读之者，亦踌躇未决。今乃搜检群籍，备引道理，勒为九章，令文义区分，品目殊位，使览之者，宛如掌中耳。所愿三福之教长弘，四誓之经永范，二八之观齐开，一九之生同归。庶令六道孜孜，长辞秽刹。四生扰扰，永处莲台。未及余辉，俱游净域矣！

稽首西方极乐界，阿弥陀仙佛世尊，
巧立弘誓救群生，我愿往生头面礼。
端处莲花台王座，身放八方妙光明，
五眼遍视无余界，我愿往生头面礼。
五分圆明性常住，大悲应接寿无量，
以无缘慈摄众生，我愿往生头面礼。
宝界庄严含万色，皆从如意珠王生，

见闻尝嗅触灭罪，我愿往生头面礼。
水鸟林管发清歌，其音演说甚深法，
众生闻者获不退，我愿往生头面礼。
观音菩萨大慈悲，等视众生同一子，
宝手接引如慈母，我愿往生头面礼。
势至菩萨大自在，行坐倾动大千界，
化佛菩萨皆云集，我愿往生头面礼。
佛子众集量如海，犹如众星拱北辰，
等观三界救诸苦，我愿往生头面礼。
我今披阅佛大藏，总集句义为九章，
读者皆发菩提心，普愿往生安乐国。

净土论卷上

有滞俗公子，问净土先生曰：盖闻佛教冲虚，语言路断；法门幽简，心行处灭。此则言语出自妄情，心行无非倒想。今乃欲寄西境，专赞弥陀，路断之语容非，处灭之言罕是，但情近滞，未达大方，请扣雷门，发斯蛰户。然域内非秽，净自是心，注想西方，晓所未晓。十方咸净，偏触一隅，用此缠情，愿为开决。

先生曰：快哉，子之问也！非夫哲士，孰能示乎？然法门幽赜，诚如来旨。终惭不敏，试复论之。夫达人利见，寓目皆是。凡夫智浅，触途生滞。但圣教弘规，位阶八万，要而论之，无过理、事。此之二门，其犹车有两轮，鸟有二翼，若缺其一，则不能冲虚远逝。如《起信论》，有止、观二门，止则缘理，观则缘事，如未达此二，则构虚生滞耳。而语断心灭者，理也。期西念佛者，事也。然三界唯心，域内非秽，若未阶十地，且将境净心。虽十方咸净，而境界普散，欲令专想往生，所以偏触一隅矣。

第一、定土体性

（一明体性，二明三界摄不摄）

问曰：其土之门，凡圣同践。弥陀宝界，十念可登。既许大小俱游，庶类齐往，未知土之体性、状类如何？

答曰：夫绮色眩目，巧言翳理。今欲令愚智同解，所以且消去浮辞，指陈而说也。

一、明体性者，自有三门：一法身净土，二报身净土，三化身净土。

法身净土者，有其二义：一出能住人体，二出所住土体。能住人者，依《起信论》释如来藏，体具三大义：一者“体大”义，谓一切法真如平等不增减故，此即是一味真如。此体何但非包含内外，亦乃贯通凡圣也。二者“相大”义，谓如来藏具足无漏性功德故，此即是恒沙万德差别义也。此即有情处有，无情处无也，故《涅槃经》云：“非佛性者，谓墙壁瓦砾无情之物也。”三者“用大”义，谓能生世间、出世间善因果故，此即是前相处用也。今既相、用二大义，为能住人体。论差别，依一味而存故也。二出所住土体者，即取前一味真如体大义，为所住土体，谓与恒沙万德为依止故。此即人、土同体，义分二也。

报身净土者，有其二种：一者实报土，二者事用土。实报土者，亦人、土同体。谓始起万德为其土体，如《摄大乘论》十八圆净中云“大空无相等为门，三慧为路”也，及《维摩经》中“总持之园苑，无漏法林树”等也。若论能住人者，即总揽万德成一佛人也。此人及土，一切下位乃至金刚心菩萨亦不得见，唯佛与佛自相见耳。言事用土者，此即人、土别体，谓颇梨柯、莲花藏世界等，为所住土体，故《摄大乘论》云“净土以莲花王为依止”也。大定、大悲、妙色、相好等，为能住人体，故《摄大乘论》云“应身以大定、大悲为体”也。此人及土，初地以上菩萨随分得见。乃至十地，见皆不同，谓地即上下之别，见亦粗妙之异也。故《摄论》云：“若离应身，初地以上菩萨，菩提资粮即不具足。”此或名“报身”，或名“受用身”，或名“应身”。酬还曰“报”，答理名“应”，为他餐味称为“受用”。或名“食身”，与“受用”相似。

化身净土者，亦有二种：一者将三大僧祇利他行成，即是常随之化。此身及土，此界、他方恒现不绝，或一劫，或百年，三十二相、八十随形好等，谓新新生世，数数涅槃也。二者无而忽有化，谓依此化身，更起多化。如释迦如来，即是常随化。更起分身，即是无而忽有化也，或现猿猴鹿马等形，不必唯现佛也。身既有二，土亦然也。如妙喜世界诸妙莲花，即是常随化净土。如《维摩经》中，如来足指案地，三千皆净，即是无而忽有化净土也。此两身、二土，唯是地前菩萨、二乘、凡夫得见。故《摄大乘论》云：“若离化身，声闻、瘦涩，及愿乐位初发心修行，皆不成就也。”

法身及土，即五眼中慧眼、法眼、佛眼得见。报、化身土，即肉眼、天眼见也。

问曰：土既有三者，未知西方是何土也？

答曰：亦具三种。若入初地以去菩萨正体智见者，即是法身净土。若加行后得智见者，即是报身净土。若是地前菩萨、二乘、凡夫见者，即是化身净土也。如龙树等菩萨往生，具见法、报、化三种净土，由上得见下故。由此义故，诸经论中，或判为报，或判为化，皆不失旨也。

问曰：已知西方具有三土，未知即今凡夫念佛愿生，得何土也？

答曰：依如《摄论》，唯生化土，不见法、报土也。

就化土中，有其二种：一是胎生，二是化生。

胎生土者，复有二种：一狐疑人，生极乐边城七宝宫殿中，五百岁不见佛，名之为胎，此是《无量寿经》说。二者实有父母，名之为胎，如《鼓音声王陀罗尼经》说，此即阿弥陀佛亦有父母等。经云：“城名清泰，十千由旬，于中充满刹利之种。父名月上转轮圣王，母名殊胜妙颜，子名月明。奉事弟子名无垢称，智慧弟子名揽光，神足弟子名主化，魔名无胜，提婆达多名寂”也。此自别化一切众生，非今念佛往生者也。此即处一，见有异也。

化生土者，依如经论，具有三种：一者纯是大乘土，二者纯是小乘土，三者大小乘杂土。

纯大乘土者，此处众生，纯学大乘，即生彼土。如九品生中，上辈三品人是也。故《往生论》云："大乘善根界，等无讥嫌名，女人及根缺，二乘种不生"也。

纯小乘土者，此处众生，纯学小乘，即生彼土。如九品生中，中辈二品生者是也。故《智度论》中云："有妙净土，出过三界。诸阿罗汉，当生其中。"

大小乘杂土者，此处众生，杂学大小乘，即生彼土。如九品生中，中辈下生，及下辈三品生者是也。如中品下生，经云："孝养父母，行世仁慈。遇善知识，为说四十八大愿"等。于此愿中，杂闻大小乘，至彼虽悟阿罗汉果，后乃回心向大乘也。下辈三人，亦闻四十八大愿，或闻十二部经，或念阿弥陀佛，生到彼土，皆发菩提心也。

粗论有此三土，若委曲分别者，众生起行既有千殊，往生见土亦有万别也。若作此解者，诸经论中，或判为报，或判为化，皆无妨难也。但知诸佛修行，具感报、化二土也。如《摄论》，加行感化，正体感报。若报若化，皆欲成就众生。此则土不虚设，行不空修。但信佛语，依经专念，即得往生，亦不须图度报之与化也。

问曰：法身净土，理遍可知。报、化二土，应有封疆。西方既具有报、化土，据何文证？

答曰：报、化二土，或有封疆，或无封疆。如报土中，实报土者，即无封疆。谓如来行圆八万，时满三僧祇，二教独备，五分明显，相穷海滴，好尽岳尘，三明既朗，二智双照，其犹龙吟云应，虎啸风随，宁得以殊宝饰，不可以封疆限。此土唯佛自瞩其美，菩萨未之寓目也。事报土者，谓下擎金刚之柱，上莹琉璃之地，外围七宝栏楯，内盈八德清池，珠宝筏于翠林，宝网络于绮殿，既是身充万德，亦乃土盈众美。如此土者，即有封疆也。化土之中，据大悲愿力，等众生界，无所不遍，则无封疆；若据身为化众生，新新生世，数数涅槃，则有封疆也。

而西方是报土者，出《大乘同性经》。经云：智通菩萨问佛世尊：

"何等是如来报身？"佛言："如汝现见我者，此是如来报身。复有清净刹中取正觉，及当成正觉者，彼等一切皆是报身。"释曰：净土中成佛，作判为报者，是受用身，非实报身也。若作化身，即是细化身也。经云"汝现见我者是报身"者，即秽土中亦见报也。即此经云："五浊中成佛，有正法、像法、末法，是应化身也。"经判秽土中成佛皆是化身，而复言"汝现见我者是报身"，既秽土中得见报身者，何故净土中不得见化身也？故知净秽二土，皆具两身也。

言是化土者，出《观世音受记经》。经云："善男子，阿弥陀佛寿命无量，百千亿劫，当有终极。佛涅槃后，正法住世，等佛寿命。善男子，阿弥陀佛正法灭后，过中夜分，明相出时，观世音菩萨于菩提树下成等正觉，号普光功德山王如来，其佛国土无有声闻、缘觉之名，其佛国土号众宝普集庄严。普光功德如来涅槃，正法灭后，大势至菩萨即于其国成佛，号善住宝王如来。国土、光明、寿命，乃至法住，等无有异。"又出《鼓音声王陀罗尼经》，阿弥陀佛有父、母、子，及舍利、目连、提婆达多等也。

二、明三界摄不摄者

问曰：报土淳净，妙绝三有，所化众生已超分段。此土出乎三界，理亦易信。而化土虽净，其净未妙，所化众生复在地前。此土为当在三界摄，为当不摄耶？

答曰：若就佛论，则妙绝三界。若从众生，具有二义，或摄不摄。

初明摄者，若据凡夫及三果学人往生者，此即在三界摄，以此等众生未出三界故。

问曰：此义云何可知？

答曰：如《无量寿经》云：阿难白佛言："世尊，彼土既无须弥山等，四天王、忉利天，依何而住？"佛答曰："依业力而住。"既有人，复有四天王等，当知即有欲界也。即此经复云：告弥勒："汝见从地以上，乃至净居天，所有庄严事否？"答曰："已见"也。当知即有欲、色二界，但不论无色界也。

问曰：何故不论无色界耶？

答曰：意欲赞叹净土妙色庄严，引物往生，所以不论也，而体则有也。

问曰：此身彼土，同是欲界者，何故大圣劝人往生也？

答曰：虽欲界名同，义即别也。此处欲界，具有二义，一有上心欲，二有种子欲。由具二义，则有男女杂染，贪逐色声，乐住三有火宅中也。西方欲界者，唯有种子欲，无有上心欲。既无上心欲，即无前等过失，亦无恶心及无记心，唯有善心也。故《摄论》十八圆净中云：净土唯有乐受，无苦及舍受也。如《大法鼓经》云：苦受是不善，乐受是善，舍受是无记。既唯有善心，则无起恶之地也。故《无量寿经》云："弥陀国中，无毛发许造恶之地。"虽云欲界，岂得同乎？如欲界，色界亦尔也。

问曰：净土殊妙，物咸欣仰。既欲劝人往生，何故须判是三界摄耶？

答曰：此是经判，非关人也。又若是三界摄者，未断三界惑众生即得生。若出三界者，凡夫学人，此则绝分也，不可将在三界中众生，皆具足烦恼，令生三界外报土中也。由在三界，故往生则易。仍无上心欲，故毕竟不退。

问曰：既是三界摄者，此则应退，何名不退耶？

答曰：三界名通，非唯一种。如东方妙喜世界，有阎浮提、忉利天，有男有女，而名净土，岂出三界。既在三界，有女人故，亦是欲界，可与娑婆欲界同耶？彼名净土，此名秽刹也。今判但化净土，化界内众生者，并在三界中。若是报净土，化界外众生者，则出三界。由净土有三品优劣故耳。如东方妙喜世界，是下净土，杂男女故。西方极乐世界，是中净土，杂二乘故。上方众香世界，是上净土，无二乘故。此三品净土，并在欲界中，由在人天别住处故。妙喜世界有人天者，如《维摩经》云："从阎浮提，至忉利天"也。极乐世界有人天者，如《无量寿经》云：佛告弥勒："汝见从地以上，乃至五净居天，所有庄严事不"也。众香世界有人天者，如《维摩经》云："令诸天人，得入律行"也。此等既有人天别住处，当知则在欲界中也。若在色界，虽有天，则无人，由色界在上，人不能上故。若出三界外，则无人天别住处也。

如净土有三品，秽土亦有三品。如经说，从此东方有一世界，名曰斯诃，土田唯有三角沙石，一年二雨，湿润不过五寸，其土众生唯食草子，树皮为衣，求生不得，求死不得，此是中秽土也。复有一世界，虎狼毒狩，乃至蛇蝎，悉能飞行，遇辄相食，不简善恶，此是下秽土也。娑婆世界，恒有诸佛出世，有发菩提心众生，地出粳粮，人有礼义，此则是上秽土也。

净土虽有三品，但得生者悉皆不退。秽土亦有三品，但生之者普皆退也。又西方净土，有四因缘，唯进不退。一由长命故不退，如经言“寿命无量阿僧祇劫”故。直然三大僧祇修道，则得成佛，况复无量僧祇也。秽土由短命故退也。二者有诸佛菩萨为善知识，故不退，如经云“得与如是诸上善人俱会一处”故。秽土由多恶知识故退也。三者无有女人，六根境界并是进道缘，故不退。如《无量寿经》云：“眼见色，即发菩提心。乃至意缘法，亦发菩提心”也。秽土由有女人，六根境界普是退道缘，故退也。四者唯有善心，故不退。如经云：“无毛发许造恶之地。”秽土由有恶心、无记心，故退也。

二明不摄者。若是初地以上菩萨，及罗汉、辟支无学人生者，此即不摄，由已断正使，出三界故也。如《大智度论》云：“有妙净土，出过三界，诸阿罗汉，当生其中”也。论中既云罗汉，不论学人，故知学人生者在三界内也。

第二、定往生人

（何位人得往生）

问曰：已知土体通于报、化，未知何位人得往生？

答曰：今依经论，乃以佛意但依经论修行者，不问凡圣男女，乃至十恶五逆，临命终时，正念现前，心不乱者，并得往生。唯除谤大乘者不得往生。此依《观经》。若依《无量寿经》，并除五逆人。

问曰：此之二经，俱是一佛所说。何故大经除二，《观经》除一也？

答曰：先制后开，是诸佛常法。《无量寿经》先说，以广说法藏比丘因缘，及明往生事故也。《观经》后说，以但论往生事故也。

问曰：如《无量寿经》云：“众生生者，皆悉住于正定之聚。”又《阿弥陀经》云：“舍利弗，极乐国土众生生者，皆是阿毗跋致。”据此二经，十解以上，始得往生。何故言乃至十恶五逆并得往生？

答曰：正定、阿毗跋致，并云不退。不退言通，非局十解。今依经论，释有四种：一是念不退，谓在八地以上；二是行不退，谓在初地以上；三是位不退，谓在十解以上；四是处不退，谓西方净土也。故《无量寿经》云：“彼土无有邪定及不定聚名。”又四十八大愿中云：“设我得佛，国中之人天，不住正定聚，必至灭度者，不取正觉。”既不退之言，位该四种，宁得举一不退以定除三也？

问曰：夫论不退，须据行位，云何依处得不退耶？

答曰：行位不退，由内无烦恼。处所不退，由外无境界。各据一义，奚足怪乎！

问曰：前三不退，经论明证，此则可信。处所不退，既无文证，若为取信？

答曰：今引《毗婆沙论》为证。如彼论中，出六种种性人：一是退，二是思，三是护，四是位，五是升进，六是不动。如退种性人，纵得罗汉，亦还起退，乃至起三界修道烦恼，由根性软弱故。此人虽体是退根，此人若在欲界人中，逢五退具即退；若生六欲天，及色、无色界中，无五退具，即不退，由处所无退缘，故永不退也。五退具者，一长病，二远行，三诵经，四营事，五和诤。此之五种，唯人中有，天等中无。诵经等三，虽是善事，废入观，故退也。准此例彼，亦可同然。如一切凡夫，虽复念佛，未至十解位，由在外凡，故体是退人。此人若在娑婆秽土中，由逢五退缘故即退。若生西方，由无五退缘，故不退也。五退缘者，一短命多病，二有女人及生染六尘，三是恶行人谓恶知识，四是不善及无记心，五常不值佛也。净土中无此五退缘，故毕竟不退也。此引圣教，证处所不退明矣。

又据二经，皆云往生者得不退，不云不退人得往生也。故《无量寿经》云："生彼土者，皆悉住于正定之聚。所以者何？彼土无有邪定及不定聚名也。"《小经》亦云："众生生者，皆是阿毗跋致。"不云阿毗跋致人得往生也。犹如此间具三受人，若生彼土，则无苦、舍，唯有乐受也，由彼处所无二受故。

问曰：如《观经》云：上品上生人，生致彼土，即悟无生法忍。此乃是八地。当知下品生者，故在十解以上。若在十解以前，非但近违圣教，亦乃位太悬殊。

答曰：不然。无生法忍，亦有四种：一、缘教故得无生法忍，谓一切凡夫，及十信位人，读大乘经论，作无生解，即是闻慧。二、缘观得无生法忍，谓十解以上，乃至十回向，谓作三无性观，解万法无生，即是思慧。三、证理得无生法忍，谓初地以上，由证遍满法界二空真如，即是修慧。四、约位得无生法忍，谓八地以上，由得真俗双行，即是无功用智，是修慧也。无生法忍，既通此四。宁得执一，高判余者？如远法师判上品上生，从四地至八地。若如《摄大乘论》，四地菩萨变易中因缘生死。西方是分段生死，云何令受变易菩萨却受分段也？故《观世音受记经》云："阿弥陀佛寿命无量，要般涅槃。"当知众生寿虽无量，而必有死，以《小阿弥陀经》云"众生亦名阿弥陀"也。

今依《观经》判九品生人。如古来大德远法师等，观果判人，位则太高。今据因判人，位即稍下。

如上品上生人，发三种心，即得往生。其三种心者，一是至诚心，二者是深心，三是回向发愿心。此之三心，依《起信论》，判在十解初心。如《起信论》云，信成就发心，在十信终心也。发三种心，始入十解位中。三心者：一是直心，谓正念真如法故，即是《观经》中至诚心。至诚与直心，义同名异耳。如《维摩经》明，净土道场二行之初，并有三心，同《观经》也。观诸经论，但明一切行初，必发此三心，当知此三心是万行之始。既是万行之初，故宁得生彼即悟无生到八地也？二是深心，《观经》亦名深心。三是大悲心，《观经》名回向发愿心。若无大悲，即不能发愿回向，此亦义同名异也。《起信论》三心，既在十信终发，当知《观经》上品上生，即在十解初心明矣。言至彼得无生法忍者，此是缘观得无生法忍也。若如远法师判四地菩萨是上品上生人者，宁得至彼不经时节即悟无生法忍也？四地至八地，由经半阿僧祇故。

上品中生者，在十信初心，经云“深信因果，不谤大乘”故。若未至十信，在邪定聚中，即不信因果，及谤大乘也。又信位有十心，初是“信心”也。言生到彼土经一小劫得无生法忍者，此是缘理得无生法忍也。由彼日月长故，经云：“极乐世界，一日一夜，如娑婆世界一劫”也。若如远法师判初地菩萨是者，云何经一小劫即至八地？初地至八地，一大僧祇也。

上品下生者，总是十信前一切趣善凡夫，但能归依三宝、受菩萨戒以去并是也。经云：“亦信因果，不谤大乘，但发无上道心”也。谓发十信位初菩提心，得入不定位也。生到彼土，经三小劫，得至初地者，谓数取彼处劫，不取数此间劫也。如娑婆世界一劫，当安乐界一日一夜。既经三小劫，理则初地也。若如远法师判十解是者，云何经三小劫即到初地？从十解至初地，是第一阿僧祇劫也。

前之三品，并是大乘人。其中辈三品，多是小乘人也。

中品上生者，谓是小乘七方便中，后四方便，谓煖、顶、忍、世第一法位中也。经云：“受持五戒，乃至无诸过恶”也。此人由得四达分，及未来禅，伏欲界惑，故不起破戒烦恼及恶业也，由破戒烦恼恶业在欲界中也。生到彼土即得罗汉者，一身获得四沙门果，即是现般人也。如远法师判是须陀洹等三果学人，小乘得果虽无定时节，终判太高也。

中品中生者，在五停心观以去，前三方便中也。经云：“一日一夜持八戒斋，乃至一日一夜持具足戒，威仪无缺。”由此人在散心位中，未得定故，破戒烦恼无有对治，不能长时持戒，威仪无缺。极小须经一日一夜，后时纵犯小戒，亦得往生也。生到彼土，经半劫，得阿罗汉。此亦是现般人，由彼寿命长故也。如远法师释，是煖等四位中。此四中，此四位人，得未来禅，伏欲界惑，云何持戒唯得一日一夜不犯？此亦太高也。

中品下生者，在小乘五停心观前，受五戒以去一切趣善凡夫。经云：“孝养父母，行世仁慈。”既未有入道观行，正可行世仁慈也。余如前判。如远法师判，是五停心观，至总相念处。此三位人，或得闻慧，或得思慧，或得修慧，云何但行世仁慈、孝养父母？此亦太高也。

若论下辈三品，总是一切起恶凡夫，唯造十恶五逆，乃至用常住僧物，无有惭愧，纵令学他受戒，随受即破。此等临终若遇善知识，极发菩提心，正念相续现前，即得往生。若不遇善知识，不能极发菩提心，定堕地狱也。故《观经》云："此人应堕地狱，经历多劫，受苦无穷"也。然众生报尽之时，恶业怨家，众苦竞集，十念极难成就，若成就，定得往生净土也。又善恶两道，峻如转掌，仰即得往生，覆即入地狱，于此时中，唯须善知识力也。若人破戒，心生惭愧，依大乘经忏悔，得灭罪相，专心念佛，及作观行者，并在前二辈中生，不入下辈中论也。如远法师判，是常俗凡夫也。

问曰：净土之门，凡圣齐往。未知宗意，正是何人？

答曰：观韦提希请，及如来答意，唯言为未来世一切凡夫，为烦恼贼之所害者，说清净业处，劝人往生，不论菩萨。若论菩萨发心，愿生恶道，不愿生净土中也。如十解以上菩萨，尚自留惑受生，愿生恶道，救苦众生，不愿生净土也。留惑文者，如《维摩经》云："是有疾菩萨，无所受而受诸受，未具佛法，亦不灭受而取证也。"此是菩萨留惑受生文。又《地持论》、《摄大乘论》，并有留惑受生文。

举要言之，三乘圣人，及三乘七方便中人，乃至方便道前，若男若女，无根二根，至于龙鬼八部，但能发菩提心，专念阿弥陀佛，厌恶秽刹，欣乐净土，临命终时，正念现前者，皆得往生也。若勇猛精进，观行分明，临终最后心不乱者，并得上生。乃至临终，最后十念相续现在前者，得下品下生。此中菩萨往生，自有三辈九品。二乘往生自有上中下，凡夫往生自有上中下，各有九品。但经中不能委细分别，大、小、凡夫，合论九品，实即有无量差别也，详四十八愿，及《观经》。

论大旨，凡夫是正生人，圣人是兼生人。以凡夫堕恶道故，于秽土中不能修道发心也。唯凡夫中，谤大乘人不得往生，以断善根故。二乘人中，愚法学人不得往生，以不信有十方净土故。菩萨人中，不发愿求生者不得往生，无爱乐心故。若二乘无学人，不问愚法不愚法，求与不求，皆得往生，以三界秽土中无受生处故也。《智度论》云：“有妙净土，出过三界。诸阿罗汉，当生其中。”不论学人也。

第三、定往生因

（修何行业得生净土）

问曰：已知凡圣皆得往生，未知此等人修何行业，而得生乎？

答曰：今依经论，出二种因。一、初引经论，广明其因。二、削烦就约，略明其因。

初引经论者，如《无量寿经》云：生彼国者，凡有三辈。其上辈者，有三种因，一须发菩提心，二须出家，三须专念佛名，兼修余福，回向发愿，即得往生。观此经意，上品三生者，唯是出家人也。其中辈生者，亦有三种因，一须发菩提心，二须专念佛名，三须受戒持斋，起塔造像，饮食众僧，烧香散花，灯幡供养，余如前说。此唯是俗人也，经云“虽不能舍家，行作沙门”故也。其下辈者，亦有三种因，一须发菩提心，二须专念佛名，乃至十念，三须闻甚深义，信乐不疑。（此通道俗，《无量寿经》意也。）

又如《无量清净平等觉经》云：欲生无量清净平等宝国中，有其三辈。第一辈者，去妻子，断爱欲，作沙门，不与女人交通，行六波罗蜜，斋戒清净，至心不断，梦中见佛，则得往生也。其中辈者，持经受戒，布施饮食沙门，慈心不瞋，幡花供养，一日一夜不断绝者，往生其土。其下辈者，当断爱欲，慈心不瞋，斋戒清净，一心念佛，十日十夜不断绝，便得往生。（此是《无量清净平等觉经》，与《无量寿经》大同也。）

又如《阿弥陀鼓音声王经》云：若有受持阿弥陀佛名号，坚固其心，忆念不忘，十日十夜，除舍散乱，精勤修集念佛三昧。知彼如来常住安乐世界，相续忆念，勿令断绝。受持读诵此《鼓音声王经》，十日十夜，六时专念。五体投地，敬礼彼佛。念念不绝，十日之中，必见彼佛，唯除重障。（此是《鼓音声王经》，此明现在未死时则得见佛也。）

又如《观经》说：一须三福清净业，二须十六观。此是《观经》中因，广不可具引，且总举耳也。

又如《小阿弥陀经》说：若善男子、善女人，闻说阿弥陀佛，执持名号，若一日乃至七日，念阿弥陀佛，一心不乱。其人临命终时，阿弥陀佛与诸圣众现其人前，是人终时，心不颠倒，即得往生。（此是《小阿弥陀经》，七日念佛即得往生也。）

又如《大集经》说：佛告贤护："云何名现前三昧？若有比丘、比丘尼、优婆塞、优婆夷，持戒清净，独处空闲。随何方面，若闻西方阿弥陀佛，是人闻已，作如是念：'如我所闻阿弥陀佛，今在西方，为诸菩萨说法。'是人依所闻故，系念思惟，观察不已，了了分明，终获见彼阿弥陀佛。譬如若男若女，于其梦中见种种事，所谓金银珍宝，是人梦中所见，或违或顺，或忧或喜。是人寤已，为他广说，追忆梦中，便生忧喜。如是贤护，彼善男子、善女人，想彼阿弥陀佛，如是相好，如是威仪，如是大众，如是说法。系念思惟，或一日，或一夜，具足念故，是人必睹阿弥陀佛。若于昼时不能见者，于睡梦中，阿弥陀佛必当现也。"（此是《大集贤护菩萨经》，此经中教人想佛必得见也。）

又如《往生论》说：修五念门，即得往生。何等五念？一者礼拜，二者赞叹，三者作愿，四者观察，五者回向。（此是《往生论》中，教人修行五念门，即得往生，是天亲菩萨造也。）

又如《大乘起信》说：复次，众生初学是法，其心怯弱，惧畏信心难可成就，意欲退者。如来有胜方便，摄护信心，谓以专心念佛因缘，随愿得往生他方佛土。如修多罗说，若人专念西方阿弥陀佛，所作善根回向，愿求生彼世界，即得往生。（此是《起信论》，马鸣菩萨造此论，教人念佛，发愿回向，即得往生也。）

又如《大乘十住毗婆沙》，龙树菩萨教人礼赞阿弥陀佛，即得往生。（此礼赞文，第五引圣教门中具显。此略引三五，初门意也。）

问曰：如上所引经论，其文浩博，难以究寻。今请撮其机要，略明其因，令诸行者易修易学。

答曰：实然，如上所引经论，对机设教，难可究寻。今削烦就约，略出其因，自有二种，一是通因，二是别因。

通因者，如《无量寿经》中三辈生人，皆须发菩提心，及《观经》中，具修三福净业，始得往生，此等并是通因。通因有二种，一通感十方净土，二通感三世净土。故《观经》云：故此三种业，过去、未来、现在三世诸佛净业正因也。

别因者，乃有无量，要唯有二，一是所求，二是能求。

所求者复有二种：一须别举一方，标心有在，如别标西方极乐世界，求彼往生，即是器世间净也。二别念一佛，以为师范，求为弟子，亲承供养，即是众生世间净也。

二能求者，正是其因，复有六种：一须别念阿弥陀佛名号，二须礼拜，三须赞叹，四须发愿，五须观察，六须回向。

念佛者复有二种：一是心念，二是口念。心念者，复有二种：一念佛色身，谓阿弥陀佛身有八万四千相，相有八万四千好，好有八万四千光明等。二念佛智身，谓阿弥陀佛有五分法身、大慈、大悲、力、无畏等也。二口念者，若心无力，须将口来扶，将口引心，令不散乱。如经说：若人念阿弥陀佛，得百万遍以去，决定得生极乐世界。绰禅师检得此经，若能七日专心念佛，即得百万遍也。由此义故，经中多道七日念佛也。

二礼拜者，须正面西方，想阿弥陀佛，如对目前。严持香花，口称佛名，五体投地，再三叩头，愿生彼土。可诵取龙树菩萨《十二礼》，谓："稽首天人所恭敬，阿弥陀仙两足尊，在彼微妙安乐国，无量佛子众围绕"等。此是禅那三藏别译出也。

三赞叹者，须别赞阿弥陀佛，或色或心，或依报或正报。或立或坐，直视西方，如对目前，一心赞叹，愿生净土。可诵取《大乘十住毗婆沙》中龙树菩萨偈颂，及《往生论》中赞文也。

四发愿者，须别发愿求生极乐，或愿自身往生，或愿众生往生，或愿释迦遣送，或愿弥陀来迎，或愿常游净土，或愿永离胎形，或愿临终安隐，或愿正念现前，如是种种随心发愿。如《宝性论》偈曰："依此诸功德，愿于命终时，得见弥陀佛，无边功德身。我及余信者，既见彼佛已，愿得离垢眼，证无上菩提"也。

五观察者，须别标西方依正两报，种种观察。如《观经》十六观中，前七是依报，后九是正报。又如《往生论》，依报有十七种庄严事；正报中，佛有八种庄严事，菩萨有四种庄严事。于此等中，一一观察，随得一观成就，定得往生也。

六回向者，此中有二：一将己功德回向，与众生同生净土。二将己无始以来所有功德，及一生以来所有功德，若多若少，若福若智，总愿回向，求生极乐也。

问曰：如上所明通、别二因，难具造修，凡夫智浅力薄，恐心生绝分。今愿撮其枢要，梗概而说。

答曰：上明通、别二因，备上根者。若就中下之人，要唯有五：

一先须忏悔无始以来障道恶业，恐与净土作留难也，如方等经《佛名经》中所说也。

二须发菩提心。若不发菩提心，直自避苦逐乐，恐不得往生也。菩提心者，略有三种：一断一切恶心，二修一切善心，三化度一切众生心也。（此依《无量寿经》，三辈往生，并云发菩提心也。）

三者须专念阿弥陀佛名号。须别庄严一道场，烧香散花，幡灯具足。请一阿弥陀佛，安道场内，像面向东，人面向西。或七日（《小阿弥陀经》中明七日），或十日（《鼓音声王经》、《清净平等觉经》明十日），咸省睡眠，除去散乱，唯除大小便利，及与食时，一心专念。闷即立念，不须礼拜旋绕，但唯念佛。七日满，出道场后，行住坐卧，闲时即念。常念佛名，有三种益：一由常念故，诸恶觉观毕竟不生，亦得消于业障。二者由常念故，善根增长，亦得种于见佛因缘。三者由常念故，熏习熟利，临命终时，正念现前也。

四者须总相观察极乐世界，如是地，如是池，如是楼阁，如是林树。

阿弥陀佛，如是花座，如是相好，如是徒众，如是说法也。（此是《大集贤护经》中教化众生。）如是总观，定得往生，由三界唯心故也。

五者所作功德，若过去，若今生，并愿回向生安乐国。

若能具前五种行者，必得往生，幸勿疑也。如《法华经》云：“我今为汝保任此事，终不虚也。”余亦如是，誓能保任终不虚也。

净土论卷中

第四、出道理

（依何道理得生净土，二问答分别释妨难）

问曰：夫业行纷纶，凡夫莫识其绪。苦乐差别，二乘未达其源。在世则业分六趣，出世则道别三乘。据理则万法同规，就教则有了不了说。今西方净土者，乃是法藏弘誓所克，法王跨以据神，世界莹以千珍，圣主题之万相。此人及土，俱非下地窥游。经论虽说得往生，恐是别时意语。今依何道理，判得往生？此则道俗佥疑，愿闻厥旨也。

答曰：但圣教纶披，实难究览。业行萦结，谁可窥寻？今还检之圣教，究以道理，使往生之路决如掌中（圣教者后说，道理者今论）。如《摄大乘论》云：“夫为证者，必须经论二教。阿毗达磨以理为胜，修多罗以教为胜。教必有理，理必顺教。”今且究理，后引其教。

究理者，检诸经藏，有隐显二说，谓了义经、不了义经。了义经者，毕竟不破。不了义经，至涅槃会上，并引未决破。唯净土一教，不入破限，当知即是了义经也。又菩萨造论，解释佛经，其不了义经即破，了义之经即赞。此土一教，于论中赞，无有破处，故知是了义经也。

问曰：如《摄大乘论释》，作别时意，岂不是破耶？

答曰：彼论所明，有别时，有不别时。若唯空发愿，即是别时。若行愿兼修，非是别时。若天亲菩萨判作别时意者，何故《摄论》后文，将造论功德回向众生，愿往生净土也？又何故更造《往生论》，劝人往生也？复次如《观经》教兴意者，缘韦提希生阿阇世五逆之子，因厌五浊，愿生极乐。佛遂为说三福净业、十六观门，劝众生往生，乃至十恶五逆，悉劝往生。既即净土请主身居五浊，复生逆子，佛说皆得往生。即知现居五浊凡夫，悉得往生，此理明矣。

问曰：韦提希是大菩萨，为化众生，现受女身，生于逆子，岂实是凡夫耶？

答曰：纵令实是菩萨，现受女身化众生者，必须隐其实德，现同凡夫，摄化同类。如五百侍女，佛记得往生。并未来一切女人，及诸男子，悉是凡夫，并是所摄，亦得往生。如诸菩萨，或现地狱身，即引地狱众生也，如方等经中婆薮仙人等。或现畜生身，即引畜生众生，如《涅槃经》中蜂王、鹅王、蚁王等。或现作五逆，即引五逆众生，如阿阇世王、提婆达多等。此并能化者是假，所化者实也。韦提希既现在凡夫身，居五浊，当知即引五浊凡夫往生极乐也。故《观经》云：佛告韦提希："汝是凡夫，未得天眼，不能远观。如来有异方便，令汝得见"也。

复次，法藏比丘四十八大愿，初先为一切凡夫，后始兼为三乘圣人。故知净土宗意，本为凡夫，兼为圣人也。

复次，如十解以上菩萨，留惑受生恶道，愿救苦众生，不生净土，以任自业力，更不堕恶道中故。即知凡夫由未免恶道故，须生净土中。十解以去，不畏生恶道故，不愿生净土也。故知净土兴意，本为凡夫，非为菩萨也。

又此净土一门，经经中说，论论中明。若是不了说者，何故佛及菩萨作此殷勤也？乃至十方诸佛，各出广长舌相，证释迦所说，及劝众生，此岂是不了说也？

复次，如上古以来大德名僧，及俗中聪明儒士，并修净土行，谓庐山远法师、睿法师、刘遗民、谢灵运，乃至近世绰禅师，此等临终并感得光台异相，圣众来迎，录在别传。此等大德智人既欣净土，后之学者，但可逐他先匠，不须疑也。

又前问云：土荣千珍，佛题万相，此之人土，俱非下地窥游者。今答此义。若论实报人土，诚如所说。若是事净土，及化净土，理则不然。若事土报身，则为上地所见。若迹身化土，则为地前窥游。若俱非下地境界者，则圣无化生之能，生无入圣之分。俱具二义，即得往生：一、一切众生修行以为因缘；二、弥陀本愿为增上缘。二义若具，即得往生。故《起信论》云："又诸佛法，有因有缘。因缘具足，乃得成办"也。以有如是等道理故，众生修行，并得往生也。

二、问答分别释妨难者

问曰：诸佛随宜说法，意趣难解。自非论释，幽旨难通。如《成实论》云："经有论故，义则易解。"故无著菩萨，玄览圣心，揣诸经旨，略开四意四依，如净土一门，判作别时意。乃今云：众生修行，即得往生。是义云何？

答曰：如彼论说，自是别时。余经中说，非是别时。岂得将别时难不别时也？

问曰：云何论说则是别时，余经中说则非别时也？

答曰：彼论但据空发愿，不论修行者。余经中说，兼论修行。若佛经中说众生发愿则得往生者，并是别时意说，不得往生也。如《小弥陀经》云："若有人，已发愿、今发愿、当发愿，于彼国土，若已生、若今生、若当生"也。如此等经，总是别时意说，不得即生也。若如诸净土经，或明三福业，十六观门；或令发菩提心，七日念佛；或教发愿回向，十念往生。如此等经，并是往生，即非别时也。故彼论云："由唯发愿，是别时意也。"既空发愿。理是别时也。

问曰：如《往生论》说："女人及根缺，二乘种不生。"云何女人等三，亦得往生？

答曰：实然，此等三种，理不得生。若无三种，定得往生。何三种者？一于此土中，或有男子，或有女人，种于女因，决定招女报者，此人纵修净土行，亦不得往生，以净土中无女人故，此是定业，不可改动，即是业障也。根缺者，若人于此土中，定种盲聋等因，亦不得往生，以净土中人，并有三十二大丈夫相故，此亦是业障也。二乘者，若是二乘学人，及二乘方便道中人，种二乘定因，不信有大乘及十方净土者，亦不得往生，以此人是愚法二乘，不信有十方佛及净土故，不肯发愿回向也，此即是决定小乘障大乘也。彼论所明“种”者，定业种也。但无此三定种者，即得往生也。

问曰：若此土中，有三种定业，即不得往生者。何故《观经》中云，受持五戒等，即得往生，至彼闻说四谛，悟罗汉果等也。此岂不小乘定种？

答曰：此是不愚法人，信有十方诸佛及以净土，发愿回向，始得往生。若悟果竟，佛为说《法华经》，并回心向大也。此是《智度论》文也。若论二乘无学人，不问愚法不愚法，悉生净土中，以受变易生死，三界中无受生处故也。

问曰：众生恶业，其犹积山。此诸恶业，障乎净土，非小善能除。何故《观经》云，临命终十念，即得往生？

答曰：心是业主，牵生之本。临终之心，犹如眼目，能导一切诸业。若临终心恶，能引一切恶业，生恶道中。若临终心善，能引一切善业，生善道中。譬如龙行，云则随之。心若西逝，业亦随之也。此是经论文也。

问曰：如《弥勒所问经》说十念中云：“非凡夫念，不杂结使念。”今此土众生，体是凡夫，结使未断，云何念佛而得往生？

答曰：若如彼经，无结使人始得往生者，唯佛一人得生，余皆不得，以十地后心菩萨，犹有二种无明故。今解，彼经言凡夫念者，若不发菩提心，求出三界作佛，直尔念佛求生西方，独善一身，避苦逐乐者，此是凡夫念，亦不得往生。故《无量寿经》三辈生人，皆须发菩提心也。不杂结使念者，唯须一心相续，观佛相好。若口念佛，心缘五欲者，是杂结使念也。念佛是淳净心，与结使相违。若能如此，即与彼经相应。

第五、引圣教为证

（谓引经论二教）

经引十二部：一、《无量寿经》；二、《观经》；三、《小弥陀经》；四、《鼓音声王经》；五、《称扬诸佛功德经》；六、《发觉净心经》；七、《大集经》；八、《十方往生经》；九、《药师经》；十、《般舟经》；十一、《大阿弥陀经》；十二、《无量清净觉经》。

论引七部：一、《往生论》；二、《起信论》；三、《十住毗婆沙论》；四、一切经中《弥陀偈》；五、《宝性论》；六、龙树《十二礼》；七、《摄大乘论》也。

问曰：上出道理，已知愿行相扶，得生净土，非别时意。未知有何圣教为证？

答曰：今引经论二教为证。

经教者：

一、如《无量寿经》第一卷云："设我得佛，国中有地狱、饿鬼、畜生者，不取正觉。设我得佛，国中人天，乃至闻不善名者，不取正觉。设我得佛，国中人天，寿终之后，复更堕三恶道者，不取正觉。设我得佛，国中人天，不住正定聚，必至灭度者，不取正觉。设我得佛，国中人天，寿命无能限量。除其本愿，修短自在。若不尔者，不取正觉。设我得佛，十方众生，至心信乐，欲生我国，乃至十念，若不生者，不取正觉。唯除五逆，诽谤正法。设我得佛，十方众生，发菩提心，修诸功德，至心发愿，欲生我国，临寿终时，假令不与大众围绕现其人前者，不取正觉。设我得佛，十方众生，闻我名号，系念我国，植诸德本，至心回向，欲生我国，不果遂者，不取正觉。设我得佛，十方无量不可思议诸佛世界众生之类，闻我名字，不得菩萨无生法忍、诸深总持者，不取正觉。设我得佛，十方无量不可思议诸佛世界，其有女人，闻我名字，欢喜信乐，发菩提心，厌恶女身，寿终之后，复为女像者，不取正觉。设我得佛，国中人天，所受快乐，不如漏尽比丘者，不取正觉。”释曰：依此四十八大愿中文，一一愿中皆云十方人天，乃至女人，都不论不退以去诸菩萨也。余愿为菩萨。当知前者是正，后者兼也。

又如《无量寿经》第二卷云：佛告阿难：“其有众生，生彼国者，皆悉住于正定之聚。所以者何？彼佛国中，无诸邪聚及不定聚名。十方恒沙诸佛如来，皆共赞叹无量寿佛威神功德不可思议。诸有众生，闻其名号，信心欢喜，乃至一念，至心回向，愿生彼国，即得往生，至不退转。唯除五逆，诽谤正法。”佛告阿难：“十方世界，诸天人民，其有至心愿生彼国，凡有三辈。其上辈者，舍家弃欲，而成沙门，发菩提心，一向专念无量寿佛，修诸功德，愿生彼国。此等众生临终时，无量寿佛与诸大众现其人前，即随彼佛往生其国，便于七宝花中自然化生，住不退转，福慧勇猛，神通自在。是故阿难，其有众生欲于今世见无量寿佛，应发无上菩提之心，修行功德，愿生彼国。”佛语阿难：“其中辈者，十方世界，诸天人民，其有至心愿生彼国，虽不能行作沙门，大修功德，当发无上菩提之心，一向专念无量寿佛，多少修善，奉持斋戒，起立塔像，饭食沙门，悬缯燃灯，散花烧香，以此回向，愿生彼国。其人临终，无量寿佛化现其身，光明、相好具如真佛，及诸大众，现其人前，即随彼佛往生其国，住不退转。功德智慧，次如上辈者也。”佛告阿难：“其下辈者，十方世界，诸天人民，其有至心欲生彼国，假使不能作诸功德，当发无上菩提之心，一向专意，乃至十念，念无量寿佛，愿生其国。若闻妙法，欢喜信乐，不生疑惑。乃至一念念于彼佛，以至诚心，愿生其国。此人临终，梦见彼佛，亦得往生。功德智慧，次如中辈者也。”

第二、如《观经》云：尔时世尊告韦提希：“汝今知否？阿弥陀去此不远，汝当系念谛观彼国净业成者。我今为汝广说众譬，亦令未来世一切凡夫，欲修净业者，得生西方极乐国土。欲生彼国者，当修三福：一者孝养父母，奉事师长，慈心不杀，修十善业。二者受持三归，具足众戒，不犯威仪。三者发菩提心，深信因果，读诵大乘，劝进行者。如此三事，名为净业。”佛告韦提希：“汝今知否？此三种业，过去、未来、现在三世诸佛净业正因。”佛告阿难及韦提希：“下品下生者，或有众生，作不善业，五逆十恶，具诸不善。如此愚人，以恶业故，应堕恶道，经历多劫，受苦无穷。如此愚人，临命终时，遇善知识，种种安慰，为说妙法，教令念佛。彼人苦逼，不遑念佛。善友告言：‘汝若不能念者，应称无量寿佛。’如是至心令声不绝，具足十念，称南无佛。称佛名故，于念念中，除八十亿劫生死之罪。命终之后，见金莲花，犹如日轮，住其人前，如一念顷，即得往生极乐世界。于莲花中，满十二大劫，莲花方开。观世音、大势至，大悲音声，为其广说诸法实相，除灭罪法。闻已欢喜，应时即发菩提之心。是名下品下生者。是名下辈生相，名第十六观。”释曰：依九品生因中，皆分前三福净业，作九品因，亦不独一人具修三福净业也。

第三、《小弥陀经》云：“舍利弗，众生闻者，应当发愿，愿生彼国。所以者何？得与如是诸上善人俱会一处。舍利弗，不可以少善根福德因缘得生彼国。舍利弗，若有善男子、善女人，闻说阿弥陀佛，执持名号，若一日，若二日，若三日，若四日，若五日，若六日，若七日，一心不乱。其人临命终时，阿弥陀佛与诸圣众现在其前，是人终时，心不颠倒，即得往生阿弥陀佛极乐国土。舍利弗，我见是利，故说此言。若有众生闻是说者，应当发愿，生彼国土。”释曰：依此经，少善根是空发愿，广善根是七日念佛。若能七日念佛，满百万遍，即得往生也。

第四、《鼓音声王经》云：“如是我闻，一时佛在瞻波大城伽灵池，与大比丘众五百人俱。尔时世尊告诸比丘：今当为汝广说西方安乐世界，今现有佛，号阿弥陀。若有四众，能正受持彼佛名号，以此功德，临欲终时，阿弥陀佛即与大众至此人所，令其得见，见已寻生庆悦，倍增功德。以是因缘，所生之处，永离胞胎秽欲之形，纯处鲜妙宝莲花中，自然化生，具大神通，光明赫奕。尔时十方恒沙诸佛，皆共赞彼安乐世界，所有佛法，不可思议；神通现化，种种方便，不可思议。若能有信如是之事，当知是人不可思议，所得业报亦不可思议。阿弥陀如来、应、正遍知，与声闻俱，其国号曰清泰，圣王所住，其城纵广十千由旬，于中充满刹利之种。阿弥陀佛如来、应、正遍知，父名月上转轮圣王，其母名曰殊胜妙颜，子名月明。奉事弟子名无垢称，智慧弟子名曰揽光，神足弟子名曰大化。尔时魔王，名曰无胜。有提婆达多，名曰寂静。阿弥陀佛与大比丘众二万人俱。若有受持彼佛名号，坚固其心，忆念不忘，十日十夜，除舍散乱，精勤修集念佛三昧。知彼如来常恒住于安乐世界，忆念相续，勿令断绝。受持读诵此《鼓音声王大陀罗尼》，十日十夜，六时专念。五体投地，礼敬彼佛。坚固正念，悉除散乱。若能令心念念不绝，十日之中，必得见彼阿弥陀佛，并见十方世界如来，及所住处。唯除重障钝根之人，于今少时所不能睹。一切诸善，皆悉回向，愿得往生安乐世界，垂终之日，阿弥陀佛与诸大众现其人前，安慰称善，是人即得往生。”释曰：依此经，十日念佛，即见阿弥陀佛，不论命终时也。

第五、《称扬诸佛功德经》云：“复次舍利弗，西方去此十万亿佛刹，有世界名曰安乐，其国有佛，号阿弥陀如来、至真、等正觉、明行足、善逝、世间解、无上士、道法御、天人师，号曰众祐，度人无量。若有得闻无量寿如来名者，一心信乐，受持讽念，当起广远无量欢喜，安立其意，全使真诚，十万亿信心念斯如来。其人当得无量之福，永当远离三途之厄，命终之后，皆当往生彼佛刹土。命欲终时，一心信乐，念不忘舍。阿弥陀佛将诸比丘僧，往其人前，魔终不能毁坏斯等正觉之心。所以者何？其佛世尊兴立大悲，誓度一切无量众生，亦复护持十方世界一切众生。其有得生安乐世界，当于其中具满如来正觉之慧。舍利弗，其佛世尊本求誓愿，其有求于第一之乘，于其世界，具满如来诸佛之法，具正觉分。求声闻乘，于彼佛刹，得阿罗汉。其有往生彼佛刹者，从其所愿，大小之乘，于彼悉满。其有最后闻阿弥陀如来名号，赞说之者，信不狐疑，当起敬心，至意念之，如念父母，作如是意，斯等普当于彼佛国具满众愿。其有不信赞叹称扬阿弥陀佛名号功德，而谤毁者，五劫之中，当堕地狱，具受众苦。”释曰：依此经，念佛如忆父母，始得往生也。

第六、《发觉净心经》云：尔时弥勒菩萨白佛言：“世尊，如来叹弥陀如来十种发心，于中随念发愿，若念当欲生彼，当即得生彼世界。何者是十种发心，于彼处生？”佛告弥勒言：“彼等发心，非小智者有，彼发心是大事者所有。欲生阿弥陀如来佛刹中者，一、当为一切众生发慈心，不生瞋恨，当生阿弥陀如来佛刹；二、为一切众生生慈悲故，当生彼处；三、离于杀生，受持正法，发此心故，当生于彼处；四、舍于身命，发心不着一切诸法故，当生于彼处；五、发甚深忍行清净信，发此心故，当生彼处；六、不染名闻利养、一切财宝，发此心故，当生彼处；七、为一切众生生贵敬，发心不忘故，当生彼处；八、不惊、不怖、不受凡言语，发此心故，当生彼处；九、入菩提分种种善根，发此心故，当生彼处；十、然不离念佛，发此心故，当生彼处，远离诸相故。弥勒，此十种发心，若菩萨各发念一具足者，当生彼阿弥陀佛刹中。若不生者，无有是处。”释曰：此非《观经》中十念。此之十念，现在时作。《观经》中十念，临命终时作也。

第七、如《大集经》云：佛告贤护言：“是中何等三昧，能生如是诸功德？所谓思惟诸佛现前三昧，能生如是诸功德法。复次贤护，云何名为菩萨思惟诸佛现前三昧也？贤护，若有比丘、比丘尼、优婆塞、优婆夷，清净持戒，具足诸行，独处空闲，如是思惟。于一切处，随何方所，若闻西方阿弥陀如来、应供、等正觉，是人尔时如所闻已，即应作如是想念：‘如我所闻，彼阿弥陀如来、应供、等正觉，今在西方。经途去此过百千亿诸佛国土，彼有世界，名曰安乐。知是如来今现在彼，为诸菩萨周匝围绕，处大众中，说法教化。’然而是人依闻佛故，系念思惟，观察不已，了了分明，终获见彼弥陀如来、应供、等正觉也。复次贤护，譬如世间若男若女，于睡梦中见种种事，所谓金银众宝、珍财仓库，或见朋友、诸知识辈，或见觉时心不乐者。是人梦中所对境界，或违或顺，或忧或喜。有时语言，欢喜极乐。有时掺感，尽意悲哀。是人寤已，思惟忆念，如梦所见，为他广宣，追念梦中，便生忧喜。如是贤护，彼善男子、善女人，端坐系念，专心想彼阿弥陀如来、应供、等正觉，如是相好，如是威仪，如是大众，如是说法。如闻系念，一心相续，次第不乱。或经一日，或复一夜，如是或至七日七夜，如我所闻，具足念故，是人必睹阿弥陀如来、应供、等正觉。若于昼时不能见者，若于夜分，或睡梦中，阿弥陀佛必当现也。”释曰：依此经，唯须假想，七日念佛，即得现见，非命终时也。

第八、如《往生经》云：普广菩萨摩诃萨又白佛言：“世尊，十方佛刹净妙国土，有差别否？”佛言：“普广，无差别也。”普广又言：“世尊何故经中赞叹阿弥陀刹，七宝诸树，宫殿楼阁。诸愿生者，皆悉随彼心中所欲，应念而至。”佛告普广菩萨摩诃萨：“汝不解我意。娑婆世界，人多贪浊，信向者少，习邪者多，不信正法，不能专心，乱无志意。十方世界实无差别，令诸众生专心有在，是故赞叹彼国土耳。诸往生者，悉随彼愿，无不获果。”释曰：依此经，一向专想西方，即往生也。

第九、如《药师经》云：佛言：“若四辈弟子，比丘、比丘尼、清信士、清信女，常修月六斋、年三长斋，或昼夜精勤，一心苦行，愿欲往生西方阿弥陀佛国者，忆念昼夜，若一日、二日、三日、四日、五日、六日、七日，或复中悔。闻我说是琉璃光佛本愿功德，尽其寿命，欲终之日，有八菩萨，文殊师利菩萨、观世音菩萨、大势至菩萨、宝檀华菩萨、无尽意菩萨、药王菩萨、药上菩萨、弥勒菩萨，皆当飞往迎其精神，不经八难，生莲花中，自然音乐，而相娱乐。”释曰：依此经，七日念佛，纵令生悔，闻药师佛名，还得生也。

第十、《般舟经》云：佛告跋陀和：“菩萨于此间国土，阿弥陀佛数数念，用是念故，见阿弥陀佛。见佛已从问：‘当持何等法，生阿弥陀佛国？’尔时阿弥陀语是菩萨言：‘欲生我国者，常念我数数，常当专念佛名，所得功德，诸行之中最为殊胜。’”释曰：依此经，亦得念佛往生也。

第十一、《大阿弥陀经》云：“当持斋戒，一心清净，昼夜常念，欲生阿弥陀佛国，十日十夜不断绝。我皆慈愍之，悉令往生阿弥陀佛国。殊使不能尔，自思惟熟校计，欲度脱身者，下当绝念去爱，勿念家事，莫与妇女同床，自端正身心，断于爱欲，一心斋戒，清净至意，念生阿弥陀佛国，一日一夜不断绝者，寿终皆往生其国，在七宝浴池，莲花中化生。”释曰：依此经，若能念佛持戒，不与女人同床，下乃至一日一夜，亦得生也。

第十二、如《无量清净觉经》云："若善男子、善女人，闻我说净土法门，心生悲喜，身毛为竖，如拔出者，当知此人过去宿命已作佛道也。若复有人，闻开净土法门，都不生信者，当知此人始从三恶道来，殃咎未尽，为此无信向耳，我说此人未可得解脱也。"释曰：依此经，闻说净土，生信乐者，普是过去供养佛来。由往昔因，现在乃至十念，悉得往生。

第二、引论有七部：

一、如《往生论》云："若善男子、善女人，修五念门，行成就者，毕竟得生安乐国土，见彼阿弥陀佛。何等五念？一者礼拜，二者赞叹，三者作愿，四者观察，五者回向。（释曰：此是因门。）复有五种门，渐次成就五种功德，应知。何者五门？一者近门，二者大会众门，三者宅门，四者屋门，五者园林游戏地门。此五种门，初四种门成就入功德，第五门成就出功德。入第一门者，以礼拜阿弥陀佛，为生彼国故，得生安乐世界，是名入第一门。入第二门者，以赞叹阿弥陀佛，随顺名义称如来名，依如来光明智相修行故，得入大会众数，是名入第二门。入第三门者，以一心专念作愿生彼，修奢摩他寂静三昧行故，得入莲花藏世界，是名入第三门。入第四门者，以专念观察彼妙庄严，修毗婆舍那故，得到彼处，受用种种法味乐，是名入第四门。出第五门者，以大慈悲，观察一切苦恼众生，示应化身，回入生死园烦恼林中，游戏神通，至教化地，以本愿力回向故，是名出第五门。菩萨入四种门，自利行成就，应知。菩萨出第五门，利益他回向行成就，应知。菩萨如是修五门行，自利利他，速成就阿耨多罗三藐三菩提故。"释曰：此是果门也。

二、如《起信论》云："复次，众生初学是法，欲求正信，其心怯弱，以住于此娑婆世界，自畏不能常值诸佛，亲承供养，惧谓信心难可成就，意欲退者。当知如来有胜方便，摄护信心，谓以专意念佛因缘，随愿得生他方佛土，常见于佛，永离恶道。如修多罗说：若人专念西方极乐世界阿弥陀佛，即得往生，常见佛故，终无有退。若观彼佛真如法身，常勤修习，毕竟得生，住正定故。"释曰：依此论，此间修信心不成就者，教就西方修习。此岂是十解以去菩萨也？

三、如《十住毗婆沙论》中，龙树菩萨云："弥陀世尊，行者应以此偈尊重赞叹佛故。"论云："阿弥陀佛本愿如是：'若人念我，称名自归，即入必定，得阿耨多罗三藐三菩提。'是故常应忆念。"以偈称赞：

无量光明慧，身如真金山，
我今身口意，合掌稽首礼。
金色妙光明，普流诸世界，
随物增其色，是故稽首礼。
若人命终时，得生彼国者，
即具无量德，是故我归命。
人能念是佛，无量力功德，
即时入必定，是故我常念。
彼国人命终，设应受诸苦，
不堕恶地狱，是故归命礼。
若人生彼国，终不堕恶趣，
及与阿修罗，我今归命礼。
人天身相同，犹如金山顶，
诸胜所归处，是故头面礼。
其有生彼国，具天眼耳通，
十方并无碍，稽首圣中尊。
其国诸众生，神变及身通，
亦具宿命智，是故归命礼。
生彼国土者，无我无我所，
不生彼此心，是故稽首礼。
超出三界狱，目如莲花叶，
声闻众无量，是故稽首礼。
彼国诸众生，其性皆柔和，
自然行十善，稽首众圣王。

从善生净明，无量无边所，
二足中第一，是故我归命。
若人愿作佛，心念阿弥陀，
应时为现身，是故我归命。
彼佛本愿力，十方诸菩萨，
来供养圣法，是故我稽首。
彼土诸菩萨，具足诸相好，
皆自庄严身，我今归命礼。
彼土大菩萨，日日于三时，
供养十方佛，是故稽首礼。
若人种善根，疑则花不开，
信心清净者，花开则见佛。
十方现在佛，以种种因缘，
叹彼佛功德，我今归命礼。
其土具严饰，殊彼诸天宫，
功德甚深厚，是故礼佛足。
佛足千辐轮，柔软莲花色，
见者皆欢喜，头面礼佛足。
眉间白毫光，犹如清净月，
增益面光色，头面礼佛足。
本求佛道时，行诸奇妙事，
如诸经所说，头面稽首礼。
彼佛所言说，破除诸罪根，
美言多所益，我今稽首礼。
以此美言说，救诸着乐病，
已度今犹度，是故稽首礼。
人天中最尊，诸天头面礼，

七宝冠摩尼，是故我归命。
一切贤圣众，及诸人天众，
我皆共归命，是故我亦礼。
乘彼八道船，能度难度海，
自度亦度彼，我礼自在者。
诸佛无量劫，赞扬其功德，
犹尚不能尽，归命清净人。
我今亦如是，称赞无量德，
以是福因缘，愿佛常念我。
我今于先世，福德若大小，
愿我于佛所，心常得清净。
以此福因缘，所获上妙德，
愿诸众生类，皆亦悉当得。

赞观音、势至二菩萨偈：

观音大势大名称，功德智慧俱无量，
具足慈悲救世间，遍游一切众生海，
如是胜人甚难遇，一心恭敬头面礼。
众生长寝无明暗，唯此大悲能觉之，
随缘皆现色身相，犹如慈父念一子，
唯愿慈悲救济我，一心恭敬照世灯。
南无观音大势至，恒入世间无暂息，
往生六道济群生，色身超绝如紫金，
威仪庠序世无比，宝瓶化佛天冠中，
一心恭敬巧方便。
动摇无量三千界，进止妙花恒承足，
常以宝手接众生，一心恭敬施无畏。

无量无边无数劫，广修愿力助弥陀，
常处大众宣法言，众生闻者得净眼，
唯愿世世恒亲觐，故我一心头面礼。
神通周遍十方国，普现一切众生前，
众生若能至心念，皆悉导令至安乐，
哀我世间慈悲父，故我一心头面礼。
安处出世莲花座，犹如须弥照大海，
调伏众生得无畏，一心恭敬人狮子。
我已随顺修多罗，赞叹观音宝功德，
如是功德不可尽，譬如大海一毛滴，
假使十方诸如来，穷劫赞叹亦不尽，
如是无边无尽藏，故我一心头面礼。
已赞观音大势至，即赞十方诸菩萨，
愿此功德遍世间，回共众生生彼国。

释曰：依此论，唯赞叹、礼拜，即得往生。

四、如一切经中《弥陀佛偈》云：

唯念法比丘，乃从世饶王，
发愿喻诸佛，誓二十四章。
世世见诸佛，垓数无有量，
不废宿命行，功德遂具成。
世界名清净，得佛号无量，
国界平夷然，丰乐多上人。
宝树若干种，罗列散相生，
本茎枝叶花，种种各异香。
顺风日三动，翕羿如花生，
随地如毛布，杂厕上普平。

一切无诸山，海水及诸原，
但有河水流，音响如说经。
天人入水戏，在意所欲望，
令齐水额眉，意愿随念得。
佛寿十方沙，光明普无边，
菩萨及弟子，不可算称量。
若欲见彼佛，莫疑亦莫望，
有疑在胎中，可令五百年。
不疑生基坐，叉手无量前，
愿欲遍十方，须臾则旋还。
惟念彼菩萨，垓劫作功德，
本行如此致，得号增世尊。
佛兴难得值，须臾会难闻，
讲说士难遇，受学人难得。
若后遭末世，法欲衰微时，
当共建拥护，行佛无欲法。
佛能说此要，各当勤思行，
受此无量制，世世稽首行。

释曰：一切经中有此礼文。

五、如《宝性论》云：

依此诸功德，愿于命终时，
得见弥陀佛，无边功德身。
我及余信者，既见彼佛已，
愿得离垢眼，证无上菩提。

六、如禅那崛多三藏别译龙树《赞礼阿弥陀佛文》，有十二礼，至心归命礼西方阿弥陀佛。

稽首天人所恭敬，阿弥陀仙两足尊，
在彼微妙安乐国，无量佛子众围绕。
愿共诸众生，往生安乐国。
金色身净如山王，奢摩他行如象步，
两目净若青莲花，故我顶礼弥陀佛。
愿共诸众生，往生安乐国。
面善圆净如满月，威光犹如千日月，
声如天鼓俱翅罗，故我顶礼弥陀佛。
愿共诸众生，往生安乐国。
观音顶戴冠中住，种种妙相宝庄严，
能伏外道魔骄慢，故我顶礼弥陀佛。
愿共诸众生，往生安乐国。
无比无垢广清净，众德皎洁如虚空，
所作利益得自在，故我顶礼弥陀佛。
愿共诸众生，往生安乐国。
十方名闻菩萨众，无量诸魔常赞叹，
为诸众生愿力住，故我顶礼弥陀佛。
愿共诸众生，往生安乐国。
金底宝间池生花，善根所成妙高座，
于彼座上如山王，故我顶礼弥陀佛。
愿共诸众生，往生安乐国。
十方所来诸佛子，显现神通至安乐，
瞻仰尊颜常恭敬，故我顶礼弥陀佛。
愿共诸众生，往生安乐国。
诸有无常无我等，亦如水月电影露，
为众说法无名字，故我顶礼弥陀佛。

愿共诸众生，往生安乐国。

彼尊无量方便境，无有诸趣恶知识，

往生不退至菩提，故我顶礼弥陀佛。

愿共诸众生，往生安乐国。

彼尊佛刹无恶名，亦无女人恶道怖，

众人至心敬彼尊，故我顶礼弥陀佛。

愿共诸众生，往生安乐国。

我说彼尊功德事，众善无边如海水，

所得善根清净者，回施众生生彼国。

愿共诸众生，往生安乐国。

七、如《摄大乘论》云：

众宝界如觉德业，我说句义所生善，

因此愿悉见弥陀，由得净眼成正觉。

净土论卷下

第六、引现得往生人相貌

（谓引道俗得往生人示诸学者）

道俗得往生净土者，略有二十人：比丘僧六人，比丘尼四人，优婆塞五人，优婆夷五人。

问曰：上引经论二教，证往生事，实为良验。但众生智浅，不达圣旨，未若引现得往生人相貌，劝进其心，令即日取信，欣其闻进也。

答曰：其得往生人，依经论咸得光台异相者，其数无量。今略引四五，示诸学人，令见取信也。

比丘僧得往生者六人：

方启法师者，花荫人也。贞观九年，共玄果法师，于蓝田县悟真寺，一夏念阿弥陀佛。乃取一杨枝，着观世音菩萨手中，誓云："若我念佛得往生者，愿此杨枝七日不萎。"依誓遂即七日不萎也。此僧复为一切众生请云："如《摄论》中判作别时意，《观经》中言即生。愿于梦中见阿弥陀佛，请决此疑。"即于其夜，唯在一处，三度作梦。初梦在一大池，西南有一高楼，此僧从楼而下，至池东北岸上，见一宝帐高二丈余，面东开门，此僧忽尔飞入帐中，半身得入，还出，下至帐西，有大殿宇，中见一大德告云："但修净土行，并生此帐中也。"遂即睡寤。复更作梦，在池北岸，见观世音菩萨面向北方，垂脚而坐。此僧遂以手捧菩萨足，头上载之，见足下有千辐轮相，其菩萨身作阎浮檀金色也，忽然睡觉。更复作梦，于池南面，向西而立。自池以西，总皆是大水，满中莲花，忽见阿弥陀佛从西而来，至此僧前。此僧头面着地礼拜，礼拜讫，即于佛前胡跪合掌请云："娑婆世界众生，依经修行，得生世尊国不也？"佛即答云："善男子，一切众生但修净土行者，并生我国，勿生疑也。"又此僧复于别夜，梦见自身在娑婆世界，回头向西而望，见弥陀佛土平坦如镜，见娑婆世界唯是山川，东西而别。向南而望，见南坪川中，有十五个宝帐，向西而去。余者皆是七宝，唯中央一个是其白银帐，帐之下皆有音乐，歌咏赞叹。此僧问云："此是何帐？"帐下人答云："此是并往生人也。"此僧欢喜，踊身在空，飞向西去，少时还住也。又于别夜，梦见在一佛堂中，正当佛前有一僧，名曰法藏，御一大车，就佛堂内迎令上车，载向西而去也。法藏者，即阿弥陀佛也。车者，四十八大愿也。又于别夜，梦见自身坐百宝莲花王座，面向南方，垂脚而坐，成正觉也。又于别夜，梦见释迦如来，共文殊师利，住此僧前，赞《法花经》也。又于别夜，梦见有三大道，直向西方。第一道上，唯是僧尼。第二道上，并是俗人，杂有男女。第三道上，唯有一僧，皆向西而去。云皆是往生人也。此僧现在未死也。

沙门昙鸾法师者，并州汶水人也，魏末高齐之初犹在。神智高远，三国知闻。洞晓众经，独步人外。梁国天子萧王，恒向北礼昙鸾菩萨。注解天亲菩萨《往生论》，裁成两卷。法师撰集《无量寿经奉赞》七言偈，百九十五行，并问答一卷，流行于世。劝道俗等，决定往生，得见诸佛。

恒请龙树菩萨，临终开悟，诚如所愿。此方报尽，半霄之内现圣僧像，忽来入室云："我是龙树。"便为说曰："已落之叶，不可更附枝也。未束之粟，不可仓中求也。白驹过隙，不可暂时留也。已去不可及，未来未可追，现在今何在，白驹难可回！"法师妙达言旨，如是告终。即半夜内，发遣使者，遍告诸村白衣弟子，及寺内出家弟子，可三百余人，一时云集。法师沐浴，着新净衣，手执香炉，正面西坐，教诫门徒，索西方业。日初出时，大众齐声念弥陀佛，便即寿终。寺西五里之外，有比丘尼寺，并是门徒，明相出后，集堂食粥，举众皆闻空内有微妙音乐，西来东去。中有智者，告大众言："法师和上一生教人修净土业，今此音声向东去者，必应多是迎法师来。"食讫，相命觐法师去，庭前相待。未出寺庭之间，复闻音乐远在空中，向西而去。尼僧等相与至彼，乃见无常。此依经论，定得生西方也。

隋世灯法师者，住并州兴国寺。幼而出家，精进练行，道心弥固，讲《涅槃经》一部。道俗来者，若幼若长，乃至沙弥以上，终不许立参，即命令坐，与说妙法，口授来者阿弥陀佛名，劝共往生西方净土。又一生行业清净，燃香念诵福多，慈悲特甚，飞鸟鸠鸽等，恒就掌食去。隋开皇十二年内，于本寺寿终，时举众闻有异香。上路之日，西方香云来迎，遍一聚落。埽下人闻，莫问老少，男女以上，普送林所。既有此相，必得往生净土也。

隋世并州汉王内道场主，洪法师者，去仁寿四年内人，童子出家，一生精进，手不捉钱，供养三宝，摄化有缘，亦偏注心作见佛业，期见弥陀。临欲终时，心眼明净，乃见兜率天上天男、天女来迎，遂近法师，执捉袈裟，称欲上天。法师责曰："我不期彼处。"不肯从去。在傍徒众念弥陀佛，倏忽之间，即见西方净土化佛菩萨来迎。还告大众："所期境界净土菩萨，今已至来。"于即寿终。

僧衍法师者，并州汶水人也。少而出家，勤心听学。讲《涅槃》、《摄论》、《十地》、《地持》四部经论，普皆精熟。春秋九十六，去贞观十六年亡。五、六年间，专念阿弥陀佛。初回心后，一日一夜礼弥陀佛，限五百拜。于后渐加，将终时，日夜千拜。念阿弥陀佛名，日夜七八万遍，未曾懈堕。临终之日告弟子曰："阿弥陀佛来授我衣香。观世音菩萨、大势至菩萨等圣众，遍满虚空。自此以西，纯是净土。"于即寿终。法师以前全不存向，九十以上逢绰法师讲《无量寿观经》，闻已方始回心。四、五年间，临终境界，略如前说。

沙门道绰法师者，亦是并州晋阳人也，乃是前高德大鸾法师三世以下悬孙弟子，讲《涅槃经》一部。每常赞叹鸾法师智德高远，自云相去千里悬殊，尚舍讲说，修净土业，已见往生。况我小子，所知所解，何足为多，将此为德！从大业五年以来，即舍讲说，修净土行，一向专念阿弥陀佛，礼拜供养，相续无间。贞观以来，为开悟有缘，时时敷演《无量寿观经》一卷，示诲并土晋阳、太原、汶水三县道俗，七岁以上，并解念弥陀佛。上精进者，用小豆为数，念弥陀佛，得八十石，或九十石。中精进者，念五十石。下精进者，念二十石。教诸有缘，各不向西方涕唾便利，不背西方坐卧。撰《安乐集》两卷，见行于世。去贞观十九年，岁次乙巳，四月二十四日，悉与道俗取别。三县内门徒就别，前后不断，难可记数。至二十七日，于玄忠寺寿终。时有白云从西方来，变为三道白光，于自房中彻照通过，终讫乃灭。后烧坟陵时，复有五色光三道，于空中现，映绕日轮，绕讫乃止。复有紫云，三度于陵上现。遗终弟子同见斯瑞。若准经断，并是诸佛慈善根力，能令众生见如此事。又准《华严经》偈说："又放光明名见佛，此光觉悟命终者，念佛三昧必见佛，命终之后生佛前。"

比丘尼得往生者四人：

尼法盛，本姓聂，清河人也。以元嘉十年于建福寺出家，道德隆盛，常愿生安养，谓同学昙敬、昙爱曰："吾立身行道，志在西方。"十六年九月二十七日，塔下礼佛，因即遇疾，稍就绵笃。其月晦夕，初宵假寤，见如来乘虚而下，与二大士共论义，俄与大众腾芳蹈蔼，临省盛疾。光明显烛，一寺咸见。佥来问盛，此何光色。盛具说之，言讫寻绝，年七十二。豫章太守吴郡张辨，素所尊敬，为之传述。

吴县南寺尼法胜传云：法胜出家，住寺之后，乃往京师，进修禅律，该通定慧，探素幽隐，训诱眷属，不肃而成。于禅寂中，念佛为业，终时蒙佛放光来照而卒。

广陵中寺尼光静传云：光静，姓胡，吴兴人也。幼而出家，少有高行，恒习禅慧，不食甘肥。从学禅者，一百余人。恒以念佛清净为业，临终感得殊香异相遍满空迎而卒。

尼大明月者，介州平遥人也，少出家，住度脱寺。年将六十，去贞观初，逢玄忠寺绰师讲《无量寿经》，教念佛业。彼尼凡念佛时，先着净衣，口含沉水香，殊烧香净室念诵，三四年间，相续不断。终时起居无减，举众皆睹光明，于光明内，闻有沉水香气来迎，于即寿终。妹少明月，时亦同姊，念佛为业，无常时，亦感胜相，云云。难记道俗，闻者皆同念佛。

优婆塞得往生者五人：

阿昙远者，庐江人也，奉佛精进，持菩萨戒。年十八九，宋元嘉年，便归心净土，庶祈感应。请僧数人，师主名僧含。远恒问忏悔业，恐有罪缘，终无感彻。僧含每奖励，劝以莫怠。至十年二月十六日夜，诵经竟，众僧已眠，四更中，忽自唱言歌诵。僧含惊而问之。远曰："见佛身黄金色，形状大小如形像，金光周身，幡花翼从，充满虚空，自西而来，呼其速去。"昙远常日羸，喘急有气息，此夕壮厉，悦乐动容，便起请僧含，布香手中，并取花遥以散佛。母谓远曰："汝今若去，不念吾耶？"远无所言，俄而顿卧。家既宿信，闻此灵异，既皆欣肃，不堪悲惧。远至五更，忽然而终。宅中芬馨，数日乃歇。

魏世子者，梁郡人也，《冥祥记》说父子三人往生。奉法精进，儿子遵修。唯妇迷闷，不信佛教。宋元嘉初，女年十四病死，七日而苏，云："可安施高座，并《无量寿经》。"世子即为具设经座。女先虽斋戒、礼拜，而未曾看经，即升座，转读章句，声清利。下启父言："儿死，往生无量寿国，见父兄及儿三人，池中已有芙蓉大花，后当化生其中。唯母独无，不胜忍，故归启报。"语竟复绝。母于是乃敬信佛法。

张元祥者，雍州万年县人也，禀性纯直，持戒，恒诵《无量寿观经》，念弥陀佛为业。去隋开皇二十年五月遇患，至六月三日辰时，索食云："吾将去，急与供给。"食竟，索香火正念，于即寿终。亡后停过两宿，乃至送到林所，俨然与生平颜色不异，众人莫不叹善，善力使然也。

次有并州汾阳县老翁，传者不显姓名。去贞观五年内，闻说往生净土功德，遂即赍粮食，依法忍山寺，随僧借一房居，昼夜专念阿弥陀佛，眼不识睡，三五年间，修念佛业。临命终时，徒众遣使唤友，得儿来共看。报徒众云："比来日日西方有无量师僧，从西而来，并向东去，似赴斋僧。"又告儿言："明日有光来照我，勿生怪异。"明日至时，果如所言，有光来照，周遍屋内。老翁向西，似欲登物，于即命终。

闻有一人，不识姓名，其性庶险，又不信因果，常以杀猎为业。遇疾临终，备见地狱苦具，及所杀众生并来债命。其人悔云："我平生不信师僧语，今日所见，果如经说。"遂告家中人曰："汝等救我！"妇儿等报云："若为相救？"其人告曰："汝若不能救我者，急遣一人就寺请一师来救我也。"即依其言，请得一僧。其人见僧，悲泣而言："愿师慈悲，急救弟子！"僧报云："檀越平生不信三宝，今日垂终，卒救难得也。"其人云："实尔，师读佛经，如弟子罪人，垂终之时，有救法否？"僧答云："《观经》有文。"其人忽然踊跃欢喜云："佛言有地狱，如言即有者。佛言得往生，弟子定得往生也！"即告家人曰："可持香火来。"家人燃火，香炉授与。其人语曰："我今少时即入地狱，在炉镬中，何用香炉？！可将火来着我手中。"遂左手燃火，右手握香，面向西方，至心念佛，未满十念，即告众云："佛从西来，大有徒众，并放光明，授我花座。"言毕即卒。（此是十念往生）

优婆夷得往生者五人：

县尉温静文妇者，不知何姓，并州晋阳人也。早患半身不随，恒卧床枕。夫告妇言："终日卧地，何不念佛？"妇谓夫曰："念何佛耶？"夫曰："念弥陀佛。"二年之中，口恒念佛，忽尔罪障消除，现见弥陀佛国，庆谢夫言："长病多时，甚相恼乱，今蒙教念阿弥陀佛，后日即去，请告父母兄弟，设一斋取别。"夫曰："岂有凡夫得见佛国，非是风邪狂见否？"妇曰："决然非是风也。"遂告父母眷属。设斋时到，令于凡僧之上铺五领氍，拟圣众坐。至时，遥见圣众在空不下，即言：“嫌僧杂秽，不肯同坐。”遂遣将氍于平头屋上铺设令坐，又将食就献。总僧食竟，催合家集，说法示诲：“我今陪从圣后，往生西方。志愿爷娘眷属等，悉皆念佛，于后生来，西方净土不可思议。”正面向西，合众念佛，即便寿终。如此之流，实不可攀及。

又隋大业内，并州汶水县絢山有村，村有老翁、老婆两人，更无男女。家人三五口，恒有兼年粮食，以自存养。识达苦空，每月二十九日请山僧二人，一宿行道。合村六十许家，并来随喜，听法受戒。月尽日设斋，寻常如此。凡造斋时者，老母洁净，自手营作。老父谓老婆曰：“身力劣弱，但用口教，何假手为？”母对父曰：“恐朝夕亡，不能更作。若用口教，但是他福。”凡所营斋，必恒自作。二三年间，相续不断。所修功德，念诵业行，回向净土。临终之日，村人普共同者。初夜以去，忽有光入屋，灯火不现，犹如白日。齐声念佛，寻后即见众多菩萨，捧一宝盖，庄严微妙，遍覆中庭，婆即舍寿。有此胜相。

又大唐贞观以来，不记年月，洛州永安县东八里有村，名曰般龙村，内有盲老母，姓梁，因师劝念阿弥陀佛，其老母宿有善根，一教以后，相续念佛，三年之后，双眼得开。既得眼已，倍加诵念，更满四年，阎浮报尽。舍命之时，合村共见诸佛菩萨、幢幡宝盖下来迎之，便即寿终。合村敬仰，将用非凡，遂不许令葬，于村西共为起塔。塔今现在路露，塔前村人往来，莫不致敬。合村大小，皆称诵佛。

妇女裴婆者，并州晋阳人也。去贞观以来，逢师教用小豆为数，念弥陀佛，得十三石小豆。报尽，自知生处，遍辞道俗，告称大别。后日斋时，语家内人：“取火烧香，阿弥陀佛将二莲花台来至，与吾一个花台。”语讫即便寿终。

妇女姚婆者，雍州醴泉县人也，蒙师教念阿弥陀佛为业。去贞观二十二年七月二十日无常，时阿弥陀佛与观世音、大势至、无量菩萨来迎。为不得与本善知识范婆取别，请佛暂时相待，佛便许之。须臾，范婆到来，向范婆说已，取别而卒。

第七、将西方、兜率相对校量优劣

问曰：兜率天宫，弥陀净土，此之二处，俱是佛所赞经，未知此二何优何劣？

答曰：此之二处，各有三义，未知问何？三义者，一是化主，谓佛；二是处所，谓世界；三是所化众生，谓往生者。

若于化主，乃齐是法王，俱称善逝，身充万德，土盈众美，俱为化众生。或居秽土，则丘墟满野。或处净刹，则奇宝盈邦。如欲校其佛德，则无优劣也。

若论其处，则互有优劣。且如兜率天宫，则构空而立。极乐世界，则就地而安。此则空实异居，人天趣别。若据此土，一往论，则天优人劣也。若论其净秽者，兜率虽是天宫，由有女人，故名之为秽。极乐虽是地界，由无女人，故号之为净。然此之净秽，有十种异：一、有女人无女人异。兜率男女杂居，极乐唯男无女。二、有欲无欲异。兜率有上心欲，染着境界。极乐无上心欲，故常发菩提心。三、退不退异。兜率处所是退，极乐处所是不退。四者寿命异。兜率寿命四千岁，仍有中夭。极乐寿命无量阿僧祇劫，无中夭寿命者。五、三性心异。兜率则有三性心间起，故恶心堕地狱。极乐唯有善心生，故永离恶道。六、三受心异。兜率三受互起，极乐但有乐受。七、六尘境界异。兜率六尘，令人放逸。极乐六尘，令人发菩提心。八、受生异。兜率受生，男在父膝上，女在母膝上。极乐受生，七宝池内莲花中生。九、说法异。兜率唯佛菩萨说法，极乐水鸟树木皆能说法。十、得果异。兜率生者，或得圣果，或不得。极乐生者，定得无上菩提。若就此义，西方大优，兜率极劣也。

若论往生之人，往西方者易，上兜率者难。此之难易亦有七种差别：一、处别。极乐是人，兜率是天，此则天难人易。二、因别。极乐但持五戒，亦得往生。兜率具修十善，方得上生。三、行别。极乐乃至十念成就，即得往生，出《观经》。兜率具施、戒、修三种，始得上生，出《弥勒经》。四、自力他力别。极乐凭阿弥陀佛四十八大愿，他力往生。兜率无愿可凭，唯自力上生。五、有善知识无善知识别。极乐有观世音、大势至，常来此土，劝进往生。临命终时，擎金刚台，来迎行者，种种赞叹，劝进其心，即得往生。兜率无此二菩萨故，但自进上生。六、经论劝生处多少别。极乐说处，经经中赞，论论中劝。兜率说处，何但经赞处稀，亦论劝处少。七、观古来大德趣向者多少别。极乐上古以来大智名僧趣向者多，兜率上古以来大德愿乐者少。由此义故，往生西方则易，上生兜率稍难也。

第八、明教兴时节

（谓今正是忏悔念佛时也）

问曰：佛道冲虚，要由慧克。涅槃幽简，必借定生。此则定慧为万行之基，万行是大道之本。今乃专崇念佛，注想西方，于此踌躇，愿为解释。

答曰：佛教纶披，端绪匪一。众生不等，根性万差。何但法遂人分，则教有浅深之异。亦乃人随时别，则根有利钝之殊。是以教开八万四千，时分五种差别。若作此说，行者修道，要须观时。若时教符契，则佛道易证。若时教乖错，则菩萨叵证。故《正法念经》云：“行者一心求道时，常当观察时方便。若不得时，无方便，是名为失，不名利。”

五时者，如《大集月藏分》云：“佛灭度后，第一五百年，我诸弟子学慧得坚固，兼修余行。第二五百年，学定得坚固，兼修余行。第三五百年，学多闻读诵得坚固，兼修余行。第四五百年，造立塔寺、修福忏悔得坚固，兼修余行。第五五百年，白法隐滞，多有诤讼，微有善法得坚固也。”若据此经，今是第四五百年余，既无定慧之分，唯须修福忏悔。修福忏悔最为要者，观诸经论，礼佛念佛，观佛相好，此最为胜也。故《观经》云：“若能至心念阿弥陀佛，一一念中，灭八十亿劫生死重罪。”今既约时约根，行者无定慧分者，唯须专念阿弥陀佛，求生净土，此为要路也。若自知有定慧分者，则于此方修道，求无上菩提。若自知无定慧分者，则须修净土行，就净土中求无上菩提。故《智度论》云：“行者求阿毗跋致，有二种道，一者难行道，二者易行道，如水、陆两路。此方修道则难，犹如陆路。生净土修道则易，犹如水路也。”

又佛度众生，自有四种。如《正法念经》说：一以说法度众生，二以光明、相好度众生，三以神通道力度众生，四以名号度众生。此四之中，相好、名号，正当今时，观察阿弥陀佛相好，及称佛名号也。如《无量寿经》说：为未来众生受五苦、五痛、五烧故，欲令众生修净土行。又如《观经》说：“我为未来一切凡夫，为烦恼贼之所恼者，说净土行。”如《小弥陀经》说：为五浊众生，说净土行。《清净觉经》、《鼓音声王经》、《大集经》，皆作此说。据此等经，皆为未来。故知今时正是念佛修净土行时也。若生净土，何但永离恶道，亦疾得无上菩提。（此是经论大意）

第九、教人欣厌，劝进其心

（谓令厌秽欣净）

问曰：今既是第四五百年，众生无定慧分，唯忏悔念佛得坚固者。云何教人欣厌，劝进其心，普令一切众生，悉厌恶娑婆，得往生净土？

答曰：今引经论及道理，教其欣厌。若众生受佛劝者，于娑婆世界极厌，于极乐世界生欣，故能发菩提心，专念阿弥陀佛者，普得往生净土。若众生于此法门，不生信乐，难教难悟，难济难脱者，则不可救也。故《无量清净觉经》云：“若善男子、善女人，闻说净土法门，心生悲喜，身毛为竖，如拔出者，当知此人此过去宿命已作佛道来也。若人闻开净土法门，都不生信乐者，当知此人始从三恶道来，殃咎未尽，我说此人未可得解脱也。”

今依《涅槃经》等，劝进后学：

智者于静夜中，结跏趺坐，应自思惟：我今此身，危脆如泡，念念不停，复居在火宅不安隐处。宁得安然不自觉察，不惊不惧，都无怖心？

又复思惟：我今此身，在何位地？身口意业，恒作何事？无常忽至，生何道中？无始恶业，争受生处，朝暮即是地狱中人，得几时安隐在床上眠？过去无量无边诸佛菩萨，出现于世，度脱众生。我何处去来，不蒙佛化？都由我无始以来，不敬三宝，不近善人，不用善知识语，常在三恶道中，恒与诸佛不相值遇。十方净土无苦无恼，我何为不生，常在此秽土多苦恼处？

我今此身，难得易失。如《涅槃》说：“人身难得，如爪上土。三恶道身，如大地土。”无始以来受身，劫不可数。于一一劫中，身不可数。于一一身，造业如尘，业不可数。一一恶业感报，报不可数。一一报中，受苦万端，则苦不可数。如此等苦，皆由无智，不用善知识语，常处地狱。过去已受，现在今受，未来当受，未有息时。

又今此身，从受生以来，为求衣食，若是俗人，养妇活儿，若是出家，求名觅利，恒造种种恶业。如此诸业，轻微之者犹感五百生，重者数劫。如此恶业，若不发菩提心，惭愧忏悔，一入恶道，无有出期。朝暮之间，即入炉镬，锋林剑树，百劫千劫，受于一切深苦、重苦、长远等苦。过去已受身心等苦，未来所可苦亦无分齐，难舍难离，而不觉知。凡夫如此，甚为可愍。智者作此思惟：应可碎心，宁得安然故纵身心，不自觉察？

又更思惟：我今此身，薄福钝根，生在释迦后，复在弥勒前。岂不由我过去骄慢懈怠，不敬三宝，轻慢善人，不受善知识教诲，恒在三恶八难中生，愚痴无智。于此身上，复更轻慢三宝，欺蔑善人，不受善知识语。于未来世，云何更得值遇三宝，得生善处？又复此身，纵欲修道，亦不得安隐。以住于此娑婆世界，人命短促，多恶知识，终故孜孜，或衣食不足，或王臣所迫，或为他所欺，或为他所谤，恒被恼乱，不得安隐，始起善心，寻即退失。

又复此身，唯是三十六物，不净所成。九孔之中，不净恒流，犹如行厕，不可爱乐。复有生苦、老苦、病苦、死苦、爱别离苦、怨憎会苦、求不得苦、五阴盛苦之所随逐。智者应当观察此身，作怨家想，作粪聚想。于舍宅卧具，作冢墓想，作人皮想。于饮食中，作虫蛆想，作下汁想。于妇儿眷属，作罗刹想，作恶鬼想。若心能如是观察思惟，应于此身极大生厌，愿生生世世，永不受此身，更莫与此身同住。此身是我怨家，常将我向三恶道中，何有智者乐着此身？如《遗教经》说：“此是应舍罪恶之

物，假名为身，没在老病生死大海。何有智者得除灭之，而不欢喜？”（厌门竟）

次明欣门。智者复作此念：我今此身生在第四五百年中，一切圣人隐不现时，虽欲修道，无定慧分，正是忏悔念佛之时。如经中说：阿弥陀佛举慈悲棹，乘大愿船，运度一切苦恼众生。若人至心念阿弥陀佛，于一一念中，灭八十亿劫生死之罪，命终定得生于净土中，受诸快乐，获得五通，位阶不退。花林宝刹，随意遨游。实相圆音，任情听受。莲花台内，辉紫磨金色之身。金刚座上，敞三十二大丈夫相。七宝阶侧，长跪问不二之言。八德池中，洗浴荡无明之垢。衣则绮罗称体，食则百味盈盂，行则足踏青莲，坐即宝花承体。树动琉璃之叶，林摇玛瑙之花，素熏郁氛氲之香，实散轻覆之彩。栏雕四宝，地莹七珍，管发千声，楼含万色。白鹄孔雀，常演五根。鹦鹉舍利，恒宣八正。阿弥陀佛则相相分明，观音菩萨则好好具足。如斯等事，不可思议，孰闻此说而不生欣！（欣门竟）

问曰：既教其欣厌，智者已悟。其钝根之俦，执迷未返，若为劝进其心，亦令得往生净土？

答曰：如《小阿弥陀经》说，十方诸佛各出广长舌相，遍覆三千大千世界，皆劝一切众生往生净土。然有众生不受佛劝，难教难悟，难济难脱，知复奈何！此等众生，依《无量清净觉经》说，始从地狱中来，殃咎未尽。故彼经云：“若善男子、善女人，闻说净土法门，心生悲喜，身毛为竖，如拔出者，当知此人过去已作佛道来。若复有人，闻说净土法门，都不生信乐，当知此人始从三恶中来，殃咎未尽，为此无信向耳，我说此人未可得解脱也。”故《无量寿经》云：“骄慢弊懈怠，难以信此法”也。

又《无量清净觉经》，及《无量寿经》，二处皆云：“无极之胜道，易往而无人”也。西方是无极胜道，若人能于七日专心念佛，所作善根，并皆回向，即得往生，永离三途，入不退位，此是“易往”也。然有众生不肯信受，昏诸五欲，乐入恶道，如厕中虫，此是“无人”也。

又阿弥陀佛与观世音、大势至，乘大愿船，浮生死海，就此娑婆世界，呼唤众生，令上大愿船，送着西方。若众生有上大愿船者，并皆得去，此是“易往”也。释迦如来，及十方诸佛，普贤、文殊、天亲、龙树，或出广长舌相，或放白毫光明，或说五念玄门，或教十二赞礼，殷勤敦励，令生净土。而众生不生信乐，而不肯去，此是“无人”也。

又众生无始以来，造诸恶业，过于恒沙。一一恶业，感于苦报，亦过恒沙。若人能七日，或十日，专心念佛，于一一念中，灭却八十亿劫生死重罪，横截苦流，直生净土，此是“易往”。然众生追逐财色，贪着名利，不早发心，无常忽至，堕落三途，百千万劫，无有出期，此是“无人”也。

又众生信佛语、诸菩萨语、善知识语，不随恶知识语，乃至信十恶五逆众生临命终时，十念成就，即得往生，此是“易往”。若有众生，不信佛语、诸菩萨语、善知识语，随顺不学问僧、无智俗人，诈解大乘，猥引经论，殆乱佛法，诳惑众生，废念佛行，退失善根，堕落三途，不得往生，此是“无人”也。

若人闻说专念阿弥陀佛得生净土，即须忏悔恶业，修习善根，持戒清净，专念佛名，一心不乱，至百万遍者，临命终时，正念现前，佛即来迎，此是即“易往”。若有众生，闻说阿弥陀佛，仍故造罪，虽念佛名，心缘五欲，此是杂结使念，临命终时，心即颠倒，佛不来迎，此是“无人”也。

问曰：经虽说七日念佛即得往生，未知念几许佛名，得往生也？

答曰：如绰禅师检得经文，但能念佛一心不乱，得百万遍以去者，定得往生。又绰禅师依《小阿弥陀经》七日念佛，检得百万遍也。是故《大集经》、《药师经》、《小阿弥陀经》，皆劝七日念佛者，此意明矣。

问曰：众生罪业甚久积山，云何十念得灭尔所许恶业？纵令至百万遍，终是太少。若不灭尽，云何恶业不灭而得生净土？

答曰：此有三义：一者，不须灭尔许恶业，但临命终时净土受生者，若临命终时，正念现前者，此心能引无始以来及一生以来所作善业，共相资助，即得往生也。二者，诸佛名号，总万德成。但能一念念佛者，即一念之中，总念万德。故《维摩经》云：“此三句义，三千世界众生皆如阿难多闻第一，以劫之寿，亦不能受”也。三者，无始恶业从妄心生，念佛功德从真心生。真心如日，妄心如暗。真心暂起，妄心即除。如日始出，众暗悉除。由此三义，乃至临终十念成就者，定得往生。

问曰：净土殊妙，是法王所居。莲花台藏，非凡夫行处。理须凡行凡地，圣践圣场，宁得底下凡夫生斯妙处？

答曰：据四十八大愿，净土虽妙，本拟成就凡夫。莲花台藏，元是托生之处。若是凡夫即不得游于净土，既是法王，何得践于五浊？虽是法王，为化众生，故来游于五浊。亦虽是凡夫，为供养佛故，生于净土，此理明矣。又彼净土，只是诸佛慈悲方便，别料理一方处所，除却女人及五欲境界，令众生于中修道，于四生中是化生之处，非极妙也。犹如于城邑之中，别料理一所，用作伽蓝，除去俗事，令僧修道。但有众生入伽蓝者，悉发善心。彼亦如是。纵就此方如六天宫殿、四禅妙宅，依报并是异宝奇珍，正报即是殊光妙相，衣裳轻殊之服，食餐百味肴膳，坐卧即俱花宝宫，遨游即起趣绮苑，如斯之处，岂是法王所居？皆是凡夫善因所感，此类显矣。

问曰：如大乘经论，皆说无相无生。何故此经，劝令众生观于相生，求乎净土？

答曰：此问并是不顺理问，应用置答。若欲答者，应反问云："诸佛有八万四千法门，汝问何者？西方净土是何收？无相无生是何门摄？"彼若答云："但是一门。"此即是愚痴人，不可与语也。彼答云："无相无生是理，有相有生是事"者。即应答云："汝自解竟，何须问我？"故欲令我答者，应云："诸佛有八万四千法门，各各差别，不相杂乱。若总摄之，即为真俗二谛。此之二谛，有佛无佛，性相常住，非人造也。故《中论》云：'诸佛说法，常依二谛。'又云：'若人不能知，分别于二谛，即于深佛法，不得真实义。'今西方净土者，通有三种：一是法身净土，此即无相无生；二是报身净土，据实亦无相无生，就事即有相有生；三是化身净土，亦是有相有生。故《摄论》云：'化身新新出世，数数涅槃。'即王宫生，双林灭也。而今劝众生生者，谓生化身土中。若众生欲往生者，唯须作相生观。就相生观中，有假有实。先须作假想观，使了了分明，然后始得作实观。如十六观中，日、水二观，是其假想。地观以去，依三昧成，名为实观。所以然者，此是众生受生处故，是事法故，是俗谛故，是行法故，是受处故，是分段身故，是此死彼生故，是有漏法故，是有为法故，是三界摄故，有往来故，于四生中是化生摄故。若作无相无生观者，即不得往生，以理法身无生也。”若欲为教者说，亦为说有生，亦说无生，若理事兼修，即得上品上生。

问曰：如《金刚般若经》云：“若以色见我，以音声求我，是人行邪道，不能见如来。”又《佛藏经》云：“见佛者是大邪见。”今云何教人观阿弥陀佛有八万四千相耶？

答曰：此事前已答竟。此等诸经，皆就法身理说。故《金刚般若经》云：“彼如来妙体，即法身诸佛。法体不可见，彼识不能知”也。今观八万四千相好者，此是应化色身观也。若作此观者，即须相相分明，好好别异，不得混为一也。若有人言万法皆空，有何理事者，此是大邪见人，是愚痴人，是不学问人，是诳惑世间人，莫共语也。故《中论》云：“若见有如来，是轻邪见人。若言无如来，是粗重邪见人。是有二种过失，一破世间乐，二破涅槃道。”此论并就理说。若就事说者，见有如来，是正见，定得往生也。又《地持论》云：“宁起有见如须弥山，不起空见如芥子许”也。

问曰：前云念佛横截苦流，得生净土，出何经文？

答曰：出《无量寿经》云：“横截五恶趣，恶趣自然闭，升道无穷极，易往而无人”也。

问曰：前云念佛不入三恶道，出何经文？

答曰：如《度诸佛境界经》说：“若诸众生，缘于如来生诸行者，断无数劫地狱、畜生、饿鬼。若有众生，一念作意缘如来者，所得功德，不可称量，百千万亿那由他诸大菩萨不能计校，知其边际。”

问曰：前云念佛灭罪，出何经文？

答曰：如《观佛三昧经》说：“若我弟子，舍离愦闹，昼夜六时，于一时中，分为少分，少分之中，能须臾间念佛白毫相，令心了了，无谬乱相，正住注意。若见相好，若不得见，此人除却九十六亿那由他恒河沙微尘数劫生死之罪。”

又如《大悲经》说：“阿难，若三千大千世界，满中须陀洹、斯陀含、阿那含、阿罗汉。若有善男子、善女人，若一劫，若减一劫，以诸称意一切乐具，恭敬尊重，谦下供养。于意云何？是善男子、善女人，得福多否？”阿难言：“甚多，世尊。”佛告阿难：“若复有人，于诸佛所，但一合掌，一称名，如是福德，比前福德，百分不及一，千分不及一，百千亿分不及一，迦罗分不及一。何以故？以诸佛如来，诸福田中为最无上。”

又如《地藏菩萨经》说：“若人欲生他方现在净土，应随世界佛之名字，专意诵念，一心不乱，决定得生彼佛净土，善根增长，速成不退。”

问曰：净土者，乃是法藏巧诱之要归，释迦怀中之妙术，六道赖之苏息，四生托以栖神。居净刹而永安，望娑婆而长揖。宁止修三福登乎上品，亦乃发十念而得下生。此则庶类同归，不遗一人矣。而今论者，悟我以要术，救我以焚灼。自今以后，奉而行之！为颂赞曰：

浑浑三界，浩浩四生，
俱称火宅，齐号群盲。
昏兹永夜，长寐未惊，
聊裁短付，烛此幽明。
法藏大愿，志存弘诱，
孤标净刹，号无量寿。
观开二八，生归一九，
影响长弘，千龄不朽。

释净土群疑论

［唐］西都千福寺大德怀感撰

释净土群疑论序

屯田员外郎平昌孟铣撰

虚空无际，天地生其中。墟宇既形，品庶滋其内。于是群生竞起，众识齐奔，沉浮爱欲之河，驱驰生死之躅。因报纷纠，非累墨之能分。缘对循环，岂积尘之可计。前佛后佛，报身化身，各返行迷，咸祛溺丧，敞三明以济俗，临八苦已宣慈。皇矣弥陀，聿采净国，发弘誓愿，现大光明，既疏方便之门，又阐感通之路。十念云就，俄引伏于金地。九辈往生，遽偕游于银国。理浮夐劫，事验无边。道安幽赞于秦中，慧远始通于晋末。爰兹以降，同赞前声。其有克任绍隆，遥膺付嘱，思成就于往法，将究竟于来今，疏奥旨于贯华，赞微言于贝叶者，其唯怀感法师乎！

法师以本无今有，既生则逝，信力坚正，戒品清严。妒路之文，既弘宣而走誉。毗尼之旨，乃演畅以驰声。虽善说而不穷，恐有言之为累。思练神以息际，伫依定而保光。舍义学共遗踪，遂诚求而取证。霜怀特发，冰践孤超。功由理谐，机与神会。敛容赴寂，乃觐安养。法师则意归真，即是阿鞞圣侣。虽念存有相，而情体无着。众所知识，俗共归仰。胜幢虽建，魔垒尚高，未悟圣力所牵，多以常途致惑，青眼以之鹗视，赤髭由其猬张，始则干非，后遂凌谳，请战之曹踵武，设伏之党肩随。法师先据不竭之赀，次命无前之语，洪钟才振，短兵已北，烧须之渠折角，镤腹之侣流肠，领屈者拔旗以祈生，吞负之者与榇而归西，安养之师告捷，般舟之旅载宁。式诠酬问之机，遂有释疑之论。当其诘朝相见，任气争前，问既直锥以起心，酬亦推锋而陷脑。故有疑必问，客无问而不深。有问必酬，主无酬不当。因权告实，语为四部所宗。即生宣常，理为五众攸报。信往生之逸路，乃净域之亭衢。撰次未修，门成乃化，遗编累复。

有怀恽法师，恽与感师，并为导公神足。四禅俱寂，十胜齐高。契悟之深，讵止同游七净。缘习之重，宁唯共趣一乘。阅岁易掩，长年先逝。三门徒然，七众同悲。恽以昌言之书，既成之于旧友，释疑之论，敢行之故人。以平昌孟铣早修净业，凭为序引，资以播扬。辄课芜旨，式旌宝昌，言之为七卷，宣之为一部云尔。

释净土群疑论卷第一

问曰：佛有几身，净土有几种？

释曰：佛有三身，土有三土。三身者：一法性身，二受用身，三变化身。土有三种者：一法性土，二受用土，三变化土。法性身居法性土，受用身居受用土，变化身居变化土。

法性身土，俱以真如清净法界以为体性。如《般若》说："彼如来妙体，即法身诸佛。"如《法界体性经》，文殊师利礼云："无色无形相，无根无住处，不生不灭故，敬礼无所观"等。《维摩经》云："如自观身实相，观佛亦然。"法性土者，如《般若》云："庄严佛土者，即非庄严。"又《维摩经》云："虽知诸佛国，及与众生空。"又云："诸佛国土，亦复皆空。"又云："十方佛国，皆如虚空。"虽知身、土并一真如，夫如者，不一不异，而言法性身居法性土者，此以觉照性义名身，法真理体名土，是施设安立谛门说。

受用身土者，此有二种：一自受用身土，二他受用身土。自受用身土，以菩萨行八万四千波罗蜜行，修习圆满恒沙果德，自利利他，四智周圆，净五蕴等，为自受用身体，即以智上所现微细周遍广大清净四尘，唯佛与佛乃能知见。自受用身所依止处，为自受用土体。他受用身土者，为初地以上诸大菩萨，用平等性智，击发镜智利他功德，随其所应，现一分细相，为他受用身土体性。

变化身土者，为于地前菩萨，及二乘、凡夫，以成所作智，击发镜智利他功德，随其所应，现一分粗相，为变化身土体性。

此受用、变化二土体性者有三：一摄事归真体，二摄相归心体，三本末别明体。一、摄事归真体者，一切众法皆以真如为体，此报、化二土，即以真如为体。二、摄相归心体者，此报、化二土，皆如来等净心所现。故《维摩经》云："随其心净，即佛土净。"即《唯识论》及《摄大乘论》等明，一切万法，皆不离自心。三、本末别明体者，此二净土，俱以众宝庄严为体。

问曰：今此西方极乐世界，三种土中，是何土摄？

释曰：此有三释：一是他受用土。以佛身高六十万亿那由他恒河沙由旬，其中多有一生补处，无有众苦，但受诸乐等故，唯是于他受用土。二言唯是变化土。有何圣教，言佛高六十万亿那由他恒河沙由旬等，即证是于他受用身土？何妨净土变化之身，高六十万亿那由他恒河沙由旬。以《观经》等皆说为凡夫众生往生净土，故知是变化土。三通二土，地前见变化土，地上见他受用土，同其一处，各随自心，所见各异，故通二土。由此经言，是阿弥陀佛，非凡夫境，当作丈六观也。

问曰：前第一释，若是他受用土者，云何地前凡夫生？若变化土者，云何地上圣人生？

释曰：计彼地前菩萨、声闻、凡夫，未证遍满真如，未断人法二执，识心粗劣，所变净土，不可同于地上诸大菩萨微细智心所变微妙受用净土。然以阿弥陀佛殊胜本愿增上缘力，令彼地前诸小行菩萨等，识心虽劣，依托如来本愿胜力，还能同彼地上菩萨所变净土，微妙、广大、清净、庄严亦得见，故名生他受用土。

《佛地论》等说，初地以上生他受用土，地前菩萨生变化土。此据自力，分判地前、地上居二土别，不据他力别愿胜缘而说。只如肉眼，论言唯见障内色，唯见欲界，不见色界，唯是离中知，不是合中知。然《法华经》说，父母所生清净肉眼，见于内外弥楼山等，乃至阿迦尼吒天色。岂不是肉眼能见障外等色，及见色界诸天色耶？又《解深密经》，及《摄大乘论》等说，如人照镜，自见本面，以彼镜中无有面像，当见自面黑白之精，此扶根尘与眼根合，而见彼扶根色尘。此岂不是合中知？若言见障外色界及自扶根色尘者，便与论文相违。若不见者，复与经文相违。故知《佛地》论师，据大分自因而说，不据他殊胜力别缘而说，而定自在所生色，非是色尘，不合为眼所见。若得大威德定，所变定自在所生色，即能令凡夫人眼所见。今此亦尔，以本愿力，令彼地前菩萨等生受用土，不可一向判令不生也。

又如《观经》第九观，云："阿弥陀佛真金色身，高六十万亿那由他恒河沙由旬，八万四千相好。"唯是他受用身佛，非是地前所能观见。下文言："然彼如来宿愿力故，有忆想者，必得成就。"故知乘宿愿力，观见受用之身，亦乘宿愿之力，生受用土。《佛地论》中亦作是问："前说净土最极自在，净识为相，云何会中有声闻等，而不相违？有何相违，诸声闻等，同菩萨见，同菩萨见故，闻说妙法。"一论师言："或复如来神力加被，令暂得见，闻说妙法。此是如来不思议力，不可难以根地度等。"此师意明，说《佛地经》时，在他受用土。诸声闻等，见彼净土，闻《佛地经》，此由如来不思议力。彼是一时化缘，令暂得见。今此是不可思议本愿力，令亦得生。斯有何过也？

问：若然者，此亦有过。地前不合生他受用土，以乘本愿，得生亦可。地上不合生自受用土，应乘本愿得生。

答：自受用土名为自，不可乘愿令他用。他受用土既为他，乘彼胜缘亦得往生。又自受用土极微妙，不可乘愿而得生。他受用土为他现，纵有微妙令下见。又他受用土有本愿，乘其本愿，凡夫得生。自受用土无本愿，为此不令菩萨见。

问：若自受用土名为自，他亦若得生，自义不成。自受用土佛同见，他佛得见无自义。

答：佛是究竟解脱身，圆证一如应他自。菩萨惑障未除尽，不可生佛自土中。如是等众多问答，不可一一具说，诸有智者，随义应思也。

又纵令地前菩萨等，自识相分见粗相净土，不见微妙清净国土，同诸菩萨所见微妙清净宝土。然以诸大菩萨受用法乐，无有一切身心忧苦，唯有无量清净喜乐，无有恐怖，或喜乐，或生厌离，或断疑，故亦得名为生他受用土。又《起信论》云：“从初发意，乃至菩萨究竟地心所见者，名为报身。”此之论文，已通地前得见他受用身。若得见他受用身，何妨得生他受用土？此以一义，通《佛地论》一师所解。或《起信》文，据初地以上证发心说见佛。

言变化土，地上菩萨生者。此有现一身，理通报、化，随宜见者，凡圣各别何妨？下不得生上受用土，以下不能见胜妙之土，又业劣弱，不得往生。上能见下，为欲接引地前凡夫，生变化土，有何妨废？又地上菩萨生变化土者，皆是化身，亦无有过。

问曰：极乐世界既许凡夫得生，未知为是有漏土，为是无漏土？

释曰：如来所变土，佛心无漏，土还无漏。凡夫之心未得无漏，依彼如来无漏土上，自心变现作有漏土，而生其中。若约如来本土而说，则亦得名生无漏土。若约自心所变之土而受用者，亦得说言生有漏土。虽有漏，以托如来无漏之土而变现故，极似佛无漏，亦无众恶过患。

问曰：若是有漏土，三界之中，何界所摄？

释曰：此有二释。

一、有漏净土是欲、色界摄。以有漏心不离三界故，三界即有漏，有漏即三界，既言有漏，即三界摄。若未离欲界欲，以欲界生得善，或方便善，读诵大乘方等经典，修三福行，又十六观等，以此善根生于净土，此心所变，即欲界摄。若已离欲，得色界心，修十六观，生于净土，即色界摄。故彼净土通欲、色二界。无色界众生，无实色身可生净土，以净土是众宝庄严故，实非无色界摄。定心示现，其理可然。彼净土宝地上者是于欲界，虚空中者是欲、色天。故《无量寿经》，阿难白佛言：“彼佛国土，若无须弥山，其四天王及忉利天，依何而住？”佛语阿难言：“第三炎天，乃至色究竟天，皆依何住？”阿难白佛言：“行业果报，不可思议。”佛语阿难言：“行业果报，不可思议。诸佛世界，亦不可思议。其诸众生功德善力，住行业之地，故能尔耳。”下卷言：尔时佛告阿难：“汝见彼国，从地以上，至净居天，其中有微妙严净自然之物，为悉见否？”以此准知，彼之净土，有漏心所变，即欲、色二界摄。

二释：虽是有漏所变净土，不得名为是三界摄。

问：既是有漏识心所变，有漏之心即三界摄，无有漏心而出三界摄。心既三界摄，所现净土宁非三界耶？

释：虽知有漏体性不出三界，然以别义，但得名有漏，不得名三界。故三界名局，有漏名宽。只如凡夫得生西方，非五趣摄。故《无量寿经》言：“横截五恶趣，恶趣自然闭。”又《阿弥陀经》言：“彼佛国土，无三恶趣”等。又《无量寿经》言：“彼国众生，非天非人，因顺余方，故有人天之号。”故知彼土无五趣。既许生是凡夫，而非五趣所摄，何妨土名有漏，而非三界所收。

问：彼土凡夫，是人是天，于义何废？经文但言无三恶趣，何妨得有人天趣耶？而经言非天非人者，此说大菩萨等非天非人，因顺余方，故有人天之名，非据凡夫得往生者。凡夫生彼，或是人趣，或是天趣，于理无妨。

答：若是凡夫得生净土，是人天趣者。若是人趣，人趣有四，为是南阎浮提人，为是东西二洲及北郁单越人趣耶？若是天趣，为是四天王天，乃至色界阿迦尼吒天耶？若是四天下人趣者，彼北郁单越，应是八难之中郁单越难。若是色界等，应是长寿天难。此是难处，云何名净土，劝众生生耶？若言是人趣，而不得名四天下人等。亦得名天趣，而非四天王天等。若然者，四天下外，别有人趣耶？四天王天等外，别有天趣等耶？若言有者，何即净土众生是人天，非四天下等人天耶？亦有净土有漏，非三界有漏，其义何妨。若言四天下人趣等外，无别人趣；四天王天等外，无别天趣；净土凡夫亦得名凡夫，不得名人趣、天趣者。何妨净土亦得名有漏，不得名三界也。以彼五趣，例此三界，其义显然，不可迷执也。

又诸法相中，有宽有狭。只如世间名宽，有漏名局。有漏名宽，三界名局。三界名宽，四生名局。四生名宽，五趣名局。何者？只如如来所变秽恶国土，虽似三界，非如三界，虽是无漏，而名世间。此则世间名宽，有漏名局。有漏名宽，三界名局者，即是凡夫等有漏识心所现净土，亦得名有漏，不得名三界。故《大智度论》言："净土非三界，无欲故非欲界，地居故非色界，有形故非无色界。"此论义意，非是净土无漏识心所现净土，名出三界；但有漏识心所变净土器世间相，布置法用，安立有情，利乐等事，不同于此三界等相，名非三界也。三界名宽，四生名局者，四生唯取异熟五蕴有情世间，三界通三性及器世间，故三界名宽，四生名局也。四生名宽，五趣名局者，中有是化生，而非是五趣，及净土众生等是化生，非趣。如是等名字宽狭，体性差别，此经论等有此不同。岂得有漏识心所变净土之言，则令是三界摄也？

又如第八识有三名，一名阿赖耶，二名阿陀那，三名异熟。若得阿罗汉、辟支佛果。及入八地诸菩萨等，所有第八识，但名阿陀那，及名异熟，不得名阿赖耶。岂依无阿赖耶名，即遣阿罗汉无第八识执持诸法种子耶？岂以无三界名，而令凡夫众生生于净土，有漏识心不变化净佛国土、受用种种大乘法乐也？又托如来无漏净土，虽以有漏心现其净土，而此净土从本性相土，土亦非缘缚、相应缚缚，不增烦恼。如有漏心，缘灭道谛，烦恼不增。犹如观日轮，损减眼根也。故非三界，非三界系烦恼增也。

问：若不许是欲、色界摄者，何因《无量寿经》言"乃至净居天"等？

答：此是施设为天，不可即为实天，分欲、色界也。若实天者，如来净心所变，岂是欲、色界摄？又言若是色界者，以下欲天为胜为劣？若劣者，如何色界反劣欲界？若胜者，如此娑婆世界，欲、色两界胜劣不同，欲、色有情优劣差别。彼土亦尔，生色界者胜生欲界。何因四十八弘誓愿说：“国中人天，形色不同，有好丑者，不取正觉。”彼色界形，既胜欲界形，如何说同？故知假安立说为净居天等，非实即是欲、色界也。

于前二解，初释为正。异熟识体，是实有情。生彼众生，诸菩萨等，未灭异熟，何得说彼非实天人？

问曰：若凡夫所变净土是有漏，非三界所，感之生彼者，不同余人天造恶受苦果，说非人天。如《胜鬘经》说，变易生死，非三界摄，非彼生死实报，是化生，非人天趣者。未知净土化生凡夫非三界。《璎珞经》说三界之外有众生者，是洴沙王国安多偈师义，非佛说。故是三界身，岂非三界身耶？依此后解，复为斯问。

释曰：此何所惑，更为斯问？净土器世间，虽有漏识心所变，而不得名三界，即有漏义宽，三界义局。净土凡夫，但名化生有情，不得言人天二趣，此即四生义宽，五趣义局。今此亦尔，虽是凡夫有漏之身，不得名为三界身也。

问曰：此义更难，若尔者，即应身非三界之身，业非三界之业。若业非三界者，当在娑婆孝养父母，修行三福，作十六观，念佛等业，此等业当起之时，未得色界心，即是欲界生得善，闻慧、思慧心；若得色界定，即是色界修慧之心，生色界已，愿生西方，即是色界生得善，闻慧、修慧心。无漏之心，不能感报。业既是其界所摄，以业招报，还须三界所收，因果决然。岂得乖斯道理，而言生净土非是三界之身耶？

释曰：前言是其有漏，非是三界，已广成立。此但失名，而不失体，斯有何过，更复重征？虽知造业之时，此业是于欲、色二界有漏善心。有漏善心所感之报，即是净土之形，不名欲、色界摄。而此报业，以果摄因，不得名为欲、色界业，但得名为净土之业。若言是欲、色界身，起欲、色界心，而造于业者，宁容不是欲、色业者？欲界之业，所感人天受报，极长不过万六千岁。若感净土，遂得寿命无量无边阿僧祇劫。岂欲界业，能感彼命无量阿僧祇劫耶？斯亦乘阿弥陀佛不可思议弘誓愿力，令其业力感报极长，非是凡夫所测度。经文显然，不可不信。大乘道理，意趣难知。诸佛境界，非凡所测。但知仰信，专诚修学。不可一一依诸法相，楷定是非，论是三界，非三界也。

问曰：凡夫众生所生净土，凡夫未得无漏净心，随心所变，土还有漏。有漏之土，即名秽国，何得亦言生净土？

释曰：净有多种，有真实净，有相似净，有究竟净，有非究竟净。真实净者，谓无漏善心。相似净者，谓有漏善心。究竟净者，谓诸佛世尊。非究竟净者，谓十地以下，乃至凡夫。有体净相秽，有体秽相净，有体相俱净，有体相俱秽。体净相秽者，谓佛心无漏清净，故所现之土亦复清净，然所现土现于秽相，名体净相秽。故《维摩经》言：“为欲度斯下劣人故，示是众恶不净土耳。”体秽相净者，如十地以还本识，及有漏六七识，并地前凡夫一切有漏心所现净土，是有漏故，名为体秽；以依如来清净佛土，自识变似净土相现，故名相净也。体相俱净者，如佛及十地以还，无漏心中所现净土，名体相俱净。体相俱秽者，如有漏心所现秽土等是也。今此得生西方，虽是凡夫，然前第二句，体秽相净也。

问曰：如《维摩经》说：“若菩萨欲得生净土，当净其心。随其心净，即佛土净。”此之心净经文，乃约十地菩萨，方名净心。如何凡夫即欲生于净土？若言得生净土，应言已净其心。且具缚凡夫，见修诸惑纷纶竞起，无暂时停。今既不净其心，如何得生净土？

释曰：净土有多种，非是一途。有究竟净心，有未究竟净心。有有漏净心，有无漏净心。有有相净心，有无相净心。有伏现行净心，有断种子净心。有自力净心，有他力净心。其义非一，不可为难。诸佛如来逗机说法，或就究竟作语，或就未究竟为语，如是等说，其义不定。不可唯依

《维摩经》说究竟净心，十地之位心净土净之文，不信《观经》伏现行惑，依借他力得生西方，云心不净不生净土。譬如得通之人方能凌空，何妨未得通人依得通者亦凌空也。又彼言净，谓究竟净心，能为他有情，现无漏净土。今往生净土，谓依佛净相，而现其净土。彼本此末，依他他依，师弟道殊，遂分胜劣。彼据胜说，此约下论，不相妨也。

问曰：彼西方净土之处，为亦有秽土否？若有者，如何名净土？若无者，亦如卢舍那佛千叶莲花，一一花上有百亿国，此一一国，皆是秽土。如何莲花藏世界卢舍那佛，所坐花王之座，净叶之上，而有秽土？又身子见秽，梵王见净，此并净秽二土同处而现。何故极乐唯有净土，而无秽土耶？

释曰：此有二释。

一云极乐世界唯有净土，于彼方处，无秽土相，以是净土极净妙故。如其有者，即有亦净亦秽之过。又色法质碍，不可同处秽净二相俱时现行，不相容故，杂乱过故，《观经》等文曾不说故，四十八愿无斯愿故。如其有者，往生众生应亦生故，亦应得见。不生不见，故知无也。

有说亦有秽土，同处同时，不相障碍。言二色法不相容受，此是小乘不了之教。净秽两土，皆遍十方，无边限故。如此秽土，即有净土。如卢舍那净花王座，即有千百亿秽土之相，皆悉净处有秽，秽处有净，不相杂染，不相障碍。各随所见净秽不同，各随所生净土、秽土。如前所难，并是小乘，非大乘宗作如是说。广如《摄大乘论》等，及诸大乘经所说，不烦广述。虽知同处净秽可成，然彼西方唯净非秽，心秽众生不生彼故。经唯说净，不说秽相，令余方众生欲生彼故。

问曰：如安法师《净土论》说："净秽二土，为一质异见，为异质异见，为无质而见？"彼释言："一质不成故，净秽亏盈。异质不成故，搜玄即冥。无质不成故，缘起万形。"虽有此释，文义幽隐。请为开示，广陈玄旨。

释曰：安法师慧悟开明，神襟俊爽，制造斯论，妙穷深旨。于时大乘经论，文义未周，已能作此推寻，实为印手菩萨，可谓凿荒途以开辙，标玄旨于性空。然且文隐义深，读者罕知其趣，今当为子广宣其义。

净秽两土，由净秽二业，令其自心变现，作净秽相。此净秽相，是净秽心现。心净土净，心秽土秽，各由自心，心既有殊，土宁称一？故曰："一质不成故，净秽亏盈。"佛未足指按地，秽盈而净亏。佛已足指按地，净盈而秽亏。如《维摩经》说。故知身子、梵王，二心各异，所现之土，净秽有殊，不可言其一，故曰："一质不成故，净秽亏盈。"

虽复净秽两心，现净秽二土，心有两体，土成二相。然同处同时，不相障碍，不可言有净处无秽，有秽处无净。别处而现，而有障碍。以同处同时现净秽故，故曰："异质不成故，搜玄即冥。"搜者，搜求也。玄者，幽玄也。搜其幽玄旨趣，净秽两相，冥然同在一处，不可分成二所也。详此应言："异质虽成，搜玄即冥。"此法师犹未全解唯识义，故以同一处，言"异质不成"也。亦可净秽相殊，其体无二，搜其实体，唯是一如，故言"搜玄即冥"。

"无质不成故，缘起万形"者，此净秽土，虽同处现，而二相别，皆由净秽两业因缘差别，变现种种棘林、琼树，瓦砾、珠玑，从缘所生，依他起性，方成土相。不同于彼空花、龟毛、兔角，遍计所执性，情有体无，无形质体。故曰："无质不成故，缘起万形"也。

问曰：净秽二土如同处者，此二土相，虽珠玑、瓦砾，净秽有殊，莫不皆是四尘色、香、味、触，四大所造地、水、火、风，八微合成，质碍为性。如何同处同时，诸微不障，坏彼色性，无质碍能？既法相违，义难通释。请除此滞，以显微言。

释曰：唯执极微有质碍性，此乃是萨婆多宗部执异计，岂是大乘通相妙旨？只如大乘，时节长短，世界大小，皆悉不定。时即演七日为其一劫，促千载而为片时。量即纳须弥于芥子，内巨海于毛孔。岂限长短巨细者哉！质碍亦尔，碍无定碍。其碍，即以木碍木，以石碍石也。不碍者，人水鬼火，天珠鱼宅，本同一处，何有异方？以兹类彼，义可知矣。故身子丘坑，本无别处。梵王净刹，岂指殊方？盖由万境万心，随心净秽。唯识妙旨，岂局质碍者哉？

问曰：有漏之心，体既是秽。秽心所现诸器世间，只应能现秽土之相，如何能现净土之相，如彼无漏净心所现出过三界净土相耶？若彼秽心能现净相，《维摩经》何故说言“众生罪故，不见如来佛国严净”也？

释曰：体既是净，得现秽相。何妨体是其秽，而得现其净相？故一心之上，有种种净秽等相。心有多功能，能现众多相。又由以本愿与众生，令为现净土。众生宿于佛所，有生大愿，深厌秽心，修清净行，托彼如来净土相上，虽是有漏，而能现彼清净佛土，还如世尊所现无漏清净佛土。此由他力为增上缘，令此有漏之心，现其净土相也。又佛有大神力，能令上人见秽不见净，如众香世界九百万菩萨来此娑婆，唯见秽国，不见净土。或能令下人见净不见秽，如以足指按地，令舍利弗等，见三千世界纯是珍宝庄严。或令净秽俱见，如宝盖之中，现十方净土，及此秽国也。今此得生净土者，盖是诸佛之力，不可以凡夫之智测量大圣，作此疑难，但须依教修行也。

问曰：如《大品经》等，说内空、外空、内外空等。今净土即是外空，众生即是内空。既尔，有何众生为能生，有何净土为所生？又《维摩经》言：“诸佛国土，亦复皆空。”又问：“以何为空？”答曰：“以空空”等。又言：“菩萨云何观于众生？”维摩诘言：“如第五大，第六阴，第七情，十三入，十九界”等。《法华经》言：“诸法从本来，常自寂灭相。”《般若经》言：“如来说庄严佛土者，即非庄严。”又言：“实无众生得灭度者。”如是等诸大乘经，究竟了教，咸言诸法空寂。何因今日说有西方净土为所生之土，众生为能生之人，劝人着相起行，依不了义经。此乃不得诸佛深义，取着有相，不名习学大乘法也。

释曰：如向所说大乘空义，究竟了教，深生敬信，不敢诽谤。究竟出离二种生死，断人法执，证大涅槃，唯此一门，更无二路。小行菩萨、二乘、凡夫，修菩萨行，欲求佛果，未证无生法忍，不免退转轮回，非无种种法门句义，依之修学，趣求出世。如何所引诸大乘经，说毕竟空，破人法相，唯此等教，是真佛说。今《观经》等所说西方净佛国土，劝诸众生往生其国，此亦是于真佛言教。既俱佛说，并为真语，何为将彼空经，难斯净教，信彼谤此，岂成理也？

然佛说法，不离二谛：一、俗谛；二、第一义谛。俗谛是因缘生法，依他起性，非有似有。第一义谛是无相真法，圆成实性，诸圣内证，妙有真有。然其二谛，非一非异。以真统俗，无俗不真，即一切诸法，皆归寂灭。若不以真摄俗，即一切诸法，缘会故有，缘离故无，万法宛然，不可言无也。佛或破众生相，令归无相，欲除人法二执、见修两惑，偏明第一义谛，说一切皆空。欲令众生舍凡成圣，断恶修善，欲求净土，厌离秽土，具说种种法界因果差别，凡圣两位，净秽二土。今遣舍秽归净，隔凡成圣，即于此门中说种种诸法，皆为成就佛法，利益众生。化宜方便，逗机善巧，理宜如此，故教有二门也。不可读第一义谛之经，毕竟无相之理，即谓净土因果等教，将非是佛真言，不为究竟之说，便谤而不信也。不可读种种因果差别言教，不信说一切空寂，甚深般若波罗蜜多，无相玄宗，便毁而不持也。此即于诸大乘经三藏圣教，有赞有毁，怀疑怀信，亦修善法，亦造重罪。信不具足，名一阐提。如《十轮经》，具明其罪。可须俱生敬信，善会二宗旨趣也。

故《维摩经》言：“能善分别诸法相，于第一义而不动。”能善分别诸法相者，此依世谛门说也。于第一义而不动者，此依第一义谛门说也。又言：“诸法不有亦不无，以因缘故诸法生。”不有不无者，第一义谛，离有离无等四句也。诸法生者，世谛，从因缘等世间、出世间种种诸法生也。又言：“虽观诸佛国永寂皆空，而不毕竟堕于寂灭，是菩萨行。虽成就一切诸法，而离诸法相。”成就一切诸法者，世谛法也。而离诸法相者，第一义谛无相也。又言：“虽知诸佛国，及与众生空，而常修净土，教化于群生。”上两句第一义谛，下两句世谛。《大品经》等，说内外空等，第一义谛也。而言净佛国土，教化众生，世谛也。如是等众多大乘言教，皆说毕竟空寂法门，即言净佛国土，教化众生。子须具读经文，上下参综，自相和会，除其信谤之心。为人宣说，勿有赞毁之语。此即自利利他，同得离苦解脱。而乃披寻圣教，文义不同，自信不具，毁陷其身，令他听徒成阐提业，自损损他也。

《解深密》、《楞伽经》，及《瑜伽论》、《摄大乘论》、《唯识论》等，三性三无性义：一、圆成实性；二、依他起性；三、遍计所执性。圆成实性，离相真实。依他起性，非有似有。遍计所执性，情有理无，犹如龟毛、兔角等物。而汝所引《大品经》等，或约圆成实性毕竟空理，佛说为空，实非空也。或约遍计所执，犹如空花，佛说无法。今说净土等教，约依他起性，从因缘生法，非有似有，因果之义，万法宛然。而子但见说圆成实性无相之教，破遍计所执毕竟空无之文，遂不信说依他起性因缘之教法也，即是不信因果之人，说于诸法断灭相者。故经文："宁起我见如须弥山，不起空见如芥子许。"斯言诚可诫也！又说："空有皆俗随机，第一义谛非空非有。"故说净土佛国空者，皆俗随机，令其入法，何是何非？

问曰：净佛国土，离众秽恶，一得往生，超绝生死，永离三恶道，无复五烧苦，皆是正定之聚，悉是阿鞞跋致。《无量寿经》言："次如泥洹之道。"若尔者，不可着相凡夫，具众罪业，心有所得，而得往生。当须依诸大乘经文，及《中》、《百》等论，广学无所得法，方可往生净土。今乃劝人依《观经》等作十六观，宝树、宝池等，及佛菩萨相好色身，或称名号，存心住相，岂非是有所得心，住着诸相，成于病也？既是有病，未免轮回，如何得生西方净佛土也？

释曰：若能观一切诸法毕竟空寂，无能观所观，离诸分别及不分别，作此观察，得生西方，咸为上辈生也。如《观经》中，说上品生等，于第一义，心不惊动，此人临命终时，阿弥陀佛与诸圣众来迎行人，赞言："法子，由汝解第一义谛，我来迎汝。"即生西方无量寿国。然凡愚之人，在俗纷扰，不能广习诸大乘经，观第一义谛，作无所得观。或复净持禁戒，孝养尊亲。或修行十善，专称念佛。虽有所得，亦是不可思议殊胜功德，皆得往生西方净土，如经具说。

但往生净土，行门非一。往生之人，九品差别。岂得唯言无所得法而得往生，不信三福、十六观等往生净土也？又有所得心，通于三性。善不善业，咸能感报。今三福等，悉是善业，经言是三世诸佛善业正因。既是善业，宁容不感净土之报？子今云何唯以无所得而得往生，有所得心不得生者，出何经教？既无圣典，何所依凭？今《观经》等，具明三福、十六观等，作此相业，说得往生。文义显然，不可诽谤。宁容不依圣教，自率凡情，言有所得心不得生于净土？以有所得心是善性，有殊胜福，能灭娑婆重罪，得生西方净土。如地观等言："作是观者，除八十亿劫生死重罪，舍身他世，必生净土，心得无疑。"此岂不是作有相观等生西方也？若不信如是等言教，便成不信受佛语轮，成就十恶轮罪也。又言："称佛名故，于念念中，灭八十亿劫生死之罪，得生西方极乐世界。"如此等经文，诚证非一，不可非废众多圣教，言不得生，唯言学无所得而得往生也。以往生众生，有凡有圣，通小通大，有相无相，或定或散，利根钝根，长时短时，多修少修，咸得往生，而有三辈九品差别，花开早晚有异，悟道迟速不同。故知往生既有品类差殊，修因亦有浅深各别。不可但言唯修无所得而得往生，有所得心不得生也。以往生者非唯圣人，凡夫亦生也。

又佛净土，有理有事，有报有化。故修彼因，有种种异。生理净土，修无相因。生事净土，修有相因。生报净土，修无漏因。生化净土，修有漏因。土既有本末，因亦有胜劣。故非无相一因，得生一切净土也。

释净土群疑论卷第二

问曰：生彼西方，为过去心生，现在心生，未来心生？若过去心生，过去心已灭，不可言生。若未来心生，未来心未至，如何说生？若现在心生，现在心不住，复如何生？以此三世求生不得，以何今劝生西方耶？

释曰：以三世推，已灭、未生及现不住，无有生理真实可得。犹如灯炷，非过去焰烧炷，已灭故。非未来焰烧炷，未生故。非现在焰烧炷，不住故。非不烧炷，破暗发明，念念相续，新新谢灭，相似相续，犹如水流。能一时中有于四用，破暗、发明、热器、烧炷。此亦如是，由净土业，感生时熟，圣众来迎，归趣净土，舍娑婆秽质，成极乐净身。三世缘生，不常不断。虽复诸法寂灭，业报宛然。诸法无生，生死相续。即不坏世谛，建立第一义谛，即其义也。故《维摩经》，净名大士诘身子言："汝所得法，有没生乎？"舍利弗言："无没生也。"维摩诘言："若诸法无没生相，云何问言：汝于何没，而来生此？"此明第一义谛，诸法寂静，无去无来，故言无没生也。下经言："有世界名曰妙喜，佛号无动。是维摩诘于彼国没，而来生此。"维摩诘言："没者为虚诳法坏败之相，生者为虚诳法相续之相。"此明世谛，假名非真，生灭相。今劝舍兹秽土，生彼净方。而于第一义谛之中，三世推之，竟无往生之义。世谛因缘，假名生灭，非无舍此娑婆，往生佛国也。子岂得直论第一义谛之理，而坏世谛种种因果作用等法耶？此亦于世谛因果门中说，劝往生净佛土也。

问曰：《金刚般若经》云："若以色见我，以音声求我，是人行邪道，不能见如来。"又云："离一切诸相，即名诸佛。"如何今日作有相观佛，行于邪道，而愿求生，此实难矣！

释曰：《般若》、《观经》，俱是圣教。相、无相观，并非凡言，互说是邪，深有旨趣。不可依其《般若》，毁彼《观经》。何但信谤交怀，自成重罪，亦乃于佛圣教，未解融通。何者？此之两经，就人、就学、就解不同，作斯说也。

由人者。浅根之人，未能观理，为作色观，观报、化身。深根之人，能观实相，为说无相，观于法身。浅人学深，深法非药，甘露夭命，经有诚文。深人学浅，不成进道，遂名退业，何能进修？故佛对两根，说斯二教。

由学者。初学之人，创初入道，观行犹昧，未能学深，不可教令作是实相观。且教观色，调练其心。后学方成，修进无相。譬如入海，从浅至深。久学之人，堪能进学彼无相观，而乃滞彼初学色相，为进彼行，毁前是邪，非谓此是邪见摄。如悭人学布施，悭障除已，滞修初度。佛欲劝彼进学尸罗，若不毁前，无由习后，故毁其檀舍，赞行持戒，此是大圣善逗物机。愚人莫知，执文迷义。今言邪道，理亦如斯。

由解者。若知色即空，观色非邪；若迷色不空，观色是邪。若知空即色，观空非邪；若知空异色，观空是邪。此乃解误异途，自分美丑，何关由色、空二境以辨其邪正哉！子若晓此宗途，即常色观而恒正。迷斯旨趣，虽空观以恒邪。善哉妙旨，愿详其致矣。

问曰：《金刚般若》言："如来者，无所从来，亦无所去，故名如来。"《维摩经》言："我观如来，前际不来，后际不去，今即不住。"文殊师利言："不住亦不去，不取亦不舍，远离六入故，敬礼无所观。"准此大乘诸圣教说，佛本不来，亦无有去。何因《观经》说有化佛来迎，随化佛往，有来有去，与前经相违？

释曰：甚深实相平等妙理，法身如来本无生灭，以佛本愿无限大悲，接引众生，从真起化十方世界，如来引接三辈九品。以化即真，不来不去。随机应物，有往有还。前经据化体即真，说无来去。《观经》据从真流化，现有往还。

又西方有释言：实无有佛从彼西方而来，至此授手迎接，亦无有佛引彼众生往生净土，但是如来慈悲，本愿功德种子增上缘力，令诸众生与佛有缘，念佛修福，作十六观，诸功德力，以为因缘，自心变现阿弥陀佛来迎，行者随佛往。言彼佛遣来，不是实遣，但是功德种子，与所化生，时机正合，令见化佛来迎，故言彼遣，而实不遣。阿弥陀佛悲愿功德，湛然常寂，无去无来。众生识心，托佛本愿功德胜力，自心变现，有来有去，迎接行人，见有往生，是自心相分，非关他也。故前经说不来不去，约佛功德说也。《观经》说有来有去，约众生心相说也。

又有释言：如来应机，亦复变现，现作诸化身，十方迎接往生众生。

彼诸化佛，从佛镜智大悲流现，故言彼佛遣化来迎。然遣化迎，如摩尼天鼓，无思成此事。然所现化，有往有来，而言不往不来者，此或约真而作是说，前已释竟。或约生灭念念不住，生已即灭，不可移动，当处生，当处灭，异处生，异处灭，相似相续，假说往来。如火焰行非轮轮相，假说来往，实无来往也。故肇法师《物不迁论》言："旋岚偃岳而常静，江海竞注而不流，野马飘鼓而不动，日月历天而不周。"此皆以生灭迅速，不可移动也。

问曰：《涅槃经》说："舍无常色，获得常色。受想行识，亦复如是。"又言："诸佛所师，所谓法也。以法常故，诸佛亦常。"此即三身凝然，不迁不变。今乃言生灭不住，斯何义耶？

释曰：此之诤论，非唯今日。一般大德涅槃学者言："三身并常，不生不灭。"广引《涅槃经》文，及《菩萨本业璎珞经》等，证三身并常，此多依教也。有一般大德，依《摄大乘论》等，释佛有三身，常有三种：一、凝然常，谓法身佛；二、不断常，谓受用身佛；三、相续常，谓变化身佛。虽各名常，义有差别。以后二身，从生因生。《般若论》说："报、化二身，生因生故，诸所作者，皆是无常。"若是凝然，应同法身，了因所证。又应非阴，亦无缘虑、言说、动作。以此众多义理推之，非凝然常也，广如《唯识论》等成立。又约遍计所执，众生横计佛有去来。为破妄执心外有佛，有往有来，为破妄情故，言不来不去。故《维摩经》言："善来文殊师利，不来相而来，不见相而见。"如是等。今此《观经》说有往来，与诸大乘经不相违也。各据一义，悉为妙说。

问曰：《法句经》言：佛告宝明菩萨言："善男子，汝且观此诸佛名字，为是有耶？为是无耶？为有实耶？为无实耶？善男子，若名字有，说食与人，应得充饱。若得充饱，一切饮食即无所用。何以故？说食寻饱，不须食故。"按此经义，欲明名字性空，不能诠说诸法。今既教人专称佛名号，能消重障之罪，往生西方。何异说食充饱，谈浆除渴也？

释曰：依诸大乘微妙经典，咸言名字虚假，无有定实。故经言："文字性离，无有文字。"又言："名义互为客，菩萨应寻思。"然即寂默无言，湛然宴坐，即拘邻无得道之望，须跋靡证果之辰。虽能所说殊，不可谈食得饱。终名有诠表，而因言会理。因言会理故，指月之譬兴焉。名字性空故，舍船之喻作矣。佛以愚夫执着，缘名生惑，或爱或恚，具造愆非，骂我赞我，起生起杀，具十恶业，颠坠三途故，破彼惑情，言："文字虚假，纵令赞毁，何荣辱汝身？若言因赞即荣华汝身，毁谤即损汝形质，亦应说食得饱，言火焚躯。虽终日口谈味珍，不免饥虚之困。竟夕说于炬火，莫见焚身之殃。故知名字体虚，本无真实。凡夫莫悟，浪起爱憎，诤名于朝，沉沦恶道。"若言名字无用，不能诠诸法体，亦应唤水，火来；命男，女至。彼既一一呼召，无有参差，故知筌蹄不空，鱼兔斯得。故使梵王启请，转正法轮。大圣应机，弘宣妙旨。三藏奥旨，焕烂于龙宫。十二部经，照彰于鹫岭。人天凡圣，咸禀至言。五道四生，并遵遗训。听闻读诵，利益弘深。称念佛名，往生净土。亦不得唯言名字虚假，不有诠说者也。

问曰：《瑜伽师地论》云："三地菩萨，方生净土。"今劝地前凡夫、声闻等生，有何意也？

释曰：诸经论文，说生净土，各据一义，取舍不同，或上或下，论人差别。净土既有粗妙胜劣种种殊异不同，得生亦有种种上下阶降。亦如《仁王经》说："唯佛一人居净土，三贤十圣住果报。"此即十地以还，并不得生于净土。以佛大圆镜智所现净土是无漏故，名之为净。十地以还，本识所变诸净妙土是有漏故，不名为净。以第八识是果报识，故所变之土名果报土也。若约行施戒修，离无漏定障，能以定力处处净土受生自在，即三地菩萨得定自在，故《瑜伽论》言："三地菩萨，方生净土。"若以得无分别智，断人法二执、见道烦恼，证得遍满法界，悟百法明门，得生诸佛净土，则初地以上得生净土。若以本愿大悲，通引一切凡愚众生，乃至下品下生，五逆十恶，但发菩提心，悉得往生，具如经说。不可直依《瑜伽论》言三地得生，即谓初、二地菩萨亦不得生净土。龙树菩萨，佛记位登初地，生于西方极乐世界。岂为未至三地，言不得生净土，便与此经相违也？又初地菩萨，依《仁王经》说，得百法明门，见百佛净土，如何言不得生净土也？又《华严经》说，初发心凡夫菩萨，愿生净土，即得往生。故知《瑜伽论》文，别据一相，得定自在离障而说也。

问曰：《摄大乘论》、《对法论》等，无著、天亲诸大论师，释诸经论种种文义，有四意趣、四秘密，言唯由发愿而得往生西方者，此是别时意。今日劝人修西方业，即得往生，岂成道理？自《摄论》至此，百有余年，诸德咸见此论文，不修西方净业。今即言得生，岂不与论相违也？

释曰：《摄论》言："唯由发愿而得往生者，此别时意也。"然古来诸德，咸以此文，证是别时之意，言未即得生。今详此文，证是即得往生，显其论主之意。何者？论言"唯由发愿"者，是简持义，简去念佛之行，持取唯空发愿，更无有行，孤有此愿，故曰"唯由发愿"。若唯发愿而得生者，此即是别时意也。非即发愿之时，终后即生净土，故曰"别时"。今时念佛至心，即意业善行也；称佛名号，即语业善行也；合掌礼拜，即身业善行也。由此三业善行，能灭八十亿劫生死重罪，行愿相扶，即得往生。此岂唯是其愿哉？论主说此"唯由发愿"之言，意显兼行非别时之意。惑者不细寻文义，朦胧总谓别时。若以念佛行亦是别时，论文何因不言"如念阿弥陀佛，得生西方者，此是别时也"？既不言以念佛修十六观、行三福善之文是别时之教，故知念佛等生西方，非别时之意也。

有释者言："念佛修十六观等，即是发愿。"又有释言："论师虽举愿言，意亦取其念佛，亦是别时之意。"今此二释，为显利益？为显解义？若显利益，作此解文，更令无量众生流转秽土，巡历三途，不得往生净土，出离生死。若为解义者，细依文句取义，犹恐不合宗途，朦胧以释论文，翻将得其旨趣，何斯谬也！如《俱舍论》等，诸部诤义，引其圣教，楷定旨归，拾取一字两字，以成诸部得失。况乃《观经》等教，备陈种种行门，或述三种散善为净土正因，或说十六妙观为西方正业，如何总将为发愿文也？

又所以得知论师不以念佛是别时意者，此有八意：

一、论师释经，本以经意难知，为甚深之教，凡夫披读，莫能晓悟，造论解释佛教，欲令愚智咸知。只如《观经》、《无量寿经》、《阿弥陀经》等所说，念阿弥陀佛，得生西方，文义显然，愚智皆解，何用所不了，须论释耶？

二、法藏比丘发四十八弘誓愿，接引众生，欲令生佛净土。岂将别时之意，而发弘誓引接众生耶？彼愿之中，即言念佛不得往生，不取正觉。不言唯发愿人不得生者，不取正觉。故知念佛等行，定得往生，入在四十八愿中，非别时也。唯由发愿，不即往生，不在四十八愿中，故是别时意也。

三、《称赞净土经》，十方恒沙诸佛出广长舌相，证得往生，岂证别时之意？诸佛舒舌，本为难信众生将为念佛功德不多，尽此一形即生净土，咸生疑谤，不信是经，故现不虚诳之舌相，发诚谛之真言，令众生睹相听言，除疑生信。乃谓别时之教，未即得生西方，后至初地得生，众生有何疑惑，须佛舒舌相证往生西方耶？

四、《阿弥陀经》先劝应当发愿，生彼国土，后教称念佛名，一日至七日，即言圣众临命终来迎，行者得生。若言念佛即是愿言，前已劝言令其发愿，后更何须教令念佛？故知前文是愿，后文是行。行愿相扶，得生净土。岂容念佛而是愿耶？

五、《净土论》与《摄论》，同是世亲菩萨所造。宁容世亲制《净土论》，即言念佛得生西方，非别时之意。释《摄论》，乃曰念佛等是别时之意，非即得生耶？造论如是两人，容许二师意别。何必《摄论》得经旨趣，《净土论》迷其圣言。况两论同世亲所造，文义故非矛盾。以论求于人意，故知愿是别时也。

六、《净土论》说有五门：一、身业礼拜门；二、口业念佛门；三、意业观察门；四、发愿门；五、回向门。若修行即是发愿，前三业行，与第四发愿门，有何差别也？若是其一，即应无有五门。若是其异，故知前是行门也。

七、《起信论》，马鸣所造，言其念佛得生西方。正是行门，非别时意。故知天亲所造论，意亦同然，不以念佛等门而为别时意也。如马鸣菩萨所造《起信论》，教初学菩萨，言有八因缘，而造此论。至第七缘：“为示专念方便，生于佛前，必定不退信心故。”“复次，众生初学是法，欲求正信，其心怯弱，以住于此娑婆世界，自畏不能常值诸佛，亲承供养，惧谓信心难可成就，意欲退者。当知如来有胜方便，摄护信心，谓以专意念佛因缘，随愿得生他方佛土，常见于佛，永离恶道。如修多罗说：若人专念西方极乐世界阿弥陀佛，所修善根回向，愿求生彼世界，即得往生，常见佛故，终无有退。若观彼佛真如法身，常勤修习，毕竟得生，住正定故。”

八、若以念佛非是行者，三福、十六观等，是行非行耶？若是行者，如地观中说：“作是观者，除八十亿劫生死之罪，舍身他世，必生净佛国，心得无疑。”念阿弥陀佛，亦于念念之中，灭八十亿劫生死重罪，得生西方。何故灭罪是同，而彼是行，此非行，彼得生，此不得生耶？若俱非行者，韦提希夫人及五百侍女，佛记得生，为由作此观等得生？为由余行得生？若由此观等得生者，此既非行，如何得生？若作观不得生者，何须夫人请说不生之法，如来为说不生法耶？又若总是愿门，即应唯是其一，何须分别为十六观耶？又为此解，非但不晓经文，亦乃毁其正见，自损损他，于人于法，总无益也。

问曰：若唯发愿是别时意者，如何别时意耶？

答：佛以众生烦恼炽盛，流转生死，沉沦苦海，无有出期，是以称赞西方极乐世界依正二报，四种庄严，劝诸众生，令生净土。诸众生类，虽闻佛法，障有轻重，悟有浅深，遂令依教胜劣差别。

有一类众生，虽闻净教，诽谤毁呰，非但不生西方，亦自沉沦恶道，此全与西方远也。有一类众生，虽闻净教，深信不谤，五欲缠心，乐居秽土，亦不发愿，亦不修行。此人修善，或生人天。或复造恶，沉沦恶趣。

此人望生西方，亦为远矣，以并无心趣求，或又诽谤毁呰故。《清净平等觉经》言："若有众生，闻说净土教法，闻如不闻，反生诽谤。我说此人未得解脱，始从三恶道中来，无信向尔。"亦全无行愿，故未得解脱。

有一类众生，与阿弥陀佛宿愿缘熟，闻说净土教门，净心信敬，发弘誓愿："愿我往生西方净土，更不愿求人天果报。"虽有此愿，然此人或以烦恼因缘，耽着五欲；或复懈怠放逸，不能修道，以遇恶知识，广造十恶；或复临终时，不逢善友；或以身婴重病，狂乱失心；或复多日失意，不解人语。遂使空有愿言，未曾修净行，虽不往生净土，此愿远是生因。或由发愿胜力，后必定能修行。或但起愿之人，必有修行之意，彼虽未能起行，当有起行之功。方前二类之人，即有远生之义。故经记叹此人，为得生西方也。愚人将谓即得，不假别修净因。论师释此经文，此是别时之意，非但唯由发愿而即得生西方。后人读论不解，即言行不得往生，此深错也。

又有一类众生，善根深厚，烦恼轻微，逢遇胜缘，听闻净教，深生净信，发愿修行，临终往生，具如经说。此是行愿具足，即得往生，异彼空愿之人，故非别时之教。佛对前二类人，未得往生之日，故记发愿之者而得往生。论师恐同行愿具足即得往生人故，别分离唯愿之人，是为别时之意也。故愿喻初一金钱，念佛修行等是中间九百九十八金钱，往生净土是第一千金钱也。故《摄论》言："如以一金钱，贸易得千金钱。又如念多宝佛，未即至不退位也。"不退位，在十住初心。此人当念多宝佛时，或是十信前心，或十信初心等。未可念多宝佛，即超十信十千劫，即至十住初心，以须中间更修八万四千波罗蜜行，方至初心也。而念多宝佛，与不退行为远缘，故名别时意也。

上来以众多义，显别时意，自关发愿，非是起行之人，是彼《摄论》师言别时之意也。又《摄论》文，别时意者，是报净土，唯愿念佛，理未即生。若化净土，唯愿念佛，必即得生。如《华严经》，不须疑惑。

问曰：往生众生，唯此人趣，得修净业，而得往生？为通余趣，亦得往生？及已终者，于冥道中，亦得往生否？

释曰：于五趣中，悉能修西方净业，得生极乐。按诸天既能来听《观经》，乃《观经》下文言："无量诸天、龙、夜叉，闻佛所说，皆大欢喜。"《称赞净土经》列众中言："无量诸天、阿索洛等，为闻法故，皆来听法。"故知悉欲愿生净土，皆能修习净业，得生西方。又按《菩萨处胎经》第四卷说：化生龙持八关斋戒，金翅鸟欲食不得，请问其法，龙为说八关斋法。金翅鸟随龙往海龙王宫中，尔时龙子复与金翅鸟而说于偈。是时龙子、龙女，心开意解，寿终之后，皆当往生阿弥陀佛国。又按《随愿往生经》说："若以亡者严身之具、堂宇屋宅、园林浴池，以施三宝，此福最多，功德力强，可得拔彼地狱之殃。以是因缘，便得解脱忧苦之患，长得解脱，往生十方诸佛净土。"以此准知，五趣众生，悉得往生极乐国也。

问曰：于此三界秽土受生，但有色形，皆受中阴。死此生彼，往来传识，具有四有，所谓中有、生有、本有、死有。未知从此生于净土，亦有中有否？

释曰：此有二释。一言无有中有，以此命终坐莲花中，故知则是生阴摄也，以入莲花之中，似同处胎也。今释：此义未必则然。且如秽土受生之法，必须至彼生处，方受生阴。如欲界死，生于色界，须从欲死，受色中有之身，至彼色界方受生阴，无有于欲界受色界生有身。今生净土，义亦如此。不可于秽土死，则于秽土受净土生有身也。要须至彼净土之中，宝池之上，方成生有身也。又无色界无色，可无中阴传识受生。净土有色，处所既别，如何不许有于中阴传识，至彼受生阴耶？

问曰：若有中阴，则应生彼至宝池中，方入花中坐，后乃花开。如何于此则入花中？与彼生阴，有何殊别？

答：岂以中阴入彼花中，即令同彼生阴摄也。生彼净土，福德力胜，虽是中阴，乘花往生，不同秽土中阴无花。虽中、生阴，同在花中，然胜劣别，明晦有殊，以分中、生二阴差别。亦以趣生至生，义有差别，分中、生阴异。不约有花、无花，分中、生别也。若谓同在花中，难可差别，即令无有中阴者，亦可。秽土中、生二阴，同无有花，应言中、生二阴不别。若谓中阴、生阴，虽俱无花，即有受胎等差别者，卵等三生可有差别，化生生阴如何得殊耶？以此故知，有中阴也。又如地狱中阴，已被火烧，岂与生阴即无差别？翻显净土善业类同，中、生相似。然此所说中阴，然未见经论说生净土者去身是中阴、非中阴文，不可定判说有无也。虽无经文，然取有义为胜。不尔，去身说是何耶？

问曰：若有中阴者，未知此净土中阴，为着衣，不着衣？

答：无经论文，然准定应着衣。以《俱舍论》言：“欲界中阴，除鲜白比丘尼，余一切中阴，皆悉无衣。以欲界中有，无惭愧故。一切色界所有中阴皆有衣，具惭愧故。”以此准知，净土超胜色界，如何中阴无有衣耶？故净土中阴，皆有衣服。

问曰：净土中阴，行相如何？

答曰：亦以义准知。此秽土生天中阴，足下头上；地狱中阴，头下足上；人鬼傍生，犹如鸟飞，平身行也。今生净土，足下头上，即此经文“坐莲花中”，即其相也。又释有别：生天中阴，足下头上，立趣受生。净土中阴，坐趣受生也。

问曰：净土中阴，既未至彼极乐世界，于其中间十万亿佛土，食何食耶？

释曰：欲界中阴，生缘未合，多时受彼中阴之身，可须食香以趣生有。净土中阴，如弹指顷，即得往生，时既不长，无劳食也。又经中间十万亿佛土，即于空中食诸佛土之香气，以资阴身，趣受生处。其中有义无量繁多，不可具说。

问曰：如来说经，皆为逗机化物，悉为信向者说，不为疑惑者宣。故

《药师经》言："佛为信者施，不为疑者说。"而说经之中，有舒舌相，劝物生信。有不舒舌，但宣妙理。又说甚深法，凡夫难晓，怀疑生谤。如说《法华经》，会二归一，二乘人等不生信心，故须多宝世尊涌宝塔与证实，佛舒舌相现不诳以表真，三陈当信之言，方申诚谛之语。今《阿弥陀经》，唯说西方依正两报，庄严净相，劝物往生，易生正信。何须六方或十方佛，同舒舌相，劝物生信耶？

释曰：按《称赞净土经》下文，佛自陈说：十方恒沙诸佛，见释迦牟尼佛说《称赞净土经》了，各在本土，异口同音，俱时叹言："释迦牟尼佛能于娑婆世界，五浊恶世，得阿耨多罗三藐三菩提，为诸众生说是一切世间极难信法。"释迦牟尼佛既得诸佛同声赞叹，告舍利弗："我于五浊恶世得阿耨多罗三藐三菩提，为诸众生说是一切世间难信之法，是为甚难。"如来虽说百千等经，不言难说。唯《称赞净土经》，有九张纸，恒沙诸佛及释迦牟尼世尊，咸说此经难信难说。盖以佛说十二部经，一切外道皆生诽谤，是佛弟子咸发信心。今说《阿弥陀经》，言五逆十恶罪根众生，唯能念佛，皆生净土。虽佛弟子信向之者，亦生疑惑，不信此言。现见今时四部众咸有正信，尚疑念佛不即得生，故知此经，甚难生信。一切种智预知未来有此众生，怀疑者众，故同舒舌相，表法至真，劝物修学。

又往生净土，解行以上三贤菩萨，或龙树等，得生西方。极恶凡夫，亦生正信。彼诸胜人，福多罪少，得生净土，有何可怪？五逆十恶，罪恶凡夫，一念十念，至诚彻到，乘佛本愿，得生西方。十地三贤诸菩萨众，亦信此事，不起疑心。唯说下品下生，五逆十恶，如此愚人，无恶不造，逢善知识，教称佛名，具足十念，即生净土。还是斯辈十恶众生，不信念佛得生净域："我等既是罪恶凡夫，无始以来，是愆皆犯。念佛十声，有何功德，令我重罪则得除灭，往生西方极乐世界？此但是佛接引之言，或是远声作近声说，或是第二阶法，或言别时之意。"种种异解，不信即生，欺谤极多，信顺甚少。故此言教，为信者稀。诸佛同舒舌相，遍覆三千之界，证法不谬，决定得生，护念行人，令生净土。

问曰：如《华严经》说，诸佛平等，皆具一切行满，一切愿满，方成正觉，号两足尊。今《药师经》，唯说药师琉璃光佛本行菩萨道时，发十二大愿。《无量寿经》及《悲华经》等，说阿弥陀佛初发菩提心及修菩萨行，发四十八愿。与《华严经》文不同，有何意也？

释曰：此两经意，各据一义，亦不相违。据实而论，一切诸佛悉具一切殊胜妙愿，无有增减。若有一愿不圆，一行不满，即不得道成正觉，名一切智人，诸佛功德有不平等过。《维摩经》言："诸佛如来功德悉皆平等。"而《药师经》说十二愿，《无量寿经》说四十八愿者，此对所化之机说也。诸佛教化众生，皆约有缘接引。众生共佛有缘，必依如来本愿。如来化导群品，皆乘弘愿化生。诸佛本发菩提之心，即住广大之心，所有众生之界，我皆令入无余涅槃而灭度之。然众生界无边无数，菩萨始于发心，终于成佛，阿僧祇劫有初有末，于中行菩萨行，成等正觉，不可遍共一切众生皆悉见菩萨修行供养，菩萨不可遍众生界教化利益，众生界未尽，菩萨已成佛，心虽广大，事即难周。然于因地众生，于药师琉璃光佛所发十二大愿，至诚殷重，其愿今熟。于阿弥陀佛本发四十八弘誓愿，至诚殷重，其愿又熟。虽彼此两佛，皆具尘沙诸愿。对所化机，偏明别愿。众生于药师佛十二大愿根熟，药师佛虽有四十八弘誓愿，其机未熟，故佛偏举十二愿。阿弥陀佛四十八愿，其机偏熟，虽有十二愿等，佛亦不说。譬如医王药库之中，虽具一切药草，对所病者患冷、患热、吐、痢不同，处方合药不同。一切药草，偏取当病之者三五等味，捣筛和合，或散或丸，与病者服。不可用药数少，不信医王药库之中具一切药。不可为有一切诸药与一病，况合和汤药，具用一切冷热诸药也。佛亦如是，如《华严经》，实具诸愿，悉皆平等，同彼医王药库之药。或说彼佛十二愿，或说此佛四十八愿，如对病者合药、和汤处分，故此两经不相违也。

问曰：往生众生修净业者，有何相貌，知已即得定往西方？颇有圣教，证知相否？

释曰：有三圣教，证已得生。以教验人，即为证矣。一、如《称赞净土经》云："于此杂染堪忍世界，五浊恶时，若有净信诸善男子，又善女人，闻说如是一切世间难信法，能生信解，受持演说，如教修行。当知是人，甚为稀有，无量佛所，曾种善根。是人命终，定生西方极乐世界。"二、如《清净平等觉经》云："若人闻说净土教门，身毛为竖，如拔出者，我说此人定得解脱也。"三、如《贤护经》第一卷说："众生学得诸佛现前三昧，闻彼阿弥陀如来、应供、等正觉名号，而能系心，相续思惟，次第不乱，分明睹彼阿弥陀佛，是为菩萨思惟具足成就诸佛现前三昧。因此三昧，得见佛故，遂请问彼阿弥陀佛言：'世尊，诸菩萨等，成就何法，而得生此佛刹中耶？'尔时阿弥陀佛语是菩萨言：'若人发心求生此者，常当系心，正念相续，阿弥陀佛国便得生也。'"行者等自观于此三经，随与一经相应，即知得生净土也。

问曰：如此秽土，色界诸天亦无忧苦，但有喜乐，与彼净土有何胜劣，愿生净土，不乐生色界等天耶？

释曰：彼色界天，虽无有忧苦，唯有喜乐，然非极乐，终有苦受，故修行者不愿上生。略以八义，显非极乐：一、上无寂乐；二、下堕苦轮；三、无圣归依；四、不闻正法；五、有诸味定；六、邪见惑增；七、三灾坏境；八、八难成身。第一、上无寂乐者，大涅槃寂灭之乐，生彼凡夫不能克证也。第二、下堕苦轮者，生色无色，受报毕已，欲界业熟，还生下方也。第三、无圣归依者，色界虽有五净居天，讵比西方多诸补处？第四、不闻正法者，彼色界天，岂方净土佛菩萨众，水鸟树林，昼夜六时，恒宣妙法？第五、有诸味定者，彼色众中虽有净定，多诸味定，以相间杂，增生烦恼，净土无也。第六、邪见惑增者，生色界者，通诸外道，有生邪见。又受无想报，将生尽心生，谤圣涅槃，堕地狱也。第七、三灾坏境者，三禅以下，初火、次水、后风所坏，净土无也。第八、八难成身者，色、无色界虽无忧苦，然是八难之中长寿天难摄也。具斯八义，虽有喜乐，终沦苦海，故乐非极乐，与彼净土，胜劣悬殊。故往生之徒，不愿生于色界也。一生净土，毕竟不退故也。

问曰：愿生净土诸修行者，或持一日一夜斋戒，或复孝养二亲。此业如不愿往生，即感人天之报。阎浮上寿，不越百年。天即六欲，上寿极多万六千岁。今即回斯戒行，愿生西方，如何以此善因，寿命无量无边阿僧祇劫？戒因无别，胜劣不殊，寿报短长延促悬隔也？

释曰：此义甚深，难可解释。经陈业力不可思议，但知仰信，难以图度。今正一释者：虽复一日一夜斋戒，无有差殊，然其受戒之心，有于胜劣。由心上下，戒成差别。若本以愿心祈生净土，心求胜果，戒成妙因，感彼西方寿命长远。如愿生人天，心非殊胜，顺生死流，增长有业，故所感报，命不遐长。故戒虽是同，由发戒缘别，成其胜劣之业，感报有斯长短别也。又戒因虽等，念愿有殊。缘胜助因，便生净土。且如分段、变易，报业虽同，爱愿润殊，果成胜劣。此亦如是，讵劳生惑也？

问曰：若本期心愿生净土，心成上品，戒成胜因，可能招彼长时，延增寿命。若本期心生天受戒，垂至终日，愿生西方，即将先所受戒无作功德，招净土报，如何复能感阿僧祇之命根也？

释曰：诸业不定，或转重作轻，或促长令短。具如经说，不可备陈。行者本虽受戒，愿生天中，后遇胜缘，归生净土。行虽劣弱，以后愿强，资前戒品，转增殊胜，与佛愿合，寿命遐长，阿僧祇劫。如舍福行，作其命行。有虽丰财，多病命短，舍物入定，舍衣钵业，延彼命根，更增长远。佛力、法力、愿力、业力不可思议，非诸凡夫所度量也。

问曰：念阿弥陀佛，生弥陀佛国，正与佛愿相当，往生可尔。何闻药师佛名，乃生西方？

释曰：按《药师经》言："若四辈弟子，常修六斋，或昼夜精勤，一心苦行，愿生西方阿弥陀佛国者，忆念昼夜，一日乃至七日，或复中间悔。闻我说是药师琉璃光佛本愿功德，尽其寿命，欲终之日，有八菩萨，迎其精神，得生净土。"为此人初愿生于西方，后心悔修前行，为有悔障，不得往生。闻药师佛名，悔障消灭，引八菩萨来迎此人，还遣令生极乐世界。此显琉璃光佛为灭诸障，助成西业，怜令得生。亦由前持戒精勤，先修西方业，得功德之力，生于西方，义亦无违。若不得闻药师佛名，乘有悔心，不生净土。若无悔者，其人终日，自须念彼阿弥陀佛名。岂合弃西方佛号而不称名，假东域佛名求生安养？

问曰：准依《法华》、《维摩经》等，此方即有净土，何须远求西方耶？

释曰：虽有圣教言于此处即有净土，同处同时，不相障碍。然《维摩》足按地，虽现净土。《法华经》中，虽说常在灵鹫山，及余诸住处。而此二经，尽于品末，竟无处劝往生其国。岂得以有净言，即云我生其国？细详其义，恐理不然。

问：所现净土，为劝往生。不劝生，何须现也？

答：今现净土，自为别益。别益是何？如《维摩经》所现净土，为除舍利弗等心净即佛土净疑，令其见净，明了圣教；又为宝积等宜见净土，得无生忍。又《法华经》显一乘为妙，二乘为粗，初秽后净，自为斯益示现，非关劝物往生，现于净土也。由极乐净土内外功德胜余方，下品众生生亦不退，况余胜者，余佛净土不说是事，故劝往生，不说此方等无净土也。

释净土群疑论卷第三

问曰：如《无量寿经》四十八弘誓言："设我得佛，十方众生，至心信乐，欲生我国，乃至十念，若不生者，不取正觉。唯除五逆，诽谤正法。"《观经》言："下品下生者，或有众生，造五逆十恶，无恶不造，经历地狱，受苦无穷。临命终时，逢善知识，教令称佛。如是至心，令声不绝，具足十念，得生西方。"何意二经，俱造五逆，并有十念，得生净土有取有除，两文不同，有何义也？

释曰：古今大德释此两经，有十五家，共解此教。一、《观经》取者，是忏悔人；《寿经》除者，是不忏悔人。二、《观经》取者，是轻心造逆人；《寿经》除者，是重心造逆人。三、《观经》取者，唯是造五逆人；《寿经》除者，是造五逆及谤法人。四、《观经》取者，是造逆类人；《寿经》除者，正五逆人。五、《观经》取者，是发菩提心人；《寿经》除者，是不发菩提心人。六、《观经》取者，是至诚念阿弥陀佛人；《寿经》除者，是不至诚念阿弥陀佛人。七、《观经》取者，是十信菩萨人；《寿经》除者，非十信菩萨人。八、《观经》取者，非阐提人；《寿经》除者，是阐提人。九、《观经》取者，是对已造逆人；《寿经》除者，是对未造逆人。十、《观经》取者，是开门；《寿经》除者，是遮门。十一、《观经》取者，说五逆业是不定业，为可转时；《寿经》除者，说五逆业是定业，不可转时。十二、《观经》取者，暖顶位人；《寿经》除者，非暖顶位人。十三、《观经》取者，种解脱分善根人；《寿经》除者，是不种解脱分善根人。十四、《观经》取者，是第二阶人；《寿经》除者，是第三阶人。十五、《观经》取者，是唯具足十念人；《寿经》除者，是通具足十念及不具足十念人。

问曰：古今大德虽有十五种释，为当俱是，亦有非耶？

释曰：诸家解释，各有一途，难分胜劣。其第一释，取是忏人，除非忏者。一征此释，未知念佛能灭罪否？若不能灭者，何因经言“于念念中灭八十亿劫生死之罪”？若念佛能灭罪者，何因言不忏悔遂被除也？又《观经》取逆经文，何处有忏悔之语？准此，以下诸说等一一征诘，未是全得经意。

经意者何？《观经》取逆，经言“具足十念”，以具十念，即得往生。《寿经》除逆，经言“乃至十念”，以乃至十念，不得往生。经既有“乃至”、“具足”十念之言，岂得由诸义也？且如下品上生、下品中生，称佛念佛，不言具足十念。一念以上，悉皆得生。以罪少故，不要满十。下品下生，为有逆罪，经即说言“具足十念，得生净土”。《寿经》

含此三品，总合而言“乃至十念，得生净土”。经意说言，若不造逆人，不论念之多少，一声、十声，俱生净土。如其造逆，必须满十，缺一不生，故言除也。此即不造逆者，不限十声，若少若多，俱生净土。造逆之辈，即不得然，满十即得生，少便不往。此乃由此说除，不关诸义也。古来大德虽释，今更为兹异说耳。

问曰：诸余大德，容可误解经文。信行禅师说是四依菩萨，宁容于此圣教亦有错解？

释曰：信行禅师释此两经除取，以二三阶别取，失经旨归。若依所解，便有太过失及太减失。太过失者，第二阶人亦造五逆，逆名是同，应同是除也。太减失者，第三阶人不造五逆，无文说除，应等是取也。经说“唯除五逆，诽谤正法”之言，此乃除人有过、减之二过也，彼经应言“唯除第三阶众生”，离于二失矣。此即法藏比丘发斯弘愿，除人有过、减之过，为圣智不足而言不周悉耶？如法藏言无有咎，即禅师有谬解之愆。进退二途，何以逃责？故当是凡者之失，非圣人之误也。

诸三阶师救言：“唯除五逆等言，即是除一切第三阶也。以第三阶者，并是纯邪无正、纯恶无善之人，无始迄今有愆犯，皆一切诸佛之所不救，十方净土咸共摈弃。故法藏言除五逆等文，即是总除一切第三阶众生尽也。”

难曰：此虽似释太减之失，而全未解太过难也。若谓《观经》下品下生之人，即是解太过之难者，此救不然。何者？阿弥陀陈四十八弘誓愿于发心初住之前，释迦说《十六观经》于妙觉成道之后，中间相去悬隔无量阿僧祇耶。如何招难于不可数劫之中，雪过于下品下生之日，远水近火，何能相救也？即韦提未请之前，《观经》未陈之日，愿中如逢斯难，菩萨将何解纷耶？此救未为除太过之失也。又一切第三阶人，皆名造逆之者，若过去身已受泥梨之苦，业与果毕，非是逆人。若以今生未曾造无间罪，宁容三阶之类咸是五逆之人？若言皆是逆人，即应悉是邪定之聚，无非生报之业，终后定堕阿鼻，亦不生余恶趣，不得入于佛法出家。以具律仪，无有不定聚人及有不定业者。即应《涅槃经》说“一切众生，不定业多，决定业少”，兹言谬矣。斯救亦复未成除太减之失也。

禅师救曰：“今言悉是五逆之者，未必现害二亲、出佛身血、杀阿罗汉、破和合僧，现造逆愆，方名逆者。但是其人根机极恶，邪正俱邪，善恶俱恶，七憎七爱未离于六情，五乐岂舍于三业？既具十二颠倒，五种之所不救，虽非即行其逆，然是造逆根机，是以用彼逆名，总除三阶之类也。”

难曰：此虽似救太减之失，亦全不救太过之难。然此一释，便招七难：一即以能造逆故，名造逆根机。即第二阶人亦能造逆，既起逆是同，两阶何异？斯一难也。（第一阶人根正，能以善覆恶，造罪便少第二阶人。第三阶人根邪，能以恶覆善，起过不等第二阶人也。）又禅师既称第三阶人即是五逆之者，有于十三遮难，如何成大比丘？但应是无戒之人，不得言破戒之者。若谓但有根机，而未现造逆罪，得成具戒之者。彼既唯除五逆，亦是未造逆人，如何言除三阶，即名造逆之者？斯二难也。又第三阶人未造五逆，即名五逆之者，为是邪定聚？为是不定聚？若是邪定聚者，既未造逆，如何即是邪定聚也？若是不定聚者，如何言除五逆，即是一切第三阶众生？斯三难也。又未造逆人，是造逆根机，故即名五逆之者。亦可具净戒人，是可得圣者，虽未证圣道，应亦名为圣人。若言我是圣人，便成正定聚，应舍异生之性，又成波罗夷罪，何名持戒人？斯四难也。又《观经》言取五逆，即是已造逆人。愿中除五逆，岂约根机说也？以此两经相望，故非是彼根机，斯五难也。又第三阶人，虽未造逆，以是根机，故名为五逆人。亦可第二阶人，纵令造于五逆，以非逆根机，故应非五逆人耶？斯六难也。若言第二阶人亦约根机为造逆者，即应下品三人同成一品之过，为并不造五逆，俱是五逆根机，又应花开无早晚之殊，灭罪有少多之别，斯七难也。（《涅槃经》说：“善男子，如来说法，为众生故，有七种语：一因语，二果语，三因果语，四喻语，五不应说语，六世流布语，七如意语。”今约根机说除，为当何者之语？若说因语，此亦非是因语。纵是因语，作斯除而何益也？）

又有释彼除五逆：“经言不造五逆第三阶人，非是不得生于净土，然须行于普法，方始生彼西方也。如造于逆愆，纵行普法而不住。故法藏弘愿，唯除第三阶造五逆者。若其第三阶众生造五逆者，纵令行于普法，亦不得生净土。如其不造五逆，行普法定得往生。是以禅师智慧广弘，慈悲厚殷。此第三阶，沉沦秽土受生，故开普真普正法门，接引纯邪纯恶之辈，使学当根佛法，皆令生彼西方。此乃法藏之所不论，释迦之所不说。禅师独开此教，拔彼第三阶人，故曰说诸佛不说之经，度诸佛不度之者。我等欣闻《集录》，顶戴受持，更不读诵众经，披寻改年历日。哀哉汝等，固执前非，还复读彼别经，造其地狱之罪。故知善星受持法藏，永劫沉沦；不轻但行普教，清升彼岸。此由学不学当根佛法，损益于此天悬。子不能鉴此是非，但知专行别法，错则错矣，生无由生。今为此释，可当除其惑也。”

责曰：虽彼重申此解，更足深疑。再陈征难，以希高判也。

难曰：此虽似释太减之失，亦全未解太过之难。未知“乃至十念”之言，为是普法？为是别法？

若是普法者，此十念言，但是十念阿弥陀佛。此念别佛，如何是彼普耶？（一难）又若普者，即是第三阶法，何因判此经等为第二阶之教耶？（二难）又若普者，此与《观经》下品下生，具足十念称阿弥陀佛，有何差别？而《观经》十念是别法，愿中十念是普法。同是一言，遂成二别。（三难）又普法能救第三阶人，即唯救不造逆者。何为别法能救第二阶者，亦救造逆之人耶？为是第三阶人造逆，竟无得灭之义，而不得往生也？为是亦得灭除，但曾造逆人不合生于净土？请开演也。（四难）

若此十念是别法者，第三阶人逆与不逆，修行别法，悉不得生。此以别法除人，除人还招过、减之过。何但除人有过、减之过，亦乃取人致多少之愆。进退二途，难逃重责也。（一难）则彼愿应言：“设我得佛，十方众生，至心信乐，欲生我国，修行普法，若不生者，不取正觉。唯除第三阶造五逆及谤正法者。”此即陈于普教，文义显然。即除取二类三阶，及简二阶造逆之徒，皎然无惑也。但菩萨陈此愿门，极取舍之幽键，欲令未来学者，于兹定去留。如也斯门说普，即取舍之义便周。如也斯门说别，即去留之人不尽。若于此进退两关，不见陈于普法，纵令余处有说，何救斯文之失？若言有异意趣，于兹不合说普，请愿陈于妙术，敢欲详其要道也。（二难）又法藏比丘，如经所赞，是大菩萨十地圣人，非是地前三贤大士。此即悲智具足，广摄众生。如何发大誓愿，接引有缘极恶众生，令生净土，乃唯以别法发愿，救兹第二阶人，不普法立誓，遂除第三阶者？（三难）为是第三阶人竟无往生之分，法藏为同败种而愿不摄彼耶？（四难）为是亦合难得生，而法藏不能解垂其普教，救彼第三阶者，除而不取其人耶？（五难）为复解而不说，惜法不教众生，悲心不及此人，不摄令生净土也？（六难）为是虽具悲智，直为此类难化成，我今不能度彼，付与信行禅师？（七难）为是第三阶者，菩萨无缘，唯有弘诲。禅师有缘，偏能救度？且夫大唐内逢禅师之教者，可得生于西方。东西二洲、五天竺国、三千刹土、百亿四天下第三阶众生，无逢禅师之教者，将何以生净土也？（八难）则法藏解行未圆，容许摄生不尽。释迦既成正觉，何因不度斯人？即四弘之愿不周，四恩之意不尽，遗弃重病之子，何名遍怜者哉？空言："所应度者，皆以度讫。其未度者，皆亦已作得度因缘。"斯言谬述也。而子但欲赞禅师于上圣之上，抑世尊于下凡之下，不觉此言成大失也。又佛为第二阶众生，说《观经》等教。三千世界第二阶人，依此教门修行，悉得生于净土。佛不为第三阶众生别说普经一卷，诸佛同舒舌证。法藏大士复不别发普愿，为此第三阶人。百亿四天下所有三阶众生，不逢《三阶集录》，并不得生净土。虽复读诵众经，不是四依菩萨，难解采拾普教，咸悉流浪娑婆。故知佛可为三阶众生别说普经一卷，令无信行禅师之处众生，生于西方。世尊不说此经，深成大失也。又《无量寿经》是于别教，大师以慈悲，经道灭尽，特留住世百年。何因普教当末运，不留普法化生。别教教非恶时，乃留别经损物。大悲救苦之主，岂宜如此逗机？（九难）何但释迦如来不解救第三阶人，亦乃十方恒沙诸佛，舒舌证其别法，唯救第二阶者，不舒舌证其普法，济彼第三阶人耶？宁容大圣世尊，十方种觉，具一切智、一切种智，恩行四等，悲同一子，咸共匿兹普法，不救斯人者哉？况教被三千，化流百亿。四十八愿，遍满十方。始于轮王发心，于初恒沙阿僧祇劫之前。终于观音补处，为第二恒沙阿僧祇劫之后。发兹弘大誓愿，十方诸佛所证。方欲竖该三界，横亘四生。而不及彼三阶，遂乃除而不取也。诸佛菩萨以圣智观察，知彼不得往生，无法可以济度，罢以正法教手拔之令出淤泥。而信行禅师更能垂巧方便，陈于普真佛法，救得第三阶人，即慈悲胜于释迦，智慧过无量寿。即于无上调御，翻成有上世尊。无等等者，便成过等正觉。即信行禅师乃应胜佛者也。

又难曰：若言由逆，有二、三阶殊也，以分除、取。不由念有少多，以明除、取者。何因除逆之处，便安“乃至十念”之言；取逆之处，即置“具足十念”之语？何故不于除逆之处，安“第三阶人”之名；取逆之处，置“第二阶人”之语？大师何为不须之语，强安“乃至十念”之文；须说之言，竟无“二、三阶”字？

禅师救曰：“《观经》九品者，至广之别说也。谓九品生人，善恶别说。故于最下恶人，不说一念之法（一念是善人生法），别说恶人生法，是故特言‘具足十念’也。（具足者，对缺之言，必须念数充十也。）《寿经》两段，极略之总言也，谓下二品生人，善恶合说，言含多少之法，义总善恶之人也。是以前‘乃至’中，即有一念善人之法矣。后‘乃至’中，亦有十念恶人之法矣。善恶多少，一举总包，故曰总也。悬言‘乃至’，不举初辞，故为极略也。即前言‘乃至十念’者，从一向十之辞也，辞终言十，即初从一起，悬超其九。故此文中，必具一念善人之法也。后言‘乃至一念’者，从十向一之辞也，辞终言一，即初从十起，悬超余九。故此文中，必具十念恶人之法矣。故仆以为，下‘乃至’中，必有十念。十念之法，施于恶人。恶人位中，邪正相杂，是故简言除逆谤矣。何关由一念少，故除逆谤哉？”

难曰：且有逆无逆，为善恶二人；二阶三阶，分邪正两品。岂不邪正两位，咸有善恶二人耶？恶人位中，邪正相杂，是故简言除逆谤矣。亦可善人位中，邪正相杂，何不简言除非逆谤矣？而乃以非邪恶人之类，同于邪恶之人，齐于十念之下，雷同说除者也。又言：一念与十念，极略之言。善人法中，取正善人，不除邪善人。何由恶人法中，取正恶人，而除邪恶人耶？又恶人法中，取正恶，除彼邪恶及邪善。亦可善人法中，取正善，除彼邪善及邪恶。又善人法中，唯论取合除，邪善不言除。何为恶人法中，亦论取合除，邪恶即论除？又邪恶应于恶处除，经即不于善处除。邪善应于善处除，何为乃于恶处除？又善人法中，邪善人乃得名为邪恶类。何不恶人法中，邪恶类而亦得名邪善人？又恶人法中有邪正，经取其正，除于邪。何不许正人法中有善恶，经取善人除恶者？又《寿经》十念，取正恶，即说除其邪恶人。何为《观经》十念，取正恶，不说言除邪恶者？又两经俱说于十念，《寿经》说取亦论除。何不两经俱陈非十念，《寿经》说取亦说除？禅师等虽欲强救信行禅师释此两经，将为妙解。既妨难纠纷，众疑竞起，此非妙释，请学者知焉。

禅师又难言："若一念法少，言除逆者。既有十念多法，何因说除者哉？"

答曰：此非难也。佛意欲明临命终人，若能称佛一声二声，乃至能称九声十声，悉得往生极乐世界。唯除五逆，谤正法者。此经之意，欲显命终之人，若能念佛一声，其命已过，或念至十，其命已终，并能得生净土。以佛意欲显无逆之辈，多少俱生。有逆之俦，少即不生，要须满十，方得往生。简彼无逆之人，通能多少俱往，故言除逆谤正法，何关邪逆者哉？若一切众生至临终日，始逢善友教令念佛，悉满十声，可如彼责。容许不满十念，其命已终，宁遣逆人，不言除也？

问曰：《大集月藏分》言："佛灭度后，第一五百年，我诸弟子，学慧得坚固。第二五百年，学定得坚固。第三五百年，学多闻得坚固。第四五百年，造立塔寺得坚固。第五五百年，白法隐滞，多有诤讼，微有善法得坚固。"今劝修十六观及念佛三昧，此并是定慧法，只应合初、二五百年中修学此法，何因今日劝修学耶？今三阶学者多引此文，证第三五百年以后不合学定，何因今劝学修十六观及念佛三昧也？

释曰：十六观与念佛三昧，有浅有深。深即于四静虑未至中间禅，于修慧中作十六观及念佛三昧。浅即依欲界闻、思慧心，摄念作意，亦得修十六妙观，作念佛三昧。故《观经》言："如此想者，名为粗见极乐国地。若得三昧，见彼国地，了了分明，不可具说。"故知想成粗见，为欲界闻、思心也。得三昧明见，为色界修慧心也。初、二五百年，解脱、禅定得坚固者，此据色界修慧定心也。若闻、思心想成者，通第二、第三等五百年也。不然者，何因《贤护经》第三卷说："贤护，我灭度后，此三昧经，于阎浮提，四十年中，广行于世。而后五百年末一百岁中，正法灭时，持戒损减时，破戒炽盛时，诸国相伐时，如是等时，此三昧典，复当流布于阎浮提。所谓佛威神故，故令彼等于我灭度后，闻此经已，欢喜书写，读诵受持，思惟其义，为他解释，如说修行。"又第二卷说言："贤护，斯诸善男子、善女人，往昔已于诸如来前，闻是三昧，读诵受持。以是义故，如来灭后，于最末世五百年终，法欲灭时，法将坏时，还当得闻如是三昧，闻即生信，无有惊疑，不退不没，生大欢喜，遍满身心，读诵受持，思惟其义，为他解说，乃至一日一夜，行是三昧。"故知此最后言，即是第五五百年终后，行此三昧。如何乃言第二五百年后，非是学此三昧时也？而信行禅师乃于《三阶集录》之中，浪陈兴废，言千年以后，唯合行普，不合行别。遂将念佛三昧等，为不当根佛法，义当废教，非是学时。何其谬矣！

问曰：《大集月藏分》第十卷云："娑婆世界诽谤正法、毁呰贤圣众生，十方一切清净佛土，共所摈弃。"故知此经摈弃众生，即第三阶人，不合得生净土。如何今日遣彼三阶恶人，同于初、二阶者，言俱得生净土者哉？

释曰：若如三阶禅师作此难者，未知娑婆世界第二阶人，许诽谤正法、毁呰贤圣否？若许诽谤正法、毁呰贤圣，无摈弃否？若许摈弃，为得生净土否？若不得生，何因禅师将此经文，偏证第三阶者不得生耶？若得生者，此人既谤法、毁贤圣，即当摈弃，何因得生净佛土耶？若谓第二阶人不谤法、毁贤圣，即无摈弃，故得生者，何为得造阐提，而不得谤法也？若谓得谤法毁圣，而净土不摈，故得生者。请出圣教，有何经文？若谓虽谤法、毁贤圣，净土所摈，然根正过轻，而得生者。何为彼经言弃，此经便取？又一切第三阶人，悉唯居在娑婆世界，咸悉谤法、毁贤圣耶？若悉毁谤者，在于胎藏，初生婴孩，岂能谤正法、毁贤圣耶？若许亦有第三阶人，不谤法毁圣，此即不当摈弃之限，何因亦言不生净土，而引此经为其证也？若谓今生虽未毁谤，过去皆悉曾毁谤者，宁知第二阶者不曾谤毁耶？若谓此经之意，欲显第三阶者纯邪无正，谤与不谤，咸摈不得往生；第二阶人亦邪亦正，毁与不毁，咸悉得往生净土者。此之圣教，还有太过、太减二失。太过失者，浪摈第二阶谤毁人也。太减失者，谬不弃第三阶不谤毁人也。禅师宗途，引文解义，常与圣教一倍相违，下愚未敢见其能处也。

问曰：依《佛藏经》及诸律等说，破戒比丘等，释迦牟尼佛以手遮约，非我弟子，我非彼师，不许践僧伽蓝之足跟地。如断多罗树，不可再生。又如拆石，不可还合。佛法大海，不受破戒死尸。于一切法事毕，不足僧数。清净布萨之处，不得预中。十方僧食，佛不许食。用信施物，悉成重罪。国王大地水，乃至不许饮其一滴。于此出家众中、僧伽蓝内，佛尚不许容身，名为贼行贼住。况诸佛净土，纯是圣人，而此恶人得与一生补处俱会一处也。将恐此义，定不得生也。

释曰：准依经律等，皆有开遮二门，大小两教，前说后说，与夺不同。不可直信呵责之门、先遮之教，不信《观经》大乘灭罪之教。彼以前经律等，是遮门，或小乘经，或是呵责之语，或对未生惭愧、忏悔罪愆之人。或是未发菩提之心，乐求生死五欲。或是乐居杂染秽土，轮转三界受身。或是如来若不先说罪门，众生无心怖罪，恒造诸恶，故须先说重愆，劝不造罪破戒。或据虽复罪灭，亦可免堕泥犁，戒根已坏，不可食用僧物。今净土教法，是发菩提心，深生惭愧，忏悔往罪，改修来善，乐离三界，欣生净土，乘佛本愿，罪灭福生，深怖当来恶道苦报，随顺佛教，断恶修善。于佛法内，是第二健儿，作已能悔，诸佛所赞。虽于释迦牟尼佛持戒清净海中，成于破戒死尸。然于阿弥陀佛净土中，得作下品中生，成阿鞞跋致也。故此佛呵其破戒，彼佛赞言罪灭。此佛不摄受，彼佛即来迎。犹如父母，教示男女，一呵其罪，或现瞋打；一与软语，令其改悔。诸佛亦尔，或弃或取，悉欲成就利益众生故，粗言及软语，皆归第一义也。亦如犯重比丘，律中诃摈。陀罗尼经，说诵神咒，罪灭戒生，劝令诵咒。开遮不同，诃赞有异。《涅槃经》言：“未入我法，名决定业。已入我法，名不定业。”此亦如是，应依取舍。

问曰：《无量寿经》说：“于未来世，经道灭尽。我以慈悲哀愍，特留此教，止住百年。”未知定用何时，经道灭尽也？

释曰：如三阶禅师等，咸以信行禅师是四依菩萨，于诸大乘经中，撰集《三阶集录》，言：“今千年以后第三阶众生，唯合行普真普正佛法，得生十方佛国。若行别真别正佛法，及读诵大乘经等，即是不当根法，堕于十方地狱。今《无量寿经》等，即是别真别正，是第二阶佛法。千年以前，合行此法。千年以后，既无此机，斯教即废。纵令住世百岁，只合千一百年。故释‘经道灭尽，特留此经，止住百岁’者，是正法千年之后百年者也。何以知之？如不轻菩萨，于像法增上慢四众中出世，不专读诵经典，但行礼拜。故知正法灭后，增上慢盛时，不得学别读别诵，但别得学普，即其文也。由学普故，得六根清净，更增寿命，此即学当根普法益。善星是三阶人，为读诵十二部经，堕大地狱，此即是损。”大有三阶行者同为此解。

细寻此义，理必不然。何者？若以千年以后，正人斯尽，唯是邪恶第三阶人，唯合行普真普正佛法，不合行别真别正佛法，及读诵大乘经等，如其行读诵等者，即堕十方阿鼻地狱。此即如来恶心憎嫉第三阶人，留其别真别正佛法，令其错读，使堕阿鼻地狱。何关慈悲哀愍，特留此经，住世百年？若以普真普正，是当根者。佛说普法之后，何因不说慈悲哀愍，特留住世百年耶？若言普法非佛所说故，禅师是说诸佛不说之经，度诸佛不度之者。禅师非佛，何能说经耶？又何因言“依诸大乘经，撰集《三阶集录》”？若诸大乘经，有普教、别教。普教不言特留，乃是今时佛法。别教经言止住，而学不当根。反大圣之慈悲，异如来之化导。既无圣教，孰辨正邪？若引不轻不读诵经，即证像法之中，增上慢时，不得读诵经者。何因不轻菩萨临欲终时，具闻威音王佛先所说《法华经》二十千万亿偈，悉能受持，得六根清净，更增寿命二百万亿那由他岁，广为人说是《法华经》。若第三阶人不得听读大乘经，何为不轻比丘为增上慢人说《法华经》，令彼听受，作堕十方阿鼻地狱因也？又药王菩萨愿于佛灭度后，“当奉持读诵，说是经典。后恶世众生善根转少，多增上慢，贪利供养，增不善根，远离解脱。虽难可教化，我等当起大忍力，读诵此经，持说书写”等。何因药王菩萨于多增上慢时，说《法华经》？又《般若经》：“后五百岁，能持是经。”又言：“于后末世，有受持此经，所得功德”等。又《贤护经》：“最后五百岁，读诵是经”等。宁容千年之后，别法废时，不合读诵大乘经典？劝诸学流，审谛圣旨，勿得自误，复误余人，令诸大乘微妙经典，绝行于世，将为毒药，是地狱因。灭正法眼，何其颠倒，可伤之甚！

有释：经道灭尽。依《大悲经》，正法千年，像法千年，末法万年。万年之后，经道灭尽，特留此教，更住百年。此刀兵劫时，人多造恶，所执草木，悉成刀剑，互相杀害，瞋毒炽盛，人寿十岁，身长二肘。于此时中，更不能修诸余甚深戒定慧学，唯能念佛，厌此娑婆三灾五浊极苦恼处，愿生西方安乐世界。故佛知此时众生苦重，能生厌离，故以慈悲，特留此经，于诸经后止住百岁，在刀兵劫利益有情。

又有释言：如尊者庆友说《法住记》，言此佛法：刀兵劫后，人心厌恶，咸起慈心，不相杀害，共相怜愍，如父如子，命渐增长，至满百年。十六大罗汉，三明六通，具八解脱，善闲三藏十二部经，受佛付嘱，住持正法，利益众生，不般涅槃，并余眷属大罗汉万余徒众，还以如来三藏教法，流行于世，化导群生，造寺度僧，修戒定慧，佛法炽盛。至增人寿六万岁末，七万岁初，诸阿罗汉总集如来所有舍利，共造宝塔。十六阿罗汉，与诸眷属，绕塔供养，散诸香花，瞻仰礼已，俱升虚空，作如是言：

“敬礼世尊释迦如来、应、正等觉！我受教敕，护持正法，及与天人作诸饶益。法藏已没，有缘已周，今辞灭度！”说是语已，一时俱入无余涅槃。其舍利塔，便陷入地，至金轮际，方乃停住。其三藏教，在舍利前先已灭没，经一百年。唯此净法与舍利塔，及诸阿罗汉，一时灭没。尔时世尊释迦牟尼无上正法，于此三千大千世界，永灭不现，从此无闻。此佛土中有七万俱胝独觉，一时出现。其人寿量八万岁时，独觉圣众复皆灭度。次后弥勒出现世间，还为众生说净土教，令无量众得生净土。如是辗转，贤劫千佛，及后诸佛，出兴于世，皆说净法，劝生西方。乃至十方，亦复如是。其阿弥陀佛寿命无量阿僧祇劫，未灭度来，十方世界诸佛出现，对彼阿弥陀佛有缘众生，皆说净法，劝生净土。故此经道灭尽，特留百年，当此时也。

问曰：《无量寿经》说：“于未来世，经道灭尽。我以慈悲哀愍，特留此经，止住百岁。”然一切经教皆化物，利益众生。读诵受持，咸灭重罪。秉闻正法，皆得离苦。何为余大乘经悉皆隐没，唯留此教，止住百年？

释曰：大圣世尊，出兴于世，一音说法，各随类解。闻法悟道，众若尘沙。或得四道果，或获无生法忍。或离三恶趣，或生人天净土。或益及一时，或遐沾远代。众生宿有闻法善根，逢佛真教，受持读诵，咸得利益。众生薄福，感化缘绝，所有圣教皆隐龙宫，所有法衣不受染色。布萨羯磨，说戒受戒，悉皆不成。甚深大乘真如实相平等妙理，非彼所知，故先隐没，不行于世。唯有念佛易修易学，浅识凡愚犹能修习，拔济苦难，利益弘深。尚有此机，堪行斯法，大圣悲愍，特留百年。以此经文准知，佛法渐灭，众生福薄，唯兹净教，特益此时。故以法验时，诚是当根佛法。故《观经》数处皆言：“为未来世一切众生说是教法。”请诸道俗，寻此圣教，验彼当根。无得信于人语，不依佛语也。

问曰：《十轮经》说：“造十恶轮罪，一切诸佛之所不救。”既言不救，如何念佛，亦令罪灭，得生西方？若得生者，此是救，何名一切诸佛不救也？

释曰：此不救言，为是怖诸造罪之者，如来密意，欲令畏罪，不敢为非，恐造斯愆，永沉苦海，佛既不救，遂不行非，故言不救耶？为对此人造斯重罪，造已无惭愧忏悔，佛对于彼，欲令忏悔，言不救耶？为是此罪实忏悔不灭，若造此过，诸佛不救耶？复未知此罪，第二阶人亦得造斯十恶轮罪否耶？若言不得，何为第二阶人能造五逆，而不能造十恶轮罪耶？若造而不救，此显第二阶人亦不得生净土，何因偏以此而证第三阶人不得生于净土耶？若造而亦救，经文但言“造此罪者，诸佛不救”，宁得第二阶人造此轮罪而蒙佛救耶？禅师以何道理，言此十恶轮罪，二救三不救，二生三不生？经文无简，既许俱为。何意言救，偏言第二？此乃人解佛语，非大圣教，添意释经，不当圣旨。计寻念佛，重罪皆除，五逆十轮，悉皆消灭。五逆，经言定业，此定罪既灭除，十轮称佛不救，何废阿弥陀迎接？若如禅师执文迷义，于理未通。请寻斯旨，以祛疑滞也。

问曰：如《佛藏经》第三卷云：“有佛号大庄严，灭度之后，百岁之中，诸有弟子分为五部，一名普事，二名苦岸，三名萨和多，四名将去，五名跋难陀，是五比丘为大众师。其普事者，知佛所说真空义，无所得法。余四比丘，皆堕邪道，多说有人。是普事比丘所说空法，有六十八亿那由他人，已入涅槃。是四恶人多令在家、出家住于邪见，舍第一义无所有毕竟空法，贪乐外道尼犍子论。是四恶人，所有弟子，常相随逐，乃至法尽。尔时在家、出家弟子，多堕恶道，不至善道，灭佛正法。又是恶人命终之后，堕何鼻地狱，仰卧、伏卧、左胁卧、右胁卧，各九百万亿岁，于热铁上，烧燃燋烂。死已更生炙地狱、大炙地狱、等活地狱、黑绳地狱，皆如上岁数受苦。于黑绳地狱死，还生阿鼻大地狱中。若在家、出家，亲近此人，并诸檀越，凡有六百四万亿人，与此四师俱生俱死，在大地狱受诸烧煮。劫火若烧，是四恶人，及六百四万亿人，从此阿鼻，转生他方，在大地狱，无数百千万亿那由他岁，受大苦恼。世界还生，还生此间大地狱中。久久虽免地狱苦恼，得生人中，于五百世，从生而盲。后得值一切明佛，是人于一切明佛法中出家，十万亿岁，勤行精进，如救头燃，不得顺忍，况得道果。命终之后，还生阿鼻大地狱中，以先起重不善业缘。于后得值九十亿佛，于诸佛所，不得顺忍。何以故？佛说深经，是人不信，破坏违逆，破毁贤圣持戒比丘，出其过恶，起破法业因缘，法应当尔。”彼经既明不净说法等，十万亿岁精进，如救头燃，不得罪灭，命终之后，还生阿鼻大地狱中。如何念佛功德，一声、十声，即得罪灭，往西方也？

释曰：由五胜故，虽复暂念佛名，灭罪生信，过彼十万亿岁如救头燃修道灭罪。言五胜者，一发心胜，二求生胜，三本愿胜，四功德胜，五威力胜。一、发心胜者。此下品人，是大乘根性人，发大乘心。彼是小乘人。今为发大乘心，一念超过二乘心无量百千亿劫，故速灭重罪。二、求生胜者。今此一念念佛，愿生净土。彼虽修道，如救头燃，是小乘心，不信有十方诸佛净土，为无求胜生，故罪不灭。此为求胜生，故罪速灭也。三、本愿胜者。以阿弥陀佛本发殊胜大愿，引一切重罪众生，称我名者，罪皆消灭。众生今日虽造重罪，于阿弥陀佛本愿之中，过去久远善根纯熟故，能一念即得罪灭也。四、功德胜者。前小乘行，但作四念处观，不能灭无量罪。今念佛一声，能除八十亿劫生死重罪，功德无量，如经具说。故一念念佛功德，胜彼十万亿岁，如救头燃，作五停心观、四念处观也。五、威力胜者。《同性经》说，佛有十地，阿弥陀佛是佛初地，功德威力稍异常徒，故威力加持念佛修行者，定得往生，不同余类也。

释净土群疑论卷第四

问曰：《法华经》说：“谤斯经者，常生难处，永不见佛，众圣中尊。”如何此经，谤法之人得生西方，见佛闻法，永离众苦。若尔，如何常生难处？

释曰：《观经》言："如此愚人，无恶不造，经历地狱，受苦无穷。"下言："念佛十声，得生净土。"若言常生难处，不许便永离彼。彼既受苦无穷，宁得往生极乐？故知无穷苦报，罪灭便即有穷。常生难处恶消，何妨见佛。又禅师引教意，皆欲证第三阶人有罪不可灭除，无愆不生净土。广引众多圣教，欲证邪人不生。未知第二阶人，亦许谤《法华》否？设谤常生难处否？念佛得生净土否？若许得生，即不可引前经为证。若不得生，此即第二阶谤法众生，亦不得生净土，何为偏证第三阶人不得生也？

问曰：《维摩经》言："菩萨成就八法，于此世界，行无疮疣，生于净土。"信行禅师言："此八法，是第三阶众生往生之法。《观经》等教，是第二阶人往生之法。"今日既多是第三阶众生，如何学第二阶法，求生净土？

释曰：按禅师立教之意，以当根佛法为宗，将为得圣教之旨归，凌驾于古今学者。然禅师以其三义寻教，知是当根法门：一依时，二约处，三准人。详禅师立此三门，求诸教意，可谓妙即妙矣，能即能焉，然古来盛德，虽探赜幽微，学该内外，义兼半满，穷法门之巢穴，究真乘之秘藏，未有如禅师作斯以判宗旨也。然禅师自立其义，而自乖其趣。何者？《观经》言："如来今日教韦提希及未来世一切凡夫，为烦恼贼之所害者，说清净业。"及未来世，恶时也。为烦恼贼之所害者，恶人也。此教化兹秽土，恶处也。然此经具斯三义，计是当根佛法，禅师言不当根，何意也？《维摩经》八法，不言为未来世，非恶时也。菩萨成就八法，非恶人也。唯有化兹秽土，是恶处也。此经有斯一义，缺彼二门，而言当根，何义也？

问曰：《菩萨处胎经》第二卷说："西方去此阎浮提十二亿那由他，有懈慢国。其土快乐，作倡伎乐。衣被服饰，香花庄严。七宝转关床，举目东视，宝床随转，北视、西视、南视，亦如是转。前后发意众生，欲生阿弥陀佛国者，而皆染着懈慢国土，不能前进，生阿弥陀国。亿千万众，时有一人，生阿弥陀佛国。”以此经准，难可得生。何因今劝生彼佛国也？

释曰：只由此经有斯言教故，善导禅师劝诸四众，专修西方净土业者，四修靡坠，三业无杂，废余一切诸愿诸行，唯愿唯行西方一行。杂修之者，万不一生。专修之人，千无一失。即此经下文言："何以故？皆由懈慢，执心不牢固。"是知杂修之者，为执心不牢之人，故生懈慢国也，正与《处胎经》文相当。若不杂修，专行此业，此即执心牢固，定生极乐国，妙符《随愿往生经》旨。经言："娑婆世界，人多贪浊，信正者少，习邪者多，不信正法，不能专一，心乱无志。十方净土，实无差别。令诸众生专心有在，是故赞叹彼国土耳。诸往生者，悉随彼愿，无不获果。"故知杂其行，堕于懈慢之邦。专其业，生于安乐之国。斯乃更显净门专行而得往生，岂是彼国难往而无生勖哉？学徒不可不专其道也。又报净土，生者极少。化净土中，生者不少。故经别说，实不相违也。

问曰：如《观佛三昧海经》说："五百释子，过去生中俱为兄弟，习学外典，不信佛法。父生怜愍，为说十二因缘甚深佛法。诽谤毁呰。临命终时，受种种苦。其父哀愍，恐堕阿鼻，教令称佛。其子欲死，起敬父心，随顺父言，称：'南无佛陀。'父更教令称：'南无达摩，南无僧伽。'子已命终，乘念佛善，得生天上，受天快乐。天报尽已，以旧有彼谤法之愆，堕阿鼻狱，受众剧苦。"若准此经，临终念佛，虽得生天，罪不得灭，还堕地狱。如何下辈生类，一声念佛，即灭众罪，得生西方，永绝沉沦，不生恶趣，恒受快乐，乃至菩提。同念佛名，升沉有异。

释曰：彼虽念佛，得生天宫，受天快乐，耽着五欲，更不修善。念佛福尽，还落三途。如箭射空，势尽便坠。不乘本愿，落恶趣中。今此往生极乐，莲花开已，见佛闻法，渐渐进修诸道品法。六波罗蜜，念念恒行。无始罪愆，悉皆消灭。殊胜行愿，念念增长。百千三昧，皆悉现前。观人法空，逮无所得。岂比天宫五欲，男女欢娱，放纵六情，造十恶罪，同彼净土往生有情？又彼虽念佛，不发无上菩提之心，求生净土，殷勤惭愧。又本愿言："更经三恶道者，不取正觉。"又不至心，但依父命，故罪不灭，暂得生天，还沉恶趣。又谤法罪，准依《观经》，当下品下生，须具足十念，罪始灭除。彼不至心，复唯一念，故罪不灭，生天还坠。譬如负债，强者先牵。念佛福强，暂生天趣。谤法罪重，还落恶趣。此彼两经，有斯别也。

问曰：经言："内有邪三毒，外感神鬼魔。"今言念佛三昧，得见阿弥陀佛，及临命终时，佛与圣众持花来迎。既是凡夫，有邪三毒，如何不是神鬼魔耶？

释曰：以有邪三毒，依经修行念佛三昧，得见阿弥陀佛，及命终时圣众来迎，悉是神鬼魔者，即应一切凡夫皆悉具邪三毒，纵不得念佛三昧及修西方业，应一切时处常应见佛，临命终时皆见阿弥陀佛持花来迎。若言不见不迎，应无有邪三毒。又至心称念阿弥陀佛，作西方净业，修持斋戒等，为是邪三毒因？为非邪三毒因耶？若是邪三毒因者，何因念佛修善，反起邪三毒耶？即应世尊不劝众生念佛等。而修善念佛，乃招神鬼及魔。破斋破戒，乃无魔鬼等相也。若非邪三毒因者，此是能灭邪三毒法。我修能灭之法，只见神鬼魔，汝本不作灭因，何为不曾见佛？若以此文为证，定判是魔，即应无邪三毒人，不为众魔所娆。若然者，何为阿难心生迷惑，不请如来住世；优波鞠多在定，魔以花鬘冠首耶？故知未必一切邪三毒，皆感神鬼魔；一切无惑人，皆无魔所娆。岂关命终见佛，皆是神鬼魔也？又有邪三毒，感于神鬼魔，何必唯变佛身，方成所感魔相？《涅槃经》言："未来世中，魔或变身，作比丘、比丘尼、优婆塞、优婆夷身，及与佛身，来惑行者。"佛教弟子辨其魔说，及与佛说，令其觉知。众生坠陷，入魔境界，多缘言教被惑，岂皆形相错乱也？故《观经》中，作十六观，所见净境，不辨邪正。若于观中，闻说妙法，佛遣出定，忆持不忘，令与修多罗合，以辨邪正。若如汝所解，即汝所见四众，皆应是魔，为汝身有邪毒故。

又见佛身纵是魔者，为由我法真正，能出魔境，现佛身来惑乱耶？为由我法非真佛法，长邪毒法，感魔现来耶？若由法真正故，能出魔境，魔来现身者，纵使是魔，更须勤心念佛，以是出魔真正法故。若法不真正，能长三毒，感彼众魔现佛形者。即屠儿、魁脍、旃荼罗等，悉长邪三毒，应言常见十方诸佛，命终之时，身心安乐，眼见诸佛持花来迎。若尔者，《观经》所说九品往生，圣众来迎，此教应是邪三毒法，此诸圣众应并是摩。即应此经，非佛经法，是魔法也。又有邪三毒，能感魔鬼，何必要须见佛，方是魔来，愿生西方，始感神鬼？但阿弥陀佛四十八愿，接引一切罪恶众生，悉得往生，圣教明说。古今以来，有诸传记，咸陈嘉瑞，清乐神香，善相皎然，岂虚构也？汝须闻此妙法，见众善相，理须发菩提心，专心修学。而乃不寻圣教，靡信佛经，见有修行，反生诽谤。此是汝邪三毒，感神鬼魔，令汝颠倒乱心，谤诸佛教，自毁正信，坏他深心。须觉其魔事，正信念佛三昧。此即是魔来惑乱，坏汝善心，何须要为现形，作诸佛相，方名神鬼三毒感耶？且佛将般涅槃，告阿难曰："我善修四神足，能住世一劫。"阿难默然，不请佛住。般涅槃后，迦叶结集，以六突吉罗，呵责阿难："何因不请世尊久住于世？"阿难言："魔惑我心，忘请佛住。佛灭度后，恶魔离心，方生觉察，惭愧悔过。"故知魔来惑乱，未必唯为现形，但令汝心邪错，即为魔得便。又魔来显惑，易觉易除。魔来隐惑，难知难遣。只如阿难，在娑罗林外十二由旬，为六万诸魔之所惑乱，一切咸知。佛遣文殊师利，持咒往救。乃至垂欲灭度，魔乃密蔽其心，阿难不觉知，灭度之后，方生悔过。此岂非显魔易觉，隐魔难知。尔只谤他念佛之人，言见佛皆是魔鬼。曾不自觉，不信圣教所说，魔已惑乱汝心耶？

又萨陀波伦菩萨，为往昙无竭菩萨所，学般若波罗蜜，不应空见大师，遂即卖身市肆。恶魔知菩萨心生决定，不能迷惑其心，遂蔽众人之耳，令不闻菩萨卖身之声。有长者女，在高楼上，宿有善因，魔不能蔽，遂闻菩萨卖身之声。如是云云，具如经说。以此经准知，不闻声者，为魔蔽耳根。闻其声者，魔不能障闻声也。我亦如是，闻说西方净土教法，阿弥陀佛四十八愿，接引娑婆众生。十方恒沙诸佛世尊，出广长舌，证劝往生。信向专修净业，愿生净土。此是我出魔境界，魔不能惑。如长者女，在高楼上，有胜善因，魔不能蔽，得闻菩萨卖身之声。我亦如是。故《称赞净土经》言："于此杂染娑诃世界，五浊盛时，若有净信诸善男子，或善女人，得闻如是阿弥陀佛不可思议功德名号，极乐世界清净庄严，闻已生信。当知此人，无量佛所曾种善根，如说修行，一切定生无量寿国"等。故知修西方业者，皆是无量佛所曾种善根，恶魔不能蔽心，遂能深生信解。信知汝等见圣言，无信向心，魔蔽其心，反生诽谤，不觉为魔所惑，翻乃笑我有魔。愿细寻思，早生觉察，无得自误，及误于人。

又依经文，精进持戒，修行三福，作十六观。未知此业，为是为非？为邪为正？为是魔法？为是佛法？若是佛法，是真是正。见佛见魔，此法恒正。纵使见魔，以魔为佛，但令依教修行，斯有何苦？若其此法是于魔法，非真非正。纵见真佛，以佛为魔，行非佛法，斯有何益？如诸外道等，佛在世日，亦见世尊也。子今定此《观经》等教所说三福、十六观，是正是邪？若是正者，依教修行，见佛何错，而汝谤耶？若非正者，尔是阐提谤正法者，深可悲愍，为魔得便。又《维摩经》，天魔波旬从万二千天女，状如帝释，惑乱持世菩萨。维摩大士从魔索女，教令发心，魔从净名复更索女，维摩还女。女即白言："我等云何止于魔宫？"维摩诘言："有法门，名无尽灯，汝等当学。"魔女得法，随魔还宫，至彼天中，化诸魔辈，皆令舍诸魔业，发菩提心。故知得真正法，纵在魔宫，知魔是魔，法恒真正。此义亦尔，但使念佛三昧是真佛法，纵使魔化佛来，以魔为佛，归向之心转盛，菩提之意不渝，亦何所畏？优波鞠多遣魔作佛，五体归诚，以似于佛，想佛礼拜，此岂是错？假令同汝邪解，所见皆魔。以魔为佛，岂损于正见也？又《维摩经》言："十方世界中作魔王者，皆是住不可思议解脱菩萨，以方便力，教化众生，现作魔王。"纵使是魔，还是菩萨，何所畏也，强诽谤乎？只如信行弹师，作生盲观，不别前境是圣是凡，总为圣解，普敬设要。汝既不别是佛是魔，亦须总敬，作真佛想。

又魔作非魔业，非魔作魔业，魔作魔业，非魔作非魔业。魔作非魔业者，如弥勒下生时，魔于夜半，觉诸众生，令舍睡眠，勤修出世。非魔作魔业者，如今众生，虽非是魔，劝人造恶，即是魔业。魔作魔业者，如有诸魔等，常惑行人，令退菩提，耽着五欲。非魔作非魔业者，如诸佛菩萨及善知识，劝人发菩提心，修众善品等是。何必汝语不当非魔作魔业、魔作魔业耶？经言："如人觉贼，贼不能为也。"又如萨陀波伦菩萨，精诚勇猛，勤心行道，唯念何时昙无竭菩萨从三昧出，为我说般若波罗蜜。是时恶魔，雨土砂、砾石、枯骨、木枝，惑乱菩萨。菩萨尔时更增勇猛，刺血洒地，庄严道场。魔虽惑乱，更增菩萨精进之意。我今念佛，得见圣容，纵使是魔，我将作佛想，更增勇猛，何所畏也。

上来广引众多圣教，开悟尔心，勿生谤也。若尔，所引经教，若为会通？答：有邪三毒，不能觉察，作身语意诸粗恶业，毁坏正见，事鬼事神。此名内有邪三毒，外感神鬼魔也。虽有邪三毒，能亲近善知识，依三藏圣教诸了义经，发菩提心，修诸善品，正信正见，而无神鬼魔也。纵有众魔，亦不得便。诸佛护念，为其胜缘。自菩提心，为其正因。何有魔鬼而来惑也？

问曰：西方净土，与兜率天宫，二处校量，有何优劣？

释曰：此处之优劣，其事显然，有识咸知，讵劳更问。然前德已有净土之论，具言优劣，无劳此释。然前德所制，犹有未喻。今更略辨，显其优劣，以十二义，彰其优劣：一主，二处，三眷属，四寿命，五内外，六身色，七相好，八五通，九不善，十灭罪，十一受乐，十二受生。

言主者。兜率天主，迹现凡夫，虽名补处，未成妙觉，纵当成道，只现化身。阿弥陀佛，已成正觉，居处净土，多现受用身。据实而论，故无优劣。降迹化物，师弟道殊。当成、现成，化佛、报佛，觉满、未满，现粗、现妙，优劣不同，其义一也。

言处者。兜率是娑婆秽土，欲界劣天。极乐是净土胜方，超众妙刹。论其胜劣，无可比方，美丑显然，其义二也。

言眷属者。兜率天宫，多间男女。极乐净刹，绝彼女人。以此相形，自分好恶，胜负悬隔，其义三也。

言寿命者。兜率天寿，用人间四百年为彼一日一夜，即以彼之日夜，三十日为一月，十二月为一年，寿命四千岁。然有中夭，不尽天寿。讵比西方寿命，无量阿僧祇劫。以斯相并，无以相俦，长短不同，其义四也。

言内外者。兜率天宫，有内外院。内即亲近补处，永无退转。外即耽兹五欲，不免轮回。觉师子，道亚世亲，犹生外院。婆薮般豆，德邻无著，诞质内院。故知内院难生，多居外院，还造十恶，退没三途。未若得生西方，纵令下品莲花，启发得遇观音，闻说甚深诸法实相除灭罪法，永免循环。以此相形，岂为比较？其义五也。

言身色者。兜率天身色，虽是天形，清净微妙，实为殊特。然其终时，五衰相现，或两腋汗出，或光明隐蔽。讵类西方纯真金色，光明照曜百千由旬。故《无量寿经》，以其贫穷乞士，类粟散诸王。将至六欲诸天，方于净土生者，颜容相貌，威光自在，同夫聚墨况以金山。美丑不同，其义六也。

言相好者。诸天身相，虽复端严，岂有四八殊姿，无诸美丑。西方净土，乘佛本愿，悉有三十二丈夫相，无有美丑。胜负若斯，其义七也。

言五通者。如四十八弘誓愿言："设我得佛，国中众生所得五通，或见或闻，下至百千万亿诸佛国土。"兜率诸天，纵有报通，飞腾往来，岂能越界？纵生内院，未阶圣果，无经说彼历事十方。以此较量，其义八也。

言不善者。弥勒天宫，诸往生者，既是凡夫，生居欲界。纵逢补处，亲闻大乘，具惑凡夫，更无愿摄，还起诸惑不善之心。净土众生，无斯恶境，故乘本愿，不善永亡。其义九也。

言灭罪者。《弥勒上生经》言："若一念顷称弥勒名，此人除却千二百劫生死之罪。但闻弥勒名，合掌恭敬，此人除却五十劫生死之罪。若有敬礼弥勒者，除却百劫生死之罪。"岂比一声称阿弥陀佛，即灭八十亿劫生死重罪，得生西方。其义十也。

言受乐者。兜率五受间生，极乐无有忧苦。其义十一也。

言受生者。兜率受生，或在男女膝上、怀中。净土受生，唯居花里，或宝殿中。其义十二也。

略以十二种义，显其得失，广则无边，不可具说。虽二处胜劣，其义如斯。然此二处往生，并是佛经劝赞。随人所愿，依教修行，并得往生，咸蒙利益。如愿志求兜率者，勿毁西方行人。愿生西方者，莫谤兜率之业。各随性欲，任情修学，莫相是非，即为佛法。递相非拨，便行魔业也，何但不生胜处，亦乃轮转三途。诸修学士，当思勉励也。

问曰：诸有学者咸知西方胜于兜率百千万倍，然恐净土是彼殊方，诸愿生人恐难得往。是以古今盛德硕学高僧，咸谓难生，作兜率业。今既劝修净土行，其义如何？斯疑最深，请除其惑。

释曰：此疑也诚深矣。古来盛德，博通玄旨，探究内外，精闲大小，尚于此义犹自踌躇。况仆下愚，是非莫辨，岂能释兹幽滞，辨之难易者哉？然寻诸圣典，可以谈其旨趣矣。且如《弥勒上生经》明往生兜率之行，与《观经》、《无量寿经》、《称赞净土经》等明修西方之业，显其同异，其义可知。然兜率与西方，所修之行，有十五同、八种异：一、观行同；二、持戒同；三、十善同；四、忏悔同；五、造立形像有为功德同；六、圣迎同；七、称念同；八、礼拜同；九、回向发愿同；十、读诵经典同；十一、往生同；十二、见圣同；十三、归敬同；十四、闻法同；十五、不退同。八种异者：一、本愿异；二、光明异；三、守护异；四、舒舌异；五、众圣异；六、灭罪异；七、重恶异；八、教说异。

一、观行同者。愿生兜率者，《上生经》言：“一一思惟兜率陀天，上妙快乐。作是观者，名为正观。若他观者，名为邪观。”愿生西方者，《观经》言宝地、宝树、宝池、佛菩萨等观，一一观察，亦言：“作是观者，名为正观。若他观者，名为邪观。”此即各随所愿，观所生处天宫、净土依正庄严，此其同也。

二、持戒同者。《上生经》言：“应持佛禁戒。”《观经》言：“受持三归，具足众戒，不犯威仪。”此其同也。

三、十善同者。《上生经》言：“思惟十善，行十善道。”《观经》言：“慈心不杀，修行十善。”此其同也。

四、忏悔同者。《上生经》言：“闻是菩萨大悲名字，五体投地，诚心忏悔，是诸恶业速得清净。”《鼓音声王经》言：“六时专念，五体投地”等。此其同也。

五、造立形像有为功德同者。《上生经》言：“造立形像，香花衣服，缯盖幢幡。”《无量寿经》言：“多少修善，奉持斋戒，起立塔像，饭食沙门，悬缯燃灯，散花烧香。”此其同也。

六、圣迎同者。《上生经》言：“弥勒菩萨放眉间白毫大人相光，与诸天子雨曼陀罗花，来迎此人。”《观经》言：“阿弥陀佛放大光明，照行者身，与诸菩萨授手迎接。”此其同也。

七、称念同者。《上生经》言：“若一念顷称弥勒名。”《观经》言：“若一念顷称弥陀名，合掌叉手，称南无阿弥陀佛。”此其同也。

八、礼拜同者。《上生经》言：“礼拜系念。”《净土论》言：身业恭敬门，礼拜弥陀佛。此其同也。

九、回向愿生同者。《上生经》言：“以此功德回向，愿生弥勒前。”《观经》言：“以此功德回向，愿求生极乐国。”此其同也。

十、读诵经典同者。《上生经》言：“读诵经典。”《观经》言：“读诵大乘方等经典。”此其同也。

十一、往生同者。《上生经》言：“譬如壮士屈伸臂顷，即得往生兜率陀天。”《观经》言“如弹指顷”，或言“如一念顷”，或言“譬如壮士屈伸臂顷，即生西方极乐世界”。此其同也。

十二、见圣同者。《上生经》言：“值遇弥勒。”《观经》言：“见佛色身，众相具足。”此其同也。

十三、归敬同者。《上生经》言：“头面作礼。”《观经》言：“即下金台，礼佛合掌。”此其同也。

十四、闻法同者。《上生经》言：“未举头顷，便得闻法。”《观经》言：“光明宝林，演说妙法。”此其同也。

十五、不退同者。《上生经》言：“即于无上道，得不退转。”《阿弥陀经》言：“众生生者，皆是阿鞞跋致。”此其同也。

云八异者：言本愿者。往生兜率，弥勒本无誓愿。往生西方，法藏比丘发四十八愿。无愿若自浮度水，有愿若乘舟而游，斯一异也。

言光明者。作兜率业，慈氏神光不来摄受。修西方业者，阿弥陀佛白毫、毛孔、圆光、相好光明等一切神光，皆照念佛众生，摄取不舍。光照如昼日之游，无光似暗中来往，斯二异也。

言守护者。兜率业者，慈氏菩萨不来守护。西方业者，《观经》言："无量寿佛化身无数，与观世音、大势至，常来至此行人之所。"《称赞净土经》言："必为如是住十方面十殑伽沙诸佛世尊之所摄受。"《十往生经》："佛遣二十五菩萨，常守护行人。"有护若多人共游，不畏强贼所逼。无护以孤游险径，必为暴客所侵。斯三异也。

言舒舌者。上生兜率，无十方诸佛舒舌证。劝西方极乐，有十方种觉舒舌证诚。如兜率易往，净土难生，十方世尊何须证劝？斯四异也。

言众圣者。兜率之业，无有众圣守护。发愿愿生西方，即有华聚菩萨、山海慧菩萨，发弘誓愿："若有一众生生西方不尽，我若先去，不取正觉。"斯五异也。

言灭罪者。《上生经》言，称念弥勒，但除千二百劫生死之罪。《观经》言，称南无阿弥陀佛，于念念中，除八十亿劫生死之罪。斯六异也。

言重恶者。《上生经》言："若善男子、善女人，犯诸禁戒，造众恶业。"《观经》言："或有众生，作不善业，五逆十恶，具诸不善。"斯即造五逆罪，不生兜率，然得往生西方净土，斯七异也。

言教说者。言兜率易生，西方难往，此乃凡夫之辈斟酌佛经。穷之圣典，竟无经说。纵使道穷四果，尚昧衣珠。位阶十地，犹昏罗谷。况凡夫学侣，正习未亡，见修两惑，何时暂舍，纵寻圣教，同诸模象，岂得依之楷定，为司南之语哉？然《无量寿经》自有诚教言："横截五恶趣，恶趣自然闭，升道无穷极，易往而无人。"此即佛教显然。斯八异也。

上来同文十五，犹不可说于难生。况异有八门，而乃说言难往。请诸学者，寻理及教，鉴其难易二门，可永除其惑矣。理穷圣教，于一法门，或赞或毁，皆是劝入道之方便，舍坚执之愚惑。今为此意，请审详之。

问曰：依《对法论》，九种命终受生，谓欲界死，欲界生；欲界死，色界生；欲界死，无色界生。如是等至将死位，欲受彼生，即起彼界烦恼润生。今生西方，起何烦恼以润生也？

释曰：此有二释。若未离欲界，欲生西方者，起欲界爱，润净土生。若已离欲界，欲得色界定者，起色界爱，润净土生。若已离色界，欲得无色定者，其退性者，退起欲、色烦恼，生于西方；若不退者，必不生净土，彼说净土是欲、色二界摄故。有说，虽非欲、色二界摄，然是色相土故，不可以离色界烦恼，得无色界定，而生色相净土也。有释言："生于净土，命终之时，大圣来迎，慈悲加祐，令心不倒，便即命终。若起烦恼，即名颠倒。"然受生之法，必须烦恼。此乃用烦恼种子以润有支，令生相续，亦无有过。问：有学圣人，可以种子润生。既是凡夫，唯用现行烦恼，何得说言种子润生也？答：论据秽土受生，凡夫唯用现行烦恼，以凡夫烦恼炽盛，命终皆悉颠倒。往生净土，蒙佛加祐，心不颠倒，烦恼不起，不可例同秽土生法。虽无圣教，义准可知。如无心死，理必定然。或起现行，义亦无失。

问曰：生净土者，十二有支，三界所摄。未知净土，分位缘生，是何摄？

释曰：此有二释。一释：净土即三界所摄。未离欲惑，往生净土，无明支、行支，即是欲界。识、名色、六处、触、受，五果种子，还是欲界。爱、取、有支，既是欲界，生、老死果，宁非欲界也？若已离欲界，欲得色界心，十二有支即色界摄。法相道理，其义决然。有说：净土非三界摄，前已广成立，此十二有支据三界说，故于净土不分别也。又此十二有支，就秽土中亦摄法不尽，如唯别定业，受得别报果，岂得说为十二支摄？故知分位缘生，摄法不尽也。

问曰：若生净土不起诸恶者，为亦不起诸烦恼耶？且如初地菩萨犹有微细破戒之垢，三地菩萨犹起我执，七地以来犹有爱佛、爱菩提障。如何亦生彼土，现是凡夫，即不起于诸恶烦恼也？

释曰：生彼凡夫，虽具烦恼，由缺恶境，不起何妨。如地狱众生，十不善业道中，唯起五业道，贪、瞋、邪见、恶口、绮语。地狱虽是恶趣，尚缺五恶业。况于净土，而无缺恶不生耶？

问曰：岂彼净土顿不起余一切烦恼，为亦得起有覆无记诸烦恼耶？

释曰：迷理烦恼，俱生起者，彼亦得起。以是凡夫，未悟甚深真如实相，不妨得起。分别起者，彼不现行。论说分别我见，缘邪教起。然彼无邪教，故不现行。我见是诸惑之本，本既不起，末惑不生。任运烦恼不缘教生，既是凡夫，起亦无废。然此烦恼，依《对法论》，若任运起，能发恶行，亦是不善。彼所起惑，不发恶行，故唯有覆无记性收。经遮不善，不言有覆，但言无不善名，不妨起烦恼也。爱佛、爱菩提，法执烦恼也。

问曰：经言生彼西方，皆是阿鞞跋致，或言唯是正定聚，无有邪定及不定聚。然阿鞞跋致，位非下凡。正定之聚，道登圣果。今既凡夫往生净土，彼岂即圣人，宁得顿超阿僧祇，成欢喜地？然退转凡夫生彼，不可即至阿鞞跋致之位；邪定、不定聚者，即登正定聚也。不得者，即与《观经》等文相违。如得者，复与众经论义乖反。两文矛盾，请为解释也。

释曰：此两经文，实成乖反。然净土、秽土，区域既殊。此生、彼生，根机亦异。故判正定聚等，高下不同。阿鞞跋致，浅深亦别。然娑婆秽土，圣少凡多，信稀谤众。根行浅者，多遇退缘。邪风所扇，悉皆退转。

依诸经论，说有四退：一信退，二位退，三证退，四行退。信退者，十信位中，初五心位，犹有退生邪见，断善根等。后位不然。位退者，十住位中，前六心位，犹得退败，作二乘等。后位不然。证退者，十地以前，诸凡夫位，于前所证，尚有退失。十地不然。行退者，七地以前，于所闻行，尚生怯劣，不能修学，不能于念念中恒修胜行，中间间起诸有漏烦恼、人法二执等心，名为念退。八地菩萨，入第三阿僧祇，无四种退，于诸行中具修一切行，于一切时念念相续，常起无漏人法空观，无有一念起有漏心善恶无记。八地菩萨等具四不退，故名阿鞞跋致菩萨也。余七地等，无四不退，故全不得名阿鞞跋致。若从一义，初地菩萨入第二阿僧祇，以预圣流，断于见道、分别二障，证遍满真如，得百法明门，住欢喜地，此具证、行两种不退，亦得名为阿鞞跋致。乃至七地以来，犹有爱佛、爱菩提障现行，间起有漏等心，未得行不退，亦名非阿鞞跋致也；而随少分，亦名阿鞞跋致菩萨也。

依《菩萨本业璎珞》等经说，第六住名正心住，此位菩萨，犹有退菩提心，作二乘等，如舍利弗等是也。七住以上，无有此退。故于四不退中，唯有位、证、行三不退，无初一不退，随分亦名阿鞞跋致也。

若依《起信论》等，从初发心住，总名入位不退。十住以前，十信菩萨名为外凡，亦曰轻毛凡夫，譬如轻毛，随风东西，故有退转。十住菩萨，非是轻毛，以善根坚固，不为邪风所动，入内凡位，无有位退，名阿鞞跋致菩萨也。依此，秽土十信菩萨，为邪风散动，退菩提心，退菩萨行，轮转三恶道，非阿鞞跋致也。净佛国土，若入十信初五心，及未入十信一切众生，论其信位，虽未坚固，犹如轻毛，然无邪风之所扇动，令其退转菩提之心，造众重罪，轮回恶趣。以缺退缘，无众退具，唯有进道殊胜之缘，虽未入于阿鞞跋致之位，而亦得名阿鞞跋致也。而退法、思法、护法、住法、堪达法，学无学圣人，虽是钝根，俱合名退转。若生人中，逢五退具，所谓长病、远行、和诤、僧事、习诵等五退具，虽得圣道，断除烦恼，逢此退缘，还复退转，起诸烦恼。若生天上，无五退缘，虽未练根至不动性，缺退缘故，不退起惑。望性虽与不动性殊，不退修惑，与彼第六不动种性无差别也。彼亦如是，为生净土，无众退缘，虽是十信假名菩萨等，悉得名为阿鞞跋致也。

若秽土之中，小乘煗顶、大乘十信等，以根不定，或遇恶缘，退造五逆，入邪定聚。邪者，三恶道果也。定者，五逆业因也。若人造五逆之因，决定无间堕三恶道，名邪定聚。若遇胜缘修道，得入不退转位，名正定聚。正者，涅槃离系择灭果也。定者，人法二空无漏圣道也。修得圣道，决定当证涅槃正果，离系择灭，名正定聚。余名不定聚，以或能造邪定聚，或能修正定聚，在二不定，名不定聚。此之三类众生，其数非一，故名为聚也。今生西方，无有恶缘或造无间之罪，入邪定聚。位行虽浅，唯遇胜缘，念念进修大乘圣道，决定无退，故得名为正定聚也。不得一一同彼娑婆退转之处，判阿鞞跋致及正定聚，位地高下，即令净土无退转处同于此方也。以净秽二土，退不退缘有无差别故。于此非阿鞞跋致位，非正定聚位，生彼西方，悉得名为阿鞞跋致及正定聚也。以生彼土，无有退缘，及决定不造邪定聚也。

问曰：如《法华经》说："着乐痴所盲。"又言："耽着世乐，无有慧心。"又圣教言："若不厌苦，无以乐求涅槃。若不乐求涅槃，便即乐着生死。"若然者，生彼净土，与上义相违，便成障道之患。一即耽着世乐，不有出世之心。二即无厌苦心，绝求寂灭之果。斯为大损，何愿生乎？

释曰：斯义别也，此难不然。秽土五欲，增长贪心，造十恶业，轮回恶趣，故经说言"着乐痴所盲"也。净佛国土，虽有众乐，顺于出世无漏之心，大乘法乐，三昧定乐，非染着乐，故能导凡情，令增圣道。故《称赞净土经》言："极乐世界净佛土中，昼夜六时，常雨种种上妙天花，光泽香洁，细软杂色，虽令见者身心适悦，而不贪着，增长有情无量无数不可思议殊胜功德。"又言："大乘法乐，常无退转，无量行愿，念念增进，速证无上正等菩提。"又愿生之人，并是厌兹秽苦，欣求涅槃，方始乐往西方，行菩萨行。此已有欣厌之意，更生无退之方，岂须有苦萦身，方兴寂灭之虑？又乐求涅槃，非唯厌苦，或闻诸佛功德不可思议，或闻六波罗蜜、诸道品法，或睹诸大菩萨游戏神通，或嗅妙香，或尝美食，皆能进道，趣求涅槃。故背生死，向还寂灭，非唯一途。不可唯言无苦可厌，遂不许欣求涅槃也。

问曰：如论中说，过去生中所造重罪，纵修胜善，乃至得圣，犹受过去定报之业，如离越阿罗汉等。今既具造重罪，往生西方，虽生净土，既无圣道，生彼国已，为受苦耶？为不受苦耶？若受苦者，即不应言无有诸苦，但受诸乐。若不受者，生彼凡夫，未起一念无漏圣道，如何造彼重罪，而永不受苦耶？

释曰：此义不定，不可一准。诸受苦者，为生秽土，纵令得圣，身是苦身。乘是苦身，受斯苦果。生彼净土，具惑凡夫虽无圣道，不及圣者，然是极乐世界殊胜净身，见佛闻法，修行大乘，佛本愿故，能超此圣人，不受苦报。只如退法种性，不及思法种性。而思法胜种性，生于人中，具有五退缘，虽胜而退。退法种性，生于天中，缺五退缘，虽劣不退。不为性劣，在上而退。不为性胜，在下不退。此亦如是，虽得圣道，为生秽土，而受苦果。为生净土，虽是凡夫，而无恶报。善缘力加，必无苦报。如阿阇世王，定不受苦也。

释净土群疑论卷第五

问曰：《佛藏经》说："云何名恶知识？云何名善知识？"佛告舍利弗言："若有比丘，教余比丘：'汝当念佛、念法、念僧、念戒、念施、念天。如是等唯观涅槃，安稳寂灭，唯爱毕竟清净。'如是教者，名为邪教，名恶知识。是人名为诽谤于我，助于外道。如是恶人，我乃不听受一饮水，以自供养修行魔教人。"又言："宁成就五逆重罪，不成就我见、众生见、寿见、命见、阴入界见等，此并为有所得心作念佛等。"世尊作此种种诃责。即此经文又言："闻空无所得法，即自觉知，我先受者，皆是邪见。于空无所得法，无疑无悔，深入通达，不依一切我见、人见。我说此人名为清净梵行"等。今既劝人以有所得心，作有相念佛，此岂不为诸佛诃责也？

释曰：诸佛说法，皆为逗机。机有深浅大小不同，惑有人法见修差别。故陈法要，化彼物机，或呵有赞空，或毁空称有，或令弃小学大，或令先学小乘，后学大乘。故机有万途，法成八万，随缘化物，难可思议。只如此经所说，其诃有所得心，宁为五逆之罪。余有圣教复言："宁起我见如须弥山，不起空见如芥子许。"又如《法华经》说："不得亲近小乘三藏学者。”《十轮经》说：“无力饮池河，讵能吞大海。不习小乘法，何能学大乘？”如是等诸大乘经，诃有诃空，赞大赞小，无有定说，并为逗机不同。然即佛有真应二身，学者有初后两别。然法身深妙，离有离无，四句并亡，百非俱丧。此即深学之士，能于第一义谛，心不惊动，然犹住着诸相，不亡分别之心，故此经诃有所得心，令除人法二执，使观无所得法，修念法身之佛。故此经文言：“见无所有，名为念佛。”若初学之人，舍邪归正，发菩提心，愿生净土，于无所得，未解安心。或复观空，言因果寂灭，遂即无心怖罪，更起盖缠。若不为其广说善恶因果，净秽差别，诸佛身相不可思议，何能发彼善心，怖斯罪障，厌兹秽土，欣彼净方，注想白毫，谛观诸相，灭除罪累，成彼胜因？故劝观色身，教斯浅学人也。故《贤护经》第一说：“贤护，若比丘、比丘尼等，清净持戒，具足诸行。如是思惟，随何方所，即若西方阿弥陀佛。如是想念，彼佛正觉，今在西方。系念思惟，观察不已，了了分明，终获见彼阿弥陀佛。”如是观色身。向下又有经言：“今者阿弥陀如来、应、正等觉，具有如是三十二相、八十随形好，身色光明，如融金聚。如是乃至不念彼如来，亦不得彼如来，彼作如是念如来已，如是次第得空三昧。善男子，是为诸佛现前三昧也。”又《观佛三昧海经》云：“如来亦有法身十力、四无畏、三昧解脱、诸神通事，如是妙处，非汝凡夫所学境界。但当深心起随喜想，起是想已，当复系念念佛功德。”故知初学之辈观彼色身，后学之徒念法身也，故言：“如是次第得空三昧”。又乐观理佛，示以无相之身。求念事身，说以相好之体。当须善会经意，勿生毁赞之心，妙知大圣巧逗根机者。

问曰：十方净土无量无边，亦有劝修生诸佛土，何故今者唯劝往生极乐世界耶？

释曰：此有三释：一、有说无劝；二、有劝机少；三、劝文不具。

一、有说无劝者。如《涅槃经》云：“于此西方，过四十二恒沙世界外，有妙净土，名曰无胜，一如西方极乐世界，无有异也。如来舍彼净土，而来生此娑婆世界，教化众生。”若但是净土即可愿生者，何故释迦如来不劝生自净土，唯劝往生极乐世界耶？乃至诸大乘经虽说净土，无劝生文。

二、有劝机少者。如维摩诘，远接妙喜世界，安置此土，示诸大众。佛劝大众，令生彼国。有十四那由他人，发菩提心，愿生彼国，佛记当生。即下言：“妙喜世界于此国土所应饶益，其事讫已，还复本处。”若此净土合一切众生悉得生者，佛何故除十四那由他人外，如来竟不普劝本来众生，令生妙喜？而言“妙喜饶益讫已”等言，故知无机缘故，所以不劝。

三、劝文不具者。《随愿往生经》及《药师经》等，虽标余方净土，劝物往生，而此经文不周悉。何者周悉？只如《观经》等中劝生西方，一显凡夫，二明未来，三彰造罪，四有十方诸佛舒舌证诚，五有多本经文同证。依之修学，无有疑滞。故此西方净土业，易可依行。诸经既无前件等文，唯有一句两句劝生之处，难可依据。何故舍广多文句，而就少经文耶？又经文劝依了义经，不依不了义经。三藏法师释了不了义经，有其四种，已于《观经疏》中具述其义也。今此净土之教具有四义，了义之经，故可依之以修净行。余经之文义，虽说净土，四义不具，是不了义，难可依之修净业也。

问曰：诸论中说，命终受生，唯住舍受。何因《观经》言：“欢喜踊跃，自见其身，乘金刚台。”喜受既强，如何舍命也？

释曰：有一师释言：“秽土受生，无圣迎接，唯住舍受心中命终。净土受生，圣众来迎，行者命终之时，蒙大圣力慈悲加祐，故喜受位亦得命终。诸论多据秽土受生，故作是说，不可为例。”有说：“往生净土，亦住舍受心中命终，以舍受心性羸劣，故顺彼命终。喜受心强，不能舍命。经言‘欢喜踊跃’等言，此是将命终心也，非正命终心也。”经之与论，各据一义，不相妨也。

问曰：《观经》之中说，垂终一念十念，亦得往生。《阿弥陀经》

说，一日七日，一心不乱，方生净土。《无量寿经》说，尽形寿一向专念佛，方得往生极乐世界。若尽形念佛方往生者，即一日七日，一念十念，便是虚谈。若一念十念等亦得往生，何须复教七日、尽形专行念佛也？

释曰：一念十念，一日七日，及与尽形，皆得往生极乐世界，并非虚谈，悉是诚言。大圣世尊如语实语，岂有虚假而谬说耶？然念佛众生，闻净土教有早有晚，发心之时有迟有速，或命有长短，故经说不同。若临终之日方逢善友教，发心念佛，亦得往生，虽复清升，只当下辈。有命未尽，经日始亡，或一日二日，乃至经多日，能念佛名，一切不乱，即随其命，教令一日等称念佛名。如其寿命遐长，多日不夭，还教尽其寿命，令称佛名。不可命促斯须，令其长时念佛。不可寿终百岁，只令一日称名。故三本经文，俱劝念佛，各随一义，教念有殊。彼此不妨，义无乖反。故《观经》对临终之者，极少一念十念，亦得往生。《阿弥陀经》对经日死人，能念佛亦生净土。《无量寿经》对长寿不死之者，长修功德最多，或长时长日修念。又此三别，即三品修，上者说形，中者说日，下者说时。于九品中，各多种故。虽并往生，咸无苦恼。花开悟道，早晚不同。经说有殊，由斯意也。

问曰：此娑婆世界有十种胜事，诸余净土之所无有。又此方修道一日一夜，胜极乐世界一百年。准此经文，于此秽土修道，胜生净土。何为故乃劝往生西方耶？

释曰：若如所难，一切净土教门皆不合说，如上引经所说利益，净土无故。诸净土教，复殷勤劝令愿往生，有何意也？今此二经，对机赞劝不同。赞此住者，令诸菩萨虽居秽土，不失自行，能多利益苦恼众生，大悲行胜，赞居秽土也。自有菩萨居秽土中，逢遇恶缘，广造诸罪。是以如来劝彼众生，令生净土，永绝恶缘，得免轮转，故劝菩萨令生净土。此两经意，菩萨根性二类不同。如何乃引《维摩》等经，所赞诸菩萨居在秽土饶益众生等文，即言我只于此秽土修道，何须生彼净土也。虽知于此修道一日，当彼百年，然以见佛、逢善知识稀，逢恶知识、退转缘众故，劝往生净土也。

如《大集经·第二十八·日密分》云："善男子，彼佛世界所有众生，烦恼坚牢，系缚深重。其形丑秽，多起骄慢。恶口两舌，远离实语。其实愚痴，现智慧相。多起悭贪，现舍施相。多有谄曲，现质直相。心多浊乱，现清净相。多有嫉妒，现柔软相。乐离别人，现和合相。多起邪见，现正见相。彼国众生随女人语故，断绝善根，增三恶道。善男子，汝今颇能为我作使至彼国否？"乃至云云。尔时日密菩萨白佛言："世尊，我能向彼宣说是咒，但于彼土生怖畏想。何以故？如来向者为我宣说，彼土众生多诸弊恶，犹如生聋、生盲、生哑，随女人意。世尊，若有随顺女人意者，当知是人永断善根。"佛言："善男子，汝今不为现利、后利，当为饶益一切众生，但往宣说，勿生疑虑。善男子，汝非彼土维摩诘耶？何故生怖？"复有无量无数菩萨，其心掉动，至心系念，欲得亲近礼拜释迦如来，及诸大众，并欲听受微妙大典。如是大众皆共同心，欲往彼界。日密菩萨言："我为是辈，欲说大事。何以故？是等大众，其心未定，若往彼界，或生颠倒，近恶知识。"彼佛告言："善男子，汝今不应生怖畏想。"言不定菩萨者，即是初位退行菩萨，名曰不定。以不定故，恐来在此逢遇恶缘，退转造恶。彼土菩萨暂来至此娑婆世界，犹生怖畏，不敢来此。行者今日未是不退菩萨，而即欲住娑婆世界修道，不愿往生西方，甚为失也。

《瑜伽论》第七十八，引《深密经》云：文殊师利故问佛言："世尊，诸秽土中，何事易得，何事难得？诸净土中，何事易得，何事难得？""善男子，诸秽土中，八事易得，二事难得。何等名为八事易得？一者外道，二者有苦众生，三者种性家势兴衰差别，四者行诸恶行，五者毁犯尸罗，六者恶趣，七者下乘，八者下劣意乐加行菩萨。何等名为二事难得？一者增上意乐加行菩萨之所游集，二者如来出现于世。善男子，诸净土中，与上相违，当知八事甚为难得，二事易得。"为是多劝生净土也。

问曰：净土中无三恶趣，而有化鸟说法。净土无实女人，亦有化女说法否？

释曰：有二释。一释言：唯有化鸟，而无化女。何以故？以经唯说有于化鸟，无说有诸化女故。若有者，经文亦应说。又《净土论》言："女人及根缺，二乘种不生。"难曰：经说净土变化庄严岂能尽也？《称赞净土经》言："假使世尊住世百千劫，化无数舌，说彼净土庄严之相，亦不可尽。"岂以不说即言无也？二释言：彼有化女。如《观音授记经》说："观世音菩萨化无量女人。"此岂不是化女者也？《鼓音声王经》说，阿弥陀佛，有父有母。为化下位，示有女人。化上位者，说无女人。不相违也。

问曰：如《弥勒发问经》说："十念非凡愚念，不杂结使念。"云何凡愚众生具足烦恼，而能作彼不杂结使念耶？

释曰：非凡愚念者，岂即是于圣人念耶？不杂结使念者，岂是断烦恼尽者念耶？此经意者，明非凡愚念，不是欲说圣人念也。不杂结使念者，不是欲明断惑者念也。但是欲明此十种念，能舍娑婆流转之处，顺生出世解脱之因。凡愚众生多乐三界，秽土受生，顺生死流，增长烦恼，诸结使业。今修十念，愿生净土，背生死流，向涅槃路，趣贤圣法，顺断惑门，故言非凡愚念，不杂结使念。如大比丘戒等，名圣所受戒，岂即凡夫不合受耶？此亦如是，类可知也。

问曰：若念阿弥陀佛得生西方，要假多日多年生净土，亦须勤诚勉励，长时称念佛名。如其临死，至诚念佛，亦生净土者。且人生百岁，乐少忧多，别易会难，欢娱时促。但须驰骋五欲，放纵六情，秉烛夜游，连宵聚兴。临终之日，念佛一声，即得往生，永超众苦。何须长时苦行勤恳，四修不倦，三业靡空。同是得越娑婆，何劳长时苦行也？

释曰：此有数意，不可预闻净教，弃而不修，待至终时，方当念佛。一即汝欲愿生净佛国土，推欲避斯苦恼，生彼西方，不求无上菩提，不行菩萨之行，但欲纵情宝树，恣意珍台，不愿早悟无生，就此垂终一念也。若为志佛果，证三菩提，愍诸有情，速证正觉。于此秽土，恐退菩提。就彼净土，方增修妙行，登不退位，救苦众生。方欲无间长时，具修万行。何为今闻净法，不肯修行，更事骄奢，广行放逸，垂临终日念佛生耶？若欲至求无上大果，发菩提心，愿生净土。所恨流浪生死，无始沉沦，闻说西方净土教法，即须身毛皆竖，犹如拔出，悲泣雨泪，恨闻此法晚至今生，即须昼夜精勤，一心匪懈。宁得闻佛净教，更纵六情，系日连宵，造十恶罪，推至终日，方念佛名。无惭愧言，岂成道理？

又若垂终念佛、长时称名，功行不殊，悟道无别，可须任汝此言，推至在后。如其念增，念念增道，功不唐捐，罪业转微，福德渐胜，成其上辈，速悟无生，利益不同，岂得唯修一念？且粗衣妙服，好餐细食，一种盖形，并除饥渴。尔即去斯弊服，着彼罗纨，不食秽餐，欲求美膳。况念佛多少，功行不同，便即弃彼长修，就斯促念。贪好衣食，曾无此言。闻修净行，舍长就短。是汝烦恼无惭愧言，魔语鬼语，坏乱佛法，实无一念愿生之心，见他长时专诚苦行，故为此语，坏他净意，自损损他，深须觉察。

又汝今时闻说净法，内无苦恼，外具善缘，不肯修行，待终念佛。临终念佛，虽亦得生，然此辈人，万不一往。或善友邂逅，未必相逢。或众苦缠身，不遑念佛。或偏风不语，不得称名。或狂乱失心，岂能注想。或忽逢水火，不暇至诚。或辄遇豺狼，以斯夭命。或逢值恶友，坏尔信心。或饮酒过差，昏眠致殒。或军阵斗战，奄尔命终。或迥坠高岩，难修正行。众多障难，率述难周。无得一向不修，耽兹五欲，但言终日一念即生。宜应发精进心，除懈怠想，励兹三业，策彼六时，昼夜精勤，学与时竞。一生净土，永离盖缠，乃至菩提，常无退转。利益弘广，宜须用心。

问曰：《称赞净土经》说："生彼速证无上正等菩提。"既彼修道百岁，当此一日，如何速证无上大菩提耶？

释曰：计此苦中修道，一日可胜彼百年。然逢恶缘，多劫退转，还复迟也。彼虽百年同此一日，唯进不退，得名速证无上菩提也。如人急行，多时停息，达前所迟。于此修道一日，胜彼百年，佛不说此速证菩提也。如人缓行，中间无停住，速达前所，故名速证菩提也。

问曰：念佛言少，习学不难。临命终人，时极迅速，又加苦恼，不能多修戒定慧等甚深佛法。未终之者，于长时中更无苦缘以逼迫神虑，何意不观空无相愿，修众道品，广学一切甚深法门。而多劝众生唯行念佛，有何义耶？

释曰：行者一生修净土业，非独偏劝唯行念佛。然修行之者，根有利钝，学有浅深，故经分定散两门，人成九品差别。利根心静之者，教修有相无相之观，平等甚深法门。若钝根散乱之徒，唯行三福三辈之业，匪唯偏劝念佛，亦修种种法门。如其不能广行，念佛亦生净土。又念佛法门，或深或浅，通定通散。大根少行，咸得修行。定即始于凡夫，终乎十地，行念佛三昧，甚深微妙。《华严》、《涅槃》、《文殊》、《般若》、《大集》、《贤护》、《观佛三昧》，咸共称赞不可思议。如善财童子于功德云比丘所，请修菩萨之行，功德云比丘唯教念佛三昧之法，此即甚深之法也。散即一切众生，若行若坐，一切时处，皆得念佛，不妨诸务，乃至命终，亦成其行。

又修诸行往生西方，虽有圣言，经文说少。念佛得往生，其教极多。略申三五，晓诸迷者：一如《阿弥陀经》，唯说念阿弥陀佛，得生西方。六方恒河沙诸佛舒舌，共证念佛行者，并得往生。《观经》下品上生、下品中生、下品下生三处经文，咸陈唯念阿弥陀佛，往生净土，又言："念佛众生，摄取不舍。"《无量寿经》又言：上中下辈，行有浅深，皆唯一向专念阿弥陀佛，得生极乐。又四十八弘誓愿中，于念佛门，别发一愿言："乃至十念，若不生者，不取正觉。"又《般舟三昧》、《大集贤护》等经，教诸众生，七日七夜，一心专念阿弥陀佛。得见佛已，请问佛言："众生行何法，得生净土？"阿弥陀佛报言："欲生我国，当念我名，莫有休息，即生我国。"又《鼓音声陀罗尼经》，亦教众生，十日十夜，念阿弥陀佛，得生佛国。又《华严经》说："念佛三昧必见佛，命终之后生佛前，见彼临终劝念佛，又示尊像令瞻敬。"又《占察经》说："若欲往生十方佛国，当念彼国佛之名号，即得往生。"如是等无量大乘经文，多说念佛得生净土。今劝念佛，非是遮余所修妙行，只是念佛之者，多经劝赞。若行若坐，乃至命终，皆得行斯念佛之行，将为稳便，故劝行也。

问曰：生彼净土，未入圣流，既是凡夫，具众烦恼，如何不起诸不善业？若起者，即与本愿相违，言："我土众生，无有不善之名。"如何会释也？

释曰：生彼凡夫，虽未得圣果，所有不善已不现行。然不善不行，自有多意。或缘圣道已起，断彼随眠。或修圣道，方便伏现行。或缘缺斯恶境，彼不得生。或以常遇善缘，无由造罪。或缘诸胜资，令过不生。或缘乘佛本愿，恶不得起，虽有惑种，不得现行。故《称赞净土经》言："诸妙香花，虽令见者身心适悦，而不增长有情贪着。"又言："八功德水，能令饮者增益种种殊胜善根。"如香积佛饭，施作佛事等。为此众缘，诸恶不起也。

问曰：经言有四种业：一、现报业；二、生报业；三、后报业；四、不定业。前三是定业，定感报故。后一是不定业，或感不感报故。又有八种业：一、报定时不定业；二、时定报不定业；三、时报俱定业；四、时报俱不定业。第一、第三是定业，第二、第四是不定业。经说五逆是生报业，即是时定报亦定业，如何《观经》言五逆罪灭，得生西方耶？

释曰：此四种、八种业，佛于九部不了教中，为诸不信业果凡夫，密意说言有定报对。于诸大乘了义教中，说一切业悉皆不定。如《涅槃经》第十九卷云：耆婆为阿阇世王说忏悔法，罪得灭。又："臣闻佛说，修一善心，能破百种恶。如少毒药，能害众生。少善亦尔，能破大恶。"又三十一云："善男子，有诸众生，于业缘中，心轻不信。为度彼故，作如是说：'善男子，一切作业，有轻有重。轻重二业，复各有二，一决定，二不决定。"又言："或有重业，可得作轻。或有轻业，可得作重。有智之人，以智慧力，能令地狱极重之业，现世轻受。愚痴之人，现世轻业，地狱重受。”阿阇世王忏悔罪已，不入地狱。鸯崛摩罗，得阿罗汉。《瑜伽论》说：“未得解脱，名决定业。已得解脱，名不定业。”如是等诸大乘经论，咸说五逆罪等，皆名不定业，悉得消灭。今《观经》既是大乘经典，明念阿弥陀佛，五逆罪灭，有何疑也？

问曰：如诸论中，俱引契经，说有黑黑业、白白业、杂业、非黑白无异熟业。黑黑业者，欲界不善业也。白白业者，色无色界善业也。杂业者，欲界善业也。非黑白无异熟业者，无漏业也。未知今造西方业者，四业之中何业摄耶？

释曰：有说四业之中，是白白业、杂业二业所摄。以黑黑业是于不善，此乃能感三途，岂能招净土报？无漏之业不能感报，体虽清净，非异熟因。唯余二业，感净土报。若未得上界定，以欲界心修西方业者，此用杂业往生西方。若已伏欲惑，得上界净心，生西方者，此用白白业生于净土也。有说不然，此三种业，并约秽土欲、色二界，善恶两趣，以分其业。非约往生西方，论其白白等善业。且杂业是欲界人天之业，能招杂报，虽受乐果，亦招苦报，故欲界中受苦乐果。往生净土，无有众苦，一向安乐，宁容杂业为净土因？若唯白白业是净土因者，如未生得四静虑定，为因何业生于西方？故知净土正因，非前业摄。前之四业，摄法不尽，于理何妨。又无色界业，有文非四业摄。以此准知，四业摄业不尽也。

问曰：又大小乘论引契经，说有罪、福、不动三种业。未知三种业中，为用何种业而得往生极乐国也？

释曰：有说于三业中，用福业及不动业生西方也。三福，即是福业。十六观，若得上界定心，即不动业也。有说非三业摄，以三业并据秽土业说，不约净土论也，故净土业非三业也。

问曰：未知得生西方，有几种胜益，劝诸众生而往生也？

释曰：按《称赞净土经》、《观经》，及《无量寿经》四十八弘誓愿中，略举三十益。何者三十？一、受用种种功德庄严清净佛土益；二、大乘法乐益；三、亲近供养无量寿佛益；四、游历十方供养诸佛益；五、于诸佛所闻法授记益；六、福慧资粮疾圆满益；七、速证无上正等菩提益；八、诸大士等同一集会益；九、常无退转益；十、无量行愿念念增进益；十一、鹦鹉舍利宣扬法音益；十二、清风动树，如天众乐益；十三、摩尼水流宣说苦空益；十四、诸乐音声奏诸法音益；十五、四十八弘誓愿中永绝三途益；十六、真金色身益；十七、形无美丑益；十八、具足五通益；十九、住正定聚益；二十、无诸不善益；二十一、寿命长远益；二十二、衣食自然益；二十三、唯受众乐益；二十四、三十二相益；二十五、无有实女人益；二十六、无有小乘益；二十七、离诸八难益；二十八、得三法忍益；二十九、身有光明，昼夜常光益；三十、得那罗延力益。略举三十之益，广即无量无边，是以劝生西方。若在娑婆，久流生死，唯有三十之损，何曾有彼益耶！

问曰：《弥勒所问经》说："修十种念，方得往生。一、于一切众生，常起慈心；二、于一切众生，不毁其行，若有毁者，终不往生；三、于一切众生，深起悲心，不残害心；四、发护法心，不惜身命；五、于一切法，不生非谤；六、于忍辱中，生决定心，深心清净，不贪利养；七、发一切种智心，日日常念，无有休废；八、于一切众生，起尊重心，除骄慢心，谦下言说；九、于世谈话，不生味着心，近于觉道意，深起种种善根因缘；十、不生愦闹散乱之心，正念观佛，除去诸想。"准此经文，十念自别。如何乃以十声称阿弥陀佛，而得往生，岂不错矣？

释曰：往生西方，行门非一，或有三福，或十六观，或九品往生，所业各别，俱悉得往生，净土受生。《弥勒所问经》自陈十种往生之法，而亦得生。《观经》自说下品下生，临命终时，称佛十念，而得往生。各是圣教，互说往生净土法门，皆成净业。何因将彼为是，斥此言非？但自不解经意，亦乃惑诸学者。譬如入流九品，县尉微官，或能精熟一经，或为进士之学，或为流外勋品，或为七色出身，或作十年品子，皆得入流，悉为丞尉。岂限一业，作文林郎业？往生亦复如是，非唯一行，生彼西方。故定散两门，备在《观经》之说。三辈修福，出自《无量寿经》。唯念佛名，盖是阿弥陀教。或持大乘妙典，或复孝养二亲，世、出世之善根，定、非定之二行，止、作两持，身、口二善，俱生净土，岂局一门？子须广读众经，开生正信，何得唯观一经，即作司南之论，将余圣教，并非往生之因，何其惑也！又修因有万辈，得果有多阶，不可限以一因，果无异类者也。

问曰：夫菩萨修行，以利物为怀，大慈悲心，念念常起。理须身游恶道，历三途愍彼沉沦，皆令离苦。今乃舍此秽方，愿生净土，自求己乐，不愿利人。无始有缘父母兄弟、六亲眷属、朋友往还，皆悉系关三界牢狱，弃而不救，绝无悲愍，岂成大士之心？方为菩萨之行，今愿生净土，非为善心，莫识所由，愿陈斯旨。

释曰：夫发菩提心，修菩萨行，要须起大慈悲，怜愍含识，广兴济度，拔苦施安。然行有浅深，根有上下。若深学菩萨，大悲增上，已得不退，不畏己损，唯欲益他，并多在秽方广行利物，少生净土亲承圣尊。或浅行菩萨，大智增上，犹有退转，虽有悲愍苦恼众生，随遇恶缘，退菩萨行，造众恶业，失菩提心，广如《菩萨本业璎珞经》说法才王子等，此即二利俱失，自他并损。为此愿生净土，离彼恶缘，亲近圣尊，恒闻正法，与诸菩萨俱会一处，历事他方，散花供养，复闻大乘真净妙法，念念增进，无有退转。更无二乘、阐提、外道，俎坏初学无上道心。虽复拔苦之心念念不舍，自利之行是利他行本，本若不固，末亦不坚，是以先须愿生净土，长养菩萨菩提根芽，令使坚牢，纵遇恶缘，亦无退转，方可离斯净土，还生娑婆，救摄无始沉沦有缘父母、六亲眷属、朋友知识、法界含灵。此义于《安乐集》中，绰禅师已广引。父母被溺，将漂驶流。一子随后，入水即救，救之不得，遂被溺死。一子归舍，备办船舫，直往深流，救亲困厄。此义亦尔，诸有智者以喻得解也。

问曰：《净土论》云："大乘善根界，等无讥嫌名，女人及根缺，二乘种不生。"彼界云何得有声闻，而经中说"有无量无边声闻弟子，皆阿罗汉"等耶？

释曰：此有四释。

一释云：二乘种不生者，依《瑜伽师地论》说，有五乘众生，无始以来，法尔成就五乘性别：一、菩萨乘；二、缘觉乘；三、声闻乘；四、人天乘；五、不定乘。言二乘种不生者，是缘觉乘及人天乘。以缘觉乘，定受缘觉之果，多生无佛世界，不可生于净土，以净土有佛，又不信有十方净土。人天乘，唯是流转生死凡夫，不可生净土，以净土众生皆是当得无上菩提故。

二释：前义不然。若以二乘种不生，取缘觉乘、人天乘者，即声闻乘得生者，何故言"大乘善根界"？又言非但无三种体，亦无三种名耶？今二乘种不生者，不论人天乘。但于三乘之中，除声闻、缘觉二乘，名二乘种不生也。问曰：若声闻、缘觉乘种不生者，何故彼国有声闻耶？答：言无二乘者，无定性二乘。彼土二乘，并是不定性声闻，悉能回心入大乘也。天亲菩萨依《瑜伽师地论》造诸论，故《摄论》云："披阅决定藏，以释摄大乘。""决定藏"即是《瑜伽师地》中"决择分"也。今造《净土论》，还依彼论之宗，有五乘性义，故言"二乘种不生"也。

三、依旧诸德释此文言：声闻有二种：一、愚法，谓今生未能回小向大声闻；二、不愚法，谓已能回小向大声闻。前者名二乘种，以不回心向大，不信有净土，不愿生也。后名非二乘种，虽修小行，以信大乘，愿生净土也。

四释云：彼以回心向大，所修圣道断惑，皆为趣无上菩提，不名二乘也。以成佛果，必定须断人法二执，正习双亡，证人法二空，究竟满足，方得名佛。彼为先是小乘，厌人执烦恼，为此先断，取彼四果，得名阿罗汉，亦曰声闻，然非小乘也。阿罗汉名，非唯小果，以佛亦得名阿罗汉。如《四分律》云：佛度阿若憍陈如已，言："三千大千世界，有二阿罗汉，一是佛，二是阿若憍陈如。"故阿罗汉名，非唯小果之称。声闻之名，亦通大乘。故《法华经》云："我等今者，真是声闻。以佛道声，令一切闻。"此即菩萨声闻也。"我等今者，真阿罗汉。于诸世间，天人魔梵，普于其中，应受供养。"此即大乘菩萨，名虽与彼小果名同，然义有别。今净土声闻、阿罗汉等，悉是趣求无上菩提之人，故非二乘种，亦非二乘名也。为已发大乘心，虽名声闻，即非小乘名也。如《法华经》说，彼阿难回心向大，佛与授记，名山海慧自在通王如来。至结集时，取阿罗汉，岂是退大乘心，趣求小果？又《维摩经》云：迦叶言："我从是来，不复劝人以声闻、辟支佛行。"何因结集之日，劝阿难取阿罗汉果？故知阿罗汉果，非小乘果也。阿难从佛授记后，所行之行，悉是趣佛，故知即是大乘菩萨行也。然直往之人，先断法执烦恼修道，人执烦恼至金刚心方顿除，即得成佛。从本以来直往菩萨，先作意唯欲断除法执，故留惑至惑尽，具佛一切智。以法执烦恼，微细难除，障三菩提大果，望声闻是白净无记，望菩萨是有覆无记，菩萨偏厌。故《摄论》云："智障极盲暗，谓真俗别执。"是以偏先断也。人执烦恼，障于涅槃。声闻之人，深厌生死，唯求自利，不能修学佛一切智，故彼无心断于法执烦恼，法执烦恼不障涅槃故。诸声闻断人执尽，得般涅槃。今此声闻，在七方便中，或七方便前位中三品人，为先求声闻，深厌人执烦恼，以于此惑作意断除。今生西方，虽复回心趣求佛果，为先厌人执烦恼，还依本习，为说四谛，令具断彼人执烦恼、见修两惑。断彼惑时，必须见于四真谛理，用无漏圣道断此烦恼。断见惑名曰预流，非住彼道名预流也。断修惑已，名阿罗汉，如阿罗汉无诸惑故，虽有此名，只是菩萨之行。渐顿两人，俱行菩萨行，并趣求佛果。虽并得名菩萨，然迂回人，亦得名声闻，以因声悟道，复本是小机；亦得名菩萨，以彼趣求大菩提故。菩萨之人，以直往故，但名菩萨，不名声闻，以本不是因声悟道故。佛以二名，简彼渐顿二众弟子，故言"无量无边声闻弟子，皆阿罗汉，非是算数之所能知，诸菩萨亦如是"也。

问曰：众香世界与极乐世界，俱是大乘清净佛土。何因众香世界无有声闻、辟支佛名，唯有清净大菩萨众，而极乐世界乃有无量无边声闻弟子。此声闻众，岂非小乘耶？

释曰：此二佛土，虽俱是彼大乘之界。然其圣众，有通有局。众香世界，唯是趣大乘之人，于此娑婆修行八法无疮疣，生彼净土，唯闻顿教大乘。故经说彼唯有清净大菩萨众，无二乘名也。极乐世界，通彼回小向大声闻，生彼净土，通闻渐顿二种大乘，会三归一之教，发趣大心，行菩萨行。以先宿习，断人执惑。虽行菩萨道，然先断其烦恼障种，故得名为声闻阿罗汉。虽曰声闻，以佛道声令一切闻也。虽曰阿罗汉，于诸世间应受供养也。故俱并是大乘之界，直往、迂回二众别也。

问曰：如小乘四决择分善根中，煗不受邪教，顶不断善根，忍不生恶趣，世第一法必入圣道。此即至于下品忍位，方得恶趣非择灭也。菩萨为利生，不受变易生死，犹自未得三恶趣非择灭也。如何一生净土，极恶凡夫，一声十声，称念佛号，即得永绝三恶趣而不生也？

释曰：决择分善根小乘位人，居在秽土退转之处，煗、顶二善根，犹为退位。故至忍善根，方得恶趣非择灭也。然萨婆多宗，亦许别义，于忍位前，得恶趣非择灭，然不决定。今生西方，犹处殊胜，常睹圣众，恒闻妙法。殊胜行愿，念念增进。前前恶业，渐渐消灭。后后善品，念念增修。缺彼恶缘，故得非择灭，得不退转。以愿力故，往诸恶趣，拯拔沉沦。愿力受生，不由业往，不落恶趣，其义不妨也。

释净土群疑论卷第六

问曰：为一切众生求生净土悉得生耶？为亦有不得生耶？若悉得生，众生界无穷，何因极乐国土有终尽日，阿弥陀佛有涅槃时？又华聚菩萨，及山海慧菩萨，不应发愿："若有一众生生阿弥陀佛国未尽，若我先生者，我终不取正觉。"亦不得言："众生生尽，我最后生"也。若有不令生者，何因五逆十恶，诽谤正法，罪之极重，而得往生？何有罪人更过此者不得生也？又经言："亦令一切众生得生净土。"不得生者，应非众生。又大悲世尊，慈心普遍，何因独隔一数，而不令其生耶？无限大悲，有不平等过也。

释曰：此有二释。

一释：一切众生，悉令得生。以佛大悲心无限量，等起慈心，咸与利益，弘誓大愿，不简怨亲，故一切有情无不生也。若尔，前所设难，复云何通？答：虽尽令生，而众生志愿种种差别，或不信正法，或乐着小乘，或爱处秽方，或大悲拔苦，住兹秽土，拯救含生，或乐往生他余佛国，修行供养。如是种种异行异心，不可并令俱生极乐。虽并得生，无尽生者。譬如一切众生皆有佛性，虽当成佛，未必尽成。如也尽成，众生界尽。此亦如是，前义不妨。且观一类乐生西方机缘略尽，菩萨发愿，如来灭度也。

二释：亦有不令生西方者。如经说言："应度者，皆已度讫。"又言："化缘既尽，迁神涅槃。"以此准知，约有缘说，不据一切众生总论。虽佛广大心，尽众生界，然其受化，唯度有缘。故往生有终尽之机，如来有灭度之日，菩萨致最后往，观音成补处之位也。故此往生之徒，非遍一切者也。

问曰：既言净土无女人，如何《鼓音声王陀罗尼经》说："阿弥陀佛，其国号曰清泰，圣王所住。其城纵广十千由旬，于中充满刹利之种。父名月上转轮圣王，其母名曰殊胜妙颜，子名月明。奉事弟子名无垢称，智慧弟子名曰揽光，神足精勤名曰大化。魔王名曰无胜，提婆达多名曰寂意。"若无女人，如何有母耶？

释曰：今为三释。

一释云：佛有受用身、变化身。《观经》说者，是受用身。《鼓音声王经》说者，是变化身也。又受用身中，化分段生死诸位菩萨，现胎生身，有父母等。化变易位，现化生身，便无父母。

二释云：此父母城邑等，并是诸功德法：如《维摩经》说："智度菩萨母，方便以为父”等。亦以诸功德，作种种人名，说种种法。如文殊师利，于觉城东，遇善财童子。此觉城东，还是功德名也。此亦如是，以诸功德为父母等名也。言国清泰者，此显如来最清净法界也。性净曰清，体宽称泰。万德依止，故言国也。其城纵广十千由旬者，此显如来大圆镜智也。其智具含十智，能有十力，因十度成，故名十千由旬也。于中充满刹利种者，刹利种，王种也。镜智之中，有于法王恒沙功德诸法种子，故言充满刹利种也。父名月上者，此金刚三昧也。夫月以破暗为能，三昧除惑为用也。转轮圣王者，夫金轮王，尊诸粟散，金刚喻定，胜余三昧也。殊胜妙颜者，夫一身之中，颜面第一。六度之内，般若称尊。般若殊胜，为大师之母也。子名月明者，佛喻于日，光明第一；菩萨功德，名之曰子，次称月明也。奉事弟子名无垢称者，此显如来平等性智。常观镜智，名为奉事。不与惑俱，号无垢称。智慧弟子名揽光者，此显如来妙观察智。一切诸法，无不明了，故曰揽光。神足弟子名大化者，此显如来成所作智。起身语意，种种变现，故名神足。此三智也，居镜智之后，名弟；从镜智而生，曰子也。魔王名无胜者，此显如来大悲功德也。佛以大悲，怜愍含识，常在生死，拔苦有情。魔乐生死，故曰魔王。此大悲超二乘之悲上，故名无胜也。提婆达多名曰寂意者，烦恼喧动，恼乱行人，喻于调达；如来观诸烦恼即是涅槃，故提婆达多名为寂也。此乃约诸功德，以立父母等名，非是净土之中阿弥陀佛别有胎生父母也。

三释云：如《悲华经》等说：诸佛成道，于净秽土，所现成道，种种不同。或有菩萨于彼国生，修菩萨行，即于彼国成等正觉，世界不变，名号与劫亦无有异。或有菩萨于彼国土生，即于彼国成等正觉，世界不变，名号与劫更别立称。或有菩萨于彼国生，修菩萨行，即于彼国成等正觉，当成佛时，世界即变，胜前世界，名号与劫悉皆改转，如《观音授记经》中具说。或有菩萨于此世界生已，往他世界，成等正觉，具如《悲华经》说。此并菩萨因中发愿不同，故有如是差别。又如诸经中，或有菩萨，童子出家，成等正觉。或有菩萨，纳妻生子，弃舍五欲，成等正觉。或有此世界生，于中成道。有他世界生，他世界成道。如《法华经》说，如龙女于此娑婆世界畜生道生，后往南方无垢世界，舍彼女身，即成男子，成等正觉。又华光如来，是于胎生，于净土中，成等正觉。故经言："佛为王子时，弃国舍世荣，于最末后身，出家成佛道。"以此准知，华光佛于他世界受于胎生，于净土中成等正觉。若非胎生，宁为王子，弃国舍世荣也？今阿弥陀佛亦尔，于清泰国受彼胎生，于极乐国成等正觉也。

问曰：如舍利弗、大目连等，所得五通，不越三千大千世界。如何生彼凡夫，即能下至见闻神通等超过百千万亿诸佛世界？以此准知，往生净土者，皆是大根大行菩萨往生，非是凡夫所能生也。

释曰：此义不定，不可以秽土圣人所得五通，胜于净土凡夫类也。只如北郁单越，定报千年，何妨非想非非想天，寿命八万劫，得有中夭之者。岂以天业报长，不许有中夭之寿？净土亦尔，虽是凡夫，以受生业胜，或净土报强，乘佛本愿，或托圣威灵，或资生缘好，或获大乘妙定，缘此得通，胜此方圣，何所怪也？又五趣中阴，将求受生，所得业通，超二乘修得神通。何妨净土众生得通，胜于此圣也。故经说言："声闻、独觉无漏善根，不如初心始业菩萨有漏善根。"

问曰：未知往生西方众生，为是分段生死，为是变易生死？

释曰：彼土菩萨，八地以上，一向是于变易生死。七地以还，初果以上，或是分段，或是变易。直往三贤，及十信等，皆唯分段。然寿命无量无边阿僧祇劫，三十二相真金色身，虚无之身，无极之体，五通自在，微妙难思也。

问曰：净土之中既言无苦，未知三苦、八苦之中，无何苦也？

释曰：若依小乘婆娑等说，佛身犹有三苦具足。八苦之中，犹有五苦，谓生苦、老苦、病苦、死苦、五取蕴苦；唯无三苦，谓爱别离苦、怨憎会苦、求不得苦。以如来身，十五界是有漏，谓五根、五尘、五识；三界通有漏及无漏，谓意界、法界、意识界。以是有漏身故，有生等五苦。

然断贪、瞋、痴等诸烦恼结，无三苦也。以爱别离苦是爱结，怨憎会苦是恚结，求不得苦是贪结。佛虽愍诸释种为琉璃王所诛，而非爱别离苦；调达出血，栴遮系盂，火坑毒饭，众怨来集，非怨憎会苦也；聚落乞食，空钵而归，遇饥馑世，乞求不得，虽属此事，非求不得苦也。

大乘之中，以佛世尊五蕴、十二处、十八界，皆是无漏故。《涅槃经》云："诸佛所师，所谓法也。以法常故，诸佛亦常。"又言："舍无常色，获得常色。受想行识，亦复如是。"《维摩经》言："佛身无漏，诸漏已尽。"如是等诸大乘经咸言，佛身唯是无漏。三苦、八苦唯是有漏，故诸佛身无诸苦也。

十地以还，凡夫以上，有二释：

一释云：三苦之中有行苦、坏苦。八苦之中有一苦，谓五取蕴苦，以十地以还，由受有漏变易、分段诸报身故。又于行苦，有漏迁流是行苦也。诸有漏乐，生时乐，住时乐，坏时苦，故有坏苦也。彼无逼迫身心忧苦，唯无苦苦也。初受彼身，虽名为生，非众苦所依，又无胎藏逼迫，无生苦。命极长远，无量无边阿僧祇劫，纵令凡夫，还入变易生死，究竟成佛，无死苦。舍彼命愿生秽土，救苦众生，虽死非苦也，以心忻乐，愿舍报修慈悲故。此五蕴报，从惑所生，体是有漏，即五取蕴苦也。净佛国土，四大安稳，无病苦。形无衰损，无老苦。胜友恒集，无爱别离苦。恶人不生，无怨憎会苦。资缘无乏，无求不得苦。

二释云：极乐世界，八苦同前。三苦之中，唯有行苦，由受分段、变易报故。虽有乐受，以唯清净，常恒相续，无有间断，究竟永证寂灭之乐，虽有少息而不生苦，非坏苦也。故彼净土言无苦也，无苦苦、坏苦也。

问曰：既彼净土虽无苦苦等，而犹有彼行苦等，如何得名为极乐也？

释曰：三苦之中，唯有一苦。八苦之内，亦唯有一苦。既三中无二，八中缺七。唯虽有余一，不名有苦。如《涅槃经》言："如河少水，亦名无水。如食少盐，亦名无盐。"又如《毗昙》言："大海一滴，须弥一尘，不可说言有山海也。"今此亦尔，纵有少苦，不妨得名为极乐也。又逼迫不安，在身在心，名为忧苦。彼土俱无，名为极乐也。

问曰：《观经》言："分身化阿弥陀佛，化观世音、大势至，集极乐世界，度苦众生。"彼土既云极乐，即应无苦众生，何因乃言"集极乐国，度苦众生"耶？

又曰：今言度苦众生者，为度自土苦众生，为度他土苦众生耶？

答：通度自他土苦众生。

问曰：自土既无苦众生，云何度自土苦众生？他土虽有苦众生，应须往彼度苦，何因乃集极乐，远度他方苦耶？？

答：自国众生虽无苦，然有二种生死，分段、变易有漏有为行苦之苦。如来同集，为说妙法，令速出离二种生死，成就法身，故名度苦。他国众生，或宜身往亲自救拔，故分身佛遍满十方，如此土众生净土业成，临命终化佛来迎往彼。或宜归还，远为利益，故集本国，遥拯沉沦。或言度苦众生，化佛集自土中化诸菩萨，令兴大悲心，舍自土乐，遣生他方，行大悲行，教化十方有缘众生，故言："集极乐国，度苦众生。"如经论言："八地菩萨，由多寂证真如理，不肯出定，教化众生。诸佛摩顶，劝令出定，教化众生。"即其义也。故《维摩经》言："此土菩萨，于诸众生，大悲坚固。"又言："是人乃能舍清净土，而来乐此多怨害处。"

问曰：《阿弥陀经》言："其国众生，无有众苦，但受诸乐。"未知八识之中几有识种，而与乐受相应乎？

释曰：八识之中，七、八两识一类相续，缘境微细，难可了知。纵处阿鼻地狱极苦之处，纵生三禅极乐之处，而此两识，唯与舍受相应。乃至佛果大圆镜智、平等性智相应净识，亦唯恒与舍受相应。以此准知极乐世界，此七、八识，恒与舍受相应也。余六转识，与三受相应，谓喜、乐、舍。在意，与喜、乐受相应。在五识，与乐受相应。舍受通与一切相应。以《称赞净土经》言："无有一切身心忧苦，唯有无量清净喜乐，是故名为极乐世界。"以此准知，净土六识之中，但无忧苦，无妨有舍。以诸喜乐心，后至歇减位，多皆与彼舍受相应。又彼舍受，体非逼迫，善业所感，故得与彼舍受相应。又彼众生，起未至定，及与中间禅，第四静虑以上诸定，如何不许与舍受相应？以此准知，虽名极乐，亦得与其舍受相应也。若谓不然，彼亦不得与喜相应，以彼土名极乐界故。虽土名极乐，而得与喜相应，何妨名极乐，亦与舍受相应也。

问曰：分段生死，《大智度论》文等，言受虫身肉身。《大品经》言："阿鞞跋致菩萨，身中无八万户虫。"彼既有分段生死，故须有虫身也。若有者，《阿弥陀经》言："彼佛国土，无三恶趣。"复云何有八万户虫？进退相违，如何解释？

释曰：净土众生虽受分段，而无有彼八万户虫。《大智度论》及《大品经》，说是虫身，据秽土说。且就秽土，色界诸天虽是凡夫，身中尚无八万户虫。及三灾起，坏劫时末，先坏三恶趣，尔时人中所受，于身犹自无有八万户虫，以三恶趣先已坏尽。何况净土清净妙色身，虽是分段，而无有是诸虫身也。

问曰：何故《称赞净土经》说："西方去此世界，过百千俱胝那庾多佛土。"此即四远之中，是于处远。《观经》乃言："阿弥陀佛，去此不远。"二文相违，请辨其义。

释曰：案极乐之邦，去此世界百千俱胝那庾多佛土，诚为处远。今言不远，自有别义。聊陈十释，以会斯文：一、佛力不远；二、方便不远；三、应现不远；四、自心不远；五、守护不远；六、有缘不远；七、本愿不远；八、来迎不远；九、往生不远；十、不放逸不远。

一、佛力者，经言："以佛力故，当得见彼。"

二、方便者，经言："有异方便，令汝得见。"

三、应现者，经言："阿弥陀佛，住立空中。"

四、自心者，经言："是心作佛，是心是佛。"

五、守护者，经言："常来至彼行人之所。"

六、有缘者，经言：“有缘众生，皆悉得见。”

七、本愿者，经言：“宿愿力故，有忆想者，必得成就。”

八、来迎者，经言：“与诸化佛，来迎行人。”

九、往生者，经言：“如弹指顷，即生彼国。”

十、不放逸者，如《涅槃经》第三十卷云：“夫放逸者，虽得近佛及佛弟子，犹名为远。”今但能专心，不行放逸，即名近佛，不名远也。

以具斯十义，名不远也。

问曰：《观经》言：“是心作佛，是心是佛。诸佛正遍知海，从心想生。”云何是心即能作佛也？

释曰：案唯识之理，心外无别法。万法万相，皆是自心。故《起信论》言：“心生诸法生，心灭诸法灭。”《维摩经》言：“随其心净，即佛土净。”又言：“心垢故众生垢，心净故众生净。”故知万法皆心变现。当用此心观彼佛时，阿弥陀佛为本性相，众生观心缘彼如来，不能心外见佛真相，当观心变作影像相。是影像相，名曰相分。能观之心，是于见分。见、相两分，皆不离于自证分。见分之力，能现相分，故名“是心作佛”也。此相分即是自证分心，无别有体，故名“是心是佛”。欲观如来一切功德，皆用自心所变影像，故名“诸佛正遍知海，从心想生”也。或由心想，修种种行，为万德因，名“正遍知海，从心想生”。故《贤护经》第二初言：“菩萨亦尔，一心善思，见诸如来。见已即住，住已问义。解释欢喜，即能思惟：今此佛者，从何所来？而我是身，复从何出？观彼如来，竟无来处，及以去处。我身亦尔，本无出处，岂有转还？彼复应作如是思惟：今此三界唯心，是心有佛。何以故？随彼心念，还自见心。今我从心见佛，我心作佛，我心是佛，我心是如来，我心是我身。我心见佛，心不知心，心不见心。”《华严》亦言：“心如工画师，画种种五阴，一切世间中，无法而不造。如心佛亦尔，如佛众生然，心佛及众生，此三无差别。”心有垢位，名曰众生。心纯净时，名曰为佛。即其义也。

问曰：《观经》言：“若见眉间白毫者，八万四千相，自然当见。”云何得见无见顶相？

释曰：有释者言：此无见顶相，既名无见顶，实不可见。然言见八万四千相者，此实除无见顶相，但见余八万三千九百九十九相。以少从多，总名为见，其实不见斯一相也，不尔，名义遂即相违。如须弥被焚，唯一尘在。大海将竭，唯一滴在。不可说言有山海在。此亦如是，总观诸相，皆悉周遍，唯此一相不可观见，不可说言不观诸相。

有释言：此相虽复不同诸相，多分不见，名无见顶相。佛威神力加被众生，于观行中，还复得见。然他受用身、变化身等，从首至足，皆为物现，令得瞻仰，利益有情。他既不见，即无利益，何得名为他受用身？即应此之一相，非他受用。为显此相殊胜第一，令物尊重，多不得见故，名无见顶相。复为众生现斯众相，令他受用，尊重修者，何妨得见？如释迦佛为剃除发，上令见顶。彼佛亦然。不可执文以取其义，即令一切众生观见此相。

问曰：如《观经》第九观中，本欲观阿弥陀佛身相光明，计作观成，只合观见阿弥陀佛。何因见阿弥陀佛，乃更得见十方诸佛耶？

释曰：此有三义，得见十方诸佛。

一、由诸佛功德悉皆同等，皆有自利利他，化益平等，故观一佛，即见十方诸佛。故《文殊般若》说一行三昧云：“能于一佛念念相续，即是念中，能见过去、未来、现在诸佛。何以故？念一佛功德无量无边，亦与无量诸佛功德无二。不思议佛法，等无分别，皆乘一如，成最正觉，悉具无量功德辩才。”

二释：以见一佛，得念佛三昧，除障灭罪故，能通见十方佛也。

三释：阿弥陀佛光明遍照十方世界，因光得见十方佛也。《般舟三昧经》说：跋陀和菩萨请释迦牟尼佛言：“未来众生，云何得见十方诸佛？”佛教令念阿弥陀佛，即见十方一切诸佛。以此佛特与娑婆众生有缘，先于此佛专心称念，三昧易成，除障灭罪，光明遍照，见十方佛也。

问曰：《观经》言："作此观者，生诸佛前。"何因观阿弥陀佛，愿生西方，只应言生阿弥陀佛前，而乃说言生诸佛前也？

释曰：此有四释。

一释言：作此第九真身观时，非直见阿弥陀佛，亦见十方一切诸佛，是故非直生极乐国，亦得随愿通生诸佛国，故言生诸佛前。

二释云：虽见十方诸佛，然作此观，本拟往生西方，如何通生诸佛国也？而言诸佛前者，以此观胜，行者得生西方之时，非直见阿弥陀佛，即见十方一切诸佛，故言生诸佛前。

三释言：此阿弥陀佛虽是一身，国中化佛，其数无量。行者初生之时，化佛云集，皆来摩顶，为其说法。化佛非一，故言生诸佛前。

四释言：阿弥陀佛虽现一身，而此一身，多佛同变。相虽是一，其体实多。以多诸佛于一众生皆悉有缘，并悉共变阿弥陀佛，同在一处，犹如多盏灯，光光各别，不相障碍，似同一光。佛身亦尔，诸一一佛，各变一身。虽似一身，其实多身。虽生一佛前，即名生诸佛前也。

问曰：《法华经》言："假使满世间，皆如舍利弗，尽思共度量，不能测佛智。"斯即凡夫、二乘，无能测佛之智。又论文说："地度、人度、根度，诸他心智，不得相缘。"如何《观经》言："若见佛身，即见佛心。佛心者，慈悲心是。"有经言："猕猴献蜜，亦知佛心。"又有经言："大目犍连，以他心智，观佛心念：阿难为侍者，犹如日出东方，照于西壁。"前经言不能测佛智，后经说能观佛心，二经既殊，若为通释也？

释曰：萨婆多部释此义言："佛有二种心，一曾得心，二未曾得心。佛若起未曾得心，舍利弗等尽思度量，不能得知。若起曾得心，乃至猕猴等，亦知佛心。"《解深密经》，佛自释言："佛见分心，十地菩萨等所不能知。起相分心，一切凡夫悉皆知也。"今言亦见佛心者，是见相分心也。经言："佛心者，大慈悲是也。"然佛有缘理内证智心，有缘事外观众生心。如缘理内证智心，是自证分心，佛佛相知，十地不测。缘事外观众生见分心，亦佛佛相知，十地不测。缘理及事外观众生相分心，如来加被，乃至猕猴亦知佛心也。

问曰：九品生人，依何位地以分九品？

释曰：粗分九品，有于二家。细分九品，乃有多说。

言二家者。一释：此之九品，并是十信菩萨，约住、约退，造善、造恶，升降不同，分成九品。初三品人，是十信不退，住本位人，行有浅深，成上三品。中三品人，退大乘心，发小乘意，退大乘行，修小乘业，行有浅深，成中三品。下三品人，退大乘心，起生死心，退大乘行，造生死罪，罪有重轻，成下三品。二释言：发大菩提心，修行菩萨行，行有浅深，成上三品。发小菩提心，修行声闻行，行有浅深，成中三品。不发大小二乘心，不修大小二乘行，唯起生死心，唯造生死罪，造罪有重轻，成下三品。此即粗分九品也。

细分九品者。且上品三人，诸师取舍，有多同异。一师言："上品上生，四、五、六地菩萨；上品中生，初、二、三地菩萨；上品下生，地前三十心菩萨。"一师言："上品上生，十回向；上品中生，十行；上品下生，十住。"一师言："上品上生，地前三十心；上品中生，十住末心；上品下生，十信初心。"一师云："上品上生，十行、十回向；上品中生，十住；上品下生，十信。"一师云："上品上生，十住初心；上品中生，十信后位；上品下生，十信初位。"一师云："上品上生，取十信及十信前能发三心、能修三行，悉名上品上生；上品中生、上品下生，唯取十信以前发菩提心修善凡夫，起行浅深，以分二品。"所以诸师判此三品，高下不同者，以无生法忍，经论判位或下或上。《仁王般若》说，无生法忍在七、八、九地。诸论之中说，无生法忍在于初地，或在忍位。《菩萨本业璎珞经》说，无生法忍在十住位。《华严经》说，无生法忍在十信位。《占察经》说，无生法忍在十信前凡夫位。故诸师各据一位得无生法忍，分上三品高下不同也。

中三品中，一师云：“中品上生，是三果人；中品中生，是七方便人；中品下生人，是种解脱分善根人。”一师云：“中品上生，忍位人；中品中生，顶位人；中品下生，暖位人。”一师云：“中品上生，暖、顶、忍位人；中品中生，前三解脱分善根人；中品下生，曾种解脱分善根人。”一师云：“中三品人并是种解脱分善根人，只由持戒得有浅深，及不持戒人但行世善，以分三品，不约位地上下分成三品也。”

下三品人，只由遇缘造罪多少轻重不同，分成下三品，无别位地也。

无生忍有六位：一、闻慧，在十信前；二、生胜解，在十信后；三、思慧，在十住后；四、修慧，在暖后；五、证得，在初地；六、相续，在八地，此在因中，佛果圆满。

问曰：未知往生皆得不退，何故上品中生言：“经七日，应时即于阿耨多罗三藐三菩提得不退转。”

释曰：此上品中生人，十信五心以前人。十信第六心，名不退心。生经七日，得彼第六不退之心，故名于菩提得不退转。初往生时即名不退者，此约处不退说。此两经文，各据一义，不相违也。

问曰：何因九品往生，皆于阿弥陀佛乘其本愿，来迎行人，生佛国土。唯中品下生，不言圣众来迎，有何意也？

释曰：准依四十八大誓愿：“若不来迎，不取正觉。”又下品三生，犹得圣来。准上准下，必应圣迎。然不述者，或是翻译者脱，或是略而不述。

有释：中品三人，佛以大慈大悲，临终之时而来迎接，非是本愿故。中品下生者，佛不来迎，非是经文脱也。以四十八弘誓愿中说：“设我得作佛，十方众生，发菩提心，修诸功德，至心发愿，欲生我国，临命终时，假令不与大众现其人前者，不取正觉。”此愿中既言“发菩提心，修诸功德，不与大众现其人前者，不取正觉”。此“发菩提心”言，是发无上大菩提心。此中品等三人，犹未发无上菩提心，但是修诸功德，愿欲生者。虽得往生，佛不来迎，不违本愿。以不发菩提心，非是当于大誓愿也。《药师经》中说："八菩萨示其道路，令生西方。"此即佛不来迎。佛若来迎，佛自引去得去西方，何须药师琉璃光佛遣八菩萨示其道路也？故知无佛。所以佛不来迎者，亦是不违本誓愿，以彼人先虽修道，以非专心决定故，不是至心发愿欲生彼国故。《药师经》言"而未定者"，若是至心发愿，即非不定之人也。又彼经所明之行，当此中品三人，非当本愿也。又《菩萨处胎经》说，众生作西方业，多分不得生于西方，生于懈慢国中者，此非是专修西方之业至心发愿之人。以行业不专，发愿不至，不当本愿，故不来迎。佛若来迎，即是西方净土业成，岂容佛迎，而生懈慢国也？为《无量寿经》说，三辈人皆发无上菩提之心，悉得佛迎，纵令不见，犹当梦见，而得往生也。

问曰：何故《观经》说，下品上生，至心称佛，灭五十亿劫生死之罪。下品中生闻佛功德，下品下生称彼佛名，俱灭八十亿劫生死之罪。何为同念一佛，功德不殊，灭彼罪愆少多有异也？

释曰：此有二意。

一释言：一念佛功德齐，理应灭罪无别。但以三品罪人，恶业有其多少。下品上生罪少，唯有五十亿劫之罪，障生西方。下二品人罪渐多，故有八十亿劫等罪。为彼罪有阶降，说灭多少不同。非是念佛功德殊，令其灭罪差别。譬如壮士有力，能负八斗之米。有人唯有五斗，遣彼壮士持行，非壮者不能多擎，只是米原五斗。此义亦尔，下品上生，唯有五十亿劫之罪，佛随彼罪多少，言灭五十亿劫。下品中生，罪重前品三十亿劫，随其罪障，言灭八十亿劫。下品下生，其罪最重，故令具足十念称阿弥陀佛，于念念中，灭八十亿劫生死之罪。故此三品，说灭罪殊，非是念佛功德有差别也。

二释言：念佛名号，虽复不殊，由念佛心至诚差别，故令灭罪多少不同。下品上生，罪业轻薄，死无恶相，怖心不极，虽至诚念佛，但能灭彼五十亿劫生死之罪。下品中生，地狱猛火一时俱至，罪人忙怖，念佛至诚，由心彻到，灭除八十亿劫重罪。

问：若然者，下品下生忙怖最重，应言念佛更灭多亿，何故同前八十亿劫？

答：行者命终时，其气力虚微，尽力至诚，只至于此，力有分齐，岂能多耶？以罪既多，障生净土。令具十念，灭罪方同，始得往生清净佛土。譬如神剑，能斩大木。如其多用力，入木即深。如不多用力，斩木便浅。非剑有利钝，盖人力之强弱不同。此亦如是，佛之功德虽复无差别，然其念者至诚有异，故令灭罪多少不同也。

问曰：何因闻十二部经首题名字，只灭千劫重罪。念佛一声，乃灭五十亿劫重罪。《般若》云："闻经不逆，胜供养八百四千万亿那由他诸佛也。"

释曰：彼经供养佛是好时，然供养佛是有相心，供养功德少。持经是恶时，作无相心，持经功德多也。今此闻经、念佛，同是恶时，悉但有相。然与阿弥陀佛宿旧缘熟，恶世称佛，生信极难，佛能弘经，是以称佛灭罪，多彼闻经也。

问曰：下品下生人，罪虽多下品中生，五逆谤法。何因下品中生，但闻佛功德，即得往生。下品下生，乃须具足十念称阿弥陀佛，方生净土耶？

释曰：有二释。一言：计五逆等愆，只合六劫受罪，然有九八十亿劫罪者，以此人造兹重罪，长养过去诸余业，皆令有力，能招九八十亿劫生死之报。如一念瞋心现前，能烧一切善法，能障百千法门也。此亦如是，造此重罪，能增过去恶业，皆有力势，能感恶报，障生净土也。二释：此五逆罪，唯感五劫受苦。然谤法罪，经说受苦劫数长远。如《大品经》及《佛藏经》说，谤法人堕此阿鼻地狱，此间劫坏，更生他方地狱中，如是辗转，经无数劫。故须十声称佛，灭八十亿劫重罪，得生净土也。

问曰：何意往生法门，非唯一法。垂终之日，偏令念佛，不教余善，有何义耶？

释曰：命终之人偏教念佛，以此七义胜，不教余法。七义者何？一胜，二少，三易，四灭，五缘，六迎，七生。一、言胜者，一切凡圣，若人若法，无过于佛，最尊最胜，二障断尽，万德周圆，自觉觉他，觉行穷满，悲愍众生，过逾一子，是诸有情大归依处，为洲为渚，是救是归，故须至诚称念佛。二、少者，诸修善中，唯此念佛言辞最少，余诸法门悉皆多也。临终之日，命在斯顷，岂能更修余多法也。三、易者，于诸修行法门之中，唯此念佛最易修习。将终之际，百苦缠身，气力衰微，万事俱舍。劝令念佛，犹恐不成。更说余门，诚难习学。简斯易法，教彼令修也。四、灭者，此专念佛，言约易修，一念至诚，即能灭八十亿劫生死重愆，永绝娑婆三途苦报也。五、缘者，阿弥陀佛旷远劫以来，共众生结缘极重，有于供养、见闻、随喜、同行等缘，乘此宿因，一心称念，寻声则救，永绝五烧也。六、迎者，以念佛罪垢灭除，阿弥陀佛乘本誓愿，与诸圣众亲自来迎，余法不然，故须念佛也。七、生者，如彼愿言，乃至十念，若不生者，不取正觉也。以斯七义，胜诸法门，故劝众生终时念佛也。

问曰：一念十念阿弥陀佛，得生西方。为是唯用此念佛而得往生，为更借余法门方得生耶？若唯取此念者，未解此念，经虽说言即是具足无上功德，如何一念即成无上功德也？

释曰：功德无量，岂要须借长时多修，方成无量也？自有长时多修，而是少福。自有少时少修，而是多福。其义如何？如《金刚般若》言："初日分、中日分、后日分，各各以恒河沙等身命布施，如是无量百千万亿劫以身布施。若复有人闻此经典，信心不逆，其福胜彼"等。无量百千万亿劫，时长也。舍恒河沙等身，修多也。一一皆害其命，苦多也。虽复具有三多，而其福少。若复有人，身少也。闻此经典，时少也。信心不逆，行少也。而得功德，过逾前福。此是上圣校量，非是下凡测度，岂不信也？今此一念念佛，即是具无上功德，亦是大师真语，何得怀疑也？

又以一念念佛，即过百千万亿劫修道，故成功德多也。如《法华经》说："若复有人，受持六十二亿恒河沙菩萨名字，复尽形供养饮食、衣服、卧具、医药。于意云何，是善男子、善女人，功德多否？”无尽意言：“甚多。”世尊佛言：“若有人受持观世音菩萨名号，乃至一时礼拜供养。是二人福，正等无异。”若受持六十二亿恒河沙菩萨名号，复供养四事，计用时即已经百千万亿劫。始尔暂时称观世音菩萨名号，供养一种。此多时功德，同于少时之福。《十轮经》说：“若人于百大劫，至心念观世音菩萨等，不如一食顷，念地藏菩萨。”若百大劫念观世音菩萨，况前校量，即当过百千万亿不可说恒河沙菩萨名号供养也。若多劫中念地藏菩萨，不如一声至心念阿弥陀佛，功德无量无边也。如是将佛比地藏菩萨，将地藏菩萨比观世音菩萨，将观世音菩萨比余菩萨六十二亿恒河沙等挍量，即当念佛一声功德，胜无量阿僧祇恒河沙数菩萨名号、供养四事。此即一念念佛，即过念余菩萨，一阿僧祇、二阿僧祇劫修道，如何念佛而功德少耶？可须以此校量，知多功德也。

问曰：若以此校量，实成无量功德，深合仰信，欢喜称念，定得往生。而《法华经》言：“若人散乱心，入于塔庙中，一称南无佛，皆已成佛道。”若一声称佛即得往生西方，亦一声念佛即得成于佛道。若得成者，即应十方世界无一凡夫，悉能称佛，皆成佛也。若一声称佛，未得成佛，但是成佛远因，更须渐渐积功德，具足大悲心，万行周圆，三祇劫满，方成佛果者。此临终一念十念，何必即得往生，亦须渐渐熏修，具足诸波罗蜜，方得往生净土。

释曰：此不成例。佛无九品差殊，悉须万德齐备，必假长时长劫，方始道成正觉。《法华经》为对声闻之人，作如此说。但能发无上菩提之心，乃至散乱念佛，终是佛果之因，后能广修诸度，即得成等正觉。声闻纵多修道，不趣无上菩提，为此不能成无上果也。彼经为对声闻，会二归一，故作是说，不例《观经》等往生义也。一声、十声念佛功德，虽得往生净土，还是凡夫。众生往生，九品不同，许其行有多少，还是凡夫所摄，何妨一念即生佛土。若无九品差别，为因皆须一种，必须具修万行，方成十方世雄，故不可为例也。

释净土群疑论卷第七

问曰：念阿弥陀佛，所得功德无量无边。上来具引经文，及校量显胜，诚如妙释，信受奉行。然未知念余佛名，功德亦无量否？

释曰：此有二义。

一释云：念一切佛，悉得无量功德，无有差别。以诸如来悉具无边功德，悉断一切人法障尽，功德圆满，为此无有念有胜劣功德不同。若尔，何故如来于诸经中，偏赞念阿弥陀佛功德无量耶？答：其实功德悉皆一种，但以浅识凡夫不能遍念，是以如来偏赞一佛之功德，令其至心摄念，其至心功德即多，此是如来密意方便也。犹如受大戒于僧众中，悉是清净，堪为戒师，无有胜劣。随其受者，标心一师以为和上，发其戒缘，即胜余者。此亦如是，专心一佛，功德即多，由心专至也。

又有释云：诸佛如来虽复功德悉皆平等，无有胜劣。然以众生于其佛所，久昔以来，结缘差别。如《摄论》、《唯识》等咸云：众生由法尔力，属师不同，或多属一，或一属多。若属此佛，此佛能度。不属余佛，余佛不度。属此佛者，至心称念，功德即多，即来救拔。其不属者，念功不多，亦不来救。

问曰：如《无量寿经》言："小行菩萨，及修习少福德者，皆当得生极乐世界。"《阿弥陀经》言："不可以少善根福德因缘，得生彼国。"二经相违，如何会释？

释曰：各有一意，所据不同，不相违也。《无量寿经》言少者，言数少也。《阿弥陀经》言多者，言用多也。彼人唯念阿弥陀佛，更不修余六波罗蜜、诸道品法，长时长劫，难行苦行，唯有念佛功德，无余修道之福，故名少也。此念阿弥陀佛一声以上，即是无量无边殊胜功德，故名多也。故《无量寿经》下卷云："十方恒沙诸佛如来，皆共赞叹无量寿佛像即现在前，而为说法。”《文殊般若》言：“随佛方所，端身正向，不取相貌，系心一佛，专称名字，念念不休息。即是念中，能见过去、现在、未来三世诸佛。何以故？念一佛功德无量无边，即与无量诸佛功德无二，是名一行三昧。”《涅槃经》言：“若人但能至心常修念佛三昧者，十方诸佛恒见此人，如现目前。”《观佛三昧海经》及《贤护经》等，皆广明是念佛三昧，不可具说。劝诸行者，披寻圣教，自当得知也。

问曰：念佛三昧修学之者，为是菩萨行中修道次第，为非次第而修学耶？

释曰：此正是菩萨修道次第。何以知然？如《华严经》四十五说：尔时文殊师利，如象王回观善财童子，作如是言：“善哉善哉！善男子，乃能发阿耨多罗三藐三菩提心，求善知识。”如是等种种赞叹，略为说法，即令往觅功德云比丘，请学菩萨行。其功德云比丘，即教善财念佛三昧。故知第一善知识是文殊师利，劝发菩提之心。第二善知识功德云比丘，即教念佛三昧。如是辗转经百一十城，求善知识，一一善知识皆教一法门，乘一法门，后得一法门，悉是菩萨修学次第。故知发菩提心，为万行之首。此学念佛三昧，为万行之次。以此准知，念佛三昧正是初发心菩萨修学次第也。

问曰：此念佛三昧，未知圣、凡，持戒、破戒等，为何人得也？

释曰：此三昧者，通圣及凡。持戒、破戒，皆可学也。如《华严经》言功德云比丘，此即是圣人大菩萨得念佛三昧也。如《贤护经》言：“若有比丘、比丘尼、优婆塞、优婆夷，清净持戒，具足诸行。”以此准知，持戒之人正是合修念佛三昧。斯即戒根清净，三昧现在。破戒之人，难成三昧。准《观佛三昧海经》言：“此观佛三昧，是一切众生犯罪者药，破戒者护。”若破戒之人不得此三昧者，何名护也？又下经言：“如来今者，为未来世五苦众生，犯戒比丘，不善恶人，五逆诽谤，为如是等，说除罪法。”阿难白佛言：“佛灭度后，此等愚人，无怙无归依处。”佛告净心念佛三昧门，自心明了，见一切佛。得严净佛刹念佛三昧门，起一切佛刹，无能坏者。得净业念佛三昧门，见一切诸业，如镜中像。得圆满普照念佛三昧门，悉能明见一切诸佛，及其眷属，严净佛刹。"今日众生虽言得念佛三昧，以根行浅，未能具足得一切念佛三昧，有得一者，有得二三者，故所见境界宽狭不同，有见种种业相者，此即是其念佛三昧也。既有圣教，即行无虚伪。若有毁呰，便是谤法人。请寻圣教，以除疑惑也。

问曰：念佛三昧所得境界，或见诸佛菩萨、无边圣众，或见诸佛净土种种庄严，既有圣教分明，不敢更生疑惑。然今时道俗，或男或女，生年以来未曾听习，于诸圣教一句不知，复未长时修行佛法，或童男，或童女，百事无知，暂入道场，至心称佛，即言得见诸佛圣众。事同剧戏，法不应然。宁容念佛三昧，高僧硕学精勤修习恐不成，斯辈幼童，无知俗士，并能获证三昧定耶？将非此法是虚假矣？

释曰：今时道俗，咸生此疑。准教验时，得何所怪。且如世尊在日，及佛灭度后优婆鞠多所度弟子，获得道果，无量亿千。或一坐闻经，得法眼净。或因剃发，圣道现前。或得扫忘帚，获阿罗汉果。或七岁沙弥，是俱解脱。或以鞠打头，证四向果。或避走令听，得须陀洹。事同剧戏，已超三界，断彼难断见修二惑，证彼难证四沙门果，岂可不信斯教法哉？皆由宿种解脱分善，过去已曾修习此道，今生暂尔闻法思惟，随遇少缘，即能得道。按此《贤护经》言："后五百岁，后一百年中，此三昧典，以佛神力，广行流布，皆令读诵，如说修行。"修行即是得王三昧也。且入佛法，种种根机。如思惟教义，假兴问答，解渐顿之玄宗，演半满之真教，即须聪明智慧，词辩纵横，非斯上人，难弘妙旨。如也一心不乱，真心直行，无多思虑，一心念佛，即见世尊，不惜身命。俗间士女，或是幼童，闻善知识教令念佛，即便信受，如教专念，不多思惟，心易得定。如多想虑，三昧难成。故入道场，名僧大德，广闲经论，三昧不成。少解经文，速得斯定。自古今大德，习禅之侣，欲学定者，皆令莫听。良为思义之徒，心多散乱矣。此何怪也？斯何惑哉？然其所见，有真有伪。应善思何得见？其义幽隐，请陈厥旨。

释曰：三昧境相，实难可解。非但此义，诸法亦然。且宿住随念通，缘过去境，如是五蕴当心现前，如是之相为是何相？故知过去五蕴是本性相，随念通力，缘彼过去，自心变现相分五蕴，忽似彼相而现于前，名所缘缘。此法亦尔，或死生通力，缘未来境，死此生彼。彼诸五蕴相自心相分，托彼众生造业起报，相续次第，而现在前，一无差错。此等众生所造诸业，为彼本性相，为增上缘，为所缘缘，令死生智通，见如是相。此亦如是，随自他思业，曾所发身语所造善恶，串习功能，于三昧中现众影像，托彼业种，现罪福相。或是如来大悲之力，于三昧中为现此相，令其修断。深须仰信，不可致疑。三昧境界，诸佛境界，业力境界，皆不可思议，非诸凡愚所测量也。

问曰：有得念佛三昧，见彼西方净土胜相，虽未身死，已见其身在于净土，或见往生莲花相迎。未审此境为实为虚？

释曰：此非虚也。且如第十二普观之中，当起自心生于西方，于莲花中结跏趺坐，作莲花合想、开想，如是等岂是谬耶？此三昧中，见身往生，亦复如是。又须达长者倾布黄金，买祇陀园，奉为如来起立精舍。共舍利弗，各执绳头，安置伽蓝，建兴堂宇。于虚空中，六欲天宫一时相现。时舍利弗指示须达，须达不解，问舍利弗。圣者答言：“此是长者施园功德，所感天宫，当生其处。先现其相，遣长者知。”须达白言：“我唯一身，死受一报。六天并至，遣生何所？”舍利弗言：“下三天中，福德劣弱。上二天处，放逸极多。唯兜率天，虽多胜乐，心生知足，补处生中，长者可愿生彼天处。”须达是时即依其愿，五天宫相一时并灭，唯兜本宫，湛然而住。故随所造善恶业缘，当生光熟，临命终时，多此相现。信知行因克果，果相现前。净土花台，随品先现。斯类必尔，何须疑哉！因果相符，深须仰信之。

问曰：得此念佛三昧者，以何得知得此三昧，颇有圣教能证知也？

释曰：《观经》有文也，经言：“但当忆想，令心眼见。见此事者，即见十方一切诸佛。以见诸佛故，名念佛三昧。”此为证也。行者平生虽种种修道，今入道场，学此三昧，遂得见佛。若不得三昧，宁容见耶？今既得见，即知得是三昧。故经说言“以见佛故，名念佛三昧”也。如人患目，不见众色。大医师善能疗眼，乃以金錍，抉其眼膜。示以手指，彼言不见，故知疗眼，其膜未除。后更为抉，复示其指，彼言是指，针师即知其眼得愈。若无眼者，将何见指？以此见指，验彼盲眼得除翳目，眼根清净。此亦如是，若不得其念佛三昧，如何得见诸佛净土，及佛净色身，种种众相也？以此准知，是得念佛三昧也。其人常修此行，三昧不失，常见诸佛，种种圣众。如久不习，驰散五尘，失此三昧，即不见诸佛，菩萨圣众。以此准知，前所得者是三昧也。多是闻、思相应三昧名，非必修慧也。

问曰：修念佛三昧，有何利益，获何胜果？请出圣教，励诸学徒，举益劝修，令成胜业。

释曰：斯益也无量无边，备在《华严》、《贤护经》等，广陈其益，岂兹能述？然略举三五，以相显示：一、见圣众；二、闻正法；三、灭重罪；四、生净土；五、诸定根本；六、当成佛。

一、见圣众者。如《贤护经》第一卷说：“善男子、善女人，端坐系念，专心想彼阿弥陀佛，如是相好，如是威仪，如是大众，如是说法。如闻系念，一心相续，次第不乱。或经一日一夜，如是或至七日七夜，必睹阿弥陀如来。若昼时不见，或睡梦中必当见也。”

二、闻正法者。以见阿弥陀佛，世尊为说甚深妙法，谓一切法，本来不坏，亦无坏者，如不坏色，乃至不坏识等诸阴，闻如是等大乘言教。

前，见彼临终劝念佛，又示尊像令瞻敬。”又《观经》言：“行此三昧者，现身得见无量寿佛，及二大士。观音、势至，而为胜友。当坐道场，生诸佛家。”

五、诸定根本者，《观佛三昧海经》说：“诸大三昧，始出生处。”

六、当成佛者。《贤护经》说：“彼于当来，必得成佛，号曰善觉如来。”又贤护菩萨以一百二十问问世尊：“菩萨具足成就何等三昧，而能得彼大功德聚？”如是一百二十问，乃至问：“云何当得一刹那时间行，即能遍至一切诸佛前？即复云何当得住此佛刹，遍见一切十方诸佛，听闻正法，供养众僧。非但未得出世六通，而实未得世间五通，而亦未舍此世界身，亦无生彼诸佛国土，唯住此土，见余世界诸佛世尊，悉闻诸佛所宣正法，一切听受，如说修行。譬如今时圣者阿难，于世尊前，亲闻法已，皆悉受持。”佛告贤护：“有三昧名曰思惟诸佛现前三昧，若有菩萨具足修习如是三昧，当得成就如上所问诸功德等。贤护当知，更有无量无边胜上功德，说不可尽。”故知此三昧所获胜利，卒陈难尽。

问曰：若如此说，得此三昧，获益无穷。今时学者所得三昧，岂得如前诸功德否？

释曰：三昧虽同，浅深斯异。深即上穷圣果获益，如《贤护经》文一百二十之问，悉皆得斯胜利。故经言：“又菩萨修习如是三昧，当得成就如今所问。”今诸学者，未得具足修习如是三昧，亦得随分获诸胜德。譬如诸龙，皆能兴云致雨。大龙降雨，沾满大千。小龙兴云，不周数里。咸滋草木，并润根茎。广狭有殊，皆名降泽。三昧亦尔，胜劣差别，并能见佛，俱生佛家矣。

问曰：于此念佛三昧，虽未能习学，见他作者，生信随喜，得何功德？不信毁谤，获何罪报？请陈损益，晓诸未闻。

释曰：今当为子广引圣教，备陈信谤所得损益。如《贤护经》第五卷“随喜功德品”，说随喜三昧人：“譬如有人定寿百岁，身轻勇猛，行骏若风飞。是人生便即能行一世界，周旋十方，穷极地际，至满百年，常行不绝。若有善男子、善女人，起信敬心，于彼风行壮人所经世界，盛满珍宝，持用奉献十方诸佛。其所获福，虽曰极多，然尚不如修此三昧功德少分。何以故？贤护，由彼菩萨摩诃萨修此三昧，具足如上四大随喜，回向阿耨多罗三藐三菩提，为求多闻，成正觉故。贤护，以是因缘，持此施福，望前随喜所获功德，百分不及一，千分不及一，百千万分不及一，亿百千分不及一，乃至算数譬喻所不能及。”其生信随喜，福既无边。不信起谤，罪亦无量也。如《大品经》、《法华经》，及《佛藏经》等，广说谤法之罪也。

问曰：未知修此三昧之者，皆须严饰道场，安置尊像，澡浴清净，着新净衣，日唯一食，不顾形命，专心念佛，此义可然。何因处在暗中，闭诸光隙，励声大念，斯何教哉？此见诸徒咸生疑怪，请陈斯术，有何教哉？

释曰：稽其圣典，亦无至教。但修行之人，将斯暗室，绝诸视听，心舍诸缘。初学之俦，约斯注想，易得三昧，不尔难成。凡是世间欲思难事，未得解了，乱想难成，或掩室独居，或闭目绝视，因兹恬静，思事得成。此亦如斯，乱心难住，念佛三昧无由现前，故为其暗室，行斯三昧。不学之辈，于此生疑。曾修习者，深将为要。如处堂内，正念佛时，有少隙光，照斯暗室，心便缘此，浪起思惟。如绝斯明，一心不乱，此乃学者所知，非是浪为斯法。又如调鹰之法，缝目饲毡，令其无所瞻视，损于肥健之力，方始绝彼飞游，往来调伏，将以游猎，纵任随人。三昧亦尔，初学之辈，驰心五欲，攀缘六尘，若不约斯暗室，无由得成三昧。后学成小念者，小声称佛也。斯即圣教，有何惑哉？现见即今诸修学者，唯须励声念佛，三昧易成。小声称佛，遂多驰散。此乃学者所知，非外人之晓矣。子若不信，请试学为，无得不修，但生疑惑矣。

问曰：经言："五体投地，求哀忏悔。"未知忏悔之徒，或多自扑，未知有何圣教？若以五体投地即为自扑者，将恐此释，理未可然。此五体言，何妨只是五轮着地，头面礼佛也。

释曰：如《观佛三昧海经》第三说："佛于座起，令诸四众，观佛色身。释子众中，五百释子，见佛色身，犹如灰人。比丘众中，一千人见佛色身，如赤土人。优婆塞众中，有十六人，见佛色身，如黑象脚。优婆夷众中，二十四人，见佛色身，犹如聚墨。比丘尼众中，有比丘尼，见佛色身，如白银色。优婆夷众中，有优婆夷，见佛色身，如蓝染青色。如是四众，观佛色身，所见不同，不得见佛真金色身。发露悔过，忏悔诸罪。五体投地，如大山崩。自拔头发，举身投地，婉转自扑，鼻中血出。忏罪消灭，心眼得开，见佛色身，端严微妙，如须弥山，光显大海。"此岂不是忏悔经文，自扑之法？无教辄为，诚如所责。经言正作，其何怪哉？